SV

ALEXANDER SEDLMAIER

# KONSUM UND GEWALT

Radikaler Protest in der Bundesrepublik

Suhrkamp

Die englische Originalausgabe erschien 2014 unter dem Titel
*Consumption and Violence: Radical Protest in Cold-War West Germany*
bei The University of Michigan Press (Ann Arbor).
Der Autor dankt Barthold Pelzer und Oliver Pohlisch (Kapitel 5)
für die Mitarbeit bei der Übersetzung.

Bibliographische Information der Deutschen Nationalbibliothek
Die Deutsche Nationalbibliothek verzeichnet diese Publikation
in der Deutschen Nationalbibliographie;
detaillierte bibliographische Daten sind im Internet
über http://dnb.d-nb.de abrufbar.

Erste Auflage 2018

Satz: Satz-Offizin Hümmer GmbH, Waldbüttelbrunn
Druck: CPI – Ebner & Spiegel, Ulm
Printed in Germany
ISBN 978-3-518-42774-3

# INHALT

# EINLEITUNG

Dieses Buch befasst sich mit der politischen Dimension der Themenfelder Konsum und Gewalt in der Bundesrepublik Deutschland, insbesondere mit der Wechselwirkung zwischen beiden. Im Einzelnen geht es um die historische Verortung der Kritik an »Versorgungsregimen«, ein zentraler analytischer Begriff, der im Weiteren definiert wird. Das Hauptaugenmerk gilt politischen Artikulationen aus den Reihen der Neuen Linken und ihrer Vorgänger im Zeitraum von den späten fünfziger Jahren bis zur deutschen Vereinigung von 1990. Diese werden mit sozialen Praktiken des radikalen und militanten Protests in Beziehung gesetzt. Die Analyse stützt sich auf Quellen von Menschen, die in Theorie und Praxis die sie umgebenden »Versorgungsregime« kritisiert und versucht haben, alternative Semantiken des Konsums zu entwickeln. Dabei handelt es sich gleichermaßen um Philosophen, die an einer kritischen Theorie der Wohlstandsgesellschaft arbeiteten, um Bewohner von Kommunen oder besetzten Häusern, um politische Aktivisten, die vom Fahrpreisprotest bis zu den Vorläufern der Globalisierungskritik in ein breites Spektrum von Protestbewegungen involviert waren, aber auch um prominente Militante, die in der Regel unter dem Begriff »Terroristen« behandelt werden. Es geht also nicht um durchschnittliche Konsumenten und auch nicht um Verbraucherorganisationen, die den Begriff des Konsumenten zur Bezeichnung einer Interessenvertretung nutzten, sondern um Diskurse, Ideen und Praktiken des Konsums, um ihre konfliktträchtige Umsetzung und darum, wie sie sich auf den politischen Protest der Neuen Linken auswirkten. Ferner analysiere ich die sich daraus ergebenden Konfrontationen mit der Staatsmacht, die nicht nur bestrebt war, Recht und Ordnung, sondern auch die Gegebenheiten und Ideale bestehender »Versorgungsregime« aufrechtzuerhalten, besonders im Kontext der Systemkonfrontation während des Kalten Kriegs. Die folgenden Kapitel liefern ausführliche Beispiele dafür, wie diejenigen, die sich an den Diskursen über »Versorgungsregime« und an militantem Protest beteiligten, ihre Wahrnehmungen komplexer ökonomischer Abläufe in emotionsgeladene und konfrontative Akte der politischen Kommunikation verwandelten. In diesem Zusammenhang ist es sinnvoll, die Frage zu stellen, wann, wie und wo sich Narrative konstituierten, die das Entstehen politischer Gewalt nicht nur ermöglichten, sondern zweckmäßig erscheinen ließen. Gestützt auf umfangreiches Archivmaterial zu sozialen Bewegungen und militanten Gruppen, das bisher nicht in konsumhistorischer Perspektive ausgewertet wurde, zeigt dieses Buch, dass die Konsumdebatten in der Bundesrepublik während des Kalten Kriegs mit Diskursen zum staatlichen Gewaltmonopol, zu Terrorismus, Krieg, Revolution und Genozid historisch eng verknüpft waren.

Es ist deshalb erforderlich, die Frage nach dem Zusammenhang zwischen Konsum auf der einen Seite und Konflikt, Zerstörung und Gewalt auf der anderen grundsätzlich anzugehen. Die Etymologie der Wörter, die auf das lateinische Wort *consumere* zurückgehen, legt eine intrinsische Verbindung nahe. Das Verb vereinigt in sich Bedeutungen der physischen Zerstörung (z. B. zerreiben, zernagen, durch Feuer vernichtet werden, aufreiben, hinraffen, umbringen, töten) und Bedeutungen des Verbrauchs oder der Nutzung von Ressourcen (z. B. aufbrauchen, verzehren, verprassen, vergeuden, Zeit verbringen oder verstreichen lassen).[1] Obwohl in der deutschen Sprache die Bedeutung der physischen Zerstörung seit dem 19. Jahrhundert weitgehend obsolet geworden ist,[2] wird doch leicht ersichtlich, dass dieses semantische Feld zu einem Schlachtfeld werden kann, wenn es um die sozialen und politischen Implikationen des Begriffs geht.

## KONSUM IM SPANNUNGSFELD DES KALTEN KRIEGS

Die Errichtung einer modernen Verbrauchsökonomie wird in der Regel als integraler Bestandteil des erfolgreichen Modernisierungsprozesses der Bonner Republik gesehen. Die bundesdeutsche Entwicklung wird in umfassendere Narrative eingebettet, denen zufolge von amerikanischen Modellen inspirierte Konsumgesellschaften durch den Abbau von Hierarchien und Klassenunterschieden im Lebensstil einen Prozess der Demokratisierung vorantrieben. Die meisten Studien, die diese Interpretation vertreten, heben den Kontrast zwischen den Wohlstandsge-

1 Siehe den Eintrag zu *consumere* im *Pons Online-Wörterbuch* unter: {http://de.pons.com/%C3%BCbersetzung?q=consumere&l=dela&in=ac_la&lf=de} (Stand August 2017).

2 Dominik Schrage, *Die Verfügbarkeit der Dinge: Eine historische Soziologie des Konsums* (Frankfurt a. M./New York: Campus, 2009), 50.

sellschaften der Nachkriegszeit und der Not und Zerstörung im Zeitalter der Weltkriege hervor, doch geht diese Art der Deutung zumeist nicht über die frühen siebziger Jahre hinaus.[3]

In den späten sechziger und besonders in den frühen siebziger Jahren zeigte der immense wirtschaftliche Optimismus aus den Zeiten des Booms in den Nachkriegsjahren erste Risse. Ausgeprägte soziale Gegensätze wurden wieder sichtbar, erste Anzeichen dessen, was Eric Hobsbawm die »historische Tragödie der Krisenjahrzehnte« genannt hat.[4] Die frühen siebziger Jahre stellen einen veritablen Wendepunkt in der Geschichte der Bundesrepublik dar: Wachsende Arbeitslosenzahlen und die Anfänge der Krise des Sozialstaats ließen überwunden geglaubte soziale Hierarchien wieder hervortreten und unterminierten die integrativen Effekte der vorigen Ausdehnung der Konsumgütermärkte.[5]

Gleichzeitig war bei den Zeitgenossen die Neigung erkennbar, vor dem Hintergrund der kollektiven Erinnerung an die unendlich grauenvollere Zeit der Entbehrung, die aus der Gewalt und den Zerstörungen während des Zweiten Weltkriegs resultierte, das Ausmaß der Krise herunterzuspielen. Die US-amerikanische Historikerin Victoria de Grazia beschreibt eindrücklich die spezifische historische Relativität in der europäischen Wahrnehmung dessen, was sie Amerikas »Imperium der Marktwirtschaft« nennt: »Geschaffen als Alternative zum Militarismus Europas, entwickelte es sich zu einem vorbildlichen Exempel für die gesellschaftliche Gestaltung eines guten Lebens in einem Jahrhundert, das ein Fortsetzungsroman mit Kapiteln wie ›Totaler Krieg‹, ›Bürgerkrieg mit Brudermord‹, ›Völkermord‹ und ›Atomare Vernichtung‹ war.« Seine »siegreiche[n] Waffen [stammten] aus dem Arsenal einer superreichen Konsumkultur«, was darüber hinwegsehen ließ, dass die »vielen militärischen Siege [des Imperiums der Marktwirtschaft] – und seine gelegentlichen Niederlagen – immer mit bedeutsamen Durchbrüchen zugunsten der Konsumgüterbranchen und der Verbraucherwerte ein-

3 Victoria de Grazia, *Irresistible Empire: America's Advance through Twentieth-Century Europe* (Cambridge/MA: Belknap Press, 2005); Kaspar Maase, *Grenzenloses Vergnügen: Der Aufstieg der Massenkultur, 1850-1970* (Frankfurt a.M.: Fischer, 1997).

4 Eric Hobsbawm, *Das Zeitalter der Extreme: Weltgeschichte des 20. Jahrhunderts* (München: dtv, 1998), 516; siehe auch Jean Fourastié, *Les trentes glorieuses ou la révolution invisible de 1946 à 1975* (Paris: Fayard, 1979).

5 Heinz-Gerhard Haupt, »Der Konsument«, in: Heinz-Gerhard Haupt und Ute Frevert (Hg.), *Der Mensch des 20. Jahrhunderts* (Frankfurt a.M./New York: Campus, 1999), 310-311.

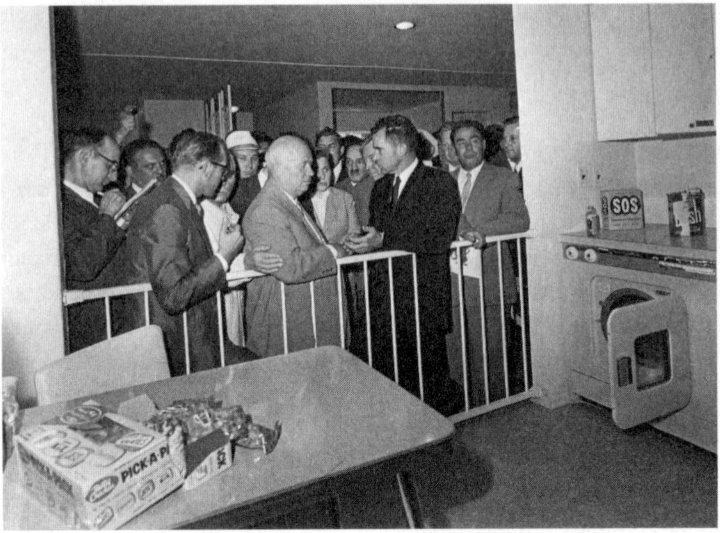


*Abb. 1*: Der sowjetische Staats- und Parteichef Nikita Chruschtschow im Gespräch mit dem amerikanischen Vizepräsidenten Richard Nixon während der berühmten »Küchendebatte« auf der Amerikanischen Nationalausstellung in Moskau, 24. Juli 1959.

hergingen«.[6] Die diesem Phänomen zugrunde liegende Strategie der Soft Power erforderte die ständige Strahl- und Anziehungskraft, die von Repräsentationen des Wohlstands ausgingen, und betonte den seit langem bestehenden ideologischen Wettstreit der »Versorgungsregime«. Die allgegenwärtige transatlantische Konsumdebatte lieferte den Nährboden für eine weitreichende und anhaltende Verknüpfung von Fragen des Konsums mit Szenarien des gewaltsamen Konflikts. Der Konsumdiskurs war mit den Spannungen im Ost-West-Verhältnis und dem nuklearen Wettrüsten intrinsisch verbunden. Die sogenannte »Küchendebatte« zwischen dem amerikanischen Vizepräsidenten Richard Nixon und dem sowjetischen Staats- und Parteichef Nikita Chruschtschow in einer Modellküche auf der Amerikanischen Nationalausstellung 1959 in Moskau ist das bekannteste Beispiel für diese diskursive Amalgamierung. In rascher Abfolge wurden unterschiedlichste Themen diskutiert:

6 Victoria de Grazia, *Das unwiderstehliche Imperium: Amerikas Siegeszug im Europa des 20. Jahrhunderts* (Stuttgart: Franz Steiner, 2010), 19-20.

von Farbfernsehen über das amerikanische Gesetz, das die dritte Juliwoche zu einer offiziellen Gedenkwoche für die vom Kommunismus unterdrückten Nationen machte, Raketen und Waschmaschinen bis hin zu Haushaltsgeräten, das gute Leben und Militärstützpunkte in Übersee.[7]

Der österreichisch-amerikanische Psychologe und Pionier der Marktpsychologie Ernest Dichter betonte im Jahr 1960, die wichtigsten Waffen im »Arsenal« des westlichen Lagers seien die Wünsche der Menschen. Im Konsum liege der Schlüssel zu den mächtigsten Waffen des Kalten Kriegs, die das Vermögen besaßen, materielle Gegenstände zu transzendieren: »Wir führen einen Scheinkrieg gegen Raketen und H-Bomben, unter dessen Oberfläche der wahre, der schleichende Kampf um den Besitz des menschlichen Geistes tobt.«[8] Vor dem Hintergrund der deutschen Geschichte konnten solche Ideen aber auch einen Beigeschmack von Propaganda und greifbarerer Gewalt haben, was Aldous Huxley schon 1958 hervorgehoben hatte:

> Zwanzig Jahre bevor die großen Werbeagenturen sich auf »Motivationsforschung« verlegten, erforschte Hitler systematisch die geheimen Befürchtungen und Hoffnungen, die Begierden, Ängste und Frustrationen der deutschen Massen und beutete sie aus. Gerade durch das Manipulieren »geheimer Kräfte« bewegen uns die Werbefachleute, ihnen ihre Waren abzunehmen – eine Zahnpasta, eine bestimmte Zigarrenmarke, einen politischen Kandidaten. Und dadurch, dass er sich an dieselben »geheimen Kräfte« wandte […], bewog Hitler die deutschen Massen, sich einen Führer, eine wahnwitzige Philosophie und den Zweiten Weltkrieg zu kaufen.[9]

Huxley bezog sich explizit auf Vance Packards *Die geheimen Verführer*. Zwar kam Hitler in Packards Buch nicht vor, aber dessen Untersuchun-

7 Siehe Greg Castillo, *Cold War on the Home Front: The Soft Power of Midcentury Design* (Minneapolis: University of Minnesota Press, 2010), 158-160; Walter L. Hixson, *Parting the Curtain: Propaganda, Culture, and the Cold War, 1945-1961* (New York: St. Martin's Press, 1997), 151-214.

8 Ernest Dichter, *Strategie im Reich der Wünsche* (München: dtv, 1964 [1960]), 18. (Alle Zitate werden orthographisch und grammatisch unverändert wiedergegeben). Siehe auch Nepomuk Gasteiger, *Der Konsument: Verbraucherbilder in Werbung, Konsumkritik und Verbraucherschutz, 1945-1989* (Frankfurt a. M./New York: Campus, 2010), 86-88.

9 Aldous Huxley, *Wiedersehen mit der schönen neuen Welt* (München: Piper 2017 [1958]).

gen zur Motivationsforschung bei Konsumenten lösten eine Welle kritischer Stimmen zum Thema Werbung aus.[10] In den späten fünfziger Jahren wurden Darstellungen der »Gesellschaft im Überfluss« und der mit ihr einhergehenden sozialen Manipulation aus der Feder US-amerikanischer Autoren – neben Packard vor allem John Kenneth Galbraith[11] und David Riesman[12] – in der Bundesrepublik zu Bestsellern. Marktforscher und Kritiker waren sich in der Annahme einig, dass der Konsument manipulierbar sei. Die einflussreichste Darstellung der fortgeschrittenen Industriegesellschaft, Herbert Marcuses *Der eindimensionale Mensch*, entstand ebenfalls im Kontext der im Kalten Krieg geführten intellektuellen Debatten zum Thema Wohlstand und wurde zu einem Schlüsseltext für die im vorliegenden Buch analysierten Entwicklungen. Marcuses ursprünglicher Entwurf für eine Untersuchung des Mentalitätswandels in den Industriegesellschaften umfasste sowohl den kapitalistischen Westen als auch die Sowjetunion. Er änderte seinen Plan aber zunächst zugunsten einer von der Rockefeller-Stiftung in Auftrag gegebenen Studie, die sich ausschließlich mit der Sowjetunion beschäftigte. In der Folge arbeitete er weiterhin für die Rockefeller-Stiftung, und *Der eindimensionale Mensch* wurde in vieler Hinsicht das Pendant zu *Die Gesellschaftslehre des sowjetischen Marxismus.*[13]

In der Bundesrepublik gab es eine allgemeine Tendenz, durch die Wahl des Vokabulars die Semantik der Gewalt in den Konsumdiskurs einfließen zu lassen. In dem viel diskutierten Buch *An der Konsumfront* aus dem Jahr 1957 berichtete der Wiener Autor Karl Bednarik von den »Kriegsschauplätzen des Konsums«, wo sich der »Lebenskampf des

10 Vance Packard, *Die geheimen Verführer: Der Griff nach dem Unbewußten in jedermann* (Düsseldorf: Econ-Verlag, 1958 [1957]). Siehe auch Daniel Horowitz, *The Anxieties of Affluence: Critiques of American Consumer Culture, 1939-1979* (Amherst: University of Massachusetts Press, 2005), 101-128; Gasteiger, *Der Konsument*, 104-110.

11 John K. Galbraith, *Gesellschaft im Überfluß* (München / Zürich: Knaur, 1959 [1958]).

12 David Riesman, Nathan Glazer und Reuel Denney, *Die einsame Masse: Eine Untersuchung der Wandlungen des amerikanischen Charakters* (Darmstadt: Luchterhand, 1956 [1950]).

13 Herbert Marcuse, *Die Gesellschaftslehre des sowjetischen Marxismus* (Neuwied: Luchterhand, 1964 [1958]); ders., *Der eindimensionale Mensch: Studien zur Ideologie der fortgeschrittenen Industriegesellschaft*, in: ders., *Schriften*, Bd. 7 (Frankfurt a. M.: Suhrkamp, 1989 [1964]); Tim B. Müller, *Krieger und Gelehrte: Herbert Marcuse und die Denksysteme im Kalten Krieg* (Hamburg: Hamburger Edition, 2010), 418, 421, 447-448, 537-538.

Massenmenschen« abspiele.[14] Der *Spiegel* berichtete, »daß im Laboratorium des Seelenmanipulators [Ernest] Dichter das schwerste Attentat vorbereitet wird, das jemals bewußt gegen das abendländische Menschenbild gerichtet worden ist«.[15] Ein Lobbyist der Werbebranche sah in Packards *Die geheimen Verführer* gar eine »Atombombe gegen die Werbung«.[16] Der Philosoph Günther Anders prangerte den »sanften Terror« der konformistischen populären Unterhaltung an.[17] Der Soziologe Helmut Schelsky nannte den Straßenverkehr ein »Gemetzel des Guerilla-Krieges«.[18] Im Jahr 1977 kam eine wissenschaftliche Untersuchung von 330 Schulbüchern zu dem Ergebnis, die Werbung werde häufig militärisch konnotiert dargestellt. Als Beispiele wurden folgende Begriffe angeführt: »Werbefeldzug«, »Werbeschlacht«, »Werbegeschosse«, »Marken-Offensive«, »Überraschungsangriffe«, »Massenbombardement« und »Dauerfeuer«. Mehr als siebzig Prozent der untersuchten Schulbücher, so lautete ein Fazit der Studie, stellten die Werbung als manipulativ dar.[19] Seit den späten sechziger Jahren sahen sich viele Linke in der Bundesrepublik einer repressiven Totalität ausgesetzt, deren Wurzeln sie in diffusem »Konsumterror« vermuteten. Um den sich verbreitenden kritischen Einstellungen entgegenzutreten, unternahm die Werbeindustrie mit erheblicher Unterstützung des Axel-Springer-Verlags in den siebziger Jahren eine veritable Imagekampagne.[20]

Im Deutschland des Kalten Kriegs waren das Ideengut und die Bilderwelt des Konsums auf der einen Seite und der politischen Konflikte und Krisen auf der anderen eng miteinander verflochten. Das begann spätestens mit der Währungsreform von 1948, die zur Berlin-Blockade

14 Karl Bednarik, *An der Konsumfront: Zwischenbilanz des modernen Lebens* (Stuttgart: Klipper, 1957), 10. Jürgen Habermas schrieb eine kritische Rezension zu Bednariks Buch: »Konsumkritik – eigens zum Konsumieren«, in: *Frankfurter Hefte* 12 (1957), 641-645.

15 »Motiv-Forschung: Die Einflüsterer«, in: *Der Spiegel* 32 (7. August 1957), 42.

16 Franz Ulrich Gass, »Werbung für die Werbung – aber wie?«, in: *Absatzwirtschaft* 1 (1964), 58, zit. n. Gasteiger, *Der Konsument*, 114.

17 Günther Anders, »Der sanfte Terror: Theorie des Konformismus«, in: *Merkur* 18/1 (1964), 209-224.

18 Schelsky zit. n. »Ans Steuer lass' ich keinen anderen«, in: *Der Spiegel* 53 (27. Dezember 1971), 36.

19 Winfried Böttcher, *Werbung im Schulbuch: Eine Schulbuchanalyse für Grundstufe und Sekundarstufen* (Bonn: Zentralausschuß der Werbewirtschaft, 1977), 122, zit. n. Gasteiger, *Der Konsument*, 177-178.

20 Siehe ebd., 189.

*Abb. 2*: »Milch … die neue Waffe der Demokratie!«
Werbeanzeige des US-amerikanischen Flugzeugherstellers Douglas Aircraft Company anlässlich der Berlin-Blockade, Anfang 1949.

und der Versorgung West-Berlins über die sogenannte Luftbrücke führte. Nun gingen Bilder von Militärmaschinen um die Welt, die keine Bomben mehr abwarfen, sondern Süßigkeiten und Milchpulver. Dem Aufstand vom 17. Juni 1953 in der DDR gingen eine Versorgungskrise und die nicht eingehaltene Ankündigung voraus, die Lebensmittelrationierung aufzuheben. Wieder wurden amerikanische Waren und Nahrungsmittelpakete zu Waffen der psychologischen Kriegsführung. Für diese wurden allerdings die Produkte der Kulturindustrie bald wichtiger als die Nahrungsmittel. Bis Mitte der fünfziger Jahre stimmten die Funktionseliten der beiden deutschen Staaten noch in einer gewissen kulturkonservativen und skeptischen Haltung gegenüber den Produkten der amerikanischen Massenkultur überein. Im Westen wurde diese Einstellung zunehmend von dem Bemühen verdrängt, aus Konsumgütern wirkungsvolle Waffen der Systemkonkurrenz zu schmieden, was in der politischen Rhetorik mit einer ostentativen Entpolitisierung des Konsums einherging. Die Behörden der DDR zählten sieben Millionen West-Berlin-Besuche ihrer Staatsbürgerinnen pro Jahr und sahen die Konsumkultur des Westens zunehmend als Bedrohung für die sozialistische Jugend und – auch nicht ganz zu Unrecht – als das Werk amerikanischer Agenten.[21] West-Berlin wurde planmäßig zum Schaufenster der Systemkonkurrenz und zum Erfolgsindikator für das »Wirtschaftswunder« aufgebaut. Chruschtschows Berlin-Ultimatum vom November 1958 – in einer Note an die Alliierten hatte der Sowjetführer gedroht, die Kontrolle über die Versorgungswege zwischen West-Deutschland und West-Berlin an die DDR zu übergeben, sollte West-Berlin nicht zu einer entmilitarisierten »Freien Stadt« erklärt werden – vollzog sich vor dem Hintergrund eines größeren Plans, den Westen beim Pro-Kopf-Verbrauch bestimmter Nahrungsmittel und Konsumgüter bis 1961 zu überholen. Der Wohlstand der DDR war zentraler Bestandteil der sowjetischen Konkurrenzstrategie. Anastas Mikojan, Mitglied des Zentralkomitee-Präsidiums, versicherte seinen Gesprächspartnern in Ost-Berlin im Juni 1961, die DDR sei der Ort, an dem sich das sozialistische System »als richtig und überlegen« zu erweisen habe.[22] Mit Hinblick auf mögliche Wirtschaftshilfe aus der Sowjetunion hatte Walter Ulbricht Chruschtschow im Januar 1961 erklärt, für sein Land sei der wirtschaftliche Wettkampf mit dem kapitalistischen System weiterhin das zentrale Problem. Die Adenauer-Regierung führe »den Kampf gegen die DDR in der Hauptsache mit ökonomischen Mitteln«. Der Vorsitzende des Zentralkomitees der SED machte unmissverständlich klar, man gerate gegenüber dem leistungsstarken Konkurrenten im Westen zunehmend ins Hintertreffen. Innenpolitische Erwägungen hätten die Führung schon dazu bewogen, mehr Ressourcen für die Konsumgüterversorgung zur Verfügung zu stellen, als sich rein ökonomisch rechtfertigen lasse.[23] Was Ulbricht gegenüber seinen Moskauer Verbündeten nicht er-

21 Uta G. Poiger, *Jazz, Rock, and Rebels: Cold War Politics and American Culture in a Divided Germany* (Berkeley: University of California Press, 2000), 54-55.

22 Bruno Leuschner zit. n. Gerhard Wettig, *Chruschtschows Berlin-Krise, 1958-1963: Drohpolitik und Mauerbau* (München: Oldenbourg, 2006), 120.

23 Brief von Walter Ulbricht an Nikita Chruschtschow vom 18./19. Januar 1961; online verfügbar unter: {http://www.chronik-der-mauer.de/material/179390/brief-von-walter-ulbricht-an-nikita-chruschtschow-18-19-januar-1961} (Stand August 2017).

wähnte, war die Tatsache, dass die von der Ost-Berliner Führung vorgenommene zweite Welle der Zwangskollektivierung zu einer Verringerung der Produktivität geführt hatte. Die Folgen waren eine schlechtere Versorgung mit Nahrungsmitteln und eine ständig steigende Zahl von Westflüchtlingen. Die Berliner Mauer wurde zu einem Zeitpunkt errichtet, als die Anziehungskraft des aufwändig inszenierten »Wirtschaftswunders« das östliche Konkurrenzprogramm in die Defensive gezwungen hatte.

Dank erheblicher Subventionen und Steuervergünstigungen kam es in West-Berlin trotz des Mauerbaus und der darauf folgenden Abwanderung von Industriebetrieben zu einem Boom der Einzelhandelsbranche. Die Regierungen in Ost- und West-Berlin sowie in Washington und Moskau stützten sich zur Stärkung ihrer politischen Legitimität weiterhin auf Bilder vom wirtschaftlichen Wohlstand. Großen Warenhäusern kam bei diesen Bemühungen besondere Bedeutung zu.[24] Im Sommer 1963 umriss Egon Bahr in einer Rede zum Verhältnis der beiden deutschen Staaten das berühmte Konzept »Wandel durch Annäherung«, das in der späteren Ostpolitik der Regierung unter Willy Brandt eine entscheidende Rolle spielen sollte. Als explizites Ziel seiner ausgeklügelten Wettbewerbsstrategie nannte Bahr ein »stärkeres Konsumgüterangebot« im Osten, das in der Bevölkerung die Nachfrage stimulieren sollte.[25] Der gar nicht so undurchlässige »Eiserne Vorhang« brachte den Warenfluss zwischen den beiden Systemen nie vollständig zum Erliegen. Die Berliner Mauer war eine gewaltsame, aber auch poröse Trennlinie zwischen zwei Versorgungsregimen. Letztlich war die verstärkt artikulierte Konsumnachfrage im gesamten sowjetischen Einflussbereich definitiv ein Faktor, der zu ihrem Fall beitrug.

Diese kurze Skizze der historischen Entwicklung unterstreicht, wie verflochten die Themen Konsum und Gewalt im Leben der Deutschen während des Kalten Kriegs waren. In den folgenden Kapiteln wird das geteilte Deutschland vor dem Hintergrund des Nachkriegswohlstands als zentrales Schlachtfeld der Systemkonfrontation erscheinen, auf dem

24 Alexander Sedlmaier, »Berlin als doppeltes Schaufenster im Kalten Krieg«, in: Thomas Biskup und Marc Schalenberg (Hg.), *»Selling Berlin«: Imagebildung und Stadtmarketing von der preußischen Residenz zur Bundeshauptstadt* (Stuttgart: Franz Steiner Verlag, 2008), 227-244.

25 Egon Bahr, »Wandel durch Annäherung«, Rede in der Evangelischen Akademie Tutzing am 15. Juli 1963, in: *Deutschlandarchiv* 8 (1973), 862-863.

die rivalisierenden Wirtschaftssysteme aufeinanderstießen und sich die wetteifernden Ideologien in Widerspiegelung der verschiedenen Dimensionen der politischen und sozialen Spaltung herausforderten. Die Bundesrepublik war dabei in gewisser Hinsicht zwar ein Spezialfall, weil die beiden deutschen Staaten vor dem einzigartigen Hintergrund der deutschen Geschichte miteinander konkurrierten, sie war aber in anderer Hinsicht auch charakteristisch für die allgemeine Entwicklung von Wohlstandsgesellschaften. Im Zuge des angestrengten Wettbewerbs, sich gegenseitig zu übertreffen, büßte der ins Hintertreffen geratende Sowjetkommunismus hinsichtlich des Konsums seine Rolle als fundamentale Alternative zunehmend ein. Beide Seiten trafen sich zusehends im Ideal des ostentativen unpolitischen Wohlstands, was sich beispielsweise in einer Bemerkung Chruschtschows während der Küchendebatte zeigte: »Wenn wir euch überholen, werden wir euch im Vorbeifahren zuwinken.«[26] Als klar wurde, dass Chruschtschow den Mund zu voll genommen hatte und die UdSSR sowie ihre Verbündeten mehr und mehr ins Hintertreffen gerieten, es aber dennoch zustande brachten, im ökonomischen und nuklearen Wettlauf ein wackliges Gleichgewicht aufrechtzuerhalten, verstärkte dies den Eindruck, dass der Ostblock, »wenn es um die Vision einer kollektive Wohlfahrt garantierenden Gesellschaft ging, [...] als Vorbild ausgedient hatte«.[27] In Verbindung mit der fortgesetzten Verquickung von Themen des Konsums mit politischen und gewaltförmigen Konflikten im Kontext des Kalten Kriegs bildete das Vakuum, das diese Entwicklung in der politischen Vorstellungswelt der deutschen Linken hinterließ, eine entscheidende Voraussetzung für das Entstehen der radikalen Positionen zu Fragen des Konsums, die in diesem Buch analysiert werden.

Aufgrund der Boykottaktionen und gewalttätigen Übergriffe der Nationalsozialisten gegen im Besitz von Juden befindliche Geschäfte in den dreißiger Jahren war der Boykott in der Bundesrepublik der fünfziger Jahre als Protestform diskreditiert.[28] Als diese Praxis nach der Er-

26 »Khrushchev-Nixon Debate July 24, 1959«; online verfügbar unter: {http://www3.sympatico.ca/robsab/debate.html} (Stand August 2017). Bei Zitaten aus fremdsprachigen Quellen handelt es sich, so keine Übersetzungen vorlagen, um Übersetzungen des Autors.

27 Grazia, *Das unwiderstehliche Imperium*, 517.

28 Zu antisemitischen Boykotten in den zwanziger und dreißiger Jahren siehe Hannah Ahlheim, *»Deutsche, kauft nicht bei Juden!«: Antisemitismus und politischer Boykott in Deutschland 1924 bis 1935* (Göttingen: Wallstein, 2011); Avraham Barkai, *Vom Boy-*

richtung der Berliner Mauer wieder verstärkt auftrat, richtete sie sich zumeist gegen die DDR und gelegentlich gegen Individuen mit Nazivergangenheit. Diese Konstellation führte zu zwei Boykottaktionen, die letztendlich vor dem Bundesverfassungsgericht landeten: In den fünfziger Jahren kam es zum sogenannten Lüth-Urteil zur Grundrechtsdogmatik, nachdem der Direktor der Staatlichen Pressestelle Hamburg zum Boykott von Veit Harlans erstem Nachkriegsfilm aufgerufen hatte; in den sechziger Jahren gipfelte die Auseinandersetzung um den Boykott des Springer-Verlags gegen das linke Wochenblatt *Blinkfüer*, weil dieses das Fernsehprogramm der DDR abdruckte, in der Blinkfüer-Entscheidung zur Pressefreiheit. In beiden Fällen wurden Verfassungsbeschwerden angestrengt, die zu Urteilen führten, die besagten, dass auch Boykottaufrufe dem Grundrecht der Meinungsfreiheit unterlägen, aber nur, wenn nicht gleichzeitig durch Ausübung wirtschaftlichen Drucks die Meinungsfreiheit der boykottierten Partei beschnitten werde. Diese Rechtsauffassung wurde in der Folge wichtig, als die Neuen Sozialen Bewegungen ab den späten sechziger Jahren auf das Protestmittel des Boykotts in Verbindung mit anderen direkten Aktionen zurückgriffen, etwa bei Protesten gegen Fahrpreiserhöhungen im öffentlichen Nahverkehr oder gegen den Springer-Verlag. Eine ganze Bandbreite von Boykottkampagnen gegen bestimmte Konzerne und einzelne Staaten ergab sich erst nach 1973/74. Die historische Analyse dieser Kampagnen und ihrer Wurzeln erfordert einen geeigneten methodischen Ansatz.

## ZUM METHODISCHEN ANSATZ

Die Geschichtsschreibung hat begonnen, sich näher mit den politischen Implikationen des Konsums zu befassen, so dass in den Blick gerückt ist, wie Aspekte des praktischen Alltagslebens in umfassende Diskurse und ideengeschichtliche Zusammenhänge eingebettet sind; oder wie die britischen Historiker Martin Daunton und Matthew Hilton es formuliert haben: »Die Besonderheiten des Warenerwerbs tragen oft zur Herausbildung allgemeiner politischer Belange bei.«[29] Der *citizen*

*kott zur »Entjudung«: Der wirtschaftliche Existenzkampf der Juden im Dritten Reich, 1933-1943* (Frankfurt a. M.: Fischer, 1988).

29 Martin Daunton und Matthew Hilton, »Material Politics: An Introduction«, in: dies. (Hg.), *The Politics of Consumption: Material Culture and Citizenship in Europe and*

*consumer*, also der konsumierende Staatsbürger, ist in der Forschung zu einem Grundbestandteil des modernen liberalen Rechtsstaats geworden.[30] Der Zeithistoriker Detlef Siegfried hat gezeigt, dass sich Konsum und Politik in der Jugendkultur der Bundesrepublik in den sechziger Jahren keinesfalls ausschlossen. Im Gegenteil: Die Differenzierung und Pluralisierung von Konsum- und Lebensstiloptionen war mit der Artikulation kritischer und politischer Belange eng verbunden.[31] Auch der Zeithistoriker Sven Reichardt beleuchtet in seiner Studie zum linksalternativen Milieu in den langen siebziger Jahren, gestützt auf die lebenspraktischen Kategorien Authentizität und Gemeinschaft, vielfältige Be-

*America* (Oxford: Berg, 2001), 2. Siehe auch Carole Shammas, »Standard of Living, Consumption, and Political Economy over the Past 500 Years«, in: Frank Trentmann (Hg.), *The Oxford Handbook of the History of Consumption* (Oxford: Oxford University Press, 2012), 211-228; Lawrence B. Glickman, »Consumer Activism, Consumer Regimes, and the Consumer Movement: Rethinking the History of Consumer Politics in the United States«, in: ebd., 399-417; Frank Trentmann, »The Politics of Everyday Life«, in: ebd., 521-550; Frank Trentmann und Fleming Just (Hg.), *Food and Conflict in Europe in the Age of the Two World Wars* (Basingstoke: Palgrave Macmillan, 2006); Lizabeth Cohen, *A Consumers' Republic: The Politics of Mass Consumption in Postwar America* (New York: Alfred A. Knopf, 2004); Mark Landsman, *Dictatorship and Demand: The Politics of Consumerism in East Germany* (Cambridge: Harvard University Press, 2005); Hartmut Berghoff (Hg.), *Konsumpolitik: Die Regulierung des privaten Verbrauchs im 20. Jahrhundert* (Göttingen: Vandenhoeck & Ruprecht, 1999); Martin H. Geyer, »Teuerungsprotest, Konsumentenpolitik und soziale Gerechtigkeit während der Inflation, München, 1920-1923«, in: *Archiv für Sozialgeschichte* 30 (1990), 181-215.

30 Siehe Kerstin Brückweh (Hg.), *The Voice of the Citizen Consumer: A History of Market Research, Consumer Movements, and the Political Public Sphere* (Oxford: Oxford University Press, 2011); Kate Soper und Frank Trentmann (Hg.), *Citizenship and Consumption* (Basingstoke: Palgrave Macmillan, 2008); Mark Bevir und Frank Trentmann (Hg.), *Critiques of Capital in Modern Britain and America: Transatlantic Exchanges 1800 to the Present Day* (Basingstoke: Palgrave, 2002); Katherine Pence, »Shopping for an ›Economic Miracle‹: Gendered Politics of Consumer Citizenship in Divided Germany«, in: Alain Chatriot et al. (Hg.), *The Expert Consumer: Associations and Professionals in Consumer Society* (Aldershot: Ashgate, 2006), 105-120; Michael Wildt, »Konsumbürger: Das Politische als Optionsfreiheit und Distinktion«, in: Manfred Hettling (Hg.), *Bürgertum nach 1945* (Hamburg: Hamburger Edition, 2005), 255-283; Meg Jacobs, *Pocketbook Politics: Economic Citizenship in Twentieth-Century America* (Princeton: Princeton University Press, 2005).

31 Detlef Siegfried, *Time Is on My Side: Konsum und Politik in der westdeutschen Jugendkultur der 60er Jahre.* (Göttingen: Wallstein, 2006). Siehe auch Axel Schildt und Detlef Siegfried (Hg.), *Between Marx and Coca-Cola: Youth Cultures in Changing European Societies, 1960-1980* (Oxford: Berghahn, 2006).

züge zwischen dem sozioökonomischen Wandel und jugendlichem Rebellentum mit politischem Anspruch.[32]

In seinem Buch *Prosperity for All* kann Matthew Hilton nachweisen, dass Verbraucherorganisationen mit ihren diversen Netzwerken zentrale Akteure der globalen Zivilgesellschaft sind. Er spricht diesem »institutionellen Ausdruck von Graswurzelbewegungen« das Vermögen zu, in Single-Issue-Kampagnen das gesamte politische Spektrum über ideologische Gräben hinweg einzubinden.[33] »Konsumentenbewegungen« hätten, besonders in den Entwicklungsländern während der siebziger und achtziger Jahre, »den Konsum als Ausgangspunkt für eine Kritik der ganzen Gesellschaft« genutzt, die sich »der Belange der scheinbar von der Konsumgesellschaft Ausgeschlossenen« angenommen habe.[34] Hiltons Darstellung der internationalen Netzwerke der Verbraucherbewegungen ist in der Tat eine wichtige Bereicherung des Forschungsstands. Weil er sich aber auf die Neuen Sozialen Bewegungen der sechziger Jahre beschränkt, räumt er anderen sozialen Bewegungen, die sich in den siebziger und achtziger Jahren nicht explizit im Namen von Verbrauchern oder Konsumenten organisierten, und ihrem Vermächtnis für die jüngeren globalen Protestbewegungen nur geringes Gewicht ein. Wiederholt verwirft er radikalere Kritiken an der Konsumgesellschaft, denn solche theoretischen Positionen reduzierten die Konsumenten »auf eine homogene Masse von nur an der eigenen Bedürfnisbefriedigung interessierten Bewohnern von Shoppingmalls, die auf die zombiehafte Gefühllosigkeit ihrer eigenen unvermeidlichen Aufzehrung warten«.[35] Hilton diagnostiziert eine »Logik des Opponierens, die von geringer Relevanz für die liberalkapitalistische Demokratie« sei. Ohne jegliche empirische Forschung zu dieser Thematik assoziiert er radikale soziale Bewegungen mit antiamerikanischen und antiwestlichen Einstellungen. Er macht gar die »moralistische Kritik des Konsums«, die angeblich die »Bedürfnisse der Konsumenten in Afrika, Asien und Lateinamerika« ignoriert, dafür verantwortlich, dass »die Probleme, die

32 Sven Reichardt, *Authentizität und Gemeinschaft: Linksalternatives Leben in den siebziger und frühen achtziger Jahren* (Berlin: Suhrkamp, 2014).

33 Matthew Hilton, *Prosperity for All: Consumer Activism in an Era of Globalization* (Ithaca: Cornell University Press, 2009), 1, 11. Siehe auch ders., »Consumer Activism: Rights or Duties?«, in: Brückweh (Hg.), *The Voice of the Citizen Consumer*, 99-116.

34 Hilton, *Prosperity for All*, 86.

35 Ebd., 243.

sich aus dem Mangel ergeben«, aus »den Debatten um die Konsumgesellschaft ausgeklammert« worden seien. Im Gegenzug präsentiert er Verbraucherorganisationen, die international vergleichende Warentests etabliert haben, und die Bewegung der Verbrauchergenossenschaften als die wahren Ursprünge einer integrativen Perspektive, die sowohl den Problemen des Mangels als auch denen des Überflusses gerecht werden. Bei aller Hochachtung vor der wertvollen Arbeit, die von den von Hilton untersuchten Organisationen geleistet wird, erscheint es doch problematisch, den Einfluss zu übergehen, den radikalere Positionen in Fragen des Konsums auf die Entstehung globaler Netzwerke des Protests genommen haben. Eine etwas weniger voreingenommene Perspektive wird deutlich machen, dass Radikale nicht einfach die restriktiven Positionen eingenommen haben, gegen die Hilton polemisiert. Vielmehr haben sie – darin den organisierten Konsumenten nicht unähnlich – mit den Ambivalenzen und Widersprüchen gerungen, die sich aus konkreten Versorgungsproblemen ergaben, was zu einem ausgeprägten Bewusstsein für das Dilemma der von den Segnungen des Wohlstands Ausgeschlossenen sowohl in den Entwicklungsländern als auch unter den Marginalisierten der hochindustrialisierten Gesellschaften führte. Hiltons ideologische Frontstellung ist bedauerlich, da seine organisierten Konsumenten in den Entwicklungsländern und seine Kritik an »einem verkümmerten Begriff der Auswahl« durchaus den Weg zu Konflikten um öffentliche Güter, wie die Versorgung mit Wasser, Elektrizität, Bildung, Wohnraum oder Verkehrsmitteln, weisen und Fragen aufwerfen hinsichtlich der »Versorgungssysteme, die den Konsumenten Zugang zu wichtigen Gütern und Dienstleistungen gewähren«.[36]

Was benötigt wird, ist ein methodischer Ansatz, der eine empirische Untersuchung der moralischen, sozialen und politischen Konflikte gestattet, die aus Versorgungssystemen hervorgehen. Solch ein Ansatz wird die Macht- und Gewaltverhältnisse berücksichtigen müssen, die jedem Versorgungssystem zugrunde liegen. Die Dimension der politischen Gewalt ist aber in der bisherigen Literatur zu den politischen Dimensionen des Konsums nicht sehr prominent vertreten, obwohl der

36 Ebd., 250, 252-254. Siehe auch Freia Anders und Alexander Sedlmaier (Hg.), *Public Goods vs Economic Interests: Global Perspectives on the History of Squatting* (New York: Routledge, 2016).

Warenerwerb auch zur Herausbildung von Gewaltdiskursen beigetragen hat. Um den Zusammenhang zwischen den Konsumenten und den Machtverhältnissen zu begreifen, welche die Rahmenbedingungen des Konsums abstecken, wird die folgende Analyse den Begriff »Versorgungsregime« verwenden. Dabei gilt es, über die Perspektive des Versorgungssystems hinauszugehen, unter der einige Sozialwissenschaftler die Beziehung zwischen Konsum und Produktion betrachten.[37] Ein *Versorgungsregime* sei definiert als das Netzwerk der Aktivitäten, die den Konsum mit den Machtverhältnissen verbinden, die ihn ermöglichen und gleichzeitig andere Formen von Konsum und Produktion verhindern. Was eine Gesellschaft für konsumierbar erachtet, unter welchen Bedingungen und für wen ist das Resultat sozialer und politischer Auseinandersetzungen und Kämpfe, in denen Bilder oder Visionen von vergangenen, zukünftigen und idealen Versorgungsregimen angeführt werden. Strittige Ansprüche auf die Früchte der Arbeit haben in solchen Debatten eine zentrale Rolle gespielt. Diese Aushandlungsprozesse gingen oft mit proaktiver wie reaktiver politischer Gewalt einher. Der Begriff »Versorgungsregime« beleuchtet somit die Argumente derjenigen, die mit militanten Aktionsformen auf die einem Versorgungsregime inhärente Gewalt reagierten bzw. das »System« mit seinem Unvermögen konfrontierten, kollektives Wohlergehen zu gewährleisten. Er macht die spezifischen Gebote und Regeln sichtbar, welche die Aggregation von Versorgungssystemen im Einflussgebiet einer politischen Macht aufrechterhalten. Auch weist er den Weg zu den Widerständen, die sich daraus ergeben. Der Widerstand kann insofern erfolgreich sein, als es ihm gelingt, alternative Versorgungsregime zumindest teilweise zu realisieren. Das bedeutet, dass es eine Pluralität von Versorgungsregimen gibt und konkurrierende Versorgungsregime sich überlappen und ineinander verwickeln können. Abhängig von der Perspektive, können Versorgungsregime spezifisch (z. B. das Wohnungswesen oder die Medienlandschaft in einem bestimmten Gebiet) oder allgemein und umfassend (z. B. das Warenangebot eines ganzen Staats oder gar der globalen Wirtschaft) sein.

Der Begriff »Konsumregime«,[38] der auf ähnliche Zusammenhänge

37 Siehe dazu Ben Fine, *The World of Consumption: The Material and Cultural Revisited* (London: Routledge, 2002, 2. Aufl.), 79.

38 Der Begriff wird ohne stringente Definition benutzt in: Grazia, *Irresistible Empire*, 5. Siehe auch Alon Confino und Rudy Koshar, »Régimes of Consumer Culture: New

zielt, wird hier bewusst vermieden, um den Wortbestandteil »Konsum« zu umgehen, weil die vielen Möglichkeiten des Konsums niemals vollständig oder auch nur weitgehend determiniert sind. Konsumenten genießen in ihrem Handeln immer ein gewisses Maß an Kreativität und Freiheit: Ein Boulevardblatt können sie beispielsweise lesen, aus ihm einen Papierflieger falten oder es als Toilettenpapierersatz verwenden. Was hingegen rigide und umkämpft ist, ist das Versorgungsregime, das die Bedingungen und Parameter festlegt, unter denen die Güter oder Dienstleistungen den Verbrauchern zur Verfügung gestellt werden. Die Perspektive der Versorgungsregime geht damit auch über den gebräuchlichen deutschen Ausdruck »Konsumkritik« hinaus. Dieser Begriff suggeriert in einer bestimmten Verwendung etwas missverständlich, es könnte möglich sein, den Konsum – eine Fundamentalkategorie der menschlichen Existenz – als solchen zu überwinden. Realiter richtet sich die Kritik stets gegen konkrete Manifestationen bestimmter Versorgungsregime.

In der Umgangssprache hat der Begriff »Konsum« eine allgemeine Bedeutung angenommen, die eher den Zustand einer Konsumgesellschaft bezeichnet, also einer konkreten historischen Epoche, die von einem bisher nicht gekannten Bedeutungszuwachs des Konsums gekennzeichnet ist. Das heißt, dass Produktion und Geldverdienen relativ zum Konsum und zum Geldausgeben an Bedeutung verloren haben, was aber, obwohl es gelegentlich suggeriert wird, keinesfalls impliziert, dass Arbeit und industrielle Produktion nun nicht mehr zentrale Kategorien der menschlichen Existenz sind. Diese Verschiebung in der sozioökonomischen Semantik hat Kritiker dazu veranlasst, in der rhetorischen Betonung des Konsums ein ideologisches Werkzeug zu sehen, das die herrschenden Klassen zur Kontrolle der Gesellschaft einsetzen. Kritische Perspektiven auf die Konsumgesellschaft werden oft vehement vertreten oder abgelehnt, aber ihre historische Erforschung steckt noch in den Anfängen.[39] Kritische Haltungen waren in der Bundesrepublik

Narratives in Twentieth-Century German History«, in: *German History* 19/2 (2001), 135-161; Hazel Kyrk, *A Theory of Consumption* (Boston: Houghton Mifflin, 1923), 41. Kryk bezeichnet die US-amerikanische Konsumgesellschaft als »Regime des Individualismus im Konsum«.

39 Pionierstudien sind Alexander Sedlmaier, »Konsumkritik und politische Gewalt in der linksalternativen Szene der siebziger Jahre«, in: Sven Reichardt und Detlef Siegfried (Hg.), *Das alternative Milieu: Antibürgerlicher Lebensstil und linke Politik in der*

recht weitverbreitet, aber auch italienische und französische Denker wie Pier Paolo Pasolini oder Henri Lefebvre vertraten radikale Positionen. In Lefebvres Buch *Das Alltagsleben in der modernen Welt* findet sich gar ein Kapitel mit der Überschrift »Terrorismus und Alltäglichkeit«.[40] In West-Deutschland wurde die Konsumkritik in der Regel mit der Frankfurter Schule assoziiert und war somit in eine fundamentale Kritik der Herrschaft im Kontext des »Spätkapitalismus« eingebettet.

In der jüngeren konsumgeschichtlichen Forschung ist es zur Mode geworden, die klassischen Positionen der Konsumkritik rundheraus zu verwerfen. Es handele sich um elitäre, normative und totalisierende Sichtweisen, in denen die Konsumenten zu passiv und ihre Motive zu stark vereinfacht erschienen.[41] Dieser Standpunkt beruht oft auf einer dem jeweiligen Kontext kaum gerecht werdenden Interpretation isolierter Zitate. In einem neueren Essay zur politischen Legitimation des Konsums behauptet der Zeithistoriker Claudius Torp, die Tradition der Konsumkritik, die er gleichermaßen mit konservativen Denkern wie Hans Freyer und Arnold Gehlen wie mit der neomarxistischen Linken von Horkheimer bis Habermas assoziiert, sei für eine verspätete Moralisierung des Konsums in Deutschland verantwortlich. Die »Protestformen der 68er« hätten aufgrund einer »Fundamentalopposition gegen den Konsum« zu Brandstiftung und Hungerstreiks geführt. Ähnlich wie bei Hiltons Argumentation ermöglicht ihm das, die Neue Linke, die »in [der] Sackgasse der radikalen Ablehnung« gefangen sei, generell aus dem historischen Prozess auszuklammern, der zur Morali-

*Bundesrepublik Deutschland und Europa, 1968-1983* (Göttingen: Wallstein, 2010), 194-204; Uta G. Poiger, »Imperialism and Consumption: Two Tropes in West German Radicalism«, in: Schildt/Siegfried (Hg.), *Between Marx and Coca-Cola*, 161-172; Horowitz, *The Anxieties of Affluence*; Detlef Briesen, *Warenhaus, Massenkonsum, und Sozialmoral: Zur Geschichte der Konsumkritik im 20. Jahrhundert* (Frankfurt a.M./New York: Campus, 2001). Siehe auch Bevir/Trentmann (Hg.), *Critiques of Capital.* Kritische Haltungen zu Fragen des Konsums werden nur gestreift in Michael Wildt, »›Wohlstand für alle‹: Das Spannungsfeld von Konsum und Politik in der Bundesrepublik«, in: Heinz-Gerhard Haupt und Claudius Torp (Hg.), *Die Konsumgesellschaft in Deutschland, 1890-1990: Ein Handbuch* (Frankfurt a.M./New York: Campus, 2009), 312-313.

40 Siehe Henri Lefebvre, *Das Alltagsleben in der modernen Welt* (Frankfurt a.M.: Suhrkamp, 1972); Pier Paolo Pasolini, *Freibeuterschriften: Aufsätze und Polemiken über die Zerstörung des Einzelnen durch die Konsumgesellschaft* (Berlin: Wagenbach, 1978).

41 Z.B. Thomas Hecken, *Das Versagen der Intellektuellen: Eine Verteidigung des Konsums gegen seine deutschen Verächter* (Bielefeld: transcript, 2010).

sierung des Konsums geführt habe.[42] Es wird sich zeigen, ob diese weitreichende Behauptung, mit der die Neue Linke gewissermaßen aus ihrem eigenen Projekt – der Schaffung internationaler Solidarität – ausgesperrt wird, empirisch einholbar ist.

Die US-amerikanische Ökonomin und Soziologin Juliet Schor hat gezeigt, dass die »Kritik der Konsumkritik« oft nicht genügend in die Tiefe geht, denn die Fragen und Methoden, die kritische Intellektuelle wie Veblen, Adorno, Horkheimer und Galtung aufgeworfen haben, werden nicht dadurch obsolet, dass sie, besonders hinsichtlich ihrer politischen Implikationen, nicht länger vom akademischen Mainstream geteilt werden. Die von diesen Denkern begründete integrative Perspektive, die Konsum und Produktion als zwei Seiten derselben Medaille betrachtet, sei weitgehend zugunsten eines entpolitisierten Forschungsparadigmas aufgegeben worden, das den Konsum behandelt, als sei er für sich allein hinreichend, um das ganze Spektrum sozialer Beziehungen zu erschließen.[43] In ähnlicher Weise reflektiert der Historiker Andreas Wirsching die Grenzen des vorherrschenden Forschungsparadigmas, indem er darauf hinweist, dass es wegen der utilitaristischen Perspektive auf »die bloße Summe der erworbenen ›Lust‹ [...] für die Erforschung der Konsumgesellschaft eine mindere Rolle« spiele, welche »Grenzen [...] dieselbe Konsumgesellschaft für denjenigen aufrichtet, dem die Mittel für [die Erlangung von] Distinktion fehlen und welche Freiheitschancen ihm dadurch gegebenenfalls entzogen werden«. Teleologische Narrative, die den »Siegeszug der Konsumgesellschaft westlichen Zuschnitts« bejubelten, liefen Gefahr, die anhaltende soziale Ungleichheit zu vernachlässigen.[44] Wirschings Unbehagen übersieht einige Autoren, die in letzter Zeit durchaus in diese Richtung geforscht haben, z. B. Matthew Hilton oder den britischen Wirtschaftshistoriker Avner Offer,[45] aber er hat sicher recht, dass ein überzeugender

42 Claudius Torp, *Wachstum, Sicherheit, Moral: Politische Legitimationen des Konsums im 20. Jahrhundert* (Göttingen: Wallstein, 2012), 122-123.

43 Juliet B. Schor, »In Defense of Consumer Critique: Revisiting the Consumption Debates of the Twentieth Century«, in: *Annals of the American Academy of Political and Social Science* 611/16 (2007), 16-30.

44 Andreas Wirsching, »Konsum statt Arbeit? Zum Wandel von Individualität in der modernen Massengesellschaft«, in: *Vierteljahrshefte für Zeitgeschichte* 57/2 (2009), 166-169.

45 Avner Offer, *The Challenge of Affluence: Self-Control and Well-Being in the United States and Britain since 1950* (Oxford: Oxford University Press, 2006).

methodischer Ansatz, der die Konsumgeschichte als Teil einer umfassenden sozialwissenschaftlichen Theorie des menschlichen Lebens auffasst, noch aussteht.

Die klassische Sozialgeschichte hat sich mit dem Konsum unter den Bedingungen des Mangels und mit der Dimension der Gewalt im Zusammenhang mit Subsistenzunruhen beschäftigt. Dieser Ansatz wird in der Regel aber nur zur Erforschung der Zeit bis zur Mitte des 19. Jahrhunderts angewandt. Für die nachfolgenden Perioden gehen die meisten Wissenschaftler von einer Rationalisierung des Konsums und der Verbraucherinteressen aus, die zu zivilgesellschaftlichen und friedlichen Prozessen des kommerziellen und politischen Aushandelns geführt hätten, in denen gewalttätige Formen der Auseinandersetzung überwunden worden seien.[46] Im Rahmen des jüngeren Forschungsparadigmas der Konsumgeschichte neigen viele Autoren hingegen dazu, die Implikationen des Überflusses in den Vordergrund zu stellen, so dass gewalttätige Vorfälle wie Relikte eines vergangenen Zeitalters erscheinen, die für die moderne Zivilgesellschaft nicht länger relevant sind. Diese Perspektive wird durch die wiederkehrenden Bilder von brennenden Autos, geplünderten Schaufenstern und Steine werfenden jungen Menschen in den Städten der hochentwickelten Industriestaaten unterminiert. Kollektive Gewalt, insbesondere Plündern, ist augenscheinlich kein »Überbleibsel der Vergangenheit, sondern wesentlicher Bestandteil des Lebens in den Gesellschaften der Gegenwart [...] und steht in engem Zusammenhang damit, wie Benachteiligung aufgrund von Klasse [...] und Ethnie strukturiert und reproduziert wird«.[47] Ein integrativer Ansatz, der zeigen könnte, dass Mangel und Überfluss sowie friedliche und gewaltförmige Konflikte zwei Seiten derselben Medaille sind und

46 Einen kritischen Überblick liefert Manfred Gailus, »Contentious Food Politics: Sozialer Protest, Märkte, und Zivilgesellschaft« (Berlin: WZB, 2004); online verfügbar unter: {https://www.econstor.eu/dspace/bitstream/10419/49761/1/483175005.pdf} (Stand August 2017). Von einer Rationalisierung des Konsums in der zweiten Hälfte des 19. Jahrhunderts gehen aus: Christoph Nonn, *Verbraucherprotest und Parteiensystem im wilhelminischen Deutschland* (Düsseldorf: Droste, 1996), und Werner K. Blessing, »Konsumentenprotest und Arbeitskampf: Vom Bierkrawall zum Bierboykott«, in: Klaus Tenfelde und Heinrich Volkmann (Hg.), *Streik: Zur Geschichte des Arbeitskampfes in Deutschland während der Industrialisierung* (München: C.H. Beck, 1980), 109-123.

47 Javier Auyero, *Routine Politics and Violence in Argentina: The Gray Zone of State Power* (Cambridge: Cambridge University Press, 2007), 10.

sich durch das gesamte 20. Jahrhundert hindurch parallel zueinander entwickelt haben, steckt noch in den Anfängen.

Der in diesem Buch verfolgte Ansatz versucht über die Tradition der generalisierenden Kritik oder Affirmation des Konsums hinauszugehen, indem die Ideen- und Sozialgeschichte sowie die politische Geschichte von Versorgungsregimen in den Blick genommen werden. Dabei soll vermieden werden, die Phänomene auf gewalttätige Konsumkritik zu reduzieren, die lediglich eine mögliche Konstellation in dem durch die Begriffe »Konsum« und »Gewalt« aufgespannten diskursiven Feld darstellt. Das destruktive Potential aufzuzeigen, das bestimmten Konsummustern inhärent ist, stellt eine weitere Möglichkeit dar. In vielen Hinsichten invertierte die Kritik an Versorgungsregimen ideologische Positionen, die vorteilhafte Auswirkungen des gestiegenen Konsums, des Wettbewerbs der Eigeninteressen und der Marktförmigkeit geltend machten. Die Argumente des *doux commerce*, die bestimmten historischen oder idealisierten Versorgungsregimen zugeschrieben wurden, forderten Kritik heraus. Historisch betrachtet, hat sich die Kapitalismuskritik sowohl auf Aspekte der Produktion als auch des Konsums gerichtet. Die Perspektive auf Versorgungsregime gestattet die Integration der beiden Gesichtspunkte. In Versorgungsregimen sahen Kritiker die Ursache für eine ganze Reihe von Missständen: (1) Entzauberung und Authentizitätsverlust der Dinge und Lebensformen; (2) Unterdrückung, die Freiheit, Autonomie und Kreativität einschränkt, die Menschen ohne Berücksichtigung ihrer individuellen Umstände den Regeln des Markts unterwirft, arbiträr Preise festlegt bzw. entscheidet, welche Güter und Dienstleistungen überhaupt den Charakter einer Ware erlangen; (3) Armut, Ungleichheit, soziale Exklusion; (4) Opportunismus und Egoismus, die Eigeninteressen befördern, aber den sozialen Zusammenhalt und die gegenseitige Solidarität besonders im Verhältnis zwischen Arm und Reich korrumpieren.[48]

Eine wichtige Dimension von Versorgungsregimen und ihrer Kritik ist die Frage der Geschlechtergleichheit. Zwar gehört die Genderperspektive nicht zu den Ausgangsfragen des hier verfolgten Ansatzes, aber feministische Impulse werden im Folgenden eine wichtige Rolle spie-

48 Eine ähnliche Typologie, die hier etwas abgewandelt wurde, findet sich bei: Luc Boltanski und Ève Chiapello, *Der neue Geist des Kapitalismus* (Konstanz: UVK, 2003 [1999]), 80.

len. Dieser Aspekt gewann im Zuge der Entstehung eines bisher noch kaum erforschten militanten Feminismus in den achtziger Jahren an Bedeutung, als Solidaritätskampagnen für Arbeiterinnen in den Entwicklungsländern zu den ersten Initiativen gehörten, die radikale Traditionen des Arbeitskampfs wiederbelebten und auf die globale Ebene übertrugen. Schließlich ist zu berücksichtigen, dass die Kritik an Versorgungsregimen in ihrer Reichweite ganz unterschiedlich ausfallen konnte: angefangen beim Verlangen sozial ausgegrenzter Bevölkerungsgruppen, an einem erfolgreichen Versorgungsregime teilzuhaben, ohne dabei den Umsturz seiner Grundprinzipien anzustreben, bis hin zum gewaltsamen Widerstand gegen die immer umfassendere Vermarktung aller Aspekte des menschlichen Lebens.

Während die jüngere Konsumgeschichte die politische Dimension des Konsums bisher so gut wie ohne Einbeziehung des Faktors Gewalt beleuchtet hat, konzentriert sich die neuere Gewaltforschung kaum auf den Faktor Konsum. Die Entscheidung, militanten Protest gegen Versorgungsregime zu analysieren, wirft die Frage auf, wie das Phänomen der politischen Gewalt zu definieren ist. Die beiden Historiker Donald Bloxham und Robert Gerwarth haben den prägnanten und schlüssigen Vorschlag unterbreitet, mit dem Begriff der politischen Gewalt sollten »alle Formen der Gewalt« bezeichnet werden, die »mit dem Ziel ausgeübt wurden, maßgeblichen soziopolitischen Einfluss zu erlangen oder Veränderungen herbeizuführen«. Sinnvollerweise zählen sie dazu staatliche Gewalt, doch ihr Ansatz enthält auch einige normative Einschränkungen: Den »regulären Betrieb der Polizei, des Justizsystems und der Geheimdienste« beziehen sie nur insofern mit ein, als er »dazu beitrug, die Möglichkeit transformativer, antisystemischer Gewalt einzuschränken«; die von der organisierten Arbeiterbewegung ausgehende Gewalt schließen sie explizit aus, weil diese im Allgemeinen »auf Reform innerhalb der anerkannten Rahmenbedingungen des soziopolitischen Systems« gezielt hätte.[49] Diese Einschränkungen werfen Fragen hinsichtlich der Grenzen des Regulären und Anerkannten auf und sie laufen Gefahr, das Augenmerk nur auf große und außergewöhnliche Gewaltereignisse wie den internationalen Terrorismus zu richten.

Auf eine etwas alltäglichere Ebene gelangt man hingegen mit den Ar-

49 Donald Bloxham und Robert Gerwarth (Hg.), *Political Violence in Twentieth-Century Europe* (Cambridge: Cambridge University Press, 2011), 2.

beiten der Politikwissenschaftlerin Donatella della Porta, die sich unter anderem mit politischer Gewalt in sozialen Bewegungen beschäftigt. Dabei betont sie die relative Illegitimität politischer Gewalt, die sie »als bestimmtes Repertoire der kollektiven Aktion« auffasst, »das physische Gewalt beinhaltet und von der zeitgenössisch vorherrschenden Kultur als illegitim betrachtet wird«.[50] Diese Definition ist problematisch, da sie den Einsatz von Gewalt unter dem staatlichen Gewaltmonopol von Anfang an in einen nichtpolitischen Bereich verweist. Außerdem wird die Annahme eines verbindlichen Verständnisses von Legitimität in der vorherrschenden Kultur der kommunikativen Interaktion nicht gerecht, die innerhalb der Gesellschaft darüber ausgetragen wird, was als legitim gilt. Schließlich müssen sowohl die staatlichen Behörden als auch ihre Herausforderer in politischen Gruppierungen und sozialen Bewegungen die Gewaltakte, auf die sie zurückgreifen, kommunikativ vermitteln und diskursiv legitimieren. Das Gewaltmonopol strukturiert den Raum des Politischen und, vermittelt durch das System des Eigentumsrechts, die Versorgungsregime. Infolge von Aushandlungsprozessen bezüglich seiner Anwendung können die Spielräume der politischen Auseinandersetzung und des politischen Handelns – also die Grenzen des politischen Raums – eingeschränkt oder ausgedehnt werden.[51] Auf der Ebene der verschiedenen Formen von Gewalt – denn es erscheint unproduktiv, über die Gewalt als solche zu spekulieren – ist della Portas Definition allerdings hilfreich, da sie Gewalt gegen Sachen einschließt, also gezielte Anschläge auf Eigentum oder Sachbeschädigung infolge von Aufständen oder Unruhen.[52] Eine Definition, die den Begriff der politischen Gewalt von vornherein auf Gewalt gegen Personen beschränkte, würde der Thematik dieses Buches kaum gerecht werden. Sie würde, was in der Literatur zum Thema Terrorismus häufig der Fall ist, die politische Gewalt von ihren Wurzeln in den sozialen und politischen Kämpfen um materielle Verhältnisse ablösen.

50 Donatella della Porta, *Social Movements, Political Violence, and the State: A Comparative Analysis of Italy and Germany* (Cambridge: Cambridge University Press, 1995), 3-4.

51 Diese Überlegungen stützen sich auf den an der Universität Bielefeld entwickelten Ansatz, der »[d]as Politische als Kommunikationsraum in der Geschichte« auffasst. Siehe dazu: Neithart Bulst, Ingrid Gilcher-Holtey und Heinz-Gerhard Haupt (Hg.), *Gewalt im politischen Raum: Fallanalysen vom Spätmittelalter bis ins 20. Jahrhundert* (Frankfurt a. M./New York: Campus, 2008), 8-10.

52 Della Porta, *Social Movements*, 3-4.

Dieses Problem lässt sich mit den Arbeiten des US-amerikanischen Politikwissenschaftlers David Apter fassen. Für ihn ist der »Schlüssel zur politischen Gewalt [...] ihre Legitimität«. Er stellt die Hypothese auf, dass soziale Bewegungen Macht entwickeln, wenn sie aus ihrer Interpretation polarisierender Ereignisse »symbolisches Kapital« (Bourdieu) beziehen.[53] Wenn man annimmt, dass es sich bei politischer Gewalt um ein ubiquitäres Phänomen handelt, das entweder auf eine Machtverschiebung oder die Erhaltung des Status quo gerichtet ist und dafür der Legitimation bedarf, wird leicht ersichtlich, dass die Legitimation bzw. Delegitimation von Gewalt nicht ohne Bezugnahme auf überindividuelle Entitäten auskommt. Ein grundlegender Faktor für die Entstehung politischer Gewalt ist die durch politische Unternehmer vermittelte Transformation von Legitimationsnarrativen in Diskurse, die einen gewissen Grad der Akzeptanz erreicht haben und für sich genommen selbst Rekonstruktionen der Realität darstellen. Apter ist nicht der Einzige, der hervorhebt, dass »Gewalt ohne die sie begleitenden, begrenzenden und ausweitenden Diskurse nicht verstanden werden kann«.[54] Politische Gewalt wird somit zu einer Möglichkeit, hegemoniale Diskurse herauszufordern,[55] weil – wie die Arbeiten der Historikerin Freia Anders für die Konflikte zwischen den Autonomen und dem Staat in den achtziger und neunziger Jahren gezeigt haben[56] – Legitimitäts- und Legalitätsdiskurse ineinander verwoben sind. Nach Apter ist politische Gewalt nichts Zufälliges, sondern wurzelt in der Verfolgung eines »bestimmten, auf eine neue Ordnung gerichteten Zwecks«, z. B. Gerechtig-

53 David E. Apter, »Symbolic Capital and Political Violence: A Discourse Approach« (unveröffentlichter Tagungsbeitrag, Legitimationen politischer Gewalt, Universität Bielefeld, Oktober 2009); ders., »Political Violence in Analytical Perspective«, in: ders. (Hg.), *The Legitimization of Violence* (New York: New York University Press, 1997), 5-15.

54 Bulst/Gilcher-Holtey/Haupt, *Gewalt im politischen Raum*, 11.

55 Apter, »Political Violence«, 8.

56 Freia Anders, »Die Zeitschrift *radikal* und das Strafrecht«, in: dies. und Ingrid Gilcher-Holtey (Hg.), *Herausforderungen des staatlichen Gewaltmonopols: Recht und politisch motivierte Gewalt am Ende des 20. Jahrhunderts* (Frankfurt a. M./New York: Campus, 2006), 221-259; Freia Anders, »Die ›Gewaltfrage‹ an der Startbahn West«, in: Bulst/Gilcher-Holtey/Haupt (Hg.), *Gewalt im politischen Raum*, 260-288; Freia Anders und Alexander Sedlmaier, »The Limits of the Legitimate: The Quarrel over ›Violence‹ between Autonomist Groups and the German Authorities«, in: Willibald Steinmetz, Ingrid Gilcher-Holtey und Heinz-Gerhard Haupt (Hg.), *Writing Political History Today* (Frankfurt a. M./New York: Campus, 2013), 291-316.

keit oder Gleichheit. Folglich »geht das Einreißen von Grenzen mit der Neuerrichtung von Grenzen einher«.[57] Wenn eine solche »Inversion der Bedeutung« angestrebt wird, konstituiert politische Gewalt einen »inversionären Diskurs«, in dem es mehr um symbolisches Kapital geht als bei einem bewaffneten Kräftemessen über die Kontrolle ökonomischen Kapitals, wobei in der Realität beide Elemente in wechselnden Mischverhältnissen auftreten.[58] Das sollte nicht als Apologie von Gewaltakten missverstanden werden, sondern eher als Hinweis auf die Komplexität und moralische Ambivalenz politischer Gewalt, die durchaus ein rationales Phänomen sein kann. Konfrontation kann als Mobilisierungsressource fungieren. Darüber hinaus ruft uns Apter in Erinnerung, dass die Umverteilung von Reichtum, Visionen einer Verbesserung der menschlichen Lebensbedingungen und politische Gewalt untrennbar mit der Entwicklungsgeschichte der Demokratie verbunden sind. Die Englische, die Französische und die Amerikanische Revolution waren sämtlich von politischer Gewalt und ihren Diskursen gekennzeichnet, nicht zuletzt hinsichtlich der aufeinandertreffenden Versorgungsregime.[59]

In globaler Perspektive hilft Apters Ansatz, politische Gewalt als wichtige Schnittstelle zwischen politischer und ökonomischer Entwicklung zu erkennen: »Die moderne Entwicklungspolitik basiert auf der Prämisse des unbeschränkten Wachstums, der Universalisierung des Markts und den immer effektiveren Möglichkeiten, Zugang zu ökonomischen, sozialen und politischen Institutionen zu erlangen und an ihnen teilzuhaben.« Wenn man annimmt, dass die politische Entwicklung zumindest teilweise durch Gewalt vorangetrieben wird, also durch Kriege, die Ausübung von Gewaltmonopolen im Innern oder deren aktive Infragestellung, was wiederum Reformen auslösen kann, dann sind die Systeme des Politischen und des Ökonomischen »in einem doppelten Markt miteinander verkoppelt«.[60] Kritiker und Herausforderer von Versorgungsregimen sind Unternehmer auf diesem Doppelmarkt.

Ein von Apters Theorie des »inversionären Diskurses« inspirierter Ansatz kann nicht – wie der britische Historiker E. P. Thompson es tat – davon ausgehen, Protestakte beruhten auf einem breiten »volks-

57 Apter, »Political Violence«, 5.
58 Ebd., 15.
59 Ebd., 2-22.
60 Ebd., 22.

tümlichen Konsens darüber, was [...] legitim und was illegitim sei«.[61] Ganz im Gegenteil: Was in Konflikten um Versorgungsregime während der zweiten Hälfte des 20. Jahrhunderts für legitim gehalten wurde, war in hohem Maße im Fluss und heiß umkämpft von einer Vielzahl von Akteuren, die sich wiederum auf vielfältige intellektuelle Traditionen beriefen. Der Versuch, die Wirtschaftsordnung im Rahmen einer moralischen Ökonomie nach ethischen und politischen Überzeugungen, die den marktwirtschaftlichen Ethos der kapitalistischen Wirtschaft ablehnten, systematisch umzugestalten, war weniger rückwärtsgewandt als utopisch. Hilfreich ist Thompsons Analyse protestierender Menschenaufläufe im 18. Jahrhundert hingegen, wenn es um die Idee der Legitimation geht. Zudem hat er gezeigt, dass der bloße Verweis auf Hunger oder das aufrührerische Wesen verärgerter Konsumenten nicht ausreicht, um deren komplexe Motivation zu erklären. Übertragbar ist auch Thompsons Beobachtung, dass eine politische Ökonomie zwar nicht im Sinne einer fortgeschrittenen Organisationsform politisch ist, aber »ebensowenig als ›unpolitisch‹« verstanden werden kann, »da sie von fest umrissenen und leidenschaftlich vertretenen Vorstellungen vom Gemeinwohl« ausgeht.[62] Die Konflikte um moralische Ökonomien im späten 20. Jahrhundert waren so explosiv, weil sie an den Begrenzungen des Politischen ausgetragen wurden, dort, wo Fragen der Grenzen des Legitimen und der Definition des Politischen verhandelt wurden. Das traf auch auf die staatlichen Organe zu, die ihr Vorgehen in ähnlicher Weise durch impliziten wie expliziten Rekurs auf Ideologien der politischen Ökonomie legitimierten.

Die Studien des in Austin lehrenden Soziologen Javier Auyero zu wesentlich jüngeren Manifestationen der politischen Gewalt haben gezeigt, dass man Plünderungen nicht als anarchische Ausbrüche verstehen sollte. Die Menschen, die an Aufruhr und Plünderungen beteiligt sind, stehen in der Regel, jedoch nicht immer, in sozialen Beziehungen

61 Edward P. Thompson, »Die ›moralische Ökonomie‹ der englischen Unterschichten im 18. Jahrhundert« (1971), in: ders., *Plebeische Kultur und moralische Ökonomie: Aufsätze zur englischen Sozialgeschichte des 18. und 19. Jahrhunderts* (Frankfurt a. M.: Ullstein, 1980), 67-129, 69. Siehe auch Frank Trentmann, »Before ›Fair Trade‹: Empire, Free Trade, and the Moral Economies of Food in the Modern World«, in: *Environment and Planning* 25/6 (2007), 1079-1102; Gailus, »Contentious Food Politics«; Cynthia Bouton, *The Flour War: Gender, Class, and Community in Late Ancien Régime French Society* (University Park: Pennsylvania State University Press, 1993).

62 Thompson, »Die ›moralische Ökonomie‹«, 70.

zueinander und suchen sich selektiv nur bestimmte Geschäfte aus. Das kann auf eine »koordinierte Zerstörung« hinauslaufen, also auf ein ganzes Programm gezielter Sachbeschädigung.[63] Die »Drohung mit der Störung« kann dabei zu einem beträchtlichen politischen Druckmittel werden.[64]

Gewalt ist selbst eine Art der Kommunikation; wichtiger ist aber, dass politische Gewalt sowohl das Resultat als auch der Ausgangspunkt politischer Kommunikation ist. Im Fall der Bundesrepublik waren anfänglich die Strafverfolgungsbeamten die einzigen »Gewaltspezialisten«[65] in dieser Interaktion. Sie traten protestierenden Studenten, Intellektuellen und Künstlerkritikern entgegen, die ganz bewusst die etablierten Konventionen und Regeln der politischen Kommunikation brachen, um die Aufmerksamkeit auf alltägliche Manifestationen von Gewalt zu lenken. Die Idee, das Establishment durch zivilen Ungehorsam und performative Regelverstöße herauszufordern, wie sie von Rudi Dutschke in seiner Vision eines »Gegenmilieus« formuliert wurde, bildete die Grundlage der politischen Strategie, welche die 68er-Bewegung und ihre Erben in den alternativen, feministischen und ökologischen Bewegungen verfolgten. Das Teilnehmerfeld dieser Interaktion diversifizierte sich schließlich, als militante Gruppen wie die Rote Armee Fraktion (RAF), die Bewegung 2. Juni, die Revolutionären Zellen und später die Autonomen versuchten, nicht mehr nur politische Unternehmer zu sein, sondern ebenfalls in die Rolle der Gewaltspezialisten zu schlüpfen.

Es ist wichtig, zwei miteinander zusammenhängende Formen des politischen Diskurses in Augenschein zu nehmen: zum einen den wechselseitigen Austausch zwischen Herausforderern und Ordnungskräften (beispielsweise wenn Sicherheitsmaßnahmen und ihre Rechtfertigung nur noch entfernt etwas mit der Bedrohung zu tun hatten, die von den Protestbewegungen ausging); zum anderen die interne Kommunikation in beiden Lagern (beispielsweise wenn sich das kritische Denken der Aktivisten zu hohlen Feindbildern versteifte oder zu selbstreferen-

63 Javier Auyero, *Routine Politics and Violence in Argentina: The Gray Zone of State Power* (Cambridge: Cambridge University Press, 2007), 15, 28. Siehe auch Charles Tilly, *The Politics of Collective Violence* (Cambridge: Cambridge University Press, 2003), 14.

64 Auyero, *Routine Politics and Violence*, 157.

65 Tilly, *The Politics of Collective Violence*, 34-41.

tiellen Weltanschauungen gerann). Historiker sollten die Gegenstände ihrer Untersuchung freilich nicht von Anfang an mit Etiketten belegen. Die empirische Analyse muss die Basis für das Nachdenken liefern, für das Abwägen der Interaktion zwischen konkurrierenden Versorgungsregimen. Die vorliegende Studie ist daher in erster Linie darum bemüht, die Genese und die politischen Konsequenzen theoretischer Bezugssysteme und sozialer Praktiken zu beschreiben und zu erklären, welche die Themenfelder Gewalt und Konsum miteinander in eine Beziehung gesetzt haben. Mit den Worten des britischen Ideenhistorikers Quentin Skinner geht es darum, illokutionäre Akte aufzuspüren: »Indem wir Texte [oder andere performative Akte] so kontextualisieren, daß ihre Stoßrichtung innerhalb eines bestimmten Diskurses erkennbar wird, können wir feststellen, was ihre Autoren taten, indem sie diese Texte schrieben [oder diese Akte ausführten].«[66] Laut Skinner vermag eine solche auf umfangreiche Quellenstudien gestützte Methode aufzuzeigen, dass Ideen mit Machtansprüchen verknüpft waren. Texte (oder andere performative Akte) positionieren sich in Relation zu zeitgenössischen Diskursen und zum Status quo, den sie verändern möchten: »[W]ir [müssen] zunächst einmal verstehen [...], warum eine Behauptung aufgestellt worden ist, wenn wir die Behauptung selbst verstehen möchten.«[67]

Max Weber hat betont, dass politische oder andere Werturteile eines Autors unweigerlich in die komplexe Genese eines jeden konzeptuellen Ansatzes einfließen.[68] Andererseits ist es dem Erkenntnisgewinn kaum dienlich, dem empirischen Material Werturteile einfach überzustülpen. Das betrifft auch weitverbreitete Werturteile, die den Mainstream der Zeitgeschichte dominieren und ihre Wurzeln oft in zeitgenössischen Diskursen haben. Das vorliegende Buch erforscht das ökonomische und politische Denken der radikalen Linken recht ausführlich und mit einem gewissen Grad an Einfühlungsvermögen. Dabei geht es aber nicht um die Frage, ob die Untersuchten recht oder unrecht hatten. Das Ziel besteht vielmehr darin, zu zeigen, dass ihr Denken und Handeln bis

66 Quentin Skinner, *Visionen des Politischen* (Frankfurt a. M.: Suhrkamp, 2009 [2002]), 16.

67 Ebd., 11.

68 Max Weber, »Kritische Studien auf dem Gebiet der kulturwissenschaftlichen Logik«, in: ders., *Gesammelte Aufsätze zur Wissenschaftslehre*, herausgegeben von Johannes Winckelmann (Tübingen; J. C. B. Mohr, 1985, 6. Aufl.), 252-253.

ins kleinste Detail in intellektuelle Traditionen, soziale Strukturen und politische Machtverhältnisse eingebettet war und dass sie im Endeffekt die weitere Entwicklung beeinflusst haben, oft auf indirektem Weg und nicht im Sinne ihrer ursprünglichen Motivation. Der Erkenntnisgewinn dieser analytischen Bemühungen sollte dabei allen Lesern zugänglich sein, unabhängig von ihren politischen Überzeugungen.

Das konzeptuelle Instrumentarium, das hier skizziert wurde, also die Entscheidung, nach Verbindungen zwischen den Themenbereichen Konsum und Gewalt zu fragen und diese Verbindungen mithilfe des Begriffs »Versorgungsregime« zu fassen, ist aus der Reflexion der geschichtswissenschaftlichen und theoretischen Literatur zur Konsum- und zur Gewaltgeschichte hervorgegangen. Es sollte auch auf andere Kontexte anwendbar sein, in denen Gewalt in der Welt des Konsums aufgetreten ist, etwa auf die Gewalt der Nationalsozialisten gegen von Juden betriebene Geschäfte, das bis in die fünfziger Jahre gültige Verbot des Potlatchs durch die kanadische Regierung oder Girolamo Savonarolas Scheiterhaufen der Eitelkeiten im Florenz des 15. Jahrhunderts.

## ZIELE UND GLIEDERUNG

Die zentrale Hypothese dieses Buches lautet: Auch im Zeitalter des Wohlstands sind militanter Protest und politische Gewalt im Grunde genommen auf konkurrierende Entwürfe der moralischen Ökonomie zurückzuführen. Im Zentrum der Untersuchung stehen drei Leitfragen: (1) Wie hingen Versorgungsregime und politischer Protest zusammen? (2) Wie, wann und warum entstand militanter Protest gegen Versorgungsregime? (3) Auf welche Weise beeinflussten intellektuelle Kritik, militante Praxis, ökonomische Interessen, die Handhabe des staatlichen Gewaltmonopols und die Wechselwirkung dieser Faktoren die Entwicklung? Vorstellungen von gesellschaftlicher Solidarität und Gleichheit gehörten zu den zentralen Werten von Protestierenden und radikaler Kritik, die sich aber leicht in Diskursen über Gewalt und Gegengewalt verstricken konnten. Es gilt daher, die Rolle der Narrative des sozialen Protests und der revolutionären Politik zu rekonstruieren, die von den Aktivisten, den Intellektuellen, die als ihre Wortführer oder Kritiker auftraten, und den staatlichen Institutionen, die sich ihnen entgegenstellten, aufgegriffen und abgewandelt wurden. Die politische Kommunikation dient somit »als Einblick in das moralische Universum der Akteure«.[69]

Dieses Buch behandelt den gesamten Zeitraum vom Ende der fünfziger Jahre bis zum Ende der achtziger Jahre und schlägt damit einen zeitlichen Bogen, der sich in der bestehenden Literatur zur Protestgeschichte und zur Geschichte der Linken nur sehr selten findet. In jedem der sieben Kapitel werden zwei Themen zusammengeführt: Vorgänge, in denen es zur symbolischen Zerstörung von Waren durch Akte politischer Gewalt kam, und politische Ideen, die die symbolische und manifeste Gewalt, die von Versorgungsregimen ausging, reflektierten. Die ersten drei Kapitel nehmen ihren Ausgang bei den relativ bekannten Frankfurter Kaufhausbrandanschlägen vom April 1968, sie gehen aber in ihrer Kontextualisierung und Interpretation dieser und ähnlicher Ereignisse bis Anfang der achtziger Jahre weit über die bestehende Literatur hinaus.

Kapitel 1 beschäftigt sich mit der Vorgeschichte der Frankfurter Brandanschläge in der Protestpraxis der bekannten Kommune I und ihren provokativen Flugblättern, welche die öffentliche Reaktion auf eine Brandkatastrophe in Brüssel persiflierten. Dabei wird den Vorläufern, besonders in den Künstlergruppen SPUR und Subversive Aktion, gebührende Aufmerksamkeit geschenkt, weil diese ab den frühen sechziger Jahren eine zentrale Rolle dabei spielten, Einzelhandel und Kommerz zu einem zentralen Fokus der Protestpraxis zu machen. In der zweiten Hälfte der sechziger Jahre waren politische Happenings in Warenhäusern bereits eine fest etablierte Form des Studentenprotests. Das Kapitel schließt mit dem öffentlichkeitswirksamen Prozess gegen die Frankfurter Kaufhausbrandstifter. Drei der vier im Zuge dieses Verfahrens Verurteilten entzogen sich der Haftstrafe, was schließlich zur Gründung der RAF führte.

Bevor diese Entwicklung weiterverfolgt wird, widmet sich Kapitel 2 zeitgenössischen theoretischen Auffassungen von Versorgungsregimen und stützt sich dabei auf eine eingehende Lektüre einschlägiger Quellen zur Ideengeschichte des konsumbezogenen Protests, besonders der Schriften Herbert Marcuses in ihrer Entwicklung über mehrere Jahrzehnte. Marcuses Unterscheidung zwischen wahren und falschen Bedürfnissen und seine Theorie der repressiven Toleranz bieten zahlreiche

69 Auyero, *Routine Politics and Violence*, 29.

Berührungspunkte mit anderen Denkern, die den materiellen Fortschritt kritisch analysierten und die Protestbewegungen beeinflussten. Die Analyse eines von Mitgliedern des Sozialistischen Deutschen Studentenbunds (SDS) verfassten Theoriepapiers mit dem Titel »Warenhausaktionen« wirft die Frage auf, welchen Platz die theoretischen Einflüsse in der kognitiven Orientierung der in den restlichen Kapiteln analysierten Aktivisten einnahmen. Eine radikale Interpretation von Karl Marx' Idee eines »Reichs der Freiheit« inspirierte viele Kritiker kapitalistischer Versorgungsregime. Marcuses *Konterrevolution und Revolte* (1972) markiert eine bemerkenswerte Radikalisierung seiner Kritik der Bedürfnisse, die im Kontext des gegenseitigen Austauschs mit den rebellierenden Studenten verstanden werden muss.

Mit den Brandanschlägen der Tupamaros West-Berlin im Jahr 1969 greift Kapitel 3 die Geschichte militanter Angriffe gegen Repräsentationen der Konsumgesellschaft wieder auf. Weitverbreiteter Drogenkonsum und Diebstahl im alternativen Milieu waren wichtige Hintergrundfaktoren für die Radikalisierung. Das galt auch für das relativ versöhnliche Vorgehen der sozialliberalen Regierung gegenüber der Protestbewegung, die aus Sicht der Radikalen den revolutionären Impetus der Bewegung abzuwürgen drohte. Diese Auffassung manifestierte sich zunehmend in einer »Politik der Scherben«. Das Kapitel unternimmt eine systematische Analyse der Texte der RAF, die in diesem Kontext entstanden. In ihrer verzweifelten Suche nach dem revolutionären Subjekt bemühte sich die RAF, die von der Konsumgesellschaft Ausgeschlossenen zu erreichen. Die bestehende Forschung ignoriert diesen zentralen Aspekt sozialrevolutionärer Militanz fast gänzlich. Die Auseinandersetzung mit Ulrike Meinhofs theoretischen Schriften zeigt, dass die Idee des »Konsumterrors« schon in ihren journalistischen Arbeiten präsent war. In der Folge wandte sie sich aber von den in der Studentenbewegung verbreiteten Theorien der Manipulation und Entpolitisierung eindeutig ab und legte den Akzent auf einen Prozess der moralischen Emanzipation durch verschiedene Formen des aktiven und illegalen Ungehorsams. Dies geschah in einem Entwurf für ein größeres Strategiepapier mit dem Titel »Die Massen und der Konsum«, das der Öffentlichkeit nicht zugänglich gemacht wurde, nachdem die Vollzugsbehörden es in Meinhofs Zelle in Stammheim beschlagnahmt hatten. Die Politik des Konsums zeigt sich als zentrales Element in der kognitiven Orientierung der ersten Generation der RAF, der nach Meinhofs

Tod an Bedeutung verlor. Die Bewegung 2. Juni, eine der RAF verwandte, aber eigenständige Vereinigung, setzte die militante Perspektive auf die Konsumgesellschaft fort. Diese Tradition wurde, freilich mit anderen Mitteln, von den autonomen Gruppierungen der achtziger Jahre wiederbelebt.

Die Kapitel 4 bis 6 widmen sich dann den komplexen Debatten und Konflikten über spezifische öffentliche Güter. Im Einzelnen geht es um den öffentlichen Nahverkehr, die Medienkonzentration und den Wohnungsmarkt. Zwar kommen auch diese Kapitel auf die »berühmten« Aktivisten der Kommune I und der RAF zurück, doch im Vordergrund steht eine Kritik an Versorgungsregimen, die in viel breiteren sozialen Bewegungen verwurzelt war. Dadurch werden nicht nur wichtige Informationen zum Hintergrundgeschehen geliefert, was ein besseres Verständnis der bekannten Militanten ermöglicht, die Quellenbasis, die analytische Tiefe und der zeitliche Rahmen gehen aber weit über die berühmten Figuren hinaus. Diese Kapitel zeigen, dass Gewalt sehr schnell Eingang in das Protestgeschehen fand, und zwar weitgehend unabhängig von den medienwirksamen Provokateuren, was gleichermaßen die Legitimität des Protests und die Mittel, zu denen die Behörden griffen, infrage stellte. Diese Entwicklung löste weitreichende juristische Debatten aus, die zu einer Differenzierung des Gewaltbegriffs im Strafrecht sowie zu Diskussionen hinsichtlich der Beziehung zwischen Grundrechten und staatlichem Gewaltmonopol führten.

Die Politisierung der Fahrpreisgestaltung im öffentlichen Nahverkehr von Mitte der sechziger Jahre bis Anfang der achtziger Jahre ist das zentrale Thema von Kapitel 4. Eine Analyse des sogenannten Laepple-Urteils – benannt nach dem eher moderaten Studentenvertreter Klaus Laepple – beleuchtet die zentrale Rolle, die der juristische Diskurs in der Genese politischer Gewalt spielt. Die Proteste gegen Fahrpreiserhöhungen, die in der Rote-Punkt-Aktion von Hannover 1969 ihren Höhepunkt fanden, sind von der Forschung bisher nicht eingehend untersucht worden. Sie waren eine bemerkenswert weitverbreitete und lebendige Form des alltäglichen Protests, die schließlich durch Gruppen wie die Frankfurter Spontis um Joschka Fischer und Daniel Cohn-Bendit und die Revolutionären Zellen radikalisiert wurde.

Kapitel 5 untersucht die Anti-Springer-Kampagne, die ihre Kritik gegen ein spezifisches Versorgungsregime richtete: ein vermeintlich manipulatives Nachrichtenmonopol. Die Proteste gingen aus der SDS-Kampagne gegen Springer, eines der größten Verlagshäuser Europas, hervor und stützten sich anfangs vor allem auf intellektuelle Impulse, wie etwa Jörg Huffschmids von Jürgen Habermas inspirierte Kritik der Pressekonzentration, während andere Aktivisten aber auch zur direkten Aktion der zerbrochenen Scheiben griffen. Die Proteste kulminierten nach dem Attentat auf Rudi Dutschke im April 1968, als es in der gesamten Bundesrepublik zu großangelegten Demonstrationen und Blockaden von Springer-Niederlassungen kam. Der Versuch mancher Aktivisten, zwischen Gewalt gegen Sachen und Gewalt gegen Personen zu differenzieren, geriet durch die Verschärfung des politischen Antagonismus in der Folge der Ausschreitungen rasch ins Hintertreffen. Der Aspekt des Konsums spielt in den bisherigen Darstellungen der Anti-Springer-Kampagne so gut wie keine Rolle. Zudem gehen die meisten Darstellungen kaum über Ostern 1968 hinaus. Kapitel 5 analysiert hingegen sowohl die langfristigen Auswirkungen der juristischen Interpretation von Gewalt bei Blockaden, die eine Neufassung des Gewaltbegriffs erforderlich machten, als auch das Wiederaufleben der Kampagne im Kontext der Friedensbewegung der frühen achtziger Jahre. Außerdem wird gezeigt, dass Springer bemerkenswerterweise selbst zum politisch motivierten Boykott im Mediensektor gegriffen hatte, lange bevor die Außerparlamentarische Opposition (APO) und ihr militanter Flügel den Pressezar boykottierten.

Die politische Gewalt, die aus dem Konflikt um die öffentlichen Güter des städtischen Raums und insbesondere des Wohnraums hervorging, ist Thema von Kapitel 6, das sich mit den Hausbesetzerbewegungen vor allem in Frankfurt und West-Berlin beschäftigt. Die herausfordernde Suche nach alternativen Lebensstilen, Werten und Versorgungsregimen sah sich permanent der Gefahr der Kriminalisierung und der Möglichkeit gewaltförmiger Eskalationen ausgesetzt. Das Kapitel behandelt den Fall des Tommy-Weisbecker-Hauses, das nach einem von der Polizei erschossenen Mitglied der Bewegung 2. Juni benannt worden war. Hausbesetzungen waren letzten Endes ein sozioökonomisches Phänomen. In vielen Hinsichten waren Besetzer alternative Konsumenten, die versuchten, den ökonomischen, sozialen und kulturellen Belangen der Konsumenten von Wohnraum und städtischer Infrastruktur eine Stimme zu geben und diesen gegenüber den scheinbar rein ökonomischen Interessen der Wohnungsbauunternehmen und der davon ausgehenden Zerstörung Gewicht zu verleihen.

Das letzte Kapitel fügt der Diskussion eine globale Dimension hinzu. Eine Analyse der politischen Kampagnen, die versuchten, Solidarität zwischen den Konsumenten in den hochindustrialisierten Gesellschaften und den Produzenten in den Entwicklungsländern herzustellen, verfolgt den Erzählstrang bis in die späten achtziger Jahre. Verschiedene Kampagnen, die sich gegen internationale Versorgungsregime richteten, werden behandelt: gegen das Apartheid-Regime in Südafrika, zugunsten des antizionistischen Kampfs der Palästinenser, gegen multinationale Konzerne wie Nestlé oder verschiedene Kaffeeröstereien oder zur Unterstützung von Niedriglohnarbeiterinnen des Textilherstellers Adler in Südkorea. Diese Proteste erreichten mit dem Treffen von Internationalem Währungsfonds (IWF) und Weltbank in West-Berlin 1988 einen Höhepunkt. In Ergänzung zur Darstellung der Aktivitäten der Autonomen und der RAF gegen die globale Ordnungspolitik liefert das Kapitel eine bisher nirgends vorliegende Analyse der theoretischen Schriften der Revolutionären Zellen und ihres feministischen Zweigs, Rote Zora, die explizit versuchten, in der Grauzone zwischen den sozialen Bewegungen, Konsumentensolidarität und militanter Aktion zu operieren.

# 1. WARENHÄUSER: DER POLITISCHE PROTEST ENTDECKT DEN EINZELHANDEL

Konsum ist der einzige Sinn und Zweck aller Produktion.

*Adam Smith (1776)*[1]

Im Kontext der Systemkonkurrenz des Kalten Kriegs resultierten interne Spannungen und Risse in der imaginativen Überhöhung des westlichen Konsummodells gerade aus einer seiner primären Antriebskräfte: der ständigen Vervielfältigung des Angebots. Jugendbewegungen trugen entscheidend zur Entstehung von Alternativen bei, welche die bipolare Struktur der Konsumdebatten während des Kalten Kriegs infrage stellten. Die Wirtschaft und der Markt reagierten auf die rebellische Haltung junger Menschen, griffen sie im Sinne der ihnen eigenen Logik der Kommerzialisierung auf und verhalfen ihr so auch zur Artikulation. Dieser Mechanismus war eine der Ursachen der sogenannten Halbstarkenkrawalle gegen Ende der fünfziger Jahre.[2] Häufig entwickelten sich Unruhen und Proteste wie diese an Orten und auf Veranstaltungen des Kulturkonsums, etwa nach Kino- oder Konzertvorstellungen. Nonkonformistisches Verhalten im öffentlichen Raum, z. B. in Einkaufsstraßen und auf Plätzen, erregte Anstoß bei Anwohnern und Passanten.

Ende der fünfziger Jahre war eine kritische Einstellung zur Konsumgesellschaft jedoch noch eher eine Angelegenheit besorgter Eltern und Erzieher. Voll Skepsis gegenüber der Kommerzialisierung und ihrem Einfluss auf die heranwachsende Generation empfahlen sie gesellschaftliches Engagement, kritisches Denken und Politisierung als Gegenmittel. Die öffentliche Debatte über die Jugend war beherrscht von der Vorstellung, die Werbung übe eine manipulative Macht über die Menschen

1 Adam Smith, *Untersuchung über Wesen und Ursachen des Reichtums der Völker* (Tübingen: Mohr Siebeck, 2012 [1776]), 645.

2 Werner Lindner, *Jugendprotest seit den fünfziger Jahren: Dissens und kultureller Eigensinn* (Opladen: Westdeutscher Verlag, 1996), 45. Vgl. auch Thomas Grotum, *Die Halbstarken: Zur Geschichte einer Jugendkultur der 50er Jahre* (Frankfurt a. M./New York: Campus, 1994).

aus. In den pädagogischen Ausprägungen der west-deutschen Kalte-Krieg-Mentalität wurden häufig drei Symptome des Niedergangs der Moderne in die »Vermassung« miteinander vermischt: Nationalsozialismus, Kommunismus und Konsumgesellschaft.[3] Diese kritische Einstellung wandelte sich nach und nach zu einer Gleichsetzung der Konsumgesellschaft mit Imperialismus und Unterdrückung, die sich in den Studentenrevolten der zweiten Hälfte der sechziger Jahre großer Popularität erfreute, was letztlich einen wichtigen Wendepunkt in der Geschichte des politischen Denkens im späten 20. Jahrhundert markieren sollte.

In der marxistischen Vorstellung galt politische Arbeit in der »Reproduktionssphäre« allenfalls als Nebenschauplatz revolutionären Handelns. Doch in den sechziger Jahren kam es auch in dieser Sphäre verstärkt zu politischen Aktionen, was aus dem wahrnehmbaren Wandel in den Strukturen der Arbeitswelt und aus Enttäuschungen bei Interventionsversuchen in der klassischen Produktionssphäre resultierte. Ab dem Ende der Dekade gediehen Ansätze, die beide Bereiche durch innovative Protestformen miteinander zu verbinden suchten. So konzentrierten sich beispielsweise ab November 1970 Frankfurter Aktivisten auf die Opel-Werke in Rüsselsheim, um dort an die großen Streiks in den Pariser Renault-Fabriken im Mai 1968 und in den Turiner Fiat-Werken im Herbst 1969 anzuknüpfen. Bei dieser recht erfolglosen Fabrikagitation reichte der Fokus radikaler Rebellion weit über den engeren Bereich der Produktion hinaus. Ziel des Angriffs war der gesamte von der deformierten Bedürfnisbefriedigung gezeichnete »entfremdete« Alltag.[4] Die Fabrikaktivisten gelangten auf ihre Weise zu Adam Smith' berühmter, eingangs zitierter Einsicht, Konsum sei der Endzweck aller Produktion. Ein Protokoll der Gruppe Revolutionärer Kampf betonte, der Lebensstil der Aktivisten unterscheide sich erheblich von dem ihrer Adressaten: »Es ist irgendwie hirnverbrannt, gegen soviel Arbeit zu wet-

3 Detlef Siegried, »Vom Teenager zur Pop-Revolution: Politisierungstendenzen in der westdeutschen Jugendkultur 1959 bis 1968«, in: Axel Schildt, Detlef Siegfried und Karl Christian Lammers (Hg.), *Dynamische Zeiten* (Hamburg: Christians Verlag, 2000), 584-592.

4 Kurze Schilderungen der Erfahrungen der Frankfurter Spontis bei Opel finden sich bei Wolfgang Kraushaar, »Die Frankfurter Sponti-Szene: Eine Subkultur als politische Versuchsanordnung«, in: *Archiv für Sozialgeschichte* 44 (2004), 108-110, und Gerd Koenen, *Das Rote Jahrzehnt: Unsere kleine deutsche Kulturrevolution, 1967-1977* (Köln: Kiepenheuer & Witsch, 2001), 319-326.

tern, wenn die meisten eine Motivation haben, mehr zu arbeiten, ohne die ganze kapitaladäquate Konsumscheiße zu diskutieren. Wer unbedingt einen Farbfernseher haben will, ein neues Auto oder Schlafzimmer, wird kaum etwas gegen Überstunden unternehmen.«[5] Reimut Reiche, 1966/67 Bundesvorsitzender des SDS, wies auf die beträchtliche Distanz hin, die er gegenüber dem Lebensstil und den Konsumgewohnheiten der Menschen empfand, die er agitieren wollte: »Ich wäre schon nach zwei Tagen in der Psychiatrie echt gelandet, wenn ich mit ihnen ihre Lebensweise auch noch nach Feierabend teilen müßte, in den Kneipen oder zu Hause und den Fraß fressen müßte, den sie fressen!«[6]

Die niederländischen Provos gehörten zu den Pionieren unter denen, die den Schwerpunkt politischer Kampagnen auf den Konsum legten. Sich selbst als Speerspitze einer neuen Gesellschaft betrachtend, erklärten sie: »Unsere Angriffsziele: die Konsumgesellschaft und die staatliche Ordnung. Wir erstreben die unbeschränkte Selbständigkeit des Einzelwesens. Wir sind Anarchisten.«[7] Im Jahr 1968 druckte ein West-Berliner Untergrundalmanach ein Statement der Provos:

> Wir leben in einer geschmacklosen Einheitsgesellschaft. [...] Verhalten und Konsum werden uns vorgeschrieben oder aufgezwungen durch kapitalistische oder kommunistische Big Bosses. [...] Aber die Provos wollen [...] die kreativen Freizeitbeschäftiger von morgen sein! Weg mit Philips, weg mit Seven-up, LEXINGTON, DAF, PERSIL, Prodent. *Das Provotariat verabscheut den versklavten Konsumenten!*[8]

Das Bestreben der Provos, die Staatsmacht durch nicht gewaltförmige Provokationen zu gewalttätigen Reaktionen zu veranlassen, wie es sich in ihren Aktionen zur kostenlosen Benutzung von öffentlichen Fahrrädern, in Hausbesetzungen aus Protest gegen Immobilienspekulation und

5 RK-Protokoll 1973, zit. n. Christian Schmidt, *»Wir sind die Wahnsinnigen...«: Joschka Fischer und seine Frankfurter Gang* (München: Econ, 1998), 45-46.

6 Zit. n. ebd., 43.

7 Walter Hollstein, *Die Gegengesellschaft: Alternative Lebensformen* (Bonn: Verlag Neue Gesellschaft, 1981, 4. Aufl.), 70.

8 »Aufruf an das internationale Provotariat«, in: Martin Dürschlag und Hartmut Sander (Hg.), *Oberbaum Linkeck: Almanach, 1965-1968* (Berlin: RKL Presse, 1968), alle Hervorhebungen sind, wenn nicht anders vermerkt, Hervorhebungen im Original. Vgl. auch Simon Kießling, *Postindustrielle Konsumgesellschaft und säkulare Religionsgeschichte der Moderne* (Köln: Böhlau, 2006), 134.

in ihrer Kritik an der Presseberichterstattung zu ihren Aktionen zeigte, antizipierte entscheidende Aspekte einer künftigen Verflechtung der Kritik an Versorgungsregimen mit Gewaltdiskursen.

Die zahllosen Aktivisten und Protestierenden, die auf strukturelle Transformationsprozesse im Produktions- und Distributionssektor sowie auf den damit zusammenhängenden Wandel in der sozialen Schichtung hochentwickelter Gesellschaften reagierten, markierten zudem einen Wendepunkt in einer längerfristigen Entwicklung: Das rapide Wirtschaftswachstum seit der Mitte des 19. Jahrhunderts hatte zumindest theoretisch die Mittel zur Lösung der sozialen Frage und zur Schaffung von Wohlstand für alle erbracht. Somit stellte sich die Frage, ob nicht bestimmte Arten von Eigentum und Macht Ungerechtigkeiten erzeugten, die eine bessere Verteilung und Nutzung des gesellschaftlichen Reichtums verhinderten, besonders wenn diese Perspektive auf die Verteilung im globalen Rahmen ausgeweitet wurde. Um den tiefgreifenden Wandel verstehen zu können, der sich in den sechziger, siebziger und achtziger Jahren vollzog, müssen die Widersprüche und Schattenseiten analysiert werden, die mit dieser Kulmination des Wachstums einhergingen. Kritische Intellektuelle, entlassene Arbeiter und Angehörige benachteiligter Minderheiten hinterfragten die Versprechen der Politiker auf ubiquitären Wohlstand und entwickelten ein Bewusstsein vom Unbehagen in der Konsumgesellschaft. Der neue materielle Segen hatte seinen Preis. Das erhöhte Konsumniveau, die Teilhabe an den Märkten und der bescheidene, aber komfortable Besitz der Lohnabhängigen in westlichen Nachkriegsgesellschaften wurden begleitet von weniger komfortablen Veränderungen und Anpassungsprozessen im Arbeitsleben, wie etwa dem Verlust von Autonomie oder der Zerstörung gewachsener Sozialstrukturen. Die Konsumgüterschwemme führte nicht notwendigerweise zu einer sozial breiteren Verteilung von Eigentum. Reichtum und Einfluss konzentrierten sich in den Händen derjenigen, die zugleich die oligopolistischen Marktstrukturen dominierten.

Dieses Kapitel liefert keine umfassende Geschichte der Nachteile der Konsumgesellschaft der sechziger und siebziger Jahre. Stattdessen konzentriert es sich auf Angehörige des linksalternativen Milieus, die die Konsumsphäre als Gegenstand der gesellschaftlichen und politischen Kritik wie auch als materiellen Raum der Agitation entdeckten. Der halböffentliche Raum des Einzelhandels wurde für sie zum Sinnbild des kapitalistischen Systems und schließlich zum Ziel militanten Protests, was in den späten sechziger Jahren in Brandanschlägen auf Warenhäuser kulminierte. Um aber die Bedeutung des Warenhauses als Ziel für derartigen Protest nachvollziehbar zu machen, werde ich zunächst zeigen, wie avantgardistische Subkulturen ab den späten fünfziger Jahren mit dem Problem der Konsumgesellschaft rangen. Eine zentrale Rolle für das Verschmelzen von Konsum- und Gewaltdiskursen spielten die Kommunarden und Warenhausbrandstifter, auch wenn sie nicht die Einzigen waren, die die Kritik an Versorgungsregimen in ihr politisches Denken und Handeln integrierten. Diese Analyse dient anschließend als Fundament für die Erforschung der zeitgleichen Entwicklung einer philosophischen Kritik an Versorgungsregimen und der weiteren Radikalisierung der Kampagne gegen die Konsumgesellschaft. Im zweiten Teil des Buches werden dann wesentlich weiter gefasste politische Kampagnen untersucht, etwa solche gegen Fahrpreiserhöhungen oder die Springer-Presse, die aber sämtlich in engem Bezug zu den aufsehenerregenden performativen Protesten standen, die in diesem Kapitel behandelt werden.

## GRUPPE SPUR UND SUBVERSIVE AKTION

Die Künstlergruppen SPUR und Subversive Aktion trugen entscheidend dazu bei, dass Räume des urbanen Einzelhandels zu Brennpunkten für Protest wurden. Schlüsselfiguren wie der spätere Kommunarde Dieter Kunzelmann und der spätere Studentenführer Rudi Dutschke kannten relative Armut aus eigener Erfahrung. Ein Foto von Dutschkes Studentenbude kurz nach dem Mauerbau, als er nach West-Berlin gezogen war, zeigt eine ausgesprochen spartanisch eingerichtete Wohnung. Seine finanzielle Situation blieb zeitlebens prekär.[9] Kunzelmann hingegen stammte zwar aus dem wohlhabenden Bürgertum, entsagte aber zumindest zeitweilig den Segnungen des Überflusses, indem er 1959 einige Zeit als Clochard in Paris lebte. Anschließend, im Münchener Stadtteil Schwabing, begriff er sich als Bohemien, der, vom Situationismus beeinflusst, surrealistische Traditionen fortführte und den Kommunismus in der Revolutionierung des Alltagslebens zu realisieren versuchte. Aus

9 Ulrich Enzensberger, *Die Jahre der Kommune I: Berlin 1967-1969* (Köln: Kiepenheuer & Witsch, 2004), 24, 77.

dieser Perspektive erschien die Arbeiterklasse gefangen in Konsum und Verbürgerlichung.[10]

Bereits im Jahr 1961 geriet eine so inspirierte Kritik der Konsumgesellschaft in Konflikt mit der Staatsgewalt. Das Avantgardekollektiv Gruppe SPUR, das bis Februar 1962 Mitglied der 1957 gegründeten Situationistischen Internationale war, wurde aufgrund seines Versuchs, die unheilige Rolle des Konsums künstlerisch zu demaskieren, zum Gegenstand strafrechtlicher Untersuchungen. Heimrad Prem, Helmut Sturm, Hans Peter Zimmer und Dieter Kunzelmann wurden der Verbreitung unzüchtiger Schriften und der Gotteslästerung beschuldigt. In ihrer Zeitschrift *SPUR* fanden sich religiöse Symbole regelmäßig im Kontext hemmungsloser Sozialkritik. Das Amtsgericht München verurteilte die Mitglieder der Gruppe zunächst zu fünf Monaten Gefängnis, doch das Landgericht setzte die Strafe zur Bewährung aus. Kunzelmann hatte sich wiederholt kritisch auf Kommerz und Handel bezogen, etwa als er proklamierte, dass jedem, der einen Mythos benötige, gegen »Zahlung per Nachnahme« eine »Mutter Gottes« zur Befriedigung seiner sexuellen Bedürfnisse zugestellt würde. Weiter erklärte er: Die »Nicht-Revolutionäre [...] werden durch Nicht-Kreativität von riesigen Kultur-Kaufhäusern gespeist; [...] das Maul des Zivilisationsdrachen kotzt Meere von wohlverpackten Gütern auf die [...] manipulierten Verbraucher.« So verkämen »die revolutionären Ideen [...] zum alltäglichen Kaffeehausgeschwätz«.[11] Auch ein Manifest, das an die an der Genfer Abrüstungskonferenz von 1960 beteiligten Regierungen ver-

10 Vgl. Dieter Kunzelmann, *Leisten Sie keinen Widerstand! Bilder aus meinem Leben* (Berlin: Transit, 1998), 18-33; Aribert Reimann, *Dieter Kunzelmann: Avantgardist, Protestler, Radikaler* (Göttingen: Vandenhoeck & Ruprecht, 2009), 43-48. Zu Dutschkes Überlegungen zur Verbürgerlichung vgl. Rudi Dutschke, *Jeder hat sein Leben ganz zu leben: Die Tagebücher 1963-1979*, herausgegeben von Gretchen Dutschke (Köln: Kiepenheuer & Witsch, 2003), 11.

11 Dieter Kunzelmann, »Kanon der Revolution« (1961), in: Frank Böckelmann und Herbert Nagel (Hg.), *Subversive Aktion: Der Sinn der Organisation ist ihr Scheitern* (Frankfurt a. M.: Verlag Neue Kritik, 2002), 45-46. Zur Gruppe SPUR dies., *SPUR-Buch: Die SPUR-Hefte 1-7 und die Manifeste* (München: Gruppe SPUR, 1962); Albrecht Goeschel (Hg.), *Anschläge und Richtlinien: Materialien zur Kritik der repressiven Gesellschaft* (München: Hanser, 1968), 8-26; Wolfgang Dreßen, Dieter Kunzelmann und Eckhard Siepmann (Hg.), *Nilpferd des höllischen Urwalds. Spuren in eine unbekannte Stadt: Situationisten, Gruppe Spur, Kommune I* (Gießen: Werkbund-Archiv, 1991); Jo-Anne Birnie Danzker und Pia Dornacher, *Gruppe SPUR* (Ostfildern: Hatje Cantz, 2006).

sandt wurde, griff die Verknüpfung von Konsum und Kultur auf, in dem es unter anderem vorschlug, »ein öffentliches Atombombenpotlatch [...] zur Bekämpfung der Kulturindustrie« zu veranstalten.[12]

Dem Ausschluss der Gruppe SPUR aus der Situationistischen Internationale im Februar 1962 folgte ein kurzes Nachspiel mit der Zeitschrift *Der deutsche Gedanke*. In der ersten und einzigen Ausgabe erschien in deutscher Übersetzung ein Artikel aus der *Internationale Situationniste*. Der Autor argumentierte, infolge einer Integration älterer Formen der Opposition in die bestehende Ordnung werde sich stets eine »unreduzierbare Unzufriedenheit unterirdisch« ausbreiten und die Wohlstandsgesellschaft unterhöhlen, ganz wie der »alte Maulwurf« in Marx' *Achtzehntem Brumaire*.[13] Diese Perspektive interpretierte gesellschaftliche Unruhen als Indikatoren für die Unzufriedenheit mit der Konsumgesellschaft. Der anonyme Verfasser diagnostizierte eine der Maschinenstürmerei vergleichbare erste »Welle des Vandalismus gegen die *Maschinen des Konsums*«. Gestützt wurde dieses Argument durch den Hinweis auf zeitgenössische Protestereignisse in Frankreich und Italien. Im Februar 1961 waren die Straßenbahner in Neapel in den Streik getreten. Es kam zu Ausschreitungen durch verärgerte Arbeiter, die ihren Heimweg ohne öffentliche Transportmittel bestreiten mussten. Die Proteste eskalierten und mündeten in erbitterte Kämpfe mit Polizei- und Armeeeinheiten. Straßenbahnen und Busse wurden angezündet, Schaufenster eingeworfen und Neonschilder zerstört. Mit Letzteren wurden, nach situationistischer Lesart, die »schwächsten Stellen« der Konsumgesellschaft getroffen, die aber zugleich den »größten Symbolgehalt« aufwiesen. Der Autor ging davon aus, dass sich diese Rebellion auf »die ganze Oberfläche der Konsumgesellschaft« ausweiten würde. Dass lothringische Bergarbeiter im August 1961 während eines Streiks 21 Autos angezündet hatten, verleitete ihn zu der hoffnungsvollen Frage: »Wie kann man übersehen, daß es sich dabei um eine Abwehrhandlung gegen den Hauptgegenstand des verfremdenden Konsums handelte?« Es stelle sich nun die Aufgabe, in der Geschichte

12 Christofer Baldeney, Rodolphe Gasché, Dieter Kunzelmann und Hans Peter Zimmer, »Ritus contra Depravation« (1960), in: Böckelmann/Nagel (Hg.), *Subversive Aktion*, 54-55.

13 Vgl. Karl Marx, *Der achtzehnte Brumaire des Louis Bonaparte* (Frankfurt a. M.: Suhrkamp, 2007 [1852]), 116.

des Anarchismus sowie des utopischen Sozialismus das entscheidende »Kriterium des Lebensstils« zu ergründen, das oppositionelle Gruppen davor bewahre, zu trüben Propagandagesellschaften zu degenerieren.[14]

Von Überlegungen wie diesen ausgehend, versuchte die Münchener Künstlergruppe Subversive Aktion anonyme Machtstrukturen in künstlerischen Happenings sichtbar zu machen. In einer ihrer ersten programmatischen Äußerungen verkündete sie, das historische Projekt Arbeitszeitverkürzung habe zu einer Verarmung des Alltagslebens geführt: »Es stabilisiert die Hinnahme der Teilerfüllung. Durch die Schaffung des organisierten Freizeitmenschen wird die Chance, die echte Bedürftigkeit auch nur zu ahnen, völlig abgetötet.« Diese Überlegung verwies auf Guy Debords Idee einer »Kolonisierung des Alltagslebens«, die zentral für sein Hauptwerk *Die Gesellschaft des Spektakels* werden sollte.[15] Der Mechanismus des Zurschaustellens – also Massenmedien und Werbung – schaffe Illusionen, welche die Menschen über die Tatsache hinwegtäuschten, dass sie lediglich »eine sekundäre Imitation des wirklichen Geschehens« konsumierten.[16] Die subversiven Aktionisten Dieter Kunzelmann, Rodolphe Gasché und Christopher Baldeney verwiesen explizit auf Theodor W. Adorno und Herbert Marcuse als intellektuelle Inspirationsquellen. Am wichtigsten war dabei vermutlich Marcuses Werk *Eros und Kultur*, das wohl auch folgende Sätze beeinflusste: »Die heutige Gesellschaft entzieht durch Konsumzwang die Möglichkeit, das Leben als exzeptionelles zu verwirklichen [...]. Das Schaffen von künstlichen Bedürfnissen und deren Befriedigung machen eine echte Partizipation unmöglich.«[17] Die Alternative war: »Alle Erzeugnisse müssen dem Einzelnen frei zur Verfügung stehen.« Das war eine provo-

14 »Les mauvais jours finiront«, in: *Internationale Situationiste* 7 (1962), deutsche Übersetzung in: Böckelmann/Nagel (Hg.), *Subversive Aktion*, 48-53. Vgl. auch »Troops Battle Mob in Naples: 68 Hurt in Transit Strike Riot«, in: *The New York Times* (9. Februar 1961), 1, 14.

15 »Abrechnung« (Dezember 1962), in: Böckelmann/Nagel (Hg.), *Subversive Aktion*, 76; Guy Debord, *Die Gesellschaft des Spektakels* (Berlin: Edition Tiamat, 1996 [1967]). Zur Subversiven Aktion vgl. auch Detlef Siegfried, *Time Is on My Side: Konsum und Politik in der westdeutschen Jugendkultur der 60er Jahre* (Göttingen: Wallstein, 2006), 477-483.

16 »Abrechnung«, 80.

17 »Parallelen« (Dezember 1962), in: Böckelmann/Nagel (Hg.), *Subversive Aktion*, 86. Vgl. Herbert Marcuse, *Eros und Kultur: Ein philosophischer Beitrag zu Sigmund Freud* (Stuttgart: Klett, 1957).

kative Variante des kommunistischen Ideals einer Gesellschaft, in der jeder nach seinen Bedürfnissen konsumieren kann.[18]

Die darauf folgenden Statements der Gruppe akzentuierten die Kritik an bestehenden Versorgungsregimen mit satirischen Mitteln. Die Mitglieder waren sich bewusst, dass auch Avantgardekunst Gefahr lief, vom »Warencharakter« der Industriegesellschaft aufgesogen zu werden: »Der Parnaß der Künste ist das Schaufenster der Kaufhäuser.«[19] Die Mitglieder der Gruppe erwogen unterschiedliche Mittel zur Störung der Documenta 1964 in Kassel, wo auch ihre früheren Mitstreiter von der Gruppe SPUR ausstellten. Ein Brainstorming ergab eine Liste mit dreißig situationistischen Provokationen – etwa das Verteilen gefälschter Eintrittskarten, Briefe an Zeitungsredaktionen mit Positionen, die Kunst als Ware oder als Neutralisierung utopischer und revolutionärer Impulse deuteten, oder Designobjekte, die Werbung von Brauereien parodierten.[20] Im Rahmen ihrer künstlerischen Schwerpunktsetzung auf die Funktionsweise der Wohlstandsgesellschaft betonte die Subversive Aktion zunehmend das Element der Gewalt. Der Begriff »Terror« findet sich erstmals in einem Pamphlet vom Dezember 1963, als ein Text mit dem Titel »Repressive Aktion« den »Terror der Industriegesellschaft« analysierte. Als Fundament dieses Terrors erkannten die Aktivisten die Überzeugung »Wer nicht arbeitet, soll auch nicht essen«.[21] Die Bindung der Existenzberechtigung an den Einsatz kommodifizierter Arbeit durchdringe das gesamte Gefüge des Alltagslebens und reduziere »den Menschen auf Arbeit und Konsum«.[22] Die Übertragung dieser Überlegungen zur völligen Ökonomisierung der menschlichen Existenz auf die Gegenwartsgesellschaft richtete sich gegen die Werbung. Das Konsumdenken habe als Quasireligion jegliche Vorstellung von einer nichtmonetären Verteilung der Güter komplett ausgemerzt.[23] Anschließend wurden Luxusbedürfnisse ins Visier genommen: Unter dem Schlagwort »Costa-Brava-Komplex« wurde eine Kritik des Tourismus entfaltet, dann folgte eine Kritik der Vermarktung von intellektuellen

18 »Unverbindliche Richtlinien« (Dezember 1962), in: Dreßen/Kunzelmann/Siepmann (Hg.), *Nilpferd des höllischen Urwalds*, 156.

19 »Unverbindliche Richtlinien 2« (Dezember 1963), in: ebd.

20 »Liste von Einfällen für eine Aktion der Subversiven Aktion auf der Kasseler Documenta« (1964), in: Böckelmann/Nagel (Hg.), *Subversive Aktion*, 130-132.

21 »Repressive Aktion« (Dezember 1963), in: ebd., 102.

22 Ebd., 107.

23 Ebd., 102.

Bedürfnissen sowie der dafür hergestellten Produkte und schließlich eine Kritik der sexuellen Repression. Nach der Ermordung John F. Kennedys verkündete ein Flugblatt der Subversiven Aktion, dem Tod des US-Präsidenten würde »eine noch totalere Identifikation [der Konsumenten] mit dem Apparat« folgen: »Ich werde noch mehr arbeiten und noch fleissiger konsumieren.«[24]

Im Januar 1964 antizipierte Kunzelmann spätere Entwicklungen, indem er den Gerichtssaal als öffentliche Bühne begriff: »Wir provozieren Monsterprozesse, durch die wir unsere ganzen Ideen publik werden lassen. Wir stürmen z.B. ein Kaufhaus, nehmen alle Güter und verteilen sie auf der Straße.«[25] Der revolutionäre Impetus zur »totale[n] Subversion« war an die Erwartung einer quasitotalitären Zukunft des Konsumismus geknüpft: »Wir warten auf die Gesellschaft des gesetzlichen Konsumzwangs, der Bewusstseinsmanipulation in den täglichen 16 Stunden ›Freizeit‹ und der konsequenten Bespitzelung und Liquidierung der Privatsphäre.«[26] Eine revolutionäre Klasse existiere jedoch allenfalls als Chimäre: Hatte die Sozialgesetzgebung im 19. Jahrhundert den revolutionären Impetus der klassischen Arbeiterbewegung eliminiert, so schien sich der analoge Mechanismus im 20. Jahrhundert auf die »Reservate des Lustprinzips« zu stützen. Von Marcuses marxistischer Interpretation der Psychoanalyse inspiriert, vermuteten die Subversiven die Gründe für das Scheitern vergangener Revolutionen in psychologischen Mechanismen.[27]

Die Münchener Sektion der Subversiven Aktion hing einer recht umfassenden Philosophie der Ware an: *Alle* Waren waren abstrakt, tauschbar und Resultat von Entfremdung. Zudem war *alles* auf die Ebene von Tauschwert, Ware und Kapital reduziert, und das hatte zur uneingeschränkten Herrschaft des Leistungsprinzips geführt. Man verzichtete auf jeden Versuch, zwischen etwaigen wünschenswerten Formen der Kommodifizierung oder des Konsums und spezifischen Versorgungsregimen zu differenzieren, die es zu kritisieren galt. Bemerkenswerterwei-

24 »Auch du hast Kennedy erschossen« (Dezember 1963), in: Böckelmann/Nagel (Hg.), *Subversive Aktion*, 127.

25 Dieter Kunzelmann an Frank Böckelmann (4. Januar 1964), in: ebd., 129.

26 »Konklusionen« (Anfang April 1964), in: ebd., 133.

27 Ebd., 134. Vgl. auch Herbert Marcuse, »Die Idee des Fortschritts im Lichte der Psychoanalyse«, in: Theodor W. Adorno und Walter Dirks (Hg.), *Freud in der Gegenwart: Ein Vortragszyklus der Universitäten Frankfurt und Heidelberg zum hundertsten Geburtstag* (Frankfurt a.M.: Europäische Verlagsanstalt, 1957), 435.

se betrachteten die Subversiven die durchdringende Macht der Werbung offenbar als Beleg für die Existenz von »Rudimenten« echter Bedürfnisse.[28] Das revolutionäre Subjekt waren somit die Rezipienten der Werbung – potentiell also *jedermann*. Man fragt sich, ob daraus folgte, dass die Revolution auch mit den Mitteln der Werbung erkämpft werden sollte.

Die Subversive Aktion verkündete ihre überzeichnete Version von Marcuses Gesellschaftsanalyse auf der Jahrestagung des Bundes deutscher Werbeleiter und Werbeberater im Mai 1964 in Stuttgart, als ihre Mitglieder Flugblätter auf die Delegierten hinabwarfen, auf denen diese als »Prediger der Unterdrückung« bezeichnet wurden, welche die Menschen derart mit Gütern überhäuften, dass diese das Bewusstsein von ihren wahren Bedürfnissen verlören. Indem Werbung Konsum und Arbeit identisch machte, verschleiere sie »die Möglichkeit einer Welt ohne Arbeit« und inthronisiere »die Lüge consumo, ergo sum«.[29] Die Agitatoren wurden vom Verfassungsschutz verhört, wegen »groben Unfugs« angeklagt, vor Gericht jedoch freigesprochen.[30]

Bernd Rabehl – ein weiteres Mitglied der Subversiven Aktion, das später im SDS eine gewisse Berühmtheit erlangte – ging in der Amalgamierung von Ideen zur Kontinuität von Kolonialismus, Nationalsozialismus und west-deutscher Konsumgesellschaft einen Schritt weiter. In einem Artikel in der ersten Ausgabe des *Anschlag*, der Zeitschrift der Subversiven Aktion, behauptete er, der Imperialismus habe während des Kalten Kriegs einen Ersatz für die direkte Expansion entdeckt: »Seinen Gewinn findet er nun im geplanten Verbraucher.« Rabehls Schilderung des »manipulierten, besinnungslosen Menschen, der genau den Anweisungen der Industrie zu folgen hat«, trägt Züge einer Karikatur. Durch die Werbung gedrillte Konsumenten arbeiteten, um ihre Sucht zu befriedigen: »Dieses Konsumverhalten ist die neue Ideologie der Gesellschaft.«[31] Die Konsumgesellschaft erscheint nun gar als neue Form der »Volksgemeinschaft«, in der das »fleißige Schaffen und emsige Ver-

28 Frank Böckelmann an Steffen Schulze (17. August 1964), in: Böckelmann/Nagel (Hg.), *Subversive Aktion*, 164, 166.

29 »Aufruf an die Seelenmasseure« (Mai 1964), in: ebd., 147.

30 Vgl. ebd., 146; Dreßen/Kunzelmann/Siepmann (Hg.), *Nilpferd des höllischen Urwalds*, 161; Enzensberger, *Jahre der Kommune I*, 23.

31 Bernd Rabehl, »Sozialimperialismus und Sozialdemokratie«, in: Böckelmann/Nagel (Hg.), *Subversive Aktion*, 175.

brauchen [... die Ideologie von] Blut und Boden« ersetze: »Nicht die gleiche Rasse soll jetzt die stolze Verbundenheit mit den Mächtigen vollführen, sondern das gleiche Konsumideal.«[32] Rabehl kritisierte die SPD, die »ihre Politik als Ware zu verkaufen« suche und aufgehört habe, eine oppositionelle Partei zu sein. Dieser eher krude und hermetische Versuch, die deutsche Geschichte zwischen Helmut Schelskys nivellierter Mittelstandsgesellschaft und auf Marcuse gestützten Manipulationstheorien auszuloten, gipfelte in dem drastischen Neologismus »Konsumfaschismus«.[33] Die alte Theorie des »Sozialfaschismus« – eine politische Idee aus den späten zwanziger Jahren, der zufolge die Sozialdemokratie eine Variante des Faschismus sei – erfuhr hier eine neue Interpretation.

Zu derselben Ausgabe des *Anschlag* steuerte auch Dieter Kunzelmann einen Artikel bei, in dem er sich mit der Kommodifizierung von Sexualität befasste: »Sexualität in der Konsumgesellschaft entartet doppelt: ihre Verdrängung kommt der Gesellschaft zugute, derart, daß sublimierte Libido als Arbeitskraft zur Produktivkraft wird und alle Konsumgüter symbolträchtig mit Sexualität besetzt werden«, so dass, »was nicht bezahlbar ist – gelebtes Leben«, gegen Güter getauscht werde. Die offene Permissivität der Gesellschaft verhülle nur den Mechanismus verdinglichter Sexualität. Das Argument war einmal mehr rigoros: Die Freiheit der Konsumgesellschaft sei »die totale Unterdrückung alles Menschlichen«; *jede* Form der Sexualität werde »als ökonomischer Tausch empfunden«. Arbeit und Konsum seien lediglich Ersatzbefriedigungen. Sexualität zu kontrollieren, indem man sie zum Konsumgut mache, schien eine effizientere Strategien zu sein als ihre anhaltende Unterdrückung, wie es die Machthaber in der DDR betrieben.[34] Derselbe Autor entdeckte Trampen als soziale Praxis, die der völligen Kommodifizierung widerstehe, weil sie die Möglichkeit eines anderen Lebens jenseits von Arbeit und Konsum aufzeige. Kunzelmann geißelte öffentliche Kampagnen gegen das Trampen, mit denen Anhalter kriminalisiert werden sollten: »Umsonst darf es nichts geben!« Historisch rückte er diese Praxis in eine Traditionslinie mit der Unterdrückung

32 Ebd., 176.

33 Ebd., 178. Die Formulierung »Konsumgesellschaft als perfekt verinnerlicht-faschistische Ordnung« fand sich schon in dem Text »Parallelen«, 110.

34 Dieter Kunzelmann, »Busenfrei als Symptom der Unfreiheit«, in: Böckelmann/Nagel (Hg.), *Subversive Aktion*, 185-186.

von Landstreichern, Wegelagerern und Zigeunern und erwähnte in diesem Zusammenhang Konzentrationslager.[35]

Bei einem Treffen im September 1964 einigten sich Kunzelmann, Dutschke und ihre Genossen von der Subversiven Aktion auf ein Programm, das in allen Bereichen der Gesellschaft »die Herrschaft des Leistungsprinzips, die sich besonders in der ›verseuchten Psyche‹ des Menschen in der Konsumgesellschaft manifestiert«, abbauen sollte.[36] Außerdem beschlossen sie, dieses Programm in den SDS zu tragen, dem sie Anfang 1965 beitraten. Auch auf dem 80. Deutschen Katholikentag 1964 in Stuttgart wollten sie ihre subversiven Botschaften verbreiten. Kunzelmann schlug eine fingierte Ankündigung für einen Gottesdienst in einem Kaufhaus vor.[37] Außerdem erwogen die Agitatoren, einen riesigen Mercedesstern an einem Altarkreuz anzubringen.[38] Ein Plakat verkündete:

> Da die tatsächlichen Götter dieser Gesellschaft Ware und Konsum sind, muß sich der alte liebe Gott, um die Schizophrenie der Gläubigen zu verhindern, mit den neuen Fetischen arrangieren und zum erhabenenen Leistungsfetisch werden, sofern er überleben will. Er überlebt: als die absolute Konjunktur, die die Produktion segnet und ihre verwalteten Schafe vor dem teuflischen Kommunismus schützt.

Vier Aktivisten wurden unter dem Verdacht der Gotteslästerung verhaftet, als sie das Plakat an Kirchentüren und -fenster klebten.[39]

Die zweite Ausgabe des *Anschlag*, mit einem Marcuse-Zitat zur Möglichkeit der Befreiung als Motto, zeigt, dass es der Subversiven Aktion um eine breit angelegte Analyse der Konsumgesellschaft ging. Ein langer Artikel des Mitglieds Frank Böckelmann widmete sich dem Phänomen der Jugendkrawalle. Böckelmann stützte sich auf die Grundannahmen, dass »Jungsein [...] eine Ware« sei und niemand sich so gut den beschleunigten Zyklen von Produktion und Konsum anpassen könne wie in ihrer Entwicklung beeinflussbare junge Erwachsene. Andererseits prädestiniere diese exponierte Position die Jugend zum empfind-

35 Dieter Kunzelmann, »Tramper aller Länder ...«, in: ebd., 189-190.
36 »Hamburger Protokoll vom 26.-30. September«, in: ebd., 225.
37 Dieter Kunzelmann an Frank Böckelmann (22. August 1964), in: ebd., 211-212.
38 Ebd.
39 »Botschaft an die Lämmer des Herrn zum Katholikentag« (September 1964), in: ebd., 213.

lichen Indikator für Unbehagen an der »saturierten Gesellschaft«. Gegen die konventionelle Deutung, der zufolge die Übersättigung die Wurzel jugendlicher Rebellion darstelle, argumentierte Böckelmann, die Frustration resultiere daraus, dass den Heranwachsenden Selbstverwirklichung versagt bleibe: »Wir haben nicht zuviel, wir haben *nichts.*« In den Jugendkrawallen, die immer wieder in der gesamten entwickelten Welt auftraten, sah er »viel Sachschaden«, aber keine »besinnungslose« Wut. Der fast ritualisierte Verlauf dieser Ereignisse verrate eine Suche nach Sinn. Unmittelbarer Bezugsrahmen für Böckelmanns Reflexionen waren die Unruhen im Münchener Boheme-Viertel im Juni 1962. Seiner Ansicht nach kam es bei den »Schwabinger Krawallen« zum Ausbruch von Gewalt erst, als die Polizei eingriff.[40] Nachdem die Polizei versucht hatte, einige Straßenmusiker, die noch zu später Stunde aufspielten, zu verhaften, eskalierte die Situation. Vier Tage lang lieferten sich bis zu 40000 Protestierende immer wieder Straßenschlachten mit den Sicherheitskräften. Fast 200 »Unruhestifter« wurden festgenommen, darunter auch der 19-jährige Andreas Baader. 68 Personen wurden zu Bußgeldern oder kurzen Gefängnisstrafen verurteilt, 140 Beschwerden über Polizisten hingegen führten nur zu einer einzigen Verurteilung.[41] Böckelmann versuchte jedoch, das Thema weiter zu fassen. Er ging davon aus, dass auch die Zerstörungswut der »Gangs« in den USA »Abbild des wirtschaftlichen und politischen Terrors der Weltmächte« sei. Den Soziologen Ludwig von Friedeburg zitierend, verstand er Diebstahl durch Jugendliche als »illegale Reaktion auf den Konsumdruck«. Wesentlicher Impuls sei die Enttäuschung über den Mangel an Glück, die sich hinter der Fülle an Waren und sozialen Einrichtungen verberge, welche die Gesellschaft jungen Leuten anbiete. Die Ausschreitungen entsprängen dem Wunsch nach »spontaner Gemeinschaft«, der die Straße zum Ort unmittelbarer und schrankenloser Kommunikation mache, was nicht mit der sozioökonomischen Rolle übereinstimme, die »das System« der Jugend zuweise. Manipulation durch Propaganda, Meinungsmache und Werbung funktioniere nur, wenn »ihr genormte Objekte gegenüberstehen, die auf ihren verdinglichten gemeinsamen Nenner gebracht worden« seien. Der subversive Aktivist schwärmte von den

40 Frank Böckelmann, »Jugendkrawalle in der saturierten Gesellschaft«, in: ebd., 239-242.

41 Vgl. Gerhard Fürmetz (Hg.), *»Schwabinger Krawalle«: Protest, Polizei und Öffentlichkeit zu Beginn der 60er Jahre* (Essen: Klartext, 2006).

Schwabinger Krawallen, die diese Falle vermeintlich umgangen hatten: »Das Überschwemmen der Straßen [...], der irrationale Durchbruch aus verordnetem Freizeitverhalten [...], erzeugte in allen Beteiligten das seltsam trotzige Gefühl, auf eine unerklärliche Weise im Recht zu sein.«[42]

Zu Weihnachten 1964 verwickelte die Subversive Aktion Kunden Münchener Kaufhäuser in provokative Diskussionen und verteilte Flugblätter, auf denen zu lesen war: »Und die ›Liebe‹ gebar die Waren und wickelte sie in falsche Träume und legte sie in die Schaufenster, damit die Menschen ihre wahren Wünsche nicht mehr sehen.«[43] Das Treffen der Gruppe im April 1965 brachte einen beachtlichen Fragenkatalog zur Analyse der Konsumgesellschaft hervor:

> Welche veränderte psychische Funktion gewinnt der Konsum in einer Zeit, in der er primär das Leben bestimmt? In welcher Form und Intensität reflektiert sich im Individuum das Moment des Zwangs beim Konsum? [...] Was heißt »Luxus« bzw. »Komfort«? [...] Wodurch wird die Ideologie des »Existenzkampfes« abgelöst, die ihre letzten objektiven Grundlagen verliert? Was heißen »Not«, »Leid« und »Schicksal« in einer Zeit totaler (»falscher«) Naturbeherrschung? [...] Welche sozialen bzw. psychischen Konfliktchancen bestehen in einer Überfluß-Konsumgesellschaft und welche Auffangmechanismen stehen dafür bereit?

Man hatte den ehrgeizigen Plan gefasst, die veränderte Beziehung zwischen Produktion und Konsum, das »Schwinden der Differenzen« zwischen beiden Sphären und »die Abbildung dieses neuen Verhältnisses im Bewußtsein« zu untersuchen; die Analyse sollte historisch bis zum »Feudalismus und [...] Früh- und Spätkapitalismus« ausgedehnt werden.[44] Ob die Gruppe ihrem Vorhaben gerecht wurde, darf bezweifelt werden, doch das Programm zeigt, wie zentral das Thema Wohlstand für die intellektuellen und politischen Aktivitäten der Subversiven Aktion war. Nach dem Ausschluss Kunzelmanns im April 1965 sowie Rabehls und Dutschkes Abwendung von der Berliner Sektion im Monat darauf verlor das Thema Konsum an Bedeutung für die Gruppe, die ihre Dynamik einbüßte und auch nie wieder erreichte.[45] Doch die drei

42 Böckelmann, »Jugendkrawalle in der saturierten Gesellschaft«, 243-246.

43 »Weihnachtsevangelium«, in: Böckelmann/Nagel (Hg.), *Subversive Aktion*, 286.

44 Ebd., 334-335.

45 Ebd., 300-301, 333-334.

Renegaten nahmen wichtige Impulse für ihre künftigen Aktivitäten in West-Berlin mit.

## AKTIONEN RUND UMS KAUFHAUS

An den Adventssamstagen 1966, als die Läden länger geöffnet bleiben durften, wurden die Kaufhäuser auf dem Kurfürstendamm, wie zwei Jahre zuvor jene in München, Schauplatz von Protestaktionen. Als Erwiderung auf das Verbot studentischer Demonstrationen im Stadtzentrum zogen die Protestierenden in Berlin bei Spaziergängen in belebten Einkaufsstraßen Flugblätter gegen den Vietnamkrieg aus Geschenkverpackungen.[46] Die innovative Form des Protests verwirrte die Polizei derart, dass auch gewöhnliche Bürger beim Weihnachtseinkauf Bekanntschaft mit dem Schlagstock machten und verhaftet wurden. Unter den 86 Festgenommenen waren Dutschke und Mitglieder der Kommune I, die letztlich wegen Behinderung des Straßenverkehrs zu einer Geldstrafe von 50 DM oder fünf Tagen Gefängnis verurteilt wurden.[47]

Dutschkes berühmter Aufruf zur Errichtung eines »Gegenmilieus« als »Keim einer neuen Gesellschaft« – in einem Text, der sich vornehmlich mit revolutionären Bewegungen in Lateinamerika befasste – deutete den Einzelhandel und besonders Kaufhäuser als Brennpunkt politischer Agitation. Adressaten waren die Angestellten, die Dutschke und seine Mitautoren als »Verkaufsproduzenten« zu fassen suchten. Im August 1967 hatten sich Dutschke und der SDS in einen Konflikt zwischen mehreren Kaufhäusern und der Gewerkschaft Handel, Banken und Versicherungen über die Auswirkungen eines Gesetzes zur Verlängerung der Ladenöffnungszeiten eingeschaltet, das den Angestellten zumutete, auch samstags bis 21 Uhr arbeiten zu müssen.[48] Dutschke versprach sich viel von Sit-in-Demonstrationen in Kaufhäusern, die er als

46 Vgl. Wolfgang Ruppert, »Um 1968 – Die Repräsentation der Dinge«, in: ders. (Hg.), *Um 1968 – Die Repräsentation der Dinge* (Marburg: Jonas Verlag, 1998), 21-22; Ulrich Chaussy, *Die drei Leben des Rudi Dutschke. Eine Biographie* (Berlin: Ch. Links, 1993), 152-154; Mario Krebs, *Ulrike Meinhof: Ein Leben im Widerspruch* (Reinbek bei Hamburg: Rowohlt, 1988), 132.

47 »Anklageschrift vom 9. Juni 1967«, in: Archiv, Hamburger Institut für Sozialforschung (AHIS), SAK 130, 12.

48 Vgl. Enzensberger, *Jahre der Kommune I*, 205.

»Form spätkapitalistischer Guerilla-Praxis« bezeichnete. Seiner Schilderung zufolge war die Durchführung dieser revolutionären Taktik am 26. August 1967 recht einfach: »Wir drangen massenhaft in die Kaufhäuser ein, verteilten Flugblätter, blockierten mehr oder weniger den normalen Verkaufsrhythmus und stießen auf viel Sympathie von seiten der Verkaufsproduzenten. Die Geschäftsleitungen wurden gezwungen, ihre Profitmaximierung temporär einzustellen.«[49] Berlins bekanntestes Kaufhaus, das Kaufhaus des Westens (KaDeWe), hatte es, da Sit-in-Diskussionen auf allen Etagen stattfanden, in der Tat vorgezogen, bereits vor der regulären Ladenschlusszeit zu schließen. Einen Vorgeschmack auf spätere Ereignisse vermittelte die Tatsache, dass einige Protestierende im KaDeWe rauchten; ein anderes Warenhaus erhielt eine Bombendrohung.[50] Der damalige Vorsitzende der West-Berliner CDU, Karl-Heinz Schmitz, forderte daher: »Schluß mit den Sturmtrupps der außerparlamentarischen Aktionen.« Seine Partei drängte auf eine Anklage gegen den Anwalt Horst Mahler, der bei dem Protest im KaDeWe dabei gewesen war.[51] Die vom Kalten Krieg geprägte öffentliche Meinung neigte zudem dazu, die Aktionen der Studentenbewegung mit denjenigen der sozialistischen Machthaber in Ost-Berlin gleichzusetzen.[52] Dutschke und seine Mitautoren hingegen feierten die Aktion als Erfolg, als Beispiel für »taktische Siege« einer »radikale[n] kleine[n] Minderheit« über einen »überlegenen Staatsapparat«.[53]

1968 hatten sich solche Protestformen bereits fest etabliert. In West-Berlin dienten das Einkaufsviertel am Wittenbergplatz mit dem KaDeWe, dem größten Kaufhaus auf dem europäischen Festland, die Tauen-

49 R. Dutschke, T. Käsemann und R. Schöller, »Vorwort«, in: dies. (Hg.), *Der lange Marsch* (München: Trikont, 1968), 20.

50 »Urteil der 6. großen Strafkammer des Landgerichts Berlin«, in: (506) 2 P KLs 3/67, 55/67 (13. Mai 1968): 26-27, AHIS, SAK 130, 12. Vgl. Siegward Lönnendonker, Bernd Rabehl und Jochen Staadt, *Die antiautoritäre Revolte: Der Sozialistische Deutsche Studentenbund nach der Trennung von der SPD*, Bd. 1: *1960-1967* (Opladen: Westdeutscher Verlag, 2002), 485; Siegward Lönnendonker, Tilman Fichter und Jochen Staadt (Hg.), *Hochschule im Umbruch. Dokumentation der FU Berlin*, Bd. 5: *1967-1969: Gewalt und Gegengewalt* (Berlin: FU Berlin, 1983), 226.

51 Lutz Horst, »Anzeige gegen Studenten-Anwalt«, in: *Bild*-Zeitung, Berlin (28. August 1967), 1; Renate Philipp und Lutz Horst, »Volle Kassen wie zu Weihnachten!«, in: *Bild*-Zeitung, Berlin (28. August 1967); online verfügbar unter: {http://www.medienarchiv68.de/dl/203062/1003.jpg.pdf} (Stand August 2017).

52 »König Kunde war der Dumme«, in: *Berliner Morgenpost* (27. August 1967).

53 Dutschke/Käsemann/Schöller, »Vorwort«, 21.

tzienstraße und der Kurfürstendamm regelmäßig als zentrale Orte für Protestversammlungen. Der wichtigste Grund für diese Konzentration lag in einer Politik, die darauf setzte, die Aufmerksamkeit der Medien zu erlangen, wenn sie die Gesellschaft an den Orten herausforderte, denen die größte Wertschätzung zuteilwurde. In der BRD hatte der Einzelhandel in jenen Jahren ein bis dahin unbekanntes Wachstum erlebt: 5,9 Prozent im Jahr 1966, 1967 rezessionsbedingt nur 0,4 Prozent, aber 1968 schon wieder 4,8 Prozent. Im Warenhausgeschäft zeigte sich diese Prosperität noch klarer: 8,8 Prozent im Jahr 1966, 2,8 Prozent 1967 und 10,3 Prozent 1968.[54] Der größte bundesdeutsche Warenhauskonzern konnte seinen Umsatz 1967 um 12 Prozent steigern, bei einem Jahresumsatz von 3,3 Milliarden DM. Im März 1968 verkauften allein die drei größten Konzerne – Karstadt, Kaufhof und Horten – Waren im Wert von 8,1 Milliarden DM. An 12 Standorten wurden neue Kaufhäuser gebaut; viele vergrößerten ihre Verkaufsflächen.[55] Der Konzentrationsprozess kam Großunternehmen gegenüber ihren kleineren Konkurrenten zugute: Während das Gesamthandelsvolumen von 1954 bis 1967 um 175 Prozent wuchs, konnte Karstadt seine Umsätze im selben Zeitraum um 432 Prozent steigern.[56] Nicht ohne Grund beklagte daher der Präsident des Vereins Berliner Kaufleute und Industrieller, Heinz Mohr, dass

> die Ruhestörer sich keineswegs in den Bezirken mit überwiegender Arbeiterbevölkerung betätigen, wo ihnen sehr schnell vom Volkszorn das verbrecherische Handwerk gelegt werden würde. Die Ruhestörer gehen vielmehr in Bezirke, wo ihrem Bestreben nach Beachtung durch die Massenmedien eine bessere Wirkung gesichert erscheint.[57]

54 »Jahresrückblick 1967«, in: *FfH Mitteilungen* 9/1 (Januar 1968), 2; »Jahresrückblick 1968«, in: *FfH Mitteilungen* 10/1 (Januar 1969), 1. Siehe auch Ralf Banken, »Die quantitative Entwicklung der bundesdeutschen Warenhäuser, 1948-2000: Daten«, in: *Cologne Economic History Paper* 2 (2010); online verfügbar unter: {ftp://ftp.uni-koeln.de/institute/wigesch/RePEc/wso/wpaper/CEHP_02-2010_Banken_quantitativeEntwicklungWarenhaeuser.pdf} (Stand August 2017).

55 »Entwicklung bei den Warenhäusern«, in: *FfH Mitteilungen* 9/3 (März 1968), 6; »Warenhaus-Expansion in Berlin«, in: *FfH Mitteilungen* 10/11 (November 1969), 10.

56 »Ausmaß und Formen der Konzentration im Einzelhandel«, in: *FfH Mitteilungen* 10/2 (Februar 1969), 3.

57 Heinz Mohr, Ansprache anlässlich eines Empfangs von neuen Mitgliedern und ihren Sponsoren am 5. November 1968, in: *Mitteilungen Verein Berliner Kaufleute und Industrieller* 105 (November 1968), 17.

In den Augen dieses Industriekapitäns fehlte den Institutionen der parlamentarischen Demokratie und ihren Exekutivorganen die unnachgiebige Härte, die der einfache Mann auf der Straße seines Erachtens besaß. Für ihn war die Sicherung dessen, was er mit Begriffen wie »Freiheit« und »Recht und Ordnung« umschrieb, also den Handel vor Unruhen zu schützen und Schaden von West-Berlins Image als Wirtschaftsstandort abzuwehren, eine rein polizeiliche Aufgabe.

Dass es der Polizei nicht immer leichtfiel, solche Hoffnungen zu erfüllen und Protestierende sauber, schnell und leise zu entfernen, zeigte sich nicht nur in Berlin: In der Weihnachtszeit 1969 protestierten in London die Mitglieder einer Kommune in einem Kaufhaus, was sowohl die Presse als auch die Ordnungskräfte auf den Plan rief. In der militant ausgerichteten Berliner Underground-Zeitschrift *Agit 883* berichteten Beteiligte von der Aktion:

> Die Kaufhäuser engagieren Leute, die sich als Weihnachtsmann anziehen, die den Kindern Geschenke geben, die die Eltern aber in Wirklichkeit bezahlen müssen, aber das Kind wird mit dem mystischen Charakter der Sache betrogen. Wir haben also eine Gruppe zusammengestellt, 10 Leute haben sich als Weihnachtsmänner verkleidet [...]. Und die haben dann die Spielsachen ausgeräumt und den Kindern gegeben. Nach 10 Minuten mußte Selfridges die Polizei rufen und die Presse machte Photos von Polizisten, die den Kindern die Geschenke wieder abnahmen und wieder auf den Ladentisch legten. Sachen wie diese machen erstens Spaß und vermitteln zweitens eine sehr einfache Botschaft: Nimm dir, was du brauchst.[58]

Im Mai 1968 widmeten sich auch in Paris Studenten den Räumen des Einzelhandels. In Läden und Cafés verteilten sie Flugblätter und Broschüren, mit denen sie zur Besetzung leerstehender Wohnungen aufriefen und die Angestellten der Kaufhäuser Bazar de l'Hôtel de Ville und À la Belle Jardinière baten, Lebensmittel an Streikende zu verteilen.[59]

Fragen des Konsums standen in der Regel nicht im Mittelpunkt der meisten Debatten, Artikel, Flugblätter und Protestkampagnen. Dennoch war Konsum ein wichtiges und oft in Verbindung mit anderen Fragen erörtertes Thema. Auch in Hans Magnus Enzensbergers für

58 Peter Polish, »Londoner Straßen-Kommune«, in: *Agit 883* 46 (15. Januar 1970), 6.

59 Michael Seidman, *The Imaginary Revolution. Parisian Students and Workers in 1968* (New York: Berghahn, 2004), 124; Jacques Baynac, *Mai retrouvé* (Paris: Robert Laffont, 1978), 196, 257.

die Studentenbewegung wichtigem Interview mit den SDS-Mitgliedern Dutschke, Rabehl und Christian Semler im Oktober 1967 war Konsum zwar nicht der Hauptgegenstand, doch Enzensberger argumentierte, der Konsum könne nicht ewig als Methode der Befriedung funktionieren. Zwanzig Jahre lang hätten die Menschen das hingenommen, doch das beginne sich nun zu ändern. Rabehl mutmaßte, die Sicherheitsideologie werde verschwinden, da die Menschen materielle Befriedigung der Sicherheit vorzögen. Dutschke erwähnte »militante Bedürfnisse«, die sich gegen den »militärischen Komplex« richten würden, woraufhin sich das Gespräch dem Thema Vietnam und der Politik von Protest und Widerstand zuwandte.[60]

## KOMMUNE I

Obwohl Dutschke selbst nie in einer Kommune lebte und sich schließlich von einer übermäßigen Konzentration auf Fragen des Lebensstils distanzierte, trug er maßgeblich zur Entwicklung des Konzepts der kleinen Kommune als Nährboden eines revolutionären Gegenmilieus bei. Kunzelmann berichtet von dem Strategietreffen des antiautoritären SDS-Flügels, der in erster Linie aus der Subversiven Aktion kam und sich in Anlehnung an den gleichnamigen Film des französischen Regisseurs Louis Malle Viva-Maria-Gruppe nannte, im oberbayerischen Kochel am See im Juni 1966.[61] Hier wurde über die Lebensform »Kommune« im Kontext der Lektüre von Marcuses *Der eindimensionale Mensch* und Frantz Fanons *Die Verdammten dieser Erde* diskutiert.[62] Kunzelmann stützte seine Überlegungen zur Kommune auf eine recht buchstäbliche Auslegung eines naturrechtlich begründeten Widerstandsrechts, wie es Marcuse am Schluss seines Aufsatzes »Repressive Toleranz« entwickelt hatte.[63]

60 Hans Magnus Enzensberger, »Ein Gespräch über die Zukunft mit Rudi Dutschke, Bernd Rabehl, und Christian Semler«, in: *Kursbuch* 14 (August 1968), 146-173.

61 Siegfried, *Time Is on My Side*, 476-477.

62 Kunzelmann, *Leisten Sie keinen Widerstand!*, 47-48.

63 Dieter Kunzelmann, »Notizen zur Gründung revolutionärer Kommunen in den Metropolen«, in: Böckelmann und Nagel (Hg.), *Subversive Aktion*, 144; Herbert Marcuse, »Repressive Toleranz«, in: Robert Paul Wolff, Barrington Moore und Herbert Marcuse, *Kritik der reinen Toleranz* (Frankfurt a. M.: Suhrkamp, 1965), 127-128.

Im Januar 1967 wurde die Kommune I gegründet. Die Kommunarden wandten sich demonstrativ gegen die Werte und den Lebensstil der bürgerlichen und vom Kalten Krieg geprägten älteren Generationen. Für die ideologische Propagierung der Kommune – einer Lebensform, die sich dem Einfluss von Eltern und Vermietern auf die Wohnungseinrichtung entzog – spielte die Idee eines selbstbestimmten Lebens und damit auch eines selbstbestimmten Konsumstils eine wichtige Rolle. Das Modell sah vor, Privateigentum in der Gruppe abzuschaffen und so einen Gegenentwurf zu den eschatologischen Versprechen des klassischen Marxismus zugunsten eines kommunistischen Lebens im Hier und Jetzt zu errichten. Zudem bezog die Kommunebewegung ihre Inspiration aus einer verklärenden Rezeption von Maos Volkskommune und der Kulturrevolution in China. Die bewaffneten Roten Garden gingen gegen zahlreiche traditionelle chinesische Produkte wegen deren religiösen Konnotationen vor, ebenso aber gegen Konsumgüter westlicher Herkunft, etwa Wollkleidung, Whiskey, Kosmetik, Schmuck, Schuhe mit hohen Absätzen, mechanisches Spielzeug, Spielkarten und Taxis.[64] Ein langer *Spiegel*-Artikel vom November 1966 hatte das Protestrepertoire der Roten Garden detailliert beschrieben, wie diese unter der Parole »Mao-Zitate statt Neon-Reklame« tägliche Abläufe störten. Neben der Schreckensherrschaft der Garden und ihrem brutalen Vorgehen wurden die Erfolge der Modernisierungspolitik hervorgehoben: »Zum erstenmal seit Menschengedenken hatten alle Chinesen ein Dach über dem Kopf und Kleider am Leib.« Der Artikel beschrieb, wie Mitglieder der Volkskommunen allen Besitz »bis zum Kochtopf« als Gemeineigentum in die Kommune einbringen mussten: »Dafür sollte es alles umsonst geben: Essen, Kleidung, Arzt und Haarschneiden.«[65] Im Jahr 1969 deutete der Autor Peter Schneider die Kulturrevolution auf einer abstrakteren Ebene: Sie schaffe jene Beziehungen ab, »in denen der Mensch zur Ware und die Ware zum Subjekt geworden ist«. Das hatte greifbare Konsequenzen, etwa wenn Schneider fragte, ob Privateigentum von Autos weiterhin akzeptabel sei, oder empfahl, »faschisti-

64 Vgl. Giovanni Blumer, *Die chinesische Kulturrevolution 1965/67* (Frankfurt a. M.: Europäische Verlagsanstalt, 1968); Enzensberger, *Jahre der Kommune I*, 79; Quinn Slobodian, *Foreign Front: Third World Politics in Sixties West Germany* (Durham: Duke University Press, 2012), 170-199; Ingrid Gilcher-Holtey, *1968: Eine Zeitreise* (Frankfurt a. M.: Suhrkamp, 2008), 35-41.

65 »Kulturrevolution: Brutal sein«, in: *Der Spiegel* 48 (21. November 1966), 114-131.

sche Mietskasernen« niederzureißen und stattdessen Häuser zu bauen, »die nicht für die Bedürfnisse des Vermietetwerdens, sondern des Bewohntwerdens da sind«.[66]

Die Kommune I verkaufte währenddessen semiprofessionell hergestellte Raubdrucke[67] und betrieb einen schwunghaften Versandhandel mit Mao-Bibeln, selbstverfassten Schriften, Texten von Wilhelm Reich, Horkheimer und anderen sowie mit revolutionären Aufklebern und Buttons. Neben begeisterten Kunden gab es häufig auch Beschwerden in Geldfragen.[68] Dies ging Hand in Hand mit regelmäßigem Ladendiebstahl, der als praktische Demonstration gegen das Privateigentum galt.[69] Eine Kompilation von Schriften und Dokumenten aus den Gerichtsverfahren gegen die Kommune I trug den Titel *Klau mich*. Das Titelbild zeigte eine das Buch ergreifende Hand; der Band erschien vor Abbie Hoffmans *Steal This Book*.[70] Als Fritz Teufel und zwei weitere Mitglieder der Kommune I beim Klauen in einem Supermarkt erwischt und zu Geldstrafen verurteilt wurden, bezahlte man diese aus dem Gemeinschaftsbudget. Teufel erklärte, er habe nicht aus Not, sondern aus politischer Überzeugung gestohlen.[71] Beim Ostermarsch 1967 warf ein Flugblatt der Kommune I die Frage auf, ob Protest gegen Atombomben darauf verzichten könne, die Eigentumsfrage mittels Schwarzfahren, Ladendiebstahl und Zechprellerei zu stellen: »Wer den Spießer nicht enteignet, bleibt es selbst.«[72] Während der West-Berliner Innensenator Anzeige gegen die unbekannten Autoren des Flugblatts erstattete, diskutierten die Kommunarden, wie ihre radikalen Ideen in die Praxis

66 Peter Schneider, »Die Phantasie im Spätkapitalismus und die Kulturrevolution«, in: *Kursbuch* 16 (März 1969), 4.

67 Vgl. Götz von Olenhusen und Christa Gnirß, *Handbuch der Raubdrucke. Theorie und Klassenkampf* (Pullach: Verlag Dokumentation, 1973).

68 Als Beispiel für eine von zahlreichen Beschwerden vgl. Mainzer Studentenzeitung an Kommune I (24. September 1967), AHIS, Korrespondenz der Kommune I (130, 01). Vgl. auch Kunzelmann, *Leisten Sie keinen Widerstand!*, 54-56.

69 Ebd., 60-62.

70 Rainer Langhans und Fritz Teufel, *Klau mich: StPO der Kommune I* (Frankfurt a. M.: Edition Voltaire, 1968). Vgl. Abbie Hoffman, *Steal This Book* (New York: Grove Press, 1971)

71 Oberstaatsanwalt Kuntze, »Anklageschrift vom 9. Juni 1967«, 14, AHIS, SAK 130, 12; Enzensberger, *Jahre der Kommune I*, 107.

72 »Ostermarschierer, Ostermärtyrer«, in: Lutz Schulenburg (Hg.), *Das Leben ändern, die Welt verändern! 1968, Dokumente und Berichte* (Hamburg: Edition Nautilis, 1968), 31-32.

umgesetzt werden könnten. Ein Vorschlag lautete, ein Lebensmittelgeschäft zu plündern.[73]

Was schließlich beschlossen wurde, erwies sich allerdings als wesentlich spektakulärer. Die Kommunarden fassten den Plan, US-Vizepräsident Hubert H. Humphrey während seines Besuchs in West-Berlin mit roten Rauchbomben zu bewerfen, seine Wagenkolonne zum Stillstand zu bringen und dann ein Provo-Happening zu veranstalten. Das Vorhaben wurde jedoch durch Mitarbeiter des polizeilichen Staatsschutzes vereitelt. Nachdem vermutlich ein V-Mann des Verfassungsschutzes den Hinweis gegeben hatte, dass die Mitglieder der Kommune versuchten, in den Besitz explosiver Chemikalien zu gelangen, wurden die Konspirateure verhaftet. Da jedoch eindeutige Beweise für echten Sprengstoff fehlten, gelang es den Kommunarden, den Eindruck zu erwecken, es handele sich um das Treiben harmloser Spaßvögel. Im nun folgenden Medienrummel wurden aus Mehl und Zucker, von der Polizei zusammen mit den Chemikalien beschlagnahmt, Pudding und Sahnetorte, und die Aktion ging als »Pudding-Attentat« in die Geschichte ein. Ulrike Meinhof, damals Kolumnistin bei der Zeitschrift *konkret*, kritisierte, die Kommunarden sprächen zu viel über sich, anstatt »das Aufsehen, das sie erregten, auf Vietnam zu lenken, [...] mit Wahrheiten über Vietnam [...], mit Fakten, Zahlen und Politik«. Die grundsätzliche Botschaft konnte sie jedoch nachempfinden: »Nicht die Zerstörung lebenswichtiger Ernten, was für Millionen Hunger und Hungertod bedeutet, ist kriminell, sondern der Protest dagegen. [...] Es gilt als unfein, mit Pudding und Quark auf Politiker zu zielen, nicht aber, Politiker zu empfangen, die Dörfer ausradieren lassen und Städte bombardieren. [...] Napalm ja, Pudding nein.«[74] Wenn es auch nur in der Phantasie von Journalisten geschah: Waren des täglichen Bedarfs konnten dazu dienen, Leid und Elend zu veranschaulichen, das der Krieg in einem fernen Winkel der Erde verursachte.

73 Der Untersuchungsleiter des Disziplinarkomitees der FU Berlin an den Vorsitzenden des Disziplinarkomitees, Roman Herzog (5. Mai 1967), AHIS, SAK 130,07; Enzensberger, *Jahre der Kommune I*, 113-114.

74 Ulrike Meinhof, »Napalm und Pudding« (Mai 1967), in: dies., *Dokumente einer Rebellion: 10 Jahre »konkret«-Kolumnen* (Hamburg: konkret, 1972), 72.

Nach dem »Pudding-Attentat« konnten sich die Bürgerschrecke der Kommune I der medialen Aufmerksamkeit sicher sein. Sie trafen sich regelmäßig intern zur Medienarbeit, um anhand von Zeitungsartikeln die Reaktionen »des Systems« auf ihre Aktionen zu erörtern. Bei einer solchen Session im Mai 1967 werteten sie die Berichterstattung zu einer Brandkatastrophe mit 300 Toten und mehreren hundert Verletzten in Belgiens größtem Kaufhaus, À l'innovation in Brüssel, aus.[75]

Die Medien mutmaßten, das Brüsseler Feuer sei durch Brandstiftung von Protestierenden gegen eine Werbeaktion für US-amerikanische Produkte verursacht worden. Offenbar hatte die belgische Polizei »antiamerikanische Flugblätter« einer maoistischen Gruppe gefunden, auf denen die Werbeaktion kritisiert wurde.[76] Springers *Bild*-Zeitung berichtete, in anonymen Briefen sei mit Kaufhausbrandstiftung gedroht worden, und zitierte aus den konfiszierten »kommunistischen« Flugblättern: »Die Antiimperialisten werden nicht aufhören, bis sie das Land und das Kaufhaus L'Innovation von der Fahne gesäubert haben, die zum Symbol der Aggression und des Verbrechens geworden ist.«[77] Ein belgischer Staatsanwalt dementierte diese Gerüchte, allerdings erst eine Woche nach dem Brand.[78]

In Kreisen radikaler Intellektueller war die Faszination an der provokativen Macht der Brandstiftung aufgekeimt. Dazu kam eine rebellische Einstellung, die Protestaktionen gegen die Symbole der Konsumgesellschaft anzetteln und diese mit Imperialismus und globaler wie lo-

75 Vgl. Bernard Houssiau, *L'incendie de l'Innovation: 22 mai 1967* (Brüssel: Luc Pire, 2007).

76 »Brandkatastrophe in Brüssel: Feuer in Kaufhaus möglicherweise durch Brandstiftung«, in: *Der Tagesspiegel* (23. Mai 1967), 1; »Wie in einem Leichenschauhaus«, in: *B. Z.* (24. Mai 1967); online verfügbar unter: {http:// www.medienarchiv68.de/dl/192944/425.jpg.pdf} (Stand August 2017).

77 »Es brennt! Es brennt! Aber eine Frau im Restaurant wollte unbedingt ihre Seezunge haben«, in: *Bild*-Zeitung, Berlin (24. Mai 1967), 10. Ulrich Enzensberger schreibt, der Leiter der West-Berliner Feuerwehr habe in einem Interview mit der *Bild* behauptet, ein Brandanschlag auf das KaDeWe durch kommunistische Kriegsgegner sei eine reale Möglichkeit. Der oberste Feuerwehrmann hatte jedoch nur allgemein von Brandgefahren gesprochen, ohne Protestierende zu erwähnen. Vgl. Enzensberger, *Jahre der Kommune I*, 141f.; »Feuerwehr wäre hilflos«, in: *Bild*-Zeitung, Berlin (24. Mai 1967), 4.

78 Vgl. die Zeitungsausschnittsammlung in AHIS, SAK 130,14.

kaler Unterdrückung in Zusammenhang bringen wollte. Das war Teil einer transatlantischen Welle der Kritik an Versorgungsregimen, die sich mit dem Protest gegen den Vietnamkrieg verband. Dieser Cocktail von Einflüssen manifestierte sich in einer Reihe von Flugblättern der Kommune I zur Brüsseler Brandkatastrophe, die Gegenstand gerichtlichlicher Verfahren und weithin publiziert werden sollten.[79] Im weiteren Verlauf inspirierte die Brüsseler Brandkatastrophe indirekt Brandstiftungen in Frankfurter und West-Berliner Kaufhäusern.

Die Kommune I nahm die Stichworte der Boulevardpresse auf und zog einen zynischen Vergleich mit den Napalmbombardements in Vietnam:

> Mit einem neuen gag in der vielseitigen Geschichte amerikanischer Werbemethoden wurde jetzt in Brüssel eine amerikanische Woche eröffnet: Ein ungewöhnliches Spektakel bot sich am Montag den Einwohnern der belgischen Metropole: Ein brennendes Kaufhaus mit brennenden Menschen vermittelte zum erstenmal in einer europäischen Grossstadt jenes knisternde Vietnamgefühl (dabeizusein und mitzubrennen) […][80]

Unter der Überschrift »Warum brennst Du, Konsument?« lässt das zitierte Flugblatt die charakteristische Vermengung mehrerer Ebenen der politischen Gewalt erkennen: Vietnamkrieg, Hiroshima, das Schah-Regime im Iran, die Berliner Mauer, Stacheldraht und der Eiserne Vorhang wurden mit Coca-Cola und dem west-deutschen Wirtschaftswunder verknüpft. Trotz des bitteren Zynismus und der beißenden Ironie bezeichnet das Flugblatt das Unglück in Brüssel als »menschliche Tragödie«. Die Kommunarden sahen in der Wohlstandsrhetorik eine wichtige Legitimationsressource der amerikanischen Kriegsanstrengungen in Vietnam, die es bloßzustellen galt. Sie waren empört über die viel

79 Kommune I, »Neue Demonstrationsformen in Brüssel erstmals erprobt«, in: *Sprache im technischen Zeitalter* 28 (1968), 318-319; dies., »Warum brennst Du, Konsument?«, in: ebd., 319-320; dies., »Wann brennen die Berliner Kaufhäuser?«, in: ebd., 320. Das abschließende Flugblatt »Revolution in Rosé Revolution in Rot« ist abgedruckt in Enzensberger, *Jahre der Kommune I*, 142. Alle Dokumente sind auf den 24. Mai 1967 datiert und in Kommune I, *Quellen zur Kommuneforschung* (Berlin: Selbstverlag, 1968), enthalten. Vgl. Silke Mende, »›Warum brennst Du, Konsument?‹ – Flugblatt Nr. 7 der Kommune I (24. Mai 1967)«; online verfügbar unter: {http://www.historicum.net/no_cache/persistent/artikel/5138/} (Stand August 2017); Siegfried, *Time Is on My Side*, 476-520.

80 Kommune I, »Warum brennst Du, Konsument?«.

größere öffentliche Anteilnahme am Schicksal der Opfer des Kaufhausbrands verglichen mit den Opfern des Vietnamkriegs.[81]

Ein weiteres Beispiel für das spezielle Verhältnis der Kommune I zu Werbung und Kommerz zeigt sich in einer Engführung von Werbeslogans mit Kritik am Vietnamkrieg: »Der Tag geht, Jonny [sic] Walker kommt – 12 Millionen DM kostet die USA ein nach Vietnam beförderter, getöteter Amerikaner. 1,6 Millionen DM kostet ein gefallener Vietcong. Denn: Es war schon immer etwas teurer einen besonderen Geschmack zu haben.«[82] Ein weiteres Flugblatt der Kommune I wurde noch deutlicher: »Wann brennen die Berliner Kaufhäuser? [...] Ab heute geht er in die Konfektionsabteilung von KaDeWe, Hertie, Woolworth, Bilka oder Neckermann und zündet sich diskret eine Zigarette in der Ankleidekabine an.« Man antizipierte eine künftige Eskalation der Gewalt: »Wenn es irgendwo brennt in der nächsten Zeit, wenn irgendwo eine Kaserne in die Luft geht, wenn irgendwo in einem Stadion die Tribüne einstürzt, seid bitte nicht überrascht.« Die abschließenden Worte verraten die eingeschränkten Englischkenntnisse der rebellischen Studenten: »Burn, ware-house, burn!«[83] Hier wurde die Kampfparole afroamerikanischer Demonstranten bei den *ghetto riots* von Watts bis Detroit in schiefem Englisch abgewandelt.[84]

Dabei konnten sich der Ex-Situatonist Kunzelmann und seine Mitkommunarden auf Guy Debords Analyse der Watts-Unruhen im August 1965 stützen. Debord hatte die Ereignisse in dem Stadtteil von Los Angeles gemäß seiner Theorie des Spektakels interpretiert, mit deren Hilfe Fragen der Rassenzugehörigkeit in solche der Konsumchancen transformiert wurden: »Die Revolte von Los Angeles ist eine Revol-

81 Kommune I, »Wann brennen die Berliner Kaufhäuser?«.

82 Kommune I, Flugblatt, o. D., AHIS, Korrespondenz der Kommune I, 130,01. Der letzte Satz ist ein wörtliches Zitat aus einem Werbeslogan für die Zigarettenmarke Atika aus dem Jahr 1966. Das Gedicht enthält auch Werbeslogans für die Zigarettenmarke HB und die Restaurantkette Wienerwald. Vgl. auch Kommune I, »Revolution in Rosé Revolution in Rot«.

83 Kommune I, Flugblatt o. D., AHIS, Korrespondenz der Kommune I, 130,01. Der englische Ausdruck *warehouse* bedeutet auf Deutsch »Lagerhalle«; »Warenhaus« heißt auf Englisch *department store*.

84 Vgl. Wilfried Mausbach, »›Burn, Ware-House, Burn!‹: Modernity, Counterculture and the Vietnam War in Germany«, in: Axel Schildt und Detlef Siegfried (Hg.), *Between Marx and Coca-Cola: Youth Cultures in Changing European Societies, 1960-1980* (Oxford: Berghahn Books, 2006), 175; Edward Reavis (Hg.), *Burn, Baby, Burn: Die schwarze Revolte* (Darmstadt: Melzer, 1968).

te gegen die Ware, gegen die Welt der Waren und die Welt des den Maßnahmen der Ware hierarchisch unterworfenen Arbeiter-Konsumenten.«[85] Debord deutete die Plünderungen durch schwarze Demonstranten als Versuch, das Spektakel der Waren zu durchbrechen, dem sie ihr Leben lang unterworfen waren, ohne je wirklichen Zugriff zu erhalten. Sein Essay wurde als Broschüre vertrieben mit dem Foto eines brennenden Kaufhauses in Watts auf der Titelseite.[86] Andererseits sollten transatlantische Einflüsse als Auslöser für Proteste in Einrichtungen von Handel und Konsum nicht überschätzt werden. So hatte beispielsweise die weitverbreitete deutsche Übersetzung von Auszügen einer einflussreichen Flugschrift der amerikanischen Bürgerrechtsbewegung die Abschnitte über Konsumboykott ausgelassen.[87]

In vielfacher Weise waren die Flugblätter ein zynischer Kommentar zur Berichterstattung der Springer-Presse über die Brüsseler Brandkatastrophe. Teufel erklärte vor Gericht, der Detailreichtum und das ostentative Mitgefühl in der Presseberichterstattung zur Brüsseler Katastrophe hätten ihn angewidert. Derweil würde die Berichterstattung über den Vietnamkrieg den Konflikt herunterspielen, indem sie ihn als Unglücksfall darstelle.[88] Ulrich Enzensberger weist rückblickend darauf hin, dass die Brüsseler Opfer zu propagandistischer Panikmache missbraucht wurden, indem unterstellt wurde, linke Protestierer hätten das Unglück verschuldet. Es ist allerdings wahrscheinlich, dass diese Behauptung ursprünglich nicht auf die Springer-Presse zurückging, sondern schon in Belgien die Runde machte. Enzensberger betont zudem, die *Bild*-Zeitung habe Informationen, die Zweifel an dem Vorwurf der Brandstiftung aufkommen ließen, am Folgetag nur auf der letzten Seite in einer winzigen Nachricht gebracht. Dort wurde ein Mitglied der ver-

85 Guy Debord, »Déclin et la chute de l'économie spectaculaire-marchande«, in: *Internationale Situationniste* 10 (1966), 415-423; eine deutsche Übersetzung ist unter dem Titel »Niedergang und Fall der spektakulären Warenökonomie« online verfügbar unter: {http://www.si-revue.de/niedergang-und-fall-der-spektakulären-warenökonomie} (Stand August 2017).

86 Charity Scribner, »Buildings on Fire: The Situationist International and the Red Army Faction«, in: *Grey Room* 26 (2007), 30.

87 Martin Oppenheimer und George Lakey, *Manual for Direct Action: Strategy and Tactics for Civil Rights and All Other Non-Violent Protest Movements* (Chicago: Quadrangle Books, 1965); *Anleitung zum Handeln: Taktik direkter Aktionen* (Berlin: Oberbaumpresse / Voltaire Verlag, 1967).

88 »Urteil der 6. großen Strafkammer des Landgerichts Berlin« (13. Mai 1968), 28-29, AHIS, SAK 130, 12.

dächtigten maoistischen Gruppe zitiert: »Wir haben mit dem Brand nichts zu tun. Wir haben Flugblätter verteilt. Aber wir werfen keine Bomben.«[89] Die *B. Z.* schrieb über die Flugblätter der Kommune I, diese seien »gespickt mit Obszönitäten, die wahrscheinlich auch in einem Bordell zum Hinauswurf führen würden. [...] Wer diese Katastrophe, die möglicherweise auf linksradikale Brandstiftung zurückgeht, verherrlicht und zur Nachahmung empfiehlt, gehört hinter Schloß und Riegel!«[90] Als gegen die Autoren der Flugblätter ein Gerichtsverfahren eingeleitet wurde, ging die *B. Z.* noch einen Schritt weiter und imaginierte ein internationales Terroristennetzwerk. Unter der Zwischenüberschrift »Ekelerregend« wurde behauptet, die Kommune I unterhalte direkte »Verbindungen zu Brüsseler Terroristen«, denn im Flugblatt fänden sich »die genauen Vorbereitungen der Brandstiftung«.[91]

Tatsächlich wurden einige Mitglieder der Kommune I aber lediglich wegen Aufrufs zur Brandstiftung belangt. In der Anklageschrift wies der leitende Staatsanwalt darauf hin, die Kommune I habe die Konfrontation mit der Polizei beim Staatsbesuch des Schahs von Persien, bei der Benno Ohnesorg erschossen wurde, herbeigesehnt: »Diese Entwicklung zeigt, daß die intellektuelle und ideologische Debatte zu Intoleranz und Terror verkommen ist.« Zudem hob er hervor, die Kommunarden hätten erwogen, ihren Unterhalt teilweise mit der Inbesitznahme leerstehender Häuser, Diebstahl und Plünderung zu bestreiten.[92]

Auf der Anti-Schah-Demonstration war Fritz Teufel festgenommen worden. Obwohl ihm lediglich ein Steinwurf zur Last gelegt wurde, ver-

89 Enzensberger, *Jahre der Kommune I*, 143. Die Analyse der Kritik der radikalen Linken am Springer-Journalismus wird in Kapitel 5 vertieft.

90 »400 Tote – für sie ein Happening«, in: *B. Z.* (26. Mai 1967); online verfügbar unter: {http://www.medienarchiv68.de/dl/192970/438.jpg.pdf} (Stand August 2017). Vgl. Sven Felix Kellerhoff, »1968 und die Medien«, in: Konrad-Adenauer-Stiftung (Hg.), *40 Jahre 1968: Alte und neue Mythen – eine Streitschrift* (Freiburg: Konrad-Adenauer-Stiftung, 2008), 94-98. Kellerhoffs Darstellung der Flugblätter stützt sich ausschließlich auf Enzensberger, *Jahre der Kommune I.* Die Berichterstattung der Springer-Presse über die Ereignisse in Brüssel gilt ihm als »handwerklich völlig korrekt«, da dort Behauptungen, es handele sich um Brandstiftung, auf spezifische Quellen zurückgeführt würden, derweil die Flugblätter »geschmacklos« und »skandalös« seien. Kellerhoff arbeitet seit 1998 beim Axel-Springer-Verlag.

91 »Verfahren gegen die Kommune I«, in: *B. Z.* (27. Mai 1967), 4; online verfügbar unter: {http://www.medienarchiv68.de/dl/192976/441.jpg.pdf} (Stand August 2017).

92 »Anklageschrift vom 9. Juni 1967«, AHIS, SAK 130, 12, zit. n. Jacob Taubes, »Surrealistische Provokation: Ein Gutachten zur Anklageschrift im Prozeß Langhans/Teufel über die Flugblätter der ›Kommune I‹«, in: *Merkur* 21/11 (1967), 1070.

brachte er siebzig Tage in Untersuchungshaft. Aus Protest gegen seine Behandlung trat er in den Hungerstreik. Karl-Heinz Kurras, der Polizeibeamte, der Benno Ohnesorg erschossen hatte, hingegen gab an, in Notwehr gehandelt zu haben, und blieb auf freiem Fuß. Als Teufels Anwalt Horst Mahler Haftverschonung für seinen Mandanten beantragte, wurde dies abgelehnt und mit Fluchtgefahr begründet, die wegen Teufels lockerem Lebenswandel bestehe, der ihn nicht an irgendwelche Besitztümer binde. Der Staatsanwalt erklärte dies unter Hinweis auf 10 000 DM, die er selbst in seine Wohnungseinrichtung investiert habe.[93] Teufel wurde schließlich freigesprochen. Bei der Befragung durch den Vorsitzenden Richter des Flugblatt-Prozesses führte Teufel aus, die Flugblätter seien nicht nur Protest gegen den Vietnamkrieg, sondern richteten sich auch gegen »Saturiertheit und Selbstzufriedenheit«.[94] Mahler versuchte vergeblich, durch Verweis auf den offensichtlichen Einfluss der Ideen Marcuses – also eine ernsthafte akademische Inspiration – vom Gericht angeordnete psychiatrische und neurologische Untersuchungen der Angeklagten zu umgehen.[95] In einer kommentierten Ausgabe ihrer Prozessakten hoben die Kommunarden die zahl- und namenlosen Beobachter und Passanten hervor, die ihre Provokationen mit der Forderung quittiert hätten, die Angeklagten sollten in die Gaskammern geschickt werden.[96]

Die Mitglieder der Kommune I nutzten die beiden Prozesse für weitere satirische Attacken auf die Obrigkeit. Ein Flugblatt mit dem Titel »Macht Euch einen schönen Prozeß – ruft zur Brandstiftung auf!« stellte ironisch fest, der ursprüngliche Aufruf hätte bisher nicht zu wirklichen Bränden geführt; nun sei es an der Zeit, sich an die Massen zu wenden. Das vom Kalten Krieg geprägte Stadtmarketing West-Berlins nachahmend, schrieben die Kommunarden: »Berlin muß wieder eine Weltstadt werden, indem es anschließt an die außergewöhnlichen Demonstrationserfolge der belgischen Vietnamgegner.« Der untere Teil des Flugblatts war ein Vordruck, den Gleichgesinnte abtrennen konnten, um darauf zu erklären, dass auch sie zur Brandstiftung aufriefen.

93 Kommune I, *Gesammelte Werke gegen uns* (Berlin: Selbstverlag, 1967), 47.

94 Protokoll des Verfahrens abgedruckt in: Langhans und Teufel, *Klau mich*, nicht paginiert.

95 Horst Mahler an das Landgericht Berlin, 6. Gr. Strafkammer, 506-55/67 (10. Juli 1967), 5, AHIS, SAK 130, 12.

96 Kommune I, *Gesammelte Werke*, 46.

*Abb. 3*: Mitglieder der Kommune I feiern die Entlassung von Fritz Teufel aus der Untersuchungshaft auf dem Kurfürstendamm; vorne links Teufel, unter dem Regenschirm Kunzelmann, 12. August 1967.

Dies geschah unter Verwendung der exakten juristischen Formulierung aus der Anklageschrift; die Kommunarden fügten hinzu, dass Streichhölzer und ein benzingetränkter Lappen ausreichten. Dann folgte eine Liste möglicher Ziele zum Ankreuzen, die unter anderem das »Springerhochhaus« und den Begriff »Kaufhaus« mit einer Leerstelle zum Eintragen eines Namens enthielt.[97]

Weitere Flugblätter forderten dazu auf, Wasserpistolen aus Hongkong im KaDeWe oder Seifenblasenlösung bei Woolworth zu kaufen, um mit diesen Artikeln Gerichtsverhandlungen zu stören. »Die kugelförmige Gestalt und der leise Knall, den diese vorzüglichen Blasen beim Platzen erzeugen, erinnern an die kugelförmigen Bomben vorzüglicher Anarchisten.«[98] Obwohl diese und andere Provokationen während des Prozesses den Angeklagten mehrere Tage Haft wegen Missachtung des

97 Kommune I, »Macht Euch einen schönen Prozeß – ruft zur Brandstiftung auf!«, in: dies., *Quellen zur Kommuneforschung*, nicht paginiert.

98 Kommune I, »Auf in den Kampf! Jeder Brandstifter sein eigener Feuerwehrmann!« und »Lasst nicht nur eine Luftblase platzen sondern tausend!«, beide in: dies., *Quellen zur Kommuneforschung*.

Gerichts einbrachten, endete das Verfahren mit Freispruch. Die Strafkammer ging zwar davon aus, dass die Flugblätter zur Brandstiftung aufriefen, doch sahen die Richter es nicht als erwiesen an, dass die Angeklagten tatsächlich die praktische Durchführung gewünscht hätten.[99]

Der Versuch der Verteidigung, sich mithilfe von Gutachten namhafter Philologen auf die künstlerische Freiheit zu berufen, war somit nur eingeschränkt erfolgreich.[100] Jacob Taubes, Professor für Judaistik an der Freien Universität Berlin, hatte neben Søren Kierkegaard auch André Breton und Raymond Queneau zitiert, um Parallelen zwischen den Flugblättern und verschiedenen Texten der Pariser Surrealisten zu unterstreichen. Insgesamt erschienen ihm die Flugblätter als literarische Provokationen im Geist von »Baudelaires *épater le bourgeois*«.[101] Eberhard Lämmert, Professor für Germanistik an der Freien Universität Berlin, hatte darauf hingewiesen, dass die Flugblätter eindeutig die »Sprachgewohnheiten von Presse und Werbepropaganda« imitierten.[102] Sein Kollege Peter Wapnewski hatte das »Absurde« als Leitmotiv der Flugblätter herausgestellt und die Auffassung vertreten, sie sollten zeigen, dass es »inhuman [sei], die Opfer des Brüsseler Kaufhausbrandes zu beklagen, wenn man zugleich die Opfer des Krieges in Vietnam ignoriert«.[103] Seines Erachtens wollten die Texte »unter Beleidigung unsres Gefühls für Takt und Stil [...] das Verbrennen von Menschen verhindern; oder verbieten«.[104]

Eine Reihe weiterer Stellungnahmen hatte das Gericht unberücksichtigt gelassen, z. B. das ambivalente Gutachten des Literaturwissenschaftlers Peter Szondi: Er machte zum einen deutlich, dass die Idee einer linksradikalen Kaufhausbrandstiftung ursprünglich nicht von den Kommunarden, sondern von Journalisten in Umlauf gebracht worden sei, die derartige Gerüchte aus Belgien kolportierten. Zum anderen wies er darauf hin, dass eines der Flugblätter ein gänzlich fiktiver Zei-

99 »Urteil der 6. großen Strafkammer des Landgerichts Berlin«, (506) 2 P KLs 3/67, 55/67 (13. Mai 1968), AHIS, SAK 130, 12.

100 Die Gutachten von Lämmert, Szondi und Wapnewski sowie die inkriminierten Flugblätter sind abgedruckt in: *Sprache im technischen Zeitalter* 28 (1968), 316-345.

101 Taubes, »Surrealistische Provokation«, 1073.

102 Eberhard Lämmert, »Brandstiftung durch Flugblätter? Ein Gutachten«, in: *Sprache im technischen Zeitalter* 28 (1968), 321-329.

103 Peter Wapnewski, »Brandstiftung durch Flugblätter? Ein Gutachten«, in: ebd., 340.

104 Ebd., 342.

tungsartikel auf der Basis erfundener Quellen und Nachrichten war.[105] An anderer Stelle paraphrasierte er die antikapitalistische Medienkritik der Kommune I und argumentierte, in den Flugblättern werde den USA »implizit vorgeworfen, ihre Kriegsführung sei bedingt durch die Bedürfnisse der Industrie«; die US-Regierung werde dabei als Unternehmen mit einer neuen Werbeidee dargestellt.[106] Richard Schmid, ein prominenter Jurist und früherer Präsident des Oberlandesgerichts Stuttgart, hatte auf einen Artikel des US-amerikanischen Journalisten Jacob Brackman im *New Yorker* hingewiesen, in dem ein fiktiver Gegner des Vietnamkriegs davon phantasierte, den Central Park zu entlauben und das Rockefeller Center in Brand zu stecken. Niemand, so Schmid, sei jedoch so beschränkt gewesen, dies für eine tatsächliche Anstiftung zur Brandstiftung zu halten.[107] Der Literaturkritiker Karl Heinz Bohrer meinte: »Der surrealistische Zynismus terrorisiert vor allem die Nerven des moralisch Ansprechbaren.«[108] Günter Grass diagnostizierte »pubertären, schwärmerischen Anarchismus« und stellte die Flugblätter, obgleich sie weniger profund wären, in die Tradition des »Hessischen Landboten« (1834) von Georg Büchner. Zudem meinte er in der Sprache der Werbung, in der Sprache von Springers *B. Z.* und in der Sprache der Kommune I »gleichermaßen faschistische Symptome« erkennen zu können. Offenbar war ihm entgangen, dass die Flugblätter gezielt den für Werbung und Regenbogenpresse typischen Stil imitierten. Zutreffender hingegen war seine Beobachtung, die Flugblätter verrieten ein »vulgäres« Verständnis von Marcuses *Der eindimensionale Mensch.*[109] Hans Werner Richter, Autor und Gründer der einflussreichen Gruppe 47, hatte es abgelehnt, ein Gutachten beizusteuern, und die Flugblätter als bloßes »Konglomerat von pubertärer sich anarchistisch gebender Revolutionsromantik« bezeichnet: Die Kommunarden »spielen Revo-

105 Peter Szondi, »Aufforderung zur Brandstiftung? Ein Gutachten im Prozeß Langhans/Teufel«, in: *Sprache im technischen Zeitalter* 28 (1968), 330, 335.

106 Ebd., 333.

107 Richard Schmid an Schiele (20. Juli 1967), AHIS, SAK 130, 12; Jacob R. Brackman, »Onward and Upward with the Arts: The Put-On«, in: *The New Yorker* (24. Juni 1967), 34-35.

108 Karl Heinz Bohrer, »Surrealismus und Terror oder die Aporien des Juste-milieu«, in: ders., *Die gefährdete Phantasie, oder Surrealismus und Terror* (München: Hanser, 1970), 37.

109 Günter Grass an Horst Mahler (5. Juli 1967), in: Kommune I, *Gesammelte Werke*, 43-45.

lution und diskreditieren zugleich alle revolutionären Bestrebungen […] und dienen den Reaktionären«.[110] Theodor W. Adornos Absage war weniger wortreich, brachte ihm jedoch einen Tumult protestierender Studenten während seiner Vorlesung an der Freien Universität Berlin ein.[111]

Die Kommune II war ebenfalls eine politische Wohngemeinschaft, die sich aber mehr mit Psychologie beschäftigte und den Aspekt revolutionärer Strenge stärker akzentuierte. Ihre Mitglieder kritisierten die Strategie der Verteidigung, die Flugblätter nur als Satire darzustellen, und deuteten an, echte Revolutionäre müssten über das bloße Reden vom Feuer hinausgehen. An die Kommune I schrieben sie: »Unser Verdacht ist […], daß Ihr […] von dem ganzen kapitalistischen Rummel der letzten Zeit, Interviews, Fotos, Broschüren usw. verdorben seid. Hat Euch Geld prostituiert? Wollt Ihr wie die spießbürgerlichen Feuerbremser Euren Glimmstengel wieder vor dem Warenhaus austreten?«[112] Die Kommune II, in der auch Jan-Carl Raspe, künftiges Mitglied der Roten Armee Fraktion, lebte, war in mancher Hinsicht ideologisch rigoroser als ihr berühmteres Pendant. Andererseits waren die Kommunen einander in bestimmten Hinsichten ähnlich: Sie führten eine »gemeinsame Kasse«, in die alle individuellen Einkünfte flossen, und über den Konsum wurde kollektiv beraten.[113]

## DIE FRANKFURTER KAUFHAUSBRANDANSCHLÄGE

Wenige Tage nach dem Flugblattprozess besuchten drei künftige Kaufhausbrandstifter die Kommune I. Gerd Koenen argumentiert, der jüngere Andreas Baader habe die intellektuelle Führungsfigur der Kommune, Dieter Kunzelmann, herausfordern wollen, indem er die provokative

110 Hans Werner Richter an Horst Mahler (Juni 1967), in: ebd., 42-43.

111 Vgl. Wolfgang Kraushaar, »Herbert Marcuse und das lebensweltliche Apriori der Revolte«, in: ders. (Hg.), *Frankfurter Schule und Studentenbewegung: Von der Flaschenpost zum Molotowcocktail 1946-1995* (Frankfurt a. M.: Rogner & Bernhard, 1998), 3, 197.

112 Kommune II, »Gegen Kommune I«, in: *Sprache im technischen Zeitalter* 28 (1968), 317.

113 Siehe Kommune II, *Versuch der Revolutionierung des bürgerlichen Individuums: Kollektives Leben mit politischer Arbeit verbinden!* (Berlin: Oberbaumverlag, 1969), insbesondere 51-67.

Phantasie in die Tat umsetzte.[114] Am 1. April 1968 reisten Baader, Gudrun Ensslin sowie zwei Freunde, Thorwald Proll und Horst Söhnlein, nach Frankfurt. Am darauffolgenden Tag gingen Baader und Ensslin ins Kaufhaus und deponierten selbstgebastelte Brandbomben. In der Nacht vom 2. zum 3. April 1968 brach in den Kaufhäusern Schneider und Kaufhof Feuer aus. Personen kamen dabei nicht zu Schaden, aber die Brände und die durch sie aktivierten Sprinkleranlagen verursachten beträchtlichen Sachschaden. Vor Gericht wurde die Summe der Schäden – die vollständig von Versicherungen übernommen wurde – auf 282339 DM bei Schneider und auf 390838 DM bei Kaufhof beziffert.[115] Zuvor hatte die Presse von einem Gesamtschaden in Höhe von 1,2 Millionen DM berichtet. In Zeitungsannoncen wurden hohe Belohnungen für Informationen ausgelobt, die zur Ergreifung der Brandstifter führten. Aus Angst vor »politischen Racheakten« organisierten Frankfurter Kaufhäuser einen eigenen »Brandwachdienst«.[116]

Dank konkreter Hinweise konnte die Polizei die vier Brandstifter schnell ermitteln und verhaften. In Prolls Notizbuch fand sich ein Ge-

114 Gerd Koenen, *Vesper, Ensslin, Baader: Urszenen des deutschen Terrorismus* (Köln: Kiepenheuer & Witsch, 2003), 142-149. Proll betonte später, die Kaufhausbrandstiftung sei von der Kommune I beeinflusst worden. Vgl. Thorwald Proll und Daniel Dubbe, *Wir kamen vom anderen Stern: Über 1968, Andreas Baader, und ein Kaufhaus* (Hamburg: Edition Nautilus, 2003), 7; Thorwald Proll, *Mein 68: Aufzeichnungen, Briefe, Interviews* (Hamburg: Verlag auf hoher See, o.D.), 51-57.

115 »Urteil des LG Frankfurt (›Brandstifterurteil‹) vom 31. Oktober 1968, 4 Kls 1/68«, in: Ingo von Münch (Hg.), *Aktuelle Dokumente: Die Baader-Meinhof-Gruppe* (Berlin: de Gruyter, 1973), 178-179. Die umfassendste und solideste Darstellung der Frankfurter Kaufhausbrandanschläge ist: Sara Hakemi und Thomas Hecken, »Die Warenhausbrandstifter«, in: Wolfgang Kraushaar (Hg.), *Die RAF und der linke Terrorismus* (Hamburg: Hamburger Edition, 2006), Bd. 1, 316-331. Auch Hakemi und Hecken interpretieren die Ereignisse im Kontext einer linksradikalen Tradition der Konsumkritik (Kommune I, Marcuse). Sie argumentieren jedoch, dass die weitere Entwicklung, vor allem die Formierung der RAF, die Kritik an der Konsumgesellschaft zugunsten antiimperialistischer Ideologien in den Hintergrund treten ließ. Somit unterschätzen sie die fortgesetzt wichtige Rolle der Konsumkritik in der Ideologie der RAF, insbesondere im Kontext des Antiimperialismus. Weitere Darstellungen der Frankfurter Kaufhausbrandanschläge liefern Jeremy Varon, *Bringing the War Home: The Weather Underground, the Red Army Faction, and Revolutionary Violence in the Sixties and Seventies* (Berkeley: University of California Press, 2004), 41-45; Mausbach, »›Burn, Ware-House, Burn!‹«, 175-202.

116 »Brandstiftung in Frankfurter Kaufhäusern«, in: *Süddeutsche Zeitung* (4. April 1968), 36; Uwe Nettelbeck, »Der Frankfurter Brandstifter-Prozeß: Viermal drei Jahre Zuchthaus für eine sinnlose Demonstration«, in: *Die Zeit* 45 (8. November 1968).

*Abb. 4*: Brandanschlag auf Frankfurter Kaufhaus, 3. April 1968.

dicht im Stil der Flugblätter der Kommune I: »Wann brennt das Brandenburger Tor? Wann brennen die Berliner Kaufhäuser? Wann brennen die Hamburger Speicher? [...] Zerschlagt den Kapitalismus.«[117] Zudem fiel den Ermittlern ein Zettel in die Hände: »Wir zünden Kaufhäuser an, [bis] ihr aufhört zu kaufen. [...] Der Konsumzwang terrorisiert euch. Wir terrorisieren die Ware. Wir terrorisieren die Ware, damit ihr Schluß macht mit dem Terror, der euch zu Konsumenten [macht].«[118]

SDS-Sprecher Reiche zeigte sich zunächst »zutiefst [...] bestürzt« über die »unbegründbare[n] Terroraktionen«. Später jedoch publizierte die West-Berliner Sektion des SDS eine deutlich weniger abweisende Erklärung. Auch die Kommune I distanzierte sich nicht von der Brandstiftung als Mittel des politischen Kampfes, und einzelne Mitglieder bekundeten öffentlich Verständnis für die Brandstifter. Nach der Ermor-

117 Proll/Dubbe, *Wir kamen vom anderen Stern*, 117.
118 »Leseabschrift eines Zettels, gefunden bei Frau Vogel«, AHIS, SAK 250, 05.

dung von Martin Luther King jr. am 4. April 1968 und den darauf folgenden Unruhen in zahlreichen US-amerikanischen Städten lieferten die Kommunarden eine pauschale Legitimierung, die auf die *riots* verwies. In den USA sei »den Schwarzen das politische Mittel der Brandstiftung zur täglichen Notwendigkeit geworden«.[119] Ein Flugblatt erläuterte im üblichen Sarkasmus, King habe den Friedensnobelpreis dank seiner Weigerung erhalten, den »Krieg [...] einer Minderheit gegen die vielen Reichen« zu kämpfen. Mit einer gewissen Hybris fragte ein Postskriptum, ob Menschen, die sich von den Brandanschlägen auf die Frankfurter Kaufhäuser distanzierten, sich nicht auch von der Black-Power-Bewegung distanzieren sollten.[120]

Für den Anschlag auf das Kaufhaus Schneider, den Baader und Ensslin gestanden hatten, wurden die Frankfurter Brandstifter zu jeweils drei Jahren Haft verurteilt. Die Kaufhof-Brandstiftung konnte ihnen hingegen nicht nachgewiesen werden. Obwohl alle vier dasselbe Strafmaß erhielten, wurde der Umfang der Beteiligung von Söhnlein und Proll nie vollständig geklärt.[121] Das Urteil gegen Proll gründete sich vor allem auf die bei ihm gefundenen Notizen.[122] Das Gericht würdigte die politischen Motive durchaus. Die Richter stellten fest, die Angeklagten seien zu dem Schluss gelangt, »daß ihre bisherigen Bemühungen angesichts der ›bornierten Stumpfheit einer saturierten Konsumgesellschaft‹ keinen Erfolg haben können. Sie wollten nun mehr ein ›Fanal‹ setzen, das die Massen aktivieren sollte.«[123] Das Gericht nahm auch Baaders wiederholte Verweise auf Marcuse zur Kenntnis. Ensslin und Baader hätten »eine friedliche, gewaltlose Veränderung der bestehenden ›Klassenherrschaft‹ nicht mehr für möglich« gehalten.[124] Das Gericht beschäftigte sich ebenfalls mit der Idee einer naturrechtlichen Auslegung des Widerstandsrechts, auf die sich Baader mit Marcuse berufen

119 »Brandstiftung/Kaufhäuser: Phosphor und Schwefel«, in: *Der Spiegel* 15 (8. April 1968), 34.

120 Enzensberger, *Jahre der Kommune I*, 271.

121 »Urteil des LG Frankfurt (›Brandstifterurteil‹) vom 31. Oktober 1968, 4 Kls 1/68«, in: Münch (Hg.), *Aktuelle Dokumente*, 183, 188. Vgl. auch Proll/Dubbe, *Wir kamen vom anderen Stern*, 16.

122 »Urteil des LG Frankfurt (›Brandstifterurteil‹) vom 31. Oktober 1968, 4 Kls 1/68«, 181.

123 Ebd., 172.

124 Ebd., 191-192.

hatte.[125] Die Richter wiesen diese Argumentation allerdings zurück: Es sei unrealistisch, »mittels inländischen Terrors gegen inländische Rechtsgüter auf die Beendigung des Krieges in Vietnam einwirken zu können«. Ironischerweise schien diese Argumentation zu implizieren, ein direkt gegen die US-Armee gerichteter Schlag lasse sich eventuell naturrechtlich legitimieren – eine Argumentationslinie, welche die RAF in der Folge tatsächlich einschlagen sollte. Schließlich erörterten die Frankfurter Richter die Frage, ob die Überzeugung der Angeklagten, sie verfügten über ein Recht auf Widerstand, ein sogenannter »Verbotsirrtum« sei, ob ihnen also – ohne dass sie es hätten ändern können – die Einsicht in die Widerrechtlichkeit ihrer Handlungen gefehlt hatte. Sie verneinten diese Überlegung mit Verweis auf Marcuse, für den die »Frage revolutionärer Gewalt« angeblich »allein eine moralische Frage« sei. Stattdessen entschieden sie sich für eine gesetzespositivistische Interpretation:

> Auch der Überzeugungstäter oder Gewissenstäter weiß, daß er gegen eine Norm der staatlichen Gemeinschaft verstößt. Der Schuldbegriff des geltenden Strafgesetzbuches ist nämlich kein moralischer oder religiöser, er ist ein »politischer« in dem Sinne, daß der Täter sich bewußt der geltenden Rechtsordnung nicht »anpaßt«.[126]

Tatsächlich weigerten sich die Angeklagten über weite Strecken des Prozesses, mit einem Justizsystem zusammenzuarbeiten, das ihnen als bloßes Instrument einer Ordnung galt, die sie überwinden wollten. Schließlich kam das Gericht überein, die politischen Überzeugungen nicht als Hauptmotivation anzuerkennen.

In der breiteren Öffentlichkeit konnten nur wenige Menschen den Versuch der Angeklagten nachvollziehen, eine Verbindung zwischen der Welt des Konsums, symbolisiert durch ein Warenhaus, und dem tödlichen Alltag der Vietnamesen herzustellen.[127] Ensslin hingegen erklärte: »Die USA machen in Vietnam eine Probe aufs Exempel, damit der Reichtum Amerikas erhalten bleibt.«[128] Auch Bernward Vesper, der

125 Marcuse, »Repressive Toleranz«, 127-128.

126 »Urteil des LG Frankfurt (›Brandstifterurteil‹) vom 31. Oktober 1968, 4 Kls 1/68«, 205.

127 Krebs, *Ulrike Meinhof*, 167-168.

128 Ensslin zit. n. *Der Baader-Meinhof-Report: Dokumente – Analysen – Zusammenhänge* (Mainz: Hase & Koehler, 1972), 20.

frühere Verlobte Ensslins, betonte als Zeuge die Verbindung zwischen Wohlstand und dem Vietnamkrieg: »Die Waren, in die die Produktionsverhältnisse [...] eingegangen sind, schienen plötzlich menschliche Züge zu tragen, während die Toten zu Statistiken verkamen.«[129] Proll verfasste das Schlusswort der Angeklagten, das sich mit dem Justizsystem auseinandersetzte, aber nicht auf das Motiv zurückkam. Das Thema Konsum streifte er nur in einer Bemerkung zu den Haftbedingungen, in denen eine »Gesellschaft, die nur noch aus Konsum besteht«, ins Gegenteil verkehrt werde.[130]

Die Verbindungen zwischen der Kommune I, die zunehmend zu einem kommerzialisierten Laboratorium für Lebensstile wurde, und den Kaufhausbrandstiftern blieben eng. Im Mai 1968 schrieb Ulrich Enzensberger an Andreas Baader: »Wir haben uns einen neuen Verkaufsknüller einfallen lassen, Gruppensex, damit wieder Geld reinkommt.«[131] Baader, damals wegen der Kaufhausbrandstiftung in Untersuchungshaft, antwortete, er sehe die Kommune I immer nur im Kulturteil der Zeitungen: »[I]hr müßt den Sprung in den Anzeigenteil schaffen, Fanta u. s. w. – was da Geld reinkäme.«[132] Proll versuchte sich im Gefängnis weiterhin an anarchistischer Poesie. Er berief sich auf den Franzosen Pierre-Joseph Proudhon, den Vordenker des Anarchismus, und sagte eine weitere Vermarktung voraus: »5 jahre später: die bundesrepublik ist eine fußgängerzone. den privaten anarchismus kannst du kaufen.«[133] Volker Gebbert von der Kommune I schrieb an Proll, eine andere Kommune, die Potskommune, verdiene Geld damit, Interviews über ihre Konsumgewohnheiten zu geben: »Es lebe der Spätkapitalismus, mit dem man noch Geld machen kann.« Die Kommune I hatte mit dem Blanvalet Verlag einen Vertrag über eine »Brandstifter-Prozess-Geschichte« abgeschlossen.[134]

129 Bernward Vesper, »Nachwort zu Baader u. a.«, in: Andreas Baader et al., *Vor einer solchen Justiz verteidigen wir uns nicht: Schlußwort im Kaufhausbrandprozeß* (Frankfurt a. M.: Edition Voltaire), 20.

130 Ebd. Auch abgedruckt in: »Erklärung der im Kaufhausbrandprozeß angeklagten Andreas Baader, Gudrun Ensslin, Horst Söhnlein, und Thorwald Proll«, in: *Charlie Kaputt* 3 (Dezember 1968).

131 Ulrich Enzensberger an Andreas Baader (10. Mai 1968), Korrespondenz der Kommune I (130,01), Archiv IfSHH.

132 Andreas Baader an Kommune I (10. Juni 1968).

133 Thorwald Proll, »Aufzeichnungen aus der Haft 1968/69«, in: ders., *Mein 68*, 9-12.

134 Volker Gebbert an Thorwald Proll, undatiert, in: Proll, *Mein 68*, 64-65. Vgl. Horst

Nachdem Ensslin die Kaufhausbrandstiftung in den Kontext des Protests gegen den Vietnamkrieg gerückt hatte, gab die West-Berliner Sektion des SDS eine Erklärung ab, die das Argument zurückwies, die Frankfurter Kaufhausbrände hätten gezielt Produkte gesellschaftlicher Arbeit zerstört. Der SDS vertrat die Ansicht, es seien vielmehr die Eigentümer der Produktionsmittel, die ständig gesellschaftlichen Reichtum zerstörten. Die Erklärung teilte die radikale Kritik an der westlichen Konsumgesellschaft, die sich gegen geplante Obsoleszenz, Verpackungsmüll, profitorientierte Produktforschung und Werbung richtete. Doch die Kritik ging noch weiter, indem sie auf die rechtlichen Rahmenbedingungen verwies, die dieses System aufrechterhielten: Die Arbeiterin, die in der Strumpfwarenfabrik Strümpfe stehle, werde bestraft, nicht aber die Manager, die für die gezielte Herstellung kurzlebiger Strümpfe verantwortlich seien. Wie die Frankfurter Angeklagten stellte der West-Berliner SDS ein globales Versorgungsregime infrage:

> Hätte man sich auf die politischen Begründungen der Genossen Angeklagten eingelassen, auf den Hinweis auf den Krieg in Vietnam und den Hinweis auf die Methoden kapitalistischer Warenproduktion und -konsumption, man hätte darauf kommen müssen, daß der Völkermord in Vietnam [...] nur der offenherzige und brutale Ausdruck einer Gesellschaft ist, die bei uns mit einem rasch widerrufbaren System von Scheinfreiheiten das wahre Bedürfnis der Massen nach Selbstbestimmung niederzuhalten trachtet.

Im Vergleich zu den Verbrechen dieses Systems wären die Brandstiftungen in Frankfurt nur »hilfloses Symbol« und »Bagatelle«. Das System müsse die Angeklagten verurteilen, damit die Besitzenden fortfahren könnten, gesellschaftlichen Reichtum zu zerstören, und die Besitzlosen es nicht wagten, den Wohlstand zu verlangen, den »eine vernünftige, d. h. kommunistische Gesellschaft, schon heute produzieren könnte«.[135]

Ulrike Meinhof reiste als Prozessbeobachterin nach Frankfurt und

Tomayer, Christian Buchloh, Peter Homann-Meinhof, Heike Proll, Ellinor Butscher and Ulrich Sander, »Nicht angetörnt: Über Potskommune, Linkeck, und ihre Zeitungen«, in: Hartmut Sander und Ulrich Christians (Hg.), *Subkultur Berlin: Selbstdarstellung, Text-, Ton-, Bilddokumente, Esoterik der Kommunen, Rocker, subversiven Gruppen* (Berlin: März Verlag, 1969), 66-73.

135 Erklärung des Landesverbands Berlin des SDS, AHIS, SAK 250, 04.

besuchte die inhaftierten Angeklagten. Zum ersten Mal begegnete sie ihren künftigen Kampfgenossen.[136] In der *konkret* veröffentlichte sie einen Artikel, der die Brandstiftung verurteilte, weil die Flammen Waren verzehrt und die Brandstifter insofern kapitalismuskonform gehandelt hätten. Gleichwohl übernahm sie ein Bonmot Fritz Teufels, das auf Bertolt Brechts Vergleich zwischen der Gründung einer Bank und einem Bankraub anspielte: »Es ist immer noch besser, ein Warenhaus anzuzünden, als ein Warenhaus zu betreiben.«[137] Mit Zitaten aus Vance Packards *Die große Verschwendung* und André Gorz' *Zur Strategie der Arbeiterbewegung im Neokapitalismus* stimmte Meinhof in die verbreitete Konsumkritik ein.[138] Im Anschluss an Gorz deutete sie die Segnungen des Wohlstands als »Ersatzbefriedigung«, mit deren Hilfe die Individuen über die tatsächlichen Bedingungen hinweggetäuscht würden, unter denen sie als Produzenten arbeiten müssten. Packard lieferte ihr einen Interpretationsrahmen, in dem sich die Zerstörung gesellschaftlichen Reichtums als immanenter Bestandteil des Systems der kapitalistischen Akkumulation deuten ließ. Unterschied sich das Anzünden von Gütern in einem Warenhaus wirklich so wesentlich von der Zerstörung soeben produzierter Güter, um Überangebot und schrumpfende Gewinne zu umgehen? Mit Packard wetterte Meinhof:

> Noch versucht die Industrie, der Übersättigung des Gebrauchsgütermarktes beizukommen durch »alle zwei Jahre ein neues Modell«; durch die Verschwendung von Millionen auf eine Forschung, die weniger der Verbesserung der Produkte, als ihrer Absetzbarkeit dient; durch den individuellen Mülleimer für sinnlose, nur teure, Profit ermöglichende Verpackungen [...]; durch eine ebenso radikal verlogene wie kostspielige Werbung; Millionen an Arbeitszeit und -kraft werden vergeudet für den eingebauten Verschleiß (»Obsoleszenz«), das geplante Todesdatum, so daß die Eisschränke, Rasierapparate, Damenstrümpfe, das Spielzeug, die Glühbirnen viel eher kaputt gehen, als [...] notwendig wäre, um eine Nachfrage künstlich in Gang zu halten, um durch Produktion und Verbrauch Profitraten zu erzielen, die wieder privat investiert werden, nicht um gesellschaftliche Bedürfnisse zu befriedigen.

136 Krebs, *Ulrike Meinhof*, 168.

137 Ulrike Meinhof, »Warenhausbrandstiftung«, in: *konkret* 14 (4. November 1968). Vgl. Sarah Colvin, *Ulrike Meinhof and West German Terrorism Language, Violence, and Identity* (Rochester: Camden House, 2009), 42-45.

138 Vance Packard, *Die große Verschwendung* (Frankfurt a.M.: Fischer, 1964); André Gorz, *Zur Strategie der Arbeiterbewegung im Neokapitalismus* (Frankfurt a.M.: Europäische Verlagsanstalt, 1968).

Meinhof hätte es vorgezogen, wenn der Reichtum einer Gesellschaft in Bildung, Gesundheitswesen, öffentlichen Nahverkehr, saubere Luft und Ruhe sowie sexuelle Aufklärung flösse.[139]

Kritische Äußerungen zur Warenflut kamen keineswegs ausschließlich von Linksradikalen. Im Jahr 1968 war in einem Fachjournal des Einzelhandels zu lesen: »Wir stehen heute einer verwirrenden Fülle von Bemühungen gegenüber, riesige Überkapazitäten von Konsumgütern an den Mann zu bringen.« Aufgrund des »sagenhaften Anwachsen[s] der Sortimente und Massen an Konsumgütern« sahen sich sogar die Geschäftsleute mit »babylonischen Verwirrungen auf dem Warenmarkt« konfrontiert. Die »kaum übersehbare Fülle von Ver- und Gebrauchsgütern« umfasse viele Artikel, die niemand sich nur ein halbes Jahrhundert zuvor hätte vorstellen können. Der Autor erkannte auch den Druck, den die Überproduktion dem Einzelhandelssektor auferlege, wenn ein einzelnes Produkt in zahllosen Varianten und unterschiedlichen Verpackungen angeboten werde:

> Oft entscheidet die Wirksamkeit der Werbung und die gnadenlose Berieselung der Verbraucher durch die publizistischen Medien über den Absatzerfolg dieser oder jener Marke. Der Produzent, der [...] die höchstmöglichen Mittel für eine Werbekampagne einsetzt, hat die beste Aussicht, sich einen Vorsprung bis in die Sphäre monopolartiger Einflußmöglichkeiten zu verschaffen.[140]

Die Hauptgemeinschaft des Deutschen Einzelhandels, wie der Hauptverband des Deutschen Einzelhandels bis 1990 hieß, benutzte den Begriff »Werbeterror«, um die aggressiven und oft halblegalen Werbepraktiken auf sogenannten »Kaffeefahrten« anzuprangern.[141]

Während die Einzelhandelsspezialisten noch mit dem Problem rangen, die beispiellose Fülle zu verkaufen, stellte Meinhof die Frage der Verteilung und wies auf Versorgungsregime hin, die durch die Rechtsordnung aufrechterhalten würden und Privateigentum und Profite privilegierten. Deshalb sah sie das fortschrittliche Moment der Frankfurter Kaufhausbrandstiftungen in der kriminellen Transgression dieser Ord-

139 Meinhof, »Warenhausbrandstiftung«.

140 »Hauptgemeinschaft für stärkere Zusammenarbeit«, in: *Der Einzelhandel* 21/7 (Juli 1968), 3.

141 »Bitterer Kaffee«, in: *Der Einzelhandel* 21/9 (September 1968), 3.

nung: »Die da Schindluder treiben mit dem Eigentum, werden durch das Gesetz geschützt, nicht die, die Opfer dieses Schindludertreibens sind, nicht die, die den Reichtum schaffen durch Reichtum und Konsum, sondern die, die ihn sich gemäß der Gesetzgebung im kapitalistischen Staat rechtmäßig aneignen.« Meinhof erklärte Konsumenten also – gemeinsam mit den Produzenten – zu Schöpfern gesellschaftlichen Reichtums. Der von ihnen geschaffene »Mehrwert« würde dann von den Kapitalisten unterschlagen. Die »kollektiven Bedürfnisse [...] in reichen kapitalistischen Ländern [bleiben] eklatant unbefriedigt«.[142]

Mit diesen Worten wandte sie sich deutlich von ihren zweieinhalb Jahre zuvor geäußerten Ansichten ab, als sie die sozioökonomischen Verhandlungsspielräume noch deutlich konventioneller und optimistischer beurteilte. Anlässlich des Tarifkonflikts in der west-deutschen Metallindustrie zu Beginn des Jahres 1966 hatte sie den Unwillen der Arbeitgeber kritisiert, sich auf Arbeitszeitverkürzungen einzulassen. Insgesamt jedoch hielt sie Tarifverhandlungen für »geeignet, wirtschaftliches Wachstum und Gemeinwohl einander anzupassen«.[143] Diese Einstellung schwand in der zweiten Hälfte des Jahres 1967 nach der Erschießung Ohnesorgs und mit Beginn der ersten Rezession in der Bundesrepublik. Viele Arbeitgeber nutzten die Krise, um freiwillige Sozialleistungen, Urlaubs- und Weihnachtsgeld sowie übertarifliche Löhne teilweise drastisch zu kürzen. Die Gewerkschaft IG Metall sammelte Belege für diese Entwicklung und veröffentlichte einen Band zur Unternehmermoral. Meinhof tadelte das zynische Verhalten der Arbeitgeber, »die sich jetzt von den Arbeiterhaushalten die Profite sichern« ließen. Das eigentliche Problem sah sie aber in der Wohlstandsperiode der Vollbeschäftigung, als Arbeiter und Gewerkschaften »um ihre Macht [...] mit einem Linsengericht« betrogen worden seien. Nun würden die Vergünstigungen einfach wieder gestrichen. Sie kam zu dem Schluss, dass Moral in der Geschäftswelt nicht existiere, sondern allein Profit und Klasseninteressen. Der Wohlstand verhülle lediglich die Klassenschranken. Moralischer Protest sei zwecklos; nur eine effektive demokratische Kontrolle der Unternehmen – durch Mitbestimmung – könne den wirk-

142 Meinhof, »Warenhausbrandstiftung«, 87-88.

143 Ulrike Meinhof, »Lohnkampf« (Februar 1966), in: *Die Würde des Menschen ist antastbar: Aufsätze und Polemiken* (Berlin: Klaus Wagenbach, 1980), 77.

lichen Bedarf der Wirtschaft ermitteln.[144] Damit entwickelte sie eine entscheidende Überlegung: Wohlstand vernebele die Fähigkeit der Menschen zu verstehen, was ihre eigenen Bedürfnisse sind.

Im Februar 1968 umriss Meinhof in einer Kolumne unter dem Titel »Gegen-Gewalt« eine weitere wichtige Facette zukünftiger Wahrnehmungsmuster. Sie kritisierte, dass provokative, aber gewaltfreie Studentenproteste regelmäßig des Terrors beschuldigt würden. Sie diagnostizierte eine fatale Tendenz, den »Terror« von links mit dem historischen Terror von rechts gleichzusetzen. Sie ging jedoch noch weiter, indem sie annahm, es sei »der Auftrag des Faschismus in Deutschland gewesen, die Chance von Sozialismus in Deutschland auf Jahrzehnte zu liquidieren«.[145] Den nächsten Schritt in ihrer intellektuellen Entwicklung »vom Protest zum Widerstand« tat Meinhof nach dem Attentat auf Dutschke und den darauf folgenden Blockaden des Springer-Verlags. Sie rechtfertigte nun auch die physische Gewalt, zu der Studenten als Mittel des Widerstands gegriffen hatten, und nahm hinsichtlich der ihres Erachtens zulässigen Mittel kein Blatt vor den Mund: Steine werfen, Fensterscheiben einschlagen, Springer-Lieferwagen anzünden, Redaktionsräume verwüsten, Reifen aufschlitzen, Bauwagen umstürzen und Polizeiketten durchbrechen – all das erschien ihr nun legitim. Den beträchtlichen Personenschaden, inklusive der beiden Todesopfer,[146] am Osterwochenende 1968 ignorierte Meinhof bei ihrem Versuch, die Unterscheidung zwischen Gewalt gegen Sachen und Gewalt gegen Personen aufrechtzuerhalten. Stattdessen hob sie hervor, dass sich die durch die Studenten verursachten Sachschäden leicht reparieren ließen, was großenteils von Versicherungen übernommen würde. Ihre Argumentation sollte ihre Gegner delegitimieren: Wer die Studentenproteste als »Terror« bezeichne, versäume es, »Bomben auf Vietnam, [...] Terror in Persien [und] Folter in Südafrika« mit demselben Maß zu messen. Bundeskanzler Kurt Georg Kiesinger und US-Präsident Lyndon B. Johnson seien Repräsentanten eines Gewaltsystems, das sowohl Springer als auch Vietnam hervorgebracht habe. Ihnen fehle die politische und morali-

144 Ulrike Meinhof, »Unternehmermoral« (August 1967), in: dies., *Dokumente einer Rebellion*, 74. Vgl. auch Vorstand der Industriegewerkschaft Metall, *Weißbuch zur Unternehmermoral* (Frankfurt a. M.: IG Metall, 1967).

145 Ulrike Meinhof, »Gegen-Gewalt« (Februar 1968), in: dies., *Deutschland Deutschland unter anderm: Aufsätze und Polemiken* (Berlin: Klaus Wagenbach, 1995), 126.

146 Siehe Kap. 5.

sche Legitimität, das Schicksal von Dutschke und Martin Luther King jr. – beides Kämpfer gegen die Gewalt des Systems – zu bedauern oder das Vorgehen von Studenten zu beanstanden, deren »Gegengewalt« sich den eigentlichen Formen von Terror und Gewalt widersetze. Ausdrücklich warnte sie davor, dass »ohnmächtige Wut überlegene Rationalität ablöst, wo der paramilitärische Einsatz der Polizei mit paramilitärischen Mitteln beantwortet wird«;[147] Vorbehalte, die sie später über Bord werfen sollte. Doch ein charakteristisches Element ihrer radikalen Argumentation tritt schon hier klar hervor: Mit einigermaßen überzeugenden Argumenten amalgamierte sie sehr unterschiedliche Phänomene der politischen Gewalt aus sehr unterschiedlichen geographischen und historischen Zusammenhängen und differenzierte auf der Basis moralischer Grundsätze zwischen zwei einander entgegengesetzten Kategorien. Ihr Ziel bestand darin, das Establishment zu delegitimieren und im Gegenzug politischen Widerstand gegen es zu legitimieren.

Im November 1968 ließ Meinhof, einer weitverbreiteten Tendenz folgend, moralische Urteile zu politischen Ereignissen und Entwicklungen auf verschiedenen Kontinenten in ihre Beurteilung der Frankfurter Kaufhausbrandstiftungen einfließen. Sie verwies auf die Ghettos in den USA und erklärte, der plündernde »Ghetto-Neger« könne lernen, dass ein System, das ihm das verzweifelt Benötigte verweigere, von Grund auf verdorben sei. Frankfurter jedoch würden das wirklich Benötigte kaum in Kaufhäusern finden; mit Ausnahme von Geschirrspülmaschinen, die aber zu schwer seien, um sie mitgehen zu lassen. Die Gegenüberstellung der wirklichen Bedürfnisse der afroamerikanischen Plünderer und der falschen Bedürfnisse der deutschen Konsumenten war nicht ganz stimmig. Schließlich waren Afroamerikaner nicht minder scharf auf Fernsehgeräte als bundesdeutsche Konsumenten, und hiesige Warenhäuser verkauften eine Menge Güter, etwa Lebensmittel, die sich nur schwerlich als falsche Bedürfnisse kategorisieren ließen. Insgesamt blieb Meinhof skeptisch hinsichtlich der aufklärerischen Wirkung von Kaufhausbrandstiftung und Plünderung. Ihre Deutung war ambivalent: Ihres Erachtens bestand eine Spannung zwischen einem »konterrevolutionären« Aspekt – nämlich genau wie das kapitalistische System Waren zu zerstören – und dem progressiven – dem Angriff auf das Sys-

147 Ulrike Meinhof, »Vom Protest zum Widerstand« (Mai 1968), in: dies., *Dokumente einer Rebellion*, 81.

tem unter Ausnutzung symbolischer Gewalt. Letztlich handelte es sich bei dieser Spannung um dieselbe Dialektik, die auch schon die Flugblätter der Kommune I und ihren Versuch gekennzeichnet hatte, das System mit seinen eigenen Mitteln zu demaskieren.[148]

Meinhof hatte sich Marcuses Begriff des »falschen Bewußtseins« im Titel für einen Beitrag zu einem Sammelband über Ehe und Emanzipation zu eigen gemacht. Der Essay beginnt mit einem nicht nachgewiesenen Zitat von Marcuse, wonach Kapitalismus Wohlstand hervorbringe, nicht aber Glück und Freiheit für alle.[149] Gestützt auf minutiös zusammengetragenes statistisches Material zu den enormen geschlechtsspezifischen Diskrepanzen bei der Entlohnung für gleiche Arbeit, argumentierte sie, dass die Gleichsetzung der Emanzipation mit dem Eintritt der Frauen ins Berufsleben irrig sei. Dabei handele es sich lediglich um einen, wenngleich notwendigen Schritt: die Erlangung der Konsumentensouveränität in »einer Welt, in der der Wert des Menschen an seinem Einkommen gemessen wird«. Für Meinhof reichte die Frage der Emanzipation viel weiter. Ihr ging es letztlich nämlich darum, ob die Segnungen des technischen Fortschritts dazu verwendet würden, die Menschen – und also auch die Frauen – »von der Beschaffung ihres täglichen Bedarfs an Nahrung und Kleidung zu entlasten oder um einigen wenigen Macht, Luxus und gute Geschäfte zu verschaffen«.[150] Zudem führe die Schaffung von Bedürfnissen zum Zweck der Umsatzsteigerung zu neuen Belastungen für Hausfrauen.

Am 4. November 1968, dem Tag des Erscheinens von Meinhofs Artikel zur Kaufhausbrandstiftung, sendete das politische Fernsehmagazin *Panorama* in der ARD ein Interview mit der inhaftierten Gudrun Ensslin, in dem sie die Wahl des Anschlagsziels zu rechtfertigen versuchte. Ihres Erachtens war die Wurzel des Übels die Herzlosigkeit der Konsumgesellschaft: »Die Leute in unserem Land und in Amerika und in jedem west-europäischen Land, die müssen fressen. Sie müssen fressen, um nicht auf die Idee zu kommen, nachzudenken, daß und was wir zum Beispiel mit Vietnam zu tun haben, nicht? [...] Ich kann nicht

148 Meinhof, »Warenhausbrandstiftung«. Die biographische Literatur zu Ulrike Meinhof behandelt ihren Artikel zur Kaufhausbrandstiftung, darüber hinaus spielt die Konsumgesellschaft in der Literatur zur RAF jedoch keine Rolle.

149 Ulrike Meinhof, »Falsches Bewußtsein«, in: Christa Rotzoll (Hg.), *Emanzipation und Ehe* (München: Goldmann, 1969, 2. Aufl.), 33.

150 Ebd., 35-36.

glauben, daß der Tag irgendwann mal ausbleibt – daß die Leute es satthaben, nur satt zu sein. [...] Daß sie den Selbstbetrug satthaben, all die schönen Lebensmittel für den Lebenszweck zu halten.« Sie erklärte, auch ihr gefielen die Dinge, die man in einem Kaufhaus kaufen könne, aber wenn der Preis dafür das Bewusstsein sei, dann sei dieser zu hoch. Um eine furchterregende »Bewußtlosigkeit« zu erblicken, die sie »menschenunwürdig« nannte, müsse man gar nicht bis nach Vietnam schauen. Das Elend sei in der eigenen Gesellschaft sichtbar. Sie werde sich niemals damit abfinden, dass die spätkapitalistische Gesellschaft in den Faschismus abdrifte, und nannte als Beispiel »Amerika«. Niemals werde sie einfach hinnehmen, was seit Jahrhunderten praktiziert werde, und niemals werde sie so tun, als sei sie demgegenüber machtlos. Schließlich distanzierte sich Ensslin von der Kaufhausbrandstiftung, ohne jedoch zu erklären, weshalb, was die Frage offenließ, ob sie sich zukünftig für eine andere Form der direkten Aktion entscheiden würde. Schon vor Gericht hatte sie verkündet, die Durchführung des Protests sei falsch gewesen; dennoch müsse sie sich dafür nicht schämen.[151] Ensslin schien ihre Tat als Symbol oder Warnsignal verstanden zu haben, das ungehört verhallte.

Der Journalist Dieter E. Zimmer, damals Redakteur bei der *Zeit*, erkannte in einem Kommentar an, dass es zumindest diskussionswürdig sei, ob »eine direkte Aktion wie ein Kaufhausbrand realen oder symbolischen Charakter« aufweise, ob sie das kapitalistische System eher stärke oder tatsächlich schwäche. Er bevorzugte eine utilitaristische Position: Selbst wenn man sich »rückhaltlos zu den Zielen der Revolutionäre« bekenne, müsse man doch zugeben, »daß es keine Transmissionsvorrichrtung gibt, die eine Aktion dieser Art in irgendeiner Hinsicht aufklärerisch produktiv machen könnte«.[152] Zutreffend sah er die akuten Probleme, die sich militanten Linken in den Weg stellten, wenn sie versuchten, ihr Ziel – die Mobilisierung der Massen über eine relativ kleine Gruppe gleichgesinnter oder wohlmeinender Genossen und Beobach-

151 Passagen aus dem Interview werden zit. n. Eckhard Siepmann, *Heiß und kalt: Die Jahre 1945-1969* (Berlin: Elefanten Press, 1986), 513. Thorwald Proll unterstrich später die konsumkritische Botschaft der Kaufhausbrandstiftung. Es habe zwei Motive gegeben: das Engagement der USA in Vietnam und den Aufruf, sich dem Konsum zu verweigern. Vgl. Proll/Dubbe, *Wir kamen vom anderen Stern*, 7, 23, 39.

152 Dieter E. Zimmer, »Eine Absage als vorläufige Schlußbemerkung«, in: *Sprache im technischen Zeitalter* 28 (1968), 343.

ter hinaus – zu erreichen. Andererseits ignorierte er, dass viele Aktivisten sich nicht um ihre Popularität scherten und wohl begriffen, dass sie gegen die Mehrheit der Bevölkerung in den Wohlstandsgesellschaften kämpften; diese galten ihnen als Opfer falscher Bedürfnisse und als mitschuldig an einem fundamental falschen System.

Die Frankfurter Brandanschläge bilden eine wichtige Zäsur in der Geschichte des linken Protests in der Bundesrepublik, da sich die antiautoritären Akteure – trotz ihrer mitunter erheblichen verbalen Militanz – bis zu diesem Zeitpunkt weitgehend darauf beschränkt hatten, nur bei Protestveranstaltungen, Demonstrationen und damit zusammenhängenden Konfrontationen mit der Staatsmacht gegen Gesetze zu verstoßen. Abgesehen von einigen eingeschlagenen Scheiben und einem Brandsatz im Kriminalgericht Moabit, der während der Flugblattprozesse der Kommune I geringfügigen Sachschaden verursacht hatte, waren die Frankfurter Kaufhausbrandstiftungen die ersten politisch motivierten Anschläge der Linken, die über den Kontext der Demonstrationsdelikte hinausgingen.[153] Als Baader und Ensslin sich dem Strafantritt entzogen und in den Untergrund gingen, war das der Beginn einer Entwicklung, die zu ihrer bekannten Radikalisierung und schließlich zur Gründung der RAF führte.

*

Obgleich die Frankfurter Kaufhausbrandstiftungen von vielen zeitgenössischen Beobachtern irgendwo zwischen spontaner Aktion und bloßem Verbrechen eingeordnet wurden, müssen sie im Kontext ihrer intellektuellen Ursprünge als Teil einer weit umfassenderen Geschichte des Protests gesehen werden. Schon 1962 hatte die Gruppe SPUR auf den manipulierten Konsumenten hingewiesen und die entpolitisierende Funktion des Konsums hervorgehoben, die sie in den Zusammenhang der Zerstörung rückte. Die Gruppe Subversive Aktion knüpfte hier an und diagnostizierte Entfremdung auf zwei Ebenen: (1) Die Absorption künstlerischer und kritischer Impulse in die kommerzielle Sphäre bringe die Menschen um wichtige kulturelle und politische Mittel für einen adäquaten Austausch mit der gesellschaftlichen Umwelt. (2) Die Wohlstandsgesellschaft kolonisiere zudem scheinbar private Rück-

153 Hakemi/Hecken, »Die Warenhausbrandstifter«, 316.

zugsfelder wie Sexualität oder Freizeit. Zumindest implizit erschien der Konsument schon als potentiell revolutionäres Subjekt, doch bei den meisten Menschen förderte der Wohlstandskonsum die Identifikation mit »dem System«. Konsum wurde somit zu einem zentralen Pfeiler der Ideologie und in totalitäre Traditionen gerückt, so dass man eine Brücke zur NS-Vergangenheit schlagen konnte. Um auf Gewaltstrukturen zu verweisen, die angeblich der Wohlstandsgesellschaft zugrunde lägen, führte man das Konzept »Terror« ein und verknüpfte es mit dem Konsum. Die Subversiven um Kunzelmann, Dutschke und Rabehl machten einen entscheidenden Schritt, indem sie sich dem SDS anschlossen. Damit trugen sie ihr politisches Programm der Revolutionierung des Alltags auf der Basis einer theoriegestützten Analyse sowohl der Produktion als auch des Konsums wie auch ihre Methode der performativen Aktion in der Konsumsphäre in die breiter angelegte Studentenbewegung. Hinsichtlich des theoretischen Rüstzeugs ging die Kommune I kaum über die Subversive Aktion hinaus. Die Flugblätter zur Brüsseler Brandkatastrophe im Mai 1967 waren ganz im Sinne vorheriger Happenings, aber die Kommunarden verknüpften nun die Kritik an Versorgungsregimen mit einem kollektiven Lebensstil, die Befriedigung persönlicher Bedürfnisse mit politischer Aktion. Neu war die Intensität, mit der sie Medien und Gerichtsverhandlungen nutzten, um ihre Position zu propagieren und dabei zu radikalisieren.

Die bundesdeutsche Gesellschaft schenkte den Protestierenden große öffentliche Aufmerksamkeit, wodurch die Flugblätter und in geringerem Umfang auch die Kaufhausbrandstiftungen zu Medienhypes wurden. Das lag nicht allein daran, dass die Kommunarden virtuos sämtliche Tonlagen auf der Klaviatur der Medienskandale beherrschten, sondern vor allem daran, dass sie tatsächlich einen Nerv des zeitgenössischen Legitimationsdiskurses trafen: die ideologische Rechtfertigung durch ein überlegenes Versorgungsregime. Andererseits teilten die Kommune I und die Kaufhausbrandstifter einen wichtigen Aspekt des kommerziellen Sensationalismus, den sie kritisierten: das performative Moment der Erlangung augenblicklicher Publizität mit innovativen Mitteln. Eine gedankliche Amalgamierung verschiedener Ebenen der politischen Gewalt wurde typisch für ihre Taktik. Sowohl die Flugblätter als auch die Frankfurter Brandstiftungen verbanden Symbole des Kriegs mit Symbolen des Wohlstands. Trotz der gelegentlichen Erwähnung amerikanischer Markennamen wie Woolworth oder Coca-

Cola wurden US-amerikanische Geschäfte oder Produkte nicht spezifisch ins Visier genommen. Als Referenzpunkt diente in unterschiedlichen Kontexten mit recht verschiedenen Akzentuierungen die nationalsozialistische Vergangenheit: Die Pädagogen der späten fünfziger und frühen sechziger Jahre warnten vor der Vermassung; Rabehl prägte den Begriff »Konsumfaschismus«; Grass meinte sowohl in der Sprache der Springer-Presse als auch in jener der Kommune I faschistische Symptome erkennen zu können; Meinhofs Konzept der Gegengewalt verwies auf den faschistischen Terror; und Ensslin war der Meinung, das Abdriften des Kapitalismus in den Faschismus sei am eindeutigsten in den USA sichtbar.

Meinhofs Beschäftigung mit den Frankfurter Kaufhausbrandstiftungen und der daraufhin entstandene Kontakt zu den Brandstiftern wurden zu entscheidenden Schritten für die weitere Entwicklung ihres Denkens, das in Kapitel 3 aufgezeigt wird. Doch bevor die bewaffnete Rebellion der RAF und verwandter Gruppen gegen die Konsumgesellschaft analysiert wird, erkundet das nächste Kapitel den weiteren intellektuellen Kontext, in dem diese Positionen standen. Für den gesamten Zeitraum von spätestens 1963 bis zu den Gerichtsverhandlungen gegen die Kaufhausbrandstifter belegen zahlreiche Quellen den Einfluss von Herbert Marcuses Schriften auf das Protestgeschehen im Spannungsfeld des Konsums, wobei das genaue Ausmaß des Einflusses von Marcuse oder anderer Theoretiker nur schwer zu bemessen ist, da bundesdeutsche Kritiken an Versorgungsregimen durchaus ihre eigenen spezifischen Wurzeln besaßen und ihre eigene Dynamik entfalteten. Die weitverbreitete Wahrnehmung von Zusammenhängen zwischen der Entwicklung der Konsumgesellschaft und Zerstörung oder Gewalt, ein historisches Novum in zahlreichen Industrieländern, trat in der Bundesrepublik Deutschland besonders vehement auf.

# 2. NEOMARXISTISCHE KRITIK DER WOHLSTANDSGESELLSCHAFT: BEDÜRFNISSE, WAREN, GEWALT

> Wenn diese Jugend das bestehende System der Bedürfnisse und seine stetig sich mehrende Warenmasse verabscheut, so deshalb, weil sie beobachtet und weiß, wie viel Opfer, wie viel Grausamkeit und Dummheit täglich in die Reproduktion des Systems eingehen.
>
> *Herbert Marcuse (1967)*[1]

Die bisher analysierten historischen und intellektuellen Entwicklungen sind in den während des Kalten Kriegs allgegenwärtigen Konflikt zwischen konkurrierenden Modellen universellen Wohlstands einzuordnen. Die Gesellschaftstheorien der Frankfurter Schule, insbesondere Herbert Marcuses Analyse des Kapitalismus und deren Einfluss auf die Neue Linke, müssen im Kontext der transatlantischen Suche nach den besten Wegen verstanden werden, die Gesellschaft zu organisieren und ihre Entwicklung positiv zu gestalten.[2] Die Erkenntnisse der Frankfurter Schule zur modernen Massengesellschaft wurden nicht nur als Analyse, sondern auch als Handlungsanleitung gelesen. Marcuses konkreter Einfluss auf die bundesrepublikanischen Aktivisten sollte jedoch nicht unbesehen vorausgesetzt werden, da seine Schriften nicht die einzigen waren, auf die sich die Anhänger der Studentenbewegung beriefen. Zudem stellten die Aktivisten auch eigene Überlegungen zu Versorgungsregimen an. Diese zogen wiederum praktische Konsequenzen im politischen Handeln nach sich, die Marcuse nicht unbedingt befürwortet hätte. Das Gros der einschlägigen Literatur gelangt hinsichtlich der

1 Herbert Marcuse, »Ist die Idee der Revolution eine Mystifikation?«, in: *Kursbuch* 9 (Juni 1967), 1-6; online verfügbar unter: {http://protest-muenchen.sub-bavaria.de/artikel/1686} (Stand August 2017).

2 Vgl. Tim B. Müller, *Krieger und Gelehrte: Herbert Marcuse und die Denksysteme im Kalten Krieg* (Hamburg: Hamburger Edition, 2010). Martin Klimkes Studie zur transatlantischen Dimension der Studentenproteste erwähnt Marcuse nur *en passant* ohne detaillierte Analyse: siehe ders., *The Other Alliance: Student Protest in West Germany and the United States in the Global Sixties* (Princeton: Princeton University Press, 2009).

Frage, in welchem Ausmaß genau die Arbeiten Marcuses die Protestbewegung beeinflussten, kaum zu überzeugenden Schlüssen. Deshalb steht die Kritik der Wohlstandsgesellschaft im Mittelpunkt der folgenden Untersuchung des Austauschs zwischen den rebellierenden Studenten und dem Philosophen, der seine Solidarität mit der Protestbewegung offen bekundete. Dieser Austausch ermöglichte beiden Seiten, Gesellschaftstheorie und Alltagspraxis miteinander zu verknüpfen.

Marcuses Schriften, in denen er die »Präformation« des Individuums als Bedingung und zugleich als Resultat struktureller Prozesse des Warenkonsums deutet, fanden bei den Aktivisten großen Anklang. Sie folgten Marcuses Überzeugung, Revolutionäre müssten sich zunächst von der kapitalistischen Konsumkultur befreien, bevor sie den Kampf für die Freiheit aufnehmen könnten. Schließlich sei es der Konsum, der dem Verlust an politischer Freiheit den Weg ebne. Marcuses eloquente Kritik an dieser Form der »Manipulation« verhalf der Idee einer »Emanzipation« des Individuums von der Konsumgesellschaft in Teilen der bundesrepublikanischen Intelligenz zu einiger Glaubwürdigkeit. Der Mehrheitsgesellschaft konnte seine Position allerdings kaum vermittelt werden.[3]

Die komplex angelegte Kritik an Versorgungsregimen und an der Wohlstandsgesellschaft, die in den Schriften der Frankfurter Schule, aber auch in den theoretischen Texten des SDS entwickelt wurde, war ein zentrales Element der kognitiven Orientierung der in diesem Buch untersuchten Protestbewegungen. Das vorliegende Kapitel rekonstruiert und kontextualisiert zeitgenössische Kritiken an Versorgungsregimen und vor allem die Entwicklung des Denkens von Herbert Marcuse über mehrere Jahrzehnte. Marcuse war einer der ersten Marxisten, die eine Theorie der Konsumgesellschaft ausarbeiteten.[4] Der überwiegende

3 Wolfgang Ruppert, »Zur Konsumwelt der 60er Jahre«, in: Axel Schildt, Detlef Siegfried und Karl Christian Lammers (Hg.), *Dynamische Zeiten: Die 60er Jahre in den beiden deutschen Gesellschaften* (Hamburg: Christians Verlag, 2000), 767f.

4 Dieses Kapitel geht über die folgenden hinaus: Philip Walsh, »Herbert Marcuse and Contemporary Social Theory: Beyond the Consumer Society«, in: Harry F. Dahms (Hg.), *No Social Science without Critical Theory* (Bingley: Emerald, 2008), 235-260; Douglas Kellner, »Critical Theory, Commodities, and the Consumer Society«, in: *Theory, Culture, and Society* 1/3 (1983), 66-83. In einem ambitionierten Überblick zur Soziologie des Konsums fehlt Marcuse völlig: siehe Dominik Schrage, *Verfügbarkeit der Dinge. Eine historische Soziologie des Konsums* (Frankfurt a.M./New York: Campus, 2009).

Teil der Literatur zum intellektuellen Vermächtnis der Frankfurter Schule beschränkt sich in Marcuses Fall auf sein Buch *Der eindimensionale Mensch*, das dann rasch allgemeineren Überlegungen zu Marx' Begriff des Warenfetischismus subsumiert wird. Dies galt dann als bedeutender Einfluss auf die Neue Linke,[5] meist ohne dass weitere Details genannt werden.[6] Insbesondere Marcuses späteres Werk ist selten Gegenstand der Forschung.[7] Um dieses reduzierte Bild zu erweitern, wird im Folgenden Marcuses Kritik der Wohlstandsgesellschaft von *Eros and Civilization* (1955; dt.: *Triebstruktur und Gesellschaft*, 1957)[8] bis zu *Counterrevolution and Revolt* (1972; dt.: *Konterrevolution und Revolte*, 1972) umfassend kontextualisiert.

5 Wolfgang Kraushaar, »Einleitung: ›Die Revolte der Lebenstriebe‹ – Marcuse als Mentor gegenkultureller Bewegungen«, in: Herbert Marcuse, *Nachgelassene Schriften*, Bd. 4: *Die Studentenbewegung und ihre Folgen* (Springe: Zu Klampen, 2004), 15-25; Susanne Kailitz, *Von den Worten zu den Waffen? Frankfurter Schule, Studentenbewegung, RAF und die Gewaltfrage* (Wiesbaden: VS Verlag, 2007), 91-101.

6 So etwa Thomas Hecken, *Das Versagen der Intellektuellen: Eine Verteidigung des Konsums gegen seine deutschen Verächter* (Bielefeld: transcript, 2010), 120-124; Günter C. Behrmann, »Kulturrevolution: Zwei Monate im Sommer 1967«, in: ders., Clemens Albrecht und Michael Bock (Hg.), *Die intellektuelle Gründung der Bundesrepublik. Eine Wirkungsgeschichte der Frankfurter Schule* (Frankfurt a. M./New York: Campus, 1999), 312-386.

7 Nennenswerte Ausnahmen sind: Douglas Kellner, *Herbert Marcuse and the Crisis of Marxism* (Berkeley: University of California Press, 1984), 276-319; ders., »Radical Politics, Marcuse and the New Left«, in: *Collected Papers of Herbert Marcuse*, Bd. 3: *The New Left and the 1960s*, herausgegeben von dems. (London: Routledge, 2005); Roland Roth, *Rebellische Subjektivität: Herbert Marcuse und die neuen Protestbewegungen* (Frankfurt a. M./New York: Campus, 1985); Thomas Wheatland, *The Frankfurt School in Exile* (Minneapolis: University of Minnesota Press, 2009), 326-334. Wheatland argumentiert, Marcuse habe nach 1968 vorwiegend auf die Studentenbewegung reagiert, statt sie zu führen, doch diese Beobachtung stützt der Autor allein auf Marcuses Beziehungen zu der US-amerikanischen Organisation Students for a Democratic Society.

8 Die deutsche Erstausgabe wurde 1957 noch unter dem Titel *Eros und Kultur* veröffentlicht. Erst ab 1965 erschien das Buch unter dem Titel *Triebstruktur und Gesellschaft*.

## EINE FREUD'SCHE PERSPEKTIVE AUF DIE BEDÜRFNISSE

In *Triebstruktur und Gesellschaft*, einer auf Marx gestützten Freud-Exegese, bezieht sich Marcuse implizit kritisch auf die Konsumgesellschaft. Er geht davon aus, dass Unterdrückung nicht nur aus den Produktionsverhältnissen – im Sinne der klassischen Analyse nach Marx – resultiere, sondern ebenso aus den Verhältnissen des Verbrauchs.[9] In seiner damaligen Schaffensphase spielten »falsche« Bedürfnisse allerdings noch keine Rolle: »Der hohe Lebensstandard [...] wirkt in einem konkreten soziologischen Sinn hemmend: die Waren und Dienste, die der Einzelne kauft, lenken seine Bedürfnisse und lassen seine eigenen Tätigkeiten erstarren. Im Austausch gegen die Bequemlichkeiten, die sein Leben bereichern, verkauft er nicht nur seine Arbeitskraft, sondern auch seine freie Zeit.« Dieser Prozess verschleiere die Möglichkeit der Befreiung: »Die Menschen leben in Wohnungsanhäufungen – und haben ihre eigenen Wagen, mit denen sie doch nicht mehr in eine Welt entfliehen können, die anders wäre. [...] Sie haben Dutzende von Zeitungen und Magazinen, die die gleichen Ideale vertreten.« Unzählige Wahlmöglichkeiten lenkten die Menschen von dem ab, was Marcuse als das eigentliche Problem betrachtete: das fehlende Bewusstsein davon, »daß sie sowohl weniger arbeiten als auch ihre Bedürfnisse und Befriedigungen selbst bestimmen könnten«.[10] Die Ideologie des Konsums reproduziere und rechtfertige auf diesem Weg Herrschaft. Zwar bestritt Marcuse nicht, dass die Güter der Wohlstandsgesellschaft tatsächlich Vorteile eröffnen und Gebrauchswert verfügbar machen, doch Autos oder Fernseher hielt er für eine Form des Eskapismus, welche die Möglichkeit der Autonomie verdecke. Eine Verbindungslinie zwischen Konsum und Gewalt zog Marcuse, indem er auf eine neue Qualität in der Diskrepanz zwischen den verbesserten Möglichkeiten der Befreiung infolge des Wohlstands und der fortbestehenden Repression hinwies: »Die Leichtigkeit, mit der Terror und Normalität, Destruktivität und Konstruktion sich ausgleichen, ist durchaus neu.«[11]

Anlässlich des 100. Geburtstags von Sigmund Freud im Jahr 1956

9 Herbert Marcuse, *Triebstruktur und Gesellschaft: Ein philosophischer Beitrag zu Sigmund Freud* (Frankfurt a. M.: Suhrkamp, 1979 [1957]), 39.

10 Ebd., 89 f.

11 Ebd., 91.

hielt Marcuse in Frankfurt eine viel beachtete Vorlesung, in der er zwischen quantitativem und qualitativem Fortschritt unterschied. Ersterer, so argumentierte er, diene dem Zweck, gesellschaftlichen Reichtum zu mehren, und sei somit eine primäre Ursache für die Entwicklung von Kultur. Der quantitative Fortschritt erweitere zwar die Mittel zur Erfüllung menschlicher Bedürfnisse, vermehre diese aber zugleich. Die Frage, ob dieser »technische Fortschritt« dazu beitrage, die Menschheit und die Gesellschaft zu vervollkommnen, ob er zu mehr Freiheit und Glück beitrage, sei allerdings unbeantwortet, so Marcuse. Demgegenüber ziele der zweite Modus des Fortschritts – der qualitative oder humanitäre Fortschritt – auf die Realisierung von Freiheit und Moral sowie auf die Verringerung von Sklaverei, Willkürherrschaft, Unterdrückung und Leid.[12] Ursprünglich war technischer Fortschritt eine Voraussetzung für die Überwindung von Sklaverei und Armut, doch das bedeutete nicht, dass mit ihm stets humanitärer Fortschritt einherging. Der erste Modus des Fortschritts war also eine notwendige, aber keine hinreichende Bedingung für den zweiten. Schließlich bestehe die Möglichkeit, dass Fragen nach der Verteilung und der Kontrolle des gesellschaftlichen Reichtums vom technischen Fortschritt gelöst würden, etwa in einem totalitären Wohlfahrtsstaat. In der Ideengeschichte bis zur Französischen Revolution deuteten Denker wie Condorcet technischen und humanitären Fortschritt als Prozesse, die miteinander verknüpft waren. Im 19. Jahrhundert vollzog sich jedoch ein entscheidender Wandel, als Comte, Mill und andere Theoretiker den Fortschritt als von qualitativen Normen unabhängiges Phänomen auffassten. Zumindest theoretisch wurden die beiden Ebenen damit voneinander getrennt. Marcuse zufolge war fortan das qualitative Element des Fortschritts ins Reich der Utopie verwiesen. In dem vermeintlich wertfreien Begriff des Fortschritts, wie er sich in der Industriegesellschaft etablierte, wurde die Steigerung der Produktivität – also die im Verhältnis zum Aufwand vergrößerte Produktion von materiellen und intellektuellen Gütern – in den Rang des höchsten Werts erhoben. Fragen nach Sinn und Zweck beantworteten Verfechter dieses Prinzips in der Regel mit dem Hinweis auf die verbesserten Möglichkeiten zur Befriedigung der Bedürfnisse.

12 Herbert Marcuse, »Idee des Fortschritts im Lichte der Psychoanalyse«, in: Theodor W. Adorno und Walter Dirks (Hg.), *Freud in der Gegenwart: Ein Vortragszyklus der Universitäten Frankfurt und Heidelberg zum hundertsten Geburtstag* (Frankfurt a. M.: Europäische Verlagsanstalt, 1957), 425f.

Und genau hier setzten Marcuses kritische und moralische Einwände an; denn mit ihnen stellte er die sich selbst perpetuierende und zum Prinzip erhobene Befriedigung der Bedürfnisse infrage: »Wenn aber der Begriff des Bedürfnisses sowohl Nahrung, Kleidung, Behausung, als auch Bomben, Unterhaltungsmaschinen und die Vernichtung von unverkäuflichen Lebensmitteln einschließt, dann können wir ohne Gefahr behaupten, daß der Begriff so unehrlich wie untauglich zur Bestimmung einer legitimen Produktivität ist.«[13]

Marcuses entscheidende Idee war die Rückbindung von Bedürfnissen und Produktivität an Kriterien der Legitimität. Implizit erklärte er dadurch den Konsum (obschon er diesen Begriff damals noch gar nicht verwendete) der Produkte aus der Rüstungs- sowie der Unterhaltungsindustrie für illegitim. Dasselbe galt für die Zerstörung lebenswichtiger Güter. Demgegenüber befriedige legitimer Konsum die Grundbedürfnisse der Menschen. Im Rückgriff auf Freud erläuterte Marcuse, die wichtigsten Impulse zur Hervorbringung von Kultur – im Sinne beider Modi des Fortschritts – liefere die Triebverdrängung, wozu auch eine Einschränkung des Konsums gehöre. Dass die Menschen sich den vollständigen Konsum der Früchte ihrer Arbeit versagten, war somit eine notwendige Bedingung zur Perpetuierung der Produktivität. Das führe allerdings zu entfremdeter Arbeit auf der Grundlage eines Versprechens künftigen Nutzens oder Glücks. Ausgehend von diesem auf Hegel und Freud gestützten Abriss der Entwicklung der Menschheit, stellte Marcuse die entscheidende Frage: Was wäre, wenn Triebverdrängung und Fortschritt ihre historische Funktion bereits erfüllt hätten und nun die Überwindung menschlicher Ohnmacht und materieller Not in den Bereich des Möglichen rückten? Mit Bezug auf Friedrich Schillers Abhandlung *Über die ästhetische Erziehung des Menschen* suchte Marcuse Fortschritt und Produktivität um ihrer selbst willen durch eine ästhetische und moralische Vision zu ersetzen, in der die »höchste Entwicklung der intellektuellen und geistigen Fähigkeiten Hand in Hand geht mit dem Vorhandensein der materiellen Mittel und Güter zur Befriedigung der menschlichen Bedürfnisse«. Die Verringerung der modernen gesellschaftlichen Entfremdung deutete er nicht als einseitige Verweigerung von Konsum oder materiellem Fortschritt, sondern als den Versuch, die Janusköpfigkeit der beiden Fortschrittsmodi zu überwinden.

13 Ebd., 427.

Diese Vision einer freien Gesellschaft für alle auf der Grundlage technologischen Fortschritts – also einer »mehr oder weniger totale[n] Automatisierung«[14] – wurde nicht nur zentral für Marcuses künftige Arbeiten, sondern auch eine reiche Inspirationsquelle für die intellektuellen und politischen Projekte der Protestbewegungen der sechziger und siebziger Jahre. Die Idee erwies sich als so attraktiv, weil sie nichtdestruktiven Konsum im Einklang mit genuinen Bedürfnissen bei gleichzeitiger Minimierung von entfremdeter und fremdbestimmter Arbeit versprach.

## WAHRE UND FALSCHE BEDÜRFNISSE

Zwar wurden Marcuses Schriften aus den fünfziger Jahren bereits Anfang der sechziger Jahre von avantgardistischen Gruppen wie der Subversiven Aktion rezipiert, doch weitere Verbreitung erreichten seine Ideen erst mit der Publikation von *One-Dimensional Man* (1964), das 1967 in deutscher Übersetzung unter dem Titel *Der eindimensionale Mensch* erschien. Das Buch stützte sich auf Marcuses langjährige Beschäftigung mit der Thematik der Bedürfnisbefriedigung in den fünfziger Jahren.[15] Die Faszination, die dieses Werk auf die Neue Linke ausübte, ging insbesondere von der Unterscheidung zwischen wahren und falschen Bedürfnissen aus. Letztere umfassen nach Marcuse die »meisten der herrschenden Bedürfnisse, sich im Einklang mit der Reklame zu entspannen, zu vergnügen, zu benehmen und zu konsumieren, zu hassen und zu lieben, was andere hassen und lieben«.[16] Diese Worte zielten auf den heteronomen Charakter gesellschaftlich erzeugter Bedürfnisse, schließlich sind auch wohlhabende Menschen von ihren Produkten entfremdet. Doch ließen sie sich ebenfalls als Rechtfertigung von unkonventionellen Lebensstilen und Protest deuten, wenn man die bestehenden Versorgungsregime als Manifestation falscher Bedürfnisse begriff.

*Der eindimensionale Mensch* beginnt mit der Beschreibung einer historischen Verschiebung von offen angewandter Autorität zu subtileren

14 Ebd., 435-438.

15 Müller, *Krieger und Gelehrte*, 418, 448, 563.

16 Herbert Marcuse, *Der eindimensionale Mensch: Studien zur Ideologie der fortgeschrittenen Industriegesellschaft*, in: ders., *Schriften*, Bd. 7 (Frankfurt a. M.: Suhrkamp, 1989 [1964]), 25.

Techniken der Ausübung von Kontrolle. Die Unterwerfung unter diese subtileren Formen erführen die Menschen sogar als angenehm, da sie auf der Glückserfahrung beruhe, die der Konsum von Massenprodukten mit sich bringe. Folglich herrsche eine vom »Produktionsapparat« vermittelte »komfortable, reibungslose, vernünftige, demokratische Unfreiheit«.[17] Die von diesem Apparat produzierten Güter und Dienstleistungen bedingten somit das Gesellschaftssystem als ganzes. Marcuse benannte die für diesen Prozess entscheidenden Versorgungsregime, die zu Brennpunkten des Protests der Neuen Sozialen Bewegungen wurden:

> Die Mittel des Massentransports und der Massenkommunikation, die Gebrauchsgüter Wohnung, Nahrung, Kleidung, die unwiderstehliche Leistung der Unterhaltungs- und Nachrichtenindustrie gehen mit verordneten Einstellungen und Gewohnheiten, mit geistigen und gefühlsmäßigen Reaktionen einher, die die Konsumenten mehr oder weniger angenehm an die Produzenten binden und vermittels dieser ans Ganze.

Konsumgüter erschienen damit als der Schlüssel für die Indoktrinierung und Manipulation der Menschen. Sie waren es, die ein »falsches Bewußtsein« beförderten.[18] Aus »unproduktiven, zusätzlichen Kosten«[19] für Werbung, Public Relations und geplante Obsoleszenz seien grundlegende Produktionskosten geworden, die sowohl im materiellen als auch im ideologischen Sinn an die Konsumenten weitergegeben würden.

Marcuse analysierte die repressive Funktion der Wohlstandsgesellschaft, die, statt das eigentliche Problem zu verfolgen – nämlich die entfremdete Arbeit zu reduzieren –, »das Bedürfnis nach abstumpfender Arbeit [erzwingt], wo sie nicht mehr wirklich notwendig ist«.[20] Diese Thematik fand im Lebensstil der protestierenden Studenten erheblichen Widerhall. So wie sie es sahen, bot die fortgeschrittene Industriegesellschaft ihren Mitgliedern zwar praktisch ein gutes Leben – »viel besser als früher« –, doch hatte dieses Leben seinen Preis: Fortan stehe dem qualitativen Fortschritt ein »Muster *eindimensionalen Denkens und Verhaltens*« entgegen, das, weil es den wirtschaftlichen Erfordernissen der Konsumgesellschaft untergeordnet sei, den etablierten Diskurs nicht

17 Ebd., 21.
18 Ebd., 31f.
19 Ebd., 69.
20 Ebd., 27.

zu transzendieren vermochte.[21] Marcuse vertrat die Auffassung, der Nutzen des technischen Fortschritts – also die Ersetzung von physischer durch administrative Kontrolle, die Verringerung schwerer körperlicher Arbeit, die Nivellierung der Erwerbsklassen und die Angleichung im Bereich des Konsums – könne den fortgesetzten Mangel an Autonomie nicht aufwiegen. Den Individuen fehle weiterhin die effektive Kontrolle über die wichtigen politischen und sozialen Entscheidungen, die ihren Alltag beherrschten: »Die Sklaven der entwickelten industriellen Revolution sind sublimierte Sklaven, aber sie sind Sklaven.«[22] Wohlstand wurde zum entscheidenden Mittel, um diese Unfreiheit sowohl in kapitalistischen als auch in staatssozialistischen Gesellschaften zu perpetuieren: »Je mehr die Herrschenden in der Lage sind, Konsumgüter zu liefern, desto fester wird die Bevölkerung an die verschiedenen herrschenden Bürokratien gekettet werden.« Marcuse erörterte zudem den Transfer dieser Ideologie auf die Entwicklungsländer, eine Überlegung, die für die antiimperialistische Ausrichtung der Protestbewegungen entscheidend werden sollte. Die schnelle Industrialisierung – während des Kalten Kriegs von beiden Lagern als Allheilmittel verabreicht – wurde den Entwicklungsländern aufgezwungen; die prätechnologischen Staaten der Dritten Welt mussten zu »mechanisierter und standardisierter Massenproduktion und -distribution« übergehen. Marcuse sah eine Epoche des Neokolonialismus heraufziehen.[23]

Wie auch in einigen seiner anderen wichtigen Werke widmete Marcuse in *Der eindimensionale Mensch* einen umfangreichen Abschnitt den ästhetischen Korrelaten des sozialen und wirtschaftlichen Wandels. Er diagnostizierte eine Verflachung des Bewusstseins der Menschen und empfahl implizit eine Politisierung und Radikalisierung des künstlerischen Ausdrucks. Kunst und intellektuelle Kultur drohten ihre transzendente Dimension zu verlieren, sobald sie, durch ihre massenhafte Reproduktion in das alltägliche Wirtschaftsleben integriert, zu alltäglichen Gütern und Dienstleistungen geworden sind. Marcuse war nicht bereit, diesen Prozess als »Demokratisierung der Kultur« zu deuten.[24] Vielmehr beschrieb er ihn als »repressive Entsublimierung«. Kunst werde in das Privat- und in das Wirtschaftsleben aus »einer *Position der*

21 Ebd., 32.
22 Ebd., 53.
23 Ebd., 63 und 66.
24 Ebd., 81.

*Stärke* seitens der Gesellschaft« integriert, »die es sich leisten kann, mehr als früher zu gewähren, weil ihre Interessen zu den innersten Trieben ihrer Bürger geworden sind und weil die von ihr gewährten Freuden sozialen Zusammenhalt und Zufriedenheit befördern«. Der Bewusstseinsverlust, den diese Allgegenwart vormals kritischer oder subversiver Ideen mit sich bringe, führe zur Duldung des Unrechts und des Bösen. Entstanden sei »ein *glückliches Bewußtsein* [...], was die Hinnahme der Untaten dieser Gesellschaft erleichtert [...], ein Zeichen schwindender Autonomie und Einsicht«.[25] Wie sich in den späteren Kapiteln noch zeigen wird, versuchten besonders die militanten Ausläufer der Protestbewegungen diese Autonomie zurückzugewinnen, wobei sie die Kommerzialisierung des Lebens für den Verlust der Autonomie verantwortlich machten.

Im Schlusskapitel von *Der eindimensionale Mensch* geht Marcuse der Frage nach, warum die Menschen die Möglichkeit zur Befreiung nicht viel häufiger ergreifen. Er hebt seine Analyse der Bedürfnisse auf ein höheres Abstraktionsniveau und behauptet, letztlich seien Werte in Bedürfnisse umgewandelt worden: Erstens habe die Vorstellung von Freiheit eine materielle Dimension erhalten, indem sie mit der Bedürfnisbefriedigung verknüpft worden sei; zweitens seien traditionelle Werte durch die zunehmend ungehemmte »Entwicklung der Bedürfnisse auf der Basis der Befriedigung« erodiert worden. Die zentralen Werte der Aufklärung wie Gerechtigkeit, Freiheit und Humanität hingen nun von der »Befriedigung der materiellen Bedürfnisse des Menschen«, von der »vernünftige[n] Organisation des Reichs der Notwendigkeit«, ab.[26] In der Unterhaltungsindustrie sah Marcuse einen entscheidenden Faktor zur Aufrechterhaltung dieser Verhältnisse. Die Menschen duldeten die Produktion von Atomwaffen und nahmen die Möglichkeit radioaktiven Fallouts hin, aber sie seien nicht dazu in der Lage, ohne mediales Entertainment auszukommen. Schließlich stellte sich Marcuse eine Gesellschaft ohne Fernsehen und Werbung vor: »Das Nicht-Funktionieren des Fernsehens und verwandter Medien könnte so erreichen, was die immanenten Widersprüche des Kapitalismus nicht erreichten – den Zerfall des Systems.«[27]

25 Ebd., 91f. und 95.
26 Ebd., 245f.
27 Ebd., 257.

Fortgeschrittene Industriegesellschaften schienen in einer stetig sich beschleunigenden Fahrt auf der Einbahnstraße der Expansion gefangen: »Entwicklung der Produktivkräfte in erweitertem Maßstab, Ausdehnung der Naturbeherrschung, wachsende Befriedigung der Bedürfnisse einer zunehmenden Anzahl von Menschen, die Schaffung neuer Bedürfnisse und Anlagen.« Doch diese Formen der Produktivität und des Fortschritts verlören zusehends ihr befreiendes Potential. Sie würden »zu einem totalitären System« im Sinne einer allumfassenden Ideologie organisiert, einem hocheffizienten und allgegenwärtigen System, das nicht allein das Reich des Tatsächlichen, sondern auch das Reich des Möglichen dominiere: »Auf ihrer fortgeschrittensten Stufe fungiert Herrschaft als Verwaltung, und in den überentwickelten Bereichen des Massenkonsums wird das verwaltete Leben das gute Leben des Ganzen, zu dessen Verteidigung die Gegensätze vereinigt werden.«[28] Das System zu verändern, indem man es von innen her reformiert, war aus dieser Perspektive betrachtet unmöglich. Akzeptiert man diese Analyse und will durch Revolution den Zusammenbruch des kapitalistischen Systems herbeiführen, so erscheinen symbolische oder direkte Aktionen gegen die Quellen der repressiven Bedürfnisse nicht völlig abwegig. Marcuse suggerierte jedoch nicht, die Quellen der repressiven Bedürfnisse seien greifbar, so wie es beispielsweise ein Kaufhaus ist. *Der eindimensionale Mensch* ist zutiefst pessimistisch und betont die omnipräsenten und beständigen Kräfte eines fragwürdigen und offenbar gegen Kritik und revolutionäre Veränderung immunen Systems.

Die Analyse der Wohlstandsgesellschaft in *Der eindimensionale Mensch* verknüpfte auf intellektueller Ebene Versorgungsregime mit abstrakten Begriffen der Repression und der Kontrolle. Konsum und politische Gewalt wurden hingegen allenfalls implizit aufeinander bezogen. Marcuses Auffassung von Gewalt wies jedoch bereits in jene Richtung, die er in späteren Schriften als Reaktion auf die Protestbewegungen einschlagen würde. Gewalt hielt er für ein allgegenwärtiges Phänomen menschlicher Existenz, das es durch kulturelle und politische Entwicklung zu mildern galt: »Leiden, Gewalt und Zerstörung sind ebenso Kategorien der natürlichen wie der menschlichen Realität, Kategorien eines hilflosen und herzlosen Universums.«[29] In den frühen sechziger

28 Ebd., 266.
29 Ebd., 248.

Jahren interessierte sich Marcuse besonders dafür, dass Herrschaft trotz der relativen, aber trügerischen Abwesenheit von konkreter Gewalt weiterbestand. Als das Problem der Gewalt mit dem Krieg in Vietnam und den zahlreichen Protest- und Befreiungsbewegungen auf der ganzen Welt in den Mittelpunkt der Aufmerksamkeit rückte, lehnte Marcuse entschieden eine Deutung ab, die nur diejenigen für das Auftreten von Gewalt verantwortlich machte, die in Konflikt mit einer angeblich genuin gesitteten und friedlichen Gesellschaft gerieten.

## REPRESSIVE TOLERANZ

Mit seinem Aufsatz »Repressive Toleranz« knüpfte Marcuse an Ideen aus *Der eindimensionale Mensch* an, ging jedoch noch einen Schritt weiter. Sein Hauptaugenmerk galt nun einer »zunehmenden Machtkonzentration«, die sich verfestige »und dabei die einzelnen ausgleichenden Mächte [...] aufgrund eines zunehmenden Lebensstandards« integriere. Als eine mögliche ausgleichende Macht identifizierte er unter anderem den »gewöhnliche[n] Konsument[en], dessen wirkliches Interesse dem des Produzenten entgegengesetzt ist«. Allerdings müssten sich Konsumenten, ähnlich wie Arbeiter und Intellektuelle, »einem System unterwerfen, dem gegenüber sie machtlos sind und unvernünftig erscheinen«. Dieses System basiere letztlich auf der Ausweitung tatsächlich niemals vollständig befriedigter Bedürfnisse. Die Praktiken, die ein solches falsches Versorgungsregime aufrechterhielten, würden nicht einfach von oben auferlegt, sondern gleichermaßen von unten geduldet. Ihre »Beseitigung wäre jene totale Revolution, die von dieser Gesellschaft so wirksam unterbunden wird«.[30]

Nachdem die Kunst nicht länger als effektiver Motor der Veränderung fungieren könne, weil die Kräfte des Marktes ihren »Protest gegen die etablierte Wirklichkeit« geschluckt hätten, widmete sich Marcuse dem Thema Gewalt, insbesondere der »traditionelle[n] Unterscheidung von gewaltsamer und gewaltloser Aktion«, die er kritisch überwinden wollte. Problematisch sei, dass nur solcher Praxis tolerant begegnet wer-

30 Herbert Marcuse, »Repressive Toleranz«, in: Robert Paul Wolff, Barrington Moore und Herbert Marcuse, *Kritik der reinen Toleranz* (Frankfurt a.M.: Suhrkamp, 1966), 104 und 113.

de, die »dem Zusammenhalt des Ganzen dient auf dem Wege zum Überfluß oder zu größerem Überfluß«. Marcuse verwendete den Begriff des »radikal Bösen«, um derartige Praktiken zu charakterisieren, und zählte, in etwas willkürlicher Reihung, Werbung, aggressives Autofahren, militärische Sondereinheiten, Vermarktung, Verschwendung und geplante Obsoleszenz zum »Wesen eines Systems, das Toleranz befördert als ein Mittel, den Kampf ums Dasein zu verewigen und die Alternativen zu unterdrücken«. Bemerkenswerterweise hielt es offenbar jemand für notwendig, in die deutsche Übersetzung des Aufsatzes ein überzeugenderes Beispiel für das »radikale Böse« einzufügen und das »aggressive Autofahren« aus dem englischen Original durch einen Passus zur »Gewalt in Vietnam« zu ersetzen.[31] Revolutionäre Gewalt suche »das geschichtliche Kontinuum von Ungerechtigkeit, Grausamkeit und Stillschweigen für einen kurzen Augenblick [zu durchbrechen], kurz aber explosiv genug, um eine Erweiterung des Spielraums von Freiheit und Gerechtigkeit, eine bessere und gleichmäßigere Verteilung von Elend und Unterdrückung in einem Gesellschaftssystem zu erreichen«. Marcuses Ziel war ein gerechtes Versorgungsregime. Er wollte eine optimale Verteilung finden, welche die »Lebensbedürfnisse« bevorzugte und nur ein »Minimum von harter Arbeit und Ungerechtigkeit« verursachte. Das hehre Ideal war eine Bedürfnisbefriedigung, »die nicht von Armut, Unterdrückung und Ausbeutung lebt«.[32] Entscheidend ist, dass Marcuse in »Repressive Toleranz« Fragen der Verteilung in unmittelbarem Zusammenhang mit Fragen der Gewalt behandelte. Trotz der systemischen Gewalt, die er diagnostizierte, wies er den Gedanken zurück, man könne sich auf ein Grundrecht auf Widerstand »gegen eine verfassungsmäßige Regierung, die von einer Mehrheit der Bevölkerung getragen wird«, berufen. Nach dem Naturrecht sei es jedoch unterdrückten Minderheiten gestattet, »außergesetzliche Mittel anzuwenden, sobald die gesetzlichen sich als unzulänglich herausgestellt haben«. In derartigen Fällen habe der außergesetzliche Widerstand der Menschen, die unter der bestehenden Ordnung leiden und sie bekämpfen, die Funktion, die Ungerechtigkeit zu demaskieren: »Wenn sie Gewalt anwenden, beginnen sie keine neue Kette von Gewalttaten, sondern zerbrechen die

31 Ebd., 94f., 100 und 113; vgl. ders., »Repressive Tolerance«, in: Robert Paul Wolff, Barrington Moore und Herbert Marcuse, *Critique of Pure Tolerance* (Boston: Beacon Press, 1965), 83.

32 Marcuse, »Repressive Toleranz«, 116 und 118.

etablierte.«[33] Dieter Kunzelmann, Andreas Baader und andere beriefen sich auf ebendiesen Passus, um ihre Rebellion zu rechtfertigen.

## IM HÖRSAAL DER REBELLIERENDEN STUDENTEN

Im Mai 1966, noch bevor die deutsche Übersetzung von *One-Dimensional Man* erschien, sprach Marcuse auf dem ersten Vietnamkongress, den der SDS in Frankfurt organisiert hatte. Er begann mit einer Würdigung der gesellschaftlichen Bedeutung der oppositionellen Jugend und erklärte, ihre Rebellion resultiere aus dem Ekel, den sie gegenüber dem sie umgebenden Lebensstil empfände. Die Jugendbewegung sei die »Negation der totalen Negativität, die das System der ›Gesellschaft im Überfluß‹ durchherrscht«. Gesellschaftlichen Reichtum, technologischen Fortschritt und Beherrschung der Natur kontrastierte er mit der auf nationaler wie globaler Ebene unnötigen Perpetuierung des Existenzkampfs. Eine schreckliche Einheit von Produktivität und Zerstörung, von Wachstum und Leid sei die Wurzel einer diffusen Aggressivität, zu der auch die »kommerzielle Vergewaltigung der Natur« gehöre. Mit einem Beispiel versuchte er, die Alltagserfahrung der Menschen in den hochentwickelten Industriegesellschaften mit den Schrecken des Kriegs in einem weit entfernten Land zu verbinden: »Dieselben aggressiven Kräfte führen meiner Meinung nach von dem Tod auf den Highways und Straßen zu den Bombardierungen, Folterungen und Verbrennungen in Vietnam.« Die 49 000 Verkehrstoten und über vier Millionen Verletzten pro Jahr auf US-amerikanischen Straßen übertrafen selbst die Zahlen der Kriegsopfer in Vietnam. Die Menschen und besonders die Angehörigen der Arbeiterklasse seien in ein System der stetigen Steigerung der Produktivität und des Lebensstandards eingebunden, gegen das nur einige Minderheiten Widerstand leisteten. Für die Unterprivilegierten in den USA konnte sogar die Einberufung zum Kriegsdienst in Vietnam als Verbesserung gelten, als ein erster Schritt auf der Leiter der sozialen Mobilität.[34]

Im Jahr 1966 erschien in den Vereinigten Staaten eine Neuausgabe

33 Ebd., 127.

34 Marcuse, »Vietnam – Analyse eines Exempels«, in: *Neue Kritik* 7/36-37 (1966), 30-38; online verfügbar unter: {http://germanhistorydocs.ghi-dc.org/sub_document.cfm?document_id=890&language=german} (Stand August 2017).

von *Eros and Civilization*, für die Marcuse ein neues Vorwort verfasste, in dem er einen ausgesprochen politischen Ton anschlug. Explizit bezog er Wohlstandsgesellschaft, Vietnamkrieg und Auschwitz aufeinander. Die wissenschaftliche Steuerung instinktiver Bedürfnisse, so lautete seine Grundannahme, verwandele Waren in libidinös besetzte Objekte. Die sich selbst vorantreibende Produktivität suche in Form von Konsum und Zerstörung national wie global fortwährend neue Absatzkanäle. Gleichzeitig werde aber das »Überfließen« des Wohlstands in die von Not gebeutelten Regionen verhindert. Im Hinblick auf den Vietnamkrieg argumentierte er, »Wissenschaft, Technologie und Geld« würden erst zerstören, um dann »die Aufgabe des Wiederaufbaus als eigenes Abbild« zu betreiben. Nebenbei erwähnte er »Fotos, die eine von den Siegern in Vietnam präsentierte Reihe halb nackter Leichen zeigen: Sie ähneln bis ins letzte Detail den ausgehungerten, entmannten Leichen von Auschwitz und Buchenwald«[35]. In einem Brief an Max Horkheimer vom Juni 1967 verwies Marcuse auf US-amerikanische »Konzentrationslager, […] Morde, […] Folterungen, außerhalb der Metropole« und ging so weit, die zeitgenössischen Vereinigten Staaten als »den historischen Erben des Faschismus« zu bezeichnen.[36]

Einen Monat nach der Erschießung Benno Ohnesorgs hielt Marcuse zwei Vorlesungen an der Freien Universität Berlin und saß bei vier vom SDS und dem Allgemeinen Studentenausschuss (AStA) ausgerichteten Diskussionsveranstaltungen auf dem Podium. Diese Auftritte machten ihn zu einem Medienstar.[37] Zwar ging es in seinem Vortrag »Das Problem der Gewalt in der Opposition« nicht explizit um die Konsumgesellschaft. Doch entscheidend war, dass er die radikale Opposition, die sich aufgrund der Erfahrungen der US-amerikanischen Bürgerrechtsbewegungen und des Vietnamkriegs formiert hatte, durch Verweis auf ein aus Kriegen, Produktivität, Zerstörung und Abfall bestehendes »System« legitimierte, das »immer unmenschlicher alles zur Ware degradiert, deren Kauf und Verkauf den Lebensunterhalt ausmacht«.[38] Mar-

35 Herbert Marcuse, Vorwort zu ders., *Eros and Civilization. A Philosophical Inquiry Into Freud* (Boston: Beacon Press, 1966, 3. Aufl.), xi-xxvi; online verfügbar unter: {http://www.marcuse.org/herbert/pubs/55erosciv/ec0066pref.htm} (Stand August 2017).

36 Herbert Marcuse an Max Horkheimer (17. Juni 1967), in: Max Horkheimer, *Gesammelte Schriften*, Bd. 18: *Briefwechsel 1949-1973* (Frankfurt a. M.: Fischer, 1996), 657.

37 Behrmann, »Kulturrevolution«, 335f.

38 Marcuse, »Problem of Violence«. Die in deutscher Sprache publizierte Transkription

cuse nannte nicht nur »den Terror außerhalb der Metropole«, sondern deutete an, dieses System umfasse sowohl den Faschismus als auch die Überflussgesellschaft: »Tatsache ist, daß wir uns einem System gegenüber befinden, das, seit dem Beginn der faschistischen Periode und heute noch, durch seine Taten die Idee des geschichtlichen Fortschritts selbst desavouiert hat.«[39] Er stellte klar, dass die rebellischen Studenten in der Bundesrepublik und den Vereinigten Staaten gegen die Mehrheit der Bevölkerung protestierten, gegen »eine demokratische und effektiv funktionierende Gesellschaft, die wenigstens normalerweise nicht mit Terror arbeitet«.[40] Marcuses Position zum Thema Gewalt war pragmatisch: Gegenwärtig sei die Opposition noch nicht dazu in der Lage, mit ihren Projekten »die gesellschaftliche Kraft einer neuen Allgemeinheit« zu generieren; Gewalt betrachtete er also als eine Frage der Taktik. Ihr Einsatz könne sich leicht als Fehlentscheidung herausstellen.[41] In einer Ende Juli 1967 in London gehaltenen Vorlesung empfahl Marcuse seinem Publikum in einer Nebenbemerkung die Wahl von Protestformen, die zwei Bedingungen erfüllten: Sie müssten den Protestierenden erlauben, mit der »institutionalisierten Gewalt« der Staatsmacht umzugehen, und zugleich müsste »eine reelle Chance« bestehen, mit ihnen »die Kräfte der Opposition tatsächlich zu stärken«. Er nannte ausdrücklich flexible Formen der Demonstration und des Boykotts – ein Ratschlag, der befolgt wurde.[42]

Während seines Aufenthalts in Berlin hielt Marcuse auch einen Vortrag, in dem er den Begriff der Gewalt überhaupt nicht erwähnte, in dem er aber eine verlockende Idee vorstellte, die auf Marx zurückging: Marcuse wollte »das Reich der Freiheit« zu neuem Leben erwecken. In »Das Ende der Utopie« verkündete er: »Ich glaube, daß eine der neuen Möglichkeiten, die die qualitative Differenz der freien von der unfreien Gesellschaft anzeigt, genau darin besteht, das Reich der Freiheit im

des Vortrags wurde von Marcuse nicht redigiert: »Das Problem der Gewalt in der Opposition«, in: ders., *Das Ende der Utopie*, herausgegeben von Horst Kurnitzky und Hansmartin Kuhn (Berlin: Maikowski, 1967). Siehe auch ders., »Moral und Politik in der Überflußgesellschaft: Eine Podiumsdiskussion«, ebenfalls in *Das Ende der Utopie*, 83-119.

39 Marcuse, »Das Problem der Gewalt in der Opposition«, 57.

40 Ebd., 48.

41 Ebd., 53.

42 Herbert Marcuse, »Liberation from the Affluent Society«, in: David Cooper (Hg.), *The Dialectics of Liberation* (Harmondsworth: Penguin, 1968), 191.

*Abb. 5:* Herbert Marcuse spricht an der Freien Universität Berlin, 1967.

Reich der Notwendigkeit erscheinen zu lassen, in der Arbeit und nicht nur jenseits der (notwendigen) Arbeit.«[43] In seiner Darlegung der Ziele des Sozialismus am Ende des dritten Bandes des *Kapitals* (in Abschnitt III des 48. Kapitels) hatte Marx das Reich der Freiheit *jenseits* des Reichs der Notwendigkeit verortet.[44] Nach Marcuses Interpretation sah Marx das Reich der Notwendigkeit (einschließlich der entfremdeten Arbeit) als Basis und Voraussetzung für das Reich der Freiheit, in dem die Menschen künstlerische und intellektuelle Tätigkeit verfolgen könnten. Bedingung für die Entfaltung des Reichs der Freiheit war also die Verringerung der Arbeitszeit. Nun, da diese Bedingung zumindest teilweise erfüllt war, konnte Marcuse in Aussicht stellen, der Zwang zu entfremdeter Lohnarbeit lasse sich mithilfe von Technologie so gut wie gänzlich überwinden. Auf diese Weise ließ er Marx' »utopische« Per-

43 Marcuse, *Das Ende der Utopie*, 10.

44 Karl Marx, *Das Kapital. Dritter Band*, in: Karl Marx und Friedrich Engels, *Gesamtausgabe* (MEGA), herausgegeben von der Internationalen Marx-Engels-Stiftung, Abteilung II, Bd. 15 (Berlin: Akademie Verlag, 2004 [1894]), 794 f. Vgl. James C. Klagge, »Marx's Realms of ›Freedom‹ and ›Necessity‹«, in: *Canadian Journal of Philosophy* 16/4 (1986), 769-778.

spektive auf den Sozialismus als sehr viel realistischer erscheinen und deutete an, die Studentenbewegung könne dazu beitragen, die verbleibende Diskrepanz zwischen den beiden Reichen zu überwinden.

Marcuse versuchte so, eine historische Entwicklung zu korrigieren, die darauf zurückging, dass Marx, Engels und ihre Nachfolger Fragen des Konsums zunehmend zugunsten eines graduellen Fortschritts unter dem Primat der Produktion hintanstellten, so dass ein kommunistischer Versorgungsmodus in die Zukunft der sozioökonomischen Entwicklung projiziert wurde: Erst als Folge des Wachstums der Produktivkräfte könne »die Gesellschaft auf ihre Fahne schreiben: Jeder nach seinen Fähigkeiten, jedem nach seinen Bedürfnissen!«.[45] Dieser Passus aus der »Kritik des Gothaer Programms« von Marx popularisierte die alte sozialistische Vorstellung eines den individuellen Bedürfnissen entsprechenden Konsums, die französische Denker wie Étienne-Gabriel Morelly, Gabriel Bonnot de Mably, Étienne Cabet oder Louis Blanc lange vor Marx theoretisch etabliert hatten. Doch Marx richtete nun den Blick auf das, was die Realisierung eines solchen Versorgungsregimes behinderte. Aus dieser Perspektive erschien der Staat keinesfalls als eine neutrale Einrichtung zur Sicherung der Marktordnung, sondern eher als Instanz für die Konzentration der Gewaltmittel zum Erhalt der bestehenden Machtstrukturen und insbesondere des Rechts der Bourgeoisie, sich die Produkte der Arbeit anderer mittels der Kommodifizierung von deren Arbeitskraft anzueignen – mit anderen Worten: Es ging um die Aufrechterhaltung eines repressiven Versorgungsregimes. In der konkreten politischen Praxis trat die konzeptionelle Verknüpfung des Themas Konsum mit revolutionären Zielen in den Hintergrund. Marx und seine Anhänger hoben den Zusammenhang zwischen der Konzentration von Eigentum und den entsprechenden Herrschaftsstrukturen hervor.

Das Gewaltmonopol in modernen, zentralistisch organisierten Territorialstaaten hat komplexe Wurzeln, unter anderem die Entwicklung von Marktgesellschaften. Der Staat musste die Sicherheit von Handelsrouten, Geschäftsverträgen und Märkten gewährleisten. Die Freiheit der Warenbesitzer erforderte einen spezialisierten Apparat, der Rechts- und Gewaltmittel kombinierte.[46] Hegel leitete das Gewaltmonopol vom

45 Karl Marx, »Kritik des Gothaer Programms« (1875), in: MEGA, Abteilung I, Bd. 25, 15.
46 Das Folgende stützt sich auf Andreas Fisahn, »Legitimation des Gewaltmonopols«, in: *Kritische Vierteljahresschrift für Gesetzgebung und Rechtsprechung* 94/1 (2011) 13ff.

Markt ab, vernachlässigte dabei aber andere Formen der Legitimität, die ihren Ursprung im Individuum haben: »Die verschiedenen Interessen der Produzenten und Konsumenten können in Kollision miteinander kommen [...]. Die polizeiliche Aufsicht und Vorsorge hat den Zweck, das Individuum mit der allgemeinen Möglichkeit zu vermitteln, die zur Erreichung der individuellen Zwecke vorhanden ist.«[47] Hegel beobachtete zudem, dass unverhältnismäßige Akkumulation von Reichtum eine Gesellschaft dazu verleitet, einen Expansionskurs einzuschlagen, »um außer ihr in anderen Völkern, die ihr an den Mitteln, woran sie Überfluß hat, oder überhaupt an Kunstfleiß usf. nachstehen, Konsumenten und damit die nötigen Subsistenzmittel zu suchen«.[48]

Als Marcuse im Sommer 1967 Hans Magnus Enzensbergers *Kursbuch*, einem wichtigen Periodikum der Neuen Linken in der Bundesrepublik, ein kurzes Interview gab, war der von Hegel diagnostizierte kommerzielle Expansionsdrang offenbar in Gewalt ausgeartet. Gefragt, ob die moderne Wohlstandsgesellschaft die Idee der Revolution nicht vollkommen obsolet gemacht habe, kam Marcuse schnell auf den Vietnamkrieg zu sprechen, in dem seines Erachtens Kapitalismus und »Neokolonialismus« klar erkennbar an ihre Grenzen stießen. Seine Wortwahl erinnert eindeutig an den Holocaust, wenn er etwa in Bezug auf Vietnam von »Endlösung« oder vom »Sieg durch totale Verbrennung und totale Vergiftung« sprach. Er unterstrich, dass die Befreiungsbewegungen in den Entwicklungsländern die Unterstützung aus der industrialisierten »Metropole« benötigten. Marcuse bot eine recht hellsichtige Analyse der letztlich so erfolgreichen Strategie des Westens im Kalten Krieg: Die staatssozialistischen Gesellschaften sähen sich »einer Konkurrenz auf Leben und Tod« ausgesetzt, so dass sie die sozialen Bedürfnisse ihrer Bürger den politischen und militärischen Erfordernissen unterordnen müssten.[49]

Es ist beachtlich, wie weit Marcuse im Dezember 1968 Partei für die Neue Linke ergriff. In einem Vortrag, den er auf Einladung des radikalen New Yorker Wochenblatts *Guardian* hielt, verwarf er die Idee einer linken Einheitspartei und empfahl stattdessen, die Aktivistengruppen

47 G.W.F. Hegel, *Grundlinien der Philosophie des Rechts oder Naturrecht und Staatswissenschaft im Grundrisse*, in: ders., *Werke*, Bd. 7, herausgegeben von Eva Moldenhauer und Karl Markus Michel (Frankfurt a.M.: 1986 [1820]), § 236.

48 Ebd., § 246.

49 Marcuse, »Ist die Idee der Revolution eine Mystifikation?«.

sollten Unruhe und Aufruhr stiften, um gegen lokale Missstände zu protestieren. Ausdrücklich betonte er, »militante Minderheiten« sollten dabei die Führung übernehmen. Er wollte einen Mittelweg zwischen konventioneller Parteipolitik und illegalem Untergrund einschlagen. Die Fragmentierung der Linken werde so zu einer Tugend, da viele miteinander konkurrierende, kleine, hochgradig flexible und autonome Gruppen gleichzeitig in vielen unterschiedlichen lokalen Kontexten handeln könnten, indem sie eine »Art von politischer Guerillabewegung im Frieden oder im sogenannten Frieden« errichteten.[50]

## HORKHEIMER/ADORNO UND GALTUNG

Kritik kam von den Mitgliedern des inneren Zirkels der Frankfurter Schule, die sich die Sache der neuen revolutionären Bewegung weniger zu eigen machten als der in Kalifornien lehrende Marcuse. Ihnen erschien seine Vorstellung von einer unmittelbar bevorstehenden universellen Befreiung und Glückseligkeit, die lediglich durch ein repressives System verhindert werde, als unzulässige Vereinfachung.[51] Der Marx'schen Kritik an den Anarchisten nicht unähnlich, betonten sie ihren eigenen Ansatz zur Deutung einer Entwicklung, die sie für komplexer hielten. Nichtsdestotrotz bewunderte Marcuse die *Dialektik der Aufklärung*, die ihn eindeutig beeinflusste.[52] Horkheimer und Adorno hatten ihre Kritik an der Konsumgesellschaft in dem berühmten Kapitel »Kulturindustrie. *Aufklärung als Massenbetrug*« vorgelegt.[53] Sie gingen davon aus, dass die Gesellschaft die Arbeiterklasse nicht mehr systema-

50 Herbert Marcuse, »On the New Left«, in: ders., *The Collected Papers of Herbert Marcuse*, Bd. 3: *The New Left and the 1960s*, herausgegeben von Douglas Kellner (London: Routledge), 122-127. Deutsche Übersetzung: Herbert Marcuse, »Die Unterschiede zwischen alter und neuer Linke«, in: ders., *Nachgelassene Schriften*, Bd. 4: *Die Studentenbewegung und ihre Folgen*, herausgegeben von Peter-Erwin Jansen (Springe: Zu Klampen, 2004), 109f.

51 Max Horkheimer, »Marcuses Vereinfachung« [29. August 1967], in: Wolfgang Kraushaar (Hg.), *Frankfurter Schule und Studentenbewegung: Von der Flaschenpost zum Molotowcocktail 1946-1995*, Bd. 2: *Dokumente* (Frankfurt a.M.: Rogner & Bernhard, 1998), 285. Vgl. Emil Walter-Busch, *Geschichte der Frankfurter Schule: Kritische Theorie und Politik* (München: Fink, 2010), 218-225.

52 Herbert Marcuse an Max Horkheimer (31. August 1962), in: Kraushaar (Hg.), *Frankfurter Schule*, Bd. 2, 155f.

53 Max Horkheimer und Theodor W. Adorno, *Dialektik der Aufklärung: Philosophische*

tisch vom Konsum ausschließe, sondern gerade durch ihn deren totale Einbindung erreiche. Konsum sei zu einem Element der sozialen Kontrolle geworden, das die Autonomie des Individuums unterbinde. Horkheimer und Adorno hatten die Niederschrift der *Dialektik der Aufklärung* schon 1944 im US-amerikanischen Exil nach Jahren der Auseinandersetzung mit der dortigen Konsumgesellschaft abgeschlossen. Die Schrift blieb jedoch bis zu ihrer Wiederveröffentlichung im Jahr 1969 ohne größere Wirkung, obgleich schon vorher Raubdrucke in Studentenkreisen zirkulierten. Indem sie den Faschismus als Derivat des Kapitalismus deuteten – eine These, die ideengeschichtlich in den dreißiger Jahren wurzelte –, banden Horkheimer und Adorno die Dimension der Gewalt in ihre Analyse der Gegenwartsgesellschaft ein. Aus dieser Perspektive trugen auch die westlichen Demokratien die Saat des Totalitarismus in sich, die in den Bereichen des Konsums, der Werbung und in der Schaffung »falscher Bedürfnisse« aufkeimen könne. Ein impliziter Vergleich von Konsumgesellschaft und NS-Regime war somit etabliert.

In einem Vortrag auf dem 16. Deutschen Soziologentag im Jahr 1968 stellte Adorno fest, die gegenwärtige Gesellschaft befinde sich weiterhin auf der Stufe, die schon Marx als »Anarchie der Warenproduktion« kritisiert hatte. Obwohl sich die Grenzen zwischen materieller Produktion, Verteilung und Konsum auflösten, sei das »gesellschaftliche Schicksal des Einzelnen« so kontingent wie ehedem.[54] Die Verfügbarkeit von Konsumgütern mache Klassenunterschiede weniger sichtbar, die »*affluent society*« könne zwar »allzu sichtbarer Armut« vorbeugen, gleichzeitig werde aber vorgespiegelt, »die Utopie, unvereinbar mit den Produktionsverhältnissen, sei in deren Rahmen bereits verwirklicht«.[55]

Der scheidende Vorsitzende der Deutschen Gesellschaft für Soziologie hatte seine Zweifel, wollte aber den offensichtlichen Wohlstand nicht in Abrede stellen; die »zunehmende […] Befriedigung der materiellen Bedürfnisse« lasse vielmehr die konkrete Möglichkeit eines Lebens ohne Not ahnen. Marx und Engels hatten die Utopieentwürfe ih-

*Fragmente*, in: Theodor W. Adorno, *Gesammelte Schriften*, Bd. 3 (Frankfurt a. M.: Suhrkamp, 2003 [1944]), 141-191.

54 Theodor W. Adorno, »Spätkapitalismus oder Industriegesellschaft? Einleitungsvortrag zum 16. Deutschen Soziologentag«, in: ders., *Gesammelte Schriften*, Bd. 8: *Soziologische Schriften I* (Frankfurt a. M.: Suhrkamp, 2003), 367, 369.

55 Ebd., 355.

rer Zeit nur deshalb kritisiert, weil sie befürchteten, diese würden die »menschenwürdige Einrichtung der Gesellschaft« behindern. Sie konnten nicht vorhersehen, dass die Bedürfnisse »vollends zu Funktionen des Produktionsapparates [werden würden], nicht umgekehrt«. Deshalb hingen Bedürfnisse von den Profiten ab, die sich mit ihnen erzielen ließen. Gewisse Bedürfnisse würden »vom Profitinteresse selber erst hervorgebracht, und zwar auf Kosten objektiver Bedürfnisse der Konsumenten, wie denen nach zureichenden Wohnungen [...], nach Bildung und Information über die wichtigsten sie betreffenden Vorgänge«.[56] Dieser Wissensmangel werde durch die Konzentration und Zentralisierung der Massenmedien von der »Kultur- und Bewußtseinsindustrie« erzeugt, um »von wenigen Punkten aus das Bewußtsein Ungezählter [...] gleichzuschalten«.[57]

Aber was genau waren die wichtigsten die Konsumenten betreffenden Vorgänge, über die sie im Unwissen gehalten wurden? In seinem Vortrag wich Adorno einer Antwort auf diese Frage zunächst aus. Er beklagte den Mangel an »wesentlichen kritischen Ideen« und das Unvermögen, »die Welt konkret anders sich vorzustellen, als sie [...] überwältigend erscheint«.[58] Als allgemeines Interesse nannte er dann jedoch recht deutlich nicht Vollbeschäftigung, sondern die Befreiung von heteronomer Arbeit. An der Unterscheidung zwischen richtigen und falschen Bedürfnissen hielt er fest – auch wenn man diese nicht der bürokratischen Regelung überlassen dürfe –, da sie einen wichtigen Punkt im Hinblick auf die Gewaltverhältnisse enthalte: »Eingeschlossen von einem Horizont, in dem jeden Augenblick die Bombe fallen kann, hat noch das üppigste Angebot an Konsumgütern etwas von Hohn.«[59] Der Begriff der Gewalt umfasst in Adornos politischem Denken weit mehr als nur die physische Dimension. In der *Dialektik der Aufklärung* heißt es beispielsweise, die Produkte der Kulturindustrie seien »ein Modell der ökonomischen Riesenmaschinerie, die alle von Anfang an, bei der Arbeit und der ihr ähnlichen Erholung, in Atem hält«. Sogar nach Ende ihrer Arbeitsschichten sind die Konsumenten noch an den Produktionsapparat, seine Zwänge und Hierarchien, gebunden. Die Autoren kamen daher zu dem Schluss: »Die Gewalt der Industriegesellschaft

56 Ebd., 361f.
57 Ebd., 367.
58 Ebd., 364.
59 Ebd., 365f.

wirkt in den Menschen ein für allemal.«[60] Entscheidend ist hier die doppelte Bedeutung des deutschen Begriffs »Gewalt«. Adorno und Horkheimer gebrauchten den Ausdruck sowohl im Sinn von *violentia* als auch von *potestas* und fassten mit ihm somit nicht nur die Gewalt oder Macht staatlicher Akteure, sondern ebenso die nichtstaatlicher Akteure.

In diesem Zusammenhang hat der norwegische Soziologe Johan Galtung den Begriff der »strukturellen Gewalt« entwickelt, um neben Phänomenen der manifesten Gewalt auch auf die schädlichen Folgen von sozialen Strukturen aufmerksam zu machen, also auf das Zusammenwirken gesellschaftlicher Institutionen, welche die Menschen daran hindern, ihre Grundbedürfnisse zu decken. Die Kehrseite gesellschaftlicher Strukturen, so sein Grundgedanke, bestünde in einer Einschränkung der Handlungsspielräume und Lebenschancen der Individuen. Explizit nannte Galtung in diesem Kontext die Belohnungen der Konsumgesellschaft und Marcuses *Der eindimensionale Mensch*. Die kritische Idee der »strukturellen Gewalt« lässt sich sowohl auf diejenigen anwenden, die von den Belohnungen der Wohlstandsgesellschaften profitieren, als auch auf die mehr oder weniger systematisch Ausgeschlossenen. Im Fall Ersterer geht es um Phänomene wie Manipulation und Entfremdung, bei Letzteren um die ungerechten und mitunter tödlichen Folgen sozialer Arrangements, vor allem im Zusammenhang mit den Beziehungen zwischen dem Globalen Norden und dem Globalen Süden. In seiner Analyse der Gewalt gegen Sachen unterscheidet Galtung zwischen zwei Ebenen psychischer Gewalt: »Zerstörung von Sachen als Ankündigung oder Androhung einer möglichen Vernichtung von Personen, und Zerstörung von Sachen als Zerstörung von etwas, das Personen, die als Konsumenten oder *Besitzer* bezeichnet werden, sehr teuer ist.«[61] Auf beiden Ebenen handelt es sich um den Versuch des Täters, sich von bürgerlichen Zwängen zu befreien. Wenn also protestierende Studenten, die sich von allen Bindungen an Besitz lossagen wollen, einen solchen Akt der Kommunikation wählen, dann auch als Signal der Ablehnung von Werten, die mit dem zerstörten Objekt verbunden sind. Derartige Zerstörung kann sich mithin gegen vorherige

60 Horkheimer/Adorno, *Dialektik der Aufklärung*, 148.

61 Johan Galtung, »Gewalt, Frieden und Friedensforschung«, in: ders., *Strukturelle Gewalt – Beiträge zur Friedens- und Konfliktforschung* (Reinbek: Rowohlt, 1975), 12.

Akte der politischen Kommunikation richten, die bestimmte Objekte oder einen generellen Zustand des Überflusses benutzten, um andere politische Inhalte zu legitimieren.

## NEITZKE UND SEMLER ÜBER WARENHAUSAKTIONEN

Die Mitglieder des SDS stellten ihre eigenen theoretischen Überlegungen zur Wohlstandsgesellschaft an. Sie benötigten keine unmittelbare Anleitung von bedeutenden Philosophen. Anfang des Jahres 1969 versuchten beispielsweise Peter Neitzke und Christian Semler, die Theorie der politischen Aktion im Hinblick auf Kaufhäuser zu erweitern. Im Gegensatz zu Dutschke und Marcuse verorteten die beiden Führungsmitglieder des West-Berliner SDS das revolutionäre Subjekt weder in einem »Gegenmilieu« noch in marginalisierten Minderheiten, sondern, etwas konventioneller, in den erwerbstätigen Massen. Dennoch hielten sie die Distributionssphäre für ein sinnvolles, wenngleich sekundäres Feld der Agitation.

In ihrem Text »Warenhausaktionen« unterscheiden sie drei Typen der politischen Aktion im Verteilungssektor: das Verbrennen von Waren, die Aneignung lebenswichtiger Güter durch die Massen und das Einschlagen von Schaufensterscheiben. Ersteres lehnten sie entschieden unter Verweis auf die Frankfurter Kaufhausbrandstiftungen ab. Die »Vernichtung von Konsumgütern« hielten die beiden für einen Akt »existentialistischer Selbstbefreiung [...] ohne politische Perspektive für die Massen«.[62] Die Option der Aneignung schien da schon vielversprechender. Semler empfahl, anlässlich des 50. Jahrestags der Novemberrevolution (zu einem Zeitpunkt, als der SDS bereits ideologischen Schwung und Geschlossenheit eingebüßt hatte) ein paar Kaufhäuser auszuräumen und die Beute an Passanten zu verteilen: »Die ökonomische Entwicklung ist heute an einem Punkt angelangt, wo die Waren umsonst verteilt werden können. [...] Das ist Propaganda der Tat.«[63] Das war ein klarer Hinweis auf anarchistische Traditionen. Semler und

62 Peter Neitzke und Christian Semler, »Warenhausaktionen«, in: *Rote Presse: Korrespondenz der Studenten-, Schüler- und Arbeiterbewegung* 2 (1969), 9; online verfügbar unter: {http://www.mao-projekt.de/BRD/BER/VLB/RPK/RPK_1969_002.shtml} (Stand August 2017).

63 Zit. n. »APO: Nach vorn geträumt«, in: *Der Spiegel* 46 (11. November 1968), 70; on-

Neitzke sahen das Kaufhaus als Bühne für politische Propaganda, um die »Verteilung von Waren unter den Bedingungen sozialistischer Produktion« zu simulieren und auf diesem Weg einer sozialistischen Zukunft vorzugreifen: »Das Warenhaus bietet an sich die gesellschaftliche Form für die freie Verteilung der Güter.«[64] Doch diese Entwicklungsstufe sei bisher nicht erreicht und werde auch eine Illusion bleiben: »Noch hält sich im Begriff des Warenhauses der Schein des umfassenden Glücksversprechens, am Reich der Warenwelt teilzuhaben.« Der Widerspruch bestehe zwischen dem »Reich der Freiheit« – dem Marx'schen Konzept, das Marcuse den West-Berliner Studenten 1967 vorgestellt hatte –, das in der Werbung simuliert werde, und der rauen Wirklichkeit, die das Vermögen der Massen, ihre »wahren Bedürfnisse« zu decken, weiterhin erheblich einschränke. Um diesen Widerspruch zu überbrücken, nötige der Kapitalismus zu »ununterbrochenem und uneingeschränktem Konsum«.[65] Dieser bringe »Zwangskonsumenten« hervor, die dreifach für die »Partikularisierung des Marktes« im Kapitalismus zahlen müssten: Erstens würden die Kosten für Werbung auf den Warenpreis aufgeschlagen. Jeder, der nicht hinter das von der Gesellschaft erreichte kulturelle Niveau zurückfallen wolle, müsse daher die »Produktion des Bedürfnisses« mittragen. Zweitens schaffe geplante Obsoleszenz das Verlangen nach neuen Produkten und zwinge den Konsumenten so zum Kauf. Und drittens seien viele auf dem Markt angebotene Waren schlicht überflüssig und jenseits der historisch gewachsenen Bedürfnisse.[66]

Der Grund dafür, dass sich die SDS-Theoretiker so sehr um eine Analyse des Kaufhauses als politischer Bühne bemühten, waren die Ereignisse vom 18. Januar 1969: Nach einer Demonstration am 50. Jahrestag der Ermordung von Rosa Luxemburg und Karl Liebknecht wurden die Schaufenster des KaDeWe eingeschlagen. Die Geschäftsleitung bezifferte den Schaden auf 500 000 DM.[67] Die Aktion wurde zum Prototyp für zahlreiche Angriffe auf die Schaufenster von Verkaufseinrich-

line verfügbar unter: {http://www.spiegel.de/spiegel/print/d-45878703.html} (Stand August 2017).

64 Neitzke/Semler, »Warenhausaktionen«, 9.

65 Ebd., 8.

66 Ebd., 9.

67 »Nach dem Protestmarsch klirrten die Scheiben«, in: *Berliner Morgenpost* (19. Januar 1969).

tungen. Neitzke und Semler kritisierten diese Taktik: »Die propagandistisch nicht verbreitete Blitzaktion gegen die Auslagen des KaDeWe stellt […] einen gefährlichen Kompromiß dar.« Das Einwerfen von Scheiben erschien ihnen als Mischform von zwei anderen Protestformen im Verkaufssektor, so dass »sich im nachhinein nicht klären läßt, ob an Zerstörung oder Diebstahl gedacht war«. Aus der Sicht der Autoren fehlte den »Anschlägen gegen Zentren der Verteilung« nach wie vor die theoretische Grundlage und eine für die Massen nachvollziehbare ideologische Botschaft. Auf ihre marxistischen Überzeugungen gestützt, wollten sie den »Überfall auf die Scheiben eines Kaufhauses, das unter den Liebesobjekten der Westberliner an hervorragender Stelle rangiert«, im Kontext eines umfassenderen ökonomischen und politischen Nexus sehen und an der Vorrangstellung der Produktionsmittel in der revolutionären Theorie festhalten. Vom Lob mancher Genossen für das Einwerfen von Scheiben, die darin einen Akt des »Bewegungskriegs« gegen den »starren Polizeiapparat« sahen, hielten sie wenig und warnten vor der trügerischen Faszination an der allzu leicht demonstrierten Impotenz des staatlichen Gewaltmonopols.[68] Neitzke und Semler schreckten keineswegs vor revolutionärer Gewalt zurück, doch zeigt sich hier die Skepsis und vielleicht auch die Ratlosigkeit, mit der die meisten konventionellen Marxisten dem Einwerfen von Scheiben begegneten.

Ihren Ansatz entwickelten die beiden ausgehend von einem Passus im ersten Band des *Kapitals*, in dem Marx sich mit »natürlichen Bedürfnissen« wie Nahrung, Bekleidung, Heizung und Behausung beschäftigt und die Relativität dieser »nothwendigen Lebensmittel« betont, die von historischen und moralischen Faktoren abhingen. Mit einem Seitenhieb auf Marcuses *Der eindimensionale Mensch* argumentierten Semler und Neitzke hellsichtig: »Die statische, undialektische Gegenüberstellung von ›falschen‹ und ›wahren‹ Bedürfnissen war geschichtlich immer falsch.«[69] Sie resümierten eher skeptisch, dass »es nicht im Interesse der Sozialisten sein kann, auch nur den Schein zu erwecken, als wollen sie die Massen zum Konsumverzicht mobilisieren.« Agitation oder Propaganda in der »Konsumsphäre« müssten immer über den Charakter der Ware im kapitalistischen System aufklären. Wie die Mitglieder der

68 Neitzke/Semler, »Warenhausaktionen«, 9.

69 Ebd., 8. Sie zitieren Karl Marx, *Das Kapital. Erster Band*, in: MEGA, Abteilung II, Bd. 5, 123f.

Kommune I fanden auch Neitzke und Semler eine Inspirationsquelle in den Afroamerikanern der Ghettos von Newark und Chicago, die – so deuteten es die bundesdeutschen Aktivisten – sich im Plündern und der Zerstörung von Geschäften und Warenhäusern weißer Eigentümer selbst als revolutionäre Klasse verwirklichten. Doch Marxisten konnte es nicht genügen, die Zentren der Distribution zu erstürmen, sie mussten sich mit dem ewigen Ziel, Streiks in den Fabriken zu entfachen, auf die »Produktionssphäre« richten.[70]

## DAS RADIKALE REICH DER FREIHEIT

Als der Artikel »Warenhausaktionen« von Neitzke und Semler erschien, war auch Marcuse zu Marx' »Reich der Freiheit« zurückgekehrt. Seine Überlegungen stützten sich auf die Erfahrungen der Protestbewegungen, die seine politische Botschaft in verschiedenen Hinsichten radikalisierten. In der Sekundärliteratur wird häufig nicht untersucht, wie Marcuse seine Analyse von Wohlstand, Gewalt und Widerstand in seinem *Versuch über die Befreiung* (1969) – einem aus seinen zahlreichen Vorlesungen und Ansprachen hervorgegangenen Buch – genauer fasste und breiter anlegte. Deshalb rekonstruiere ich im Folgenden seine dortige Argumentation.

Marcuse bewegte sich auch in seinen späteren Arbeiten auf dem vertrauten Terrain der kritischen Analyse des Konsumkapitalismus, dessen trügerische und unmoralische Annehmlichkeiten und »grausame[n] Überfluß« es abzulehnen galt. Ersetzt werden sollte er durch ein Regime, das »die Entwicklung der Produktivkräfte und eines höheren Lebensstandards den Erfordernissen unterstellt, Solidarität für die menschliche Gattung herbeizuführen, Armut und Elend jenseits aller nationalen Grenzen und Interessensphären abzuschaffen und Frieden zu verwirklichen«.[71] Solidarität und Kooperation – die befreiende Solidarität vieler Individuen, die aus freiem Willen ein Kollektiv wählten – seien zentral für dieses Vorhaben.[72] Marcuse sah sich durch eine Auflösung der gesellschaftlichen Moral bestärkt, die er etwa im Zusammenbruch der

70 Neitzke/Semler, »Warenhausaktionen«, 9.

71 Herbert Marcuse, *Versuch über die Befreiung*, in: ders., *Schriften*, Bd. 8 (Frankfurt a. M.: Suhrkamp, 1984 [1969]), 243 und 247.

72 Ebd., 317.

Arbeitsdisziplin, der Verweigerung gegenüber Regeln und Vorschriften, wilden Streiks, Boykotten, Sabotageakten und anderen Zuwiderhandlungen erkannte.[73] Die Unruhen in den Ghettos US-amerikanischer Großstädte schienen eine Systemkrise anzuzeigen, und nicht einmal die Vereinigten Staaten seien imstande, »unaufhörlich Waren – Kanonen und Butter, Napalm und Farbfernsehen« zu liefern.[74] Das System könne sich nicht ewig auf »den wachsenden parasitären Sektor der Wirtschaft« verlassen, der auf »Vergeudung, Destruktion und Verwaltung« basiere.[75] Marcuses Projekt ging immer noch von den »utopische[n] Möglichkeiten« der »technischen und technologischen Kräfte« aus. Ohne Details zu nennen, versprach er, die »rationale Nutzbarmachung dieser Kräfte in weltweitem Ausmaß würde in durchaus absehbarer Zeit Armut und Knappheit beenden«.[76]

Friedrich Engels hatte in seiner Abhandlung »Zur Wohnungsfrage« aus dem Jahr 1872 bereits eine ähnliche Vision dargelegt. Gegen eine Position, die er als rückwärtsgewandten Proudhonismus betrachtete, deutete Engels die industrielle Revolution als eine Epoche, in der erstmals in der Menschheitsgeschichte die Produktivität ein Niveau erreicht habe, das die vernünftige Verteilung der Arbeit ermögliche, so dass jeder Mensch in vollem Umfang am Konsum teilhaben könne und über hinlängliche Muße verfüge, um Wissenschaft, Kunst und menschlichen Beziehungen nachzugehen. Letztendlich könne dann sogar die Klassenherrschaft abgeschafft werden.[77] Schon knapp dreißig Jahre zuvor hatte Engels in einer anderen Schrift die Überproduktionskrise als ein Charakteristikum des Kapitalismus identifiziert. In einer solchen Krise erkannte er eine Situation, in der »die Leute vor lauter Überfluß verhungern«. Als Gegenmittel empfahl er ein gerechtes Produktions- und somit Versorgungsregime: eine Planwirtschaft, die den Luxus nur so weit wie nötig beschneiden würde. Die Malthus'sche Bevölkerungstheorie – also die Vorstellung, das Nahrungsmittelangebot könne sich nicht in dem Maße vermehren, wie es zur Deckung des rapiden Bevölkerungswachstums notwendig sei – hatte Engels zufolge die zeitgenössischen bürgerlichen Ökonomen über die sehr realen Möglichkeiten des

73 Ebd., 310.
74 Ebd., 241.
75 Ebd., 250 und 310.
76 Ebd., 244.
77 Friedrich Engels, »Zur Wohnungsfrage« (1872), in: MEGA, Abteilung I, Bd. 24, 16.

enormen Produktivitätszuwachses hinweggetäuscht. Das auf Wettbewerb gestützte kapitalistische System, »die Hohlheit seines Gegensatzes von Produktion und Konsumtion« sowie die zynische Ideologie der Malthus'schen Falle hätten »den Menschen zu einer Ware gemacht« und »dadurch Millionen von Menschen geschlachtet«.[78] Was Engels nicht voraussah, war, dass kapitalistische Gesellschaften eine schier unbegrenzte Zahl von Konsumgütern in allen nur vorstellbaren Formen hervorbringen würden, ohne das von ihm herbeigesehnte Distributionssystem einzuführen. In mehrerlei Hinsichten fragte Marcuse nun, warum wohlhabende Gesellschaften – selbst staatssozialistisch organisierte – Engels' Vision nie vollständig verwirklicht hatten.

Um diese Frage zu beantworten, entwickelte Marcuse eine modernisierte Version von Marx' Theorie der entfremdeten Arbeit. Seine umfassende Interpretation der *Ökonomisch-philosophischen Manuskripte* von Marx aus dem Jahr 1844 gehört zu den ersten kritischen Auseinandersetzungen mit dessen »Frühschriften«. Nach Marcuse wandte sich Marx' Kritik an der bürgerlichen politischen Ökonomie gegen eine Wissenschaft »vom Unmenschen und einer unmenschlichen Ding- und Warenwelt«.[79] Der junge Marx hatte ein simples Verhältnis scharfsinnig diagnostiziert: »Mit der *Verwertung* der Sachenwelt nimmt die *Entwertung* der Menschenwelt in direktem Verhältnis zu.« Je mehr der Arbeiter produziere, desto mächtiger werde »die fremde, gegenständliche Welt, die er sich gegenüber schafft«. Verglichen mit dieser wachsenden materiellen Welt, wurden der Arbeiter und »seine innre Welt« ärmer: Je »weniger gehört ihm zu eigen, [...] um so weniger [hat er] zu konsumieren«. Indem er sein Leben in das Arbeitsprodukt lege, überantworte der Arbeiter sein Leben dem Produkt. Das kapitalistische System entziehe ihm die von ihm hergestellten Gegenstände, so dass er sich nicht selbst verwirklichen könne und unter den Bann seiner Produkte gerate. Im Extremfall werde »der Arbeiter bis zum Hungertod entwirklicht«. Unter derartigen Bedingungen sei wirklicher Konsum nur der besitzenden Minderheit möglich. Diese Einsicht hinderte Marx allerdings nicht daran, den realen Wert der materiellen Güter anzuerkennen, die, in gewissem Umfang, eine Quelle der Freiheit seien. Andererseits liege die Er-

78 Friedrich Engels, »Umrisse zu einer Kritik der Nationalökonomie« (1844), in: MEGA, Abteilung I, Bd. 3, 486-490.

79 Herbert Marcuse, »Neue Quellen zur Grundlegung des Historischen Materialismus«, in: *Die Gesellschaft* 9/8 (1932), 141. Vgl. Kellner, *Herbert Marcuse*, 80.

füllung der menschlichen Natur in nichtentfremdeter Arbeit. Materielle Güter aber rückten für den Arbeiter die Möglichkeit dieser nichtentfremdeten Arbeit weiter in die Ferne, da deren Erwerb ihn zu entfremdeter Arbeit zwinge. Freiheit erlebe er daher »nur mehr in seinen tierischen Funktionen, Essen, Trinken und Zeugen, höchstens noch Wohnung, Schmuck etc.«. Bei der Arbeit, der genuin menschlichen Tätigkeit, hingegen fühle er sich »nur mehr als Tier«. Das Lohnsystem war ein unmittelbares Resultat der entfremdeten Arbeit. Es barg nicht den Schlüssel zu dem fundamentaleren Problem, denn selbst ein höherer Lohn »wäre also nichts als eine bessere *Salairierung der Sklaven* und hätte weder dem Arbeiter noch der Arbeit ihre menschliche Bestimmung und Würde erobert«.[80]

In ihrem *Manifest der kommunistischen Partei* aus dem Jahr 1848 gingen Marx und Engels davon aus, dass bestimmte Bedingungen erfüllt sein müssten, damit die Arbeiterschaft weiter »ihre knechtische Existenz fristen« könne. Die offensichtliche Unfähigkeit der zeitgenössischen Bourgeoisie, ihren Arbeitern auch nur einen minimalen Lebensstandard zu garantieren, erschien den beiden Autoren als Anzeichen für eine Krise.[81] Zumindest in den hochentwickelten Gesellschaften bewahrheitete sich ihre Krisenprognose jedoch nicht in vollem Umfang. Marx und Engels sowie ihre Nachfolger gingen dazu über, die Einführung sozialistischer Produktions- und Versorgungsregime in eine immer fernere und theoretisch postrevolutionäre Zukunft zu projizieren. Marcuse stand daher vor der Wahl: Entweder musste er zugeben, dass sich die Analyse von Marx und Engels im Zuge der Entwicklung hochindustrialisierter Gesellschaften als falsch erwiesen habe, da diese Gesellschaften ebenjene Güter produzierten, die den Arbeitern schließlich ein menschliches Dasein ermöglichten und Würde verliehen. Oder er wies nach, dass sie mit ihren Annahmen noch immer richtiglagen. Dafür musste er zeigen, dass auch den gestiegenen Löhnen Gewalt inhärent war und dass die Lohnabhängigen des Spätkapitalismus nach wie vor viel mehr zu gewinnen hatten als materiellen Überfluss.

Marcuse war davon überzeugt, dass das materielle Niveau der neuen

80 Karl Marx, »Ökonomisch-philosophische Manuskripte (Zweite Wiedergabe)« (1844), in: MEGA, Abteilung I, Bd. 2, 363-375.

81 Karl Marx und Friedrich Engels, *Manifest der kommunistischen Partei*, in: dies., *Werke* (= MEW), Bd. 4, herausgegeben vom Institut für Marxismus-Leninismus beim ZK der SED (Berlin: Dietz, 1977 [1848]), 473.

Gesellschaft, die ihm vorschwebte, »beträchtlich niedriger liegen [könne] als das der fortgeschrittenen kapitalistischen Produktivität«.[82] Die Wurzel des Problems in kapitalistischen Gesellschaften war schließlich nicht eine zu geringe Produktivität, sondern die Erzeugung falscher Bedürfnisse. Und diese würden auch dann entstehen, wenn man einfach der alten sozialistischen Maxime »Jedem nach seinen Bedürfnissen!« folgte. In seiner historischen Entwicklung sei der Sozialismus verhängnisvollerweise von seinen ursprünglichen Zielen abgelenkt worden. Als Ursache dafür nannte Marcuse die Koexistenz und Konkurrenz mit dem Westen seit der russischen Oktoberrevolution und vor allem die unratsame Übernahme des US-amerikanischen Lebensstandards als erstrebenswertes Modell.[83] Nikita Chruschtschows berühmte Formel »einholen und überholen« aus dem Jahr 1959 brachte diese aus Marcuses Sicht falsche Politik auf den Punkt. Zwar hatte er keine Einwände gegen eine rasche »Verbesserung der materiellen Verhältnisse«, wohl aber gegen das Modell, »an dem ihre Verbesserung orientiert ist«.[84]

Die Annahme, die Verlockung durch Waren habe offene Formen der gewalttätigen Eroberung strukturell ersetzt, ist im marxistischen Denken tief verwurzelt. Im *Kommunistischen Manifest* bezeichnen Marx und Engels billige Waren als die »schwere Artillerie« der Bourgeoisie, mit der sämtliche »chinesischen Mauern« niedergeschossen würden: »Sie zwingt alle Nationen, die Produktionsweise der Bourgeoisie sich anzueignen, wenn sie nicht zugrunde gehen wollen; sie zwingt sie, die sogenannte Zivilisation bei sich selbst einzuführen.«[85] Angesichts der Übernahme westlicher Konsumstandards durch staatssozialistische Gesellschaften sollte sich diese Behauptung als hellsichtige Analyse erweisen, auch wenn die Warenartillerie letztendlich nicht die Chinesische, sondern die Berliner Mauer niederschießen würde.

In Marcuses idealer Welt würden die Individuen vor den destruktiven Implikationen ihrer Bedürfnisse geschützt – also vor dem aggressiven Wettbewerb bis zum nuklearen Wettrüsten –, so dass sie ihre Bedürfnisse befriedigen könnten, ohne sich selbst zu schaden. Die »sogenannte Konsumentenökonomie« habe eine zweite Natur errichtet, indem sie die Menschen »libidinös und aggressiv an die Warenform« bin-

82 Marcuse, *Versuch über die Befreiung*, 316.
83 Ebd., 241.
84 Ebd., 314.
85 Marx/Engels, *Manifest der kommunistischen Partei*, 466.

de, von der diese befreit werden müssten. Diese Abhängigkeit berge sogar die Gefahr der Auslöschung der Menschheit. Die Aufgabe bestünde also darin, die Existenz des Menschen als Konsumenten abzuschaffen, insofern dieser »sich im Kaufen und Verkaufen selbst konsumiert«.[86]

Damit sollte nicht gesagt werden, dass Automobile, Fernseher oder Haushaltsgeräte an sich repressiv seien. Als problematisch erachtete Marcuse vielmehr, dass die Menschen von den Gütern abhängig geworden seien, um sich selbst zu verwirklichen: Die Menschen müssten ihre eigene Existenz auf dem Markt erwerben, nur um die Profite des Kapitals zu realisieren. Das System der »freiwillige[n] Knechtschaft« sei neu »im Sinn seines Vermögens, langwährende Zufriedenheit und Befriedigung zu produzieren« – eine paradoxe Situation, da nun die kapitalistischen Produktionsverhältnisse zu Knechtschaft und Mühsal, aber gleichzeitig auch zu größerem Glück und Vergnügen führten. Das verdecke jedoch, dass sich der Kapitalismus weiterhin auf »die private Aneignung von Mehrwert [...] und seine Realisierung im korporativen Interesse« stütze.[87] Die vermeintliche Überwindung der Diskrepanzen im Konsum sei bloß Illusion. Zwar verlange die Arbeit zunehmend geistige und nur noch in geringerem Umfang physische Energie, das ändere aber nichts an ihren entmündigenden Eigenschaften. Die Koexistenz von Glück und Leid in der kapitalistischen Gesellschaft charakterisierte Marcuse mit der an Thomas Hobbes' berühmte Beschreibung des Naturzustands gemahnenden Formel als »zivilisierte[n] *bellum omnium contra omnes*«. »[D]ie stabilisierenden Bedürfnisse der Mittelschichten«, die mittlerweile auch diejenigen der »Mehrheit der organisierten Arbeiterschaft« seien, hielt Marcuse in dieser Auseinandersetzung für konterrevolutionär. Doch die kapitalistische Kultur erreiche nicht jedes Haus und nicht jede Hütte. Das System habe seine Grenzen, es erzeuge einen deutlichen Kontrast zwischen den Privilegierten und den Ausgebeuteten, der die Radikalisierung Letzterer bewirke.[88]

Marcuse nahm eine Haltung ein, die von jenen leicht als Herablassung aufgefasst werden konnte, die er von dieser Atmosphäre der Aggression und Konkurrenz im Erwerbsleben befreien wollte, »welche die überwältigende Mehrheit der Bevölkerung zwingt, ihren Lebensun-

86 Marcuse, *Versuch über die Befreiung*, 251.
87 Ebd., 252f.
88 Ebd., 254f.

terhalt in stupiden, unmenschlichen und unnötigen Tätigkeiten zu ›verdienen‹«.[89] Marcuse fragte nicht nach den Präferenzen der arbeitenden Bevölkerung, die sich mit ihrer Arbeit und ihrer Lebensform identifizierten, wenn er feststellte, unnötiger Konsum greife auf das »Reich der Freiheit« über. Nun gab es zwei Möglichkeiten: »die Ausweitung des Reichs der Notwendigkeit in das Reich der Freiheit« – das US-amerikanische Modell des Fortschritts – oder die »Ausweitung des Reichs der Freiheit in das Reich der Notwendigkeit«, wie sie die Aktivisten der Protestbewegungen vorschlugen, die ihre Bedürfnisse, Werte und Ziele selbst bestimmen wollten, aber eben zumeist nicht im klassischen Sinn berufstätig waren. Die Tatsache, dass diese beiden Möglichkeiten gleichzeitig existierten, deutete Marcuse als Ausdruck »der Grundwidersprüche des Kapitalismus im Stadium des wettbewerbsorientierten technischen Fortschritts«. Das amerikanische Modell bedeute, dass die Menschen eine ständig wachsende Zahl von Waren und Luxusgütern kaufen mussten, um »im System der kapitalistischen Gesellschaft wenigstens ein bißchen Freiheit« zu erlangen. Zu den Luxusgütern zählte Marcuse übrigens auch die Erzeugnisse der Rüstungsindustrie. Während Armut und Not in weiten Teilen der Gesellschaft andauerten, mussten diejenigen, die den sogenannten Luxus genossen, den Preis einer intensivierten Abhängigkeit von den herrschenden Mächten entrichten.[90]

Wenn gesellschaftliche Energien aus der Waffenproduktion, der materiellen Akkumulation und dem Ausbau staatlicher Macht abgezogen würden, wäre es möglich, mithilfe der Technologie konkurrenzbetontes Schuften durch menschliche Muße zu ersetzen.[91] Marcuse malte sich eine noch nie dagewesene Form der Revolution aus, die auf einem hohen Niveau der materiellen Entwicklung eintreten würde und den Menschen »die globale Abschaffung von Armut und Elend« ermögliche.[92] In gewisser Weise wollte er die historische Entwicklung anhalten, die sich über Jahrhunderte vollzogen hatte. Die Menschen sollten innehalten und genau prüfen, was um den Preis von »Hekatomben an Opfern erreicht« worden sei. Letztlich würden sie zu dem Schluss kommen, »daß es genug ist und an der Zeit, sich dessen zu erfreuen, was [sie ha-

89 Ebd., 293.

90 Herbert Marcuse, »The Realm of Freedom and the Realm of Necessity: A Reconsidertion«, in: *Praxis: A Philosophical Journal* 5/1 (1969), 23.

91 Marcuse, *Versuch über die Befreiung*, 315f.

92 Ebd., 261.

ben] und was mit einem Minimum an entfremdeter Arbeit reproduziert und verfeinert werden kann«. Das würde nicht bedeuten, auf die »technischen Geräte« zu verzichten, »die das Leben erleichtern und schützen« und »die menschliche Energie und Zeit frei« machten. Vielmehr ging es darum, die Menschen vom Diktat des Warenmarkts zu emanzipieren: »Freiheit von der Herrschaft der Ware über den Menschen ist eine Vorbedingung von Freiheit überhaupt.«[93]

Die Tatsache, dass der gesellschaftliche Reichtum Befreiung und Glück für alle zumindest prinzipiell gestattet, werde laut Marcuse dem vom Spätkapitalismus hervorgebrachten reduzierten Bewusstsein systematisch verschleiert. Es handele sich um eine regelrechte Wahrnehmungsstörung; denn durch Konkurrenz und Leistungsdruck, standardisiertes Vergnügen, Status-, Prestige- und Machtsymbole, die in der Werbung angepriesene Männlichkeit und kommerzialisierte Schönheit werde es unmöglich, die Alternative wahrzunehmen: »Freiheit ohne Ausbeutung.«[94] Mit dieser Position stützte sich Marcuse auf Georg Lukács' 1923 veröffentlichte Essaysammlung *Geschichte und Klassenbewußtsein*. Ausgehend von der Marx'schen Theorie des Warenfetischismus, hatte Lukács eine Theorie der »Verdinglichung« entwickelt. Verdinglichung, so die These des ungarischen Philosophen und Literaturwissenschaftlers, verursache ein falsches Bewusstsein, einen »Schleier«, der die Entstehung des wirklichen Klassenbewusstseins unterbinde.[95] Aufgrund dieser »die Wirklichkeit verhüllende[n] Funktion des fetischistischen Scheines, der alle Phänomene der kapitalistischen Gesellschaft umgibt«,[96] wurde Marcuse zunehmend pessimistisch im Hinblick auf das klassische revolutionäre Subjekt: die von Konsumgütern gesättigte Arbeiterklasse. Es bedürfe der »Entfaltung des Bewußtseins [...], das den ideologischen und technologischen Schleier zerreißen könnte, der die abscheulichen Züge der Überflußgesellschaft verdeckt«.[97] Die Verwirklichung der Befreiung sei zumindest anfänglich die Aufgabe einer Minderheit.[98] Weil sich die Opposition aber gegen eine gut funktionieren-

93 Ebd., 316f.

94 Ebd., 256.

95 Georg Lukács, *Geschichte und Klassenbewußtsein: Studien über marxistische Dialektik*, in: ders., *Werke*, Bd. 2 (Darmstadt: Luchterhand, 1968 [1923]), 84.

96 Ebd., 45. Diese Denkfigur hatte auch maßgeblich Einfluss auf Guy Debords Idee des »Spektakels«.

97 Marcuse, *Versuch über die Befreiung*, 292.

98 Ebd., 315.

de und wohlhabende Gesellschaft richte, werde sie unpopulär sein und sich von den Massen isolieren. Marcuse hoffte, die radikale Politik der »aktiven Minderheiten« werde revolutionäre Kräfte hervorbringen. Die Rolle des revolutionären Subjekts wies er damit den »potentielle[n] Katalysatoren der Rebellion« zu: den politischen Kampagnen der Studenten und Minderheiten, die noch nicht vollends in den allgemeinen wirtschaftlichen Prozess integriert und deren Mittel deshalb noch zu begrenzt waren, um sich mit dem auf Konsum gestützten sozialen Aufstieg zu beschäftigen.[99]

Zum Thema Gewalt machte Marcuse in *Versuch über die Befreiung* einige pointierte erkenntnistheoretische Beobachtungen. Im herrschenden Diskurs werde der Begriff »Gewalt« – das »böse« Wort – nicht für Handlungen der Polizei oder des Militärs benutzt, sondern ausschließlich für jene, die die etablierte Ordnung störten, in der Regel völlig unabhängig von ihren Motiven oder Zielen.[100] Wendete man ihn aber auf die Handlungen von Militär und Polizei an, werde die Unterscheidung zwischen legitimer und illegitimer Gewalt fragwürdig. Wenn auch »unbegrenzte Verbrennungen, Vergiftungen und Bombardierungen« als »legitime Gewalt« gelten, dann ließen sich, so Marcuse, die Aktionen der radikalen Opposition kaum mit demselben Ausdruck bezeichnen. Die »von den Rebellen begangenen ungesetzlichen Handlungen in den Ghettos, auf dem Campus, in den Straßen der Städte« fielen doch in eine gänzlich andere Kategorie als die »von den ›Streitkräften der Ordnung‹ verübten Taten in Vietnam, in Bolivien, in Indonesien und in Guatemala«. Den Betrieb eines Supermarkts oder den Verkehrsfluss zu stören erschien mithin als legitimer Protest »gegen die weit wirksamere Störung des Geschäftslebens unzähliger Menschen durch die Streitkräfte von Gesetz und Ordnung«. Doch derartiger Protest treffe einen Lebensnerv der bestehenden Ordnung, die sich durch ihr »Funktionieren« legitimiere – nämlich durch die Abwesenheit von Krieg, Unruhe und Wirtschaftskrise sowie durch den Schutz von Eigentum, Handel und Kommerz. Gleichzeitig sei dieselbe Ordnung bestrebt, Hinweise seitens der Protestierenden auf die Omnipräsenz von Gewalt zu unterdrücken.[101] Gesellschaften, das erkannte Marcuse durchaus an, sind darauf

99 Ebd., 284.
100 Ebd., 301.
101 Ebd., 305.

angewiesen, dass sich Recht und Ordnung durchsetzen lassen. Bis zu einem gewissen Grad sei es normal, dass ein Gemeinwesen versuche, sich vor den »Opfer[n] ihres Wohlstands« zu schützen. Doch ein solches Vorgehen müsse sich mit den Kriterien der »Legitimität« messen lassen.[102] An diesem Punkt wird deutlich, dass Marcuse die revolutionäre Ansicht vertrat, die herrschende Ordnung habe ihre eigenen Gesetze bereits für ungültig erklärt, da sie ihre Macht bei dem Versuch missbrauche, eine gewalttätige und repressive Gesellschaft aufrechtzuhalten.

Die explizite analytische Verknüpfung von Gewalt und Überfluss verlieh Marcuses Angriff auf die Konsumgesellschaft Nachdruck: »Diese Gesellschaft ist insofern obszön, als sie einen erstickenden Überfluß an Waren produziert und schamlos zur Schau stellt, während sie draußen ihre Opfer der Lebenschancen beraubt; obszön, weil sie sich und ihre Mülleimer vollstopft, während sie die kärglichen Nahrungsmittel in den Gebieten ihrer Aggression vergiftet und niederbrennt.«[103] Der marxistische Begriff des Imperialismus spielte in seinem Denken nun eine wichtigere Rolle, als er es bisher getan hatte. Einen einseitigen Tiersmondismus verwerfend, stellte Marcuse klar, der revolutionäre Wandel in den fortgeschrittenen kapitalistischen Staaten müsse die Führung in einem Prozess übernehmen, der wiederum die Voraussetzungen für die Befreiung und die Entwicklung der Dritten Welt schaffen werde.[104] Mit seiner Rede von einem Kampf »der Verdammten dieser Erde« gegen das »üppige Ungetüm« berief er sich implizit auf Frantz Fanon.[105] Marcuse ließ keinen Zweifel daran, wie seine Sympathien verteilt waren: Ein »Tätigsein gemäß den Regeln und Methoden demokratischer Legalität« erschien ihm »als Kapitulation vor der herrschenden Machtstruktur.« Die Opposition sei gegen das Gesellschaftssystem als ganzes gerichtet und könne sich deshalb nicht auf legale Mittel beschränken.[106] In gewisser Hinsicht war das eine Blankovollmacht für diejenigen, die ihre illegalen revolutionären Handlungen legitimieren wollten, da sich praktisch alle Manifestationen des sozialen und politischen Systems –

102 Ebd. Marcuses Versuch, verschiedene Formen der Gewalt zu unterscheiden und diese an Legitimitätskriterien zu binden, übersieht Wheatland, wenn er annimmt, Marcuse habe durch die Dämonisierung des Systems versucht, »*alle* Formen der Opposition zu legitimieren« (Wheatland, *The Frankfurt School*, 329).

103 Marcuse, *Versuch über die Befreiung*, 248.

104 Ebd., 309.

105 Ebd., 248.

106 Ebd., 295.

gewalttätig oder nicht – als Beweise für dessen repressive Natur deuten ließen.

In einem Gespräch im Dezember 1970 fragte der österreichisch-amerikanische Psychoanalytiker Friedrich Hacker Marcuse explizit, ob er glaube, das Unrechtsgefühl und die Hoffnung auf Veränderung würden in der zeitgenössischen Welt ausreichen, um eine revolutionäre Situation zu schaffen. Marcuse entgegnete, das lasse sich nur schwer beurteilen, da »der allgemeine Wohlstand auch eine wirkliche Befriedigung und nicht nur [...] Ersatz« sei. Die herrschenden Mächte seien bemüht, die Beherrschten durch die Massenmedien im Zustand von Dummheit und Pseudoinformiertheit zu halten, aber die kapitalistischen Profitraten würden irgendwann unweigerlich fallen. Marcuse sprach sich eindeutig gegen den Versuch aus, eine Revolution in einer Situation anzustreben, die dafür nicht reif sei. Das schaffe nur unnötig Märtyrer. Zwar kritisierte er die Doppelmoral, die darin bestehe, einerseits die Menschen zu vergessen, die von den Mächtigen dem Machterhalt geopfert würden, andererseits aber übertrieben empfindlich auf die Gewalt revolutionärer Regime zu reagieren, die ernsthaft für die Beseitigung von Elend und Ausbeutung kämpften. Aber »sinnlose Gewaltakte« lehnte er ab, selbst wenn sie aus höchst idealistischen Motiven geschähen, weil das nur den herrschenden Mächten in die Hände spiele. Man müsse sich nur die Differenz vergegenwärtigen zwischen dem Terror, der von denjenigen ausging, die bereits an der Macht waren (die Jakobiner, Hitler, Stalin), und dem individuellen Terror der »edelsten Anarchisten«. Während Ersterer »eine nur zu furchtbare Wirkung gehabt« habe, blieb Letzterer »gesellschaftlich wirkungslos«.[107]

## KONTERREVOLUTION UND REVOLTE

In *Konterrevolution und Revolte* (1972), einem Band, der wie schon zuvor *Versuch über die Befreiung* aus seinen zahlreichen Vorlesungen und Reden hervorging, radikalisierte Marcuse seine Position noch einmal. Nun malte er sich nichts Geringeres als den revolutionären Umsturz in den Vereinigten Staaten und den mit ihnen verbündeten Ländern aus.

107 »Das dritte Gespräch: Herbert Marcuse«; online verfügbar unter: {http://www.marcuse.org/herbert/pubs/70spubs/71hackeraggress.htm} (Stand August 2017).

In der Einleitung heißt es, die Konterrevolution setze in ihren extremen Manifestationen »die Greueltaten des Nazi-Regimes fort«.[108] Überall in der Welt würden »die verzweifelten Widerstandsbewegungen [...] mit offener Gewalt zerschlagen«. Marcuse geißelte die US-amerikanische Gesellschaft als »eine Institution der Gewalt [...], die in Asien den Völkermord vollendet, der mit der Ausrottung der amerikanischen Indianer begann«.[109] In einer anderen Passage verglich er die Ausrüstung der US-amerikanischen Polizei mit derjenigen der SS. Als Reaktion auf das sogenannte Kent-State-Massaker am 4. Mai 1970, bei dem die Nationalgarde während einer Demonstration gegen den Krieg in Vietnam an einer Universität im US-Bundestaat Ohio das Feuer auf die unbewaffnete Menge eröffnet und vier Studenten erschossen hatte, schrieb er unverblümt: »Freilich wird der Faschismus den Kapitalismus nicht retten können: er ist selbst nur die terroristische Organisation der kapitalistischen Widersprüche.« Obwohl Marcuse den damaligen Staatsapparat der Vereinigten Staaten mit dieser recht drastischen Rhetorik gedanklich immer expliziter in die Nähe des nationalsozialistischen Deutschland rückte, erklärte er doch, die USA unter Richard Nixon seien kein faschistisches Regime. Ihre ökonomischen und technologischen Ressourcen bargen jedoch das Potential für eine noch umfassendere totalitäre Organisation als die des nationalsozialistischen Deutschland.[110]

Der Großteil des Buchs, das unter anderem aus Marcuses Diskussionen mit seinem Freund André Gorz hervorgegangen war, widmete sich der mittlerweile bekannten, doch unvermindert subversiven Frage: »Kann man sich nicht ohne diese stupide, erschöpfende endlose Arbeit ernähren – nicht mit weniger Verschwendung, Apparaten und Kunststoffen leben, aber mit mehr Zeit und mehr Freiheit?«[111] Die menschliche Arbeit müsse aufhören, Waren nach dem »Wertgesetz« hervorzubringen, und sich stattdessen das »Gesetz der Freiheit« zu eigen machen und für menschliche Bedürfnisse produzieren. Würde der Wettbewerb mit dem kapitalistischen Fortschritt ihn nicht aufreiben, könnte der So-

108 Herbert Marcuse, *Konterrevolution und Revolte*, in: ders., *Schriften*, Bd. 9 (Frankfurt a.M.: Suhrkamp, 1987 [1972]), 11. Vgl. auch Wheatland, *The Frankfurt School*, 332f.

109 Marcuse, *Konterrevolution und Revolte*, 127.

110 Ebd., 32-35.

111 Ebd., 30f.

zialismus entfremdete Arbeit »und den verschwenderischen und versklavenden Komfort der kapitalistischen Konsumgesellschaft« abschaffen. Marcuse versprach viel, unter anderem eine »Umwelt [...], in der nicht länger Gewalt, Häßlichkeit, Beschränktheit und Brutalität dominierten«. Und der Philosoph frohlockte, die Konsumgesellschaft könne zum Totengräber des Kapitalismus werden. Er sagte gar die »erste wahrhaft *weltgeschichtliche* Revolution« voraus,[112] die sich noch im 20. Jahrhundert zutragen werde.[113] Sinkende Reallöhne, Inflation, Arbeitslosigkeit und die internationale Währungskrise nach der Aufkündigung des Bretton-Woods-Abkommens deutete er als Symptome des bevorstehenden Zusammenbruchs.[114]

Marcuse wies die Aufgabe, eine neue Zivilisation zu schaffen, nun eindeutig einem neuen Bewusstsein zu, wozu er moralische, psychologische, ästhetische und intellektuelle Vermögen zählte. Dieses Bewusstsein werde nicht länger Angelegenheit der Privilegierten sein, sondern ein radikales »*Gegenbewußtsein*« bilden, das auch die vorherrschenden Werte und Hoffnungen verändern könne. Der Begriff »Konsumgesellschaft« sei eigentlich unzutreffend, da er eine Gesellschaft bezeichne, die systematisch im Interesse derjenigen organisiert sei, die die *Produktion* kontrollierten. Die Impulse für die kommende Revolution lägen genau in denjenigen Bedürfnissen, die entstehen, wenn die Grundbedürfnisse erfüllt sind. Sie würden sowohl »staatskapitalistische wie staatssozialistische Gesellschaften« transzendieren.[115] Marcuse hatte die Vorstellung einer eindimensionalen Gesellschaft eindeutig hinter sich gelassen und unterschied nun zwei Arten von Bedürfnissen: die des Konsums und die mit transzendierendem Charakter.[116] Das Unvermögen der Gesellschaft, Erstere umfassend zu erfüllen, bringe Letztere hervor.

Ausdrücklicher und ausführlicher als zuvor behandelte Marcuse jetzt die Frage nach dem revolutionären Subjekt. Er entwarf eine »integrale Idee des Sozialismus« als Leitlinie für die radikale Linke, die sich das Problem stellte, dass die Menschen aufgrund ihres relativ hohen Lebensstandards und der bestehenden Machtverhältnisse der Idee des Sozialismus gegenüber apathisch, wenn nicht gar feindlich eingestellt wa-

112 Ebd., 12.
113 Ebd., 17.
114 Ebd., 30.
115 Ebd., 26, 31.
116 Ebd., 24, 26. Vgl. Kellner, »Critical Theory«, 71.

ren. Wer nicht einer unterdrückten Minderheit angehörte, profitierte ja schließlich wirklich vom Reichtum der Gesellschaft und lehnte in der Regel Rebellion ab, weil diese die Notwendigkeit und den Wert der eigenen Leistung und des eigenen Wohlstands infrage stellte.[117] Die Rebellen schienen sich das zu »erlauben, worauf die Leute verzichten und was sie unterdrücken müssen«.[118] Große Teile der Arbeiterklasse gehörten mittlerweile zur bürgerlichen Gesellschaft, und die Wiederbelebung des radikalen Sozialismus blieb kleinen Gruppen überlassen, »die eher mittelständisch als proletarisch sind«.[119] Explizit würdigte Marcuse Kommunen als Zellen und Laboratorien »für die Erprobung autonomer, nicht-entfremdeter Beziehungen«. Außerdem erwähnte er diejenigen, die nicht wählen gingen und keine Steuern zahlten, sowie Gefangene.[120] Letztlich blieb das revolutionäre Subjekt aber recht diffus: jene Frauen und Männer, die den von Lukács beschriebenen Schleier wegreißen könnten und »die Freiheit erlangt haben, ihre eigenen Bedürfnisse zu entwickeln, ihre eigene Welt in Solidarität aufzubauen«.[121] Über diesen revolutionären Kern hinaus existierte angeblich bereits ein unpolitisches und spontanes Bewusstsein davon, dass der »Fetischismus der Warenwelt […] täglich undurchsichtiger zu werden scheint«. In letzter Instanz erweitere dies die potentielle Massenbasis für eine Revolution. Die Erfahrung der Ausbeutung bei hohem Lebensstandard – »die Realität […] hinter der Fassade der Konsumgesellschaft« – zeigte sich nun als Einheit stiftende Kraft, auf deren Grundlage sich ein potentiell riesiges revolutionäres Subjekt bilden könne.[122] Es war nicht mehr die hermetische und statische Gesellschaft aus *Der eindimensionale Mensch*, sondern die Konsumgesellschaft mit ihren Nachteilen, welche die Errichtung einer einheitlichen Front in Aussicht stellte.

Marcuse war durchaus bereit auf Kritiker zu antworten, die ihm vorwarfen, dass die Integration der Arbeiterklasse nur den Bereich des Konsums betreffe und somit nichts an ihrem proletarischen Status ändere. Er hatte den Fokus nämlich deshalb auf den Konsum gelegt, weil dieser integral zur gesellschaftlichen Existenz der Menschen gehöre und

117 Marcuse, *Konterrevolution und Revolte*, 13ff.
118 Ebd., 125.
119 Ebd., 14.
120 Ebd., 55, 52.
121 Ebd., 126.
122 Ebd., 28, 24.

daher ihr Bewusstsein forme und ihr Verhalten beeinflusse: »Die Konsumsphäre mit ihren umfassenden gesellschaftlichen Aspekten von der Strukturanalyse auszuschließen, verstieße gegen das Prinzip des dialektischen Materialismus.«[123] Und Marcuse erläuterte einmal mehr, weshalb die Revolution, die er sich vorstellte, noch nicht stattgefunden hatte. Die Integration libertärer Subkulturen in den expandierenden Warenmarkt war ein Faktor. Wichtiger war jedoch, dass die Macht selbst sich verändert hatte: »Die Ideologie zieht sich aus dem Überbau zurück [...] und verkörpert sich in den Gütern und Dienstleistungen der Konsumgesellschaft.«[124] Webers »innerweltliche Askese« sei »durch tüchtigen Keynsianismus ersetzt« worden.[125] Der wettbewerbsorientierte Konsum lasse die Herrschaft des Kapitals in alle Dimensionen von Arbeit und Freizeit vordringen. Marcuse betonte, dass die »gesteuerte Befriedigung materieller Bedürfnisse«[126] Werte und Ideologie des Systems in Verbindung mit einem »politischen, militärischen und Polizei-Apparat von erschreckender Effizienz« reproduziere.[127] Dieser Gedanke erinnert an die Überlegungen von Pierre Bourdieu und Jean-Claude Passeron zur symbolischen Gewalt.[128] Sowohl der interne als auch der externe Imperialismus seien für die »Opfer der *prosperitas americana*« verantwortlich.[129] Marcuse zitierte aus einer frühen Fassung des Pamphlets *Consumption: Domestic Imperialism* aus der Feder des radikalen US-Aktivisten David Gilbert, der sich im Jahr 1969 der militanten Untergrundorganisation The Weathermen angeschlossen hatte.[130] Ausdrücklich auf die damalige »Revolte gegen die ›Konsumgesellschaft‹« verweisend,[131] wurde Marcuses Ton immer radikaler: Die Revolution sei notwendig, weil sich das System nur »durch die globale Zerstörung der Ressourcen,

123 Ebd., 16.
124 Ebd., 86.
125 Ebd., 30.
126 Ebd., 22.
127 Marcuse, *Konterrevolution und Revolte*, 17.
128 Pierre Bourdieu und Jean-Claude Passeron, *Grundlagen einer Theorie der symbolischen Gewalt: Kulturelle Reproduktion und soziale Reproduktion* (Frankfurt a. M.: Suhrkamp, 1973 [1970]).
129 Ebd., 28.
130 Ebd., 22; David Gilbert, *Consumption: Domestic Imperialism – A New Left Introduction to the Political Economy of American Capitalism* (Somerville: New England Free Press, o. D.).
131 Marcuse, *Konterrevolution und Revolte*, 75.

der Natur, des menschlichen Lebens erhalten« könne.[132] Die Rebellion habe zwei Bereiche des menschlichen Lebens politisiert, die bisher als weitgehend unpolitisch gegolten hätten: den der nichtmateriellen Bedürfnisse und den der Natur.[133]

An einer Stelle von *Konterrevolution und Revolte* hebt Marcuse die Rolle der Frauen in der kommenden Revolution hervor. Mit Bezug auf die Figur der Marianne in dem berühmten Gemälde *Die Freiheit führt das Volk* von Eugène Delacroix verkündet er: »[I]n der Hand hat sie ein Gewehr – denn das Ende der Gewalt muß noch erkämpft werden«.[134] Die gegenwärtige Gesellschaft sei hingegen bestrebt, »der Opposition das Prinzip der Gewaltlosigkeit aufzuzwingen, während sie ihre ›legitime‹ Gewalt täglich perfektioniert«. Dadurch verlange die »Gegengewalt [...] täglich neue Opfer – Opfer an Menschenleben und Freiheiten«. Doch Marcuse sprach auch eine unmissverständliche Warnung aus: Aktionen »gegen vage, allgemeine, nicht greifbare Ziele«[135] seien nicht nur sinnlos, sondern spielten auch dem Establishment in die Hände: »[R]adikale Massenaktionen [...] müssen [...] sich Selbstbeschränkung auferlegen.«[136] Als diese zur Vorsicht mahnenden Zeilen erschienen, hatte die RAF, für die Marcuse und insbesondere sein Buch *Konterrevolution und Revolte* eine wichtige Rolle spielen sollte, bereits ihre Mai-Offensive von 1972 aufgenommen, an der die meisten zeitgenössischen Beobachter keinerlei Selbstbeschränkung erkennen konnten. Dennoch blieb das Konzept der sich selbst beschränkenden Gegengewalt ein wichtiger Bezugspunkt in internen Debatten und im politischen Denken der radikalen Linken.

Im Jahr 1975 äußerte sich Marcuse zu dem Versuch der RAF, durch eine Geiselnahme in der bundesdeutschen Botschaft in Stockholm eini-

132 Ebd., 16.

133 Ebd., 124.

134 Ebd., 80.

135 Ebd., 57f.

136 Ebd., 128. Kellner argumentiert, Marcuse habe in *Konterrevolution und Revolte* die Verteidigung der revolutionären Gewalt aufgegeben, was, so Kellner, einer Artikulation des politischen Realismus einer Bewegung gleichkomme, die einem langen und schwierigen Kampf entgegensah. Marcuse wollte aber offenbar eher zur Vorsicht gegenüber Formen der Gewalt mahnen, die sich als kontraproduktiv erwiesen. Damit hat er nicht den gewaltförmigen Charakter des revolutionären Kampfes bestritten, der seines Erachtens unmittelbar bevorstand. Vgl. Kellner, *Herbert Marcuse*, 291, 299.

ge ihrer Mitglieder aus der Haft freizupressen – ein Unterfangen, das mit der Ermordung von zwei Botschaftsangehörigen und dem Tod von zwei Geiselnehmern nach der versehentlichen Detonation ihrer Sprengsätze im Desaster endete. Ein Journalist des ARD-Magazins *Monitor* warf Marcuse vor, ein »Anwalt der Gewalt« zu sein, woraufhin dieser erwiderte, seine Überlegungen zum Widerstandsrecht hätten lediglich »eine der ältesten Kamellen der westlichen Zivilisation« in Erinnerung gerufen. Als Marxist missbillige er individuellen Terror als Mittel des revolutionären Kampfes. Die Stockholmer Aktion der RAF zeige, »daß eine Aktion [...], die subjektiv als politische Aktion im Interesse der Revolution gemeint war, objektiv eine gegenrevolutionäre Funktion hat«.[137] Nach dem Mord an dem Generalbundesanwalt Siegfried Buback im April 1977 und der Entführung des Wirtschaftsfunktionärs Hanns Martin Schleyer im September desselben Jahres sah sich Marcuse erneut mit kritischen Fragen zu seiner Position zum gewaltsamen Widerstand konfrontiert. In einer Stellungnahme für die *Zeit* erklärte er, Mord sei kein legitimes Mittel der Politik. Angesichts des »schreienden Mißverhältnisses« zwischen der hochkonzentrierten Gewalt des Staatsapparats und der Schwäche der von den Massen isolierten terroristischen Gruppen würden deren Versuche, Unsicherheit und Angst unter den herrschenden Klassen auszulösen, kaum zu einem revolutionären Faktor werden. Die Lage in der Bundesrepublik beschrieb er als »präventive Konterrevolution« und argumentierte, unter diesen Bedingungen werde sich die Provokation von Gewalt für die Linke als zerstörerisch erweisen. Doch er begnügte sich nicht mit diesen pragmatischen Erwägungen, sondern unterstrich, dass eine marxistische revolutionäre Moral sich in den in ihrem Namen gewählten Mitteln widerspiegeln müsse: offener Klassenkampf, aber keine hinterhältige Aggression. Marcuse suchte die Erklärung für die terroristische Taktik klandestiner Gruppen wie der RAF in der Frustration, welche die Radikalen angesichts ihrer Isolation von den Massen erlebten.[138]

Kurz vor seinem Tod im Juli 1979 betonte Marcuse noch einmal die wichtige Rolle einer Gegenkultur, die die Legitimität der bestehenden

137 »Zu den Ereignissen in Stockholm: Interview des ARD-Magazins *Monitor* vom 28.4.1975«, in: Kraushaar (Hg.), *Frankfurter Schule*, Bd. 2, 793.

138 Herbert Marcuse, »Mord darf keine Waffe der Politik sein«, in: *Die Zeit* 39 (23. September 1977); online verfügbar unter: {http://www.zeit.de/1977/39/mord-darf-keine-waffe-der-politik-sein} (Stand August 2017).

Ordnung bestreite. Die repressive Konsumgesellschaft lasse sich nicht durch von oben auferlegte Konsumbeschränkungen aufbrechen: »[D]ie Emanzipation von der Konsumgesellschaft muß zum vitalen Bedürfnis der Individuen selbst werden.« Die Menschen müssten ihr Bewusstsein und ihre Triebstruktur radikal verändern; dieser Prozess werde eine »interne Schwächung der Konsumgesellschaft« bewirken.[139]

*

Die detaillierte Analyse des politischen Denkens von Herbert Marcuse in diesem Kapitel hat gezeigt, dass er für die transatlantische Entstehung und Entwicklung einer weitreichenden Kritik der Konsumgesellschaft in mehreren Hinsichten eine zentrale Rolle spielte. Wesentlich expliziter als seine Kollegen der Frankfurter Schule befasste er sich mit konkreten und alltäglichen Manifestationen des »repressiven Überflusses«. Er betonte die stärker »utopischen« Ideen sowohl im Frühwerk von Marx und Engels als auch im *Kapital*. Somit maß er der vermeintlichen Gegensätzlichkeit zwischen einem frühen, »utopischen« und einem späten, »wissenschaftlichen« Marx eine geringere Bedeutung bei und belebte die marxistische Tradition der Analyse ökonomischer Verhältnisse im Hinblick auf mit ihnen einhergehende Gewaltverhältnisse. Er hüllte diese Ideen in den eingängigen Begriff »Reich der Freiheit«, den er der gegenwärtigen Gesellschaft zumindest implizit als ultimative Alternative entgegenhielt. Seine Vision von einer Verringerung der sozialen Verpflichtung zu entfremdeter Arbeit – wenn die Gesellschaft nur ihr Verlangen nach unnötigen Waren überwände – war für die zeitgenössische rebellische Jugend sehr attraktiv. Sein Spätwerk entwickelte Marcuse maßgeblich im wechselseitigen Austausch mit den sich formierenden Protestbewegungen, was wiederum zur Radikalisierung seines Denkens beitrug.

Marcuses politisches Denken ist auch Jahrzehnte nach seinem Tod noch aktuell, denn wir leben in einer Welt, in der – zumal auf globaler Ebene – von »Wohlstand für alle« keine Rede sein kann; und die Versuche, ein bedingungsloses Grundeinkommen einzuführen, stecken noch

139 Herbert Marcuse, »Die Revolte der Lebenstriebe: Vortrag auf den 6. Frankfurter Römerberggesprächen über die ›Angst des Prometheus‹ vom 18. Mai 1979«, in: Kraushaar (Hg.), *Frankfurter Schule*, Bd. 2, 835.

in den Kinderschuhen. Marcuses Kritik der Wohlstandsgesellschaft, fundamental für sein gesamtes Werk, lässt sich in vier Annahmen zusammenfassen: (1) Die Wohlstandsgesellschaft hat eine unmenschliche, potentiell gar faschistische Kehrseite. Der Faschismusbegriff hatte in diesem Zusammenhang allerdings eher eine rhetorische als eine analytische Funktion. Sie ermöglichte es Marcuse, zahlreiche Formen des historischen wie des gegenwärtigen Machtmissbrauchs unter ihn zu subsumieren. (2) Obwohl der technologische und materielle Fortschritt das Leben in gewisser Weise angenehmer macht, verhindert er in seiner kapitalistischen Gestalt doch die Verwirklichung von Freiheit, selbst wenn er in einer repräsentativen Demokratie organisiert wird. (3) Die allgegenwärtige Verfügbarkeit vormals kritischer Ideen und früher ersehnter Güter ohne revolutionäre Veränderungen im Verteilungssystem bewirkt einen Bewusstseinsverlust. Dieser führt wiederum zu einer zunehmenden Duldung von Ungerechtigkeit und Gewalt, die sowohl inner- als auch außerhalb hochentwickelter Gesellschaften auftreten. (4) Es besteht ein eklatantes Missverhältnis zwischen der hochkonzentrierten Gewalt des Staatsapparats und der Schwäche der Gegengewalt, mit der soziale Bewegungen versuchen Erstere infrage zu stellen.

Im Gegensatz zu den anderen Denkern der Frankfurter Schule nahm Marcuse zunehmend eine genuin revolutionäre Perspektive ein. Er unterstützte die Protestbewegungen aktiv, deutete verschiedene Momente der Krise als Vorboten eines Systemzusammenbruchs und stellte einen revolutionären Umbruch in absehbarer Zukunft in Aussicht. Angesichts dieser Grundannahmen wird klar, weshalb die Protestbewegungen eine derart wichtige Rolle in seinem revolutionären Weltbild spielten. Zwar verstand er sie nicht als das revolutionäre Subjekt. Doch die neuen Rebellen samt ihren diversen Protestaktionen galten ihm als Pioniere und Indikatoren für ein neues Bewusstsein, das dazu beitragen würde, das auf repressivem Wohlstand basierende System aufzubrechen, und das schließlich größere Teile der Gesellschaft inspirieren würde. Die Dynamik des Protests gegen den Vietnamkrieg und andere Formen des Neoimperialismus erschienen ihm als konkrete Manifestationen des Aufbegehrens gegen die Schattenseiten der Wohlstandsgesellschaft. Zudem waren die Protestbewegungen kraft der neuen Lebensstile und Formen des Zusammenlebens, die sie schufen, eine konkrete Alternative zu den Zwängen des materiellen Fortschritts, die in dem eher hermetischen Szenario, das er in *Der eindimensionale Mensch* entworfen hatte, noch nicht erkennbar war. Letztlich begriff er seine eigene Rolle als die eines Mentors der Bewegungen, der impulsive Energien politisch kanalisieren und davor bewahren wollte, in kommerzielle Affirmation zurück- oder der revolutionären Ungeduld des bewaffneten Widerstands anheimzufallen.

SDS-Aktivisten wie Christian Semler und Peter Neitzke konnten derweil durchaus ihre eigenen Schlüsse aus den von Marcuse gelieferten Impulsen ziehen. Marcuses Denken bot zahlreiche Anknüpfungspunkte zu anderen Theoretikern, die den materiellen Fortschritt kritisch analysierten und die Protestbewegungen beeinflussten: Marx, Engels und Lukács unter den Klassikern sowie Adorno, Horkheimer und Debord unter den Zeitgenossen. Um die andere Seite der auf Gegenseitigkeit beruhenden Attraktion zu beleuchten, zeige ich im nächsten Kapitel, dass sich das Erbe dieser Denker trotz Marcuses unmissverständlicher Warnungen vor Aktionismus und individuellem Terror als wichtiger Bezugspunkt für eine veritable militante Revolte gegen die Konsumgesellschaft erwies.

# 3. DIE KONSUMGESELLSCHAFT UNTER BESCHUSS: MILITANTE ANGRIFFE AUF EINEN ABSTRAKTEN GEGNER

Der Konsum ist die Macht des Systems.

*Ulrike Meinhof (1972/73)*[1]

Im kollektiven Gedächtnis wird das Bild vom bundesdeutschen »Terrorismus« von den Ereignissen des sogenannten »Deutschen Herbsts« des Jahres 1977 beherrscht: der Ermordung des Generalbundesanwaltes Siegfried Buback, eines ehemaligen NSDAP-Mitglieds; der gescheiterten Entführung und Ermordung des Bankiers Jürgen Ponto; der Entführung und Ermordung des Arbeitgeberpräsidenten und Vorsitzenden des Bundesverbands der Deutschen Industrie, Hanns Martin Schleyer, der von 1933 bis 1945 Mitglied der SS war; und schließlich der Entführung der Lufthansa-Maschine Landshut durch ein Kommando der Volksfront zur Befreiung Palästinas. Mit den Aktionen sollten Andreas Baader, Gudrun Ensslin, Jan-Carl Raspe und weitere inhaftierte RAF-Mitglieder freigepresst werden.[2]

Das Thema Konsum stand zu dieser Zeit zwar längst nicht mehr im Mittelpunkt der Reflexionen der RAF, doch wenn man verstehen möchte, warum aus den jugendlichen Rebellen aus dem Kreis der »Kaufhausbrandstifter« derart unbeugsame Gegner des Staates wurden, muss man

1 Ulrike Meinhof, »Konsum« (Ende 1972/Anfang 1973), 1, BAK, B/362, 3370,2, XVI/169.

2 Die Literatur zur RAF ist außerordentlich umfangreich, stützt sich aber nur selten auf umfassende Archivrecherchen. Eine Skizze des gegenwärtigen Forschungsstandes findet sich bei Sabine Bergstermann, *Stammheim. Eine moderne Haftanstalt als Ort der Auseinandersetzung zwischen Staat und RAF* (München: Oldenbourg, 2016); siehe auch Klaus Weinhauer, »Linksterrorismus der 1970er Jahre: Ein Literaturbericht zur Bundesrepublik Deutschland und zu Italien«, in: Johannes Hürter (Hg.), *Die bleiernen Jahre. Staat und Terrorismus in der Bundesrepublik Deutschland und Italien 1969-1982* (München: Oldenbourg, 2012), 117-125. Eine kritische Perspektive auf den Mainstream der »Terrorismusforschung« liefert Wolf-Dieter Narr, »30 Jahre Deutscher Herbst. Eine Rezension«, in: *Bürgerrechte & Polizei/CILIP* 88/3 (2007), 63-70.

sich mit dem Thema auseinandersetzen. Vorab sollte man sich aber in Erinnerung rufen, mit welchen Taten die RAF in den frühen siebziger Jahren so heftige Reaktionen der Staatsmacht auslöste; denn die Verbrechen der »ersten Generation« resultierten anfangs aus direkten Konfrontationen mit der Polizei. Zu nennen sind hier die tödlichen Schüsse auf den Polizeibeamten Norbert Schmid, als dieser im Oktober 1971 die RAF-Unterstützerin Margrit Schiller festnehmen wollte, sowie jene auf den Polizeibeamten Herbert Schoner bei einem Bankraub in Kaiserslautern im Dezember 1971. Im März 1972 erlag der Leiter der Sonderkommission »Baader/Meinhof«, Hans Eckhardt, seinen Verletzungen, nachdem es bei der Festnahme des RAF-Mitglieds Manfred Grashof zu einem Schusswechsel gekommen war, bei dem Eckhardt von mehreren Kugeln getroffen wurde. Kurze Zeit später, im Mai 1972, begann die RAF eine politisch begründete Offensive mit einem Bombenanschlag auf Kasernen des US-Militärs in Frankfurt am Main, bei dem der Soldat Paul A. Bloomquist starb. Es folgten Bombenanschläge auf eine Polizeidienststelle in Augsburg und auf das Bayerische Landeskriminalamt in München, ebenfalls im Mai 1972, bei dem fünf Polizeibeamte verletzt wurden. Gerta Buddenberg, die Frau von Wolfgang Buddenberg, der in seiner Funktion als Richter am Bundesgerichtshof in Karlsruhe bei den Ermittlungen gegen die RAF eine zentrale Rolle spielte, wurde durch eine Bombe am Auto ihres Ehemannes verletzt. Bei einem Sprengstoffanschlag auf das Hamburger Verlagsgebäude des Axel-Springer-Verlags, das trotz vorheriger Warnungen nicht geräumt worden war, gab es 17 Verletzte; und schließlich kamen bei einem Sprengstoffanschlag auf das Heidelberger Hauptquartier der US-Streitkräfte in Europa die Soldaten Clyde R. Bonner, Ronald A. Woodward und Charles L. Peck ums Leben.

Bis zum Mai 1972 hatte die Polizei bereits mehrere Angehörige oder Unterstützer der RAF erschossen: Petra Schelm im Juli 1971, nachdem sie eine Straßensperre durchbrochen hatte; Georg von Rauch, als Polizisten ihn im Dezember 1971 in West-Berlin festnehmen wollten. Dasselbe Schicksal ereilte Thomas Weisbecker in Augsburg im März 1972. Im Juni wurde der britische Handelsvertreter Ian McLeod versehentlich erschossen, als Polizisten bei einer Hausdurchsuchung in Stuttgart durch eine geschlossene Schlafzimmertür feuerten. Die flüchtigen RAF-Mitglieder waren bald gefasst: Als Ersten konnte die Polizei im Oktober 1970 Horst Mahler festnehmen, die Übrigen im Juni 1972. Im November 1974 starb Holger Meins in Haft an den Folgen eines Hungerstreiks. Ulrike Meinhof wurde im Mai 1976 tot in ihrer Zelle gefunden. Im Zuge des sogenannten Stammheim-Prozesses (1975-1977) wurden Baader, Ensslin und Raspe zu lebenslänglichen Freiheitsstrafen wegen sechs Bombenanschlägen in Tateinheit mit Mord in vier Fällen und versuchtem Mord in 34 Fällen verurteilt.

Die bisherigen Kapitel haben gezeigt, wie sich abstrakte intellektuelle Kritik an Versorgungsregimen und konkrete Praktiken der politischen Aktion gegenseitig befruchteten. Die Frankfurter Kaufhausbrandstifter, von denen zwei die RAF mitbegründeten, schufen einen viel beachteten Präzedenzfall. In diesem Kapitel rekonstruiere ich, inwieweit Fragen des Konsums auch das weitere Denken und Handeln der militanten Aktivisten bestimmten. Ihre Aktionen und vor allem ihre Versuche, ihre gewaltsame Opposition zu legitimieren, waren mit Fragen des Konsums eng verknüpft. In diesem Kapitel wird erstmalig eine systematische Analyse der Stellungnahmen und Schriften der ersten Generation der RAF zu den Themen Konsum und Versorgungsregime vorgelegt. Dasselbe geschieht für die Bewegung 2. Juni und deren Vorläufer sowie für die autonomen Gruppen der frühen achtziger Jahre, die mit anderen Mitteln die militante Haltung zum Konsum fortführten. Dieses Kapitel kontextualisiert das Bestreben der Aktivisten, den Individualismus und die moralischen Defizite zu überwinden, die ihres Erachtens integral zum Konsumkapitalismus gehörten.

Nun darf man allerdings die Tatsache, dass diese Gruppen zu den wesentlichen Triebkräften für die Ausbildung einer militanten Kritik an Versorgungsregimen wurden, nicht isoliert von anderen Faktoren betrachten. Die Interaktionen mit den staatlichen Behörden spielten eine entscheidende Rolle; und ein breites radikales Milieu forderte die herrschenden Versorgungsregime durch Drogen, Diebstahl oder eine Politik der Scherben heraus. Die im Mittelpunkt des öffentlichen Interesses stehenden radikalen Aktivisten, die häufig pauschal als Terroristen bezeichnet wurden, waren eng verbunden mit populären Protestkampagnen, etwa gegen Fahrpreiserhöhungen, gegen den Boulevardjournalismus der Springer-Presse, aber auch mit Hausbesetzungen und den Vorläufern der globalisierungskritischen Bewegung. In bestimmten Hinsichten gingen die RAF, die Bewegung 2. Juni und die Autonomen aus diesen Bewegungen hervor und versuchten sie zu radikalisieren.

Kurz vor Weihnachten 1969 platzierte eine Gruppe, die sich selbst als Kommando Rote Weihnacht bezeichnete, einen Brandsatz in einem mit Geschenkpapier eingepackten Schuhkarton in der Abteilung für Damenbekleidung des KaDeWe. Er detonierte im Fundbüro, ohne jemanden zu verletzen oder größeren Sachschaden zu verursachen. Der Presse war der Vorgang kaum eine Nachricht wert.[3] Der Explosivstoff, ein Gemisch aus Natriumchlorat, Zucker und Unkrautvernichtungsmittel, fiel nicht unter das Sprengstoffgesetz.[4] Ein ähnliches Weihnachtspaket war auch am Europa-Center in der Nähe der Gedächtniskirche deponiert worden, einem Gebäudekomplex aus Einkaufszentrum und Hochhaus im internationalen Stil, das zum Symbol des »Wirtschaftswunders« in West-Berlin und der Bundesrepublik geworden war und für die erfolgreiche Integration in die westliche Konsumkultur stand.[5] Per Brief und Telefon waren Drohungen eingegangen. Die Geschäftsleitungen der West-Berliner Kaufhäuser sollten ihre Geschäfte am Sonnabend vor Weihnachten schließen: »Setzen die Bosse trotzdem auf Konsumterror und nicht auf Verteilen der Ware, werden sie spätestens am Nachmittag nichts mehr zum Verschenken haben.«[6] Die Verfasser der Drohung verwendeten den Ausdruck »Reibach«, ein Wort jiddischhebräischen Ursprungs, für Profite und fügten ihrer Kritik der Konsumgesellschaft somit potentiell antisemitische Konnotationen hinzu.

Für den Anschlag auf das KaDeWe waren die im November 1969

3 Vgl. Wolfgang Kraushaar, *Die Bombe im Jüdischen Gemeindehaus* (Hamburg: Hamburger Edition, 2005), 184-185; ders., »Die Tupamaros West-Berlin«, in: ders. (Hg.), *RAF und der linke Terrorismus* (Hamburg: Hamburger Edition, 2006), Bd. 1, 512-530; Sara Hakemi, *Anschlag und Spektakel. Flugblätter der Kommune I, Erklärungen von Ensslin/Baader und der frühen RAF* (Bochum: Posth Verlag, 2008), 131-144.

4 KHM Nicht, »Bericht« (10. Februar 1970), I-A-KI 1; KOR Paulig, »Vorsätzliche Brandstiftung im KaDeWe am 20.12.69; hier: Untersuchung von Beweisstücken«, I-A, AHIS, SAK 270,05-09.

5 KHM Sprung, »Bericht: Brandsatzlegung am 20.12.69 im Kaufhaus ›KaDeWe‹ am Wittenbergplatz« (20. Dezember 1969), I-A-KJ 1, AHIS, SAK 270,05-09. Zum Europa-Center vgl. Alexander Sedlmaier, »Berlin's Europa-Center (1963-65). Americanization, Consumerism, and the Uses of the International Style«, in: *Bulletin of the German Historical Institute* 38/2 (2005), 87-99.

6 Tupamaros West-Berlin, »EXTRA« (14. Dezember 1969), AHIS, SAK, Flugblattsammlung II; KK Butzin, »Bombenandrohung im KaDeWe«, 20. Dezember 1969, I-A-KI 1, AHIS, SAK 270,05-09.

von Dieter Kunzelmann, Georg von Rauch, Thomas Weisbecker und anderen gegründeten Tupamaros West-Berlin verantwortlich. Die nach einer uruguayischen Guerillabewegung benannten Tupamaros waren aus dem Zentralrat der umherschweifenden Haschrebellen hervorgegangen und waren zugleich ein Vorläufer der Bewegung 2. Juni.[7] Die Gruppe verübte eine Reihe von Brandanschlägen auf unterschiedliche Ziele in West-Berlin, unter anderem auf das Jüdische Gemeindehaus, eine Geschäftsstelle der israelischen Fluggesellschaft El Al, das Amerika Haus und den Club 50, ein von US-Soldaten besuchtes Lokal.[8] Zweieinhalb Jahre nachdem die Kommune I ihre Kaufhausflugblätter in Umlauf gebracht hatte, beteiligte sich also mit Kunzelmann einer der Autoren an einem weniger bekannten Versuch, die Phantasie in die Praxis umzusetzen. In gewisser Hinsicht können die amateurhaften Anschläge der Tupamaros mit Weckern und Getränkeflaschen als Versuche gedeutet werden, die Konsumgesellschaft mit ihren eigenen Produkten zu schlagen: »[I]n allen Lebensbereichen kleine solidarische Gruppen zu bilden, die sich zu wehren beginnen, mit Mitteln, die, wenn sie auch nicht auf der Straße liegen, so doch in jedem Kaufhaus zu erwerben sind, ist eine kulturrevolutionäre Vorstellung.«[9]

Im Jahr 1969 publizierte der Untergrundverlag Nova Press mehrere Broschüren, unter anderem eine deutsche Übersetzung von Peter Kropotkins Essay *Law and Authority* und unter dem Titel *Zur Situation der Neuen Linken* eine deutsche Fassung einer Vorlesung von Herbert Marcuse, in der er die Bildung lokaler und autonomer Protestgruppen empfohlen hatte.[10] Die Texte hatte Bradley Martin übersetzt, der auch Autor eines von den Beatniks inspirierten sechzehnseitigen Pamphlets war,

7 Vgl. Günter Langer, »Der Berliner ›Blues‹. Tupamaros und umherschweifende Haschrebellen zwischen Wahnsinn und Verstand«, in: Eckhard Siepmann (Hg.), *Che Schah Shit. Die Sechziger Jahre zwischen Cocktail und Molotow* (Reinbek: Rowohlt, 1988), 195-203; Ralf Reinders und Ronald Fritzsch, *Die Bewegung 2. Juni. Gespräche über Haschrebellen, Lorenz-Entführung, Knast* (Berlin: ID Verlag, 1999); Marco Carini, *Fritz Teufel: »Wenn's der Wahrheitsfindung dient«* (Hamburg: konkret, 2003); Wolfgang Kraushaar, »Die Tupamaros West-Berlin«, in: ders. (Hg.), *Die RAF*, Bd. 1, 512-530; Miriam Spies, *Acid, Mao, und I Ging. Erinnerungen eines Berliner Haschrebellen* (Mainz: Gonzo, 2008).

8 Vgl. Michael Baumann, *Wie alles anfing* (München: Trikont, 1975), 65-83.

9 »Der Prozeß gegen Dieter Kunzelmann«, in: *Rote Hilfe* 1 (Dezember 1971), 43.

10 Peter Kropotkin, *Gesetz und Autorität* (Frankfurt a.M.: Nova Press, 1969 [1886]); Herbert Marcuse, *Zur Situation der Neuen Linken* (Frankfurt a.M.: Nova Press, 1969).

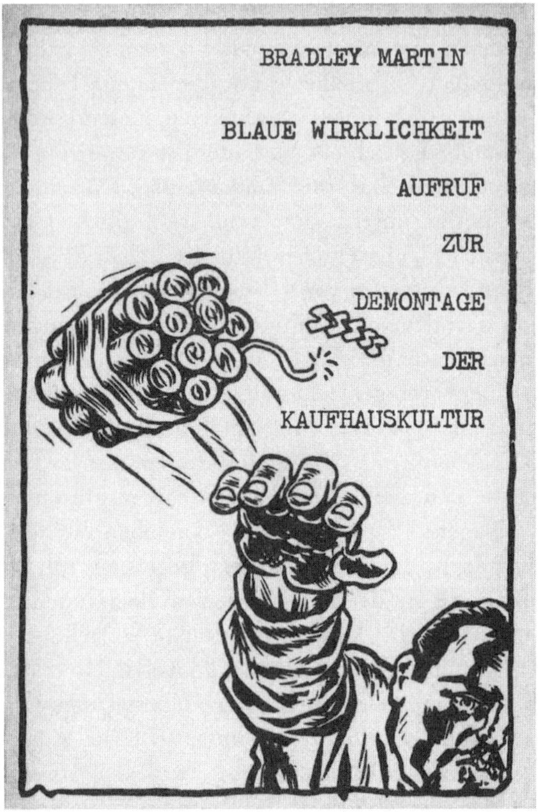


*Abb. 6*: Bradley Martin, *Blaue Wirklichkeit. Aufruf zur Demontage der Kaufhauskultur*, 1969.

in dem er zur Demontage der Warenhauskultur aufrief.[11] Auf dem Titelbild, einem roten Linolschnitt, wirft ein Mann dem Betrachter ein Bündel Dynamitstangen mit brennender Lunte entgegen. Die Erörterungen zur Kaufhauskultur ähneln denen der Subversiven Aktion, sind aber fragmentarischer und sprunghafter. Die Leitgedanken blieben dieselben, aber die Aktivisten verspürten vermutlich ständig das Bedürfnis, frühere Manifestationen zu überbieten.

Ein weiterer Anschlag auf das KaDeWe ereignete sich am 6. Mai

11 Bradley Martin, *Blaue Wirklichkeit: Aufruf zur Demontage der Kaufhauskultur* (Frankfurt a. M.: Nova Press, 1969).

*Abb. 7*: Titelblatt der linksradikalen Zeitschrift *Agit 883*, Weihnachten 1970.

1971, als ein Brandsatz mit Zeitzünder in der Abteilung für Herrenbekleidung drei Kunden leicht verletzte und, vor allem durch die Sprinkleranlage, ein Sachschaden in Höhe von 500 000 DM entstand. Am selben Tag wurde auch ein Brandanschlag auf eine Filiale einer US-amerikanischen Bank in Frankfurt verübt. Beide Taten werden zuweilen der Studentenbewegung oder der RAF zugeschrieben, eindeutig aufgeklärt wurden sie jedoch nie.[12]

12 »Am Kleiderständer hing die Tasche mit der Bombe«, in: *Hamburger Abendblatt* 105 (7. Mai 1971), 28; Antonia Meiners, *100 Jahre KaDeWe* (Berlin: Nicolaische Verlagsbuchhandlung, 2007), 112f.

## DROGEN UND DIEBSTAHL

Eine wichtige Zutat für die Entstehung militanter Protestformen gab es nicht in Warenhäusern: Drogen. Einige der politischen Rebellen, die Brandanschläge verübten, konsumierten eifrig Haschisch und LSD; manche griffen auch zu Meskalin und Heroin. Die Gesellschaft kriminalisierte diese alternative Form des Konsums, und unangenehme Begegnungen mit der Staatsmacht, z. B. bei Razzien in einschlägigen Lokalen, konnten durchaus Strafen und in letzter Konsequenz Gefängnishaft nach sich ziehen. Unter diesen Bedingungen gediehen gegen Polizei und Staatsmacht gerichtete antiautoritäre Feindbilder, und die Hemmschwelle, den Boden der Legalität zu verlassen, sank. Die »Haschrebellen« schrieben in der *Agit 883*: »[D]ie Berliner Polizei [...] veranstaltet Menschenjagden auf vermeintliche Haschraucher. [...] Staatlicher Terror kann nur mit Gegenterror beantwortet werden!«[13] Fragen des Drogenkonsums lösten unter Radikalen hitzige Diskussionen aus, in denen es darum ging, ob die destruktiven und »konterrevolutionären« Aspekte der Drogen, etwa die Abhängigkeit von Dealern und Marktmechanismen, überwögen oder doch eher die »progressive« Dimension der »Bewusstseinserweiterung« und ob Letztere den proletarischen Subkulturen revolutionäre Impulse verleihen könne.[14]

Eine weitere wichtige Ursache ideologisch aufgeladener Konfrontationen mit der Polizei war Diebstahl. Statistiken belegen, dass Ende der sechziger Jahre die Zahl der Ladendiebstähle zunahm.[15] Zwar war das Phänomen weit verbreitet und hielt sich nicht an soziale und politische Grenzen, aber gerade im linksalternativen Milieu wurde das Thema Diebstahl besonders wichtig. Manche versuchten, bestimmte Formen des Diebstahls zu rechtfertigen, und stützten sich dafür auf grob gezimmerte moralische Argumentationen à la Proudhon. In gut gehenden oder großen Geschäften, so hieß es, sei es in Ordnung, etwas mit-

13 Zentralrat der umherschweifenden Haschrebellen, »Der Chicago-Drive der Berliner Polizei«, in: *Agit 883* 40 (13. November 1969).

14 Vgl. Klaus Weinhauer, »Der Westberliner ›Underground‹: Kneipen, Drogen und Musik«, in: rotaprint 25 (Hg.), *agit 883. Bewegung, Revolte, Underground in Westberlin, 1969-1972* (Berlin: Assoziation A, 2007, 2. Aufl.), 73-84; Robert P. Stephens, *Germans on Drugs. The Complications of Modernization in Hamburg* (Ann Arbor: University of Michigan Press, 2007).

15 Evangelische Akademie Hofgeismar, *Ladendiebstahl* (Hofgeismar, 1973).

gehen zu lassen. Die kritische Auseinandersetzung mit der allgegenwärtigen Semantik des Kommerzes ging über klassische proletarische Verteilungsdiskurse hinaus. Für die Kommune I war Ladendiebstahl gar Teil des ideologischen Programms.[16] Die Haschrebellen und ihre Vettern, die Knastrebellen, billigten Ladendiebstahl als revolutionären Akt. Auf einem Flugblatt mit dem Titel »Plädoyer für eine gerechte Verteilung der Güter mit der Brechstange!«, das für ein Teach-in an der Technischen Universität Berlin warb, war zu lesen: »Wer klaut, krönt sich selbst zum König. Er macht sich frei, unabhängig von den Ausbeutern [...]. Er wird nicht mehr von außen dirigiert.«[17] Eine umfangreiche Broschüre rief zu organisiertem Ladendiebstahl als Mittel der Mobilisierung und Bewusstseinserweiterung auf: »Wenn wir jetzt klauen, nehmen wir uns nur rechtmäßig das zurück, was diese Bestien unseren Vätern und Großvätern jahrtausendelang vorenthalten haben: Autos, Fernseher, Essen usw. haben sie uns nur verkauft, damit sie noch mehr an uns verdienen.«[18] Für diejenigen, die regelmäßig auf Ladendiebstahl als Teil ihres Lebensunterhalts zurückgriffen, wurden Ladendetektive und Polizisten zu sehr konkreten Gegnern. Nach Anekdoten, die auch in Umlauf gebracht wurden, um ihn zu diskreditieren, war Joschka Fischer Ende der sechziger Jahre ein semiprofessioneller Bücherdieb.[19] Ralf Reinders, künftiges Mitglied der Bewegung 2. Juni, erinnerte sich später, dass die RAF unter dem Banner des Marxismus-Leninismus schon den bewaffneten Kampf organisierte, während er und seine Genossen noch damit beschäftigt waren, tagsüber Ladendiebstahl zu begehen und nachts in Supermärkte einzubrechen.[20]

16 Enzensberger, *Die Jahre der Kommune I. Berlin 1967-1969* (Köln: Kiepenheuer & Witsch, 2006), 107. Vgl. oben, S. 62.

17 Knastrebellen, »Plädoyer für eine gerechte Verteilung der Güter mit der Brechstange!«, in: *Agit 883* 41 (20. November 1969), 7.

18 Reni v. Tent, »Der Antijurist. Plädoyer für eine gerechte Güterverteilung mit der Brechstange« (1969), in: *Der Blues. Gesammelte Texte der Bewegung 2. Juni* (Dortmund: Schwarzer Stern, 2001 [1982]), Bd. 1, 29, 31.

19 Christian Schmidt, *»Wir sind die Wahnsinnigen ...«. Joschka Fischer und seine Frankfurter Gang* (München: Econ, 1998), 60. Zum Thema Diebstahl vgl. Detlef Siegfried, *Time Is on My Side. Konsum und Politik in der westdeutschen Jugendkultur der 60er Jahre* (Göttingen: Wallstein, 2006), 509-512.

20 Ralf Reinders und Ronald Fritzsch, »Von den Haschrebellen zur Bewegung 2. Juni«, in: dies., *Die Bewegung 2. Juni*, 36f.

## VERSÖHNLICHE HALTUNG

Als die Tupamaros ihre Brandanschläge verübten, hatte die Staatsmacht bereits einen Kurs eingeschlagen, der Konflikte und Konfrontationen mit der Protestbewegung entschärfen sollte. Der West-Berliner Innensenator Kurt Neubauer (SPD) schilderte diese Position im November 1969 in einer Rede vor dem Verein Berliner Kaufleute und Industrieller. Als Beispiel nannte er den »Bürger Müller«, der ein Schaufenster einwerfe, »um klarzumachen, daß der Besitzer dieses Ladens ein Reaktionär« sei. Natürlich wies Neubauer derartige Versuche, kriminelle Akte zu rechtfertigen, zurück, aber er erkannte doch das Potential, das in der Möglichkeit lag, eine kriminelle Handlung zur politischen Manifestation zu erklären. Er wollte eine Situation verhindern, in der »fast der gesamte Bereich der Kriminalität ideologisiert« würde, was wiederum »zur Auflösung unseres Staates beitragen würde«. Im Gegensatz zu seinem Publikum, das zum Schutz seiner Geschäfte vor Unruhen stets nach dem starken Staat rief, lehnte Neubauer einen unverhältnismäßigen Einsatz der exekutiven Gewalt ab. Seines Erachtens hatte es Rudi Dutschke erfolgreich verstanden, die prägenden Erfahrungen, die die Studenten mit Provokationen und Polizeiknüppeln gemacht hatten, so umzuleiten, dass aus ihnen eine Quelle der Solidarität wurde.[21] Neubauers Position war die West-Berliner Variante einer umfassenden Entwicklung, die in eine Übereinkunft der neuen sozialliberalen Koalition unter Willy Brandt gipfelte, eine Amnestie für Protestler auszusprechen, die für Demonstrationsdelikte belangt worden waren, sofern das Strafmaß für diese ein Jahr Haft nicht überschritt.[22]

Für die Radikalen kam diese versöhnliche Haltung des Staates einer Herausforderung gleich. Wollten sie die revolutionäre Dynamik bewahren, mussten sie die Schritte der Regierung als repressiv demaskieren und zugleich über die etablierte Bewegungsstrategie des begrenzten performativen Regelverstoßes hinausgehen.[23] Zu diesem Zweck eignete

21 Kurt Neubauer, »Der Freiheitsbegriff in der parlamentarischen Demokratie«, in: *Mitteilungen Verein Berliner Kaufleute und Industrieller* 109 (Dezember 1969), 27.

22 Vgl. Caroline Dostal, *1968 – Demonstranten vor Gericht. Ein Beitrag zur Justizgeschichte der Bundesrepublik* (Frankfurt a. M.: Peter Lang, 2006).

23 Zum performativen Regelverstoß vgl. Alexander Sedlmaier und Stephan Malinowski, »›1968‹ als Katalysator der Konsumgesellschaft«, in: *Geschichte und Gesellschaft* 32 (2006), 238-267.

sich eine diskursive Strategie, die historisch und geographisch weit auseinanderliegende Missstände und Konfliktzonen miteinander in Zusammenhang brachte.

## DIE IDEE DES »KONSUMTERRORS« BEI ULRIKE MEINHOF

Der Begriff des »Konsumterrors« war in Ulrike Meinhofs politischem Denken bereits ab dem Frühjahr 1969 fest verwurzelt. Damals drohte dem iranischen Autor Bahman Nirumand, mit dem Meinhof seit 1967 befreundet war und dessen kontrovers rezipierte Schriften für die Kritik der Studentenbewegung am Schah von Iran eine große Rolle spielten, der Entzug seiner Aufenthaltserlaubnis in der Bundesrepublik. Dies führte zu massiven Protesten gegen die Haltung der Behörden zum iranischen Regime. Meinhof kritisierte in einem *konkret*-Artikel bundesdeutsche Handelsinteressen im Iran sowie Versuche, die Unruhen während des Schah-Besuchs im Juni 1967 diplomatisch herunterzuspielen. Die Regierung unter Führung von Kanzler Kurt Georg Kiesinger wolle sich bei einem Diktator einschmeicheln, der über reiche Ölvorkommen verfüge und zudem Verbündeter im Kalten Krieg sei. Sie schloss: »Wir haben den Zusammenhang zwischen Konsum- und Polizei-Terror hier und den Interessen des deutschen Kapitals an der Ausbeutung des persischen Volkes begriffen.«[24] Vor dem Besuch des iranischen Königspaars in Berlin hatte Meinhof einen offenen Brief an Farah Pahlavi verfasst, der als Flugblatt verteilt wurde. Gestützt auf die Schriften von Nirumand, kontrastierte sie das Bild, das die Gemahlin des Schahs vom angenehmen Leben der iranischen Oberschicht für eine bundesdeutsche Illustrierte gezeichnet hatte, sarkastisch mit dem Elend und der Armut, unter denen die meisten Iraner während der ökonomischen Modernisierung des Landes litten.[25]

Die Welt des Konsums war in vielen Facetten von Meinhofs kritischem Denken präsent. So z. B. auch in der Heimkampagne, in der sie sich zusammen mit Andreas Baader, Gudrun Ensslin und Thorwald

24 Ulrike Meinhof, »Alle reden vom Wetter«, in: dies., *Deutschland Deutschland unter anderm: Aufsätze und Polemiken* (Berlin: Wagenbach, 1995), 148. Vgl. Bahman Nirumand, *Persien. Modell eines Entwicklungslandes oder Die Diktatur der freien Welt* (Reinbek: Rowohlt, 1967).

25 Ulrike Meinhof, »Offener Brief an Farah Diba«, in: *konkret* 6 (1967), 21-22.

Proll – alle bis zur Revision ihres Falls auf Bewährung entlassen – engagierte. Ziel war es, die repressiven Lebensbedingungen von Kindern und Jugendlichen in Fürsorgeerziehungsanstalten anzuprangern. Im Januar/Februar 1970 schloss Meinhof das Fernsehspiel *Bambule* ab, in dem sie ihre Erfahrungen aus der Heimkampagne verarbeitete: Es erzählt die Geschichte einer Rebellion in einem Erziehungsheim für heranwachsende Mädchen, die gegen das tägliche Regime in ihrer West-Berliner Erziehungseinrichtung aufbegehren. Zwar spielen Konsum und Kaufhäuser thematisch nur eine untergeordnete Rolle, doch Bilder und Symbole aus der Welt des Konsums trugen zu Meinhofs Analyse der politischen Hintergründe bei, die sie für die Leid- und Gewalterfahrungen der jungen Frauen verantwortlich machte, von denen sich einige als Sexarbeiterinnen verdingten. In einer Szene bietet ein Freier in einem Auto einem der Mädchen zwanzig Mark, wenn sie seine feste Freundin wird. Doch er bekommt nur einige Minuten auf dem Parkplatz vor dem Versandhaus Neckermann. Im Vorwort erläutert Meinhof, die Behörden scherten sich lediglich darum, dass die Mädchen sich nicht prostituierten, ihnen sei aber egal, dass sie »keine Klamotten hatte[n], wie es die Werbung befiehlt«. Gisela, eine der Hauptfiguren, findet einen Job in einer Karstadt-Filiale, wo sie für eine Auslage Tassen stapeln soll. Meinhof verwebt die Themen Konsumgüter und staatliche Autorität metaphorisch, indem sie im Warenhaus zur selben Zeit eine Ausstellung der Polizei stattfinden lässt: »Vor Gisela wird auf einem Ständer mit Rädern eine Polizeimarionette vorbeigefahren. Die Marionette kommt ins Schwanken und fällt genau vor Gisela auf den Packtisch, d. h. knallt auf die Tassen. Die blöde Fresse der Puppe liegt in den Scherben der Tasse.«[26] Die Produktion des Fernsehspiels war für Meinhof aber offenbar eine frustrierende Erfahrung. Man habe, erklärte sie, aus ihrer Arbeit einen Konsumgegenstand gemacht.[27] Später reflektierte sie selbstkritisch ihre Rolle als Intellektuelle und Produzentin von Texten in einem System, in dem auch die Sprache Ware ist.[28] *Bambule* sollte im Mai

26 Ulrike Meinhof, *Bambule. Fürsorge – Sorge für wen?* (Berlin: Wagenbach, 1971), 6, 89. Zu *Bambule* vgl. Colvin, *Ulrike Meinhof and West German Terrorism. Language, Violence, and Identity* (Rochester: Camden House, 2009), 51-75.

27 Jutta Ditfurth, *Ulrike Meinhof. Die Biographie* (Berlin: Ullstein, 2007), 265; Stefan Aust, *Der Baader-Meinhof-Komplex* (München: Hoffmann und Campe, 1998), 113.

28 Meinhof, »nenee-ahab« (undatiert, vermutlich 1973), zit. n. Colvin, *Ulrike Meinhof and West German Terrorism*, 169.

1970 im Fernsehen gezeigt werden. Die Ausstrahlung wurde jedoch abgesagt, weil nach Meinhof mittlerweile wegen ihrer Beteiligung an der gewaltsamen Befreiung Baaders, bei der ein Bibliotheksangestellter schwer verletzt worden war, gefahndet wurde.

## SCHERBEN

Zu Beginn des Jahres 1970 war das Einwerfen von Schaufensterscheiben zu einer häufig gewählten Form des radikalen politischen Protests geworden. Nach einer Demonstration auf dem Kurfürstendamm berichtete die *Agit 883* von 137 zerstörten Schaufenstern, 7 demolierten Schaukästen, 19 verletzten Polizisten und 24 beschädigten Polizeifahrzeugen. Bei der Rechtfertigung solcher Ausschreitungen unternahm man unter Rückgriff auf anarchistische Vorläufer mit der Unterscheidung zwischen dem eigenen und dem feindlichen Konsum eine ideologische Gratwanderung:

> Wenn wir hier den Begriff »Bourgeoisie« verwenden, dann nicht im Sinne des französischen Individualanarchisten Émile Henry, der um die Jahrhundertwende eine Bombe in ein Café warf, und in seiner Begründung vor Gericht behauptete, daß jeder Bourgeois, der sich eine Tasse Kaffee leisten kann, für die Ausbeuter der Arbeiter mitverantwortlich ist. Am letzten Mittwoch dagegen wurden nur Cafés angegriffen, die dafür bekannt sind, daß in ihnen Genossen mit langen Haaren oder Mao-Abzeichen diskriminiert und nicht bedient werden.

An dieser Stelle fügte der Setzer einen Kommentar ein: »Diese Unterscheidung [...] ist trotzdem problematisch, weil die Genossen, die Steine in den ersten Stock des Café Kranzler warfen, nicht wissen konnten, ob sie den Geschäftsführer oder doch nur einen kaffeetrinkenden Touristen verletzten.«[29]

Ein Prototyp des Konflikts zwischen nonkonformistischen Konsumenten und der Geschäftsführung traditionell ausgerichteter gastronomischer Einrichtungen war die »Kuchenschlacht« im Frankfurter Café Laumer im September 1968. Dort war eine Gruppe junger Leute, unter ihnen das SDS-Mitglied Paul-Gerhard Hübsch, wegen ihres »unge-

29 *Agit 883* 54 (26. März 1970), 2.

pflegten Erscheinungsbilds« und unkonventionellen Verhaltens nicht bedient worden.[30] Der Geschäftsführer rief die Polizei, die einige der jungen Leute unter Anwendung physischer Gewalt des Lokals verwies und dieses mit mehreren Mannschaftswagen abriegelte. Einige der Aufwiegler wurden nach § 113 des Strafgesetzbuchs (StGB) wegen Widerstands gegen Vollstreckungsbeamte bestraft, was zu einer Protestkampagne im Stil der Provos führte. In der folgenden Woche nutzte Hübsch den SDS-Kongress in Frankfurt, um die Ereignisse als beispielhaft für die Politisierung langhaariger Jugendlicher darzustellen. Nun wurde Medienstar Fritz Teufel sogar vom Geschäftsführer persönlich bedient, doch Polizisten, die das Geschehen beobachteten, wurden mit Schlagsahne und Schokoküssen beworfen. Die Episode endete für die meisten Angreifer im Gefängnis.

Im März 1970 machte die *Agit 883* bereits leichtere Ziele als Cafés aus: Banken, Autosalons, Boutiquen, Pelzgeschäfte, Juwelierläden und Schönheitssalons seien als »Umschlagplätze des Konsumterrors« mit Steinen und Molotowcocktails anzugreifen. Auch hier ist die Rechtfertigung interessant, denn auf einer neuen Ebene der Kritik wird die Gewalt als Versuch gedeutet, die kommerzielle Nutzung alternativer Lebensformen zu unterbinden. Sie diene als »Antwort auf den Versuch der Industrie, die Kleidungs- und Lebensgewohnheiten der APO zu kommerzialisieren und den Genossen ihre Bedürfnisbefriedigung zu unverschämt hohen Preisen anzubieten«. Die Aktivisten glaubten, allein die Militanz könne diesen Prozess aufhalten: »Selbst in der größten Wirtschaftskrise kam die Textilindustrie nicht auf den Gedanken, in ihren Boutiquen die Uniformen des Rotfrontkämpferbundes als letzten Schrei zu kreieren.«[31] Das sollte sich als ein zu optimistischer Schluss herausstellen, der die Flexibilität des Kapitalismus unterschätzte. Einmal abgesehen davon, blieben die Motivationen und Rechtfertigungen, mit denen Schaufensterscheiben eingeworfen wurden, ohnehin meistens unausgesprochen.

30 Siegfried, *Time Is on My Side*, 492; Peter Brückner, *Ulrike Marie Meinhof und die deutschen Verhältnisse* (Berlin: Wagenbach, 1976), 94-97.

31 *Agit 883* 54 (26. März 1970), 2. Siehe auch Detlef Vierke, »Brief an die Herausgeber«, in: *Agit 883* 41 (20. November 1969), 2. Der Rotfrontkämpferbund war ein 1924 gegründeter paramilitärischer Kampfverband der KPD.

## DIE RAF VERSUCHT, DIE VON DER KONSUMGESELLSCHAFT AUSGESCHLOSSENEN ZU ERREICHEN

Eine der ersten Verlautbarungen der RAF wurde ebenfalls in der *Agit 883* abgedruckt. Mit der revolutionären Erklärung sollte die gewaltsame Befreiung Baaders aus der Gefangenschaft gerechtfertigt werden. Zugleich versuchte man die eigenen Sympathisanten dazu zu bewegen, sich an die von der Konsumgesellschaft Ausgeschlossenen zu richten: »Denen habt ihr die Aktion zu vermitteln, die für die Ausbeutung, die sie erleiden, keine Entschädigung bekommen durch Lebensstandard, Konsum, Bausparvertrag, Kleinkredite, Mittelklassewagen.« Diese an Marcuse erinnernde Denkfigur ließ sich leicht von der lokalen auf die globale Ebene übertragen und wurde ein zentrales Element im argumentativen Gerüst der RAF: »Denen habt ihrs klar zu machen, die von der Ausbeutung der Dritten Welt, vom persischen Öl, Boliviens Bananen, Südafrikas Gold nichts abkriegen, die keinen Grund haben, sich mit den Ausbeutern zu identifizieren.«[32] Die Verknüpfung der lokalen mit der globalen Ebene gestattete den Revolutionären auf die internationalen Befreiungsbewegungen und das Leid in der Dritten Welt hinzuweisen. Doch sie überschätzten die Zahl derjenigen, die gänzlich immun waren gegen die Versuchungen durch einen höheren Lebensstandard oder einen neuen Mittelklassewagen. Die RAF sah im falschen oder unzulänglichen Konsum gar den diametralen Gegensatz zum bewaffneten Widerstand, der ebendiese Verhältnisse überwinden sollte: »Wer nicht stirbt, wird lebend begraben: in den Gefängnissen, in den Erziehungsheimen, in den Löchern von Kreuzberg, Wedding, Neukölln, in den Steinsärgen der Neubaugebiete, in den überfüllten Kindergärten und Schulen, in den perfekt ausgestatteten Neubauküchen, in unbezahlten Schlafzimmerpalästen.«[33]

In dem Text »Das Konzept Stadtguerilla«, verfasst im April 1971, spielte das Thema Konsum eine zentrale Rolle für den ideologischen Angriff der RAF auf ihre Hauptfeinde: die Institutionen der staatlichen Gewalt und den Springer-Verlag.[34] Der Begriff des Konsumierens diente als generelles Instrument der Ablehnung, etwa wenn verächtlich auf

32 »Die Rote Armee aufbauen«, in: *Agit 883* 62 (1970), 6.

33 Ebd., 2.

34 »Das Konzept Stadtguerilla«, in: ID Verlag (Hg.), *Rote Armee Fraktion. Texte und Materialien zur Geschichte der RAF* (Berlin: ID Verlag, 1997), 27-48.

den Teil der politischen Linken Bezug genommen wurde, welcher der RAF als bloße Trittbrettfahrer galt: Sie konsumierten die RAF, statt zum Kampf beizutragen.[35] Andererseits bekannte sich die Gruppierung zu ihrer Sozialisation in der breiteren Studentenbewegung und zitierte zustimmend einen der zentralen politischen Slogans: »Kampf dem Konsumterror!«[36] Die Menschen seien weiterhin der hierarchisch organisierten Ausbeutung am Arbeitsplatz unterworfen, obwohl die gesteigerte Produktivität bereits genügend Reichtum hervorgebracht hätte, um die Grundbedürfnisse aller zu befriedigen. Aus dieser Perspektive erschien eine Konsumgesellschaft, die den Massen den wirklichen Reichtum vorenthielt, als Teil eines repressiven Systems, das sich in »Gefängnisse[n], Klassenjustiz, Akkordhetze, Arbeitsunfälle[n], Konsum auf Raten, Schule, *Bild* und *BZ* [und in den] Wohnkasernen der Vorstädte« manifestiere.[37]

Horst Mahler, der im Oktober 1970 verhaftet worden war, schrieb im Januar 1972 einen Artikel für den *Spiegel*, in dem er die Strategie der Staatsmacht kritisierte, die Mitglieder der RAF demonstrativ als bloße Kriminelle zu behandeln und ihnen einen politischen Status zu verweigern. Er erklärte, revolutionäre Politik sei zwangsläufig kriminell. Der Rechtsanwalt Mahler deutete den Staat im marxistischen Sinn als Gremium zur Wahrung der Interessen der besitzenden Klassen: »Die Strafgewalt des Staates ist geschichtlich entstanden zum Schutze und zur Bewahrung der Herrschaft von besitzenden Minderheiten über die besitzlose und ausgebeutete Mehrheit des Volkes.« Dieses System der Gesetzlichkeit sei verantwortlich für die »wissenschaftlich-methodische Massenvernichtung von Menschen«, für die nukleare Bedrohung und für Millionen Hungertote in der Dritten Welt. Mahler unterstrich also die revolutionäre Bedeutung der Dritten Welt, ging aber einen Schritt weiter, indem er den angeblichen Reichtum der Industrieländer eine Fiktion nannte, welche die weitverbreitete Armut unter den Benachteiligten ausblende. Der höhere Lebensstandard galt ihm als »das Linsengericht, für das wir unser Erstgeburtsrecht als Subjekte unseres gesellschaftlichen Schicksals hergegeben haben«. In Bezug auf die Banküberfälle der RAF erklärte er, die Guerillas nähmen die für den Kampf

35 Ebd., 29.
36 Ebd., 35.
37 Ebd., 47.

benötigten Mittel denen ab, »die sie auf Kosten des Volkes an sich gebracht und monopolisiert haben«. Der Widerstand »richtet sich gegen die Reichen und Mächtigen und schont die Besitzlosen und Unterdrückten«.[38]

In dem nächsten größeren Manifest der RAF, »Dem Volk dienen: Stadtguerilla und Klassenkampf«, geht es nur am Rand um Konsum. Im ideologischen Repertoire der RAF hatte der Begriff jedoch einen festen Platz. Als innenpolitisches Gegenstück zur imperialistischen Expansion im Ausland diene der Konsum »dem System« als Stabilisierungsfaktor, um den Status quo aufrechtzuerhalten, indem »die Arbeiterklasse durch Vermögensbildung und Reformversprechen hin[ge]halten« werde. Dank dieser Mechanismen entstehe die Illusion, dass die Arbeiter ihren Anteil am Gemeinwohl durch »Konsumeigentum« bekommen würden. Dabei bleibe ihnen aber die Teilhabe am »Produktionsmitteleigentum« weiter verwehrt. Zur Verschleierung lehne »das System« es ab, zwischen diesen Formen des Eigentums zu differenzieren. Weil die Unterscheidung zwischen revolutionären und eigennützigen Angriffen auf das Eigentum unterbleibe, erschienen erstere als bloße Verbrechen. Einen Hoffnungsschimmer boten weniger die intellektuellen Kritiker als vielmehr jene, die nicht bereit waren, »für läppische Prozente und blöden Konsum zu kämpfen«.[39] Ende Mai 1972 hoffte die RAF, dass die Menschen, wenn sie erst einmal den Vietnamkrieg als Verbrechen des US-Imperialismus erkannt hätten, ebenso begreifen würden, »daß der Konsum auf Raten sie nicht reich, sondern fertig macht«.[40]

Eine spätere Erklärung der RAF, mit der sie dem Anschlag auf Mitglieder des israelischen Teams bei den Olympischen Spielen in München im September 1972 Beifall spendete, war in erster Linie von Meinhof verfasst worden. Die militante palästinensische Organisation Schwarzer September hatte israelische Sportler und Betreuer als Geiseln genommen und dabei zunächst zwei Gefangene getötet. Mit der Aktion sollten zum einen palästinensische Gefangene aus israelischer Haft freigepresst werden. Zum anderen wollten die Attentäter auf die Gewalt

38 Horst Mahler, »Die revolutionäre Linke ist kriminell«, in: *Der Spiegel* 5 (24. Januar 1972), 30f.

39 »Dem Volk dienen: Stadtguerilla und Klassenkampf«, in: ID Verlag (Hg.), *Rote Armee Fraktion*, 134ff.

40 »Tonbandprotokoll von dem Teach-in der Roten Hilfe, Frankfurt: Erklärung von 31. Mai 1972«, in: ebd., 149.

aufmerksam machen, die das palästinensische Volk in ihren Augen durch die israelische Armee erlitt. Die gescheiterte Rettung durch bundesdeutsche Sicherheitskräfte auf dem Fliegerhorst Fürstenfeldbruck war ein Desaster für beide Seiten: Die restlichen neun Geiseln starben, ebenso wie ein deutscher Polizist und fünf der acht Mitglieder der Terrororganisation Schwarzer September.

Das RAF-Dokument ist vor allem bekannt, weil in ihm recht töricht ein Zusammenhang zwischen dem »Faschismus des entfalteten Imperialismus«, zu dessen Protagonisten die RAF auch die Bundesrepublik zählte, »und Israels Nazi-Faschismus« konstruiert wird.[41] Die Gleichsetzung von bundesdeutscher »nationalistischer Ausrottungspolitik« und »israelischer Ausrottungspolitik«[42] offenbart die Unschärfe der theoretischen Prämissen der RAF, die mit einem Faschismusbegriff operierte, der sich auf jedwede Form kapitalistischer Regierungsgewalt erstreckte und den Nationalsozialismus nur als ephemere Manifestation eines umfassenderen imperialistischen Systems deutete.[43] Die RAF hielt die Geiselnahme durch den Schwarzen September in München für »antifaschistisch« und »antiautoritär«, sie sei Teil einer weltweiten antiimperialistischen Strategie. Diese dritte größere Erklärung der RAF wurde nach der Festnahme der Hauptkader verfasst. Meinhof litt unter den harten Bedingungen der »Isolationshaft« im »toten Trakt« des Gefängnisses in Köln-Ossendorf. Der Ton ist stärker ideologisch als in den vorherigen Erklärungen. In ihren gewagten und ambitionierten Bemühungen, die Fortsetzung des »Guerillakampfs« aus dem Gefängnis heraus zu legitimieren, sind die Autorinnen bereit, sogar noch so disparate Kontexte miteinander zu vermengen. Mehr als zuvor stützte sich die RAF auf eine manichäische Weltsicht.[44] Ungeachtet ihrer fieberhaften Aktivitä-

41 »Die Aktion des ›Schwarzen September‹ in München: Zur Strategie des antiimperialistischen Kampfes, November 1972«, in: ID Verlag (Hg.), *Rote Armee Fraktion*, 159. Zu Nazi-Analogien in RAF-Erklärungen, vgl. Holger J. Schmidt, *Antizionismus, Israelkritik, und »Judenknax«. Antisemitismus in der deutschen Linken nach 1945* (Bonn: Bouvier, 2010), 58f.

42 »Die Aktion des ›Schwarzen September‹«, 171.

43 Vgl. Sabine Bergstermann, »Von ›Isolationsfolter‹ und ›Vernichtungshaft‹. Der Rekurs auf die NS-Diktatur als zentrales Element der Kommunikationsstrategie der ›ersten Generation‹ der RAF«, in: *Jahrbuch für Politik und Geschichte* 2 (2011), 109-124.

44 Vgl. Veronica Biermann, »›Metropolenguerilla‹ contra ›Schweinesystem‹ – ›Rechtsstaat‹ contra ›Baader-Meinhof-Bande‹«, in: Christoph Jahr, Uwe Mai und Kathrin

ten überschätzten die inhaftierten Kader der RAF ihre in Wirklichkeit schwache Position, wenn sie zu deren Überwindung einen weitreichenden Führungsanspruch als revolutionäre Avantgarde sogar gegenüber ihren noch auf freiem Fuß befindlichen Genossen geltend machten.

Unter der Zwischenüberschrift »Öl und Verkehrstote« versuchte die Erklärung zum Schwarzen September eine Brücke zwischen zwei Kontexten der Revolution zu schlagen: den Manifestationen des globalen Imperialismus in der Dritten Welt und andererseits dessen Reflexion im Alltagsleben der hochindustrialisierten Gesellschaften. Ähnlich wie Marcuse es getan hatte, argumentierte die RAF, die Automobilproduktion habe in der Bundesrepublik in den letzten zehn Jahren einen Tribut von 170 000 Verkehrstoten gefordert. Für das Jahr 1972 werde in den USA mit 56 000 Verkehrstoten und in der Bundesrepublik mit weiteren 20 000 Opfern gerechnet; das alles für »Extraprofite der Öl- und Automobilkonzerne«, die ihre Gewinne auf Kosten der Dritten Welt machten.[45] Im Vergleich dazu erschienen die Opferzahlen der Aktionen der RAF und des Schwarzen September als verschwindend gering.

Die RAF suchte nach Rissen in der glänzenden Oberfläche der Konsumgesellschaft und zudem nach einem Weg, um Befürchtungen plausibel zu machen, der »Circulus Vitiosus des Konsums – die Anarchie kapitalistischer Warenproduktion als nur für den Markt, nicht für die Bedürfnisse der Menschen – könnte auf eine Grenze der psychischen Anpassungsfähigkeit der Menschen stoßen«. Voller Optimismus sahen sie die »Massenloyalität aufgrund von nichts als [...] *Konsumscheiße*« bröckeln.[46] Auf der Suche nach dem revolutionären Subjekt wollte das »Schwarze September-Dokument« über Marx hinausgehen, indem es darauf verwies, dass in der modernen Wohlstandsgesellschaft die Mächtigen in das Leben der Arbeiter viel umfassender eingriffen, als ihnen nur den Mehrwert zu entziehen:

> Zu ihrer physischen Ausbeutung im Betrieb ist die Ausbeutung ihrer Gefühle und Gedanken, Wünsche und Utopien dazu gekommen – zur Despotie der Kapitalisten im Betrieb die Despotie der Kapitalisten in allen Lebensbe-

Roller (Hg.), *Feindbilder in der deutschen Geschichte. Studien zur Vorurteilsgeschichte im 19. und 20. Jahrhundert* (Berlin: Metropol, 1994), 225-250.

45 »Die Aktion des ›Schwarzen September‹«, 156.

46 Ebd.

reichen durch Massenkonsum und Massenmedien. Mit der Einführung des 8-Stundentages hat der 24-Stundentag der Herrschaft des Systems über den Arbeiter seinen Siegeszug angetreten – mit der Schaffung von Massenkaufkraft und *Einkommensspitze* hat das System den Siegeszug über die Pläne, Bedürfnisse, Alternativen, Phantasie, Spontaneität, kurz: den ganzen Menschen angetreten.[47]

In vielerlei Hinsichten entsprach diese radikale Deutung der Verhältnisse Alain Touraines Theorie der »postindustriellen Gesellschaft«. Auch Touraine betonte, dass alle Ebenen des gesellschaftlichen Lebens, einschließlich Bildung, Konsum und Information, zu produktiven Ressourcen und damit zu Objekten der politischen Gestaltung gemacht worden seien. Nach Ansicht von Meinhof hatte diese Konstellation die Menschen dermaßen korrumpiert, dass sie jedwedes Klassenbewusstsein verloren hätten und »für's Auto, ein paar Plünnen, 'ne Lebensversicherung und 'nen Bausparvertrag jedes Verbrechen des Systems billigend in Kauf nehmen«. Sie seien kaum mehr in der Lage, sich etwas jenseits von Auto, Ferienreise und gekacheltem Bad vorzustellen oder zu wünschen. Marx, Lenin, Luxemburg und Mao hätten diese Verhältnisse nicht gekannt, da sie weder den Lesern der Springer-Presse, den Fernsehzuschauern, den Autofahrern noch dem Versandhandel, noch der »Qualität des Lebens« begegnet wären. In einer Weltsicht, die kapitalistisches Profitstreben als die eigentliche Triebfeder hinter den oberflächlichen Manifestationen des Politischen deutete, erschien die Konsumgesellschaft dem Faschismus analog, und zwar »eben gerade nicht offen faschistisch, sondern über den Markt«.[48] Auf einer Liste mit Faktoren, welche die Möglichkeit der Befreiung beeinträchtigten, standen »Konsum« und »Medien« ganz oben.[49] Dieser Ansatz stellte die mit materiellen Gütern gepflasterte Schnellstraße des Opportunismus und einen moralisch legitimen, asketischen Pfad der revolutionären Gewalt diametral einander gegenüber.[50]

Meinhofs Betonung der Rolle der Konsumgesellschaft und des revolutionären Subjekts in der Metropole wurde von Horst Mahler kriti-

47 Ebd., 166. Vgl. Alain Touraine, *Auf dem Weg zur postindustriellen Gesellschaft* (Frankfurt a.M.: Suhrkamp, 1972), 204.

48 »Aktion des ›Schwarzen September‹«, 166.

49 Ebd., 167.

50 Vgl. Iring Fetscher und Günter Rohrmoser, *Ideologien und Strategien* (Opladen: Westdeutscher Verlag, 1981), 58.

siert, der eher an die revolutionären Massen in der Dritten Welt glaubte. In seinem sogenannten »Arbeiteraristokratiepapier« setzte er sich ausführlich mit Lenins Theorie des Imperialismus auseinander und brachte den Begriff der Verbürgerlichung ins Spiel, um den mangelnden revolutionären Impetus der bundesdeutschen Arbeiter zu erklären. Ähnlich wie Meinhofs Ansatz basierte auch Mahlers Argumentation auf einer Analyse von Versorgungsregimen. Für Mahler zeigte sich in den Wohlstandsgesellschaften ein Phänomen, das sich als inverse malthusianische Falle bezeichnen lässt: »Der Mensch wird als Produzent der materiellen Güter tendenziell überflüssig. Der Wert des Produkts fällt relativ und absolut. Die Masse des Reichtums [...] nimmt in geometrischer Progression zu. Weniger in der materiellen Produktion tätige Arbeiter reproduzieren eine ständig grösser werdende Zahl von unproduktiven Konsumenten.«[51] Daraus folgte sein zentrales Argument: Ein beträchtlicher Anteil der »unproduktiv verzehrten Revenuen« werde aus der Dritten Welt abgesaugt, wo sich Armut und »Schmutzarbeit« konzentrierten. Der Export der notwendigen Arbeit in die Dritte Welt bei gleichzeitigem Abschöpfen der Gewinne erscheint als die wahre Ursache der Verbürgerlichung.[52] Auf globaler Ebene sei die von den Klassikern des Sozialismus vorhergesagte Polarisierung der Gesellschaft eingetreten, die in den hochindustrialisierten Gesellschaften derweil abgefedert und gar in ihr Gegenteil umgekehrt werde.[53]

Die Ansätze von Meinhof und Mahler unterschieden sich in den jeweils gewählten Prioritäten. Meinhof wollte revolutionäre Konsumenten aufbauen, nämlich diejenigen, die an den Rändern der Konsumgesellschaft verblieben. Sie war nicht bereit, die Massen in der Metropole als revolutionäres Subjekt abzuschreiben, und ging davon aus, dass der Prozess der Verbürgerlichung, den Mahler beschrieb, nach wie vor wichtige Teile der Bevölkerung der Industriegesellschaften ausschließe. Mahler hatte sein Konzept der Arbeiteraristokratie bereits in einer langen Erklärung entwickelt, die er vortrug, als der Prozess gegen ihn im Oktober 1972 in West-Berlin eröffnet wurde. Neben den Befreiungsbewegungen in den Entwicklungsländern hob er auch »Gastarbeiter« und andere Randgruppen der Industriegesellschaften als mögliche revolutio-

51 [Horst Mahler], »Erstens existieren Widersprüche ...« (Ende 1972/Anfang 1973), 9, AHIS, KOK 03/002.

52 Ebd., 10.

53 Ebd., 13.

näre Akteure hervor. Insofern war seine Position gar nicht so weit von derjenigen entfernt, die Meinhof schließlich bezog.[54]

## MEINHOF: »DIE MASSEN UND DER KONSUM«

In der ersten Hälfte des Jahres 1973 wurden die Widersprüche in der Wohlstandsgesellschaft zu dem Schlüssel, mit dem Meinhof die Isolation der RAF von den Massen zu überwinden hoffte. Sie wollte den Mechanismus der Verbürgerlichung begreifen, statt vor deren Zwangsläufigkeit zu kapitulieren. Ihres Erachtens musste die »konsumgesellschaft, die unterdrückung in der privilegierung«,[55] einen integralen Bestandteil revolutionärer Theorie und Praxis bilden, weil »der Konsum [...] die Macht des Systems« sei. Ohne »Konsum bricht die Herrschaft des Systems über die Menschen zusammen«. Warum, fragte Meinhof, tue sich das System so schwer mit Arbeitslosigkeit? Weil, so lautete ihre Antwort, die Arbeitslosen nicht konsumierten und damit auf ein entscheidendes Legitimationsdefizit hinwiesen. Natürlich sei es unmöglich, den Konsum abzuschaffen. Zudem sei dieser nicht per se schlecht. Die Aufgabe bestehe vielmehr darin, seine Mechanismen zu knacken, seine kapitalistische Anwendung.[56] Daher hob Meinhof die destruktive Seite des kapitalistischen Konsums hervor: »wichtig ist, daß ein teil des dem arbeiter gezahlten lohns, damit er sich reproduzieren kann, ihm

54 Horst Mahler, »Erklärung zum Prozeßbeginn am 9.10.1972«, in: *Bewaffneter Kampf – Texte der RAF. Auseinandersetzung und Kritik* (Utrecht: Rote Sonne, 1973), 184-197. Zum Konflikt zwischen Mahler und Meinhof vgl. Horst Mahler, *um die reihen zu schliessen – organisiert die solidarische Kritik an der sektiererischen Linie der RAF* (Berlin: Rote Hilfe Landesvorstand, 1974); Bernhard Gierds, »Das Konzept Stadtguerilla. Meinhof, Mahler, und ihre strategischen Differenzen«, in: Kraushaar (Hg.), *Die RAF und der linke Terrorismus*, Bd. 1, 248-261. Gierds rekonstruiert die Differenzen zwischen Meinhof und Mahler auf einer recht schmalen Primärquellenbasis. Als Ursache der Kontroverse gilt ihm, dass Mahler seine politischen Überlegungen auf das revolutionäre Subjekt, also auf die Menschen in der Dritten Welt, konzentriere, während Meinhof zu Beginn ihrer Haft derart unter den Entbehrungen gelitten habe, dass sie angeblich allein Selbstreferentialität, insbesondere die imaginierte Identifikation mit Auschwitz, als legitimes politisches Bezugssystem gelten ließ. Weitere theoretische Bezüge sieht Gierds bei Meinhof nicht.

55 Ulrike Meinhof, »irgendwie komm ich nicht damit klar ...« (Ende 1972/Anfang 1973), BAK, B/362, 3370,1, XV/21.

56 Ulrike Meinhof, »Konsum« (Ende 1972/Anfang 1973), 1, BAK, B/362, 3370,2, XVI/169-170.

durch Konsumschund auch wieder weggenommen wird. Er denkt, er reproduziert sich und merkt erst nach Jahren, daß er nicht nur in der Fabrik ausgebeutet wird, sondern auch noch wenn er sich reproduziert; Obsoleszenz, psychische Zerstörung durch Fernsehen, kompensatorische Bedürfnisbefriedigung.«[57] Auf die zunehmende Individualisierung des Konsumenten zielend,[58] schloss sie, die revolutionäre Analyse dieses Themas stecke noch in den Kinderschuhen, mehr als einige wenige Stichworte habe sie bisher nicht produziert. Meinhof notierte etwa: »[E]ben der Medien-, Kultur-, Konsumimperialismus; [...] die Vernichtung des Fachhandels durch die Warenhauskonzerne, überhaupt die Warenhauskonzerne«.[59] Um diesen Mangel an Einsicht zu beheben, legte Meinhof ein vierzehnseitiges maschinengeschriebenes Positionspapier mit dem Titel »Die Massen und der Konsum« vor. Es handelte sich um den unvollendeten Entwurf eines kollektiven Strategiepapiers, das sie vermutlich aufgrund der Kritik durch die mit ihr inhaftierten RAF-Mitglieder zurückzog. Zusammen mit zahlreichen anderen Dokumenten wurde es am 16. Juli 1973 bei der ersten konzertierten Durchsuchung der Zellen der inhaftierten RAF-Mitglieder konfisziert.[60]

Das Papier beginnt mit dem, was Meinhof für das zentrale Problem der Neuen Linken und der RAF hielt: mit der Isolation von den Massen. Sie hatte es sich zum Ziel gesetzt, dieses Problem mithilfe des Marxismus zu lösen und die wichtigsten Interessen der Massen zu identifizieren.[61] Nach Meinungsumfragen waren dies stabile Preise und sichere Arbeitsplätze, doch Meinhof wollte sich damit nicht zufriedengeben. Ausgehend von der Frage »Was beschäftigt die Menschen?« verfasste sie einen heiteren und eher impressionistisch angelegten Jahresüberblick, in dem die Monate durch Geplauder zu verschiedenen Konsumthemen repräsentiert sind: »Im Dezember machen sie Weihnachtsein-

57 Ulrike Meinhof, »Massenkonsum« (Ende 1972/Anfang 1973), BAK, B/362, 3370,2, XVI/109.

58 Ulrike Meinhof, handschriftliche Notizen (Ende 1972/Anfang 1973), BAK, B/362, 3370,2, XVI/184.

59 Ulrike Meinhof, »Zu der Kritik an dem Paper« (1972/erste Hälfte 1973), BAK, B/362, 3370,1, XV/5-7.

60 Ulrike Meinhof, »Die Massen und der Konsum« (erste Hälfte 1973), BAK, B/362, 3369,1, IX/31-44. Mein Dank geht an Kerstin Schenke vom Bundesarchiv, mit deren Hilfe ich diese Dokumente in den Akten des Bundeskriminalamts ausfindig machen konnte.

61 Ebd., 31.

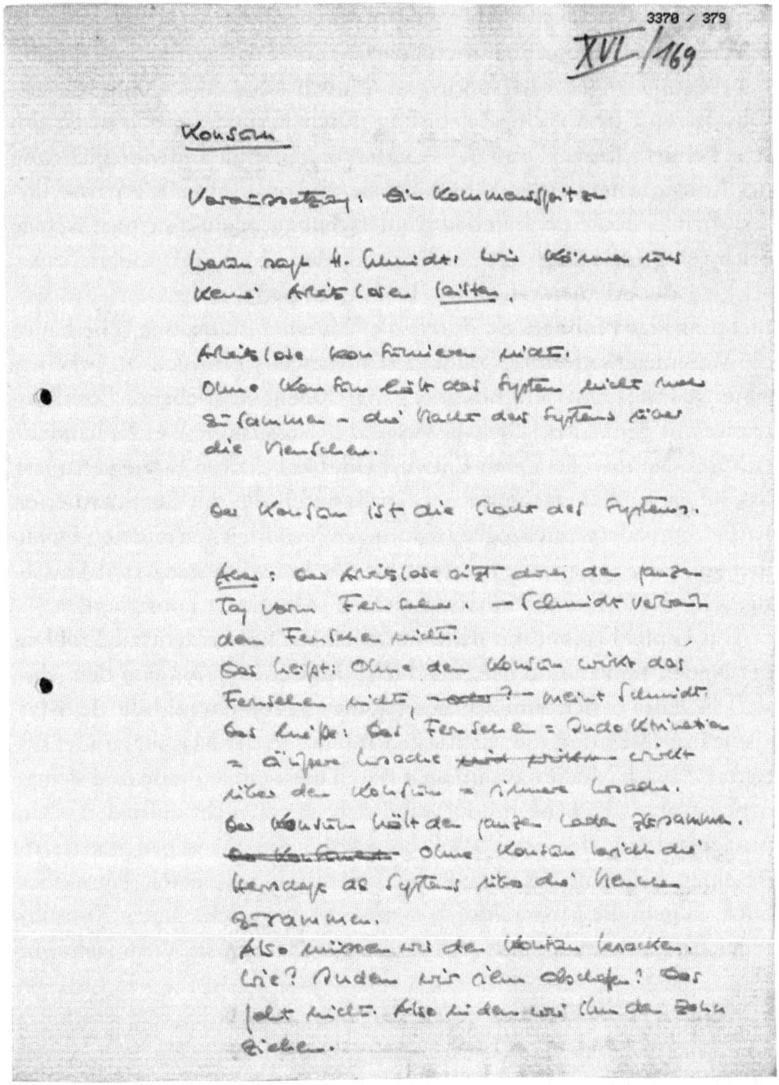
3378 / 379

XVI/169

Konsum

Voraussetzung: ein Kommunist…

Warum sagt H. Schmidt: wir können uns keine Arbeitslosen leisten.

Arbeitslose konsumieren nicht.
Ohne Konsum hält das System nicht mehr zusammen – die Macht des Systems über die Menschen.

Der Konsum ist die Macht des Systems.

Bsp: der Arbeitslose sitzt den ganzen Tag vorm Fernsehen. – Schmidt verbietet den Fernsehen nicht.
Das heißt: Ohne den Konsum wirkt das Fernsehen nicht, ~~oder~~? – meint Schmidt.
Das heißt: das Fernsehen = Indoktrination = äußere Ursache ~~wird wirken~~ wirkt über den Konsum = innere Ursache.
Der Konsum hält den ganzen Laden zusammen.
~~Der Konsum~~ Ohne Konsum bricht die Herrschaft des Systems über die Menschen zusammen.
Also müssen wir den Konsum brechen.
Wie? Indem wir ihn abschaffen? Das geht nicht. Also indem wir ihm den Zahn ziehen.

*Abb. 8*: Ulrike Meinhof, handschriftliche Notizen zum Thema Konsum, Ende 1972/Anfang 1973.

käufe. Sie sagen, daß das ja alles Quatsch ist und daß im Dezember die Preise auch besonders hoch sind und der ganze Weihnachtsrummel überhaupt nur für die Geschäfte und Warenhäuser da ist und daß man selbst ziemlich blöd ist, wenn man da mitmacht, aber was soll man machen – sagen sie und gehen einkaufen.«[62] Das Thema Konsum schien allgegenwärtig: »Kinder sehen am liebsten Werbefernsehen. [...] Alle reden vom Konsum. Tag und Nacht, morgens, mittags, abends. [...] Konsum Konsum Konsum.« Meinhof wollte die Wünsche der Menschen nicht einfach als falsche Bedürfnisse abtun. Wenn die Massen die Waren wollten, dürfe ein Marxist ihnen dies nicht zum Vorwurf machen. Selbstkritisch fragte sie: »Wir sagen: die Werbung. Die Werbung ist eine äußere Ursache. [...] Was ist die innere Ursache des Konsums. [...] Was ist der Widerspruch am Konsum?«[63]

Hier schnitt Meinhof einen entscheidenden Punkt an: Auf Theorien über die Manipulierbarkeit der Massen beharrend, hatte der militante Protest die externen Manifestationen der Konsumgesellschaft ins Visier genommen und dabei die Frage aus den Augen verloren, warum die Menschen die Konsumgegenstände so begehrten. Sie erkannte nun unumwunden an, dass gesteigerter Konsum die Gleichheit der Menschen befördert habe: »C & A, Karstadt, Neckermann, Quelle, Kaufhof, Hertie – es gibt überall dieselben Kleider, jedermann kauft sie dort. Arbeiter, Angestellte, Schüler, Lehrlinge, Studenten, Intellektuelle.« Doch diese Gleichheit hatte die Konkurrenz nicht reduziert. Im Gegenteil, der Konsum heizte die Konkurrenz an, da die Menschen nach Besitz strebten.[64] Meinhofs Auffassung vom Konsum war ambivalent. Sie erkannte ihn als wirkliches Bedürfnis an, das sich nicht wegtheoretisieren lasse; andererseits wollte sie die Grenzen und Nachteile des kapitalistischen Wohlstands hervorheben, wobei ihr Ton dem konservativer Kulturpessimisten ähnelte: »Millionen von Frauen gehen in die Fabrik, um an den Konsum heranzukommen. Eltern vernachlässigen ihre Kinder. Es gibt keine Moral mehr.«[65]

Wie auch die meisten ihrer Zeitgenossen betrachtete Meinhof die Menschen nicht per se als Konsumenten. Ihrer Meinung nach war Konsum ein neues Phänomen des 20. Jahrhunderts. »Früher gab es keinen

62 Ebd., 32.
63 Ebd., 33.
64 Ebd., 36.
65 Ebd., 37.

Konsum. Da gab's Essen, Kleidung und ein Dach über dem Kopf. [...] Der Arbeiter wurde gezwungen, sich der Despotie des Kapitals in der Fabrik zu unterwerfen oder zu verhungern. Und dabei sind tausende von Menschen verhungert.« Ihre Zeitgenossen könnten sich noch an diese Bedingungen erinnern und merkten, dass es ihnen aktuell besser ging als in der Vergangenheit.[66] Sie müssten weniger arbeiten, doch eine Konstante blieb: Ausbeutung durch Abschöpfung des Mehrwerts. Was sich geändert hatte, war, dass die Menschen als Gegenleistung für intensivierte Arbeit unendlich mehr kaufen konnten; ihre Löhne reichten für mehr als nur Essen, Wohnung und Kleidung; sie hatten mehr Zeit; und sie gingen nicht mehr zum Arbeiterbildungsverein. Die Arbeiter des 19. Jahrhunderts träumten von lebenswichtigen Gütern in ausreichender Menge, heute hingegen träumten die Menschen von unnötigen Gütern.

Meinhof verwob zwei Arten der Kritik an Versorgungsregimen. Ihre Analyse der bestehenden Verhältnisse hielt sich an eine klassische Kritik der Konsumgesellschaft, der sie eine entpolitisierende Kraft zuschrieb: »[D]ie Menschen gehen nicht mehr [...] zu den Sozialisten, zu Marx, Engels, Bebel, Liebknecht, Rosa Luxemburg. [...] Sie denken stattdessen an den Konsum.«[67] In einer vorbereitenden Notiz, die sich auf die Erklärung der RAF zu der Aktion des Schwarzen September während der Olympischen Spiele in München bezog, betonte sie, dass in der Vergangenheit die Alternativen Sozialismus und Utopie geheißen hätten. Mit dem äußeren Elend der Arbeiter sei jedoch auch die Vorstellung der Utopie beseitigt worden, so dass heutzutage die Alternativen »Arbeitsplatzwechsel, Mallorca, Farbfernsehen, Auto« seien.[68] Meinhof nahm an, dass ein tieferes Motiv das materielle Interesse der Menschen antrieb: »Es ist nicht der Konsum, nach dem die Massen sich drängen, Tag und Nacht darüber nachdenken, ihr Leben riskieren, kämpfen, sich gegenseitig das Leben zur Hölle machen, ihre Kinder mißhandeln, die Gesetze mißachten, völlig verrückt sind, durchgedreht – Es ist das Reich der Freiheit.«[69] Indem sie die Marx'sche Formulierung verwendete und Marcuse folgte, hielt sie an einem tieferen Ziel menschlichen

66 Ebd., 34.
67 Ebd., 35.
68 Meinhof, »Über Konsum«, 79.
69 Meinhof, »Die Massen und der Konsum«, BAK, B/362, 3369,1, IX/38-39.

Strebens fest. Sie begriff, dass die Verkürzung der Arbeitszeit nicht das Reich der Freiheit im Sinne von Marx hervorgebracht hatte, und argumentierte, die Arbeiter sähen sich nun nicht mehr einem Achtstundentag, sondern vielmehr einem Vierundzwanzigstundentag ausgesetzt, dessen Analyse eine »ganz unentdeckte dimension« enthalte:[70] Der Konsum bedeute in Wirklichkeit mehr Arbeit und lenke die Menschen von echter, nichtkommodifizierter Freizeit ab. Die kapitalistische Konsumgesellschaft hatte Marx' Reich der Freiheit erobert, indem sie es dem Reich der Notwendigkeit angegliedert hatte.

Für ihre Suche nach einem revolutionären Subjekt, das diesen Mechanismus aufbrechen und dabei helfen könnte, ein wirkliches Reich der Freiheit zu errichten, griff Meinhof zu einer zweiten, optimistischeren und vorausschauenden Kritik der Versorgungsregime. Gewisse Konsumenten könnten faktisch doch zu revolutionären Subjekten werden: »Die Polizei hindert die Massen daran, daß [sic] zu tun, was ihnen ansonsten selbstverständlich ist: Ins Warenhaus zu gehen [...] und sich einfach zu holen, was sie brauchen.« Laut dieser Auffassung wird das Versorgungsregime letzten Endes nicht von den moralischen Überzeugungen der Menschen aufrechterhalten, sondern ausschließlich von der Staatsgewalt, welche die Menschen von den Waren trennt und »sie noch in die Fronarbeit der Fabriken unter der Despotie des Kapitals« treibt.[71] Meinhof sah die weitverbreiteten Ladendiebstähle als Manifestation einer im Gange befindlichen Revolution: »Die Revolution ist bereits ausgebrochen! Die Massen haben sich bereits von der herrschenden kapitalistischen Eigentumsfrage bewußtseinsmäßig emanzipiert. [...] Sie klauen.«[72] Die Menschen hätten zwei Möglichkeiten: »Der legale Weg zum Konsum geht durch die Fabrik, das Büro, die Ausbeutung, die Uni [...], der widerwärtige, ausbeuterische, repressive Weg.«[73] Die andere Möglichkeit sei Diebstahl: »Die meisten Menschen [...] tun beides: Geld verdienen und klauen; einerseits sich dem Konsum verhaften, indem sie schön fleißig [...] schuften und andererseits

70 Ulrike Meinhof, »noch was zu münchen paper und der Kritik daran«, zit. n. Fetscher/Rohrmoser, *Ideologien und Strategien*, 79.

71 Meinhof, »Die Massen und der Konsum«, BAK, B/362, 3369,1, IX/41. Auch Marx hatte betont, dass Arbeit unter den Bedingungen des Kapitalismus im Kern immer erzwungene Arbeit bleibe (*Kapital*, in: MEGA, Abt. 2, Bd. 15, 793-795).

72 Meinhof, »Die Massen und der Konsum«, BAK, B/362, 3369,1, IX/39.

73 Ebd., 36.

mal hier und mal da was mitgehen lassen.«[74] Ausgehend von den Widersprüchen des Privateigentums hatte der Zerfall des Systems schon begonnen.

Meinhof war nicht die Erste, die Ladendiebstahl mit der RAF in Zusammenhang brachte. Ihr komplexes Zeitungsausschnittarchiv – ihre umfangreiche Klassifizierung führte Rubriken zu Versandhandel, Warenhäusern, Handel und Konsum – enthielt Artikel aus einer Serie zum Thema »Werkschutz« aus der *Frankfurter Allgemeinen Zeitung*. Den Aufhänger für den ersten Text, der im Januar 1972 unter dem Titel »Wie schütze ich meinen Betrieb?« erschien, bildeten »Bombenanschläge der Baader-Meinhof-Gruppe«. Ein weiterer Artikel der Serie trug den Titel »Feuer, Bomben, Diebstahl – Gefahren, die im Kaufhaus drohen«, und in einem anderen Bericht hieß es, die Zahl der Ladendiebstähle habe sich zwischen 1967 und 1970 verdoppelt. Der Schaden wurde auf mindestens 75 Millionen DM pro Jahr beziffert.[75]

Um das Problem der Verbürgerlichung zu begreifen, versuchte Meinhof die traditionelle marxistische Klassenanalyse um eine »Klassenanalyse der Konsumenten« zu erweitern.[76] Die Vordenker des Sozialismus hätten die Verhältnisse der Wohlstandsgesellschaft nicht gekannt und auch nicht erahnt. Auf Marx gestützt, unterschied sie zwei Aspekte des Konsums: »1) Der eine Teil ist der Teil, der zum Leben unbedingt notwendig ist – Essen, Kleidung, Wohnung. 2) Der zweite Teil ist der Teil, der zum Leben nicht unbedingt notwendig ist. Die Genüsse. Das Auto. Der Spaß. Der Fernseher. Was für das Auge. Die Möbel und Tapeten.«[77] Studenten, Auszubildende, Frauen, Schüler und ausländische Arbeiter, also diejenigen, denen der zweite Teil des Konsums (die nicht lebensnotwendigen Güter) verwehrt blieb, würden während der ersten Phase der Revolution die Führung übernehmen. Der zweite Teil des Konsums war letztlich das wesentliche Kampfgebiet für die revolutionären Anstrengungen in der Metropole. Obschon sie ihren Blick eindeutig auf bestimmte Teile bzw. Randgruppen der Gesellschaft richtete, griff Mein-

74 Ebd., 35.

75 Ulrike Meinhof, »zeitungsausschnittarchiv ulrike – kategorien«, BAK, B/362, 3369,1, VII/1, darin *Frankfurter Allgemeine Zeitung*, Ausschnitte 1972, »Feuer, Bomben, Diebstahl – Gefahren, die im Kaufhaus drohen« und »Zahl der Ladendiebe steigt weiter«.

76 Meinhof, »Die Massen und der Konsum«, BAK, B/362, 3369,1, IX/42.

77 Ebd., 35.

hof doch auf die trügerische Idee der revolutionären »Massen« zurück. Damit untergrub sie ihren eigenen Versuch, eine differenzierte Sichtweise auf den Konsum zu entwickeln.

Einerseits ging sie vom revolutionären Impetus in den Bedürfnissen der Marginalisierten aus, gleichzeitig rief sie aber die Menschen dazu auf, sich von den Ketten, die ihnen der Konsum auferlegt hatte, zu befreien. Da die meisten Menschen keine Kühe oder Gemüsegärten mehr besaßen, waren sie vollständig von der Lohnarbeit abhängig geworden. Das Proletariat habe angeblich nichts zu verlieren als seine Ketten, doch ließen sich diese nicht so leicht abwerfen: »der konsumscheiß, [...] der private mikrokosmos in den wohnlöchern, die balanceakte auf den prestigeleitern, die angstkarrieren, die verdinglichten hoffnungen, [...] die urlaubspläne, die schulden.« Der erste revolutionäre Schritt bestand nun darin, sich von alldem zu befreien.[78] Diese Forderung richtete sich an jene, die schon eine gewisse kritische Haltung zum Konsum eingenommen hatten und bereit waren, »konsumscheiß« zu sagen. Meinhof hoffte wohl auf ein Bündnis zwischen den Massen, die sich zwar nach Freiheit sehnten, diese aber durch den Konsum zu verwirklichen versuchten, und kritischen Zeitgenossen, die bereits damit begonnen hatten, die Versprechen des Konsums als Mythos zu entlarven.[79]

Tatsächlich formierte sich in der internationalen Antipsychiatrie-Bewegung ein Bündnis zwischen kritischen Intellektuellen und Menschen, die unter den psychologischen Belastungen der Wohlstandsgesellschaft litten, Meinhofs Ideen waren also nicht bloße Fiktion. Eine Gruppe innerhalb dieser Bewegung war das Informationszentrum Rote Volksuniversität (IZRU), das ehemalige Mitglieder des Sozialistischen Patientenkollektivs (SPK) im Juli 1971 gegründet hatten. Das SPK wiederum war entstanden, als Patienten der offenen psychiatrischen Abteilung des Heidelberger Universitätsklinikums gegen die Entlassung ihres behandelnden und reformorientierten Arztes Wolfgang Huber protestierten. Während des Konflikts mit der Klinikleitung geriet das SPK unter Verdacht, die RAF zu unterstützen. Huber und andere wurden wegen Mitgliedschaft in einer kriminellen Vereinigung verurteilt. Einige ehemalige Mitglieder des SPK schlossen sich später der RAF an.[80] Die selbstorga-

78 Ulrike Meinhof, »über: ›nichts mehr zu verlieren haben‹«, AHIS, KOK 07/002.

79 Meinhof, handschriftliche Notizen, BAK, B/362, 3370,2, XVI/165.

80 Dafür, dass sich SPK-Angehörige der RAF anschlossen, gibt es unterschiedliche Erklärungen. Dieter Spazier und Jörg Bopp halten es für eine Folge der Kriminalisie-

nisierten Patienten unter Hubers Betreuung glaubten, der einzig effektive Weg, psychische Krankheiten zu heilen, sei die Überwindung der krank machenden gesellschaftlichen Verhältnisse.[81] Die inhaftierten RAF-Kader nahmen die theoretischen Anstrengungen des IZRU durchaus zur Kenntnis.[82] In einer von Meinhof archivierten Broschüre stellte das IZRU explizit Verbindungen zwischen Suchtstörungen, verdinglichter Arbeit, der Kulturindustrie und der Sozialdemokratie her:

> Diese bürgerliche Innerlichkeit ist der profitversprechende Absatzmarkt für den ganzen Müll der Konsumgüterindustrie, (Prestigegüter wie z. B. Hausbar, Safarihocker, Tischfeuerzeug), der Vergnügungs- und pharmazeutischen Industrie. [...] Das Essen ist auch zu einer solchen Krücke in dieser sog. Wohlstandsgesellschaft geworden, nämlich zu einem Betäubungs-, Ablenkungs- und Beschäftigungsmittel: der Mensch wird durch die kapitalistische Verfügung über alle Produktionsmittel als Lohnarbeiter jeder von ihm selbst bestimmten produktiven Tätigkeit enteignet [...] und soll diesen Mangel durch übermäßige Konsumtätigkeit ersetzen [...]. So kommt es, daß viele dauernd essen, irgendwas knabbern wollen, saufen, selbst wenn sie es nicht wollen – Fettsucht![83]

Meinhof merkte an, ihre Erklärungen sowie die ihrer Genossen hätten die Idee einer Analyse der Konsumenten nur unbeholfen umkreist. Sie ging zurück bis in das Jahr 1968. Wie in ihrem *konkret*-Artikel über die Frankfurter Kaufhausbrandstiftungen bezog sie sich in »Die Massen und der Konsum« auf afroamerikanische Plünderer, die der revolutio-

rung. Eine vom Bundesinnenministerium in Auftrag gegebene Studie – verfasst von der Ehefrau des Klinikgeschäftsführers, der für Hubers Entlassung verantwortlich war – geht davon aus, dass das SPK von Anfang an eine Vorstufe des Terrorismus gewesen sei. Vgl. Dieter Spazier und Jörg Bopp, *Grenzübergänge. Psychotherapie als kollektive Praxis* (Frankfurt a. M.: Suhrkamp, 1975); Wanda von Baeyer-Katte, »Das Sozialistische Patientenkollektiv in Heidelberg (SPK)«, in: dies., Dieter Claessens, Hubert Feger und Friedhelm Neidhardt, *Gruppenprozesse* (Opladen: Westdeutscher Verlag, 1982), 184-316; Kornelia Brink, »Psychiatrie und Politik. Zum Sozialistischen Patientenkollektiv in Heidelberg«, in: Klaus Weinhauer, Jörg Requate und Heinz-Gerhard Haupt (Hg.), *Terrorismus in der Bundesrepublik. Medien, Staat, und Subkulturen in den 1970er Jahren* (Frankfurt a. M./New York: Campus, 2006), 134-153.

81 Sozialistisches Patientenkollektiv, *Aus der Krankheit. Eine Agitationsschrift des Sozialistischen Patientenkollektivs an der Universität Heidelberg* (München: Trikont, 1972).

82 Gudrun Ensslin, »Von Kroetz stammt das Gleichnis«, AHIS, KOK 07,002.

83 »Politische Gefangenschaft«, in: *Rote Volksuniversität!* 10 (15. März 1973), BAK, B/362, 3369,1, VII/11.

nären Theorie, die sie formulieren wollte, angeblich ebenso bedurften wie die von der Wohlstandsgesellschaft Marginalisierten in der Bundesrepublik oder in Japan. Offenbar interpretierte sie die weltweit seit 1968 auftretenden Protestbewegungen als erste Phase einer antiimperialistischen Revolution. Ihres Erachtens war diese »Revolution« ausgebrochen, weil nicht nur die Produzenten der Warenprodukte – die Arbeiter –, sondern auch die Konsumenten vom Konsum getrennt seien.[84] Damit richtete sie das Augenmerk nicht bloß auf die Menschen, die von den Segnungen der Wohlstandsgesellschaft ausgeschlossen blieben. Sie artikulierte zugleich auch den Gedanken, dass sich die von vielen erwünschten Konsumgüter stetig weiterentwickelten und so fortwährend dem Zugriff der Menschen entzogen würden, was dazu führe, dass diese dem ihnen zur Verfügung stehenden Konsum entfremdet würden.

Meinhof glaubte, ihre revolutionäre Theorie des Konsumenten enthalte gewissermaßen eine pädagogische Botschaft. Guerillakämpfer würden den Menschen demonstrieren, wie sich die Gewaltverhältnisse überwinden ließen, die sie vom begehrten Konsum und letztlich vom Reich der Freiheit trennten. Zu diesem Zweck entwarf sie einen eher undurchsichtigen Plan für eine groß angelegte Propagandaaktion: »Es ist möglich und leicht vorstellbar, mit einer einzigen Aktion von ein paar Mann sämtliche Kaufhäuser in der B[undes]r[epublik] für zwei bis drei Tage offen zu machen, ohne daß die Polizei eingreift.«[85] Es bleibt unklar, wie dieses Unternehmen hätte funktionieren können, aber offenbar hatte sie vor, den Massen das Plündern beizubringen und Unruhen anzustiften. In ihren vorbereitenden Aufzeichnungen hatte sie notiert: »Stürmt die Warenhäuser«.[86] Meinhof glaubte, die Massen würden sich dem revolutionären Kampf anschließen und schließlich sogar den Marxismus-Leninismus verstehen. Ähnlich wie in der *konkret*-Kolumne zu den Frankfurter Kaufhausbrandstiftungen wollte sie vermeiden, dass Bomben Waren zerstörten oder Menschen gefährdeten. Sie hielt es allerdings für möglich, dass die Staatsorgane Bomben in Warenhäusern zünden würden, um dann der RAF die Schuld in die Schuhe zu schieben. Zugleich entwickelte sie jedoch einige vorausschauende Visionen für

84 Meinhof, »Die Massen und der Konsum«, BAK, B/362, 3369,1, IX/31-44.
85 Ebd., 41.
86 Meinhof, »Konsum«, BAK, B/362, 3370,2, XVI/172.

Themen und Praktiken, die für politische Artikulationen in der Konsumsphäre später eine Rolle spielen sollten. So wies sie etwa auf eine Technik hin, die man heute Adbusting nennen würde: »Die Werbung wird in den Dienst der Revolution genommen. [...] Man kann nahezu jedes Plakat, jede Illustrierten-Anzeige in diesem Sinne mit geringen Mitteln verändern. Der Preis wird durchgestrichen. Die Waffe wird daraufgeklebt. Die Sprechblase verkündet die Theorie der Befreiung.«[87] Zudem war sie davon überzeugt, dass sich die Wohnungsfrage verschärfen werde: »[Z]ig Hausbesetzer wohnen illegal.«[88] Was als ambitionierter Versuch begann, verschiedene Ebenen der Kritik an kapitalistischen Versorgungsregimen miteinander zu verknüpfen, verlief letztlich im Sand, da Meinhof, statt die Widersprüche des Konsums zu knacken, die Hoffnung auf Hilfe aus der Volksrepublik China in Aussicht stellte.

Es ist recht einfach erkennbar, weshalb dieser Text auf Kritik von den Genossen stieß: Meinhof mischte scharfe Selbstkritik mit vagen Aktionsplänen und schien von der direkten Aktion abzurücken, um auf das Konzept der Propaganda der Tat zurückzufallen. Außerdem ließen sich ihre komplizierten Differenzierungsversuche bei gleichzeitiger Beschwörung der Massen intuitiv kaum nachvollziehen, zumal andere Mitglieder der RAF das Projekt, die Protestbewegungen zu mobilisieren, bereits aufgegeben hatten. Meinhof zog ihr Papier schließlich explizit zurück. In einem Akt der Selbstkritik verwies sie entschuldigend auf die harten Haftbedingungen, die sie in Ossendorf erlitten hatte.

Einen wichtigen theoretischen Anstoß für die intensive Beschäftigung der RAF mit der Konsumgesellschaft im Jahr 1973 lieferte Marcuses *Konterrevolution und Revolte*. In einem Schreiben, das im Juli desselben Jahres bei den Durchsuchungen der Zellen der RAF-Angehörigen konfisziert wurde, schlug Gudrun Ensslin den anderen Gefangenen »konkrete jobs zur fortsetzung der kampagne« vor. Dazu gehörte die Lektüre von *Konterrevolution und Revolte*.[89] Ensslin gab zu verstehen, dass die RAF über Marcuse hinausgehen wolle – Marcuse diente als Inspiration, nicht als Modellvorlage.[90] Offenbar wurde von anderen RAF-Mit-

87 Meinhof, »Die Massen und der Konsum«, BAK, B/362, 3369,1, IX/42.

88 Ulrike Meinhof, »Legalität/Illegalität« (Ende 1972/Anfang 1973), BAK, B/362, 3370,2, XVI/112.

89 Gudrun Ensslin, »an die anwälte und gefangenen«, AHIS, KOK 007,002.

90 Gudrun Ensslin, Notiz (7. Juli 1973), zit. n. Fetscher/Rohrmoser, *Ideologien und Strategien*, 57, 331.

gliedern an der Erklärung zum Schwarzen September auch kritisiert, Marcuse habe das Thema überzeugender behandelt als Meinhof, die selbst davon überrascht war, wie sehr die Argumentation von *Konterrevolution und Revolte* und ihre eigenen Überlegungen einander ähnelten. In einem siebenseitigen handschriftlichen Papier unternahm sie einen detaillierten Vergleich zwischen verschiedenen Zitaten aus der Erklärung zu der Aktion des Schwarzen September und Passagen aus *Konterrevolution und Revolte*. Beide Texte konzentrierten sich darauf, wie die Konsumgesellschaft das gesamte menschliche Wesen, einschließlich der Psyche, beherrsche. Zudem schienen sie nach einer neuen Form der Klassenanalyse und einer neuen Sprache zu suchen, um die Herrschaft des vom System gesteuerten falschen Bewusstseins zu durchbrechen.[91] Die internen Debatten der RAF über die Erklärung zum Schwarzen September veranlassten Meinhof letztlich zur Abfassung von »Die Massen und der Konsum«. Bei dem Papier handelte es sich um einen Versuch, den vorangegangenen Text zu präzisieren und zu verbessern. Meinhof kam zu dem Schluss, dass *Konterrevolution und Revolte* und die *Grundrisse* von Marx, die sie vor ihrer Marcuse-Lektüre nicht gekannt hatte, ihre Argumentation stärkten. Sie begann, die von Marcuse hervorgehobenen Passagen aus den *Grundrissen* in ihre Position zu integrieren.[92]

»Die Massen und der Konsum« sowie zahlreiche andere Dokumente, die bei Zellendurchsuchungen beschlagnahmt worden waren, lagen den Mitgliedern einer Expertenkommission vor, die das Bundesinnenministerium 1978 unter anderem mit der Absicht eingerichtet hatte, seine eigene Position im Kampf gegen den Terrorismus durch wissenschaftliche Expertise zu legitimieren. Zwischen 1981 und 1984 veröffentlichte diese Kommission fünf Bände zu den soziologischen und ideologischen Rahmenbedingungen des Terrorismus in der Bundesrepublik, die, obwohl das Innenministerium die Arbeit der Wissenschaftler streng kon-

91 Ulrike Meinhof, »Der Imperialismus ist ein Herrschaftssystem«, BAK, B/362, 3369,1, III/37-43.

92 Meinhof, handschriftliche Notizen, BAK, B/362, 3369,1, IV/31 (Rückseite); Meinhof, »nochmal zu münchenpaper«, BAK, B/362, 3370, XV/11. Meinhof war durch Martin Nicolaus, *Konkurrenz und Mehrwert: Zur Klassentheorie bei Marx* (Berlin: Merve Verlag, 1970), auf die *Grundrisse* aufmerksam geworden. Meinhof, handschriftliche Notizen, BAK, B/362, 3370, I/3.16-20. Raspe hatte in einer Randnotiz zu Mahlers »Arbeiteraristokratiepapier« auf die *Grundrisse* verwiesen, BAK, B/362, 3371, 11/9.

trollierte, bis heute als die wissenschaftlich solideste Auseinandersetzung mit dem Thema gelten kann. Ihre Ergebnisse waren enorm einflussreich, denn zahllose weitere Studien griffen auf diese Bände zurück. Die Autoren des ersten Bandes, der Frankfurter Politologe Iring Fetscher und seine Assistenten Herfried Münkler und Hannelore Ludwig, analysierten einzelne Aspekte von »Die Massen und der Konsum«.[93] Seitdem hat die Forschung zur RAF das Dokument ignoriert.

Eine vorurteilsfreie Einschätzung der intellektuellen Position von Ulrike Meinhof erfordert eine kritische Prüfung der vom Innenministerium vorgelegten Interpretation, die fünf Jahre nach ihrem Tod erschien. Fetscher, Münkler und Ludwig warfen Meinhof vor, Marx' Klassenanalyse auf Fragen des Einkommens und des Konsums reduziert und die Produktionssphäre sträflich vernachlässigt zu haben. Meinhofs Betonung der Konsumsphäre betrachteten sie als naiv. »Konsumkritik« – ein Begriff, den sie weder definierten noch kontextualisierten – könne nur von Individuen, niemals aber von den Massen ausgeübt werden; Letztere könnten allenfalls kritische Konsumenten sein. Dieser Gedanke mag mehr oder weniger zutreffend die realpolitische Bedeutung der Konsumkritik in den späten siebziger bzw. frühen achtziger Jahren eingefangen haben. Doch die Autoren verstiegen sich zu der apodiktischen Behauptung, die Konsumenten könnten den Bereich des Ökonomischen niemals effektiv moralisieren oder politisieren. In der Absicht, Widersprüche in Meinhofs Schriften nachzuweisen, sahen Fetscher, Münkler und Ludwig die Betonung des Konsums als etwas Neues, als »schroffe ideologische Kehrtwendung«. Doch diese Kritik wird Meinhofs Argumentation schwerlich gerecht. Egal, wie man die RAF politisch oder moralisch beurteilt, eine Kontinuität in ihren wichtigen Texten ist klar erkennbar: Durch den Wohlstand konnte der Staat das Bewusstsein der Massen erobern. Deren Zufriedenheit war allerdings lückenhaft und begann abzunehmen. Seit der Erklärung »Die Rote Armee aufbauen!« vom Juni 1970 war die Mobilisierung der Unterdrückten in der Wohlstandsgesellschaft ein wichtiger, wenngleich unrealistischer Schwerpunkt im Programm der RAF. In der ersten Hälfte des Jahres 1973 richtete Meinhof ihr Augenmerk auf die Frage, wie der Kapitalismus die von Marx vorhergesagte Polarisierung der Klassen verhindert hatte. Sie war nicht bereit, den revolutionären Kampf allein der

93 Fetscher/Rohrmoser, *Ideologien und Strategien*, 78-82.

Dritten Welt zu überlassen. Das bedeutete indes nicht, dass ihr die entscheidende Rolle der Produktionsmittel für das marxistische Denken nicht bewusst war oder dass sie mit dem Prinzip der Solidarität gegenüber den verschiedenen revolutionären Bewegungen in den Entwicklungsländern gebrochen hatte. Die Autoren der im Auftrag des Innenministeriums angefertigten Studie deuteten an, Meinhofs Ansatz ähnele letzten Endes dem eines Revolutionärs aus dem 19. Jahrhundert, der seine Hoffnungen auf das Lumpenproletariat setzte, auf »eine amorphe Agglomeration einkommensschwächerer Bevölkerungsteile«, die, unstrukturiert und im Konkurrenzkampf gefangen, niemals handlungsfähig sei.[94] Nun hatte das Lumpenproletariat zu Marx' Zeiten allerdings gerade nicht die Funktion im Wirtschaftssystem, die der integrierte Konsument im nachfrageorientierten Keynesianismus des Spätkapitalismus besaß. Zudem bildeten die gesellschaftlichen Gruppen, die Meinhof vor Augen hatte, also Studenten, Auszubildende, Frauen und Arbeiter mit Migrationshintergrund, tatsächlich einen wesentlichen Teil der Neuen Sozialen Bewegungen, die den Kapitalismus zwar nicht umstürzen, aber beträchtlichen politischen Druck ausüben konnten.

Meinhofs Faszination für das Phänomen Ladendiebstahl diente Fetscher und seinen Mitarbeitern dazu, ihr jegliche Befähigung zu marxistischem Denken abzusprechen: Sie hätte offensichtlich nicht verstanden, dass »individuelle Nutzenmaximierung« mit illegalen Mitteln die kapitalistische Moral reproduziere. Bei Marx sei die sozialistische Revolution etwas ganz anderes als der Wettbewerb um knappe Güter mithilfe nicht friedlicher Mittel. Der führende Marxismus-Experte Fetscher höhnte, Marx habe sowohl eine Theorie der Wertschöpfung als auch eine Theorie der Verteilung entwickelt, während Meinhof die gesamte Theorie auf letztere reduziere. Interessanterweise hatte Fetscher selbst auch schon in der Konsumsphäre nach dem revolutionären Subjekt gesucht. In einem Vortrag bei einer Sommerakademie im Jahr 1968 über Marx und die Revolution hatte er zustimmend Marcuse zitiert und betont: »Die beiden Haltungen des passiven Konsumenten (dessen Kaufmotiv konkurrenzpsychologisch determiniert ist) und des aktiven Revolutionärs sind diametral entgegengesetzt. Wie soll die zweite an die Stelle der ersten treten können?«[95] Dreizehn Jahre später interpretierten

94 Ebd., 82.

95 Iring Fetscher, »Von der Produktion des revolutionären Subjekts durch die Selbstver-

Fetscher und seine Mitautoren die Differenzen zwischen Meinhof und Mahler – für Mahler sei der Konsum Indikator für das Joch der Massen im System, wohingegen Meinhof ihn als Hinweis auf die Bereitschaft zur Revolte begreife – als eindeutiges Beispiel für die »inner[e] Widersprüchlichkeit der ›RAF‹-Ideologie«.[96] Doch trotz der wachsenden persönlichen Spannungen verstanden sich die inhaftierten RAF-Mitglieder weiterhin als Kollektiv, in dem man einander schonungslos offen in den Strategiedebatten kritisierte. Dies wurde über ein komplexes System von Zellenzirkularen durchgeführt, für das die Verteidiger als Boten benutzt wurden. Genau genommen teilte Mahler Meinhofs Affirmation des Diebstahls, wenn er betonte, die Kriminalität wurzele in der Gesellschaft: »[W]er heute das imperialistische Monopolkapital nicht beklaut, [ist] dazu entweder zu blöd oder zu feige.«[97] Anders als Meinhof verlangte Mahler für die Inhaftierten bessere Versorgung mit Fernsehprogrammen, Zigaretten und Kaffee. Auf einer allgemeineren Ebene stritten sie sich über die strategischen Implikationen der gemeinsam vertretenen Theorie des Wohlstands, der das revolutionäre Bewusstsein ersticke. Aber wo und wie ließ sich dieses Problem überwinden? Die Mobilisierung einer Reservearmee der Ladendiebe war sicher unrealistisch, doch Meinhof befand sich mit dieser Vorstellung in guter Gesellschaft; denn viele revolutionäre Theoretiker hatten die sozialen Unruhen ihrer Zeit vorschnell als die ersten Anzeichen für eine bevorstehende Revolution interpretiert. Die von Fetscher und seinen Mitautoren vertretene Behauptung, Meinhof habe sich eine postrevolutionäre Gesellschaft vorgestellt, in der die Menschen einfach vom Diebstahl in den Supermärkten lebten, wird den theoretischen Anstrengungen eines Menschen nicht gerecht, der verzweifelt das staatliche Gewaltmonopol durch Mobilisierung derjenigen herauszufordern versuchte, die die Gesetze der besitzenden Klassen brachen.

Meinhof hoffte, mit ihren Gedanken eine bereits aktive soziale Bewegung zu erreichen und zu beeinflussen, die sich im Anschluss an die Studentenbewegung weiterhin mit Problemen des Alltagslebens in

wandlung der Individuen«, in: Ernst Bloch, Herbert Marcuse, Jürgen Habermas, Ernst Fischer, Arnold Künzli, Iring Fetscher, Mihailo Marković, Ljubomir Tadić und Erich Fromm, *Marx und die Revolution* (Frankfurt a. M.: Suhrkamp, 1972), 70.

96 Fetscher/Rohrmoser, *Ideologien und Strategien*, 81-82.

97 Horst Mahler, Notizen, 1973, AHIS, KOK 03,002.

der Wohlstandsgesellschaft auseinandersetzte. Die Rechtfertigung des Ladendiebstahls in grober Anlehnung an Proudhon war im entstehenden Alternativmilieu weit verbreitet. Meinhof hatte vermutlich von einer Ladendiebstahlaktion der Bewohner eines selbstverwalteten Wohnkollektivs für obdachlose Jugendliche in einem leerstehenden Gebäude im Berliner Bezirk Kreuzberg im März 1973 gelesen.[98] In vielen Städten, vor allem in Italien, aber auch in der Bundesrepublik, waren Schwarzfahren, Mietstreiks und »proletarisches Einkaufen« Zeichen einer sich entfaltenden Gegenkultur geworden,[99] die sich auf alternative moralische Werte und Lebensstile stützte.

Laut Fetscher, Münkler und Ludwig erkannte Meinhof die Schwächen, die ihre Betonung des Konsums mit sich brachte, und verlagerte das Argument später von der Ebene der Verteilung wieder in die der Produktion.[100] Tatsächlich versuchte sie, den Zusammenhang zwischen beiden zu klären. Eine wohl in erster Linie von Meinhof stammende, aber möglicherweise gemeinsam mit anderen RAF-Mitgliedern verfasste Stellungnahme trug Astrid Proll, die jüngere Schwester von Thorwald Proll, während ihres Prozesses Anfang Oktober 1973 vor. In dem Text ging es in erster Linie um die Automatisierung. Zugleich nahm er Ideen aus »Die Massen und der Konsum« auf. Wieder galten Eigentumsdelikte als Zeichen einer wirtschaftlichen Krise: »Das Volk geht massenhaft in die Warenhäuser und klaut [...], Milliardentauschwerte, die jährlich aus den Warenhäusern rausgetragen werden.«[101] Die Stellungnahme begann mit einer Tirade, die Meinhof – so kann es den Anschein haben – an ihre posthumen Kritiker richtete: »Was [...] die Opportunistenratten, die Scheinrevolutionäre, die Schreibtischmarxisten, die Marx-Ästheten, die Revisionisten seit 100 Jahren machen, ist: den

98 »Mit Säcken ins Warenhaus – Die Lebensmittel rausgeholt«, in: *Wir wollen alles* 4 (Mai 1973), 12. Eine Kopie dieser Ausgabe wurde in Raspes Zelle in der JVA Ossendorf am 16. Juli 1973 beschlagnahmt. BAK, B/362, 3372,2. Siehe unten 301.

99 Siehe dazu Freia Anders und Alexander Sedlmaier, »›Squatting Means to Destroy the Capitalist Plan in the Urban Quarters.‹ Spontis, Autonomists and the Struggles over Public Commodities (1970-1983)«, in: Martin Baumeister, Bruno Bonomo und Dieter Schott (Hg.), *Cities Contested: Urban Politics, Heritage, and Social Movements in Italy and West Germany in the 1970s* (Frankfurt a. M./New York: Campus, 2017), 277-300.

100 Fetscher/Rohrmoser, *Ideologien und Strategien*, 83, 220.

101 Meinhof, »Widerspruchspapier«, vorgetragen von Astrid Proll bei ihrem Prozess (2. Oktober 1973), 13, AHIS, KOK 02,010, 13.

Marxismus zur Ware machen. [...] Die Revolution ist keine Ware.«[102] In Anlehnung an Marx verstand Meinhof die Automatisierung als treibende Kraft in einem Prozess, der den Tauschwert von Massenprodukten aushöhle.[103] Sie interpretierte die Neigung der Menschen zum Ladendiebstahl als intuitives Begreifen dieser Entwertung. Die Natur des Produktionsprozesses mache den Besitzanspruch der »Geldsäcke« obsolet. Die Menschen nähmen die Verteilung des Bruttosozialprodukts auf der Grundlage von »Lohn, Zins und Rente« und der »Trennung von Lohnarbeit und Kapital« nicht mehr hin.[104] Sie führte Statistiken aus den USA an, laut denen durch mitgenommenes Büromaterial sowie gefälschte Quittungen und Spesenabrechnungen jährlich zehn Milliarden US-Dollar veruntreut würden. Hierzulande verlangten die Menschen kostenlosen öffentlichen Nahverkehr. Die Idee war, das gesamte System zusammenbrechen zu lassen. Erneut betonte sie, Konsum sei nicht per se schlecht: »Es gibt überhaupt keinen Grund, auf den Konsum zu schimpfen. Er ist, wie verhunzt auch immer, ein Produkt der Entwicklung der Produktivkräfte. Er setzt an die Stelle des Naturbedürfnisses ein geschichtlich erzeugtes, wie Marx sagt. Die Konsumscheiße ist nicht nur ›Scheiße‹.«[105]

Gestützt auf Marx' *Grundrisse*, und zwar genau auf die Passage, die Marcuse eingangs in *Konterrevolution und Revolte* anführt, setzte sich Meinhof mit dem Einfluss der Maschinisierung auseinander.[106] Ähnlich wie Marcuse erkannte sie – 115 Jahre nach den *Grundrissen* – im technischen Fortschritt eine mögliche Basis für eine egalitäre Befreiung. Sie interpretierte die historische Entwicklung im 20. Jahrhundert als einen Prozess, in dem sich das Kapital die durch die Automatisierung hervorgebrachte Mehrproduktion wieder aneignete, diese teilweise von der Arbeit trennte und allmählich von der Verwirklichung echter Bedürfnisse ablenkte. Im Hinblick auf die revolutionäre Strategie übersah Meinhof keinesfalls die Entwicklungsländer. Sie richtete ihr Augenmerk auf die Sabotage der »Logistik des Imperialismus«, also Versor-

102 Ebd., 4.
103 Ebd., 9.
104 Ebd., 13.
105 Ebd., 16.
106 Meinhof, »noch was zu münchen-paper und der kritik daran«, AHIS, KOK 07,006. Vgl. Herbert Marcuse, *Counterrevolution and Revolt* (Boston: Beacon Press, 1972), 3; Karl Marx, *Grundrisse*, MEGA, Abt. 2, Bd. 1.2, 572.

gungsnetzwerke wie Öl-Pipelines im Besitz multinationaler Konzerne, die die Gesellschaften der Industrie- mit denen der Entwicklungsländer verbanden. Sie verwies auf Johan Galtungs Begriff der »strukturellen Gewalt«, um eine mögliche Offensive gegen die Versorgungsinfrastrukturen Westeuropas zu rechtfertigen, die über die bisherigen Angriffe der RAF auf die US-Armee hinausging. Dies passte zu ihrem früheren Vorhaben, die ökonomischen Legitimationsquellen des Kapitalismus zu unterbrechen. Gelänge es, mit derartigen Angriffen die Strom- oder Ölversorgung zu stören, würde sich das – so Meinhofs Hoffnung – auf die Energiepreise und die Versorgungssicherheit auswirken. Das würde wiederum das politische Gleichgewicht zugunsten der unzufriedenen und schließlich revolutionär agierenden Konsumenten verschieben, die sie noch immer mobilisieren wollte.[107]

Für Meinhof waren auch die Verbrechen der Nationalsozialisten nur dank der Produktion von Konsumgütern, insbesondere der von »Mehrprodukten«, die über die Grundbedürfnisse hinausgingen, möglich gewesen: »Ohne Autos, Radio und Flugzeuge hätten sie nicht geschafft, sechs Millionen Juden zu vergasen, die Organisation der deutschen Arbeiterbewegung zu vernichten und den zweiten imperialistischen Weltkrieg anzufangen.«[108] Für sie stand die NS-Vernichtungspolitik im Einklang mit den allgemeinen Prinzipien des Kapitalismus, was eine Kontinuitätslinie zwischen Auschwitz und dem »Genocid [sic] am vietnamesischen Volk« implizierte: »Verwandlung von lebendiger Arbeitskraft in Sachen, Leben, Lebenszeit, in Sachen vergegenständlichen, zur Sache machen, tot machen, durch quantifizieren, teilen, zerteilen, austauschbar machen, zur Ware machen. [...] Alles zu Ware, zu Geld, zu Schein von Sein, Sein zu Schein machen, zu Papier, ohne Gebrauchswert, zu nichts: [...] das war Auschwitz – das ist Auschwitz.«[109] In dieser Weltsicht war der Keynesianismus ein Trick des Systems, um auch in Zeiten der Krise seine Mehrproduktion wieder in Kapital zu verwandeln, und

107 Meinhof, »noch was zu münchen-paper und der kritik daran«, AHIS, KOK 07,006; »Imperialismustitel«, BAK, B 362, 3369, 1, III/30-31. Meinhof bezog sich auf Dieter Senghaas (Hg.), *Imperialismus und strukturelle Gewalt: Analysen über abhängige Reproduktion* (Frankfurt a. M.: Suhrkamp, 1972). Zur strukturellen Gewalt vgl. auch Jan-Carl Raspe, handschriftliche Notizen (3. Dezember 1972), BAK, B/362, 3371, 10b/25.5.5; Fetscher/Rohrmoser, *Ideologien und Strategien*, 118f.

108 Ulrike Meinhof, »Widerspruchspapier« von Proll bei ihrem Prozess vorgetragen, 2. Oktober 1973, 15, AHIS, KOK 02,010.

109 Ebd., 24.

der Faschismus ein Mittel, um ebendiese Verwandlung bei den Massen durchzusetzen. Meinhof schien jedoch davon überzeugt zu sein, dass dieser Mechanismus nun am Ende seiner Kräfte angekommen sei: »[M]it Consumerism läßt sich die Tatsache des Abbröckelns des Tauschwertes nicht rückgängig machen.« Allerdings fragte sie auch, »ob sie es [die Abwendung der revolutionären Krise] diesmal, nochmal, jetzt mit Computern, Hubschraubern, Fernsehen und Peilanlagen schaffen, bei denen es nicht mehr in der Leitung knackt [...]. Mit den B 52 allein schaffen sie's nicht. Den Beweis hat das vietnamesische Volk geführt.«[110] Vor dem Hintergrund dieser Überlegungen bemühte sich Meinhof, Parallelen zwischen ihrer Gegenwart und der nationalsozialistischen Vergangenheit zu identifizieren: Die Olympischen Spiele der Jahre 1936 und 1972, der Konsum und »der alte und neue faschismus«, all das gehörte zusammen. Sie erkannte eine Kontinuitätslinie, die von Auschwitz über Vietnam bis hin zu dem katastrophalen Versuch der deutschen Sicherheitskräfte, die israelischen Geiseln auf dem Flughafen Fürstenfeldbruck zu befreien, reichte. Meinhof benutzte sogar den antisemitisch konnotierten Begriff »verjuden«, um das zu charakterisieren, was sie für den Versuch des Systems hielt, die Menschen mit Volksaktien und Vermögensbildung zu kaufen.[111]

Mit einem historischen Argument erläuterte Meinhof ihre Position: Der Antisemitismus der Nationalsozialisten ging viel weiter als der reaktionäre Antikapitalismus des im Niedergang befindlichen Kleinbürgertums, das die Juden in Handel und Kommerz für die Ursache seiner eigenen, historisch notwendigen Misere hielt. Doch statt die wahre Ursache abzuschaffen, wollten die Nationalsozialisten die Juden »abschaffen«, als ob diese tatsächlich das wären, was sie nur repräsentierten: »das Geld – das Geldsystem – das System«. Mit Nachdruck behauptete sie: »Der Faschismus verkehrte die geschichtliche, die *menschliche* Lösung des Widerspruchs – das wäre gewesen: Bürgerkrieg – Revolution – Diktatur des Proletariats – Kommunismus – in die anti-geschichtliche, *unmenschliche* Endlösung: Maidanek [sic], Treblinka, Sobibor, Belczek [sic], Bergen-Belsen, Auschwitz.«[112] Anschließend zitierte Meinhof um-

110 Ebd., 16.

111 Meinhof, »noch was zu münchen-paper und der kritik daran«, AHIS, KOK 07,006.

112 Meinhof, »NS-Faschismus«, 13 f, AHIS, KOK 07,006. Ein nicht namentlich gezeichnetes und undatiertes Dokument mit vorbereitenden Notizen zu »Revolution und Faschismus« zeigt, dass einige der Hauptargumente von »Die Massen und der

fänglich aus »Zur Judenfrage« von Karl Marx. Dort argumentiert dieser, die menschliche Emanzipation werde durch wirtschaftliche Ungleichheit behindert: »Die Emanzipation vom *Schacher* und vom *Geld*, also vom praktischen, realen Judentum wäre die Selbstemanzipation unsrer Zeit. [...] Aus ihren eignen Eingeweiden erzeugt die bürgerliche Gesellschaft fortwährend den Juden.«[113]

## DIE RAF UND DIE KONSUMENTENPOLITIK

Auf den ersten Blick scheint es, als habe nur Meinhof den Konsum derart betont. Die Bedeutung des Themas war unter den inhaftierten Mitgliedern der RAF umstritten.[114] In einer publizierten Auswahl der geheimen Zellenzirkulare, welche die RAF-Gefangenen zwischen 1973 und 1977 austauschten, spielt Konsum keine zentrale Rolle. Die Korrespondenz diente in erster Linie der kollektiven Suche nach Möglichkeiten politischer Aktivität unter den Bedingungen der Gefängnishaft.[115] Eine genauere Analyse der internen Diskussionen bringt jedoch sehr viele Gemeinsamkeiten unter den Inhaftierten hinsichtlich der Haltung zur politischen Dimension des Konsums als Teil des imperialistischen Systems und damit auch der Guerillapolitik zum Vorschein.

Zu Beginn des Jahres 1973 dachte zumindest Ensslin in Meinhofs Kategorien. In einer handschriftlichen Notiz formulierte sie die Frage: »wie kann die lebensnotwendige ›korrespondenz‹ mit den massen (dem konsument) aussehen«?[116] »Konsumentenpolitik« hielt sie für eine Form des innenpolitischen Imperialismus, der den Profiten die Rolle des Subjekts zuschreibe und die Menschen zu Objekten herabsetze. Die Konsumenten waren der Verdinglichung und Kommodifizierung unterwor-

Konsum« zum Thema Ladendiebstahl auch noch in der zweiten Jahreshälfte erörtert und zunehmend in die Deutung des Nationalsozialismus eingebunden wurden. Das Dokument enthält einen Verweis auf eine Zeitung vom August 1973. Es wurde am 7./8. Februar 1974 konfisziert. »Vorbemerkung zu dem paper: Revolution und Faschismus«, 20f., BAK, B/362, 3309,2 273f.

113 Karl Marx, »Zur Judenfrage« (1843-44), in: MEGA, Abt. 1, Bd. 2, 164-166.

114 Vgl. Meinhof, »Zu der Kritik an dem Paper«, BAK, B/362, 3370,1, XV/5-7.

115 Pieter Bakker Schut, *das info. briefe von gefangenen aus der raf aus der diskussion 1973-77* (Hamburg: Neuer Malik Verlag, 1987).

116 Gudrun Ensslin, handschriftliche Notiz, Anfang 1973, BAK, B/362, 3367,1, II/27/158f.

fen; ihr Status bewegte sich irgendwo zwischen physischem Gegenstand, Tier und Mensch. Der »konsumentenpolitk« subsumierte Ensslin die globale Politik des Geldes und der Rohstoffe, die innenpolitisch durch die Doppelmoral der »sozialdemokratische[n] maske« umgesetzt werde: »Mit dieser zuspitzung der geschichte, die von der global organisierten und global kollaborierenden bourgoisie gemacht wird, erklärt sich buchstäblich alles. Ihre werte sind die ware und der markt, müll und müllhaufen. Der mensch, das internationale zahlungsmittel.« Unter Berufung auf Marx deutete sie, wie Meinhof, die »Arbeiteraristokratie« als potentiell letzten Trumpf in der Hand der Bourgeoisie. Dadurch ergab sich für das revolutionäre Proletariat der kapitalistischen Metropole eine Chance: »der führungsanspruch der 3. Welt ist schon jetzt nicht das letzte wort der revolution.«[117] Indem sie Konsum als integralen Bestandteil der Selbstentfremdung interpretierte, prangerte sie das »ganze dreckige universum aus besitz + konsum« an.[118] Ensslin glaubte, am Beispiel der RAF könnten die Massen nachvollziehen, wie das Verhältnis zum Konsum zu einem Verhältnis zum eigenen Selbst wird.[119] Was zählte, seien aber Taten, nicht Worte.

In Anlehnung an Marcuse brachte Ensslin ihre Gedanken auf eine simple Gleichung: »technischer fortschritt = wachsender gesellschaftl. reichtum = größere knechtschaft.« Aus dieser Gleichung schloss sie auf eine »*objektiv* revolutionäre situation in der konsumgesellschaft«. Dieser revolutionäre Kampf hatte zwei potentiell widersprüchliche Seiten: den Kampf in der Konsumgesellschaft und den Kampf gegen sie.[120] Verdinglichung galt Ensslin als das Hauptthema für den bewaffneten Kampf, und das Fernsehen samt seiner »Fiktion der Freiheit« betrachtete sie als einen wichtigen Schauplatz in der Schlacht um das Bewusstsein. In einem ersten historischen Schritt hin zur Deckung der materiellen Bedürfnisse der Menschen (Unterkunft, Nahrung, Bekleidung usw.) war der Gegensatz zwischen Kapital und Arbeiterschaft scheinbar verschwunden. Das hatte den Sozialdemokraten zu enormer Macht ver-

117 Gudrun Ensslin, »Reden wir von uns«, Anfang 1973, AHIS, KOK 07,002, abgedruckt in: Bakker Schut, *das info*, 15f.

118 Gudrun Ensslin, »metropolenbrut« (12. August 1974), ebd., 136.

119 Gudrun Ensslin, »Im Verhältnis des Proletariats zum Konsum«, BAK B/362, 3367,1, 49/1-50.

120 Gudrun Ensslin, »skizze zu bassa (arbeitstitel: stadtguerilla und metropole brd)« (Ende 1972/Anfang 1973), AHIS, KOK 07,002.

holfen. Und nun hämmerten sie den Menschen die Vorstellung ein, der Staat und der Status quo seien die »einzige Lebensqualitätmöglichkeit«.[121] Die Ideologie der bürgerlichen Gesellschaft sei ungemein flexibel und könne alle Tabus abschaffen, ausgenommen das der Gewalt.[122] Erst der zweite historische Schritt zur Deckung der materiellen Bedürfnisse brachte die Verdinglichung, »*die Krankheit des Systems*« vollständig ans Licht. Das System könne diese Krankheit nicht abschütteln; die einzige Alternative war die proletarische Revolution. Ensslin fragte, ob es nicht das sei, was Meinhof in ihrem »Konsumpapier« gemeint habe.[123] In Notizen, mit denen sie vermutlich direkt »Die Massen und der Konsum« kommentierte, reflektierte Ensslin das Verhältnis des Proletariats zum Konsum: Dieser habe das Verhältnis des Proletariats zu sich selbst bereits vollständig geprägt. Wie Meinhof glaubte auch Ensslin, der Diebstahl markiere die Grenzen der integrativen Kräfte des Massenkonsums. Das Kapital habe darauf nur eine Antwort: die Staatsgewalt, also Polizei und Justiz im Inneren und auf globaler Ebene den Genozid.[124] Nach Ensslins Ansicht war der Marxismus seit einem Jahrhundert in einem »dummen Materialismus« steckengeblieben. Mit Mao Zedong wollte sie das Hauptaugenmerk auf die Bauern legen, die das »*Land* erhalten« und die »Stadt nicht fetischisiert[en]«. Diese Politik enthalte die wesentlichen Zutaten für das letzte Stadium der historischen Entwicklung, denn sie entfalte das »Reich der Freiheit« schon in der Phase der Diktatur des Proletariats und gewährleiste so, dass die Idee nicht untergehe.[125] Dieser idealisierende Blick auf das maoistische China und die Kulturrevolution, die eine nicht bürokratische und nicht parteigeführte Revolution des Alltagslebens zu versprechen schienen, war zu Beginn der siebziger Jahre eine verbreitete Position in der radikalen Linken.[126]

121 Ensslin, »Von Kroetz stammt das Gleichnis«, AHIS, KOK 07,002.

122 [Gudrun Ensslin], »Der Imperialismus bildet eine Einheit«, BAK, B/362, 3367,1/, II/27/170.

123 Ensslin, »Von Kroetz stammt das Gleichnis«, AHIS, KOK 07,002.

124 Gudrun Ensslin, »Im Verhältnis des Proletariats zum Konsum«, BAK B/362/3367,1, 49/50. Eine ähnliche Argumentationslinie findet sich in einem weiteren vermutlich von Ensslin verfassten Dokument, in dem sie zustimmend formulierte, die Massen »schleppen ja wirklich Millionen jeden Tag ab aus Kaufhaus und Fabrik« (»Der Imperialismus bildet eine Einheit«, BAK, B/362, 3367,1, II/27/169).

125 Ensslin, »Von Kroetz stammt das Gleichnis«, AHIS, KOK 07,002.

126 Vgl. oben S. 61.

Für Jan-Carl Raspe, der wie Meinhof zunächst in Ossendorf inhaftiert war, stellte Konsum zwar kein zentrales Thema dar, aber in einigen Passagen seiner umfangreichen tagebuchartigen Aufzeichnungen zu Fragen der Ideologie und der Alltagspolitik spielte er eine wichtige Rolle. Am Tag vor den vorgezogenen Bundestagswahlen im November 1972, die in mancher Hinsicht ein Referendum über Willy Brandts Ostpolitik waren, hielt Raspe fest, die Konsumentenpolitik sei die wichtigste ideologische Kampfansage an die Staaten des Ostblocks. In seinen Überlegungen zur Abwehr dieser Bedrohung verwies er auf Maos China, die frühe Sowjetunion und die frühe DDR: »Die revolutionäre Antwort wäre die Kulturrevolution, [...] die Revolution im Überbau im Bereich der Ideologie, welche Konsumscheiße etc. entlarven würde.«[127] Die Frage war nur, ob die Volkswirtschaften der sozialistischen Länder nicht schon vollständig auf die Produktion von Konsumgütern ausgerichtet waren, so dass eine ökonomische Kehrtwende ausgeschlossen war.

Die Möglichkeit eines inneren Transformationsprozesses in den sozialistischen Ländern schätzte Raspe wohl optimistischer ein als Marcuse. Für sein Urteil stützte er sich auf den von dem tschechoslowakischen Philosophen Radovan Richta herausgegebenen Sammelband *Civilizace na rozcestí* (dt.: *Zivilisation am Scheideweg*). Der sogenannte »Richta-Report« legte die Ergebnisse eines interdisziplinären Großprojekts vor, in dessen Rahmen sich sechzig Intellektuelle mit den gesellschaftlichen und menschlichen Folgen der wissenschaftlichen und technischen Entwicklung auseinandergesetzt hatten. Mit ihren Überlegungen wollten sie einen Beitrag zu den Bemühungen leisten, die tschechoslowakische Wirtschaft umzustrukturieren: Innerhalb der Planwirtschaft sollte Raum für eine marktbasierte Konsumnachfrage geschaffen werden. Die reformorientierten Forscher beriefen sich auf unorthodoxe Marxisten aus dem Westen wie Marcuse und Erich Fromm. Die Impulse, die von diesem Projekt ausgingen, trugen in den siebziger Jahren zur Etablierung einer »kommunistischen Massenkonsumgesellschaft« in der Tschechoslowakei bei.[128] Raspe konzentrierte sich auf Richtas Argumente zum Verhält-

127 Jan-Carl Raspe, »Ad Ostpolitik« (18. November 1972), BAK, B/362, 3371, 10b/5.1.1.

128 Radovan Richta und Kollektiv, *Zivilisation am Scheideweg: Soziale und menschliche Zusammenhänge der wissenschaftlich-technischen Revolution* (Freiburg: Verlag an der Basis, 1970). Vgl. auch Stefan Bollinger, »Der ›Richta-Report‹ – Vergessene marxistische Alternativen in Zeiten der Produktivkraftrevolution«, in: *Sitzungsberichte der Leibniz-Sozietät* 76 (2005), 75-90; online verfügbar unter: {http://leibnizsozietaet.

nis zwischen Konsum und Bewusstsein: »[W]enn R[adovan] R[ichta] recht hat, ist die passive Hinnahme des Konsumzyklus nur möglich, weil das Kapital durch seine Agenten – Staat samt Institutionen bis hin zur Werbung – gezwungen ist, das Bewußtsein zu enteignen.« Diese Hinnahme, so Raspe, neutralisiere, den wiederkehrenden Krisen des Kapitalismus zum Trotz, jedwede Sehnsucht nach dem Kommunismus. Wie seine Genossinnen ging auch Raspe davon aus, dass die Formen der Ausbeutung in der Konsumsphäre vervielfältigt würden und dass den Massen eine tief verwurzelte Sehnsucht nach Freiheit und Gleichheit innewohne. Den Faschismus interpretierte er als Symptom einer gescheiterten Integration durch Massenproduktion und Massenkonsum. Ähnlich wie Meinhof stellte er fest: »Nur wenn die Massen konsumieren, läuft der Betrieb«.[129] Raspes Gedanken, denen zufolge das System die Massen mithilfe des Konsums mobilisiere, erinnern deutlich an Marcuse. Materielle Sicherheit galt ihm als unverzichtbare Voraussetzung für das Funktionieren der kapitalistischen Gesellschaft. In diesem Punkt offenbarte sich ein wichtiges Novum im Vergleich zu früheren politischen Ideologien: »[D]er Wert hat materielle Gestalt angenommen + die Identifikation verliert ihren ideellen Charakter, gewinnt materiellen Charakter, wird also viel schwerer zu durchbrechen sein.«[130] In Raspes antiimperialistischer Perspektive erschien das Leid der Massen in den Entwicklungsländern für die Befriedigung der Interessen des Kapitals als »Preis für den Fortschritt + Ruhe + Konsumfreiheit hier«.[131] Er führte die »Politisierung«, die er zwar nicht bei den »Massen«, dafür aber bei »große[n] Teile[n] des Volkes« zu beobachten meinte, darauf zurück, dass die Menschen der »Surrogate von Konsum, absoluter Privatisierung etc.« überdrüssig würden, »die seit den 50er 60er Jahren als Gratifikation der Herrschenden für den strengen Antikommunismus der Masse des Volkes angeboten wurden«.[132]

de/wp-content/uploads/2012/11/05_bollinger.pdf} (Stand August 2017); Christoph Boyer, »Einleitung«, in: ders. (Hg.), *Sozialistische Wirtschaftsreformen: Tschechoslowakei und DDR im Vergleich* (Frankfurt a. M.: Vittorio Klostermann, 2006), xxix–xxx.

129 Jan-Carl Raspe, handschriftliche Notizen (22. u. 23. Februar 1973), BAK, B/362, 3371, 11/27.1f.

130 Ebd. (4. Dezember 1972), 27.1.1f.

131 Ebd. (6. Dezember 1972), 3371, 10b/26.1.1.

132 Ebd. (19. Dezember 1972), 21.1.1; für ähnliche Verweise vgl. auch 7. Januar 1973, 11.2.1.

Als es darum ging, die Verteidigungsstrategie der RAF für den im Mai 1975 beginnenden Prozess in Stammheim festzulegen, beschloss Andreas Baader, den Fokus nicht auf den Konsum zu richten. Sein Schlüsselbegriff war vielmehr »der Krieg«: »du kannst nicht den krieg über deine bedürfnisse erklären, sondern du musst die prozesse, die ihn bestimmen, aus denen er kommt + die, für die er kämpft [sic] – die sich aus ihm und nur durch ihn entwickeln können, begreifen und erklären.« Nur ein lang anhaltender Krieg würde eine neue Gesellschaft, neue Werte und neue Menschen hervorbringen.[133] Im Prinzip setzte Baader damit die RAF und »den Krieg« mit dem revolutionären Subjekt gleich. Sinn und Legitimation – zentral in Meinhofs Schriften zum Konsum – traten in den Hintergrund. Dennoch hielt auch Baader an einigen Grundüberzeugungen der RAF fest, etwa wenn er eine »komplexe struktur«, bestehend aus »produktionsprozess – konsumtion – massenkommunikation«, annahm, welche die »massenmobilisierung« unterbinde.[134] Mitte Juni 1975 beklagte er, das politische Bewusstsein befände sich »in der falle der warengesellschaft – der falle aus entfremdeter produktion und entfremdetem konsum«. Aus dieser Perspektive erschienen die staatlichen Maßnahmen im Umgang mit den militanten Gefangenen – von diesen selbst als »Isolationsfolter« bezeichnet – als Versuche des Systems, jegliche nicht kommodifizierte Form von Identität zu unterbinden.[135] Entsprechend hielt Ensslin die revolutionäre Gewalt für »die einzige Produktivkraft«. Die bewaffnete Politik sei die einzig erfolgversprechende Konkurrenz zum »staatsmonopolkapitalismus«.[136]

Offenbar rang sich auch Meinhof im Laufe des Jahres 1975 zu einer Position durch, in der die Idee des Kampfs – »guerilla/kampf/befreiung« – ins Zentrum der Ideologie rückte. Doch suchte sie weiterhin nach Kriterien, die diesen Zustand des Kampfes definierten. Nun war nicht mehr der »Diebstahl«, sondern die »Besitzlosigkeit« das Kriterium,[137] mit dessen Hilfe sie Revolutionäre definierte, die ihre gesamte

133 Andreas Baader, »der schlüssel ist krieg, zur linie für die prozesserklärung in stammheim, 20.5.75«, in: Bakker Schut (Hg.), *das info*, 217.

134 Ebd., 219.

135 »andreas am 18.6.«, in: *texte: der RAF* (Malmö: Verlag Bo Cavefors, 1977), 90.

136 Gudrun Ensslin zit. n. Alfred Klaus, »Bericht vom 15.1.1976 über die Auswertung des am 22.1.1975 in den Zellen der Angeklagten Baader, Ensslin, Meinhof, und Raspe beschlagnahmten Beweismaterials«, 12, AHIS, KOK 04,004.

137 Ulrike Meinhof, »an hamburg« (7. Oktober 1975), in: Bakker Schut (Hg.), *das info*, 222.

Persönlichkeit den Zielen des Kollektivs unterordneten. Die RAF-Gefangenen gehörten somit zur Guerilla ohne Eigentum – dem absoluten Gegensatz zum Wohlstandskonsumenten. Schon 1973 hatte Meinhof ihrem Anwalt Eberhard Becker mitgeteilt: »die schweine sind eher bereit, uns die zellen mit konsumscheiße vollzustellen als uns in die knäste zu integrieren.«[138]

Am 13. Januar 1976 legten Baader, Ensslin, Meinhof und Raspe im Prozess in Stammheim eine 195 Seiten umfassende Erklärung vor. Auch in diesem Dokument, mit dem die RAF-Mitglieder ihre Taten zu begründen versuchten, bildete die Analyse der Wohlstandsgesellschaft ein zentrales Element. Demnach hatte die traditionelle Linke, wozu auch Gewerkschaften und SPD gerechnet wurden, nicht die richtigen Schlüsse aus der deutschen Geschichte gezogen. Sie sei stattdessen dem Konsum und den Privilegien auf den Leim gegangen, die eine hochindustrialisierte Gesellschaft zu bieten hatte.[139] Die Ideologen der RAF behaupteten, der Massenkonsum sei in der Bundesrepublik erst Mitte der fünfziger Jahre entstanden und habe insofern dem Antikommunismus, der ursprünglichen Triebfeder der Kolonisierung des Bewusstseins der Massen durch den US-Imperialismus, lediglich eine »materielle grundlage« hinzugefügt. Der Massenkonsum allein erkläre nicht die negativen Einstellungen der Massen zum Sozialismus. Für die RAF-Kader war der Konsum ein Symptom imperialistischer Strukturen.[140] Die riesigen Warenmengen, die im Rahmen des Marshall-Plans unter anderem deshalb verfügbar gemacht wurden, um die Anziehungskraft kommunistischer Parteien zu unterminieren, dienten »als vehikel für den transport der us-imperialistischen ideologie«. Mit Zitaten von Richard M. Bissell, der in verantwortlicher Position an der Umsetzung des Marshall-Plans beteiligt gewesen war und wegen seiner späteren Karriere bei der CIA ein plausibles Ziel für Kritik darstellte, wollten die Angeklagten nachweisen, dass der Marshall-Plan zumindest anfangs viel weniger großzügig war als oft angenommen. Dieser Auffassung zufolge wurden die europäischen Konsumkapazitäten erst ab 1949 gezielt ausgeweitet, als die Ver-

138 Ulrike Meinhof an Eberhard Becker (1973), BAK, B/362, 3370,1, XI/26.

139 Andreas Baader, Gudrun Ensslin, Ulrike Meinhof und Jan-Carl Raspe, »Erklärung zur Sache« (13. Januar 1976), 13; online verfügbar unter: {http://www.socialhistoryportal.org/sites/default/files/raf/0019760100_04_2.pdf} (Stand August 2017); Auszüge daraus in ID Verlag (Hg.), *Rote Armee Fraktion,* 198-265.

140 Ebd., 21.

einigten Staaten das volle wirtschaftliche Potential einer Konstellation begriffen hatten, in der die eigene Überproduktion nach Europa geleitet werden konnte und die Profite gleichzeitig an US-amerikanische Firmen zurückflossen. Das Ziel sei nicht die Versorgung mit Nahrungsmitteln gewesen, sondern der industrielle Wiederaufbau Europas gemäß US-amerikanischen Interessen. Hätte der Marshall-Plan lediglich den Interessen der europäischen Konsumenten gedient, wäre er als schlichte Verlagerung von Konsumkapazitäten aus den USA nach Europa ein Verlustgeschäft gewesen. Die konzertierte Ausdehnung der europäischen Konsumkapazitäten hingegen generierte Profite, dämmte zugleich den Kommunismus ein und ließ die USA als Wohltäter erscheinen. West-Deutschland war der Brückenkopf dieses Unternehmens.[141]

Der sogenannte »Korea-Boom« – der wirtschaftliche Aufschwung in der Bundesrepublik durch die 1950 vom Koreakrieg hervorgerufene gestiegene Nachfrage nach Rüstungsgütern – sei Beleg für die Integration West-Deutschlands »in den imperialistischen zyklus« sowie den Zusammenhang zwischen Rüstung, Krieg und wirtschaftlichem Aufschwung. Der Koreakrieg sei bloß »bedingung für die wirksamkeit der antikommunistischen offensive in der konsumentenkultur«.[142] Die auf ihn folgende Exportausrichtung der bundesrepublikanischen Industrie ließ sich somit, zumindest in ihrer Anfangsphase, im Sinne einer klassischen Theorie des Sozialimperialismus interpretieren: Die Ausweitung der Konsumkapazitäten dank steigender Reallöhne wurde durch die Verschiebung der Widersprüche des Kapitalismus in die Peripherie erreicht; ein Prozess, der die »harmonische entwicklung« der Klassenverhältnisse in der Bundesrepublik Deutschland zur Folge hatte.[143]

In dem Dokument bezeichneten die RAF-Mitglieder die USA als »zentrum der transnationalen konzerne«. Baader und Genossen hatten damit vor allem die US-amerikanische Entwicklungspolitik im Blick, wie sie durch John F. Kennedys Alliance for Progress und Walt Rostows Take-Off-Modell geprägt wurde. Vor dem Hintergrund der kubanischen Revolution wollte Kennedy mit seiner Initiative die wirtschaftliche Zusammenarbeit zwischen den USA und den Staaten Lateinamerikas ausbauen und damit verhindern, dass diese mit der Sowjetunion

141 Ebd., 36-38.
142 Ebd., 42.
143 Ebd., 45.

kooperierten. Dafür wurden die Begriffe »materieller Fortschritt« und »Freiheit« rhetorisch miteinander verknüpft. Der US-amerikanische Ökonom Rostow erklärte in seinem Buch *The Stages of Economic Growth: A Non-Communist Manifesto* aus dem Jahr 1960 »hohen Massenverbrauch« zum Endziel industrieller Modernisierung. Damit machte er das amerikanische Modell zur notwendigen Norm für den wirtschaftlichen Fortschritt aller Entwicklungsgesellschaften. Wie Bissell eignete sich auch Rostow hervorragend als Kandidat, um das Weltbild der RAF zu bestätigen: Als überzeugter Antikommunist war auch er an der Entwicklung des Marshall-Plans beteiligt gewesen und wurde als Sicherheitsberater von Lyndon B. Johnson zu einer einflussreichen Figur während des Vietnamkriegs. Die in Stammheim Angeklagten erwähnten die amerikanischen Projekte nur en passant, ohne weitere Details zu nennen. Sie wollten in erster Linie deren »rein demagogische funktion« geißeln, schließlich litten den Angaben der Ernährungs- und Landwirtschaftsorganisation der Vereinten Nationen zufolge noch immer Millionen Menschen an Unterernährung.[144] Die gewaltigen Zahlen sollten implizit die Bedeutung der vier Morde und 54 Fälle versuchten Mordes herunterspielen, die der RAF-Führung zur Last gelegt wurden.

Baader, Ensslin, Meinhof und Raspe argumentierten, das Kapital versuche, allen Ländern »imperialistische akkumulation« aufzuzwingen, und greife dabei zu Propaganda, um das entsprechende »ideologische Klima« zu schaffen, z. B. durch »faschistische hollywoodheldenserien«. Gestützt auf einen Artikel aus dem *Spiegel*, erläuterten die Angeklagten, US-amerikanische Fernsehserien wie *Kojak*, *Columbo*, *Bonanza* und *Kung Fu* erreichten 500 Millionen Menschen in 95 Ländern. Aus einer Unesco-Studie zitierten sie: »das fernsehen mit seiner universalen sprache hat sich als wirksames instrument erwiesen, die ideologie des konsums zu verbreiten«. In dieser Analyse der »soft power« *avant la lettre* war »die ideologie des konsums [...] die des sich in seine unterwerfung fügenden objekts«.[145] Die Kategorie des Konsums als Indikator für imperialistische Machtstrukturen war im Denken der RAF-Führung fest

144 Ebd., 96.

145 Ebd., 102; »Fernsehen: Sauce in Serie«, in: *Der Spiegel* 48 (24. November 1975), 178-181; Kaarle Nordenstreng und Tapio Varis, *Television Traffic – A One-Way Street? A Survey and Analysis of the International Flow of Television Programme Material* (Paris: Unesco, 1974).

verankert. Es ging nun nicht mehr so sehr darum, diesen Zusammenhang nachzuweisen, sondern ihn mitunter fragmentarisch auf verschiedene Kontexte anzuwenden. Das konnte wie folgt klingen: »das nationaleinkommen verfressende bürokratien [...], noch mehr luxuskonsum, ausrüstungsgüter, prestigeprojekte, imperialistische kommunikationsprojekte und die dazu gehörigen gehirnwäscheprogramme, bullenapparate und vor allem auch rüstungsgüter von den imperialistischen konzernen kaufen«.[146] Reformistische Impulse des Warschauer Pakts erschienen als »versuch, den weltmarkt [...] zu rekonstruieren und über konsumstrategien zu einer konvergenz der systeme zu kommen«. Die Ostpolitik – ein »sozialdemokratisches projekt des neokolonialismus« – galt als neue Variante einer wesentlich älteren Strategie, mit der die Sowjetunion unter Druck gesetzt werden sollte.[147] Nach Ansicht der RAF hatte der Imperialismus mit seinem »vernichtungspotential« die Sowjetunion eingekreist und ihr ein spezifisches »akkumulationsmodell« aufgezwungen: »die entwicklung von schwerindustrie und konsumgüterindustrie, surplusproduktion zur verwertung in der rüstung, also mehrwertvernichtung mit der folge verschärften konsumverzichts«.[148]

In ihren letzten Texten wenige Wochen vor ihrem Tod verortete Meinhof den Kampf der RAF in einem Bezugssystem der »massenmanipulation«, das aus einem »postfaschistische[n] staat, konsumentenkultur, metropolenchauvinismus, [...] medien, psychologische[r] kriegführung [und] sozialdemokratie« bestehe.[149] Der legalen Linken warf sie vor, lediglich die Erinnerung an die Opposition gegen den Vietnamkrieg zu vermarkten und zu konsumieren.[150] So werde der revolutionäre Impetus der Massen unterdrückt und Empörung zu einer stumpfen Waffe – deshalb sei bewaffneter Kampf notwendig. Im Taylorismus des New Deal glaubte Meinhof eine verhängnisvolle Konvergenz von Faktoren zu erkennen, mit der das Proletariat gespalten werden sollte: Der

146 Baader/Ensslin/Meinhof/Raspe, »Erklärung zur Sache« (13. Januar 1976), 107.

147 Ebd., 129.

148 »brief von andreas an die gefangenen, 3 fragmente aus der ›erklärung zur sache‹«, in: *texte: der RAF*, 197f.

149 Ulrike Meinhof an Hanna Krabbe (19. März 1976), in: Internationales Komitee zur Verteidigung politischer Gefangener in Westeuropa (Hg.), *letzte texte von Ulrike* (Selbstverlag 1976), 6.

150 Ulrike Meinhof, »geschichte der brd, alte linke: fragment – zu den beweisanträgen«, in: Internationales Komitee zur Verteidigung politischer Gefangener in Westeuropa (Hg.), *letzte texte von Ulrike*, 29.

ökonomische Kampf wurde in die Sphäre des Staats verschoben, die Sozialpolitik nahm dem Klassenkampf seine Dringlichkeit, was zur Entpolitisierung beitrug und schließlich die Konsumgesellschaft, also die Massenproduktion von Konsumgütern am Fließband und höhere Löhne zum Preis intensivierter Arbeit zur Folge hatte.[151]

Der Umgang der RAF mit der Strategie des Westens während des Kalten Kriegs und mit der Wirtschaftspolitik seit dem New Deal ist ein interessantes Beispiel für das, was der US-amerikanische Politikwissenschaftler David Apter »inversionären Diskurs« genannt hat: Die radikalen Kritiker analysierten die wesentlichen taktischen und strategischen Maßnahmen der Entscheidungsträger in Washington und Bonn. In ihrer antiimperialistischen Weltsicht erschienen die Erfolge des Marshall-Plans und des Keynesianismus aber als Rückschritte, da sie zur Stabilisierung des Systems beitrugen. Beide Seiten waren sich also darin einig, dass eine Stabilisierung erfolgt war. Doch während die eine Seite sie begrüßte und sie benutzte, um in der nach dem Zweiten Weltkrieg entstehenden Weltordnung die eigene Position zu legitimieren, untersuchte die andere Seite die Ursprünge des verhassten Systems, um es mitsamt seinem entpolitisierenden Materialismus zu delegitimieren.

Im Gegensatz zur späteren Forschungsliteratur gab es einige zeitgenössische Beobachter, die die weitreichende Kritik der RAF an der Konsumgesellschaft und die entsprechende kulturrevolutionäre Agenda durchaus erkannten. Wolf Biermann, der 1969 ein Preisgeld in Höhe von 10 000 DM an Horst Mahler für die Verteidigung von West-Berliner Studenten gestiftet hatte, erklärte im Juli 1972: »Lenin hat gesagt, daß der erste Schuß erst abgefeuert werden darf, wenn die Revolution losgeht. Die Kommunisten in der Baader-Meinhof-Gruppe setzten ihr Leben für die Gegenthese ein, nämlich, sie wollen beweisen, wenn nicht endlich der erste Schuß losgeht, die Revolution verschlafen und verfressen wird.«[152] Der Sozialpsychologe Peter Brückner äußerte sich etwas ausführlicher. Er war 1972 auf Grundlage des Radikalenerlasses von sei-

151 »brief ulrike – discussion hier«, in: Internationales Komitee zur Verteidigung politischer Gefangener in Westeuropa (Hg.), *letzte texte von Ulrike*, 26. Vgl. auch Meg Jacobs, »›Democracy's Third Estate‹. New Deal Politics and the Construction of a ›Consuming Public‹«, in: *International Labour and Working-Class History* 55 (1999), 27-51.

152 Rote Hilfe, *Dokumentation: Vorbereitung der RAF-Prozesse durch Presse, Polizei, und Justiz*, BAK, B/362, 3372,2.

ner Professur in Hannover suspendiert worden. Brückner argumentierte, die sozialrevolutionäre Revolte in den frühen siebziger Jahren habe ihren Blick besonders auf diejenigen Segmente der Gesellschaft gerichtet, die nicht vollständig in die kapitalistischen Arbeits- und Konsumverhältnisse integriert gewesen seien. Dies sei mit radikalem Widerstand gegen die destruktive Integration einhergegangen.[153] Was oftmals als widersprüchlicher Ansatz kritisiert werde, der sich zugleich an die Privilegierten und an die Verarmten richte, sei vielmehr ein ehrgeiziger Versuch, die angeblich universellen Vorzüge des wirtschaftlichen Wohlstands infrage zu stellen und damit das gesamte Spektrum der arbeitenden Bevölkerung als potentielle Gegner und Opfer des kapitalistischen Systems anzusprechen. Brückner verwies auf zeitgenössische Phänomene wie die steigende Zahl der Eigentumsdelikte, Hausbesetzungen, Bürgerinitiativen und »Revolten gegen Leistungsforderung und Konsum«.[154]

Die Schriften der RAF zu Beginn des Jahres 1976 bilden den Schlusspunkt ihrer kritischen Konzentration auf Probleme des Konsums. Im Januar 1976 versuchte sie letztmalig, ihre Position gegenüber der Staatsmacht und der Öffentlichkeit unter derart explizitem Bezug auf Fragen des Konsums zu legitimieren. Eine quantitative Analyse der *Texte und Materialien zur Geschichte der RAF*, der umfassendsten publizierten Zusammenstellung der Schriften der Gruppierung, zeigt ein deutliches Bild: Der Begriff »Konsum« und dessen Ableitungen kommen auf 40 der 379 Seiten vor, die den Zeitraum zwischen »Die Rote Armee aufbauen!« vom Juni 1970 bis zur deutschen Vereinigung im Oktober 1990 umfassen. Nur drei Belegstellen finden sich in Dokumenten aus der Zeit nach Meinhofs Tod im Mai 1976: Im Dezember 1984 griff die inhaftierte Brigitte Mohnhaupt auf die historischen Analysen aus der »Erklärung zur Sache« vom Januar 1976 zurück. Konsum sei eine Strategie, um die sozialistischen Staaten und die Arbeiterklasse zu unterminieren;[155] und in einer Erklärung aus dem Jahr 1986 findet sich der Begriff »Konsumterror« zur Beschreibung der Totalität der sozialen Kon-

153 Peter Brückner, »Politisch-psychologische Anmerkungen zur Roten-Armee-Fraktion« (1973), in: Peter Brückner, *Über die Gewalt. Sechs Aufsätze zur Rolle der Gewalt in der Entstehung und Zerstörung sozialer Systeme* (Berlin: Wagenbach, 1979), 47.

154 Ebd. Siehe auch Fetscher/Rohrmoser, *Ideologien und Strategien*, 282.

155 Christian Klar und Brigitte Mohnhaupt, »Erklärung zu 77« (4. Dezember 1984), in: ID Archiv (Hg.), *Rote Armee Fraktion*, 317, 321.

trolle.[156] Mit Meinhofs Tod verstummte der agilste Kopf, der sich immer wieder dem Thema Konsum gewidmet hatte. Zudem überschattete der sich immer weiter zuspitzende Konflikt zwischen der RAF und dem Staat während des Deutschen Herbsts das Projekt der RAF-Begründer, ihre revolutionären Anstrengungen durch eine weitgreifende intellektuelle Analyse zu rechtfertigen. Die Versuche ihrer Nachfolger, die inhaftierten Kader zu befreien, hinterließen ein Erbe der Selbstreferentialität.

## BEWEGUNG 2. JUNI

Die Tradition einer explizit militanten Perspektive auf Fragen des Konsums wurde von der Bewegung 2. Juni fortgeführt, deren Name auf den Tag verwies, an dem Benno Ohnesorg getötet wurde.[157] Die Gruppe war mit der RAF verbündet, entwickelte aber ihre eigene, stärker anarchistisch geprägte Ideologie und kritisierte zuweilen die Taktik der prominenteren Genossen. Die Entführung von Peter Lorenz im Februar 1975, Lorenz war der CDU-Kandidat für das Amt des Regierenden Bürgermeisters von West-Berlin, durch die Bewegung 2. Juni scheint zunächst nichts mit Widerstand gegen Versorgungsregime zu tun zu haben. Die Täter wollten inhaftierte Genossen freipressen. Doch bei dem Versuch, die Entführung zu rechtfertigen, setzte die Bewegung 2. Juni bei Fragen der Verteilung und der moralischen Ökonomie an. Ein Flugblatt mit der beachtlichen Auflage von 30 000 Stück erklärte, die Papie-

156 »Die revolutionäre Front aufbauen« (1986), in: ID Archiv (Hg.), *Rote Armee Fraktion*, 365.

157 Siehe *Der Blues.* Diese etwa 1000 Druckseiten umfassende, nichtwissenschaftliche Edition von Quellen aus dem Umfeld der Bewegung 2. Juni beinhaltet unterschiedliche Dokumente aus der sozialrevolutionären Subkultur West-Berlins in den siebziger Jahren. Zuweilen fehlen Angaben zu Herkunft, Datum und/oder Verfasser. Die verfügbare Quellenlage ist wesentlich schmaler als im Fall der RAF, doch auch hier gibt es viel, was die bisherige Forschung ignoriert hat. Vgl. Tobias Wunschik, »Die Bewegung 2. Juni«, in: Kraushaar (Hg.), *Die RAF und der linke Terrorismus*, Bd. 1, 531-561; Gabriele Rollnik und Daniel Dubbe. *Keine Angst vor niemand. Über die Siebziger, die Bewegung 2. Juni und die RAF* (Hamburg: Edition Nautilus, 2004); Inge Viett, *Nie war ich furchtloser* (Reinbek: Rowohlt, 1997); Till Meyer, *Staatsfeind. Erinnerungen* (Hamburg: Hoffmann und Campe, 1996); Reinders/Fritzsch, *Die Bewegung 2. Juni.*

re, die Lorenz bei der Entführung bei sich trug, belegten, dass er sich wenig um die Folgen der von ihm mitgetragenen Preiserhöhungen der Berliner Versorgungsbetriebe scherte. Insbesondere habe er die Hilferufe einer Mutter ignoriert, die in finanziellen Schwierigkeiten steckte und deren Kind an Downsyndrom litt, wobei er selbst doch mehr als 20 000 DM im Monat verdiente. Nach Robin-Hood-Manier schickten die Entführer der Frau 700 DM, die sie bei Lorenz fanden. Außerdem wollten sie eine Parteispende des Bauunternehmers Karsten Klingbeil in Höhe von 10 000 DM an eine Hilfsorganisation für Behinderte weiterleiten. Lorenz, so ließen die Kidnapper verlautbaren, kaufe »in Sanierungsgebieten Häuser und Grundstücke [...], auf denen nach Abriss der alten Häuser, Appartmentshäuser gebaut werden, die kein Mensch bezahlen kann, oder Betonklotze [sic] wie das Märkische Viertel, oder der Steglitzer Kreisel, wo er als Notar mitgemacht hat. [...] Wie lange muss ein Arbeiter schichten [sic] schieben, um auf den Lebensstandart [sic] von Peter Lorenz zu kommen?«[158]

Die Staatsmacht beugte sich den Forderungen der Entführer, sie ließ zwei nach dem Tod von Holger Meins inhaftierte Demonstranten frei und flog Verena Becker, Gabriele Kröcher-Tiedemann, Ingrid Siepmann, Rolf Pohle und Rolf Heißler vom Gefängnis in den Südjemen aus. Horst Mahler, der auch auf der Liste der Entführer stand, lehnte den Austausch ab. Ein halbes Jahr nach der Entführung hatte die Polizei mehrere tatverdächtige, aber zunächst flüchtige Mitglieder der Bewegung 2. Juni verhaftet. Im Sommer 1978 gaben Fritz Teufel, Ralf Reinders, Gerald Klöpper und Ronald Fritzsch in Untersuchungshaft der Illustrierten *Stern* ein Interview. Auf die Frage, welche persönlichen und

158 Bewegung 2. Juni, »Die Entführung aus unserer Sicht« (März 1975); online verfügbar unter: {http://bewegung.nostate.net/mate_zeit_verdienst.html} (Stand August 2017). Das Märkische Viertel ist ein Wohnbaugebiet im Norden Berlins mit etwa 17 000 Wohneinheiten in zahlreichen Hochhäusern, die zwischen 1964 und 1974 durch die landeseigene Gesellschaft für sozialen Wohnungsbau errichtet wurden. Für Kritiker wurden die Anlagen zu einem Symbol des unmenschlichen Betonbrutalismus. Auch Ulrike Meinhof hatte Anfang 1970 in einer politischen Stadtteilgruppe im Märkischen Viertel mitgearbeitet und ein Strategiepapier mitverfasst. Siehe dazu Johannes Beck (Hg.), *»Jetzt reden wir«. Betroffene des Märkischen Viertels* (Reinbek: Rowohlt, 1975). Der Steglitzer Kreisel ist ein zwischen 1968 und 1980 errichteter Gebäudekomplex mit Bürohochhaus. Er war Gegenstand eines großen Immobilienskandals, der dem Land Berlin wegen dubioser Bürgschaften massive Kosten verursachte; mehrere Politiker gerieten unter Korruptionsverdacht.

politischen Erfahrungen sie in den Untergrund und zur Stadtguerilla geführt hätten, nannten sie den Konsumzwang als eines der Motive:

> Familie, Schule, Fabrik, Büro, Betrieb, Uni, Knast, Wohnsilo, der ganz gewöhnliche terroristische Irrsinn des kapitalistischen Alltags, der Jugendliche in aller Welt auf die Barrikaden und dazu trieb, mit neuen Formen des Zusammenlebens und des Kampfes zu experimentieren. Der Wunsch, selbständig zu leben. Nicht Anziehpuppe, Schräubchen, Roboter, manipulierter Konsumidiot einer vom Profitinteresse gesteuerten gesellschaftlichen Als-ob-Natur zu sein.[159]

In dem langwierigen Gerichtsverfahren um die Entführung von Peter Lorenz erläuterten die Angehörigen der Bewegung 2. Juni ihre ideologischen Ansichten. Für sie war Gewalt ein intrinsisches Merkmal des Kapitalismus. Eine historische Sichtweise führte sie, ähnlich wie Ulrike Meinhof, zum New Deal, »dem system, dass man die eigenen arbeiter als konsumenten zu einem absatzmarkt machte«.[160] Die Mitglieder der Bewegung 2. Juni, die sich offen zum Anarchismus bekannten, waren überzeugt, dass die Prinzipien der herrschenden Klasse zwangsläufig zur Zerstörung der Erde führen würden. Trotz offensichtlicher Parallelen, was den Begriff der Gewalt anbelangte, unterschied sich die Bewegung 2. Juni von der RAF in ihrer Einstellung zu Menschen, die das verhasste System repräsentierten. Reinders behauptete, die Bewegung 2. Juni habe Lorenz, der fünf Tage in einem Keller festgehalten und dann freigelassen wurde, nicht nur als Feind, sondern auch als Menschen betrachtet und ihn entsprechend behandelt.[161] Es genüge nicht, so Reinders, den Staat oder seine Repräsentanten anzugreifen. Der Widerstand müsse auch auf das Gebiet der politischen Ökonomie ausgeweitet werden und erfordere ein Bündnis zwischen militanten Gruppen und sozialen Bewegungen: »Wir werden erst Häuser besetzen und halten und dann Stadtteile [...]. Wir werden die Fabriken erst besetzen und sie selbstverwalten [...]. Wir werden AKWs genauso wie alle Mittelstreckenraketen und sonstigen Dreck verschrotten.« Als explizites Vorbild würdigte Reinders die polnische Solidarność-Bewegung. Die Aufgabe bestehe darin, die Isolation von den sozialen Bewegungen zu

159 »Die Unbeugsamen von der Spree«, in: Reinders/Fritzsch, *Die Bewegung 2. Juni*, 117. Die Veröffentlichung im *Stern* wurde von den Interviewten nicht autorisiert.
160 »Ablehnung der Strafkammer wegen Befangenheit«, in: *Der Blues*, Bd. 2, 579.
161 »Schlusswortmarathon im Lorenz-Prozess«, in: *Der Blues*, Bd. 2, 868f.

vermeiden. Der Staatsmacht dürfe es nicht gelingen, die Verbindung zwischen den verschiedenen Kräften, von denen einige »Gegengewalt« befürworteten und andere für Gewaltlosigkeit plädierten, zu durchtrennen. Diese Überlegungen stützten sich auf eine kritische Analyse des Schicksals der RAF.[162]

Die beiden militanten Gruppen wiesen jedoch in ihrem Ziel, eine bessere Welt zu schaffen, zahlreiche Parallelen auf. Die Mitglieder der Bewegung 2. Juni glaubten, dass zwei Bedingungen erfüllt sein müssten, damit den Menschen die Tür zur Selbstverwirklichung offen stünde: eine gerechte Güterverteilung und die Abkehr von jeglicher Manipulation der Bedürfnisse. Diese Überzeugung setzt ein grundsätzlich positives Bild der menschlichen Natur voraus: »der mensch verwirklicht sich in seiner schöpferischen, selbständigen, also nichtentfremdeten arbeit und nicht im herumliegen.«[163] In seiner Rechtfertigung griff Reinders – auch hier ähnlich wie die RAF – auf die deutsche Nachkriegsgeschichte zurück. Im Vergleich zum Sozialismus sei der Kapitalismus stetig stärker geworden. Doch das sogenannte Wirtschaftswunder bewertete Reinders recht negativ: Es handele sich um ein »System, das die Menschen auf einen Konsumterror abrichtete, was immer Verschuldung mit sich brachte und dafür sorgte, dass nicht nur die Väter, sondern auch die Mütter arbeiten gehen mussten«. Die Menschen unterlägen einem umfassenden Zwangssystem; wer Widerstand leiste, verliere seine Arbeit oder werde gar verfolgt. Zudem führten die Medien einen veritablen »Krieg gegen die Köpfe« und hämmerten den Menschen ein, »wie wichtig Konsum sei, wie sinnlos Widerstand wäre und dass alles, was nicht der kaputten kapitalistischen Norm entspricht, eine Gefahr für die Monatsraten darstellt«.[164] Die Bewegung 2. Juni interpretierte die damalige wirtschaftliche Situation als Staatsmonopolkapitalismus, der die Preise zum Nachteil der Konsumenten erhöhe, die deshalb auf Ladendiebstahl zurückgreifen müssten.[165] In Krisenzeiten sei der Staat gezwungen, auf Kosten der sozialen Infrastruktur die Konzerne zu unterstützen: »[D]ie Interessen der gesamten Gesellschaft müssen für die Interessen der Kapitalisten in den Hintergrund treten. Weniger Ärzte, weniger Lehrer, schlechte Krankenhäuser und Schulen, teure Nah-

162 Ebd., 879f.
163 »Ablehnung der Strafkammer wegen Befangenheit«, in: *Der Blues*, Bd. 2, 584.
164 »Schlusswortmarathon im Lorenz-Prozess«, in: *Der Blues*, Bd. 2, 865.
165 »Die Welt wie wir sie sehen«, in: *Der Blues*, Bd. 2, 715f.

verkehrsmittel, schlechte Wohn- und Erholungsräume sind die Folge.«[166] Die seinerzeit rasant zunehmende Arbeitslosigkeit ließ die Kritik am Konsumterror in den Hintergrund treten.[167] Die Nato, der Internationale Währungsfonds, die Trilaterale Kommission und ähnliche Institutionen wahrten durch ihre Aufteilung der Dritten Welt scheinbar den Frieden, doch in Wirklichkeit förderten sie den »Stahl-, Auto-, Textil- und Währungskrieg«.[168]

Im Laufe des Verfahrens spaltete sich die Bewegung 2. Juni in drei Gruppen: Einige wollten wie bisher weitermachen, andere schlossen sich der RAF an, und die dritte Gruppe näherte sich einem Konzept des Widerstands an, das sich auf die Traditionen der Subversiven Aktion zurückbesann. Als er im Jahr 1979 über die Krise der Linken schrieb, nahm Fritz Teufel, einer der wichtigsten Verfechter des dritten Ansatzes, Fragen des Konsums auf, um eine radikale Identität zu entwerfen. Im Ton von Cowboy- und Indianerfilmen und in Anlehnung an die italienischen Indiani Metropolitani wandte er sich an seine »roten Schwestern und Brüder« und pries den Kampf »für kollektive Freiheit und kollektives Glück«, die er mit immateriellen Werten verknüpfte: »Unsere Liebe und Solidarität, unsere Fantasie, unser Mut, unsere Geduld, unsere Entschlossenheit, unsere List, unsere Zärtlichkeit, unser Witz, unsere Fähigkeit zu Kritik und Selbstkritik, unsere Hoffnung ist stärker als alles, was sich die Bleichgesichter für Geld kaufen können.«[169] Noch 1980, als er den Begriff »Spaßguerilla« prägte, empfahl Teufel die aus seinen Kommunetagen stammende Strategie, durch kalkulierte Regelverletzungen öffentliche Aufmerksamkeit zu erzeugen.[170]

Dieser Ansatz stieß bei einigen Genossen auf Kritik. Sie sahen in dieser Strategie, aber auch in der Lorenz-Entführung nur einen »kurzfristig errungene[n] Sieg – das konsumierbare Ritual«.[171] Diese Fraktion woll-

166 Ebd., 721.

167 »Die Unbeugsamen von der Spree«, in: *Der Blues*, Bd. 2, 121f.

168 »Schlusswortmarathon im Lorenz-Prozess«, in: *Der Blues*, Bd. 2, 878.

169 Fritz Teufel, »Indianer weinen nicht – sie kämpfen«, in: Karl-Heinz Roth und Fritz Teufel, *Klaut sie! (Selbst-)kritische Beiträge zur Krise der Linken und der Guerilla* (Tübingen: iva-verlag bernd polke, 1979); online verfügbar unter: {http://bewegung.nostate.net/mate_indianer.html} (Stand August 2017).

170 AG Spass muss sein! (Hg.), *Spassguerilla* (Münster: Unrast Verlag, 2001, 4. Aufl. [Reprint]).

171 »Auflösungspapier 2. Juni« (2. Juni 1980); online verfügbar unter: {http://autox.nadir.org/archiv/div/80_2juni_1.html} (Stand August 2017).

te die Bewegung 2. Juni auflösen und sich der RAF anschließen. Diese Debatte zwischen den Fraktionen führte zu Reflexionen über die eigene Geschichte. Ein Diskussionspapier der Inhaftierten Ralf Reinders, Klaus Viehmann und Ronald Fritzsch hielt an der etablierten Strategie fest und identifizierte die Protestbewegung der späten sechziger Jahre, die erste, die sich »nach zwölf Jahren Nazi-Terror und 20 Jahren antikommunistischer Hetze« sozialistischen Ideen zugewandt habe, als die historische Wurzel des eigenen Kampfes. Mit einer gewissen Glorifizierung der »[p]roletarischen Jugendlichen«, die zu Beginn der siebziger Jahre den militanten Widerstand aufgenommen hatten, beschrieben sie ihren Kampf als gegen drei Übel gerichtet: Fremdbestimmung bzw. Unterdrückung; Indifferenz gegenüber Genozid und Imperialismus und schließlich die »wahnsinnige kapitalistische Konsummaschinerie, die die menschlichen Bedürfnisse zur Fratze fremden Profits verzerrt«.[172]

Diejenigen, die die Bewegung 2. Juni fortsetzen wollten, befürworteten eher sozialrevolutionäre Ziele als den »Fetisch« des »bewaffneten Kampf[es]«. Inspiriert von Régis Debrays Buch *Kritik der Waffen*, in dem er seine Erfahrungen aus dem Guerillakampf in Lateinamerika reflektierte, gingen die Angehörigen dieses Lagers davon aus, dass der bewaffnete revolutionäre Kampf an Popularität einbüßen würde. Dieser Niedergang habe mit der Abkoppelung der »gewaltsame[n] Methode von ihren ökonomischen und sozialen Anwendungsgebieten« begonnen und werde in einem »linken Terrorismus« enden, der sich von den Anliegen der Menschen immer weiter entferne.[173]

Am 13. Oktober 1980 wurden Ralf Reinders, Roland Fritzsch, Till Meyer, Gerald Klöpper und Andreas Vogel für die Entführung von Peter Lorenz zu Freiheitsstrafen zwischen zehn und fünfzehn Jahren verurteilt. Teufel wurde vom Vorwurf der Entführung freigesprochen, erhielt aber fünf Jahre wegen Mitgliedschaft in einer kriminellen Vereinigung.[174] Am Tag der Urteilsverkündung mussten Experten der Polizei im KaDeWe und in der Deutschen Oper Pakete »entschärfen«, die zunächst wie hochgefährliche Sprengsätze aussahen, jedoch jeweils nur einen Wecker, eine Wasserflasche und einige Schokoküsse enthielten –

172 Ralf Reinders, Klaus Viehmann und Ronald Fritzsch, »Zu der angeblichen Auflösung der Bewegung 2. Juni« (Juni 1980); online verfügbar unter: {https://autox.nadir.org/archiv/div/80_2juni_2.html} (Stand August 2017).

173 Ebd. Vgl. Régis Debray, *La critique des armes*, 2 Bde. (Paris: Éditions du Seuil, 1974).

174 Meyer, *Staatsfeind*, 416.

letztere sollten, wie eine beigelegte Notiz empfahl, den Kindern der Sprengmeister zukommen.[175] Die Bewegung 2. Juni hatte das Verteilen von Schokoküssen bei zwei Banküberfällen in West-Berlin im Sommer 1975 erprobt, um die anwesenden Bankkunden zu beruhigen.[176] Danach wurde die Süßigkeit in einschlägigen Kreisen zu einem oft zitierten Symbol für einen begrenzten und »humanen« Einsatz militanter Mittel. Ein Bekennerschreiben zu den Bombenattrappen wurde in der Zeitschrift *radikal* abgedruckt. Die Deutsche Oper sei, so war dort zu lesen, nicht nur »ein Platz pseudogebildeter Kulturkonsumenten«, sondern auch die Bühne für den Besuch des Schahs von Persien im Jahr 1967. Der Streich im KaDeWe stelle klar, dass »Frau und Herr Saubermann nicht vollkommen ungestört ihren Ramsch einkaufen können«, wenn die Genossen der Bewegung 2. Juni dazu verurteilt werden, »im Hochsicherheitstrakt dahin[zu]siechen«.[177] Die Ausgabe der *radikal* enthielt einen weiteren Artikel, der ähnlich argumentierte und den Mythos des bewaffneten Kampfes kritisierte, der zur Herausbildung von Hierarchien innerhalb der radikalen Linken führe. Der Autor lobte Formen des Alltagswiderstands und nannte als Beispiel den unbekannten Käsedieb bei Karstadt.

## DIE AUTONOMEN

Die Betonung der alltäglichen Dimension des Widerstands, das subjektive Konzept der Politik der ersten Person und die Ablehnung von Hierarchien sind charakteristisch für die Autonomen. Diese soziale Bewegung entstand in der Bundesrepublik zu Beginn der achtziger Jahre vor allem im Kontext der Hausbesetzerbewegung.[178] Es ist kaum möglich,

175 Eine autonome Zelle aus der Bewegung 2. Juni, »Gruß vom Blues: tik-tak heißt die neue Taktik«, in: *radikal* 83 (1980), 5.

176 Reinders/Fritzsch, »Von den Haschrebellen«, 49-52.

177 Eine autonome Zelle aus der Bewegung 2. Juni, »Gruß vom Blues«, 5. Siehe auch »Der Mythos des bewaffneten Kampfes – oder: ›die einen klauen Lorenz und ich eben meinen Käse bei Karstadt‹«, in: *radikal* 83 (1980), 4.

178 Freia Anders, »Wohnraum, Freiraum, Widerstand: Die Formierung der Autonomen in den Konflikten um Hausbesetzungen Anfang der achtziger Jahre«, in: Sven Reichardt und Detlef Siegfried (Hg.), *Das alternative Milieu. Unkonventionelle Lebensentwürfe und linke Politik in der Bundesrepublik Deutschland und Westeuropa 1968-1983* (Göttingen: Wallstein, 2010), 473-498.

den allenfalls lose miteinander verbundenen autonomen Gruppen eine eindeutige politische oder soziale Ideologie oder eine stringente Theorie zuzuschreiben. Sie agierten in zahlreichen lokalen Initiativen und Kampagnen, aber auch in den militanten Flügeln der Anti-Atomkraft- und der Friedensbewegung. Das breite Themenspektrum ging einher mit einer Fülle legaler und illegaler Protestpraktiken, von der konventionellen Demonstration bis zur Sachbeschädigung und Sabotage. Die ritualisierte militante Konfrontation mit der Staatsmacht lief immer wieder Gefahr, zum Selbstzweck zu werden. Die eklektische Theorie der Autonomen kombinierte Elemente des Neo-Marxismus, Poststrukturalismus und Anarchismus.[179] In der Diskussionskultur wurde die Anonymität, oftmals unter Verwendung schillernder Pseudonyme, zum Prinzip erhoben. Die Sicherheitsapparate betrieben massiv die Kriminalisierung der Publikationen der Autonomen, etwa der Zeitschrift *radikal*, die ihre Sympathie für die Bewegung 2. Juni offen artikulierte.[180]

1980 widmete die *radikal* ihre Dezember-Ausgabe dem Thema Konsum. Mehrere lange Leserbriefe erörterten die Bedeutung des Konsums im alternativen Milieu. Dabei entstanden die Konturen einer autonomen Kritik an Versorgungsregimen. Das Hauptaugenmerk lag auf den negativen Auswirkungen des Konsums, die zur »verdrängung der eigentlichen bedürfnisse« führten und Menschen in »gefühlsmäßige krüppel« verwandelten, was wiederum die herrschenden Klassen in die Lage versetzte, »jeden widerstand von vornherein zu verhindern, ohne offen gewalt anzuwenden«.[181] Ein Autor erkannte ein neues Konsumverhalten unter den Linken, das er als Reaktion auf die eher asketischen Lebensformen der siebziger Jahre interpretierte. Er bemerkte sehr zutreffend, dass die mittlerweile beruflich etablierten Anhänger der Studentenbe-

179 Vgl. Sebastian Haunss, *Identität in Bewegung: Prozesse kollektiver Identität bei den Autonomen und in der Schwulenbewegung* (Wiesbaden: VS Verlag, 2004); Jan Schwarzmeier, *Die Autonomen zwischen Subkultur und sozialer Bewegung* (Göttingen: Books on Demand, 2001); Thomas Schultze und Almut Gross, *Die Autonomen. Ursprünge, Entwicklung, und Profil der autonomen Bewegung* (Hamburg: konkret, 1997); Geronimo, *Feuer und Flamme. Zur Geschichte und Gegenwart der Autonomen* (Amsterdam: ID Verlag, 1990).

180 Freia Anders, »Die *radikal* und das Strafrecht«, in: Freia Anders und Ingrid Gilcher-Holtey (Hg.), *Herausforderungen des staatlichen Gewaltmonopols. Recht und politisch motivierte Gewalt am Ende des 20. Jahrhunderts* (Frankfurt a. M./New York: Campus, 2006), 221-259.

181 »Konsum als Droge«, in: *radikal* 85 (1980), 13.

wegung zumindest potentiell zu einem neuen Marktsegment geworden waren. Der Begriff »Konsumterror« bezeichnete für ihn weiterhin ein virulentes Problem, nämlich die »Diktatur der Ware«, die wesentlich »wirksamer [sei] als jede andere Form der Herrschaft«. Andererseits sei der Begriff jedoch durch dogmatischen Gebrauch diskreditiert worden. Er forderte die Linke dazu auf, »eine Bestandaufnahme der eigenen ›Bedürfnisse‹« vorzunehmen, um politisches Handlungsvermögen wiederzuerlangen: »Ich glaube, ne Linke, die ernsthaft gegen das Knast- und Warensystem ankämpfen will, muß ganz ernsthaft damit beginnen, die eigene Verknastung im Netz des Konsumismus und damit verbunden des Karrierismus aufzuknacken.«[182]

Ein anderer Beitrag ist charakteristisch für die zeitgenössische Verschiebung des linken Diskurses weg von Fragen der Gewalt, hin zum individuellen Wandel in linken Lebensstilen. Gestützt auf Erich Fromms Bestseller *Haben oder Sein*, diagnostizierte der Autor eine »alternative Ideologie« mitsamt der Suche nach einer »Wiedergewinnung von Intensitäten und Gebrauchswert«.[183] Diese Ideologie trete dafür ein, »verbissene Gier nach warensinnlicher Betäubung« durch »sinnhafte und sinnliche Entfaltung des Selbst« zu ersetzen. Letztere manifestiere sich aber weiterhin in Form von Waren, was zu der alternativen »Konsummoral des einfachen, aber dennoch anspruchsvollen [...] Lebens« führe. Zugleich erkannte der Autor die Schattenseite dieses Durchbruchs: die zunehmende kommerzielle Ausbeutung alternativer Lebensformen. Diese Überlegungen stützten sich explizit auf Marcuses Idee der »repressiven Entsublimierung« und auf den Begriff der »Deterritorialisierung« von Gilles Deleuze und Félix Guattari.[184] Die Analyse leitete über zu einer pessimistischen, aber prophetischen Zukunftsvision: »Übrig wird das bleiben, was die ängstlich-verkrampften Massen vom alternativen Leben gerade noch verkraften können: das alternative Konsumentenbewußtsein.«[185] Der Autor blieb einen Vorschlag schuldig, wie diesem Dilemma zu begegnen sei.

Eine Gruppe, die sich Rauchende Bulldoozer [sic] Alaskas nannte,

182 Ulli, »Links vom Konsum?«, in: *radikal* 85 (1980), 13.

183 Harry Ticker, »Von Wilden, Kindern, alternativen Konsumenten«, in: *radikal* 85 (1980), 14f.

184 Vgl. Gilles Deleuze und Félix Guattari, *Tausend Plateaus. Kapitalismus und Schizophrenie* (Berlin: Merve, 1992).

185 Ticker, »Von Wilden«, 15.

lehnte in einem Statement den Konsumethos der alternativen Bewegung vehement ab. Die Bulldoozer wollten nicht anders konsumieren; sie wollten die Bedürfnisse von der Ökonomie des kapitalistischen Tauschwerts befreien, die ihres Erachtens jeden befreienden Impuls mit einem »Netz des Konsums« einfing. Dieser Zwangsläufigkeit wollten sie eine konkrete Utopie des Hier und Jetzt sowie eine radikalisierte Politik der ersten Person entgegensetzen, die sich vom langfristigen Ziel der Befreiung löste: »Wir bereiten nicht mehr unsere Befreiung oder die Weltrevolution vor, [...] wir spielen einfach [...], holen uns einfach die Stereoanlage auf die wir schon immer scharf waren [...]. Zünden Karstadt an, nicht um gegen das Morden in El Salvador zu protestieren, nein der Winter ist uns zu kalt, so wird's auf dem Kuhdamm ein bißchen wärmer [...] und plötzlich ist selbst die Ebene des Gebrauchswerts verlassen.«[186] Das war als radikale Abkehr vom alternativen Milieu und von den Ideen von 1968 gemeint. Im September 1982 unternahm eine autonome Gruppierung, die sich Bewegung 2. Juni nannte, einen Brandanschlag auf einen Supermarkt in Berlin-Kreuzberg, doch der in einem Waschmittelkarton platzierte Brandsatz zündete nicht. Ein Bekennerschreiben erklärte, Einkaufszentren und Kaufhäuser müssten im Kontext von Stadterneuerung und den Hungerstreiks der inhaftierten linksradikalen Genossen begriffen werden: »Supermärkte [...] werden, solange es sie gibt, brennen.«[187]

Als Folge der vor allem durch den Boom von Einkaufszentren und Fußgängerzonen vorangetriebenen Kommerzialisierung des öffentlichen Raums versuchten Einzelhandels- und Unternehmerverbände, unerwünschte Elemente – Punks, Hippies, Obdachlose – aus den Einkaufsstraßen und -zentren zu verbannen. Derartige Initiativen wurden durch Haus- und Nutzungsordnungen bestärkt, die von privaten Sicherheitsfirmen und letztlich von der Polizei durchgesetzt wurden. Die »Unerwünschten« hielten sich nicht immer an die neuen Regeln, und die Konsumsphäre wurde zu einem umkämpften Terrain, was weitreichende Fragen bezüglich des rechtlichen Status öffentlicher Straßen und halböffentlicher Verkaufsräume aufwarf. Im November 1982 löste ein massives Polizeiaufgebot mit Schlagstöcken und Pfefferspray eine Ver-

186 Rauchende Bulldoozer Alaskas, »Unterm Pflaster liegt der Asphalt«, in: *radikal* 85 (1980), 17.

187 Bewegung 2. Juni, »Erklärung zum Brandanschlag auf REAL in 36«, in: *radikal* 109 (1982), 5.

sammlung von Punks auf, die gegen das neue Regime in der Wuppertaler Innenstadt protestierten. Die Vertriebenen antworteten mit Farbbeuteln, einem Lagerfeuer und der Forderung nach »Jobsicherheit für Glaser«.[188] Eine Woche vor Weihnachten 1982 griff eine Gruppe, die sich Revolutionärer Morgen nannte, die Wuppertaler »Konsumzentren«, also Warenhäuser und große Bekleidungsgeschäfte, mit Buttersäure an. Die Täter erklärten später, die Aktion sei aufgrund der zu geringen verwendeten Menge der unangenehm riechenden Chemikalie nicht besonders erfolgreich gewesen. Sie hatten die »organisierte Unmenschlichkeit« angreifen wollen, derentwegen Menschen »an ihren eigentlichen Bedürfnissen vorbeileben, und im Grunde nur existieren, um den Wohlstand [einiger] weniger zu sichern, indem wir für sie arbeiten, konsumieren – unser ganzes Leben von ihnen bestimmen lassen«.[189] Die alternative Tageszeitung *taz* widmete den »Störenfriede[n] in der Vorweihnachtszeit« eine ganze Seite: Hier wurde von einem Versuch berichtet, den Geschäftsablauf im KaDeWe zu stören, indem Verkäuferinnen in endlose Verkaufsgespräche verwickelt wurden; in der Innenstadt von Hannover kam es zu gewaltsamen Konfrontationen zwischen Punks und Polizei; in einem Bochumer Warenhaus fanden Demonstrationen statt. In einigen Fällen wurden Polizisten in Kampfausrüstung dazu abgestellt, Schaufensterfronten zu schützen und Sicherheitskontrollen an Geschäftseingängen durchzuführen.[190] Derartige Aktivitäten waren mittlerweile schon jährlich wiederkehrende Routine: Zu Weihnachten 1981 war der Kurfürstendamm Schauplatz einer kollektiven Aktion, bei der Weihnachtsbäume brannten, Schaufensterscheiben zu Bruch gingen, der Straßenverkehr blockiert und organisierter Ladendiebstahl praktiziert wurde. Aktivisten riefen dazu auf, Weihnachtspäckchen an Gefangene zu schicken.[191]

Vierzehn Jahre und neun Monate nach den Frankfurter Kaufhaus-

188 »Wuppertal. Picknick im Konsumwald«, in: *radikal* 110 (1982), 28; »Wuppertal. Samstag-Fieber«, in: *radikal* 111 (1982), 27. Vgl. Alexander Sedlmaier, »Youth and the Semi-Public Sphere of Large-Scale Retail«, in: Axel Schildt und Detlef Siegfried (Hg.), *European Cities, Youth, and the Public Sphere in the Twentieth Century* (Aldershot: Ashgate, 2005), 134-149.

189 Revolutionärer Morgen, »Wuppertal. Leben, lieben, und dafür kämpfen«, in: *radikal* 112 (1983), 26.

190 »Störenfriede in der Vorweihnachtszeit«, in: *taz* (20. Dezember 1982), 3.

191 »Festausschuß der Aktionseinheit ›Spaßgerilja‹ und ›Autonome Gruppen‹, ›Weihnacht '81‹«, in: *radikal* 100 (1982), 3.

brandanschlägen entzündete ein Brandsatz die Abteilung für Herrenoberbekleidung bei Wertheim am Kurfürstendamm. Die *radikal* druckte ein Bekennerschreiben einer Gruppe, die sich »Die hungernden Psychopathen« nannte. Die Parallelen zu den Ereignissen im April 1968 waren deutlich zu erkennen. Die Vorrichtung zündete ohne Vorwarnung in der Nacht, so dass zwar Personenschäden vermieden wurden, aber ein beträchtlicher Sachschaden entstand. Die Verfasser der Erklärung artikulierten ihre starke, wenngleich diffuse Unzufriedenheit mit der Wohlstandsgesellschaft: »Wir hatten vor, mitten im Prestigeherz der Schweine gegen die ›Friedefreudeeierkuchenstimmung‹ direkt und in unserer Weise vorzugehen. Gerade zum alljährlichen Weihnachtsklimbim haben wir uns für ein Kaufhaus auf der größten und fratzenhaftesten Konsumrennbahn in der wilden Westcity entschieden, um unserem permanenten Kotzgefühl flammenden Nachdruck zu verleihen.« Zum erweiterten Protest gehörten auch demolierte Schaufenster von Banken und Supermärkten.[192] Die öffentliche Resonanz war jedoch wesentlich geringer als 1968: Kaufhausbrandstiftungen waren den Zeitungen von 1982 kaum eine Meldung wert, vielleicht aus Furcht vor Nachahmungstätern. Nur zwei Wochen später kam es in München zu einem ähnlichen Anschlag: In einem Hertie-Warenhaus wurde kurz vor Ladenschluss ein Brandsatz gezündet, der Sachschaden in Höhe von etwa 10 000 DM verursachte. Die *radikal* rückte den Anschlag in den Zusammenhang eines Kampfs gegen Computer und Überwachungstechnologien, die die Macht in der Gesellschaft zu übernehmen drohten. Es wurde kritisiert, dass der Zeitpunkt während der Ladenöffnungszeiten falsch gewählt gewesen sei, dennoch, so wurde unterstrichen, habe es keine Verletzten gegeben.[193] In der folgenden Ausgabe erschien ein Bekennerschreiben, dessen Urheber betonten, mit dem Anschlag habe man zeigen wollen, dass Widerstand sogar im stramm rechten Bayern möglich sei. Der verspäteten Rechtfertigung schien es jedoch vor allem um die Abwehr von Kritik zu gehen. Die Täter gaben an, das Programm der RAF großenteils zu befürworten, bestritten aber, nur Trittbrettfahrer zu sein, da sie die Verletzung von Menschen vermieden. Doch die Behauptung, sie hätten das Feuer auf einer Treppe gelegt, um

192 Die hungernden Psychopathen, »Äktschen: Brennende Weihnacht«, in: *radikal* 112 (1983), 6; Erregte Straßenarbeiter, »Äktschen: Klirrende Weihnacht«, in: *radikal* 112 (1983), 6.

193 »München: Flammende Grüße«, in: *radikal* 112 (1983), 29.

niemanden zu gefährden, war fragwürdig. Das konnte nur glauben, wer sich blind auf die Effektivität der Sprinkleranlage verließ.[194] Die Täter der Kaufhausbrandanschläge von 1982/83 wurden nie gefasst.

Die Einzelhandelsorganisationen der frühen achtziger Jahre schenkten den radikalen Protestpraktiken in der Konsumsphäre mehr Aufmerksamkeit als ihre Vorläufer in den späten sechziger Jahren, als die relevanten Fachzeitschriften das Thema mehr oder weniger ignorierten.[195] Ein Kommentator schäumte, dass sich »eine Subkultur von Arbeitslosen sowie Mietkostenverweigerern formiert, die mit Hilfe staatlicher Alimentation und gelegentlicher Schwarzarbeit Häuser besetzt, Geschäfte plündert, Straßen verwüstet [...] und munter dahin existiert, ohne für die Volkswirtschaft Nützliches beizutragen.« Sogar die Jusos hätten sich für die Verstaatlichung der Warenhauskonzerne und einen Übergang zu sozialistischen Produktionsformen ausgesprochen.[196] Ein anderer Einzelhandelsfunktionär berichtete empört von der »Klauanweisung linker Chaoten« in einer autonomen Zeitschrift: »Vielleicht könnten wir in Kürze in dieser Spalte erfahren, wie man Molotowcocktails baut, wie man, wann und wo Kaufhausbrände legt, wie man Demonstrationen in Hauptgeschäftsstraßen organisieren kann mit Zerschlagen der Schaufenster und Vitrinen und anschließendem Plündern zur Finanzierung von Drogenräuschen, oder wie man Brüche in Banken organisiert?«[197] Diesem aufgebrachten Kaufmann war vermutlich nicht bekannt, dass diese radikalen Praktiken in der Tat in autonomen Zeitschriften diskutiert wurden.

Im Frühjahr 1983 fand eine gemeinschaftlich organisierte Ladendiebstahlstour in Berlin-Kreuzberg statt: Menschen in schwarzen Lederjacken nahmen sich in Supermärkten Lebensmittel und verteilten diese in Robin-Hood-Manier an Passanten.[198] Im November des Jahres berichtete die *radikal* über einen mehrgleisigen Angriff auf das KaDe-

194 »München: Im Herzen der Bestie«, in: *radikal* 113 (1983), 28.

195 Diese Aussage stützt sich auf eine systematische Auswertung der Zeitschriften *Ffh Mitteilungen, Mitteilungen Verein Berliner Kaufleute und Industrieller* und *Der Einzelhandel: Fachorgan des Landesverbandes Einzelhandel des Landes Rheinland-Pfalz* für die Jahre 1967-69 und 1981-83.

196 »Verstaatlichen: u.a. die 4 Warenhauskonzerne sowie C&A, Otto- und Quelle-Versand«, in: *Der Einzelhandel* 34/8 (1981), 4.

197 Hubertus Tessar, »Kommentar: Klauanweisung linker Chaoten im ›Klenkes‹«, in: *Der Einzelhandel* 36/5 (1983), 8.

198 »Ghetto: Träume werden wahr!«, in: *radikal* 115f. (1983), 4.

*Abb. 9*: Militanter Protest der späten achtziger Jahre.

We: In der Lebensmittelabteilung wurde Buttersäure verschüttet, über Spielzeugpanzer wurde Altöl gegossen und Textilien wurden mit Schwefelsäure beschädigt.[199] Im März 1984 richtete ein Brandanschlag auf die West-Berliner Niederlassung von Ikea Sachschaden in Höhe von 10 000 DM an. Der Protestakt richtete sich gegen das »pseudolinke image« des Konzerns, der seine Möbel unter anderem in billiger Gefängnisarbeit herstellen ließ.[200]

*

199 »Handschriftliches: Einkaufen macht Spaß«, in: *radikal* 122 (1983).

200 »Berlin/Wallau: IKEA abgebrannt«, in: *radikal* 126-127 (1984), 46. In dem Artikel wird zudem behauptet, ein Großbrand, der am 13. März 1984 die Verwaltungszentrale von Ikea in Wallau bei Frankfurt zerstörte und einen Sachschaden von über 70 Millionen DM verursachte, sei ebenfalls durch Brandstiftung verursacht worden. Das lässt sich jedoch nicht verifizieren.

Die Protagonisten der in diesem Kapitel analysierten Gruppen und Bewegungen litten nicht unter Armut. Sie wollten zumeist nicht ihre eigenen Bedürfnisse befriedigen, sondern sahen sich selbst in erster Linie als Anwälte der Unterdrückten und Ausgeschlossenen. Gemeinsam mit anderen hatten sie begonnen, neue Bedingungen menschlichen Zusammenlebens zu konstruieren. Als Nutznießer des bundesrepublikanischen Wohlstands und Teil einer breiten Protestbewegung, die ihren kulturellen und politischen Einfluss recht erfolgreich geltend machte, versuchten die Angehörigen linksgerichteter intellektueller Kreise vor dem Hintergrund der Schrecken des Zweiten Weltkriegs und der Konfrontationen während des Kalten Kriegs moralische Werte politisch zu reklamieren. Doch sie mussten feststellen, dass der Weg zu den von ihnen imaginierten gesellschaftlichen Verhältnissen und Versorgungsregimen blockiert war. Ihre Wünsche und Ambitionen waren unter den gegebenen Umständen nicht völlig unplausibel, vor allem wenn man sich vor Augen hält, wie breit und dynamisch die Protestbewegungen waren und wie facetten- und zahlreich die Entwürfe, die eminente Denker vom »Reich der Freiheit« und einer kommunistischen Gesellschaft geliefert hatten.

Das Zusammenwirken militanter Protestformen und theoretischer Kritik an Versorgungsregimen, das ich in diesem Kapitel analysiert habe, führte die Aktivisten dazu, sich immer abstraktere und umfassendere Vorstellungen von Konsum und Konsumgesellschaft zu eigen zu machen. Besonders für die RAF wurde die Konsumgesellschaft zu einem abstrakten politischen Gegner, der für sehr unterschiedliche soziale Missstände verantwortlich gemacht wurde. Die Idee war, die Konsumgesellschaft oder gar den Konsum an sich zu überwinden, und nicht bloß, anders zu konsumieren. Das Versorgungsregime, das die RAF ins Visier nahm, war die kapitalistische Konsumgesellschaft in ihrer Gesamtheit einschließlich ihrer globalen Auswirkungen. Die intellektuelle Verknüpfung von Problemen des Konsums mit den der Wohlstandsgesellschaft inhärenten Strukturen der Gewalt, der die Protestbewegungen den Weg bereitet hatte, wurde zu einer Selbstverständlichkeit, die einer expliziten Rechtfertigung nicht mehr bedurfte.

Die in diesem Kapitel vorgenommene eingehende Lektüre bisher vernachlässigter Dokumente und Theoriefragmente, etwa Ulrike Meinhofs »Die Massen und der Konsum« oder Jan-Carl Raspes Beobachtung, die Konsumgesellschaft verleihe idealistischen bürgerlichen Werten eine materielle Qualität, hat einen Ideenhorizont freigelegt, der bisher von der Forschung übersehen wurde: Fragen des Konsums sowie die Kritik an Versorgungsregimen nahmen im theoretischen Bezugsrahmen der ersten Generation der RAF eine entscheidende Rolle ein. Ein zentrales Ziel der Aktionen der RAF war die Überwindung der moralischen Defizite, die nach Ansicht ihrer Mitglieder integral zum Konsumkapitalismus gehörten: Entfremdung, Ausbeutung und Zerstörung. Gleichzeitig sahen sie ihre Peergroup (die Neue Linke) und das herbeigesehnte revolutionäre Subjekt (»die Massen«) im Sumpf der Mechanismen der Konsumgesellschaft feststecken, so dass diese konterrevolutionäre Werte reproduzierten, namentlich materiellen Fortschritt und persönliche Freiheit. Das Gegenmittel dazu erkannten die RAF-Mitglieder in dem kollektiven Projekt und der Disziplin des systemüberwindenden bewaffneten Widerstands. In ihrer Position der relativen Schwäche, insbesondere während der Gefangenschaft, hofften sie zunehmend darauf, dass die Marginalisierten, also die von der Konsumgesellschaft Ausgeschlossenen, ihnen bei ihren revolutionären Anstrengungen zu Hilfe eilen und so ihre wahren Bedürfnisse ausleben würden. Doch diese Hoffnungen wurden von der mangelnden Bereitschaft der überwältigenden Mehrheit der Zeitgenossen zunichtegemacht, die Gewaltfrage gegenüber einem Regime zu stellen, das so viel weniger schrecklich war als seine Vorgänger.[201] Aus dieser Perspektive erscheinen die viel zitierten Meinungsverschiedenheiten und Widersprüche innerhalb der RAF als weniger ausgeprägt, denn in dem von den inhaftierten Kadern verfolgten ehrgeizigen Projekt einer militanten neomarxistischen Kritik der kapitalistischen Konsumgesellschaft existierte mehr Gemeinsamkeit und Kontinuität als oft angenommen. Differenzen ergaben sich aus Fragen nach den Prioritäten und der Taktik. Meinhofs Versuch, zwischen äußeren und inneren Antrieben des Konsums zu differenzieren – also Werbung und Kaufzwang im Gegensatz zu genuiner Sehnsucht nach Freiheit und Gleichheit –, brach mit den in der Studentenbewegung vorherrschenden Theorien der Manipulation und Entpolitisierung und ist weit weniger naiv, als ihre von offizieller Seite bestellten Kritiker behaupteten. Diebstahl und andere Formen illegalen Ungehorsams begriff sie als Prozess der moralischen Emanzipation. Auf diese Weise sollte die

201 Diese Überlegungen sind durch Ralf Dahrendorf, »The Politics of Frustration«, in: *Project Syndicate* (2005); online verfügbar unter: {http://www.project-syndicate.org/commentary/dahrendorf43/English} (Stand August 2017), inspiriert.

Verbindung zwischen den neoanarchistischen Subkulturen der frühen siebziger Jahre und dem militanten Flügel der sozialen Bewegungen wiederhergestellt werden. In vielerlei Hinsichten half die Kritik an kapitalistischen Versorgungsregimen der RAF dabei, die heterogenen Elemente ihrer Ideologie – zu der neben neoanarchistischen Einflüssen Gedanken aus dem Kommunismus, insbesondere aus dem Maoismus, dem Neomarxismus der Frankfurter Schule, dem Antiimperialismus des proletarischen Internationalismus, dem Antifaschismus und die Idee einer revolutionären Avantgarde im bewaffneten Kampf der Stadtguerilla gehörten – miteinander zu verknüpfen. Eine kritische Analyse der Konsumgesellschaft versprach eine Aktualisierung dieser Ideologien, die zum Teil in der Vergangenheit bzw. in Entwicklungsländern wurzelten. Konkrete Verweise auf Probleme des Konsums dienten dazu, abstrakte und zuweilen widersprüchliche Ideen zu kommunizieren. Das galt besonders für die diskursive Amalgamierung geographisch und historisch weit auseinanderliegender Missstände und Formen politischer Gewalt, mit denen der verzweifelte revolutionäre Kampf legitimiert werden sollte.

Nach dem Tod Ulrike Meinhofs führten die Bewegung 2. Juni und die Bewegung der Autonomen den kritischen Fokus auf den Konsum in einem Balanceakt zwischen Solidarität mit und Kritik an der RAF fort. Die Selbstermächtigung überbrückte dabei die Kluft zwischen genuinen Bedürfnissen und politischem Widerstand. Sie zogen in eine Schlacht gegen die kommerzielle Ausbeutung alternativer Subkulturen und gegen den Warencharakter der Lebensstile. Sachschaden zu verursachen, indem man etwa in Warenhäusern recht einfache Brandsätze zündete, um so die Sprinkleranlagen auszulösen, wurde zu einem beliebten Mittel, Sand in das Getriebe der kapitalistischen Konsumgesellschaft zu streuen. Kaufhausbrandanschläge wurden sowohl aus dem Umfeld der Hausbesetzerbewegung begangen – im Dezember 1980 in Göttingen und im Juli 1982 in West-Berlin – als auch bei den Protesten gegen die Tagung des Internationalen Währungsfonds in West-Berlin im September 1988. In den folgenden Kapiteln werde ich ausführlich auf diese Ereignisse eingehen und sie kontextualisieren.

# 4. ÖFFENTLICHER NAHVERKEHR: PROTESTE GEGEN FAHRPREISERHÖHUNGEN

> Die Studenten, die sich auf den Gleiskörper der Straßenbahn setzten oder stellten, um damit den Straßenbahnverkehr zu blockieren, nötigten die Führer der Straßenbahn mit Gewalt, ihre Fahrzeuge anzuhalten.
>
> *Bundesgerichtshof (1969)*[1]

In den vorigen Kapiteln habe ich das radikale und militante Infragestellen umfassender und abstrakter Versorgungsregime thematisiert, das in einer veritablen Revolte gegen die Konsumgesellschaft kulminierte. In diesem Kapitel zeige ich, dass politische Gewalt auch im Kontext wesentlich konkreterer Konflikte um öffentliche Güter auftrat. Den Aktivisten drohte dabei nicht nur Kriminalisierung, sondern es bestand auch die Gefahr einer Eskalation der Gewalt. Ziviler Ungehorsam und performative Regelverstöße führten wiederholt zu Gerichtsverfahren, in denen Aktivisten wegen Gewaltausübung angeklagt wurden, z. B. wenn sie aus Protest gegen Fahrpreiserhöhungen, die ihres Erachtens gegen grundlegende Prinzipien der sozialen Gerechtigkeit verstießen, Straßenbahnschienen blockierten. Im damaligen juristischen Diskurs implizierte der Tatbestand der Nötigung Gewalt, selbst wenn diese nur begrenzt oder symbolisch ausgeübt wurde.[2] Dieser Grundsatz wurde durch das sogenannte Laepple-Urteil des Bundesgerichtshofs im Jahr 1969 aufgestellt. Es liegt nahe, die folgende Analyse mit diesem juristischen Konstrukt zu beginnen, weil es einen rechtlichen Rahmen etablierte, der auch für viele spätere Konfrontationen entscheidend war, die aus der Blockade als Mittel des Protests resultierten.

1 Bundesgerichtshof, »Entscheidung vom 8. 8. 1969 – 2 StR 171/69« (Laepple-Urteil), BGHSt 23,46.

2 Freia Anders und Ingrid Gilcher-Holtey, »Prolog«, in: Freia Anders und Ingrid Gilcher-Holtey (Hg.), *Herausforderungen des staatlichen Gewaltmonopols. Recht und politisch motivierte Gewalt am Ende des 20. Jahrhunderts* (Frankfurt a. M./New York: Campus, 2006), 11. Zum Thema Nötigung vgl. Otto Backes und Peter Reichenbach, »Demonstrationsfreiheit und Gewalt: Die Gefährdung politischer Grundrechte durch das Strafrecht«, in: Wilhelm Heitmeyer und John Hagan (Hg.), *Internationales Handbuch der Gewaltforschung* (Wiesbaden: VS Verlag, 2002), 1339-1360.

Proteste gegen Fahrpreiserhöhungen erreichten ihren Höhepunkt in der spektakulären Rote-Punkt-Aktion in Hannover im Jahr 1969, als der Protest das gesamte öffentliche Nahverkehrssystem zum Erliegen brachte und das Verkehrsunternehmen und die Stadtverwaltung sich schließlich zur Rücknahme der Erhöhungen gezwungen sahen. Doch Konflikte um Fahrpreiserhöhungen waren weiter verbreitet und traten in vielen Städten der Bundesrepublik zwischen 1966 und den frühen achtziger Jahren auf. Einzelne Gruppen radikalisierten die Proteste, indem sie zu militanteren Mitteln griffen, verringerten so aber die Akzeptanz der Fahrpreisproteste in der Bevölkerung. Die Spontis – Gruppen politischer Aktivisten, die die Traditionen der 68er-Bewegung reaktivieren wollten, indem sie die Spontaneität der Massen beschworen – erreichten in Frankfurt eine besondere Dynamik, wo ihre prominentesten Mitglieder, Joschka Fischer und Daniel Cohn-Bendit, große revolutionäre Hoffnungen auf die Fahrpreiskonflikte setzten. Ein weiterer wichtiger Radikalisierungsimpuls entstand, als sich die Revolutionären Zellen (RZ) dem Kampf gegen die Fahrpreiserhöhungen anschlossen. Die RZ waren ein dezentrales Netzwerk, das sich in den frühen siebziger Jahren parallel zur RAF und der Bewegung 2. Juni formiert hatte. Sie versuchten, antiimperialistische und sozialrevolutionäre Motive miteinander zu verknüpfen, was immer wieder zu ideologischen Spannungen und Spaltungen einzelner Zellen führte. Quantitativ übertraf die Anzahl ihrer in der Regel begrenzteren Aktionen diejenigen von RAF und Bewegung 2. Juni deutlich. Nach Angaben der Generalbundesanwaltschaft bekannten sich die RZ zwischen 1973 und 1993 zu 186 militanten Aktionen. In deutlichem Gegensatz zur RAF und trotz ihrer Beteiligung an einigen Anschlägen, die Menschenleben forderten, sprachen sich Mitglieder der RZ wiederholt gegen die Tötung von Menschen aus.[3] Die Strafverfolgungsbehörden konnten nur selten Mitglieder der RZ festnehmen, weil diese nicht in den Untergrund gingen, sondern klandestine illegale Aktionen mit legaler politischer Arbeit in den sozialen Bewegungen verbanden.

3 »Anklage gegen ein Mitglied der ›Revolutionären Zellen (RZ)‹«, Pressemitteilung der Pressestelle des Generalbundesanwalts beim Bundesgerichtshof vom 12. November 2000; online verfügbar unter: {https://www.generalbundesanwalt.de/de/showpress.php?newsid=23} (Stand August 2017).

Die intellektuelle Verknüpfung von Sitzblockaden und Gewalt hielt mit dem Urteil gegen Klaus Laepple Einzug in die bundesdeutsche Rechtsgeschichte. Dieser wurde, weil er im Oktober 1966 zu einer Demonstration gegen Fahrpreiserhöhungen aufgerufen hatte, wegen »Nötigung durch psychischen Zwang« verurteilt. Als CDU-Mitglied war Laepple keinesfalls ein Radikaler.[4] Er sah sich als Modernisierer und zeigte ein geschäftsmännisches Gespür, das kommerzielle Potential der Studentenbewegung auszunutzen: »Den Studenten erschloß er verbilligte Einkaufsquellen von Möbeln bis zu Vertragstankstellen [...]. Um die Beteiligung bei den Wahlen zum 12. Studentenparlament zu erhöhen, wurde ein Volkswagen verlost. Den Umfang dieses Konsumgüterkatalogs begründet der AStA-Vorsitzende im Versandhandel-Jargon: ›Auf den Servicebereich müssen wir Wert legen, um die Studentenselbstverwaltung zu beleben.‹«[5] Als Vorsitzender des Arbeitskreises Kölner Hochschulen hatte er die Verantwortung für eine Demonstration übernommen, die sich gegen Fahrpreiserhöhungen der Kölner Verkehrsbetriebe (KVB) von bis zu 52 Prozent richtete. Die Kundgebung begann friedlich, auch Sitzblockaden konnte die Polizei zunächst ohne Zwischenfälle beenden, doch bei Auseinandersetzungen im Anschluss an die Demonstration wurden berittene Polizei und Wasserwerfer gegen die Protestierenden eingesetzt.[6]

Die KVB strengten zivilrechtliche Schritte gegen Laepple an.[7] Er wurde zunächst wegen »eines widerrechtlichen und schuldhaften Eingriffs« in einen Gewerbebetrieb dazu verurteilt, den KVB zwei Fünftel der durch die Blockade verursachten Schäden, etwa 89000 DM, zu zahlen. Diese Summe deckte Einkommensverluste ab, nicht aber materielle Schäden.[8] Der Strafprozess gegen Laepple ging durch alle Instanzen bis zum Bundesgerichtshof, der im August 1969 den Freispruch der un-

4 Bundesgerichtshof, »Entscheidung vom 8.8.1969 – 2StR171/69«, (Laepple-Urteil), BGHSt 23, 46; »Demonstrativer Dreikampf«, in: *Die Zeit* 9 (27. Februar 1970); Olaf Bartz, »Konservative Studenten und die Studentenbewegung. Die ›Kölner Studenten-Union‹ (KSU)«, in: *Westfälische Forschungen* 48 (1998), 241-255.

5 Eva Schmidt-Häuer, »Der ›Provo‹ von der CDU«, in: *Die Zeit* 1 (6. Januar 1967), 2.

6 Ferdinand Ranft, »›Schreien Sie ruhig nach Demokratie ...‹ Studentenführer Laepple und die Grenzen des Demonstrationsrechts«, in: *Die Zeit* 43 (25. Oktober 1968).

7 Schmidt-Häuer, »Der ›Provo‹ von der CDU«, 3.

8 »Zahlen soll er«, in: *Die Zeit* 14 (7. April 1967).

*Abb. 10*: Zehntausende, hauptsächlich Schüler und Studenten, demonstrieren gegen die Fahrpreiserhöhung der Kölner Verkehrsbetriebe, 1966.

teren Instanzen unter Verweis auf das Vorliegen von »Nötigung durch psychischen Zwang« aufhob, Laepple aber vom Vorwurf des Landfriedensbruchs freisprach: »Die Studenten, die sich auf den Gleiskörper der Straßenbahn setzten oder stellten, um damit den Straßenbahnverkehr zu blockieren, nötigten die Führer der Straßenbahn mit Gewalt, ihre Fahrzeuge anzuhalten. [...] Die Anerkennung eines Demonstrationsrechts [...] liefe auf die Legalisierung eines von militanten Minderheiten geübten Terrors hinaus, welcher mit [...] der freiheitlichen demokratischen Grundordnung schlechthin unverträglich ist.«[9] Was als Konsumentenprotest begonnen hatte, wurde schnell mit der Gewaltfrage konfrontiert, und der Vorsitzende Richter Paulheinz Baldus, ein vormals ranghoher NS-Jurist, berief sich in der Urteilsbegründung recht unbekümmert auf den Begriff des Terrors. Dieser weit gefasste Gewaltbegriff in Verbindung mit Nötigung diente als Grundlage für eine Reihe um-

9 Bundesgerichtshof, »Entscheidung vom 8.8.1969 – 2StR171/69« (Laepple-Urteil), BGHSt 23, 46. Vgl. auch Wolfgang Zeidler, Detlef Merten und Hartmut Vogel, *Das Recht auf Demonstration. Analysen, Darstellungen, Meinungen* (Bonn: Bundeszentrale für politische Bildung, 1969).

strittener Urteile gegen Sitzblockaden im Kontext der Friedensbewegung und der Anti-AKW-Bewegung in den siebziger und achtziger Jahren.[10] Der Bundesgerichtshof hob diese Rechtsprechung erst 1995 auf.[11]

Es gab allerdings von Anfang an zahlreiche kritische Stimmen. Richard Schmid, ein prominenter Jurist und vormals Präsident des Stuttgarter Oberlandesgerichts, wies bereits 1969 darauf hin, dass der seiner Meinung nach irrtümlich weit gefasste Gewaltbegriff auf die Mehrdeutigkeit des deutschen Wortes »Gewalt« zurückginge, das die Bedeutungen von *violentia* und *potestas* in sich vereine. Den Hinweis auf Terror in der Urteilsbegründung nannte Schmid einen »peinliche[n] Mißbrauch«, der erkennen lasse, »daß der Strafsenat [des Bundesgerichtshofs] wie viele andere Bürger, deren Ärger durch ihr schlechtes Gewissen gegenüber der Jugend verstärkt ist, Hemmungen haben, die Besonderheiten der studentischen Bewegung, besonders ihrer Methoden, zur Kenntnis zu nehmen. So kommt es zu der bösartigen Gleichsetzung mit faschistischen, nationalistischen oder rassistischen Bewegungen.« Schmids Analyse der von den Demonstranten eingesetzten »Gewalt« war ebenso luzide: Diese Akte hätten zwar »äußerlich Gewaltcharakter«, seien jedoch »nur als Gewaltsymbole gemeint, von denen man politische Wirkung erhofft«.[12] Klaus Tiedemann, Professor für Strafrecht an der Universität Gießen, kritisierte die »gekünstelt-systematische« Konstruktion des Laepple-Urteils:

> Diese [...] Ausdehnung des strafrechtlichen Gewaltbegriffs mit der durchgehenden Einbeziehung sog. passiver Gewalt hat letztlich kriminalpolitische Gründe, die aber für den Begriff der Gewalttätigkeit durch den Wortlaut des Gesetzes unmißverständlich abgeschnitten sind: Der Begriff der Gewalttä-

10 Vgl. Jürgen Baumann und Hans-Dieter Schwind (Hg.), *Ursachen, Prävention, und Kontrolle von Gewalt. Analysen und Vorschläge der unabhängigen Regierungskommission zur Verhinderung und Bekämpfung von Gewalt*, Bd. 1 (Berlin: Duncker & Humblot, 1990), 39.

11 Vgl. Freia Anders, »Die Gewaltfrage an der Startbahn West«, in: Neithard Bulst, Ingrid Gilcher-Holtey und Heinz-Gerhard Haupt (Hg.), *Gewalt im politischen Raum. Fallanalysen vom Spätmittelalter bis ins 20. Jahrhundert* (Frankfurt a. M./New York: Campus, 2008), 285.

12 Richard Schmid, »Was dürfen Demonstranten? Das Laepple-Urteil des Bundesgerichtshofs: ein Fehlurteil«, in: *Die Zeit* 38 (19. September 1969). Zu Schmid vgl. Hans-Ernst Böttcher, »Richard Schmid (1899-1986): Recht für die Menschen, nicht für den Staat«, in: Kritische Justiz (Hg.), *Streitbare Juristen. Eine andere Tradition* (Baden-Baden: Nomos, 1988), 487-495.

tigkeit ist und bleibt gebunden an die Ausübung physischer Kraft, und das bloße Stehen oder Sitzen vor einer Tür, auf Straßenbahngleisen usw. erfüllt nicht solche Erfordernisse kinetischer Bewegungsenergie, sondern ist bloße Statik und vielleicht Tätigkeit, aber keine Gewalttätigkeit.[13]

Massive Kritik an der damaligen Rechtsprechung und insbesondere am Laepple-Urteil kam auch vom Oberlandesgericht Frankfurt am Main. Dessen Präsident Curt Staff argumentierte, die Gerichte ließen sich letztlich von einem Ordnungsbegriff leiten, der aus dem »Spätabsolutismus« stamme. Staff war der Meinung, dass bei Gewalthandlungen im Verlauf von Demonstrationen nicht notwendig auf Gewaltvorsatz oder rechtsfeindliche Tendenzen geschlossen werden könne. Ansonsten laufe man Gefahr, die Bürger zukünftig davon abzuschrecken, ihre verfassungsmäßigen Rechte wahrzunehmen.[14]

## AKTION ROTER PUNKT

Als über das Laepple-Urteil debattiert wurde, hatten sich schon wesentlich größere Kampagnen gegen Fahrpreiserhöhungen formiert. Zwischen 1968 und 1975 organisierte eine Koalition aus unterschiedlichen Gruppen, die schließlich als Aktion Roter Punkt bekannt wurde, Protestkampagnen gegen Fahrpreiserhöhungen in mehreren bundesdeutschen Städten. Am populärsten waren die Aktionen in Hannover im Jahr 1969, wo der Protest umfangreicher und erfolgreicher war als andernorts. Trotz ihrer Reichweite und Bedeutung für die Entwicklung des linksradikalen Protests wurden die Konflikte im Zusammenhang mit Fahrpreiserhöhungen bisher wenig dokumentiert und von der Geschichtsschreibung weitgehend ignoriert.[15]

13 Klaus Tiedemann, »Bemerkungen zur Rechtsprechung in den sogenannten Demonstrationsprozessen«, in: *Juristenzeitung* 24 (1969), 720.

14 »OLG Frankfurt«, in: *Kritische Justiz* 3/1 (1970), 106; Caroline Dostal, *1968 – Demonstranten vor Gericht. Ein Beitrag zur Justizgeschichte der Bundesrepublik. Frankfurt* (Frankfurt a. M.: Peter Lang, 2006), 200ff.

15 In der Geschichtsschreibung wird das Thema bisher allenfalls unter regionalen Schwerpunkten behandelt. Siehe Anna Christina Berlit, *Notstandskampagne und Rote-Punkt-Aktion. Die Studentenbewegung in Hannover 1967-1969* (Bielefeld: transcript, 2007), 125-143; Wolf-Dieter Mechler, »Hannover und die APO: Die Rote-Punkt-Aktion 1969«, in: Historisches Museum Hannover (Hg.), *Mit 17 ... Jugend-*

*Abb. 11*: Sitzblockade auf Straßenbahnschienen in Frankfurt am Main, 30. Mai 1968.

In den meisten Fällen protestierten nicht nur radikale Aktivisten gegen die Fahrpreiserhöhungen, sondern die Aktionen erhielten Unterstützung aus weiten Kreisen der Bevölkerung einschließlich der Gewerkschaften und Jugendverbände. Im Januar 1968 führten derartige Proteste in Bremen zu Ausschreitungen und Sachschäden. Wie zuvor

*liche in Hannover von 1900 bis heute* (Hannover: Historisches Museum Hannover, 1997), 137-146; Detlef Michelers, *Draufhauen, Draufhauen, Nachsetzen! Die Bremer Schülerbewegung, die Straßenbahndemonstrationen und ihre Folgen 1967/70* (Bremen: Edition Temmen, 2002). Eine umfassende Quellensammlung liegt zu Freiburg vor: Archiv soziale Bewegungen & Stadtarchiv Freiburg (Hg.), *gleich wird's grün. Freiburger Fahrpreiskämpfe 1968*, CD-ROM (Freiburg: Jos-Fritz-Verlag, 2003). Vgl. auch die Rubrik »Proteste gegen Fahrpreiserhöhungen« in der Datenbank »Materialien zur Analyse von Opposition (MAO)« von Dieter Kesten und Jürgen Schröder: {http://www.mao-projekt.de/BRD/MIE/Fahrpreiserhoehungen.shtml} (Stand August 2017). Für eine Darstellung aus autobiographischer Perspektive vgl. Matthias Sesselmann, *Von der APO zum Opa: Autobiographie und Gedanken eines 68ers* (Erzhausen: Werner Hoppe, 1987), 19-24. Für Parallelen zu anderen europäischen Ländern, besonders zu Italien, siehe Freia Anders und Alexander Sedlmaier, »›Squatting Means to Destroy the Capitalist Plan in the Urban Quarters‹. Spontis, Autonomists and the Struggles Over Public Commodities (1970-1983)«, in: Martin Baumeister, Bruno Bonomo und Dieter Schott (Hg.), *Cities Contested. Urban Politics, Heritage, and Social Movements in Italy and West Germany in the 1970s* (Frankfurt a. M./New York: Campus, 2017), 277-300.

in Köln wurden die gegen Fahrpreiserhöhungen demonstrierenden Jugendlichen, vor allem Auszubildende und Schüler, schnell in den Kontext des Terrors gerückt. Nur wenige Tage nach Beginn der dortigen Proteste sagte der Bremer Bürgermeister Hans Koschnick (SPD): »Sosehr ich das Recht auf freie Meinungsäußerung bejahe, hier sind Formen des Terrors angewandt worden, die wir jetzt schärfstens bekämpfen werden. Ich unterstütze harte Eingriffe der Polizei.« Die Demonstranten sahen sich 600 Polizisten und vier Wasserwerfern gegenüber. Vier Staatsanwälte standen bereit, um, wie ein Zeitungsbericht meldete, »Schnellgerichtsverfahren« gegen »radikale Elemente« durchzuführen, denen zur Last gelegt wurde, Busse beschädigt oder Feuerwerkskörper und Steine auf Straßenbahnen geworfen zu haben.[16] Die Verdächtigen wurden wegen Gefährlichen Eingriffs in den Straßenverkehr (§ 315 b, d StGB) oder ähnlicher Vergehen angeklagt, um, gestützt auf die Annahme, die Tatsachen des Falles seien einfach und die Bestrafung gering, ein »beschleunigtes Verfahren« zu ermöglichen. Das war ein entpolitisierender Umgang mit dem Protest, der im Gegensatz zum Laepple-Urteil keine fundamentalen Fragen zur Gewalt aufwarf.

In anderen Fällen bewiesen Juristen erstaunlich viel Unabhängigkeit. Es blieb umstritten, inwiefern der Tatbestand des Landfriedensbruchs auf alle Teilnehmer einer Versammlung zutraf, die gewaltförmig verlief. Jürgen Baumann, Jura-Professor und FDP-Politiker, widersprach den Bestrebungen, auch »passive« Teilnehmer zur Verantwortung zu ziehen, und verlangte, nur individuelle Vergehen »aktiver« Teilnehmer sollten bestraft werden.[17] Ein Bremer Amtsrichter ging einen Schritt weiter und sprach einen wegen Verkehrsbehinderung und Nötigung angeklagten Auszubildenden mit der Begründung frei: »Es ist geradezu eine Angelegenheit von allgemeinem öffentlichem Interesse, über ungerechtfertigte oder auch nur vermeintlich ungerechtfertigte Preissteigerungen eines Monopolbetriebes wie der Bremer Straßenbahn AG öffentlich zu

16 »Auch am Donnerstag Krawalle in Bremen: Lehrlinge und Schüler demonstrieren gegen Fahrpreiserhöhung«, in: *Badische Zeitung* (19. Januar 1968), 5, in: Archiv soziale Bewegungen & Stadtarchiv Freiburg (Hg.), *gleich wird's grün*, Dokument 11 109. Vgl. auch »Bremen. Wie man meistert«, in: *Der Spiegel* 5 (29. Januar 1968), 34; »›Die Polizei muß psychologisch umrüsten‹. Spiegel-Interview mit dem Bremer Regierungschef Bürgermeister Hans Koschnick«, in: *Der Spiegel* 5 (29. Januar 1968), 36.

17 Jürgen Baumann, »Schutz des Gemeinschaftsfriedens«, in: *Zeitschrift für Rechtspolitik* (1969), 85 ff.; Dostal, *1968*, 174 f.

diskutieren und mit angemessenen Mitteln eine Überprüfung dieser Preissteigerung zu erzwingen.«[18]

Die Demonstrationen und Sitzblockaden in Bremen waren schließlich zumindest teilweise erfolgreich, indem sie eine Überprüfung und Reduzierung der Fahrpreiserhöhungen bewirkten. Einen Monat später erwähnte Rudi Dutschke in seiner Rede vor dem Internationalen Vietnamkongress in Berlin die protestierenden Bremer Schüler im selben Atemzug mit der Anti-Springer-Kampagne und mit revolutionären Bewegungen in Griechenland, Vietnam und Spanien: »Die Bremer Schüler haben gezeigt, wie in der Politisierung unmittelbarer Bedürfnisse des Alltagslebens [...] subversive Sprengkraft entfaltet werden kann.«[19] Die Politik des Alltags wurde für die radikale Linke zu einer Quelle der Hoffnung.

Presseberichte über Gewalt und Zusammenstöße mit der Obrigkeit wie über den relativen Erfolg der Bremer Proteste förderten den Transfer dieser Protestform in andere bundesdeutsche Städte. Anfang Februar 1968 gehörten bei den Protesten junger Leute gegen Fahrpreiserhöhungen in Kiel und Bochum Sitzblockaden, Stinkbomben und Auseinandersetzungen mit der Polizei zum Repertoire.[20] Nur Wochen nach den Ereignissen in Bremen wurden im rund 570 Kilometer weiter südlich gelegenen Freiburg Flugblätter gegen ähnliche Fahrpreiserhöhungen verteilt. Auf einigen wurde die Frage nach den Fahrpreisen im öffentlichen Nahverkehr in den allgemeinen Kontext öffentlicher Ausgaben gerückt, etwa indem die Höhe der Militärausgaben oder die Kosten für die Instandhaltung von Zivilschutzanlagen kritisiert wurden. In der scheinbar so friedlichen südbadischen Universitätsstadt kam es zu massiven Konflikten zwischen Demonstranten, die den Verkehr blockierten, und Hundertschaften der Polizei. Erstmals in der Geschichte Baden-Württembergs wurden Wasserwerfer eingesetzt, um Straßen zu räumen und Demonstrationen aufzulösen. Die Polizei ging dabei recht kom-

18 »Demonstranten: Volle Touren«, in: *Der Spiegel* 19 (6. Mai 1968), 49; »AG Bremen«, *Kritische Justiz* 1 (1968), 79f.

19 Rudi Dutschke, »Die geschichtlichen Bedingungen für den internationalen Emanzipationskampf«, in: Wolfgang Dreßen, Sibylle Plogstedt und Gerhart Rott (Hg.), *Der Kampf des vietnamesischen Volkes und die Globalstrategie des Imperialismus* (Berlin: INFI, 1968), 107-124, 122f.

20 »Neue Krawalle und Stinkbomben. Mehrere Rädelsführer gestellt«, in: *Die Welt* 30 (5. Februar 1968), 3; online verfügbar unter: {http://www.medienarchiv68.de/dl/206585/2743.jpg.pdf} (Stand August 2017).

promisslos vor: »Mit verschiedenen Greiftrupps sollen die Rädelsführer aus der Menge herausgezogen und im bereitstehenden Gefangenentransportwagen abtransportiert werden.«[21] Bei den Protesten beschädigten Wasserwerfer, die unter anderem auf Menschen in Ladenpassagen gerichtet wurden, Geschäfte im Zentrum.[22] Ein Theologiestudent erlitt auf dem Universitätsgelände durch den Schlagstock eines Polizisten eine Verletzung am Auge. Seine Brille zerbrach, er blutete stark und verlor das Bewusstsein. Das Ausmaß der Verletzungen war allerdings umstritten: Ein vom Bürgermeister sowie vom Regierungspräsidenten unterzeichnetes offizielles, »objektives« Dokument verwarf Berichte, nach denen der Student eine Netzhautablösung erlitten habe, und konterte mit Vorwürfen gegen Demonstranten, die angeblich einen Polizisten am Auge verletzt hätten, als sie einen Wasserwerfer mit Säure angriffen.[23] Tags darauf stärkte der baden-württembergische Ministerpräsident Hans Filbinger (CDU), der im Jahr 1978 zurücktreten musste, als herauskam, dass er als Militärrichter der deutschen Marine während des Zweiten Weltkriegs mehrere Todesurteile verhängt hatte, der Polizei den Rücken. Im Gegenzug verglich der AStA die Ereignisse mit dem 2. Juni 1967.[24]

Inzwischen hatte der Konflikt auch eine journalistische Debatte über Recht und Ordnung ausgelöst, in der die Kontrahenten einander vorwarfen, für den Ausbruch der Gewalt verantwortlich zu sein, wobei die ursprüngliche Kritik an den Fahrpreiserhöhungen in den Hintergrund trat. Die Argumente der Studenten, auf Flugblättern und öffentlichen Versammlungen vorgetragen, waren durchaus beachtenswert. Sie betonten den öffentlichen Charakter von Transportdienstleistungen und de-

21 Protokoll einer Besprechung zwischen Stadtverwaltung und Polizei zum Schutz der öffentlichen Ordnung, 8. Februar 1968, in: Archiv soziale Bewegungen & Stadtarchiv Freiburg (Hg.), *gleich wird's grün*, Dokument 8955.

22 Winfried F. erinnert sich an den übertriebenen Einsatz von Wasserwerfern gegen Passanten im Stadtzentrum von Freiburg, 13. Februar 1968, in: ebd., Dokument 2147; Brief eines Elektrofachhändlers an den Bürgermeister, 12. Februar 1968, in: ebd., Dokument 9091; AStA Freiburg, »Freiburger Extrablatt« (Flugblatt), 15. Februar 1968, in: ebd., Dokument 1684, 3.

23 »Der ungeklärte Zwischenfall. Schwerer Vorwurf des Allgemeinen Studentenausschusses gegen die schlagenden Polizisten in der Alten Universität«, in: *Badische Zeitung* (12. Februar 1968), in: ebd., Dokument 11363; Entwurf für ein offizielles Plakat, »Der ungeklärte Zwischenfall«, 12. Februar 1968, in: ebd., Dokument 9005.

24 AStA Freiburg, »Freiburger Extrablatt«, Flugblatt, 15. Februar 1968, in: ebd., Dokument 1684, 1.

ren elementare Funktion, Innenstädte vor dem Verkehrskollaps zu bewahren: »Ein Autofahrer braucht mit seinem Wagen 30- bis 50mal so viel Raum, wie wenn er mit der Straßenbahn fahren würde.«[25] Eine rein finanzielle Perspektive auf die Fahrpreise lehnten sie ab; billige Fahrkarten seien gut für die öffentliche Ordnung. Der öffentliche Nahverkehr müsse seine Kosten nicht selbst tragen. Der Freiburger AStA-Vorsitzende wies zudem darauf hin, dass die Stadtverwaltung es versäumt habe, sich gegen die Erhebung der neuen Mehrwertsteuer auf öffentliche Dienstleistungen zu wenden.[26]

Die Mehrwertsteuer war ein Mitauslöser der Protestwelle gegen Fahrpreiserhöhungen. Zum 1. Januar 1968 hatte die Bundesrepublik Deutschland mit der Mehrwertsteuer eine Richtlinie der Europäischen Gemeinschaft umgesetzt, die eine allgemeine, mehrstufige, aber nicht kumulative Umsatzsteuer forderte. Die Steuerreform führte in einigen Bereichen zu steigenden Verbraucherpreisen, denn Hersteller und Händler konnten die von ihnen entrichtete Mehrwertsteuer entweder vom Finanzamt oder von ihren Kunden zurückverlangen. Das komplizierte und betrugsanfällige neue System erwies sich als Goldgrube für den Fiskus und vereinfachte Produktion und Handel durch Ersetzung der alten kumulativen Umsatzsteuer. Doch der Endverbraucher blieb auf der Rechnung mit Mehrwertsteuer sitzen. Viele Einzelhändler nutzten das neue Steuersystem für Preiserhöhungen, z.B. indem sie die Mehrwertsteuer aufschlugen, ohne die alte Umsatzsteuer zu subtrahieren. Auch einige öffentliche Nahverkehrsbetriebe gingen auf diese Weise vor.[27]

Die neue Steuer war nur ein Aspekt der sozioökonomischen Argumente der Protestierenden, die auch andere wichtige Fragen der Verteilungsgerechtigkeit beleuchteten. Wenn die Kommunen Straßen und Parkplätze bauten, mussten die Autofahrer dafür keine zusätzlichen Ge-

25 Ebd., 2.

26 Protokoll einer öffentlichen Sitzung des Stadtrats im Historischen Kaufhaus am Freiburger Münsterplatz, 15. Februar 1968, in: ebd., Dokument 9379, 61.

27 Vgl. Werner Sporbeck, *Die neue Umsatzsteuer (Mehrwertsteuer) in ihrer Auswirkung auf die Gemeinden* (Göttingen: Schwartz, 1969); Olaf Storbeck, »Mehrwertsteuer: Geburt eines Goldesels«, in: *Handelsblatt* (28. Dezember 2006); online verfügbar unter; {http://www.handelsblatt.com/mehrwertsteuer-geburt-eines-goldesels;1197920} (Stand August 2017); »›Nehmen's halt ein Taxi‹. SPIEGEL-Interview mit Bundesfinanzminister Franz Josef Strauß über die Mehrwertsteuer«, in: *Der Spiegel* 3 (15. Januar 1968), 26f.; »Mehrwertsteuer: ganz entsetzlich«, in: *Der Spiegel* 2 (8. Januar 1968), 25.

bühren zahlen, die Kosten für den öffentlichen Nahverkehr würden hingegen auf die Nutzer umgelegt. Sogar das rigorose Vorgehen der Staatsmacht, wenn es um die Auflösung von Blockaden und Demonstrationen in der Innenstadt ging, schien von Interessen getrieben zu sein, die eng mit kommerziellem Konsum und mächtigen Wirtschaftsinteressen verwoben waren. Ein im Stil einer Zeitung aufgemachtes Flugblatt des Freiburger AStA zitierte einen Bericht der *Badischen Zeitung*, in dem Geschäftsleute erhebliche Umsatzeinbußen beklagten: »Ein großes Kaufhaus [...] bezifferte den bis jetzt durch die Demonstrationen entstandenen Schaden auf 100 000 bis 120 000 Mark.« Die Studenten wiesen darauf hin, dass die Polizei damit begann, die Straßen gewaltsam zu räumen, nachdem tags zuvor ein Vertreter eines großen Warenhauses bei einem Treffen mit dem Oberbürgermeister auf eine schnelle Beendigung der Demonstrationen gedrängt hatte.[28]

Die protestierenden Studenten waren zu diesem Zeitpunkt noch weit davon entfernt, den Staat mit militanten Mitteln herauszufordern, doch der Oberbürgermeister verbreitete einen etwas übertriebenen und klischeehaften Bericht, wie Studenten das Freiburger Amtsgericht »stürmten«, um ihre festgenommenen Mitstreiter zu befreien, was dann in der West-Berliner Boulevardpresse und im *Observer* aufgegriffen wurde.[29] Die Protestierenden glaubten ihrerseits, die Obrigkeit verfolge eine Strategie der Kriminalisierung. Mit Verweis auf Artikel 20 des Grundgesetzes (»Alle Staatsgewalt geht vom Volke aus.«) argumentierte ein Flugblatt: »Durch Einsatz von Wasserwerfern und Polizeiketten tut man so, als ob die Demonstranten im Unrecht seien. ›Rädelsführer‹ wurden [...] verhaftet und über Nacht im Gefängnis festgehalten. [...] Aber es gibt keine Rädelsführer: die Demonstration ging ohne sie weiter, sie wurde sogar größer. [...] So versucht man, das politische Anliegen der Demonstration zu zerstören.«[30] Erst die Ordnungsstörung schien den

28 AStA Freiburg, »Freiburger Extrablatt«, Flugblatt, 15. Februar 1968, in: Archiv soziale Bewegungen & Stadtarchiv Freiburg (Hg.), *gleich wird's grün*, Dokument 1684, 2.

29 Entwurf für ein offizielles Plakat, »Der ungeklärte Zwischenfall«, 12. Februar 1968, in: ebd. Dokument 9005; »Tumult vor dem Amtsgericht«, in: *Bild*-Zeitung, Berlin (8. Februar 1968), in: ebd., Dokument 11296; »Crisis Near as Student Revolt Rocks Bonn«, in: *Observer* (11. Februar 1968), 7.

30 Aktionsgemeinschaft gegen die Fahrpreiserhöhung, »Was ist los in Freiburg?«, Flugblatt, 8. Februar 1968, in: Archiv soziale Bewegungen & Stadtarchiv Freiburg, *gleich wird's grün,* Dokument 1694.

Protesten das notwendige Gewicht zu verschaffen, damit die Kommunalbehörden die Frage der Fahrpreiserhöhungen nochmals überprüften.[31]

Als Freiburgs Oberbürgermeister Eugen Keidel (SPD) den Gemeinderat erneut zu einer Debatte über die Fahrpreisproblematik einberief, umriss er, was er für den legitimen Bereich des Politischen hielt: »Es geht bei der Wiederherstellung der Ordnung in Freiburg um den Vorrang der politischen, genauer staatspolitischen Lösung vor der Lösung der Gewalt. [...] Der Einsatz der Polizei [...] kann in einer Demokratie immer nur das allerletzte Mittel sein, d. h. dann, wenn politische Maßnahmen und jedes politische Wollen es nicht vermochten, eine undemokratische Minderheit von der Rechtsstaatlichkeit des politischen Vorgehens zu überzeugen.« Der Bürgermeister schien sich recht sicher zu sein, wer hier Demokrat war und wer nicht. Er unterschied nicht zwischen Legalität und Legitimität und behielt sich das Recht vor, Gewalt gegen diejenigen anzuwenden, die immer noch nicht vom etablierten politischen Prozess überzeugt waren. Keidel verwies auch auf den Präzedenzfall Bremen, aber seines Erachtens war Freiburgs finanzielle Lage unter anderem wegen der Stadterweiterung, dem Mangel an Industrie und der Streichung von Landesmitteln zur Subventionierung der Studententarife wesentlich schwieriger als die im »reichen Hafen und Handelsumschlagplatz Bremen«. Auf der Sitzung, die über Lautsprecher auf den Rathausplatz übertragen wurde, beschloss der Gemeinderat, die Fahrpreiserhöhungen, abgesehen von geringfügigen Konzessionen an Bedürftige und der Einführung einer zusätzlichen Wochenkarte, großenteils beizubehalten.[32] Demonstrationen und Protest kamen damit zum Erliegen. Der SDS verteilte Flugblätter, die zum Vietnamkongress nach West-Berlin einluden.[33]

In Hannover hatte das Aktionsbündnis gegen Fahrpreiserhöhungen im Jahr 1969 mehr Erfolg, denn es gelang ihm letztendlich, das dortige private Nahverkehrsunternehmen zur Rücknahme der Erhöhungen zu

31 AStA Freiburg, »Freiburger Extrablatt«, Flugblatt, 15. Februar 1968, in: ebd., Dokument 1684, 3.

32 Protokoll der öffentlichen Sitzung des Gemeinderates im Kaufhaus am Münsterplatz, 15. Februar 1968, in: ebd., Dokument 9379, Anhang 3.

33 Schulze [vermutlich Polizist], Bericht über Studentendemonstrationen gegen geplante Fahrpreiserhöhungen, 16. Februar 1968, in: ebd., Dokument 9058; SDS Freiburg, »Informationen zum Vietnam-Kongress 17./18. Februar in Berlin«, in: ebd., Dokument 9059.

zwingen.[34] Auch hier kam es zu physischen Konfrontationen, als die Polizei versuchte, Sitzblockaden mithilfe von Schlagstöcken und Wasserwerfern aufzulösen. Eine viel kritisierte Polizeioperation fand am 10. Juni 1969 statt. Tatsächlich sah die Staatsmacht die Legitimität ihres Verhaltens an jenem Tag tiefgreifend infrage gestellt, denn sie wurde mit den Nationalsozialisten assoziiert. Ein vielerorts publiziertes Foto von den Ereignissen zeigt Demonstranten, die abziehende Polizisten mit dem Hitlergruß verabschieden.[35] »Polizei, SA, SS!« wurde zu einem bei Demonstrationen beliebten Sprechchor, der in Hannover häufig in Wolken von Tränengas intoniert wurde. Wasserwerfer konnten wegen der elektrischen Oberleitungen nicht eingesetzt werden. Hannovers Polizeipräsident hielt Tränengas für »eins von den milden Mitteln«, um die Ordnung wiederherzustellen.[36] Die Atmosphäre war besonders aufgeheizt, wenn Demonstranten versuchten, Polizisten ihre Gasmasken herunterzureißen, oder die Aktivisten von Hundertschaften eingekesselt wurden. Die Polizei, die in diesen Tagen zwischen 2000 und 5000 Demonstranten gegenüberstand, hatte Befehl, Schlagstöcke nur im Notfall und Schusswaffen nur im äußersten Notfall einzusetzen. Erstere wurden jedoch häufig verwendet, so dass zahlreiche Demonstranten verletzt wurden. Der Kontrast zwischen uniformierten und bewaffneten Polizisten mit Gasmasken und den Demonstranten in Alltagskleidung war krass und erleichterte die Kommunikation nicht.[37] Ebenso wenig wurde die Situation verbessert, als Oberbürgermeister Otto Barche (SPD) behauptete, dieser Kampf gegen den Anarchismus erfordere den Einsatz von Wasserwerfern.[38] Der gewaltförmige Verlauf der Auseinandersetzungen zog offenbar weitere, von der Brutalität der Polizei empörte Demonstranten an.[39] In der Folge ging die Polizei wesentlich zurückhaltender vor, zumal die wachsende Solidarität unter den Protestierenden Zweifel an der bisherigen Strategie des Herausgreifens von Rädelsführern weckte.[40]

34 Vgl. Berlit, *Notstandskampagne und Rote-Punkt-Aktion*, 125-143.

35 Abgedruckt, in: ebd., 134; »Schöne Anarchie«, in: *Der Spiegel* 26 (23. Juni 1969), 72; Mechler, »Hannover und die APO«, 140.

36 Polizeipräsident Fritz Kiehne zit. n. »Schöne Anarchie«, in: *Der Spiegel* 26 (23. Juni 1969), 72.

37 Berlit, *Notstandskampagne und Rote-Punkt-Aktion*, 130.

38 Bernd Michels, »ÜSTRA Blockade: Hauch von Anarchie«, in: *konkret* 14 (30. Juni 1969), 7.

39 Ebd.

40 Mechler, »Hannover und die APO«, 141.

*Abb. 12*: Demonstration gegen Fahrpreiserhöhungen in Hannover, 1969.

Die hannoverschen Studentenproteste formten eine breite Allianz mit Bürgern, die die Fahrpreiserhöhungen ebenfalls kritisch sahen. Die Agenda des Konsumentenprotests trug zu diesem Erfolg bei. Der *Spiegel* berichtete, dass »Hausfrauen mit ihren Einkaufsbeuteln« vor den Warenhäusern sich nicht vor den Studenten fürchteten, die in unmittelbarer Nähe demonstrierten; einige schlossen sich sogar an. Der Protest hatte das Potential, eine Mehrheit anzusprechen. Die Grundüberlegung war simpel: Die Überlandwerke und Straßenbahnen Hannover AG (ÜSTRA) hatte die Fahrpreise zum dritten Mal in fünf Jahren erhöht. Derweil sank die Servicequalität, aber die an die Aktionäre ausgeschüttete Dividende blieb bei 1,6 Millionen DM Jahresprofit unverändert bei sechs Prozent. Einige Demonstranten schlugen vor, die ÜSTRA in Gemeineigentum zu überführen oder ihr Steuerfreiheit zu gewähren.

Begleitet wurden die Proteste von der bemerkenswerten Errichtung eines alternativen Versorgungsregimes. Der Rote Punkt wurde zum Symbol eines gut organisierten Anhaltersystems, in dem private PKW den lahmgelegten öffentlichen Nahverkehr ersetzten, insbesondere nachdem die ÜSTRA am 12. Juni 1969 den Betrieb vollständig eingestellt hatte. Tausende Autofahrer brachten einen roten Punkt an ihrer Windschutzscheibe an, um denjenigen, die an umfunktionierten Straßenbahnhaltestellen den Punkt in die Höhe hielten, Mitnahmebereitschaft zu signalisieren. Schließlich ließ sogar die Stadtverwaltung, unterstützt von einigen Zeitungen, Karten mit dem roten Punkt in großer Zahl drucken und verteilen – ein Versuch, die Basisbewegung zu kapern. In dieser »außerplanmäßige[n] Woche der Brüderlichkeit« kam es immer wieder dazu, dass ortsansässige Ladenbesitzer die Protestierenden unterstützten, indem sie gratis einen Imbiss oder Getränke ausgaben. Ein Sprecher der Deutschen Kommunistischen Partei (DKP), die die Kampagne unterstützte, aber nur marginalen Einfluss auf sie gewann, hob hervor, dass die Straßenbahnschienen den Bürgern Hannovers gehörten. Der SDS proklamierte, Privatautos seien »jetzt nicht mehr Privateigentum, sondern gesellschaftlich nützliche Transportmittel«, und stellte die Möglichkeit eines Nahverkehrs zum Nulltarif in den Raum.[41] Ein Flugblatt verkündete die »Schöne Anarchie!« und betonte: »Diese spontan organisierte Solidarität ist etwas ganz anderes als das profitorientierte System, dem das Verkehrswesen und auch das übrige Wirtschaftssystem unterworfen sind.«[42] Die Blockaden der Straßenbahnen wurden zunehmend effizienter, wodurch für Einzelne das Risiko sank, wegen Nötigung angeklagt zu werden: Als die Stadtverwaltung am 14. Juni 1969 einen ersten unverbindlichen und nicht sehr weitreichenden Kompromissvorschlag vorlegte, gossen die Protestierenden über Nacht kurzerhand Beton in die Schienen.[43]

Nach elf Tagen Blockade konnten die Demonstranten einen bemerkenswerten Erfolg feiern: Die Behörden gaben nach und senkten die Fahrpreise auf einen Einheitstarif von fünfzig Pfennig.[44] Die Landesregierung war in die Bresche gesprungen und griff dem Nahverkehrsunternehmen mit staatlichen Subventionen unter die Arme. Zudem widerrief PreussenElektra, Mehrheitsaktionär der ÜSTRA, eine schon genehmigte, aber sehr umstrittene Dividendenauszahlung.[45] Die Furcht vor einer Eskalation der Gewalt spielte eine zentrale Rolle im Krisenmanagement der Regierung. Der niedersächsische Innenminister Richard Lehners (SPD) erklärte, die Blockaden hätten sich nur durch »perma-

41 »Schöne Anarchie«, in: *Der Spiegel* 26 (23. Juni 1969), 72-74.

42 »Wir lassen uns nicht für dumm verkaufen!«, Flugblatt zit. n. Berlit, *Notstandskampagne und Rote-Punkt-Aktion*, 137. Vgl. auch Michels, »ÜSTRA Blockade«.

43 Mechler, »Hannover und die APO«, 143f.

44 Michels, »ÜSTRA Blockade«.

45 Mechler, »Hannover und die APO«, 144.

nente Straßenschlachten« auflösen lassen: »Es wäre keine Kunst, die Krankenhäuser zu füllen, aber ich kann doch keinen Schießbefehl geben, ich doch nicht.«[46] Als das Nahverkehrsunternehmen sich über das nachsichtige Vorgehen der Polizei beschwerte, entgegneten die Behörden nüchtern, dass »eine Aufrechterhaltung des Straßenbahn- und Busverkehrs mit vertretbaren polizeilichen Mitteln unmöglich« gewesen sei.[47]

Allerdings nahm dieser Erfolg der hannoverschen Massenbewegung auch den Wind aus den Segeln, und die Versuche des SDS, die Proteste mit dem Ziel des Nulltarifs fortzuführen oder das Protestpotential auf andere Themen zu übertragen, scheiterten. Kommentatoren wie der *konkret*-Herausgeber Klaus Rainer Röhl argumentierten, die weitreichenden Forderungen der studentischen Aktivisten liefen auf »Anarchismus« und »revolutionäre Ungeduld« hinaus und würden die Arbeiterklasse nur befremden. Dennoch wollte auch er die sozial breit gestreute Unterstützung des Protests, die eindeutig über kleine Gruppen radikaler Studenten hinausging, aufrechterhalten.[48] Aus Empörung über einen Vorfall, bei dem Arbeiter die roten Fahnen von SDS-Mitgliedern verbrannt hatten, ging Uwe Nettelbeck einen Schritt weiter: Er verurteilte die Rote-Punkt-Kampagne insgesamt als »sozialfaschistische Solidarisierung mit Volksgemeinschaftscharakter« und höhnte über die »Niederlage von Hannover«, denn die nächste Fahrpreiserhöhung komme mit Sicherheit. Die »dubiose Einheitsfront«, die sich bis zu Springers *Bild*-Zeitung erstreckte, habe soziale Forderungen nicht in politische Mobilisierung umwandeln können. Andere Kampagnen der Protestbewegung – wie etwa die gegen den Springer-Verlag – wurzelten in der Legitimationskrise des Spätkapitalismus. Das Ergebnis der Proteste von Hannover hingegen gebe dem Sozialstaat Gelegenheit, seine Illegitimität durch das Gewähren sozialer Annehmlichkeiten zu verhüllen, was auch dadurch erleichtert werde, dass es einem Teil der Protestbewegung lediglich um individuelle und private Freiheit gehe.[49] Ohne es begrifflich so zu fassen, hatte Nettelbeck luzide erkannt, dass Protest im Na-

46 Lehners zit. n. »Schöne Anarchie«, in: *Der Spiegel* 26 (23. Juni 1969), 74.

47 »Stellungnahme der Polizeidirektion zu Vorwürfen der Üstra«, Herbst 1969, zit. n. Berlit, *Notstandskampagne und Rote-Punkt-Aktion*, 134.

48 Klaus Rainer Röhl, »Roter Punkt und rote Fahnen«, in: *konkret* 14 (30. Juni 1969), 5.

49 Uwe Nettelbeck, »Notabene Hannover«, in: *konkret* 15 (14. Juli 1969), 3.

men des Konsumenten problematisch war, wenn man gleichzeitig annahm, reibungsloser Konsum stabilisiere das System, indem er dessen Legitimationsdefizit verschleiere. Folglich bevorzugte Nettelbeck Protestformen, die sich gegen den zeitgenössischen Konsumenten wandten und revolutionäre Lösungen anstrebten. Die Proteste gegen Fahrpreiserhöhungen hatten sich aber im Sommer 1969 keinesfalls völlig erschöpft, und sie waren in vielen Hinsichten auch politischer, als Nettelbeck zugestand.

Die ÜSTRA wurde 1970 in kommunales Eigentum überführt, und die nächste Fahrpreiserhöhung kam, wie von Nettelbeck vorhergesagt, schon im März, ohne nennenswerten Protest auszulösen. Dieses Mal besetzte die Polizei von Anfang an strategisch wichtige Straßenbahnknotenpunkte, und die Behörden nahmen die Erhöhung geschickt im Winter vor.[50] Der vielleicht bedeutendste Erfolg der Proteste war, dass die Protestmittel – Blockaden und die Aktion Roter Punkt – auf andere Städte übertragen wurden. Nur wenige Tage nach der Beilegung des Konflikts in Hannover beschloss die Landesregierung von Baden-Württemberg, ähnliche Auseinandersetzungen in Heidelberg zu beenden, indem sie Subventionen für den Nahverkehr bereitstellte, dank deren die umstrittenen Fahrpreiserhöhungen überflüssig wurden.[51] Dieses Vorgehen unterschied sich deutlich von der Haltung der Landesregierung ein Jahr zuvor bezüglich der Geschehnisse in Freiburg.

In der neu gegründeten unabhängigen marxistischen Zeitschrift *Rote Presse Korrespondenz* hieß es, aufgrund der Demonstrationen gegen die Fahrpreiserhöhungen im Nahverkehr sei es für die Behörden nun schwieriger geworden, Polizeimaßnahmen zu legitimieren.[52] Doch dürften die Straßenbahnaktionen nicht als Angriff auf den Konsumsektor an sich missverstanden werden. »Der Erfolg der Straßenbahnblockaden in verschiedenen Städten legt die Gefahr nahe, nun endlich den allgemeinen Angriff auf die Konsumsphäre, die endgültige Zerschlagung des Konsumterrors einzuleiten.«[53] Nach Ansicht der Autoren führe eine solche Perspektive zur »Überschätzung des Konsumsektors« als Feld des Klassenkampfes und vernachlässige die Produktionssphäre. Würden

50 Mechler, »Hannover und die APO«, 146.

51 Michels, »ÜSTRA Blockade«, 8.

52 »Rote-Punkt-Aktion in Heidelberg«, in: *Rote Presse: Korrespondenz der Studenten-, Schüler- und Arbeiterbewegung* 31 (19. September 1969), 13.

53 Ebd., 11.

denn Bäckereien besetzt, nur, weil die Brötchenpreise stiegen? Würden die Protestierenden dann das Backen selbst in die Hand nehmen, so wie es beim improvisierten öffentlichen Nahverkehr der Fall war? Die politische Bedeutung der Proteste gegen die Fahrpreiserhöhungen liege weniger in der effektiven Senkung der Fahrpreise, sondern vor allem darin, dass sie klar zeigten, dass der Staat seine Gewaltmittel nicht im Interesse von Konsumenten und Arbeitern einsetze, sondern zur Unterstützung von Produzenten und Arbeitgebern. Ganz im Sinne einer marxistischen Staatstheorie wollten diese Revolutionäre den Staat »als Dienstleistungsbetrieb für das Kapital« entlarven und »den tatsächlichen psychologischen Bewußtseinsstand der Proletarier, der auf die Konsumsphäre fixiert ist, in Klassenbewußtsein [...] transformieren«; und in diesem Zusammenhang befürworteten sie die politische Agitation gegen Fahrpreiserhöhungen. Schließlich sei diese leicht zu legitimieren, da sie dort stattfinde, wo sich die Menschen kollektiv den Erhöhungen entgegenstellten, eben auf der Straße. Auch sei sie leicht zu vermitteln, denn jeder habe ein Interesse an geringeren Fahrpreisen. Straßenbahnen ständen nicht im Verdacht, Luxusgüter zu sein, ihr Hauptzweck sei unmittelbar klar, nämlich Menschen zur Arbeit zu bringen.[54] Ein wichtiger Aspekt der Proteste seien die Blockaden, da sie die Machtfrage aufwarfen. Ohne Blockaden wäre die Rote-Punkt-Aktion zu einem alternativen Dienstleistungsmodell verkommen.[55]

Was blieb, war das Bewusstsein, dass die Nutzer des öffentlichen Nahverkehrs etwas bewegen konnten, wenn sie zu rigorosen Mitteln griffen. Im Jahr 1971 wurde ein Song der Band Ton Steine Scherben zur Hymne für Schwarzfahrer: In »Mensch Meier« wird die Aufforderung, sich einen Fahrschein zu kaufen, mit den Worten erwidert: »Nee, nee, nee, eher brennt die BVG«. Auf der Cover-Rückseite der Single forderten die Musiker unter Verweis auf öffentliche Gelder, die für das Militär aufgewendet wurden, zum Schwarzfahren auf: »Für die Starfighter der Bundeswehr könnten wir in ganz Berlin 10 Jahre umsonst fahren.« Im folgenden Jahr verlangte ein mit dem Pseudonym Leo Jogiches – einem Gründungsmitglied des Spartakusbundes – gezeichnetes Flugblatt Nahverkehr zum Nulltarif und rief darüber hinaus zu einem Zahlungsboykott für öffentliche Dienstleistungen auf. Die Frage des kollek-

54 Ebd., 12.
55 Ebd., 13.

tiven öffentlichen Konsums wurde in neoproudhonscher Terminologie mit Verweis auf Ausgaben für Rüstung und Prestigeprojekte angeschnitten: »Wir bezahlen mit unseren Steuergeldern die BVG. Aber auch die abgestürzten Starfighter, die Polizei, den Steglitzer Profitkreisel und das Kongresszentrum. [...] Sie dürfen unsere Grünanlagen, unsere Städte kaputtmachen, weil sie daran verdienen. [...] Den organisierten Diebstahl durch den organisierten Widerstand verhindern!«[56] Nach der Auflösung des SDS im Jahr 1970 übernahmen kommunistische Gruppen wie die DKP und die Sozialistische Deutsche Arbeiterjugend die Führung bei den Fahrpreisprotesten.[57] Die Hamburger *Proletarische Front* organisierte Schwarzfahraktionen und rechtfertigte diese mit einer Analyse des proletarischen Alltagstrotts: »Man wird aus der Innenstadt an den Stadtrand wegsaniert, muß eine Stunde fahren, um zum Betrieb zu kommen, und für die langen Strecken werden die Tarife auch noch am stärksten erhöht. [...] 1 Stunde Hinfahrt; 2 Stunden arbeiten für seinen Lohn, 7 Stunden arbeiten für die Bonzen, davon über ¼ Stunde täglich allein für die Fahrkarte.«[58] Die Verknüpfung von Anfahrts- mit Arbeitszeit durch eine proletarische Gruppe ist im Kontext der allgemeinen Verlagerung des Protestgeschehens aus der Produktionssphäre hin zu Fragen des Konsums zu verstehen. Generell entwickelte sich das Schwarzfahren in den frühen siebziger Jahren zu einem weitverbreiteten und öffentlich beachteten Phänomen. Wiederholungstätern drohten Strafverfolgung und in letzter Konsequenz Haftstrafen.[59]

## DIE FRANKFURTER SPONTIS

Eine massive Präsenz der staatlichen Gewalt begleitete die Kundgebungen gegen Fahrpreiserhöhungen, die überall in der Republik aufflammten. Die bekanntesten Proteste richteten sich 1974 unter Beteiligung der Spontis um Joschka Fischer und Daniel Cohn-Bendit gegen die Frank-

56 L. Jogiches, »1. März: Fahrpreiserhöhung? OHNE UNS!«, Flugblatt, 29. Februar 1972, Archiv Grünes Gedächtnis, Berlin.

57 Bundesministerium des Innern, *Verfassungsschutz 1969/70* (Bonn: Bundesministerium des Innern, 1971), 30.

58 »Schwarzfahren = Geld sparen«, in: *Wir wollen alles* 10 (November 1973), 16.

59 »Wer uns beschiebt. In Bussen und Bahnen fahren immer mehr Leute schwarz«, in: *Der Spiegel* 42 (9. Oktober 1972), 65f.

furter Nahverkehrsbetriebe.[60] Kurze Zeit später resümierte Cohn-Bendit, wie der Konsumentenprotest schnell mit der Staatsmacht und Gewalt konfrontiert wurde: »Als in Frankfurt 1974 der Kampf gegen die Fahrpreiserhöhungen stattfand, wurden die Straßenbahnen blockiert. Die Bullen haben sich überall im Stadtzentrum aufgestellt und nach einer Woche konnte man nicht einmal mehr Demonstrationen durchführen, es gab 500 Verhaftete und alle hatten Angst bekommen.«[61] Ein Schüler wurde von einem Wasserwerfer angefahren und schwer verletzt.[62] Dieser Vorfall führte zu öffentlicher Kritik an unverhältnismäßiger Polizeigewalt und Justizwillkür.[63] Auf der anderen Seite wurden die systematische Sabotage von Fahrkartenautomaten und Tätlichkeiten gegen Fahrscheinkontrolleure gängige Praxis.

Die »spontaneistische« Frankfurter Gruppierung Revolutionärer Kampf schloss sich den Protesten gegen die Fahrpreiserhöhungen spät an. Ihre energische Kampagne gegen den Frankfurter Verkehrsverbund nahm sie erst auf, als ihr Engagement in einem verwandten politischen Projekt, dem »Häuserkampf«, mehr oder weniger zum Stillstand gekommen war. Ab Mai 1974 agitierten die Frankfurter Spontis und ihre Anhänger in Fabriken und in den Stadtteilen, um Unterstützung für einen Straßenbahnboykott zu gewinnen. Sie verlangten Nulltarif und die Anrechnung von Fahrtzeiten von und zur Arbeit als bezahlte Arbeitszeit, eine Forderung, die über die bisherigen Fahrpreisproteste hinausging.

Die Beteiligung der Spontis an den Fahrpreisprotesten trug zur Radikalisierung des Konflikts bei, so dass dieser intensiver wurde, als es in Hannover und Bremen der Fall gewesen war. Aufgrund ihrer Erfahrungen im Häuserkampf und bei den Fabrikaktionen waren die Spontis zu der Einsicht gelangt, dass Proteste, die nicht zum Mittel der Gewalt grif-

60 Vgl. Johannes Schütte, *Revolte und Verweigerung. Zur Politik und Sozialpsychologie der Spontibewegung* (Gießen: Focus, 1980); Wolfgang Kraushaar, »Die Frankfurter Sponti-Szene. Eine Subkultur als politische Versuchsanordnung«, in: *Archiv für Sozialgeschichte* 44 (2004), 105-121.

61 Daniel Cohn-Bendit, *Der große Basar. Gespräche mit Michel Lévy, Jean-Marc Salmon, Maren Sell* (München: Trikont, 1975), 65.

62 »Gegen Fahrpreiserhöhung und Polizeiterror – Nulltarif«, in: *Wir wollen alles* 17 (Juni 1974), Beilage: *Häuserratszeitung*, 3.

63 Vgl. Revolutionärer Kampf-Redaktionskollektiv der *Wir wollen alles*, »Chronik. Kampf um die Strassenbahntarife in Frankfurt«, in: *Wir wollen alles* 17 (Juni 1974), 3-4; »6 Monate für nicht stattgefundenen Landfriedensbruch«, in: *Rote Robe* 1 (28. Februar 1975), 32-34.

fen, in der Regel wirkungslos blieben. Es ging darum, Widerstand gegen die strukturelle Gewalt des Staates zu leisten: »Wenn der Magistrat mit Verbundsystem und Polizei Fahrpreiserhöhungen durchsetzen will, dann ist das Gewalt; Gewalt gegen die Interessen der arbeitenden Bevölkerung. [...] Wer gegen die Fahrpreiserhöhung protestiert, der muß auch sagen, wie man dagegen praktisch vorgehen kann; der muß der Gewalt des Magistrats die Gewalt aller Betoffenen entgegensetzen.«[64] Aus dieser Perspektive war das Problem der Fahrpreiserhöhungen unmittelbar mit Gewalt und »Polizeiterror« verknüpft.[65] Am 21. Mai 1974, zehn Tage nach der ersten Demonstration gegen die Erhöhungen, wurde die Agitation intensiviert, Flugblätter riefen die Protestierenden dazu auf, in ein improvisiertes Versicherungssystem einzuzahlen, das Bußgelder für Personen abdeckte, die beim Schwarzfahren erwischt worden waren oder sich tätlich gegen Fahrscheinkontrolleure zur Wehr gesetzt hatten.[66] Als die umstrittenen Verbundtarife trotz der Proteste am 26. Mai eingeführt wurden, errichteten Demonstranten Barrikaden auf den Straßenbahngleisen:

> um zu verhindern, daß die bahnen zum stehen gebracht werden, damit fahrgäste, passanten und demonstranten miteinander über die fahrpreiserhöhung diskutieren können, fuhren pausenlos wasserwerfer vor den bahnen her. Polizeitrupps bewachten die haltestellen. [...] mit schlagstock-, tränengas- und wasserwerfereinsätzen versuchte die polizei, die zeil zu räumen [...] Zahlreiche verletzte [...] waren die antwort der stadt auf die forderungen nach rücknahme der preiserhöhungen [...] tränengas wurde aus nächster nähe in die augen der demonstranten versprüht, hubschrauber verfolgen einzelne bis vor die haustüre und geben über funk genaue anweisungen, die zu verhaftungen und festnahmen führen.[67]

Auf das Modell des »Roten Punkts« griff man erst spät zurück, als die Kämpfe schon in vollem Gang waren. Zunächst hatten die Spontis die Rote-Punkt-Kampagne wegen des ihres Erachtens bescheidenen Ergebnisses in Hannover als Fehlschlag kritisiert, allerdings gestanden sie sich ihren Irrtum bald ein. Doch selbst durch diesen taktischen Zug ge-

64 »Gegen Fahrpreiserhöhung und Polizeiterror«, in: *Wir wollen alles* 17 (Juni 1974), Beilage: *Häuserratszeitung*, 2.
65 Häuserrat Frankfurt, *Wohnungskampf in Frankfurt* (München: Trikont, 1974).
66 Revolutionärer Kampf-Redaktionskollektiv *Wir wollen alles,* »Chronik«, 3f.
67 »Zu den Ereignissen in Frankfurt«, in: *ID-Nachrichtendienst* 37 (1974), 4.

lang es nicht, weitere Bevölkerungskreise für die Sache zu gewinnen. Der Erfolg blieb überschaubar.[68] Anders als 1969 in Hannover und im Gegensatz zu den vorigen Erfolgen der Spontis beim Häuserkampf wollte sich die Unterstützung der Massen nicht einstellen. Die Frankfurter Fahrpreiskampagne blieb viel stärker isoliert als ihre Vorgängerinnen in anderen Städten. Dazu mag die Berichterstattung in der Presse beigetragen haben; besonders die *Bild*-Zeitung nannte die Demonstranten »Terrorgruppen«, die Arbeiter verprügelten.[69] Die Gewerkschaften zogen ihre Unterstützung zurück. Vertreter der Warenhauskonzerne forderten die Behörden auf, den »Terror auf der Zeil« zu beenden; Umsatzrückgänge könnten zum Verlust von Arbeitsplätzen führen.[70] Zudem wurde die »militärische« Position der Spontis durch umfangreiche Investitionen in die Kampfausrüstung der Polizei nachhaltig geschwächt.[71]

Individuelle Formen des Fahrpreisboykotts überdauerten das Ende der Kampagne. So schilderte beispielsweise ein Aktivist, wie sich ein Fehler der neuen Fahrkartenautomaten ausnutzen ließ: Wenn man in einer bestimmten Reihenfolge Münzen einwarf und Knöpfe drückte, erhielt man nicht nur einen Fahrschein, sondern auch sein Geld zurück. Es wurde empfohlen, das gesparte Geld nicht für persönliche Zwecke zu nutzen, sondern es auf ein Solidaritätskonto einzuzahlen, das genutzt wurde, um im Zusammenhang mit der Fahrpreiskampagne entstandene Anwaltskosten zu begleichen, Lebensmittel für streikende Arbeiter zu kaufen und Genossen in Chile zu unterstützen.[72]

Die Polizei betonte rückblickend: »Ob Hausbesetzungen oder, jetzt der Straßenbahntarif, es sind immer dieselben. Sie suchen immer neue Anlässe, um ›das System zu entlarven‹, wie sie sagen.«[73] Widerstand gegen »das System« war in der Tat ein verbindender Faktor im Protestmilieu, und Fragen des Konsums wurden zunehmend prominenter, weil

68 Revolutionärer Kampf-Redaktionskollektiv *Wir wollen alles*, »Chronik«, 3f.

69 »Wer hat die besseren Argumente«, in: *Wir wollen alles* 17 (Juni 1974), Beilage: Häuserratszeitung, 4.

70 *Frankfurter Neue Presse* (31. Mai 1974), zit. n. Revolutionärer Kampf-Redaktionskollektiv *Wir wollen alles*, »Chronik«, 4.

71 Vgl. Christian Schmidt, *»Wir sind die Wahnsinnigen … «. Joschka Fischer und seine Frankfurter Gang* (München: Econ, 1998), 82.

72 »FVV-Automatenenteignungsaktion. Das Fahrgeld kommt vom Volk und kehrt zum Volk zurück!«, in: *ID-Nachrichtendienst* 49 (23. August 1974), 3f.

73 Gerhard Ziegler, »Demonstranten in Frankfurt: ›Immer dieselben‹«, in: *Die Zeit* 27 (28. Juni 1974).

sie die konkrete Verortung von Problemen gestatteten, deren Ursachen in einem komplexen sozioökonomischen System vermutet wurden. Zudem konnten Gruppen, die revolutionäres Potential freisetzen wollten, spontan entstehende Konsumentenproteste opportunistisch aufgreifen. Die Frankfurter Polizei nahm an, dass »ein kleiner harter Kern, etwa 500 bis 800 Aktive«, existiere und »noch einmal etwa 1000 Sympathisanten«, die sich den Protesten anschließen würden. Die Überlegungen der Polizei zu den Fahrpreiskonflikten sind eine der wenigen Quellen, welche die soziale Zusammensetzung der Protestgruppen aufschlüsseln. Von den 325 bei den »Tarifkrawallen« festgenommenen Demonstranten waren 118 Studenten (vor allem der Geisteswissenschaften), außerdem »35 Schüler, 40 ›Angestellte‹, 42 Arbeiter, fünf Lehrlinge, zwei US-Soldaten, zwei Gerichtsreferendare, ein Regisseur, ein Postbeamter, zwei Diplom-Volkswirte, drei Pädagogik-Referendare, ein Tutor, ein Diplom-Pädagoge – der Rest ohne Berufsangabe«. Das Durchschnittsalter wurde mit »knapp unter und über 20 Jahre« angegeben.[74] Von den Festgenommenen waren also weniger als die Hälfte (44 Prozent) Studenten.

Als die Proteste im Juni 1975 wieder aufflammten, weil der Frankfurter Verkehrsverbund die Preise erneut erhöhte, kam es zu noch militanteren Formen des Protests. Aber auch jetzt blieb Unterstützung durch die Massen aus. Die Polizei ging massiv gegen sogenannte »Aufforderungen zu strafbaren Handlungen« vor und nahm Verfasser von Flugblättern fest, die etwa »als protestform gegen tarif-beutelschneiderei das schwarzfahren« empfahlen.[75] Die aufeinanderfolgenden Rückschläge bei Fabrikaktionen, im Häuserkampf und im Zuge der Fahrpreisproteste trugen zum Zerfall der Spontibewegung bei, zumal die Debatten über den Terrorismus mehr und mehr alles andere überschatteten.

## DIE REVOLUTIONÄREN ZELLEN

Die Revolutionären Zellen schlossen sich der Kampagne gegen die Fahrpreiserhöhungen mit klandestinen direkten Aktionen an. Sie unternahmen ihre Interventionen gegen spezifische Versorgungsregime im Kontext verschiedener Protestbewegungen. In manchen Hinsichten waren

74 Ebd.

75 »Aktionen gegen die Fahrpreiserhöhung«, in: *ID-Nachrichtendienst* 84 (1975), 4.

sie Vorreiter in der Entwicklung von Protestformen und Organisationsmustern, die später von den Autonomen übernommen wurden. Bei den Fahrpreisprotesten in West-Berlin druckten und verteilten Revolutionäre Zellen große Mengen gefälschter Sammelkarten, nach eigenen Angaben 120 000. Die revolutionäre List sollte in dem Versuch liegen, »einige zehntausend Leute etwas Illegales machen« zu lassen, denn so wären »viele Arbeiter, Hausfrauen, die CDU und SPD wählen, [...] mit gefälschten, von einer revolutionären illegalen Organisation verteilten Karten bewußt gefahren«.[76] In Frankfurt unternahmen die RZ Brandanschläge gegen neu installierte Fahrscheinautomaten, die in einer Erklärung als »geldgierige Roboter« tituliert wurden. Auf Flugblättern wurden Anleitungen verbreitet, wie sich Fahrscheinautomaten mit einfachen Mitteln sabotieren ließen.[77] Ähnliches geschah in Köln und München. Gewalt gegen Sachen war hier ein Versuch, eine gangbare Form des Protests zu entwickeln, die über »Worte und Parolen« hinausging, mit der sich die Menschen identifizieren konnten: »Die Aktionen der Revolutionären Zelle sollten den Widerspruch zwischen allgemeinem Protest gegen die Fahrpreise und völliger Ratlosigkeit über die zu benutzenden Kampfformen aufgreifen.«[78] Im September 1976 verübte eine Revolutionäre Zelle einen Brandanschlag auf die zentrale Schwarzfahrerkartei der Frankfurter Verkehrsbetriebe.[79] Neun Monate später gab es einen ähnlichen Brandanschlag in West-Berlin. Die RZ versicherten ihren Anhängern, trotz gegenteiliger Zeitungsberichte seien sämtliche Nachweise über Schwarzfahrer vernichtet worden.[80] Um

76 »Falsche Karten – flambierte Automaten. Fahrpreiskampf (1975)«, in: ID-Archiv im IISG Amsterdam (Hg.), *Früchte des Zorns. Texte und Materialien zur Geschichte der Revolutionären Zellen und der Roten Zora* (Amsterdam: ID Verlag, 1993, 2. Aufl.); online verfügbar unter: {https://www.nadir.org/nadir/initiativ/id-verlag/BuchTexte/Zorn/Zorn12.html} (Stand August 2017); »Die ›Revolutionäre Zelle‹ verteilte 100 000 Fahrkarten in Berlin«, in: *Info Hamburger undogmatischer Gruppen* 3 (5. August 1975), 3; »Schwarz fährt am billigsten!«, in: *Info Hamburger undogmatischer Gruppen* 6 (17. Dezember 1975), 15, IISG, ID-4157, ZK 46635.

77 Vgl. »Zerstörung von Fahrkartenautomaten des Frankfurter Verkehrsverbundes am 8.1.1977«, BAK, Bundesministerium der Justiz (BMJ), Hauptgebiet (HG) 4, B 141/62511, 4030 E-40/77.

78 »Falsche Karten – flambierte Automaten«, in: ID-Archiv (Hg.), *Früchte des Zorns.*

79 »Brandanschlag auf die Schwarzfahrerkartei des Frankfurter Verkehrsverbundes (September 76)«, in: ebd. Laut einer anderen Quelle fand der Brandanschlag am 8. Dezember 1976 statt. Vgl. »Schwarzfahrerkartei vernichtet«, in: *Revolutionärer Zorn* 3 (1977), 18.

80 »Brandanschlag auf die Schwarzfahrerkartei Berlin (Juni 77)«, in: ID-Archiv (Hg.),

dem Eindruck willkürlicher Zerstörung entgegenzutreten, erklärte die Gruppe: »Es ist nicht unsere Absicht, die BVG sinnlos zu zerstören. Busse und Bahnen sollen unbehindert fahren, aber umsonst!!!!«[81]

Ende Januar 1978 gab es weitere Angriffe auf Fahrscheinautomaten in Frankfurt.[82] Eine neue Dimension war erreicht, als eine Revolutionäre Zelle in der Main-Metropole auf die Verdopplung des von erwischten Schwarzfahrern zu entrichtenden erhöhten Beförderungsentgelts auf nunmehr 40 DM mit Angriffen auf das Privateigentum von Kontrolleuren reagierte: Ein PKW der Marke Fiat wurde »mit Benzin und Petrolium [sic] flambiert«, und ein kleinerer Sprengsatz beschädigte eine Wohnungstür. Das Bekennerschreiben verkündete, diese Aktionen sollten Schwarzfahrer mit geringem Einkommen unterstützen, die sich Fahrkarten nicht leisten konnten. Der Text griff zudem das damals entstehende System von Kontrolle und Überwachung an, das mit »dem immer unverschämter werdenden Klau aus unseren Haushaltskassen« einhergehe, »das Wirtschaftswunder der Parasiten dieses Systems«. Der Apparat stütze sich auf »[t]otale Computererfassung, Wiedereinführung des Nazi-Blockwartsystems (heute nennen sie das ›Kontaktbereichsbeamte‹), tägliche Verkehrskontrolle, personelle Aufstockung der staatlichen und privaten Bullen, Werkschutz, Kaufhausdetektive, Straßenbahnkontrolleure und private Bewachungsunternehmen«. Die Erklärung schloss mit der Androhung weiterer Angriffe auf Kontrolleure, falls diese ihre Tätigkeit nicht aufgäben.[83] Am 10. November 1978 griffen die RZ die Wohnungen von zwei Frankfurter Kontrolleuren mit kleineren Sprengsätzen und Buttersäure an.[84]

Zu Beginn der achtziger Jahre verlagerten sich die Aktivitäten der RZ für kostenlosen Nahverkehr ins Ruhrgebiet. Im Februar 1984 beschloss

*Früchte des Zorns.* Vgl. auch »Hurra, die Schwarzfahrerkartei ist abgebrannt!«, in: *ID-Nachrichtendienst* 184 (2. Juli 1977).

81 »Zur Aktion gegen auf [sic] die Berliner Verkehrsgesellschaft (August 77)«, in: ID-Archiv (Hg.), *Früchte des Zorns.*

82 »Wir haben den FVV...«, in: *ID-Nachrichtendienst* 215 (4. Februar 1978).

83 »Aktionen gegen auf [sic] Fahrscheinkontrolleure, Frankfurt (März 78)«, in: ID-Archiv (Hg.), *Früchte des Zorns.* Auch französische Autonome sabotierten im Jahr 1978 Fahrkartenautomaten. Vgl. Dieter Paas, »Frankreich: Der integrierte Linksradikalismus«, in: Henner Hess (Hg.), *Angriff auf das Herz des Staates* (Frankfurt a. M.: Suhrkamp, 1988), 253.

84 Revolutionäre Zelle, »Nulltarif wär doch das Beste, gelle!«, Flugblatt, verzeichnet in Fetscher/Rohrmoser, *Ideologien und Strategien,* 271.

der Verkehrsverbund Rhein-Ruhr in Gelsenkirchen, die ermäßigten Tarife für Arbeitslose und Behinderte im Berufsverkehr abzuschaffen. Eine Revolutionäre Zelle platzierte daraufhin einen Sprengsatz, den sie als »Bömbchen« bezeichnete, vor der Zentrale des Verkehrsunternehmens und unterstrich, dieser sei sorgsam so positioniert worden, dass Schäden für Menschen und angrenzende Geschäfte vermieden würden. Die Aktion war gedacht als »Ermutigung für die Hunderttausende, die täglich schwarzfahren«.[85] Bei einer größeren, auch von den Grünen getragenen Kampagne gegen Fahrpreiserhöhungen wurden im März 1981 in allen größeren Städten des Ruhrgebiets gefälschte Fahrkarten verteilt; außerdem gab es Flugblätter, Demonstrationen, Graffiti und kleinere Sabotageakte an Fahrscheinautomaten. Die RZ holten zu einer fundamentalen Kritik der Konsumgesellschaft aus. Eine gemeinsam mit ihrem feministischen Arm, der Roten Zora, unterzeichnete Erklärung berief sich auf ein ganzes Jahrzehnt der Bewegung für kostenlose öffentliche Verkehrsmittel, die ihren Ausgang 1969 mit der Rote-Punkt-Aktion in Hannover genommen habe. Das unterschlug die früheren Proteste in Köln, Bremen, Freiburg und anderen Städten. Die Erklärung identifizierte das tief verwurzelte Leistungsprinzip als Haupthindernis, das den Forderungen der Bewegung entgegenstand: »Leistung kostet was, wo was geboten wird, mußt du löhnen. Diese Maxime der Leistungsgesellschaft gilt es zu wahren, selbst um den Preis einer Verkehrspolitik, die den inneren Zusammenhang von kapitalistischem Fortschritt und Zerstörung auf den Begriff bringt.« Der motorisierte Individualverkehr und die mit ihm verbundenen Unannehmlichkeiten sowohl für die Autofahrer selbst als auch für die Gesellschaft, einschließlich der Verkehrstoten im Straßenverkehr, waren das zentrale Problem, das die RZ-Aktivisten durch ihre Aktionen angehen wollten.

> Dem Moloch Auto wird so lange gehuldigt, bis jegliche Alternative undenkbar und der Wagen zum unentbehrlichen Bestandteil des Lebens geworden ist. Die »alltäglichen« Nebenerscheinungen: 15 000 Verkehrstote jedes Jahr und 500 000 Verletzte, verwüstete Städte, die nach dem Grundsatz der Befahrbarkeit und nicht nach dem der Bewohnbarkeit geplant werden, statt der Freiheit, die dem Besitzer eines Autos versprochen wird, totale Abhängigkeit. Statt Komfort und Lebensstandard, stickiges Chaos im Dickicht der

85 »Aktion gegen den Verkehrsverbund Rhein-Ruhr, Gelsenkirchen (Februar 84)«, in: ID-Archiv (Hg.), *Früchte des Zorns.*

Straßen, auf denen die bürgerliche Ideologie »jeder gegen alle« Triumphe feiert.[86]

Nach 1975 kamen Rote-Punkt-Aktionen von nennenswertem Umfang nicht mehr zustande. Die Aktionen der RZ entwickelten sich im Kontext von Protestbewegungen, doch auch hier scheiterten die Versuche, die Bewegung zu verbreitern bzw. wiederzubeleben. Einige bescheidene Versuche, den roten Punkt als Symbol für Anhalter zu reaktivieren, zeigten sich bei der Entstehung der Mitfahrzentralen, die sich als umweltfreundliche Alternative zum Individualverkehr begriffen. Plastikaufkleber mit einem roten Punkt wurden zum Preis von siebzig Pfennig angeboten.[87] Doch diese Unternehmen waren profitorientiert und entfernten sich dann zusehends von Fragen des sozialen Protests. Im Jahr 1984 erschien eine geschlechtsspezifische Variante des Protests auf der politischen Bühne West-Berlins und anderer bundesdeutscher Städte, als Aktivisten angesichts sexueller Gewalt gegen Frauen forderten, Frauen sollten Taxis nachts zum Preis des öffentlichen Nahverkehrs nutzen können. Dieses Argument kehrte die Parameter der Fahrpreisproteste in gewisser Weise um und war weniger kontrovers: Die Existenz von Gewalt wurde zum Ausgangspunkt für Fahrpreissenkungen. Einige Teilnehmer dieser Debatte hielten diese Art von Gewalt für im Kern unpolitisch, doch Feministinnen sahen in dem Thema eine Plattform, um Gewalt gegen Frauen, einschließlich ihrer dadurch reduzierten Mobilität, zum Gegenstand der politischen Auseinandersetzung zu machen.[88] Schnell griffen Journalisten, Stadtverwaltungen und Parlamente das Thema der nächtlichen Sicherheit von Frauen auf, und nach einer Phase von Pilotprojekten wurden öffentliche Subventionen für Frauen-Nachttaxis in vielen Städten zur Realität.[89]

*

86 »Verteilung gefälschter Fahrkarten, Ruhrgebiet (März 81)«, in: ebd.

87 Anzeige in der *taz* (29. November 1979), 11.

88 Vgl. *Anagan* 5 (1985), 22f.

89 JungsozialistInnen Frankfurt (Hg.), *Sicher durch die Nacht: Ein Frauen-Nachttaxi für Frankfurt* (Frankfurt a. M., [1988]), IISG Amsterdam, ID-1352i, Bro 1849/5; Landeshauptstadt Hannover, Referat für Gleichstellungsfragen-Frauenbüro (Hg.), *Bewertung des Modells Taxi-Service der ÜSTRA Hannover: Ein Beitrag zur Mobilitätssteigerung von Frauen* (Hannover, 1987), ID-1352i, Bro 713/1 fol.

Die Analyse der Entwicklung der Proteste gegen Fahrpreiserhöhungen von den Kölner Blockaden im Jahr 1966 bis zu den Kampagnen in den frühen achtziger Jahren zeigt einige Kontinuitäten: Von Anfang an war diese Form des Konsumentenprotests mit Fragen der Gewalt auf verschiedenen Ebenen konfrontiert. Rasch wurde die Gewaltproblematik zum Dauerthema im öffentlichen Diskurs über die Legitimität derartiger Proteste. Die Gewalt selbst resultierte aus den diskursiven und physischen Interaktionen zwischen Protestierenden und staatlichen Behörden. Erstere verstanden ihre Forderungen, vor allem zu Beginn der Proteste, als prinzipiell friedfertige. Doch entwickelten sich früher oder später Gewaltdebatten, die das ursprüngliche Protestanliegen oft überschatteten. Diskontinuitäten sind ebenso evident. In den späten sechziger und frühen siebziger Jahren handelte es sich mehr oder weniger um eine Single-Issue-Bewegung, die lose in die weitere Studenten- und Protestbewegung eingebettet war, sich diskursiv auf andere politische Themen bezog und sozial relativ breit gefächerte Unterstützergruppen gewinnen konnte. Die Entwicklungen in Frankfurt im Jahr 1974 standen am Anfang eines Radikalisierungsprozesses, in dem Fragen der Fahrpreiserhöhungen nach und nach größeren Themen der revolutionären Politik untergeordnet wurden. Die Behörden waren zunehmend in der Lage, Proteste, die dem Muster der Rote-Punkt-Aktion folgten, schon im Keim zu ersticken. Andererseits wurde die Trägerschaft der Proteste spezifischer und gewissermaßen »professioneller«, als kleinere Aktivistengruppen wie die Spontis oder die Revolutionären Zellen versuchten, die Thematik zuzuspitzen und in den Dienst wesentlich weiter reichender revolutionärer Ziele zu stellen. Die Kritik am Kapitalismus und seinen Versorgungsregimen wurde grundlegender, und der diskursive Raum zwischen Konsumentenprotesten und Gewaltdebatten verengte sich, so dass die beträchtlichen Spielräume für politische Kommunikation und politisches Manövrieren fehlten, die bei den Protesten in Hannover und Freiburg Ende der sechziger Jahre noch zu beobachten gewesen waren. Obwohl es sich bei der Gewalt im Zusammenhang mit Fahrpreiserhöhungen überwiegend um symbolische Gewalt gegen Sachen handelte, erstickten die daraus resultierenden Debatten das ursprüngliche Anliegen des Konsumentenprotests, der somit an Attraktivität für diejenigen Bürger verlor, die nicht so sehr an grundlegenden Fragen der Definition und Legitimierung von Gewalt und Macht interessiert waren. Anders verhielt es sich im Fall sexueller Gewalt, die als prinzipiell unpolitisch gedeutet wurde. Diese Überlegungen flossen in Sicherheitsdebatten ein, und es kam zu effektiven Veränderungen infolge von Konsumentenprotesten.

# 5. DIE MEDIEN: DIE ANTI-SPRINGER-KAMPAGNE

Die journalistische Kategorie heißt: Verkauf. Die Nachricht als Ware, die Information als Konsum. Was nicht konsumierbar ist, muß sie ankotzen.

*Rote Armee Fraktion (1971)*[1]

Die hannoversche Rote-Punkt-Kampagne fand vor dem Hintergrund einer öffentlich intensiv geführten Debatte über die Haltung der Studentenbewegung zur Gewaltfrage statt. Nach dem Attentat auf Rudi Dutschke am 11. April 1968 kam es zu Massenkundgebungen und Blockaden gegen die Springer-Presse. Auf dem Höhepunkt der Anti-Springer-Kampagne, welche die Außerparlamentarische Opposition 1967 initiiert und im Oktober desselben Jahres formell ausgerufen hatte, warfen die Protestierenden dem Verlag vor, er habe zur Gewalt gegen die Studenten und ihre Anführer angestiftet.[2] Solcherart Anschuldigungen

1 »Das Konzept Stadtguerilla«, in: ID Verlag (Hg.), *Rote Armee Fraktion. Texte und Materialien zur Geschichte der RAF* (Berlin: ID Verlag, 1997), 43.

2 Jochen Staadt, Tobias Voigt und Stefan Wolle, *Feind-Bild Springer. Ein Verlag und seine Gegner* (Göttingen: Vandenhoeck & Ruprecht, 2009). Der Band enthält ein detailliertes Kapitel zur Anti-Springer-Kampagne, das sich in erster Linie auf die Ost-West-Dimension konzentriert, auf die staatlichen Organe der DDR, ihre Wahrnehmung der Kampagne, aber auch ihre eigenen Invektiven gegen das Verlagshaus. Siehe zuletzt Dae Sung Jung, *Der Kampf gegen das Presse-Imperium. Die Anti-Springer-Kampagne der 68er-Bewegung* (Bielefeld: transcript, 2016); siehe zudem Gerhard Bauß, *Die Studentenbewegung der sechziger Jahre in der Bundesrepublik und in Westberlin. Handbuch* (Köln: Pahl-Rugenstein, 1977), 71-111; Stuart J. Hilwig, »The Revolt Against the Establishment: Students Versus the Press in West Germany and Italy«, in: Carole Fink, Philipp Gassert und Detlef Junker (Hg.), *1968: The World Transformed* (Cambridge: Cambridge University Press, 1998), 321-349; Gudrun Kruip, *Das »Welt«-»Bild« des Axel Springer Verlags. Journalismus zwischen westlichen Werten und deutschen Denktraditionen* (München: Oldenbourg, 1999); Wolfgang Kraushaar, »1968 und Massenmedien«, in: *Archiv für Sozialgeschichte* 41 (2001), 317-347; Gottfried Oy, *Die Gemeinschaft der Lüge. Medien- und Öffentlichkeitskritik sozialer Bewegungen in der Bundesrepublik* (Münster: Westfälisches Dampfboot, 2001), 122-133; Michael Schmidtke, »›1968‹ und die Massenmedien. Momente europäischer Öffentlichkeit«, in: Jörg Requate (Hg.), *Europäische Öffentlichkeit. Transnationale Kommunikation seit dem 18. Jahrhundert* (Frankfurt a. M./New York: Campus, 2002), 273-294; Christina von Hodenberg, *Konsens und Krise. Eine Geschichte der westdeutschen Medienöffentlichkeit, 1945-1973*

und unterschiedliche Interpretationen von Gewalt waren wesentlicher Bestandteil der öffentlichen Konfrontation zwischen den verschiedenen Lagern der Befürworter und Kritiker der Protestbewegung, lange bevor die ersten Fensterscheiben eingeworfen wurden. Ein zentraler Streitpunkt ergab sich aus der Frage, ob sich Gewalt gegen Sachen fundamental von Gewalt gegen Personen unterscheide – was viele Protestierende geltend machten – oder ob erstere letzterer den Weg bereite. In der Folge der Ereignisse von Ostern 1968 erwies sich auch die juristische Interpretation von Gewalt bei Blockaden erneut als kontrovers. In der Debatte setzte sich letztlich der weite Gewaltbegriff durch, den das Laepple-Urteil etabliert hatte.

Die Anti-Springer-Kampagne wandte sich gegen die augenscheinliche Koinzidenz der Interessen des Medienkonzerns und denen der Regierung. Sie richtete sich an der Kritik eines spezifischen Versorgungsregimes aus: eines offenbar manipulativen Informationsmonopols. Die Konsumenten von Springers tendenziöser Berichterstattung erschienen nicht nur als Opfer von Manipulation, sondern auch als Fußvolk, das zur Aufrechterhaltung der etablierten Machtstrukturen beitrug. Diese Sichtweise wurde zuweilen in eher krude Argumentationsmuster gekleidet, konnte aber auch in eine eloquente Habermas'sche Kritik am kommerziellen Journalismus eingebettet sein. Die Angriffe richteten sich nicht nur gegen Springers rechtslastige politische Orientierung, sondern auch dagegen, dass die Blätter des Konzerns schnell bei der Hand waren, Kritiker des west-deutschen »Wirtschaftswunders« und seiner Werte Konsum und Konformität an den Pranger zu stellen.[3] Die Kampagne rückte den Aspekt der Käuflichkeit von Informationen in den Vordergrund und stellte einen Meilenstein in der Tradition linker Medienkritik dar. Wie zu zeigen sein wird, war es jedoch der Springer-Verlag, der für seine Zwecke zuerst auf das Mittel des politischen Boykotts im Mediensektor zurückgegriffen hatte, lange bevor die Protestierenden sich dieses Mittel der politischen Kommunikation zu eigen machten. Nach dem Abflauen der Anti-Springer-Kampagne noch im Jahr 1968, kam

(Göttingen: Vandenhoeck & Ruprecht, 2006); Hans-Peter Schwarz, *Axel Springer. Die Biographie* (Berlin: Propyläen Verlag, 2008, 2. Aufl.), 426-433; Manuel Seitenbecher, *Den Deutschen »Cäsar« bezwingen. Die 1960er und die Kampagne gegen Springer* (Marburg: Tectum, 2008).

3 Peter J. Humphreys, *Media and Media Policy in West Germany. The Press and Broadcasting since 1945* (Oxford: Berg, 1994), 95.

es erst im Kontext der Friedensbewegung Anfang der achtziger Jahre zu einem bedeutenden Revival.

## SDS GEGEN SPRINGER

Ende Dezember 1963 hinderte eine Polizeistreife eine Gruppe um Dieter Kunzelmann daran, einen provokativen Slogan an den hölzernen Bauzaun der noch nicht fertiggestellten Springer-Konzernzentrale – ein nicht zufällig direkt neben der Berliner Mauer errichtetes Hochhaus – zu malen. Die ersten Zeilen des geplanten Graffito lauteten: »Ulbrichts KZ, Springers BZ – Beide dienen dem gleichen Zweck.« Die Aktion war als Protest gegen Springers giftige Berichterstattung über die DDR gedacht und kann als Vorbotin der Anti-Springer-Kampagne gelten.[4]

In den späten sechziger Jahren wurde ein weiteres früheres Mitglied der Subversiven Aktion zu einem der Wegbereiter der vom SDS initiierten Kampagne. In einem Interview mit dem *Spiegel* bezeichnete Rudi Dutschke die »Vergeudungsgesellschaft« als eines der Haupthindernisse für die Verwirklichung eines »Garten[s] Eden[]«, weil »die für profit- und herrschaftsorientierte Gesellschaftsordnungen typischen Konsumtionsexzesse – Kriege, [...] Rüstung, unnütze Verwaltung und Bürokratie, unausgenutzte Industriekapazitäten, Reklame – [...] eine systematische Kapitalvernichtung« bedeuteten.[5] Er forderte die »Enteignung Springers« und rief zu passivem Widerstand gegen die Auslieferung von Zeitungen des Springer-Konzerns auf. Er machte jedoch klar, dass er nicht viel davon hielt, Tomaten, Stinkbomben oder Steine zu schmeißen; solche Taktiken erschienen ihm »absurd« und »ohnmächtig«. Explizit bestritt Dutschke die Notwendigkeit »terroristische[r] Gewalt gegen Personen« in den entwickelten Ländern, erklärte aber: »Gewalt ist constituens der Herrschaft und damit auch von unserer Seite mit demonstrativer und provokatorischer Gegengewalt zu beantworten.«[6] Zum Zeitpunkt von Herbert Marcuses Berlin-Besuch sah er in

4 Frank Böckelmann und Herbert Nagel (Hg.), *Subversive Aktion: Der Sinn der Organisation ist ihr Scheitern* (Frankfurt a. M.: Verlag Neue Kritik, 2002), 128.

5 »›Wir fordern die Enteignung Axel Springers‹: Spiegel-Gespräch mit dem Berliner FU-Studenten Rudi Dutschke (SDS)«, in: *Der Spiegel* 29 (10. Juli 1967), 30-33.

6 Ebd., 33.

der Kampagne eine Möglichkeit, eine weitere Form von Gewalt sichtbar zu machen: die der hochindustrialisierten Metropole gegen die Dritte Welt.[7]

Ein wichtiger Grund, warum sich die Kritik insbesondere auf Springer richtete, war der gewaltsame Tod Benno Ohnesorgs am 2. Juni 1967. Die Studenten sahen ihre Rolle bei den Protesten – sowohl gegen den Staatsbesuch von Schah Reza Pahlavi als auch gegen den Tod Ohnesorgs – in den Presseerzeugnissen des Konzerns eklatant falsch dargestellt. An der Freien Universität Berlin gründete sich ein Komitee, das die demagogische Berichterstattung analysierte. Als Beispiel für diese mag die Darstellung in der *Bild* vom 3. Juni dienen: »In Berlin gab es bisher Terror nur östlich der Mauer. Gestern haben bösartige und dumme Wirrköpfe zum erstenmal versucht, den Terror in den freien Teil der Stadt zu tragen.« Zu lesen waren diese Sätze unter einem Foto, das einen blutenden Polizeibeamten zeigte. Die *Bild*-Zeitung berichtete über Ohnesorgs Tod, aber die Zeitung erwähnte nicht, dass er erschossen wurde, geschweige denn von einem Polizisten: »Ein junger Mann [...] wurde Opfer von Krawallen, die politische Halbstarke inszenierten. [...] Wir haben etwas gegen SA-Methoden. Die Deutschen wollen keine braune und keine rote SA.«[8] Ausführlich wurde in derselben Ausgabe über den Besuch der glamourösen Kaiserin Farah Pahlavi bei einer Modenschau berichtet. Eine inmitten des Artikels platzierte Werbeanzeige pries das Europa-Center an: »Hier kauft Berlin – hier trifft sich die Welt.«[9] Springers Berliner Boulevardblatt *B.Z.* kommentierte die Ereignisse des 2. Juni mit den Worten: »Wer Terror produziert, muß Härte in Kauf nehmen.«[10] Der Autor des Artikels beanstandete, dass die randalierenden Studenten vom Geld der Steuerzahler lebten, ohne etwas zu dem beachtlichen Nachkriegsboom beigesteuert zu haben, der den Menschen in der Bundesrepublik ihren Wohlstand gebracht habe. Der Kom-

7 Rudi Dutschke, »Zum Verhältnis von Organisation und Emanzipationsbewegung: Zum Besuch Herbert Marcuses«, in: *Oberbaumblatt* 5 (12. Juli 1967).

8 »Blutige Krawalle: 1 Toter«, in: *Bild*, Berlin (3. Juni 1967), 1; online verfügbar unter: {http://www.medienarchiv68.de/dl/193050/478.jpg.pdf} (Stand August 2017).

9 »Sonderschau für Farah. Berliner Chic ist wundervoll«, in: *Bild*, Berlin (3. Juni 1967), 3; online verfügbar unter: {http://www.medienarchiv68.de/dl/193058/482.jpg.pdf} (Stand August 2017).

10 »Das ist Terror!«, in: *B.Z.* (3. Juni 1967), 3; online verfügbar unter: {http://www.medienarchiv68.de/dl/193086/496.jpg.pdf} (Stand August 2017). Siehe auch Kruip, *Das »Welt«-»Bild« des Axel Springer Verlag*, 225.

mentar gipfelte in einer emphatischen Erklärung, nach der die Stadt Berlin nur denjenigen gehöre, die an dieser Leistung teilgehabt hätten, nicht aber denjenigen, die darauf aus seien, die Harmonie des »Wirtschaftswunders« zu stören, die den Springer-Journalisten so sehr am Herzen lag.

Im Zentrum des im September 1967 durch den SDS beschlossenen Aktionsprogramms gegen Springer stand die »[w]issenschaftliche Analyse und allgemeine Aufklärung über die systematische Vernichtung gesellschaftlichen Reichtums durch Konsumterror, geplanten Verschleiß und Aufbau unproduktiver [...] Anpassungsindustrien«.[11] Als die Kampagne im Oktober von einer ganzen Reihe oppositioneller Gruppen formell eröffnet wurde, nahm das Thema Konsum weiterhin eine wichtige Stellung ein. Schließlich wandte sich der Protest gegen eine »Pressestruktur, die auf private Gewinnmaximierung und Konsumwerbung ausgerichtet ist und der Tendenz der Konzentration unterliegt«.[12] Unterstützt wurde die Kampagne später auch von Springers Konkurrenten Gerd Bucerius und Rudolf Augstein, Gründer und Miteigentümer der einflussreichen Wochenmagazine *Die Zeit* bzw. *Der Spiegel*.[13]

Noch im selben Monat propagierte der SDS den Springer-Boykott mit einer Aktion gegen den Stand des zu Springer gehörenden Ullstein-Verlags auf der Frankfurter Buchmesse, die zu einem Polizeieinsatz führte. Mediale Aufmerksamkeit erzeugte ebenfalls die von 71 Mitgliedern der bekannten Literatenvereinigung Gruppe 47 und sieben bedeutenden Verlegern unterzeichnete Boykott-Resolution »Gegen das Monopol von Axel Springer«.[14] Mit dem Verkauf von 21000 »Enteignet

11 »Resolution der 22. Delegiertenkonferenz des SDS zum Kampf gegen Manipulation und für die Demokratisierung der Öffentlichkeit vom September 1967«, in: Karl A. Otto (Hg.), *APO. Außerparlamentarische Opposition in Quellen und Dokumenten, 1960-1970* (Köln: Pahl-Rugenstein, 1989), 256.

12 »Vereinbarung einer APO-Kampagne gegen den Springer-Konzern (Oktober 1967)«, in: ebd., 257.

13 Ralf Dahrendorf, *Liberal und unabhängig, Gerd Bucerius und seine Zeit* (München: C.H. Beck, 2000, 2. Aufl.), 188.

14 »Gruppe 47: Dichter, Dichter«, in: *Der Spiegel* 43 (16. Oktober 1967), 178-182; »Buchmesse: Heiß gekocht«, in: *Der Spiegel* 44 (23. Oktober 1967), 197-199; »Die Bücher interessieren sie nicht«, in: *Hamburger Abendblatt* (17. Oktober 1967), 10; »Gegen das Monopol von Axel Springer«, in: Michael Krüger, Susanne Schüssler, Winfried Stephan und Klaus Wagenbach (Hg.), *Vaterland, Muttersprache. Deutsche Schriftsteller und ihr Staat seit 1945* (Berlin: Wagenbach, 1979), 251. In Erwiderung auf die Resolution: Marcel Hepp, »Boykotthetze und Bürgerkriegskonzept«, in:

Springer«-Buttons bis Ende 1967 wurde der Protest auch kommodifiziert.[15] Schon vor den gewalttätigen Ereignissen an Ostern 1968 wurde die Anti-Springer-Kampagne mit Terror verglichen, z.B. in einer im Springer-Blatt *Die Welt* veröffentlichten Verteidigung des Verlags durch den österreichisch-amerikanischen Autor Hans Habe. Dieser sprach den Kritikern jeglichen intellektuellen Gehalt ab und verglich die Studentenbewegung mit einer »Terrororganisation«, »die Gewalt anwendet«, um den Verkauf von Zeitungen zu verhindern.[16]

## SCHERBEN

Einige Wochen nach der Veröffentlichung dieser Zeilen kam es zu den ersten direkten Aktionen. In der Nacht des 1. Februar 1968 wurden nach einer politischen Veranstaltung an der Technischen Universität Berlin, bei der auch ein Film von Holger Meins und anderen gezeigt worden war, der die Herstellung von Molotowcocktails erklärt und mit einem Standbild der Springer-Konzernzentrale endet, die Schaufenster von Zweigstellenbüros der *Berliner Morgenpost* zerstört.[17] Dabei wurden jedoch keine Brandsätze, sondern Pflastersteine verwendet. Es heißt, Dutschke und der Komponist Hans Werner Henze seien unter den Steinewerfern gewesen; diese Anekdote kam allerdings erst später auf.[18]

*Bayernkurier* (21. Oktober 1967); siehe auch Ingrid Gilcher-Holtey, »Die APO und der Zerfall der Gruppe 47«, in: *Aus Politik und Zeitgeschichte* 25 (18. Juni 2007); online verfügbar unter: {http://www.bpb.de/apuz/30417/die-apo-und-der-zerfall-der-gruppe-47?p=all} (Stand August 2017).

15 Carl Guggomos, »Wie man Springer ›enteignet‹«, in: *konkret* 12 (1967), 13.

16 Hans Habe, »Die Parforcejagd auf Axel Springer. Ein offener Brief an den Verleger«, in: *Die Welt* (27. Dezember 1967), 6.

17 Thomas Giefer, »Wie ein Satz, den man hinwirft und der Wirklichkeit wird«, in: Gerd Conradt (Hg.), *Starbuck. Holger Meins* (Berlin: Espresso, 2001), 78-80; Volker Pantenburg, »Die rote Fahne. Deutsche Film- und Fernsehakademie 1966-1968«, in: Martin Klimke und Joachim Scharloth, *1968. Handbuch zur Kultur- und Mediengeschichte der Studentenbewegung* (Stuttgart: Metzler, 2007) 203f. Pflastersteine, Springer-Zeitungen und das Geräusch von klirrendem Glas kommen auch in Harun Farockis Film *Ihre Zeitungen* vom Mai 1968 sowie in *Unsere Steine* von Ulrich Knaudt vor. Siehe den kurzen Text »Ihre Zeitungen« zu Farockis Film; online verfügbar unter: {http://www.harunfarocki.de/de/filme/1960er/1968/ihre-zeitungen.html} (Stand August 2017).

18 Rudi Dutschke, *Aufrecht gehen. Eine fragmentarische Autobiographie* (Berlin: Bücher-

West-Berlins damaliger Justizsenator Hans-Günter Hoppe (FDP) kommentierte die zerbrochenen Glasscheiben mit harschen Worten: »›Das sind faschistische Methoden‹ [...]. Mit eingeworfenen Scheiben habe es schon einmal in Deutschland begonnen.«[19] *Bild* druckte eine Karikatur, die ein SDS-Mitglied beim Zerschlagen eines Fensters der *Berliner Morgenpost* im Jahr 1968 neben zwei SA-Männern zeigt, die Fenster eines jüdischen Geschäfts im Jahr 1938 einschlagen. Der begleitende Kommentar macht großzügig Gebrauch von den Begriffen »Terror« und »Anarchismus«.[20] Die Analogie zwischen sieben zerstörten Scheiben und dem Novemberpogrom ließ die offensichtlichen Differenzen im Ausmaß der Ereignisse und die unterschiedlichen Machtverhältnisse außer Acht, wurde aber weit über die Springer-Zeitungen hinaus bereitwillig übernommen. Adolf Arndt, ein prominenter Rechtsanwalt und Bundestagsabgeordneter der SPD, schrieb in einem Brief an Axel Springer: »Als sei es erst gestern gewesen, steht mir vor Augen, daß Hitlers braune SA die Schaufenster der ›jüdischen‹ Warenhäuser zertrümmerte.«[21]

Ein Studentensprecher entgegnete auf die Kritik: »Wenn diese Argumente stimmen, dann haben die Juden beim ›Völkischen Beobachter‹ die Scheiben eingeschlagen.«[22] Die Springer-Presse fuhr jedoch mit ihren Analogien zur NS-Vergangenheit fort. In der *Bild* fragte z. B. ein Kommentator: »Und was wird gegen diejenigen getan, die in Flugblättern oder Versammlungen auffordern, anderer Menschen Eigentum wegzunehmen, ja sogar zu vernichten? [...] Ende der zwanziger, Anfang der dreißiger Jahre fing es genauso an. [...] Das Ende war die Diktatur, der Krieg, die Zerstörung Deutschlands und Europas.« Der Text schloss

gilde Gutenberg, 1981), 199; Jutta Ditfurth, *Ulrike Meinhof. Die Biographie* (Berlin: Ullstein, 2007), 230; Peter Schneider, *Rebellion und Wahn: Mein '68. Eine autobiographische Erzählung* (Köln: Kiepenheuer & Witsch, 2008), 246f.

19 »Einer rief: Es gibt 21 Filialen«, in: *Die Welt* 29 (3. Februar 1968), 3; Bernd Nellessen, »Das ist kein Jux mehr – das ist Terror. Zu den Vorgängen in Westberlin«, in: *Die Welt* 29 (3. Februar 1968), 3.

20 »Terror-Aktion gegen Zeitungs-Filialen«, in: *Bild*, Berlin (3. Februar 1968), 3; online verfügbar unter: {http://www.medienarchiv68.de/dl/204642/1791.jpg.pdf} (Stand August 2017).

21 »Unruhen. Gebrochenes Rückgrat«, in: *Der Spiegel* 7 (12. Februar 1968), 33; Arndts Brief an Springer ist abgedruckt unter der Überschrift »Empörung und Abscheu«, in: *B. Z.* (6. Februar 1968), 2.

22 »Warnung vor falschen Analogieschlüssen«, in: *Der Stern* (3. März 1968), 22; abgedruckt in: Otto (Hg.), *APO*, 262.

# Terror-Aktion gegen Zeitungs-Filialen

## Justizsenator: „Das sind faschistische Methoden"

rb. Berlin, 3. Februar

**Erste Auswirkungen der Anti-Springer-Hetze linksradikaler Studenten in Berlin: Nachdem das von Linksradikalen inszenierte „Springer-Tribunal" in einem am Donnerstagabend in der Technischen Universität gezeigten Film indirekt dazu aufgefordert hatte, das Springer-Haus in Berlin mit Molotow-Cocktails in Brand zu setzen, kam es in der Nacht zum Freitag zu ernsten Zwischenfällen: Innerhalb von 45 Minuten zersplitterten in verschiedenen Bezirken fast gleichzeitig die Schaufensterscheiben von sieben Filialen der „Berliner Morgenpost".**

### Funkwagen-Alarm

Nach Bekanntwerden der ersten drei Fälle der gezielten Aktion gab die Funkbetriebszentrale der Polizei für alle Funkwagen Alarm. Sie überwachten die übrigen „Morgenpost"-Filialen. Trotzdem wurden noch in vier weiteren Filialen die Schaufenster- bzw. Türscheiben von den unbekannten Tätern mit Steinen zertrümmert. Zum Teil waren die Wurfgeschosse von Flugblättern mit Anti-Springer-Parolen umwickelt.

Vor einer Charlottenburger „Morgenpost"-Filiale beobachtete eine Polizeistreife einen Volkswagen, aus dem drei Personen ausstiegen. Sie sahen sich die Filiale an. Als sie den Polizeifunkwagen erblickten, stiegen sie wieder in ihr Auto und fuhren weg. Der Funkwagen verfolgte und stoppte das Auto und überprüfte die Insassen. Es waren drei Studenten. Sie durften jedoch weiterfahren, weil sich kein Anhaltspunkt einer Beteiligung an der Terroraktion ergab.

An anderer Stelle stoppte die Polizei einen Volkswagen, in dem ebenfalls drei Studenten saßen. Auf sie traf die Personenbeschreibung der nach der Aktion geflüchteten Täter zu. Bei einer Gegenüberstellung wurden die Studenten von den Zeugen jedoch nicht mit Sicherheit identifiziert und wieder entlassen.

Die Fahndung der Politischen Polizei nach den Tätern blieb bisher erfolglos.

● Bürgermeister und Innensenator Kurt Neubauer zu der Aktion: „Steinwürfe und eingeschmissene Fensterscheiben sind keine politischen Argumente, sondern kriminelle Handlungen. Die Täter müssen in die Kategorie der politischen Rowdys eingereiht werden. Der Senat wird die Mißachtung der Rechtsordnung durch radikale Einzelgänger und Gruppen nicht dulden."

● Justizsenator Hans-Günther Hoppe: „Das sind faschistische Methoden." Mit eingeworfenen Scheiben habe es schon einmal in Deutschland begonnen.

● Die Berliner CDU: „Es geht nicht an, daß eine anarchistische Minderheit sich über alle Rechtsformen hinwegsetzt. Das wahre Ziel der Terroristen dürfte jetzt jedermann klar sein."

● Der SPD-Vorsitzende Kurt Mattick: Senat und Abgeordnetenhaus, die politischen Parteien, Gewerkschaften und alle Demokraten sind jetzt aufgerufen, einer weiteren Untergrabung der demokratischen Ordnung entgegen zu wirken. Nächtliche Überfälle auf Zeitungsfilialen haben mit politischer Meinungsäußerung nichts zu tun, sie sind nur noch mit Hilfe des Strafgesetzbuches einzuordnen.

● Das Verlagshaus Axel Springer: Die sich aus solchen Gewaltakten ergebenden Gefahren für die demokratische Gesellschafts- und Wirtschaftsordnung der Bundesrepublik sind offensichtlich. Sie erinnern an die zahllosen Übergriffe der Nationalsozialisten, die fast auf den Tag vor 35 Jahren die Macht in Deutschland übernahmen. Die sich hier abzeichnenden Parallelen sollten jeden verantwortungsbewußten Bürger unseres Landes warnen.

In verschiedenen Bezirken wurden die Schaufenster von sieben Zeitungs-Filialen zertrümmert

Pflastersteine warfen Terror-Studenten in die Schaufenster



Wie sich die Bilder gleichen!



*Abb. 13*: Berliner Ausgabe der *Bild*-Zeitung vom 3. Februar 1968.

mit der Erklärung, diese Entwicklungen seien besonders in West-Berlin gefährlich, »wo niemand unterscheiden kann, wer ein westlicher Demonstrant und wer ein vom Osten herübergeschickter Agitator ist.«[23] Die NS-Vergangenheit wurde zu einem allgegenwärtigen Bezugsrahmen für die Debatten über die Proteste, wobei manche Kommentatoren anmerkten, dass es zu solchen Demonstrationen unter Hitler nicht gekommen wäre, oder forderten, den Demonstranten zwangsweise die

23 »Enteignet Deutschland…«, in: *Bild*, Berlin (5. Februar 1968), 1; online verfügbar unter: {http://www.medienarchiv68.de/dl/204662/1801.jpg.pdf} (Stand August 2017).

*Abb. 14*: Demonstration in Stuttgart, April 1968.

Haare zu schneiden oder sie über die Mauer nach Ost-Berlin zu befördern.[24]

Für die Anti-Springer-Kampagne stellten die eingeworfenen Springer-Schaufenster und der anschließende Gewaltdiskurs einen Wendepunkt dar. Während Dutschkes Freund Helmut Gollwitzer, Professor für Evangelische Theologie an der FU Berlin, und Jacob Taubes, ebendort Professor für Judaistik und Gutachter der Kaufhausbrandflugblätter im Prozess gegen die Kommune I, davor warnten, die Aktionen der Studenten mit dem Terror der Nazis zu vergleichen – da so eine unvoreingenommene Bewertung der Anliegen der Studenten verhindert werde –, zogen andere prominente Intellektuelle ihre Unterstützung zurück. Der Republikanische Club, eines der intellektuellen Zentren der Außerparlamentarischen Opposition und Sponsor der Anti-Springer-Kampagne, verurteilte das Einschmeißen von Scheiben, da es die Aufklärungsbemühungen delegitimiere.[25]

24 Detlef Siegfried, »›Don't Trust Anyone Older Than 30?‹ Voices of Conflict and Consensus between Generations in 1960s West Germany«, in: *Journal of Contemporary History* 40/4 (2005), 727-747, 743.

25 »Maßnahmen gegen Übergriffe«, in: *Telegraf* 23/30 (6. Februar 1968), 2.

## JÖRG HUFFSCHMIDS HABERMAS'SCHE KRITIK AN SPRINGER

Der Vorsitzende des Republikanischen Clubs, der Ökonom Jörg Huffschmid, damals wissenschaftlicher Assistent am Institut für Konzentrationsforschung der FU Berlin, versuchte die Kritik am Springer-Verlag in eine weiter gefasste Theorie der politischen Ökonomie zu integrieren. Die Vorstellung von einer entpolitisierten Konsumgesellschaft spielte in dieser Analyse eine zentrale Rolle: »Das Gewinnstreben der Privatwirtschaft in einer spätkapitalistischen Gesellschaft ist [...] nur durch weitgehende Verschwendung zu realisieren, die ihrerseits nur durch fast totale Manipulation der Konsumgesellschaft verschleiert werden kann«.[26] Huffschmid bezog sich dabei auf die marxistischen Arbeiten zum Monopolkapital der US-amerikanischen Ökonomen Paul A. Baran und Paul Sweezy.[27] Werbung, Konsum und Massenkultur galten ihm als entscheidende Komponenten des kapitalistischen Systems. Wie Ulrike Meinhof war er von André Gorz beeinflusst, dem er in der Annahme einer umfassenden, ökonomisch angetriebenen »Produktion von Bedürfnissen« folgte. Die Artikulation von Bedürfnissen auf dem Markt betrachtete er dementsprechend nicht als Ausdruck subjektiver Freiheit der Individuen, sondern als Ausdruck der Dominanz einer ökonomisch mächtigen Minderheit.[28] Mit seiner Argumentation richtete sich Huffschmid gegen die Legitimation Springers auf der Basis ökonomischen Erfolgs, der auf den Kaufentscheidungen von Millionen souveränen Konsumenten beruhe. Axel Springer hatte selbst auf eine Theorie der Konsumentendemokratie zurückgegriffen: »Jeden Tag, jeden Monat findet am Kiosk und an der Haustür eine Art demokratischer Abstimmung in Deutschland statt, ob die Leser diese Zeitungen

26 Jörg Huffschmid, »Politische Ökonomie des Springer-Konzerns. Wirtschaftliche Dynamik und gesellschaftliche Bedingungen privater Pressemacht in der Bundesrepublik«, in: Bernd Jansen und Arno Klönne (Hg.), *Imperium Springer. Macht und Manipulation* (Köln: Pahl-Rugenstein, 1968), 53. Siehe auch Jörg Huffschmid, »Ökonomische Macht und Pressefreiheit«, in: Heinz Grossmann und Oskar Negt, *Die Auferstehung der Gewalt. Springerblockade und politische Reaktion in der Bundesrepublik* (Frankfurt a. M.: Europäische Verlagsanstalt, 1968), 32-41.

27 Paul A. Baran und Paul M. Sweezy, *Monopolkapital. Ein Essay über die amerikanische Wirtschafts- und Gesellschaftsordnung* (Frankfurt a. M.: Suhrkamp, 1967).

28 Huffschmid, »Politische Ökonomie«, 63.

[...] kaufen wollen oder nicht.«[29] Die Anti-Springer-Kampagne bezweifelte, dass angesichts der Gefahren von Marktkonzentration und Manipulation ein fairer – geschweige denn demokratischer – Wettbewerb auf dem Nachrichtenmarkt existiere.

Laut Huffschmid waren Anzeigen für den Journalismus unverzichtbar – ein Thema, das weit über die Anti-Springer-Kampagne hinauswies, konnte sich Huffschmid doch teilweise auf Materialien zweier Expertenkomitees zur Untersuchung von Problemen der Medienlandschaft stützen, die der Bundestag ins Leben gerufen hatte: Die Michel-Kommission, benannt nach ihrem Vorsitzenden Elmar Michel, einem früheren Ministerialdirektor im Bundeswirtschaftsministerium, untersuchte Vorwürfe der Wettbewerbsverzerrung zwischen Presse und öffentlich-rechtlichem Rundfunk; die Günther-Kommission unter Vorsitz von Eberhard Günther, Präsident des Bundeskartellamtes, stellte Ermittlungen zur Pressekonzentration an.[30] Das Bundesverfassungsgericht urteilte 1967, die Pressefreiheit schütze auch die Anzeigenspalten der Zeitungen, und wies darauf hin, dass Werbung für die ökonomische Unabhängigkeit einer Zeitung notwendig sei. Darüber hinaus räumten die Richter Werbeanzeigen denselben Status wie Nachrichten ein.[31] Diese Entscheidung hatte Implikationen für die Frage, wie weit die journalistische Freiheit im Angesicht von ökonomischen Interessen reichte, die sich in Werbeinvestitionen großen Umfangs manifestierten. Zwar war es in der zeitgenössischen Medienwissenschaft keine neue Erkenntnis, dass Tageszeitungen von Werbeeinnahmen abhängig waren, die ihrerseits in Prozessen der ökonomischen Konzentration eine wichtige Rolle spielten, umstritten war allerdings, ob diese Konstellation für ein Zeitungssterben und eine Abnahme der Meinungsvielfalt verantwortlich war. Eindeutig schien jedoch, dass Blätter mit geringerer Auflage Schwierigkeiten hatten, mit den Großen zu konkurrieren, die für Anzeigekunden attraktiver waren.[32] Huffschmid erklärte, nur ein kleiner Prozent-

29 Axel Springer zit. n. Otto Köhler, »Springers Sprecher nicht«, in: *Der Spiegel* 1 (1968), 37.

30 Siehe Fritz Sänger, »Deutsche Presse am Wegkreuz«, in: *Gewerkschaftliche Monatshefte* 3 (1968), 155-157; Konrad Dussel, *Deutsche Tagespresse im 19. und 20. Jahrhundert* (Münster: LIT Verlag, 2004), 234f.

31 Bundesverfassungsgericht, »Entscheidung vom 4. April 1967-1 BvR 414/64« (Südkurier-Urteil), in: BVErfGE 21, 271. Siehe Ulrich Eicke, *Die Werbelawine. Angriff auf unser Bewußtsein* (München: Knesebeck und Schuler, 1991), 121f.

32 Siehe Reinhart Ricker, *Anzeigenwesen und Pressefreiheit* (München: Goldmann,

satz der Profite resultiere aus dem journalistischen Produkt, das meiste hingegen aus der Werbung, auf die das Kapital angewiesen sei, um seine Profite zu realisieren. Demnach gingen 81 Prozent der Werbeinvestitionen in der Bundesrepublik an Zeitschriften und Zeitungen, was diese Periodika zu einer Hyperware mache, die für den reibungslosen Fluss des Warenkreislaufs unentbehrlich sei.[33]

Huffschmids Analyse zufolge hatte der Aufstieg der Werbung seit dem 18. Jahrhundert »die kritischen Leser zu Konsumenten, die Gesellschaft ›räsonierender Privatleute‹ zur Konsumgesellschaft« gemacht. Diese Behauptung stützte sich stark auf Jürgen Habermas' Untersuchung der schädlichen Einflüsse der Kommerzialisierung auf den öffentlichen Raum. Habermas hatte darauf hingewiesen, dass letzterer während des 19. Jahrhunderts zu einer Bühne für die Werbung geworden sei. Der Vorsitzende des Republikanischen Clubs paraphrasierte den Frankfurter Sozialphilosophen: »So wandelt sich die private Zeitung in einer privatwirtschaftlichen Gesellschaft vom Organ einer kritischen Öffentlichkeit privater Individuen gegen die Autorität vornehmlich des Staates zu einem Organ manipulierender ›Öffentlichkeitsarbeit‹ im Dienste der Wirtschaft gegenüber dem [...] Konsumenten.«[34] Huffschmid nahm an, dass dem Konsum in der Bundesrepublik der Nachkriegszeit eine stabilisierende Funktion zukam und dass sich dies in der »permanente[n] Aufforderung zum Konsum, die auf verschiedene Weise aus redaktionellem wie aus Anzeigenteil der westdeutschen Presse spricht«, manifestiere.[35] Eine solche Analyse traf nicht bloß auf Springer zu, sondern auf alle Presseerzeugnisse in einer entwickelten Wirtschaft. Aus dieser Perspektive war es unumgänglich, dass jene, die das Funktionieren der entpolitisierten Konsumgesellschaft der Bundesrepublik stör-

1973), 82. Huffschmid stützte sich ebenso wie Habermas auf Karl Bücher, Begründer der akademischen Zeitungswissenschaft und Pionier einer Theorie der nicht marktgeleiteten ökonomischen Prozesse; siehe Karl Bücher, *Die Entstehung der Volkswirtschaft* (Tübingen: Verlag der Laupp'schen Buchhandlung, 1917 [1883], 10. Aufl.), Kapitel 6: »Die Anfänge des Zeitungswesens«. Für Fallbeispiele, in denen Unternehmen ihr Anzeigen-Volumen dazu benutzten, um Druck auf die Redaktion auszuüben, siehe Eicke, *Werbelawine*, 126-137.

33 Huffschmid, »Politische Ökonomie«, 65.

34 Ebd., 66, 69. Siehe Jürgen Habermas, *Strukturwandel der Öffentlichkeit. Untersuchungen zu einer Kategorie der bürgerlichen Gesellschaft* (Neuwied: Luchterhand, 1962), insbesondere Kapitel 18 und 20.

35 Huffschmid, »Politische Ökonomie«, 70.

ten, der Springer-Presse als Feinde erschienen: »[D]iese Presse [reagiert] konsequent schon auf so harmlos auftretende und apolitisch erscheinende Gruppen wie die Gammler mit einem Vokabular, das dem faschistischen Jargon entlehnt ist [...]. [E]ine Einstellung wie die der Gammler, die den Zwang zur Arbeit für ständig neue Konsumgüter ablehnen, stellt in der Tat die Grundlage der bestehenden Ordnung in Frage.«[36] Für Huffschmid war die Konsumgesellschaft eine degenerierte und manipulierte Gesellschaft, die dazu bereit war, die »gegenseitige Bestätigung von Ideologie und Geschäft« zu akzeptieren, wobei die Unternehmer ihre eigenen Interessen als die der gesamten Gesellschaft verkaufen konnten.[37]

## OSTERN 1968

Mit dem Mordversuch an Dutschke erlangte die Kritik an Springers Boulevardjournalismus erheblich größeren öffentlichen Einfluss. Der SDS publizierte ein Manifest, das der Konsumthematik weiteren Nachdruck verlieh: »Jede Kritik wird abgetötet oder als Sorgen des kleinen Mannes ihm selber als Konsum zubereitet.« In einer Liste von fünf Forderungen für eine »demokratische Öffentlichkeit« lautete die zweite: »Abschaffung der Konsumpropaganda und ihr Ersatz durch sachgerechte Verbraucherinformation«.[38] Noch mehr Aufmerksamkeit erzeugte eine von vierzehn prominenten Intellektuellen unterzeichnete Erklärung, die eine öffentliche Debatte über Springers Marktmacht forderte

36 Ebd., 71. »Gammler« waren Angehörige jugendlicher Subkulturen der sechziger und siebziger Jahre, die bürgerliche Werte ablehnten, insbesondere Vorstellungen von einem gefälligen äußeren Erscheinungsbild und den Vorzügen der Erwerbsarbeit. Siehe Tina Gotthardt, *Abkehr von der Wohlstandsgesellschaft. Gammler in den 60er Jahren der BRD* (Saarbrücken: VDM, 2007); Detlef Siegfried, *Time Is on My Side. Konsum und Politik in der westdeutschen Jugendkultur der 60er Jahre* (Göttingen: Wallstein, 2006), 399-416. Für Beispiele, in denen Springers Boulevardblätter Angehörige von Jugend- und Protestkulturen in drastischer Weise angriffen, siehe Republikanischer Club, *Springer enteignen? Materialien zur Diskussion* (Berlin: Republikanischer Club, 1967), 26-28.

37 Huffschmid, »Politische Ökonomie«, 78.

38 »Grundsatzerklärung des SDS zur Kampagne für die Enteignung des Springer-Konzerns«, in: Siegward Lönnendonker, Tilmann Fichter und Jochen Staadt, *Dokumentation der FU Berlin*, Bd. 5: *1967-1969: Gewalt und Gegengewalt* (Berlin: FU Berlin, 1983), 295f.

und das »Bündnis von bedenkenlosem Konsumjournalismus und wiederauflebender nationalistischer Ideologie« kritisierte.[39]

Der aktive Protest auf der Straße richtete sich am konkreten Warenvertrieb des Springer-Imperiums aus. Dessen Produktions- und Vertriebsnetzwerke boten allgegenwärtige Angriffsflächen: Zufahrtsstraßen wurden blockiert, Auslieferungsfahrzeuge sabotiert oder angezündet, um die Zustellung der Boulevardblätter zu verhindern. Fotos brennender Zeitungsfahrzeuge wurden zu Ikonen des Widerstands und dienten gleichzeitig als Beweis für die Gewalt der Demonstranten. Die Proteste konnten die Auslieferung allerdings nur verzögern, da die Polizei die Vertriebswege des Verlags absicherte. Schon während der Auseinandersetzung zu Ostern 1968 trat das Thema Gewalt schnell ins Zentrum der Aufmerksamkeit. An den Konfrontationen waren in der gesamten Bundesrepublik 21 000 Polizisten beteiligt. Zwei Protestierende wurden schwer verletzt, als Lieferwagen mit großer Geschwindigkeit durch eine Menschenmenge fuhren; in München kosteten die Auseinandersetzungen einen Fotojournalisten und einen Studenten das Leben. Polizei und Demonstranten bezichtigten sich gegenseitig, für die Todesfälle verantwortlich zu sein.[40] Die vielfältigen Konfrontationen zwischen Demonstranten und Polizei waren intensiver und stärker von physischer Gewalt geprägt als die meisten Demonstrationen, die bis dahin stattgefunden hatten, und markierten somit eine neue Dimension in der konkreten Gewalterfahrung der Protestbewegung. Der Außerparlamentarischen Opposition – die oft ein recht unbekümmertes Vertrauen in die Richtigkeit ihrer Anliegen an den Tag legte – wurde klar, dass die staatlichen Organe die gewalttätigen Auseinandersetzungen bei den Demonstrationen nutzte, um die Aktionen der APO zu kriminalisie-

39 Theodor Adorno, Hans Paul Bahrdt, Heinrich Böll, Peter Brückner, Ludwig von Friedeburg, Walter Jens, Eugen Kogon, Golo Mann, Alexander Mitscherlich, Hans Dieter Müller, Heinrich Popitz, Helge Pross, Helmut Ridder und Hans-Günther Zmarzlik, »Die Erklärung der Vierzehn«, in: *Die Zeit* 16 (19. April 1969), abgedruckt in Wolfgang Kraushaar (Hg.), *Frankfurter Schule und Studentenbewegung. Von der Flaschenpost zum Molotowcocktail 1946-1995*, Bd. 2: *Dokumente* (Frankfurt a. M.: Rogner & Bernhard, 1998), 363.

40 Siehe »Todesopfer. Gewisse Scheu«, in: *Der Spiegel* 18 (29. April 1968), 74-77; Stefan Hemler, »Von Kurt Faltlhauser zu Rolf Pohle. Die Entwicklung der studentischen Unruhe an der Ludwig-Maximilians-Universität München in der zweiten Hälfte der sechziger Jahre«, in: Hans-Günther Hockerts (Hg.), *1968. 30 Jahre danach* (St. Ottilien: EOS, 1999), 209-242, 231 ff.

ren.[41] Zwei Wochen nach den Oster-Ausschreitungen verkündete Innenminister Ernst Benda (CDU) während einer Bundestagsdebatte, in 827 Fällen sei Anklage erhoben worden.[42]

Zahlreiche Augenzeugenberichte bekundeten die Unverhältnismäßigkeit der Polizeieinsätze. *Der Spiegel* berichtete über eine Demonstration, bei der Jörg Huffschmid »ohne Grund aus der Menge herausgerissen [und] von mehreren Polizisten an den Haaren geschleift, getreten und geschlagen« worden sei.[43] Nichtsdestotrotz forderte Bundeskanzler Kurt Georg Kiesinger in einer Fernsehansprache im April 1968 eine Verschärfung der »Mittel der staatlichen Abwehr« gegen »kleine, aber militante linksextremistische Kräfte, die sich die Zerstörung unserer parlamentarisch-demokratischen Ordnung offen zum Ziel gesetzt haben«.[44] Kiesingers Ansprache wurde nach Beginn der Massenproteste, aber vor den zwei Todesfällen in München gesendet und schien die weitverbreiteten Befürchtungen gegenüber den Notstandsgesetzen zu bestärken. Kommentatoren auf beiden Seiten verglichen die Ereignisse mit denen während der späten Phase der Weimarer Republik oder der NS-Zeit. SDS-Mitglieder rechtfertigten die Steinwürfe von Demonstranten mit dem Verweis auf Springers strukturelle Gewalt: »Eine tendenziöse Schlagzeile von ›Bild‹ ist mehr Gewalt als ein Stein am Polizisten-Kopf.«[45] *Bild* behauptete, ein SDS-Mitglied habe gefordert: »Berlin muß brennen wie die Slums in amerikanischen Großstädten.«[46] Und Ulrike Meinhof machte eine Äußerung, die in der Folge oft wiederholt wurde: »Wenn ein Lastauto mit Springer-Zeitungen angesteckt wird, ist das Brandstiftung. Wenn alle Springer-Autos brennen, ist das eine politische Aktion.« Die Polizei warf Meinhof vor, ihr Auto zur Blockade von Springer benutzt zu haben.[47] In Rom bekundeten Protestierende ihre Solidarität

41 »Vorbemerkung der Herausgeber«, in: Grossmann/Negt, *Auferstehung der Gewalt*, 5.

42 Manfred Görtemaker, *Kleine Geschichte der Bundesrepublik Deutschland* (München: C. H. Beck, 2002), 204.

43 »›Vor dem Knüppel sind alle gleich‹. Die Unruhen in Berlin«, in: *Der Spiegel* 18 (29. April 1968), 36.

44 Kurt Georg Kiesinger, Fernsehansprache (13. April 1968), in: *Die große Koalition 1966-1969. Reden und Erklärungen des Bundeskanzlers*, herausgegeben von Dieter Oberndörfer (Stuttgart: Deutsche Verlags-Anstalt, 1979), 186.

45 »›Gefahr für uns alle.‹ Studenten gegen Springer«, in: *Der Spiegel* 19 (6. Mai 1968), 42.

46 »Zeitungswagen in Flammen«, in: *Bild*, Berlin (13. April 1968), 5; online verfügbar unter: {http://www.medienarchiv68.de/dl/204954/1947.jpg.pdf} (Stand August 2017).

47 »Gesellschaft/Meinhof/Baader. Löwe los«, in: *Der Spiegel* 9 (22. Februar 1971).

*Abb. 15*: Die Feuerwehr löscht von Demonstranten auf dem Gelände der West-Berliner Zentrale des Axel-Springer-Verlags in Brand gesetzte Lieferwagen, 11. April 1968.

mit den deutschen Studenten, indem sie Niederlassungen von Porsche und Mercedes mit Molotowcocktails bewarfen.[48]

## GEWALT GEGEN SACHEN – JA, GEGEN MENSCHEN – NEIN

Springer und der SDS beschuldigten sich gegenseitig, zur Gewalt anzustiften. Die SDS-Theoretiker konstruierten dabei eine Differenzierung, die sich in der Folge als recht fragil erweisen sollte: »Gewalt gegen Sachen – ja, gegen Menschen – nein.«[49] Bei einer mehrtägigen Diskussionsveranstaltung im Audimax der Technischen Universität Berlin im April 1968 wurde diese Strategie von Helmut Gollwitzer unterstützt. Zahlreiche Redner betonten, dass die Attacken auf Springers Vertriebsnetz einen symbolischen und demonstrativen Charakter besäßen. Wäh-

48 »Verlorenes Wochenende«, in: *Der Spiegel* 17 (22. April 1968), 25-27; »Polizei/Gefahrenabwehr. Gesunde Vernunft«, in: ebd., 30-33.

49 »Verlorenes Wochenende«, in: ebd., 27.

rend Ralf Dahrendorf sich dagegen aussprach, die Aktionen im Rahmen der Kampagne fortzusetzen, da sie weniger politisch seien als parlamentarische Debatten zur Frage der Pressekonzentration, beklagte der ehemalige AStA-Vorsitzende der Freien Universität Berlin Knut Nevermann, dass es den Studenten an einer konkreten Vision für die Enteignung Springers mangele oder, noch weiter gefasst, dass sie sich nicht darüber im Klaren seien, was ein auf den Prinzipien der »Rätedemokratie« basierendes ökonomisches System beinhalten solle.[50] Bei mehreren Podiumsdiskussionen wurde über die Frage gestritten, ob die Anwendung von Gewalt unter bestimmten Bedingungen legitim sei – eine Frage, die das Potential hatte, die Außerparlamentarische Opposition zu spalten, da insbesondere die eng mit der Friedensbewegung verbundenen Gruppen der Ansicht waren, dass solche Methoden letztlich der Gegenseite nützten. Von Vertretern der Kampagne für Demokratie und Abrüstung hieß es beispielsweise: »Natürlich ist es unsinnig, Steine in Springer-Schaufenster zu werfen. Dadurch wird niemand überzeugt, aber Springer viel Munition geliefert«.[51] Trotz dieser Kritik bedienten sich die Berliner AStAs des Konzepts der Gegengewalt wie auch Vorstellungen von struktureller Gewalt, um die Anti-Springer-Kampagne zu legitimieren. Gewalt gegen Sachen sei als letzte Option der Kommunikation und Artikulation von Dissens angebracht, wenn alle anderen Mittel ausgeschöpft seien, gewissermaßen als letzte Antwort auf die Repressionsmittel der Behörden, also »Schlagstöcke und Wasserwerfer«. Das Kalkül bestand darin, zu demonstrieren, dass die Staatsgewalt gegen jegliche Artikulation von Dissens, die nicht die konventionellen Wege beging, einschreiten würde: »Unsere Gewalt gegen Sachen, die die Mittel von Springers Hetze und die Mittel der Polizei sind, ist Gegengewalt gegen die Unterdrückung, der alle ausgesetzt sind und die sich gegen uns auf der Straße nur manifestiert.«[52]

In einem *Spiegel*-Interview verteidigten die beiden Bundesvorsitzen-

50 »Änderungen durch vollendete Tatsachen? Diskussion in der TU über Autobahnblockade, Gewalt und eine Reform der Demokratie«, in: *Der Tagesspiegel* (17. April 1968), 6.

51 »Flugblatt des zentralen Ausschusses der KfDA zu den Osterunruhen 1968«, in: Otto, *APO*, 273.

52 AStA TU, AStA FU, und AStA Kirchliche Hochschule, »Warum Gewalt?«, in: ebd. Siehe auch Haug von Kuenheim, »Scherben und vertane Chancen: Studentische Selbstkritik – Demonstrationspause oder neue Aktionen?«, in: *Die Zeit* 17 (26. April 1968).

den des SDS, Karl Dietrich Wolff und sein Bruder Frank Wolff, die Strategie ihrer Organisation gegen kritische Nachfragen. Dabei betonten sie drei Punkte, die in linken Rechtfertigungen von Gewalt gegen Sachen immer wieder auftauchen sollten: Erstens stellten sie die Kongruenz von Legitimität und Legalität infrage und lehnten damit eine autoritäre Interpretation von Legalität ab. Vielmehr beriefen sie sich auf ein Grundrecht des Widerstands gegen brutale Polizeigewalt, die andernfalls jegliche politische Aktion jenseits der etablierten Pfade verhindern könne. Zweitens kritisierten sie fehlgeleitete Gewalt wie z. B. das Werfen von Pflastersteinen aus den hinteren Reihen einer Menschenmenge, die diejenigen in den vorderen Reihen treffen konnten, oder das willkürliche Aufschlitzen von Autoreifen in einem Kampf »gegen alle Autobesitzer«. Dies ließ sich als Hinweis auf Michael »Bommi« Baumann, später einer der Mitbegründer der Bewegung 2. Juni, verstehen, der am Osterwochenende wegen Vandalismus gegen Fahrzeuge festgenommen worden war. Drittens stellten die Wolffs den Begriff der Gewaltlosigkeit infrage und verwiesen dabei auf Gerichtsurteile, die friedliche Sitzblockaden als Gewalt bezeichneten (Entscheidungen, die dem Laepple-Urteil folgten).[53]

Es gab allerdings auch zahlreiche andere Stimmen. Eine konservative Studentenorganisation lehnte in einer Stellungnahme jede Differenzierung zwischen der Gewalt gegen Dinge und der Gewalt gegen Personen ab. Sie argumentierte, solch eine Unterscheidung würde Gewalt zu einem Mittel der Politik erheben und zu ihrer generellen Akzeptanz führen.[54] Zehn Tage nach den Schüssen auf Dutschke wurde mit einem Programm der Gewaltlosigkeit und mit Klaus Laepple als erstem Vorsitzenden die konservative Deutsche Studenten-Union gegründet.[55] Der Springer-Journalist Werner Titzrath warnte in der *Welt* vor der Möglichkeit der »Anarchie«, verwies auf eine kleine »Gruppe anarchistisch-revolutionärer Terroristen« und erklärte: »Niemand will den Zusammenstoß zwischen Polizei und Demonstranten, niemand von uns will Gewalt.

53 »›Ohne uns wäre es viel schlimmer gekommen‹. Spiegel-Gespräch mit den SDS-Vorsitzenden Karl Dietrich Wolff und Frank Wolff«, in: *Der Spiegel* 17 (22. April 1968), 36-43. Siehe auch Karl Dietrich und Frank Wolff, »Zu den Oster-Aktionen«, in: *Neue Kritik* 47 (April 1968), 3-6.

54 Vereinigte Arbeitsgemeinschaften an der FU, »Entscheidung gegen revolutionäre Gewalt«, in: *Der Tagesspiegel* (17. April 1968), 6.

55 »DSU. Ruf von rechts«, in: *Der Spiegel* 18 (29. April 1968), 73f.

Sie ist für uns nie und niemals ein Mittel der Politik. Gewalt will der radikale Flügel einer linksextremistischen Vereinigung, um später Märtyrer vorweisen zu können.«[56] Obwohl sich die beiden Kommentare im Ton deutlich unterschieden, enthielten auch sie drei grundlegende Punkte, die liberale und konservative Kritiker provokativer und symbolischer Gewalt immer wieder anführen sollten: Gewalt sei kein integraler Bestandteil politischer Systeme und könne folglich geächtet bzw. kriminellen oder extremistischen Minderheiten angelastet werden; es gebe keine grundlegende Unterscheidung zwischen verschiedenen Formen oder Ebenen der Gewalt; und theoretische Argumente für Gewalt würden zu tatsächlicher Gewalt führen.

Zahlreiche Kommentatoren neigten dazu, die Ereignisse mit dem Terror der Nazis oder dem SED-Regime zu vergleichen. Für den Autor eines Leserbriefs an die *Berliner Morgenpost* zeichnete sich hinter »diesen Aktionen [...] offensichtlich die ›SED‹ als Organisator ab. [...] All diese Vorgänge erinnern an die Kristallnacht. Damals wurden die Juden ihres Eigentums beraubt, heute ist in dieser Hinsicht der Springer-Konzern bedroht«.[57] In einem Gutachten für das Gerichtsverfahren gegen den Medizinstudenten Gerhard Paar, der bei einer Blockade einer Springer-Druckerei dabei gewesen war und schließlich wegen Aufruhr und Landfriedensbruch zu einem Jahr Gefängnis verurteilt wurde, konstatierte Peter Brückner für die ersten Monate des Jahres 1968, als es zu mehreren Übergriffen aufgebrachter Menschenmengen gegen Studenten kam, eine »Pogromstimmung«.[58]

Oskar Negt, damals Assistent bei Jürgen Habermas, stellte fest, dass alles, was sich dem Normalen widersetzte oder den durch die Alltagsnormen erzeugten Erwartungen zuwiderlief, als Terror, Aufruhr oder Gewalt wahrgenommen werde. Ungeachtet der Intention, werde jeglicher Regelverstoß »zur Verletzung von Menschenrechten aufgewertet

56 Werner Titzrath, »Wem beugt sich der Staat?«, in: *Die Welt* 89 (16. April 1968), 2.

57 »Es sind keine Studenten«, in: *Berliner Morgenpost* (23. April 1968), 2. Für ähnliche Vergleiche siehe auch Georg Schröder, »Die Standfestigkeit wird geprüft«, in: *Die Welt* 90 (17. April 1968), 2; Walter Barkey, »Wie damals«, in: ebd. In diesem Leserbrief hieß es: »[B]ald brennen wieder Synagogen!«

58 Peter Brückner, »Springerpresse und Volksverhetzung«, in: *Kritische Justiz* 1/4 (1969), 339-354; »Ein Jahr Gefängnis«, in: *Hamburger Abendblatt* (5.-6. Oktober 1968), 2; online verfügbar unter: {http://www.medienarchiv1968.de/dl/220294/5588.jpg.pdf} (Stand August 2017). Siehe auch Heinz Grossmann, »Der Pogrom und der einzelne«, in: Grossmann/Negt, *Auferstehung der Gewalt*, 7-12.

und zu einer das System treffenden Einbruchstelle des Rückfalls in Barbarei, Anarchismus und Faschismus. Schon durch *ihre Formen* von Öffentlichkeit werden die Studenten zu Terroristen, die zu bekämpfen legitimer Gegenterror ist.«[59] Negt argumentierte, dass mit der spontanen Springer-Blockade zum ersten Mal in der deutschen Nachkriegsgeschichte das verdrängte Gewaltpotential der Gesellschaft repolitisiert worden sei. Und er ging noch einen Schritt weiter, indem er postulierte, dass das Eingeständnis von Gewalt gleichzeitig ein Eingeständnis eines Legitimationsdefizits der betreffenden Gesellschaft, also einen Bruch in der von den Herrschenden betriebenen ideologischen Suggestion der Gewaltlosigkeit darstelle.[60] Jene, die das latente Gewaltpotential auch nur erwähnten oder versuchten, es sichtbar zu machen, würden dann verdächtigt, die Gewalt verursacht zu haben.

Negt führte eine Typologie der Gewalt ein, in der er zwischen der selten auftretenden revolutionären oder emanzipatorischen Gewalt und der verbreiteten und sinnlosen Zerstörung von Menschenleben und Gütern in imperialistischen Kriegen unterschied. In Anspielung auf Horkheimers und Adornos *Dialektik der Aufklärung* ging er davon aus, dass Institutionen, die ursprünglich revolutionären Kräften entstammten, diesen aber nicht mehr verpflichtet wären, Aufklärung in Massenbetrug umwandelten.[61] Politiker und Öffentlichkeit sprächen leichthin von »atomaren Todesraten«, zeigten sich aber zugleich empört über linke Demonstranten, die, wie Baumann, Reifen aufschlitzten – und das, obwohl sich viele, wie Kanzler Kiesinger, seinerzeit mit der Gewalt des nationalsozialistischen Staates arrangiert hatten. Deshalb versuchte Negt, den Unterschied zwischen progressiver und reaktionärer Gewalt zu verdeutlichen. Die Zerstörung eines vietnamesischen Dorfes durch amerikanische Soldaten könne vernünftigerweise nicht auf denselben abstrakten Nenner eines »Gewaltaktes« reduziert werden »wie das Niederbrennen und Plündern amerikanischer Warenhäuser durch eine Minderheit, die durch ökonomischen Zwang und rassistischen Terror

59 Oskar Negt, »Rechtsordnung, Öffentlichkeit und Gewalt«, in: Grossmann/Negt, *Auferstehung der Gewalt*, 182.

60 Ebd., 168.

61 Ebd., 184. Siehe Max Horkheimer und Theodor W. Adorno, »Kulturindustrie. Aufklärung als Massenbetrug«, in: dies., Max Horkheimer und Theodor W. Adorno, *Dialektik der Aufklärung: Philosophische Fragmente*, in: Theodor W. Adorno, *Gesammelte Schriften*, Bd. 3 (Frankfurt a. M.: Suhrkamp, 2003 [1944]), 141-191.

im proletarischen Elend des 19. Jahrhunderts gehalten wird, und die doch die Widersprüche der ›Überflußgesellschaft‹, diskriminierende Privilegierungen und sinnlose Verschwendungen, sinnlich unmittelbar erfährt«. Aus dieser Perspektive betrachtet, gaben die französischen Arbeiter und Studenten, die Autos für den Bau von Barrikaden verwendeten, »den zur sachlichen Gewalt über die Menschen verselbständigten Waren lediglich ein Stück ihres menschlichen Gebrauchswertes zurück«.[62] Gewalt gegen Sachen war daher nicht primär gegen Objekte gerichtet, sondern gegen die verdinglichten Sozialbeziehungen, die sie verkörperten. Entsprechend zielte die Kampagne gegen Springer nicht auf die Person eines erfolgreichen Unternehmers, sondern auf die verdinglichte Gewalt, über die ein Kommunikationsnetzwerk dieser Größe verfügte. Die Gewalt der Studenten war somit der spontane und manifeste Ausdruck des Widerstands gegen solche Machtstrukturen.[63]

## NACHWIRKUNGEN

Eine kuriose Amalgamierung der Themen Konsum und politische Gewalt, die zumindest einige von Negts Überlegungen bestätigte, erschien am Dienstag nach Ostern 1968, exakt zwei Wochen nach den Frankfurter Kaufhausbrandanschlägen, in einem augenscheinlich fingierten Bericht auf der Titelseite von Springers wichtigster Boulevardzeitung *Bild*. Unter der Überschrift »Möbelhaus in Brand gesteckt« unterstellte das Blatt den Protestierenden, einen »Anschlag auf privates Eigentum«, ein Möbelgeschäft in Gladbeck, begangen zu haben. Ein großes Foto zeigt den Besitzer inmitten des Schutts seines ausgebrannten Geschäfts, wie er ein Objekt, vermutlich einen Spiegel, in der Hand hält, auf den jemand das Wort »Bild« gesprüht hatte. Die Bildunterschrift deutete dies als »eine Art Symbol für das von ihnen gehaßte private Eigentum«. Nahtlos folgte die Behauptung, die Springer-Blockaden seien »generalstabsmäßig organisiert« worden. Ein Kommentator klagte: »Die freie Wahl soll nicht mehr der Zeitungskäufer treffen, sondern der rote Studentenrat.«[64] Bei dem Feuer in dem Möbelgeschäft handelte es sich aber

62 Negt, »Rechtsordnung, Öffentlichkeit und Gewalt«, 178f.

63 Ebd., 180f.

64 »Möbelhaus in Brand gesteckt«, in: *Bild*, Berlin (16. April 1968); online verfügbar unter: {http://www.medienarchiv68.de/dl/205009/1972.jpg.pdf} (Stand August 2017).

Neu Braun sixtant S

Dienstag, den 16. April 1968 - 15 Pf

Bild

BERLIN

Café-Besitzer erpreßte seine Familie

Das Baby getötet und einbetoniert

Augen für ein blindes Kind

Ist das Demonstration?

Ist das Diskussion?

Möbelhaus in Brand gesteckt

- Nackte Zerstörungswut! Anschlag auf privates Eigentum
- Marsch auf Zeitungshäuser mit Molotow-Cocktails und Stichwaffen
- Aufrührer werden von Kommandowagen mit Sprechfunk gesteuert

Fröhliche Ostern waren das!

Zahnstein?

Dr. Best

Länderspiel gegen Schweiz

Schön: Uwe spielt, wenn er fit ist

Bericht Seite 11

Radsport:

Dänen-Sieg auf Kreuzbergs Straßen

Bericht Seite 13

Frisieren ohne Fett

*Abb. 16*: Titelblatt der Berlin-Ausgabe der *Bild*-Zeitung vom 16. April 1968.

um einen »Unfall«, der in keinerlei Zusammenhang mit den Studentenprotesten stand. Ein Einbrecher hatte ein brennendes Streichholz fallen gelassen, wie eine andere Springer-Zeitung, das *Hamburger Abendblatt*, ein paar Tage später kurz auf der letzten Seite berichtete.[65] Am Mittwoch nach Ostern titelte Springers Berliner Boulevardblatt *B. Z.*: »Bannmeile um den Kudamm. Schwere wirtschaftliche Schäden durch die ständigen Krawalle«. Ein knapper Artikel behauptete, die Berliner Gast-

65 »Möbelhausbrand nicht von Demonstranten gelegt«, in: *Hamburger Abendblatt* (19. April 1968); online verfügbar unter: {http://www.medienarchiv68.de/dl/219912/5403.jpg.pdf} (Stand August 2017); »Weint euch aus«, in: *Der Spiegel* 17 (22. April 1968), 49.

Hamburger Abendblatt

Kein „Tempo 200“ bei der Bundesbahn?

Trotz Millionen-Investitionen / Ausland erweitert Vorsprung

Sind Fahrer offener Wagen besonders krebsgefährdet?

US-Forscher kam zu neuen Untersuchungsergebnissen

Ein Opfer wird geborgen

Drillinge bei der US-Armee

Tod vor dem Fernsehgerät

Möbelhausbrand nicht von Demonstranten gelegt

Toter identifiziert

HAMBURGER BANK VON 1861

**Möbelhausbrand nicht von Demonstranten gelegt**

Deutsche Presse-Agentur

Gladbeck, 19. April

Der Brand in einem Gladbecker Möbelhaus am Ostersonntag steht nach Mitteilung der Kriminalpolizei in keinem Zusammenhang mit den jüngsten Demonstrationen. Wie die Gladbecker Kriminalpolizei mitteilte, soll das Feuer entstanden sein, als einem 21jährigen Einbrecher ein brennendes Streichholz aus der Hand fiel. Der Täter, der vor der Polizei ein Geständnis ablegte, hatte den Brand selbst gemeldet und bei den Löscharbeiten geholfen.

*Abb. 17*: Letzte Seite der Ausgabe des *Hamburger Abendblatts* vom 19. April 1968.

stätten-Innung habe in Gesprächen mit dem West-Berliner Senat eine solche protestfreie Zone gefordert.[66]

Die Gewerkschaften hielten Distanz zur Anti-Springer-Kampagne – ein deutlicher Kontrast zu ihrer Unterstützung der Proteste gegen Fahrpreiserhöhungen. Letztere zogen ein breites Spektrum oppositioneller Gruppen an, die sich mit dem Widerstand gegen steigende Lebenshaltungskosten identifizieren konnten. In diesem Kontext ist die Rolle Klaus Laepples aufschlussreich: Er ging davon aus, dass Studentenführer ähnliche Aufgaben hätten wie Gewerkschaftsführer, also sich um die materiellen Bedürfnisse der Kommilitonen zu kümmern und sich politisch auf Fragen der Universitätsreform zu beschränken.[67] Die Anti-Springer-Kampagne war hingegen komplizierter: Die Kritik richtete sich gegen ein Versorgungsregime, an dem viele der potentiellen Verbündeten der radikalen Protestierenden partizipierten; diese über ihren »falschen« Konsum aufzuklären erwies sich als schwierig. Nicht nur die Gewaltdebatten, sondern auch die mangelnde Identifikation mit einer intellektuellen und abstrakten Kritik erklären die Abneigung der Gewerkschaften gegenüber der Anti-Springer-Kampagne. Diese fürchteten, dass die Proteste zu Einkommens- und möglicherweise Arbeitsplatzverlusten führen würden, ein Einwand, den sie bei den Fahrpreisprotesten nicht erhoben hatten.[68]

Im Mai 1968, nur wenige Wochen nach dem Mordversuch an Rudi Dutschke, erklärte die Günther-Kommission, die vom Grundgesetz garantierte Pressefreiheit sei durch das Ausmaß der Kontrolle bedroht, das Axel Springer in der Verlagsbranche erlangt habe. Springer kam etwaigen Entflechtungsversuchen von öffentlicher Seite zuvor, indem er sich von den Magazinen *Bravo*, *Eltern*, *Jasmin*, *Kicker*, *Das Neue Blatt* und *Twen* trennte, die jedoch zu keinem Zeitpunkt im Kreuzfeuer der Kritik gestanden hatten.[69]

Nach Ostern 1968 verlor die Kampagne gegen Springer rasch ihre zentrale Bedeutung für die Protestbewegung, hauptsächlich weil der

66 »Bannmeile um den Kudamm. Schwere wirtschaftliche Schäden durch die ständigen Krawalle«, in: *B.Z.* 92/90 (17. April 1968); online verfügbar unter: {http://www.medienarchiv68.de/dl/205141/2027.jpg.pdf} (Stand August 2017).

67 »DSU. Ruf von rechts«, in: *Der Spiegel* 18 (29. April 1968), 74.

68 »Studenten-Solidarisierung. Geschlossene Gesellschaft«, in: *Der Spiegel* 18 (29. April 1968), 68f.

69 »Springer-Verkauf. Um Gottes willen«, in: *Der Spiegel* 27 (1. Juli 1968), 52-59. Siehe auch Humphreys, *Media and Media Policy*, 99-101.

SDS-Bundesvorstand sie am 30. März für gescheitert erklärt hatte.[70] Nach den unerwarteten Oster-Ausschreitungen verschob sich der Diskurs in Richtung der umstrittenen Notstandsgesetze und hin zu Fragen der Gewalt.[71] Unzählige Unterstützer und Beobachter distanzierten sich und signalisierten den SDS-Organisatoren, dass es mit dem Thema Springer nicht gelungen sei, die gewünschte Massenmobilisierung herbeizuführen. Dennoch erschienen weiterhin kritische Publikationen. Die letzte große Aufsatzsammlung der Anti-Springer-Kampagne wurde vom Republikanischen Club initiiert und von Peter Brokmeier herausgegeben. Der Band ging über die Kritik an der Monopolbildung hinaus, indem die Presse in ihrer Gesamtheit als Werbeträger aufgefasst wurde, der Information als Ware definiere. Der Soziologiestudent Heiner Schäfer steuerte einen Artikel bei, der auf Huffschmids Ansatz aufbauend analysierte, wie der Springer-Journalismus versuche, die Interessen der Konsumenten aus den unteren Schichten anzusprechen. Leserumfragen eruierten ihre vermeintlichen Bedürfnisse, während Leitartikel vorgaben, diese Interessen zu würdigen, und einen sozialen »Mobilitätsethos« in Aussicht stellten, um den Konsum anzukurbeln. Der »soziale Aufsteiger« würde sich diesem Ethos auch dann noch verschreiben, »wenn sich soziale und materielle Gratifikationen objektiv nicht als Lohn für seine Mühe einstellen«.[72] Schäfer konzentrierte sich auf die Jugendmagazine *Bravo* und *Twen*, die Springer, als der Sammelband erschien, schon verkauft hatte. Unter Rückgriff auf Leserumfragen legte Schäfer dar, wie Springer die *Twen*-Leser als »Konsumpioniere« vorstellte: »Ihr jugendlich rebellisches Verhalten erfüllt sich in extravagantem Konsum.« Die Suggestion dieser Rolle führe folglich zur profitorientierten Erzeugung von »falsche[m] Bewußtsein«.[73]

70 Staadt/Voigt/Wolle, *Feind-Bild Springer*, 146.

71 Siehe Lönnendonker/Fichter/Staadt, *Hochschule im Umbruch*, Bd. 5, 69-88.

72 Heiner Schäfer, »Schichten- und gruppenspezifische Manipulation in der Massenpresse«, in: Peter Brokmeier, *Kapitalismus und Pressefreiheit am Beispiel Springer* (Frankfurt a. M.: Europäische Verlagsanstalt, 1969), 63-67. Siehe auch Heiner Schäfer, »Die BILD-Zeitung. Eine Ordnungsmacht im Spätkapitalismus«, in: Grossmann/Negt, *Auferstehung der Gewalt*, 19-29.

73 Schäfer, »Schichten- und gruppenspezifische Manipulation in der Massenpresse«, 77-81. Zur Idee junger Rebellen als Pioniere des Konsums siehe Alexander Sedlmaier und Stephan Malinowski, »1968 als Katalysator der Konsumgesellschaft. Performative Regelverstöße, kommerzielle Adaptionen und ihre gegenseitige Durchdringung«, in: *Geschichte und Gesellschaft* 32/2 (2006), 238-267.

## URSPRÜNGE DES POLITISCHEN BOYKOTTS IM MEDIENSEKTOR

Die häufig geäußerte Anschuldigung, die Anti-Springer-Kampagne stünde in Verbindung mit Propagandaanstrengungen der DDR, war nicht völlig abwegig. Schließlich gab es auch dort eine kritische Literatur zum Springer-Konzern.[74] Der spätere Leipziger Journalistik-Professor und Abteilungsleiter beim *Neuen Deutschland* Franz Knipping hatte in einem 1963 veröffentlichten Buch, ursprünglich seine Dissertation, Springer als gefährlichen Propagandisten der atomaren Bewaffnung bezeichnet.[75] 1966 hielt Walter Ulbricht eine Rede anlässlich des 20. Jahrestages der SED-Gründung, in der er forderte, der Springer-Konzern solle seine Kalte-Kriegs-Agitation einstellen. Laut Ulbricht war Springer einer von mehreren Faktoren, die einer engeren Zusammenarbeit von Ost- und West-Deutschland im Wege standen. Er sprach auch von der Manipulation der west-deutschen Arbeiter durch Konsum und stellte den DDR-Bürgern eine Verbesserung des Warenangebots in Aussicht.[76] Eine fünfteilige Serie des DDR-Fernsehens mit dem Titel *Ich – Axel Cäsar Springer* sollte dem Thema Konzentration im Pressesektor zu mehr Aufmerksamkeit verhelfen. Berichte des Ministeriums für Staatssicherheit zeigen jedoch, dass das Zentralkomitee erst Ende Oktober 1967 eine Arbeitsgruppe einrichtete, die die bereits existierende bundes-

74 Siehe Wolfgang Kraushaar, *Achtundsechzig. Eine Bilanz* (Berlin: Propyläen, 2008), 158ff.; Jürgs, *Verleger*, 255; Staadt/Voigt/Wolle, *Feind-Bild Springer*, 43-75. Es ist problematisch, von einer Anti-Springer Kampagne der DDR oder auch nur einer langfristigen Strategie gegen Springer auszugehen, wie das Staadt, Voigt und Wolle tendenziell tun. Eher scheint es sich um eine kontinuierliche Beobachtung – mit gelegentlichen Interventionen – eines der wichtigsten Symbole der deutsch-deutschen Systemkonkurrenz gehandelt zu haben, die von Propaganda-Journalismus ergänzt wurde, der den Kapitalismus karikierte und dabei Springer als exemplarischen Fall benutzte.

75 Staadt/Voigt/Wolle, *Feind-Bild Springer*, 76; Franz Knipping, *Jeder vierte zahlt an Axel Cäsar. Das Abenteuer des Hauses Springer* (Berlin/DDR: Rütten & Loening, 1963); Verband der Deutschen Journalisten, *Hetzer, Fälscher, Meinungsmacher. Axel Springer – Pressekonzern der Ultras* (Berlin/DDR: Verband der Deutschen Journalisten, 1963). Kraushaar nimmt an, dass die grundlegenden Ideen der Anti-Springer-Kampagne des SDS auf die SED zurückgingen. Siehe Wolfgang Kraushaar, »Kleinkrieg gegen einen Großverleger«, in: ders., *Die RAF und der linke Terrorismus* (Hamburg: Hamburger Edition, 2006), Bd. 2, 1115.

76 Staadt/Voigt/Wolle, *Feind-Bild Springer*, 89.

republikanische Anti-Springer-Kampagne unterstützen sollte.[77] In der Folge kam es zu einigen Überschneidungen der jeweiligen Anti-Springer-Aktivitäten, aber die Organisatoren der Kampagne waren auf die Wahrung ihrer Unabhängigkeit bedacht.[78] Springer bemühte sich dennoch unaufhörlich, die Existenz einer ost-deutschen Anti-Springer-Kampagne nachzuweisen, die angeblich den Protest im Westen erst entfacht hätte. Akribisch stellte das Verlagshaus eine Dokumentensammlung zusammen, die den Weg aufzeigen sollte, den Anti-Springer-Slogans von der SED-Jubiläumsfeier bis zu ihrer Übernahme durch die bundesrepublikanischen Studenten und die liberale Presse angeblich genommen hätten. Diese Presseausschnittsammlung wurde regelmäßig aktualisiert und im August 1967 an eine Reihe von Wirtschaftsführern und Spitzenpolitikern verschickt.[79]

Ironischerweise hatte Axel Springer selbst in den frühen sechziger Jahren Vorwürfe der Wettbewerbsverzerrung und Monopolbildung in die Welt gesetzt, als er und einige andere Verleger versuchten, ein kommerzielles Fernsehprogramm zu etablieren. Damals hatte Springer argumentiert, das Werbegeschäft der öffentlich-rechtlichen Rundfunkanstalten stelle eine unzulässige Konkurrenz für private Verleger dar.[80] In ihrer Berichterstattung über die öffentlich-rechtlichen Kanäle, deren »Fernseh-Monopol« angeblich die Öffentlichkeit benachteilige, war von »Fernseh-Terror« und »Fernseh-Diktatur« die Rede.[81] Im Dezember 1966 erklärte Axel Springer, nur die Werbung garantiere »die Freiheit und Unabhängigkeit« der Tageszeitung *Die Welt*.[82] Seine Versuche, im Fernsehgeschäft Fuß zu fassen, waren allerdings nicht von Erfolg gekrönt; Privatfernsehen wurde in der Bundesrepublik erst 1984 eingeführt. Die Debatte über die Konzentration im Medienbereich wandte

77 Kruip, *»Welt«-»Bild« des Axel Springer Verlags*, 226.

78 Staadt/Voigt/Wolle, *Feind-Bild Springer*, 132f.

79 Kruip, *»Welt«-»Bild« des Axel Springer Verlags*, 226; Verlagshaus Axel Springer, *Die These von der Enteignung des Axel-Springer-Verlags. Ihr Ursprung und ihre Verbreitung* (Berlin: Axel Springer, 1967).

80 Siehe Seitenbecher, *Deutschen »Cäsar« bezwingen*, 13-21; »Springer: ›Bild‹ im Bildschirm?«, in: *Der Spiegel* 6 (3. Februar 1965), 40-53; Bernd Jansen, »Öffentliche Aufgabe und wirtschaftliche Interessen der privaten Presse«, in: Brokmeier (Hg.), *Kapitalismus und Pressefreiheit*, 172-193. Meinhof kritisierte das Projekt; siehe »Springer-Fernsehen«, in: *konkret* 4 (1965), in: Ulrike Meinhof, *Dokumente einer Rebellion. 10 Jahre »konkret«-Kolumnen* (Hamburg: konkret, 1972), 51.

81 »Springer: ›Bild‹ im Bildschirm?«, in: *Der Spiegel* 6 (3. Februar 1965), 41.

82 Springer, *Deutsche Presse*, zit. n. Seitenbecher, *Deutschen »Cäsar« bezwingen*, 23.

sich zunehmend gegen Springer selbst, wobei die ökonomischen Wurzeln seines kommerziellen Erfolgs freilich nicht infrage gestellt wurden.

Wirklich bemerkenswert ist die Tatsache, dass Springer lange vor der Außerparlamentarischen Opposition die Strategie des politisch motivierten und durch ökonomischen Druck flankierten Boykotts ergriffen hatte. Nach dem Bau der Berliner Mauer intensivierten die Springer-Zeitungen ihre massive Kampagne gegen das Regime in Ost-Berlin. Bereits 1960 wurde demonstrativ der Abdruck des Radio- und Fernsehprogramms der DDR eingestellt. In einem auf den 2. September 1961 datierten Rundschreiben an Zeitungsgroßhändler drohte Springer, die Geschäftsbeziehungen einzustellen, sollten sie weiterhin Presseerzeugnisse vertreiben, die das ost-deutsche Fernsehprogramm enthielten.[83] Das kommunistische Wochenblatt *Blinkfüer* setzte vor dem Landgericht Hamburg eine später vom Oberlandesgericht bestätigte Verfügung durch, die dem Springer-Konzern untersagte, den Großhändlern auf diese Weise zu drohen. Zugleich reichte *Blinkfüer* eine Schadenersatzklage gegen Springer ein. Die unteren Instanzen befanden, Springer habe seine ökonomischen Muskeln aus politischen Gründen spielen lassen und somit ein anderes Geschäftsunternehmen ungesetzlich beeinträchtigt. In der Revision beim Bundesgerichtshof (BGH) erwirkte der Verlagsriese jedoch 1963 eine außerordentlich vorteilhafte Entscheidung. Diese hielt fest, dass die im Kartellrecht verankerte Wettbewerbsbeschränkung im vorliegenden Fall nicht gelte, weil sich Springers Publikationen und der *Blinkfüer* an unterschiedliche Zielgruppen wandten. Zudem befand der BGH, Springer habe lediglich ein gesellschaftliches Anliegen verfolgt, also seine Meinung geäußert, und eben nicht versucht, einem Konkurrenten im Geschäftsverkehr seinen Willen aufzuzwingen. Folglich sei Springers Vorgehen durch das Recht auf Meinungsfreiheit gedeckt. Dieses Urteil rief sogleich die Kritiker auf den Plan, und es kam zu einer Verfassungsbeschwerde, in der die Karlsruher Richter aufgefordert wurden, Springers ökonomische Machtposition zu berücksichtigen; das Recht auf Meinungsfreiheit gelte schließlich auch für *Blinkfüer*. Das Bundesverfassungsgericht hob das BGH-Urteil im Mai 1969 auf, zu einem Zeitpunkt, als selbst Springers Zeitungen wie-

83 Hans Dieter Müller, *Der Springer-Konzern. Eine kritische Studie* (München: Pieper, 1968), 238-245; Kurt Groenewold, »Das Urteil des Bundesgerichtshofes in der Blinkfüer-Affäre. Ein Kommentar«, in: Brokmeier (Hg.), *Kapitalismus und Pressefreiheit*, 142-156.

der dazu übergegangen waren, das DDR-Fernsehprogramm abzudrucken, der *Blinkfüer* bereits Pleite gegangen war und die Protestierenden ein konkretes Beispiel dafür hatten, was Springer mit seiner durch das Gesetz geschützten ökonomischen Macht anstellen konnte. Das Gericht stellte fest, dass Boykottaufrufe in der Tat durch das Recht auf Meinungsfreiheit gedeckt seien. Dies gelte auch, wenn die wirtschaftlich Mächtigen zum Mittel des Boykottaufrufs griffen. Solche Aufrufe seien aber nicht durch das Gesetz geschützt, wenn sie mit ökonomischem Druck einhergingen, der, so urteilten die Richter, dem freien Wettbewerb der Meinungen nicht förderlich sei.[84]

Diese allgemein wenig bekannten Unterschiede in den Rechtsauffassungen der höchsten Gerichte bildeten einen wichtigen Hintergrund der Anti-Springer-Kampagne. Ähnlich wie in den juristischen Debatten über das Blockieren öffentlicher Verkehrsmittel zeigten sich die unteren Instanzen den Argumenten der Protestierenden gegenüber viel zugänglicher als die Berufungsgerichte. Einige untergeordnete Gerichte erkannten Blockaden als Demonstrationen und somit als vom Grundgesetz geschützte Formen des Protests an. Sie befanden, »der Ruf nach staatlicher Autorität« dürfe nicht das letzte Mittel im Konflikt mit den Studenten sein; stattdessen mahnten sie ein demokratisch fundiertes Ordnungskonzept an.[85] Für das Amtsgericht Frankfurt etwa bedeutete die Tatsache, dass eine Blockade von Zeitungslieferfahrzeugen, die eine Druckerei verlassen wollten, die Rechte Dritter beeinträchtigte, nicht notwendigerweise, dass es sich dabei um ein wesensmäßig »unfriedliches« Vorgehen handele. Das Gericht verwies auf das Lüth-Urteil aus dem Jahr 1958, in dem das Bundesverfassungsgericht das Recht des Direktors der Staatlichen Pressestelle Hamburg, Erich Lüth, bestätigt hatte, zu einem Boykott von Veit Harlans erstem Nachkriegsfilm aufzurufen. Dem Regisseur, der während der NS-Zeit mehrere antisemitische Filme gedreht hatte – von denen *Jud Süß* der berüchtigtste ist –, war von den unteren Instanzen eine Verfügung gegen Lüth gewährt worden.

84 Bundesverfassungsgericht, »Entscheidung vom 26.2.1969-1 BvR 619/63« (Blinkfüer-Urteil), BVerfGE 25,256, 1969; Donald P. Kommers, *The Constitutional Jurisprudence of the Federal Republic of Germany* (Durham: Duke University Press, 1997, 2. Aufl.), 372-375.

85 Caroline Dostal, *1968. Demonstranten vor Gericht. Ein Beitrag zur Justizgeschichte der Bundesrepublik* (Frankfurt a.M.: Peter Lang, 2006), 156f.; »AG Esslingen«, in: *Juristenzeitung* 23 (1968), 799f.; »AG Frankfurt«, in: ebd., 200-205.

Das Bundesverfassungsgericht hingegen bekräftigte das Recht auf Meinungsfreiheit, eine Grundsatzentscheidung, die das Primat der durch das Grundgesetz garantierten Grundrechte in allen Bereichen des Rechts festschrieb. Analog zum Urteil im Fall Lüth verlangten die Frankfurter Richter 1968, dass jeweils vom Gesetz geschützte konfligierende Interessen gegeneinander abzuwägen seien. Der Versuch, die Auslieferung der *Bild*-Zeitung mit dem Mittel der Blockade für einen Tag zu verhindern, um so auf die Bedrohung der Informationsfreiheit aufmerksam zu machen, sei eine in hohem Maße öffentliche Angelegenheit, der das Recht auf ungehinderten Straßenverkehr untergeordnet werden müsse. Dementsprechend beurteilten die Richter den wirtschaftlichen Schaden, der aus der verhinderten Auslieferung resultierte, als Beeinträchtigung geschäftlicher Aktivitäten in begrenztem Umfang – ähnlich etwa wie die Auswirkungen eines Streiks – und hielten ihn daher für zumutbar.[86]

Einige Juristen führten das Konzept der »Sozialadäquanz« in die Diskussionen über Nötigung bei Blockaden ein, um den »Unrechtscharakter« eines solchen Akts bestimmen zu können. Hans Janknecht,[87] damals Mitglied der Strafrechtskommission des Deutschen Richterbunds und später Generalstaatsanwalt in Bremen, bezeichnete es als

> gleichermaßen noch sozial adäquat, wenn sich etwa Studenten gegen eine jahrelange gezielte Hetz- und Verleumdungskampagne (§ 130 StGB) eines Pressekonzerns mangels anderer Möglichkeiten dadurch zur Wehr setzen, daß einige von ihnen an einem Tag die Auslieferung von Zeitungen dieses Unternehmens verhindern, indem sie die Tore der Druckerei versperren oder Auslieferungsfahrzeuge anzünden. Wenn schon Kompensation zwischen Beleidigung und Körperverletzung zulässig ist, kann Sachbeschädigung gegenüber Volksverhetzung nicht als sozialinadäquat verworfen werden.

86 Dostal, *1968*, 160f.; »AG Frankfurt«, 204f.; Bundesverfassungsgericht, »Entscheidung vom 15.1.1958-1 BvR 400/51« (Lüth-Urteil), BVerfGE 7, 198, 1958; Thomas Henne und Arne Riedlinger (Hg.), *Das Lüth-Urteil aus (rechts-)historischer Sicht. Die Konflikte um Veit Harlan und die Grundrechtsjudikatur des Bundesverfassungsgerichts* (Berlin: Berliner Wissenschaftsverlag, 2005); Hans Carl, »Boykott und freie Meinungsäußerung«, in: *Deutsches Verwaltungsblatt* 73 (1958), 445-452; Dieter Grimm, »Karriere eines Boykottaufrufs«, in: *Die Zeit* 40 (2001); online verfügbar unter: {http://www.zeit.de/2001/40/Die_Karriere_eines_Boykottaufrufs} (Stand August 2017).

87 Zu Janknecht siehe: Der Senator für Justiz und Verfassung, »Bürgermeister Scherf verabschiedet Bremens Generalstaatsanwalt Dr. Hans Janknecht in den Ruhestand« (21. Dezember 2001); online verfügbar unter: {http://www.senatspressestelle.bremen.de/detail.php?id=14567} (Stand August 2017).

Janknecht berief sich zugunsten der studentischen Protestierenden nicht nur auf § 130 StGB (Volksverhetzung), sondern war sogar bereit, brennende Lieferfahrzeuge in die Abwägung der Rechtsgüter einzubeziehen. Für Janknecht verlief die Trennlinie zwischen legalem und illegalem Vorgehen zwischen der bloßen Demonstration eines Anliegens und dessen faktischer Erzwingung. Nur wenn Letzteres der Fall sei, sah er den Straftatbestand der Nötigung für gegeben an.[88]

## DIE JURISTISCHE INTERPRETATION VON GEWALT BEI BLOCKADEN

Die Springer-Blockaden zu Ostern 1968 hatten ein umstrittenes zivilrechtliches Nachspiel; denn der Springer-Konzern verklagte Mitglieder des SDS auf Entschädigung. Die meisten Versicherungspolicen schlossen durch Ausschreitungen und innere Unruhen entstandene Schäden aus.[89] Horst Mahler und Günter Amendt wurden jeweils zur Zahlung von rund 70000 DM verurteilt. Wie im Fall Laepple resultierte der Betrag aus Ertragsausfällen, in diesem Fall als Folge der verspäteten Auslieferung der Zeitungen.

Der BGH bestätigte die Urteile im Mai 1972 und wies das Argument der Verteidigung, die Angeklagten hätten ihr Widerstandsrecht ausgeübt, zurück. Im Fall von Horst Mahler übertrug der Zivilsenat des Berufungsgerichts strafrechtliche Begriffe wie »Mittäter« und »Anstifter«

88 Hans Janknecht, »Verfassungs- und strafrechtliche Fragen zu ›Sitzstreiks‹«, in: *Goltdammer's Archiv für Strafrecht* 116 (1969), 33-40, 37.

89 Siehe »Demonstrations-Schäden. Innere Unruhe«, in: *Der Spiegel* 18 (29. April 1968), 68. Nach diesem Artikel schlössen deutsche Versicherungspolicen generell Schäden, die durch Ausschreitungen und innere Unruhen entstanden sind, aus. Diese Praxis lasse sich auf eine Verordnung der Nazis zurückführen, die erklärt habe, öffentliche Unruhe existiere in Deutschland nicht. Zwar vereinfacht dies eine komplizierte Entwicklung im Versicherungsrecht etwas, aber es ist richtig, dass Versicherungen gegen innere Unruhen 1934 durch die nationalsozialistischen Behörden außer Kraft gesetzt wurden. Dabei handelte es sich jedoch nicht um eine dauerhafte Errichtung rechtlicher Hindernisse für kommerzielle Versicherungen gegen Schäden durch innere Unruhen. Das Bundesaufsichtsamt für das Versicherungswesen nahm sich des Themas in Zusammenhang mit den Studentenprotesten des Jahres 1968 an und bestätigte den üblichen, aber nicht kategorischen, Ausschluss der Versicherungsverbindlichkeit in solchen Fällen, da diese unkalkulierbar seien. Siehe Karsten Friedrich, *Der Rechtsbegriff der Versicherung und die Praxis des Versicherungsaufsichtsamts* (Frankfurt a. M.: Herbert Lang, 1974), 90f.

ins Zivilrecht. Erneut dehnten die Richter den Begriff der Gewalt in bemerkenswertem Maße aus. Sie machten geltend, dass die »Anwendung von Gewalt jeder Art im politischen Meinungskampf mit der freiheitlichen demokratischen Ordnung der Bundesrepublik nicht vereinbar sei. Es komme deshalb nicht einmal entscheidend auf die im Verlauf der Demonstration verübten Gewalttätigkeiten an, denn schon die mit der Demonstration verbundene Menschenansammlung vor den Betriebsgebäuden der Klägerinnen habe eine gewaltsame, vom Beklagten [...] gebilligte Behinderung des Betriebs der Klägerinnen dargestellt.« Diese Billigung mache es irrelevant, ob der Angeklagte selbst den physischen Schaden verursacht habe. Das Urteil stärkte dieselbe grundsätzliche Interpretation wie das Laepple-Urteil: Das bloße Versperren oder Blockieren stelle Gewalt dar. Der BGH verwarf alle gegensätzlichen Entscheidungen der unteren Instanzen und ähnliche Meinungen in der Fachliteratur, um den Demonstranten jegliches Recht abzusprechen, den Verkehr zu blockieren oder das Ausliefern von Zeitungen zu behindern. Die Richter stellten explizit fest, ihr Urteil schränke das Demonstrationsrecht nicht ein, etwa dadurch, dass es den einzelnen Demonstranten mit »unzumutbaren Risiken« etwaiger Schadenersatzforderungen konfrontiere, wie in der Berufung argumentiert wurde. Die Richter gingen außerdem davon aus, dass die Blockade letztlich auf eine »unerlaubte Zensur« der Presse hinauslaufe und die Annahme der »Zulässigkeit begrenzter Gewaltanwendung die Gefahr einer ständig fortschreitenden Gewalt« berge, »die letztlich das Funktionieren der Rechtsordnung überhaupt in Frage stellen würde«.[90] Heinz Düx, Richter am Oberlandesgericht Frankfurt, kritisierte das Urteil gegen Horst Mahler, weil es »eine bürgerliche Existenzzerstörung« bezwecke und den »politischen Vorstellungen der Rechtsprechenden, nämlich Gesellschaft als hierarchisch strukturiertes Gewaltverhältnis«, unterliege. In diesem Zusammenhang hielt Düx die Ausübung von Gewalt nicht per se für rechtswidrig.[91]

90 »Entscheidung des BGH vom 30.5.1972–BGH VI ZR 139/70«; »Oberlandesgericht: Mahler muss 76000 Mark Schaden ersetzen«, in: *Hamburger Abendblatt* (31. Mai 1972), 14.

91 Dostal, *1968*, 244; Heinz Düx, »Zivilurteile als Disziplinierungsmittel«, in: *Kritische Justiz* 2 (1969), 397. Siehe auch Marianne Regensburger, »Der Fall Horst Mahler oder Wie die Springer-Presse einen für den Abschuß präpariert«, in: Brokmeier (Hg.), *Kapitalismus und Pressefreiheit*, 114-127.

Mahler hatte weder Steine geschmissen noch Feuer gelegt. Er war einer der Ersten, die, nachdem der Polizeikordon durchbrochen war, in Springers West-Berliner Konzernzentrale eindrangen. Dafür erhielt er eine Bewährungsstrafe von zehn Monaten und sollte Schadenersatz in Höhe von etwa 70 000 DM leisten. Während des Strafprozesses wurde Axel Springer als Zeuge geladen und von Mahlers Verteidiger Otto Schily befragt.[92] Mahler entzog sich der Strafe, indem er gemeinsam mit späteren Mitgliedern der RAF in ein militärisches Ausbildungslager nach Jordanien flüchtete.[93] In der Nacht vom 7. auf den 8. März 1970, einige Tage nach Springers erstem Auftritt vor Gericht, wurde das Privathaus von Malte-Till Kogge, dem Chefredakteur der *B. Z.*, mit Molotowcocktails beworfen, die aber nur geringfügigen Sachschaden verursachten.[94] Das Sozialistische Büro in Offenbach trieb die Schadenersatzsumme für Amendt, der wegen der Blockade einer Springer-Druckerei in Frankfurt angeklagt worden war, mit einer Spendensammlung auf. In den folgenden Jahren hielten die Behörden an der rechtlichen Praxis fest, einzelne »Rädelsführer« für den bei größeren Blockaden und Demonstrationen verursachten Schaden haftbar zu machen und ihnen Entschädigungsforderungen vorzulegen, die die finanziellen Möglichkeiten eines durchschnittlichen Demonstranten offensichtlich überstiegen.[95] Diese Handhabe endete erst 1984, als der Bundesgerichtshof festsetzte, dass nur Demonstranten, die »aktiv« an »Gewalttaten« teilgenommen hätten, zur Rechenschaft gezogen werden können.[96]

Die Frage der Strafbarkeit von Gewalt während der Anti-Springer-Kampagne erhielt eine zusätzliche Dimension, als Peter Urbach, zeitweiliges Mitglied der Kommune I, als Agent des Verfassungsschutzes enttarnt wurde. Er hatte Molotowcocktails beschafft, die dazu benutzt wurden, Lieferwagen auf dem Gelände der Berliner Springer-Zentrale

92 »Baader: Macht kaputt«, in: *Der Spiegel* 21 (18. Mai 1979), 100; Kraushaar, »Kleinkrieg gegen einen Großverleger«, 1098.

93 »Mahler: Im Auge«, in: *Der Spiegel* 18 (29. April 1968), 63-65. Siehe Martin Jander, »Horst Mahler«, in: Kraushaar, *RAF und der linke Terrorismus*, Bd. 1, 372-397.

94 Aribert Reimann, *Dieter Kunzelmann. Avantgardist, Protestler, Radikaler* (Göttingen: Vandenhoeck & Ruprecht, 2009), 261. Der Anschlag auf Kogges Haus wurde Kunzelmann zur Last gelegt, aber die Indizien waren nicht beweiskräftig. Siehe »Der Prozeß gegen Dieter Kunzelmann«, in: *rote hilfe* 1 (Dezember 1971), 36-44.

95 »Schadensersatz-Prozesse gegen Demonstranten: Ruiniert fürs ganze Leben. Ein Zeit-Gespräch mit Bundesjustizminister Jürgen Schmude«, in: *Die Zeit* 13 (26. März 1982).

96 BGH, »Entscheidung vom 24.1.1984/VI ZR 37/82«, 1226-36.

in Brand zu setzen. Urbach hatte zudem in anderen Zusammenhängen Sprengstoff geliefert und war unterstützend tätig. Das Ausmaß seiner Aktivitäten ist jedoch nach wie vor umstritten. Seine Beteiligung wirft interessante Fragen zur Rolle von Agents Provocateurs bei der Gewalteskalation auf. Einige Beobachter behaupteten, Urbach und womöglich weitere noch nicht enttarnte Geheimdienstler seien für die Eskalation von Gewalt bei den Demonstrationen verantwortlich gewesen. Diese Annahme erklärt jedoch das gleichzeitige Auftreten gewalttätiger Proteste in zahlreichen deutschen Städten nicht hinlänglich.[97] Der Schriftsteller und damalige Aktivist Peter-Paul Zahl sah die Fortschreibung der Urbach-Story als nachträgliche Entlastungsstrategie früherer radikaler Aktivisten: »Es gab wirklich – wenn man ein bisschen ehrlich ist – und sich diesen Zeitraum vom 2. Juni 67 bis zum Sommer 68, wo die Bewegung praktisch kulminiert, ansieht, das Denken, das von Ulrike Meinhof artikuliert wurde: ›Vom moralischen Protest zum bewaffneten Widerstand‹ zu kommen.«[98]

Die zeitgenössischen Kommentare und Entwicklungen zeigen, dass die Unterscheidung zwischen Gewalt gegen Sachen und Gewalt gegen Menschen nicht geeignet war, um sich von Gewalt zu distanzieren. Im Gegenteil: Mit ihr wurden Sachen, und damit der Bereich des Konsums, als Bestandteil von viel weiter gefassten Machtstrukturen begriffen, die durch den Angriff auf Objekte sichtbar gemacht werden konnten. Dieses Grundmuster der direkten Aktion und ihrer theoretischen Legitimierung wurde in den folgenden Jahrzehnten in verschiedenen Kontexten weiterentwickelt.

97 Siehe Siegward Lönnendonker und Bernd Rabehl, »Immer Ärger mit Peter«, in: *taz*, Berlin (9. September 1983), 20; Markus Mohr, »›S-Bahn-Peter‹: Eine Textcollage zur Familien- und Kriminalgeschichte der Westberliner APO«, in: Markus Mohr und Klaus Viehmann (Hg.), *Spitzel. Eine kleine Sozialgeschichte* (Berlin: Assoziation A, 2004), 123-134.

98 Peter-Paul Zahl, »Wenn Du richtig raus willst, mußt Du entweder Rockstar, Fußballstar oder Dichter werden«, in: *taz* (26. Februar 1982), zit. n. Mohr, »›S-Bahn-Peter‹«, 132.

Im November 1969 bezeichnete die *Agit 883* Axel Springer als »exemplarischen Faschisten«, da er die Aktion eines Einzeltäters – in diesem Fall den in der radikalen Linken stark umstrittenen Anschlag auf das Jüdische Gemeindehaus in West-Berlin am 9. November 1969 – dazu nutze, die gesamte Linke mit dem Vorwurf des gewalttätigen Antisemitismus zu diskreditieren und zu kriminalisieren.[99] Während die kritische Stellungnahme der *Agit 883* die moralischen und politischen Implikationen eines »antizionistischen« Anschlags auf eine jüdische Einrichtung am Jahrestag des Novemberpogroms von 1938 ignorierte, wies sie zu Recht darauf hin, dass es sich bei der Gleichsetzung studentischer Protestaktionen mit NS-Verbrechen um eine erprobte rhetorische Strategie der Springer-Presse handelte. Die *Agit 883* fuhr mit den im hitzigen Wortgefecht zwischen Protestierenden und den Springer-Zeitungen üblich gewordenen wechselseitigen Faschismus-Vorwürfen fort: Das Titelbild der Ausgabe vom 20. November 1969 zeigte einen Wecker, dessen Zeiger auf vier vor zwölf standen und in dessen Zifferblatt die Macher der anarchistischen Zeitung Fotos von Personen montiert hatten, die sie für Faschisten hielten: Neben Axel Springer waren der Inspekteur der Bundesluftwaffe Johannes Steinhoff, Jagdflieger im Zweiten Weltkrieg, und der Industrielle Friedrich Flick zu sehen, der in den Nürnberger Prozessen der Kriegsverbrechen für schuldig befunden und zu sieben Jahren Haft verurteilt worden war. Die Bildunterschrift der Collage lautete: »Die Bombe tickt weiter …«[100]

Auch Georg von Rauch, Gründungsmitglied der Tupamaros West-Berlin, propagierte die »Zerschlagung« von Springer in dem Text »Es lebe das Commando Schwarze Presse«, den er schrieb, als er im Gefäng-

99 »Eine Fußnote vom Genossen Lenin«, in: *Agit 883* 41 (20. November 1969), 4; »Wie die Presse eine Bombe schärft«, in: ebd., 2.

100 Ebd., 1. Siehe Wolfgang Kraushaar, *Die Bombe im Jüdischen Gemeindehaus* (Hamburg: Hamburger Edition, 2005), 73-78. Kraushaar ordnet das Titelblatt irrtümlich der Ausgabe 42 von *Agit 883* zu. Seine Interpretation ist etwas einseitig: Während er die antisemitischen Komponenten des linksradikalen Diskurses über den Anschlag auf das jüdische Gemeindehaus hervorhebt, bleibt die NS-Vergangenheit der von *Agit 833* attackierten Personen ausgeklammert. Kraushaar entgeht der reziproke Charakter der Faschismus-Vorwürfe und die rhetorische Strategie der radikalen Linken, Springer mit Personen mit nachweislicher NS-Vergangenheit in Verbindung zu bringen.

nis saß, weil er einen Journalisten der Illustrierten *Quick*, die nicht zum Springer-Verlag gehörte, aber vom Stil her ähnlich war, verprügelt hatte. Er forderte die »anarchistische Zerstörung« des Springer-Konglomerats in Verbindung mit der »Selbstorganisation unserer schwarzen Presse«. Die Anti-Springer-Kampagne des SDS hielt er für ineffektiv, da sie bloß Analyse und politische Bildung betrieb. Die revolutionäre Aufgabe sei das »exemplarische Zerschlagen eines großen Konzerns« wie Springer mit Mitteln, die ihn materiell träfen. Gleichzeitig wollte von Rauch Kontakte zu Jassir Arafats Fatah und zu den Black Panthers aufbauen.[101]

1972 verübte die Rote Armee Fraktion im Rahmen ihrer Mai-Offensive einen Bombenanschlag auf das Hamburger Springer-Hochhaus. Bei dem Anschlag des »Kommando 2. Juni« wurden 36 Menschen verletzt, zwei davon schwer. Trotz des auf 336 000 DM bezifferten Schadens erschienen am darauffolgenden Tag alle Springer-Zeitungen, einige jedoch in reduzierter Auflage.[102] Das Bekennerschreiben versuchte die Verantwortung Axel Springer selbst in die Schuhe zu schieben, indem es ihn beschuldigte, das Gebäude trotz Bombenwarnung nicht evakuiert zu haben. Das Schreiben erwähnte die Konsumthematik nicht, sondern konzentrierte sich ganz auf das, was der RAF als Springers politische Agitation gegen den Kommunismus, die Linke und die Befreiungsbewegungen in der Dritten Welt, insbesondere in Palästina, erschien.[103] In zwei früheren Texten hatte sich die RAF jedoch ganz explizit auf den Springer-Konzern bezogen.

101 Georg von Rauch, »Es lebe das Commando Schwarze Presse«, zit. n. Kraushaar, »Kleinkrieg gegen einen Großverleger«, 1099 f.

102 ID Verlag (Hg.), *Rote Armee Fraktion*, 21; Kraushaar, »Kleinkrieg gegen einen Großverleger«, 1075-1116. Kraushaars Artikel liefert eine sehr ausführliche Beschreibung verschiedener Anschläge auf Gebäude des Springer-Verlags. Sein Gebrauch der Begriffe »Krieg« und »Bombenkrieg«, um die RAF-Anschläge zu charakterisieren, ist problematisch. Er unterlässt eine genaue Analyse der Legitimationsstrategie der RAF und übersieht somit das recht komplizierte Wechselspiel zwischen verschiedenen Ebenen des Gewaltdiskurses, das den Prozess der Eskalation antrieb. Stattdessen greift er auf eine monokausale Erklärung zurück, in der Ideen irgendwie unvermeidlich zu Terrorismus führen.

103 »Erklärung vom 20. Mai 1972 zum Sprengstoff-Anschlag auf das Springer-Hochhaus«, in: ID Verlag (Hg.), *Rote Armee Fraktion*, 147. Andreas Elter stellt die RAF in den Kontext des islamistischen Terrorismus und diagnostiziert eine »Symbiose« zwischen RAF und Springer, die jeweils den Erfolg des anderen garantierten. Das wirft die Frage auf, warum Springer dann vor der Entstehung der RAF und nach ihrer Auflösung erfolgreich war bzw. blieb. Elter versucht mit Verweis auf Holger Meins' Molotowcocktail-Film eine direkte Linie von der symbolischen zur physi-

»Das Konzept Stadtguerilla« erwähnte Springer zwölf- und *Bild* viermal. Der Text begann mit einem Seitenhieb gegen linke »Genossen«, die die RAF als »anarchistische Gruppe« verurteilten und sich damit von ihr distanzierten. Die Antwort der Gruppierung auf die Kritik war schroff: Diese Auffassung von Anarchismus unterscheide sich nicht von der in Springer-Blättern verbreiteten.[104] Bei dem Versuch, den Gebrauch von Schusswaffen bei der Befreiung Andreas Baaders zu rechtfertigen, rangen die flüchtigen Radikalen mit dem »brutalisierten« Image, das die Springer-Presse von ihnen zeichnete.[105] Sie lobten die Studentenbewegung für ihr ideologiekritisches Verständnis der Repression und nannten dabei die gegen Springer gerichtete Kampagne als erstes von sechs Beispielen.[106] Die Anhänger des brasilianischen Revolutionärs Carlos Marighella und Mao Zedongs erklärten die Anti-Springer-Kampagne und die Frankfurter Hausbesetzerbewegung zu direkten Vorläufern ihres Stadtguerilla-Konzepts und unterstrichen, es sei richtig gewesen, »sozialistische Propaganda im Betrieb mit der tatsächlichen Verhinderung der Auslieferung der ›Bild‹-Zeitung zu verbinden«.[107] Indem der Springer-Konzern Nachrichten über die »Niederträchtigkeiten des deutschen Lebens« zu neuen Niederträchtigkeiten verwertete, erschien er gar als erfolgreicher Konkurrent im großen Projekt der Einigung der Arbeiterklasse.[108] Der Springer-Konzern – wie auch die öffentlich-rechtlichen Fernsehkanäle und der *Bayernkurier* – galt den bewaffneten Kämpfern der RAF als Repräsentant »faschistischer Herrschaftsausübung«.[109] Das Projekt einer linken Gegenöffentlichkeit lehnten die Mitglieder der Gruppierung ab, da es ihrer Ansicht nach noch zu sehr in den Kinderschuhen steckte und letztlich seinen von Springer angeführten, allmächtigen Gegnern hilflos ausgeliefert sei: »Es gibt keine Publikationsmittel, die nicht vom Kapital kontrolliert würden, über das Anzeigengeschäft,

schen Gewalt zu ziehen, was aber einer deutlich komplexeren Entwicklung nicht gerecht wird; siehe Andreas Elter, *Propaganda der Tat. Die RAF und die Medien* (Frankfurt a. M.: Suhrkamp, 2008), 103-106.

104 »Konzept Stadtguerilla«, 27.

105 Ebd., 30.

106 Ebd., 34-35.

107 Ebd., 36, 41. Siehe Marcio M. Alves, Konrad Detrez und Carlos Marighella, *Zerschlagt die Wohlstandsinseln der Dritten Welt. Mit dem Handbuch der Guerilleros von São Paulo* (Reinbek: Rowohlt, 1971).

108 »Konzept Stadtguerilla«, 37.

109 Ebd., 45.

über den Ehrgeiz der Schreiber, sich in das ganz große Establishment reinzuschreiben, über die Rundfunkräte, über die Konzentration auf dem Pressemarkt [...]. Die journalistische Kategorie heißt: Verkauf. Die Nachricht als Ware, die Information als Konsum. Was nicht konsumierbar ist, muß sie ankotzen.«[110]

Ein Jahr später – etwa einen Monat vor dem Anschlag auf die Hamburger Springer-Zentrale – bezog sich die RAF in »Dem Volk dienen« ausführlich auf die Anti-Springer-Kampagne, wobei der kritische Fokus auf den Konsumcharakter der Nachrichten in den Hintergrund trat. Zu Beginn des Texts warf die RAF Kritikern, die die Methoden der Gruppe mit gewöhnlichen Verbrechen gleichsetzten, vor, auf demselben Niveau wie »*Bild* und *BZ*« zu operieren.[111] Die *Bild*-Zeitung und das ZDF wurden als Medien dargestellt, die Information über Armut und Elend in »Faschismusmaterial« verwandelten, indem sie die Unterdrückten kriminalisierten.[112] Die Analyse war kompakter und subsumierte die Studentenbewegung nach 1968 unter weit gefasste Angriffe »auf kapitalistisches Eigentum«, die einen »Reibungspunkt im kapitalistischen Profitstreben« fanden.[113] Nun diente der Antikapitalismus als umfassendes Schlüsselkonzept. Das Manifest widmete der »Springer-Presse« eine ganze Seite und zitierte zustimmend zwei nicht weiter ausgewiesene Passagen aus der Anti-Springer-Kampagne von 1968. Der Text schloss damit, dass der Springer-Konzern das Entstehen von Klassenbewusstsein verhindere, indem er scheinbar auf die Unzufriedenheit der Massen eingehe. Diese Strategie sah die RAF in Analogie zum Vorgehen der Nazis 1933. Dass Springer und *Bild* »Faschisten« waren, war zu einem unhinterfragten Stereotyp geworden.[114]

Mit der Verwendung dieses Prädikats befand sich die RAF in guter Gesellschaft. Insbesondere auf einen Kritiker konnte sie pointiert verweisen: Im Januar 1972 hatte Heinrich Böll einen politischen Skandal ausgelöst, indem er sich in der intellektuellen Auseinandersetzung mit Springer allem Anschein nach auf die Seite der RAF gestellt hatte. In einem Beitrag für den *Spiegel* war Böll darauf bedacht, gegenüber den

110 Ebd., 43.
111 »Dem Volk dienen: Stadtguerilla und Klassenkampf«, in: ID Verlag (Hg.), *Rote Armee Fraktion,* 115.
112 Ebd., 131.
113 Ebd., 132f.
114 Ebd., 135f.

Ideen und Methoden der militanten Rebellen kritische Distanz zu wahren, versuchte aber gleichzeitig, die Taten der RAF im Kontext der deutschen Geschichte zu verstehen und gemäß den Prinzipien der Rechtsstaatlichkeit zu behandeln. Genüsslich zitierte die RAF die Kritik des berühmten Autors an der Berichterstattung über einen Banküberfall der Gruppierung im Dezember 1971, bei dem ein Polizist getötet worden war: »Das ist nicht mehr kryptofaschistisch [...], das ist nackter Faschismus. Verhetzung, Lüge, Dreck. Diese Form der Demagogie wäre nicht einmal gerechtfertigt, wenn sich die Vermutungen der [...] Polizei als zutreffend herausstellen sollten [...]. Die Überschrift ›Baader-Meinhof-Gruppe mordet weiter‹ ist eine Aufforderung zur Lynchjustiz.«[115]

Böll war nicht der erste bedeutende Autor, der die Springer-Presse als faschistisch bezeichnete. Günter Grass hatte schon im September 1967 auf »wahrhaft faschistische Methoden« und »Meinungsterror« hingewiesen, als Springer-Zeitungen einen gefälschten Brief veröffentlichten, in dem der Schriftsteller Arnold Zweig angeblich die DDR kritisierte.[116] Vor der Offensive der RAF im Mai 1972 interpretierte Böll den Kampf der Gruppe als Versuch, die Bürger der Bundesrepublik von ihrem Wohlstand zu entfremden, und urteilte: »Ich halte es für psychologisch aussichtslos, Kleinbürgern, Arbeitern, Angestellten, Beamten (auch Polizeibeamten), die vom Erlebnis zweier totaler Inflationen geschreckt sind, ihren relativen Wohlstand ausreden zu wollen.« Zweifellos lag Böll mit seiner Einschätzung der Konsumpräferenzen der großen Mehrheit der bundesrepublikanischen Bevölkerung völlig richtig; ebenso erwähnenswert ist seine Kritik an der verbreiteten Neigung, die Kategorien »kriminell« und »politisch« kompromisslos und komplett voneinander abzugrenzen.[117]

Fortan wurde Böll als Terroristen-Sympathisant gebrandmarkt; der Journalist Ulrich Frank-Planitz nannte ihn in einem Kommentar in

115 Heinrich Böll, »Will Ulrike Gnade oder freies Geleit?«, in: *Der Spiegel* 3 (10. Januar 1972), 55. Siehe Frank Grützbach, *Heinrich Böll. Freies Geleit für Ulrike Meinhof: Ein Artikel und seine Folgen* (Köln: Kiepenheuer & Witsch, 1972); Hans Mathias Kepplinger, Michael Hachenberg und Werner Frühauf, »Struktur und Funktion eines publizistischen Konflikts. Die Auseinandersetzung um Heinrich Bölls Artikel ›Will Ulrike Gnade oder freies Geleit?‹«, in: *Publizistik* 22 (1977), 14-34.

116 Staadt/Voigt/Wolle, *Feind-Bild Springer*, 117ff.

117 Böll, »›Will Ulrike Gnade oder freies Geleit?‹«, 55f.

der *Tagesschau* einen »Anwalt der anarchistischen Gangster«.[118] Zu seiner Verteidigung warf Böll dem Springer-Journalismus unter Verweis auf die Schüsse auf Ohnesorg und Dutschke vor, bei der Eskalation der Gewalt im Kontext der Studentenbewegung eine entscheidende Rolle gespielt zu haben.[119] Böll hielt an seiner kritischen Perspektive auf Springers sprachliche Gewalt in seiner Erzählung *Die verlorene Ehre der Katharina Blum oder Wie Gewalt entstehen und wohin sie führen kann* von 1974 fest.[120] Böll war nicht der einzige prominente Intellektuelle, der trotz Ablehnung der Gewaltanwendung versuchte, der RAF etwas moralische Gerechtigkeit widerfahren zu lassen. Sebastian Haffner war couragiert genug, selbst nach der Mai-Offensive der RAF darauf hinzuweisen, dass der Springer-Journalismus einige Verantwortung für die Eskalation der Gewalt trage: »Niemand hat in Deutschland die Saat der Gewalt seit Jahren so eifrig ausgesät wie die Springerpresse.«[121]

Schärfer fiel das Urteil von Till Meyer, Mitglied der Bewegung 2. Juni, aus. Für ihn war Springers Hasskampagne gegen die Studentenbewegung, die die Protestler zu »Mördern, Räubern, Verbrechern par exelance [sic] stempelte«, Teil viel weiter reichender Wahrnehmungsmuster. Er führte dies vor Gericht an, als er sich wegen versuchten Mordes verteidigen musste, weil er kurz vor seiner Verhaftung einen Schuss abgegeben hatte. Meyer beteuerte, die Tötung eines Menschen stünde seinem politischen Aktivismus und seinen Überzeugungen, die einem »humanen Anspruch« entsprängen, absolut entgegen. Das Gericht und die Springer-Presse begegneten diesem Wertesystem, und letztlich jeder politischen Motivation, mit »totale[r] Negation«.[122]

Unmittelbar nach der Mai-Offensive 1972 fügte die RAF ihrer kritischen Perspektive auf Springers Konsumjournalismus eine weitere Fa-

118 Ulrich Frank-Planitz, »Letzte Parole, verhaftet oder tot«, in: Grützbach, *Heinrich Böll*, 85.

119 Heinrich Böll, »Man muß zu weit gehen, um herauszufinden, wie weit man gehen kann«, in: *Süddeutsche Zeitung* (29.-30. Januar 1972), ebd., 127-133.

120 Heinrich Böll, *Die verlorene Ehre der Katharina Blum oder Wie Gewalt entstehen und wohin sie führen kann* (Köln: Kiepenheuer & Witsch, 1974). Siehe auch Nigel Harris, »›Die verlorene Ehre der Katharina Blum‹. The Problem of Violence«, in: Michael Butler (Hg.), *Narrative Fiction. Social Conscience and Literary Achievement* (Cambridge: Cambridge University Press, 1994), 198-218.

121 Sebastian Haffner, »Blutiges Spiel«, in: *Stern* (4. Juni 1972), 114, zit. n. Kraushaar, »Kleinkrieg gegen einen Großverleger«, 1104.

122 Till Meyer, »Erklärung vor dem Schwurgericht«, in: *Rote Hilfe Hamburg* (Januar 1973), 23.

cette hinzu. An die »Genossen« in den K-Gruppen gewandt, widersprach sie der Argumentation, der Anschlag auf Springer habe nicht die gewünschte Wirkung auf die Arbeiter gehabt, da diese schon wüssten, »daß *Bild* sie täglich nach Strich und Faden belügt«. Die RAF konterte mit dem Vorwurf, diese Genossen würden die politische Kommunikation selbst als Ware auffassen: »Das Problem der Vermittlung stellt sich ihnen dar wie Springer-Journalisten die Schlagzeile von *Bild*, als Problem der Verkäuflichkeit und der Konkurrenz. Der politische Inhalt als Ware, die Massen als Markt [...]. Sie konsumieren, was sie zu bekämpfen vorgeben.«[123] Die Alternative zu dieser Konsumfalle war der bewaffnete Widerstand.

Die zustimmende Stellungnahme zur Aktion des Schwarzen September war das letzte Mal, dass sich die RAF ausführlich auf Springer bezog. Der Medienkonzern wurde dort in zweierlei Hinsicht als Feindbild benutzt: Zum einen sollte er als Beleg dafür dienen, dass der Faschismus in der Bundesrepublik weiterexistierte. Zum anderen polemisierte die RAF gegen die Neue Linke, die auf den Springer-Journalismus reingefallen sei.[124] In diesem Sinne warf sie einstigen Weggefährten – allen voran Oskar Negt – Opportunismus, kleinbürgerliche Mentalität und, das war der schwerwiegendste Vorwurf, den Verlust des antiimperialistischen Bewusstseins vor.[125] In Sachen Kontinuität des Faschismus reihte die RAF *Bild*-Schlagzeilen über deutsche Olympiamedaillen sowie über das Massaker von München und eine Anspielung auf Goebbels' berüchtigte Sportpalastrede »Wollt ihr den totalen Krieg?« aneinander.[126] Die nachfolgenden Stellungnahmen der RAF erwähnten Springer nicht direkt, die Problematik der Konzentration im Mediensektor blieb aber ganz oben auf der antikapitalistischen Agenda der Gruppierung, was eine Zeitungsausschnittsammlung mit statistischen Daten zu deutschen Medienunternehmen zeigt, die die inhaftierten Mitglieder der RAF im Gefängnis Stuttgart-Stammheim anlegten.[127]

Axel Springer, der selbst nie Anhänger des Nationalsozialismus war,

123 »Tonbandprotokoll von dem Teach-in der Roten Hilfe, Frankfurt: Erklärung von 31. Mai 1972«, in: ID Verlag (Hg.), *Rote Armee Fraktion*, 149.

124 »Die Aktion des ›Schwarzen September‹ in München. Zur Strategie des antiimperialistischen Kampfes, November 1972«, in: ebd., 152.

125 Ebd., 159.

126 Ebd., 167.

127 »Die Umsatzstärksten BRD-Medienkonzerne 1974«, Ordner »Wirtschaft, Kapital, Ökonomie«, Stammheim Nachlass, AHIS RAF-Sep/001.

aber einige ehemalige hochrangige Parteimitglieder beschäftigte, wurde persönlich nicht zum Ziel eines Anschlags der RAF, obwohl über diese Möglichkeit spekuliert wurde und er umfassende Sicherheitsvorkehrungen traf. Er wurde rund um die Uhr stark bewacht, und wenn er im Auto unterwegs war, wurde er stets von mindestens zwei anderen Fahrzeugen eskortiert. Mit der Leitung des ausgefeilten Personenschutzes betraute Springer Paul Karl Schmidt, alias Paul Carell, einst hochrangiger NS-Propagandist in Ribbentrops Außenministerium.[128] Im August 1973 verursachte ein Brandanschlag auf ein vornehmes Gästehaus im Privatbesitz Springers auf der Nordseeinsel Sylt erheblichen Sach-, aber keinen Personenschaden; die Täter konnten nie ermittelt werden.[129] Siebzehn Monate später kam es zu einem ähnlichen Anschlag auf ein Chalet Axel Springers in den Schweizer Alpen. 2006 gab der Schweizer Autor Daniel de Roulet zu, in dem irrtümlichen Glauben, Springer sei Nationalsozialist gewesen, an dem Brandanschlag beteiligt gewesen zu sein.[130]

Über die klandestinen Anschläge auf Springers Privatimmobilien hinaus kam es im Verlauf der siebziger Jahre zu keiner größeren, mit den Straßenprotesten von 1968 vergleichbaren Kampagne gegen Springer. Der Verleger blieb aber der Erzfeind der radikalen Linken. Ein Flugblatt der frühen Hamburger Hausbesetzerbewegung nannte drei Hauptziele des politischen Angriffs: Springer rangierte dabei vor dem Hamburger Senat und der verhassten gewerkschaftseigenen Wohnungsbaugesellschaft Neue Heimat.[131] Von entscheidender Bedeutung für die Popularisierung der Kritik an dem Medienmogul war der Undercover-Journalist

128 Kraushaar, »Kleinkrieg gegen einen Großverleger«, 1107f. Siehe Wigbert Benz, *Paul Carell. Ribbentrops Pressechef Paul Karl Schmidt vor und nach 1945* (Berlin: Wissenschaftlicher Verlag *Berlin*, 2005); Christian Plöger, *Von Ribbentrop zu Springer. Zu Leben und Wirken von Paul Karl Schmidt alias Paul Carell* (Marburg: Tectum, 2009).

129 Kraushaar, »Kleinkrieg gegen einen Großverleger«, 1109.

130 Ebd., 1109f.; Daniel de Roulet, *Ein Sonntag in den Bergen. Ein Bericht* (Zürich: Limmat Verlag, 2006). Kraushaar misst dieser literarischen Quelle große Bedeutung zu: »Seine späte Beichte ermöglicht es, wohl besser als je zuvor Einblicke in die Anti-Springer-Psychologie eines Brandstifters zu bekommen.« Er unterlässt es jedoch, die methodischen Probleme zu reflektieren, die sich bei einer Interpretation eines Geständnisses ergeben, das 30 Jahre nach dem Brandanschlag geschrieben wurde, der wiederum fast drei Jahre nach dem Anschlag der RAF auf Springer geschah.

131 *Wir greifen an. Springer, Senat, Neue Heimat: Besetzung Ekhofstr. 39* (Hamburg, 1973), IISG Amsterdam, ID-Br0744/13 fol.

Günter Wallraff, der 1977 für knapp vier Monate als *Bild*-Redakteur arbeitete und in der Folge drei viel gelesene Bücher veröffentlichte, in denen er die dubiosen Praktiken, die er bei dem Boulevardblatt erlebt hatte, anprangerte.[132] 1981 beteiligten sich die literarischen Größen Günter Grass, Wolf Biermann und Uwe Johnson an einem »Anti-Springer-Forum«, auf dem sie erklärten: »Wir arbeiten nicht für Springer-Zeitungen.«[133]

## DIE WIEDERKEHR DER ANTI-SPRINGER-KAMPAGNE IM KONTEXT DER FRIEDENSBEWEGUNG

Während der massiven europaweiten Proteste gegen die Implementierung des Nato-Doppelbeschlusses im Oktober 1983 fand auch eine Blockade von Springer-Gebäuden statt. Aus den Reihen der Friedensbewegung wurde eine »Aktionswoche« initiiert, die Blockaden von US-amerikanischen Kasernen in Bremerhaven, von Springers Zentrale in Hamburg und von Gebäuden der Kaffeefirma Rothfos umfasste.[134] Die Aktion gegen Rothfos hing nicht direkt mit der Thematik der Nato-Rüstung zusammen; mit ihr wurde vielmehr versucht, auf »das Blut am salvadorianischen Kaffee« aufmerksam zu machen.[135] Die Blockade von Kaffeeauslieferungen blieb allerdings ein marginales Ereignis ohne weitere Störungen. Doch nach einer Friedensdemonstration mit einigen hunderttausend Teilnehmern in Hamburg am 22. Oktober machte sich eine von der Grün-Alternativen-Liste (GAL) und etwa zwanzig kleineren Gruppierungen, inklusive autonomer Gruppen, organisierte Abenddemonstration von einigen tausend Menschen auf den Weg, um die Auslieferung der Sonntagsausgabe der *Bild*-Zeitung zu verhindern. Es kam zu Auseinandersetzungen zwischen Demonstranten und

132 Siehe Günter Wallraff, *Der Aufmacher. Der Mann, der bei »Bild« Hans Esser war* (Köln: Pahl-Rugenstein, 1977); ders., *Das BILD-Handbuch bis zum Bildausfall* (Hamburg: konkret, 1981); ders., *Zeugen der Anklage. Die BILD-beschreibung wird fortgesetzt* (Köln: Pahl-Rugenstein, 1979).

133 Seitenbecher, *Deutschen »Cäsar« bezwingen*, 100; Kruip, *»Welt«-»Bild« des Axel Springer Verlags*, 261.

134 »Perschau fordert: keine Blockaden«, in: *Hamburger Abendblatt* (7. Oktober 1983), 4; »Springer-Blockade – Ein Exempel«, in: *Arbeiterkampf* 239 (31. Oktober 1983), 14-17.

135 »Blockade bei Rothfos. Kaffeepause«, in: *taz*, Hamburg (19. Oktober 1983), 16.

der Polizei. Schaufensterscheiben gingen zu Bruch, Barrikaden wurden errichtet und die Einsatzkräfte mit Pflastersteinen, Flaschen, Brandsätzen und Eisenstangen attackiert. Ein Büromöbelgeschäft wurde geplündert und Privatfahrzeuge wurden angezündet. Mit Wasserwerfern, Schlagstöcken und Zivilbeamten, die sich unter die Demonstranten gemischt hatten, machte die Polizei den Sonntagszeitungen den Weg frei. Es gab Verletzte auf beiden Seiten.[136] Der Springer-Konzern organisierte ein kaltes Buffet für die Befehlshaber der Polizei.[137]

Anschläge auf die Privathäuser dreier Journalisten von der *Berliner Morgenpost*, darunter auf das des Chefredakteurs Johannes Otto, die im Vorfeld der Hamburger Blockade einigen Sachschaden verursacht hatten, blieben isolierte Ereignisse, die nicht im Mittelpunkt der anschließenden Debatten standen. Ein Bekennerschreiben gebrauchte den Begriff »Gleichschaltung« und beklagte Springers Parteilichkeit, die sich im Lancieren von »Rufmord-, Denunziations- und Hetzkampagnen« gegen alles manifestiere, was auch nur im Entferntesten als politisch links stehend erschien.[138] Die Anschläge auf Privathäuser mit kleineren Brandsätzen ähnelten früheren Aktionen der Revolutionären Zellen. Ein weiterer Vorfall im November 1982, bei dem vier junge Leute Zeitungslieferwagen anzündeten, fand ebenfalls wenig mediale Aufmerksamkeit.[139]

Eine Analyse der Organisation der Blockade-Kampagne von 1983 zeigt, dass Erinnerungen an 1968 und insbesondere die Gewaltthematik eine wichtige Rolle spielten. Die Idee, die Blockadeaktivitäten auf

136 »Blockadeplenum. Gemeinsam zur Kaserne«, in: *taz*, Hamburg (19. Oktober 1983), 16; »SamStag war BamStag«, in: *taz*, Hamburg (24. Oktober 1983), 16; »Siebentausend waren dabei. Vor Springer: Größte Blockade des Herbstes«, in: *taz*, Hamburg (24. Oktober 1983), 3; »Erst Frieden, dann Krawall«, in: *Hamburger Abendblatt* (24. Oktober 1983), 1; »Die Schlacht in der Neustadt«, in: *Hamburger Abendblatt* (24. Oktober 1983), 3; »Die Springerblockade am 22.10. Radikalisierung der Friedensbewegung oder Abenteuer?«, in: *taz* (27. Oktober 1983), 8; »Hamburg: Springer-Blockade«, in: *radikal* 8/122 (November 1988), 36.

137 »Nachschlag«, in: *taz*, Hamburg (25. Oktober 1983), 16.

138 »Berlin: Anschlag auf ›MoPo‹-Chefredakteur«, in: *taz* (4. Oktober 1983), 5; »AL verurteilt Anschlag. Sprengstoffanschlag auf ›Morgenpost‹-Chef«, in: *taz*, Berlin (4. Oktober 1983), 15; »Bekennerbrief eingegangen. ›Bewußtseinsmäßig gleichgeschaltet‹«, in: *taz*, Berlin (5. Oktober 1983), 16; »Anschläge: Berliner Morgenpost«, in: *radikal* 8/122 (November 1983), 4.

139 »Prozeß vor dem Jugendgericht. Springer-LKW's brennen, der Staatsschutz errötet«, in: *taz*, Hamburg (31. Oktober 1983), 15.

Springer auszudehnen, ging von der Deutschen Kommunistischen Partei aus, die später beklagte, die GAL hätte die Idee geklaut. Wie dem auch sei, es ging offenbar darum, Abwechslung in die Protestformen der Friedensbewegung zu bringen und den Geist des außerparlamentarischen Protests wiederzubeleben.[140] Die DKP distanzierte sich in der Folge von der Springer-Blockade. Auch die Gewerkschaften nahmen Abstand, so wie sie es schon fünfzehn Jahre zuvor getan hatten.[141] Die Organisatoren des Blockadeplenums rechneten mit Gewalt vornehmlich bei der Kampagne gegen Springer. Das Blockieren amerikanischer Kasernen betrachteten sie dagegen als relativ klaren Fall zivilen Widerstands, der sich vermutlich mit einem durch politische Interessen eingehegten Polizeieinsatz konfrontiert sehen würde. Die Geschehnisse von Ostern 1968 und die Erwartung, dass die Polizei und die Lastwagenfahrer aufgrund der großen ökonomischen Bedeutung der Zeitungsauslieferung zu extremen Mitteln greifen würden, um die Blockade zu durchbrechen, veranlasste die Protestierenden dazu, ein moderates Ziel anzustreben: Die Auslieferung der Zeitungen sollte nur verzögert, nicht verhindert werden. Die Mitglieder des Organisationskomitees sowie die rivalisierenden Flügel innerhalb der GAL waren unterschiedlicher Meinung darüber, ob es bei einer klassischen Sitzblockade ohne Schäden an privatem Eigentum bleiben sollte oder ob man auch auf Mittel wie improvisierte Barrikaden und Sabotage zurückgreifen sollte. Entsprechend der ideologischen Spaltung der Friedensbewegung wurde die Frage der Gewaltlosigkeit zum zentralen Zankapfel. Die Organisatoren konnten sich jedoch darauf einigen, dass Todesopfer unbedingt zu vermeiden seien und Feuer sowie Besetzungen als Protestmittel nicht zum Einsatz kommen sollten.

Politisches Ziel war es, auf »ideologische Kriegsvorbereitungen« aufmerksam zu machen.[142] Aus dieser Perspektive betrachtet, produzierten

140 »GAL-Vorstoß zu Herbstaktion. Blockiert Springer!«, in: *taz*, Hamburg, 26. September 1983, 16; »Springer Blockade. DKP attackiert GAL-Schlepptau oder Spaltung?«, in: *taz*, Hamburg (3. Oktober 1983), 16; »Aufruf der Hamburger GAL und des Komitees zur Verteidigung der Pressefreiheit: Springer-Blockade Samstag«, in: *taz*, Berlin (18. Oktober 1983), 1f.; »Fünfzehn Jahre nach 1968. Wie einst im Mai?«, in: *taz* (19. Oktober 1983), 3.

141 »IG Druck & Springerblockade: Gewerkschaftsängste«, in: *taz*, Hamburg (21. Oktober 1983), 15.

142 »Blockaden in Bremerhaven und bei Springer. Mit Schnellbeton und alten Autos«, in: *taz*, Hamburg (5. Oktober 1983), 15; »GAL zu Springer-Blockade. Kein Aktionis-

die Springer-Zeitungen Feindbilder und betrieben Kriegshetze. Darüber hinaus versuchten sie die Friedensbewegung als »Fünfte Kolonne Moskaus« zu diskreditieren, während gleichzeitig militärische Interventionen rund um die Welt und die innere Militarisierung der Gesellschaft durch öffentliche Rekrutengelöbnisse oder militärische Flugschauen glorifiziert würden: »So werden die real geführten Kriege in der ›Dritten Welt‹ – geführt im Dienste der Wertvorstellungen des moralischen Konzepts des ›freien Westens‹ und der freien Kapitalentfaltung – zu etwas Alltäglichem, lieferbar frei Haus.«[143] Die *taz* druckte eine Fotomontage, für die sie Joe Rosenthals berühmte Aufnahme *Raising the Flag on Iwo Jima*, die eine Gruppe GIs beim Aufrichten eines Fahnenmastes auf der pazifischen Insel zeigt, verwendete; die US-Flagge hatte man jedoch durch eine Ausgabe der *Bild* ersetzt.[144] Die Ernennung von Peter Boenisch, 1968 Chefredakteur der *Bild*-Zeitung, zum Regierungssprecher im Mai 1983 demonstrierte die engen Verbindungen zwischen der Regierung unter Helmut Kohl und dem Axel-Springer-Verlag.[145] Die Wiederbelebung der Anti-Springer-Kampagne wurde auch von Wallraff unterstützt, der die Zeitungshäuser des Medienkonzerns »publizistische Raketenstützpunkte« nannte und darauf hinwies, dass mehr als 300000 Deutsche einen Boykottaufruf gegen Springer unterzeichnet hätten.[146]

Im Vergleich zur Berichterstattung über die Springer-Blockade fünfzehn Jahre zuvor waren die Pressestimmen zu den stärker lokal orientierten Ereignissen in Hamburg weniger schrill und reißerisch. Unter den Protestlern selbst gingen die Meinungen weniger auseinander: Die überwiegende Mehrheit schien sich in einer strikten Verurteilung von Ge-

mus«, in: *taz*, Hamburg (6. Oktober 1983), 20; »Turbulenzen um Springer-Blockade. Ein neuer Typ von Distanzierung?«, in: *taz*, Hamburg (13. Oktober 1983), 15; »GAL zu Hamburger Friedensaktionen. Von Bremerhaven zu Springer«, in: *taz*, Hamburg (17. Oktober 1983), 16.

143 GAL, Vorbereitungsgruppe Springer-Blockade, Blockadeplenum, Friedenskoordination, »Springer macht's möglich. Der Krieg wird vorbereitet auch in unseren Köpfen!«, in: *taz*, Hamburg (5. Oktober 1983, 15); »Krieg in den Köpfen. Springer macht's möglich«, in: *taz* (18. Oktober 1983), 12.

144 »Blockadeplenum zu GAL-Herbst-Vorschlag. Für Springer-Blockade«, in: *taz*, Hamburg (28. September 1983), 16.

145 GAL, Vorbereitungsgruppe Springer-Blockade, Blockadeplenum, Friedenskoordination, »Springer macht's möglich«, 15.

146 Günter Wallraff, »Publizistische Raketenstützpunkte«, in: *taz*, Hamburg (22. Oktober 1983), 23.

walt bei gleichzeitiger Unterstützung des abstrakten Prinzips »Frieden« einig zu sein. Dennoch führte die Diskussion über Gewalt auf Friedensdemonstrationen zu einer interessanten politischen Spaltung. Diejenigen, die darauf beharrten, dass im Inneren ausschließlich die staatlichen Behörden über das Recht auf Gewaltanwendung verfügten, neigten häufig dazu, bei Fragen der äußeren Sicherheit die Stationierung militärischer Gewaltmittel – also atomare Mittelstreckenraketen – als legitime Maßnahme zu erachten.[147] Umgekehrt waren jene, die Nuklearwaffen auf dem Boden der Bundesrepublik ablehnten, häufig der Ansicht, die Anwendung begrenzter und gegen bestimmte Ziele gerichteter Gewalt – also Formen des zivilen Ungehorsams – sei ein legitimes Mittel der innenpolitischen Kommunikation. Vertreter dieser Position versuchten ihre Ansicht mit einem Argument zu legitimieren, das so einfach wie effektiv war: »Was ist schon eine Blockade (oder ein Stein) im Vergleich mit einer Atombombe?« Ihre Gegner setzten alles daran, diesem Argument die politische Überzeugungskraft zu nehmen; so erklärte z. B. ein CDU-Mitglied der Hamburger Bürgerschaft, jeder, der an Aktionen zivilen Ungehorsams beteiligt sei, verlasse die »Gemeinschaft der Demokraten«.[148]

Versuche, theoretisch über Gewalt nachzudenken, spielten im Diskurs des politischen Mainstreams der frühen achtziger Jahre keine große Rolle. Die eigentlichen Motive der militanten Protestierenden blieben zumeist unklar, und sie wurden nun allgemein abfällig als Chaoten bezeichnet. Themen wie Konzentration im Pressesektor oder die Funktion des Springer-Konzerns für die Konsumgesellschaft kamen in der öffentlichen Debatte kaum vor. Eine gewisse politische Kontroverse ergab sich aus der Fusion der beiden Verlagshäuser Springer und Burda, die das Kartellamt Anfang 1983 auf eine Übernahme von 24,9 Prozent von Springers Kommanditkapital durch Burda beschränkt hatte,[149] aber dieser Aspekt hatte offenbar kaum Auswirkungen auf die Protestaktivitäten, die von der Politik der Friedensbewegung dominiert wurden. Im Großen und Ganzen war die zweite Anti-Springer-Kampagne weniger

147 Siehe z. B. »Perschau warnt vor der Gefahr von links«, in: *Hamburger Abendblatt* (26. Oktober 1983), 3.

148 »›GAL soll sich von Gewalt distanzieren‹«, in: *Hamburger Abendblatt* (24. November 1983), 7.

149 »Springer-Burda-Fusion. Ministerium will neues Gutachten«, in: *taz* (5. Januar 1983), 2; »Burda darf nur 24,9 Prozent übernehmen«, in: *taz* (7. Januar 1983), 2.

intellektuell bestimmt als ihre Vorgängerin. Beide Kampagnen waren hinsichtlich direkter Einwirkungen auf den Gegenspieler und seinen ökonomischen Erfolg nur sehr begrenzt erfolgreich. Trotz zeitweiliger Gewinneinbußen in den siebziger Jahren dominierten Springers Boulevardblätter weiterhin den Markt. Wenn Oppositionsgruppen dennoch auf Erfolge der Kampagnen verwiesen, dann waren es die Bewusstseinsbildung, die half, Protestbewegungen zu mobilisieren, und die Technik, die Behörden zu Reaktionen zu provozieren, die politisch gegen sie gewendet werden konnten, nicht zuletzt hinsichtlich der Gewaltthematik.

Das diskursive Wechselspiel zwischen Protestbewegung und Behörden kam im Kontext zweier sich überschneidender Kontroversen in der Folge der Springer-Blockade von 1983 zum Tragen. Die erste betraf die Haltung der GAL zur Gewalt.[150] Die Partei wurde für die gewalttätigen Auseinandersetzungen, zu denen es bei der Blockade gekommen war, verantwortlich gemacht und fand sich in dieser Hinsicht in einer ähnlichen Position wie der SDS fünfzehn Jahre zuvor. Die Lage der GAL war jedoch komplizierter, da ihre Agenda nicht offen revolutionär war wie die des SDS. Seit Juni 1982 hatte sie acht Sitze in der Hamburger Bürgerschaft inne, wo permanent infrage gestellt wurde, ob es die Partei mit dem friedlichen politischen Prozess tatsächlich ernst meine. Die Parteiführung musste einen schwierigen Balanceakt vollführen: Einerseits versuchte sie, die Protestbewegung, inklusive militanter und autonomer Gruppen, zu einen, andererseits musste sie die eigene demokratische Legitimation gegen die Kritik der etablierten Parteien verteidigen. Letztere gingen zunehmend dazu über, die Autonomen, die gemeinhin als Gewaltbefürworter galten, als politisches Tabu aufzubauen, so dass sich jede Kraft, die in Protestkampagnen Bündnisse mit ihnen einging, diskreditierte.[151] Im November 1983 konfrontierte Hamburgs Innensenator Alfons Pawelczyk (SPD) die Grünen mit einer Forderung, der sie sich künftig nur schwer entziehen konnten, nämlich »sich von jeder Gewalt zu distanzieren. Das Gewaltmonopol liege allein beim Staat.«[152]

Die Polizei und der Verfassungsschutz, der politische Demonstratio-

150 »Welche Rolle spielte die GAL«, in: *taz* (7. Januar 1983), 4.

151 »Pawelczyk legt jetzt Beweise auf den Tisch«, in: *Hamburger Abendblatt* (26. Oktober 1983), 3; »Pawelczyk zur Springerblockade. Mit gebotener Härte«, in: *taz*, Hamburg (26. Oktober 1983), 16.

152 »›GAL soll sich von Gewalt distanzieren‹«, 7.

nen zunehmend argwöhnisch betrachtete, gingen davon aus, dass es sich bei mehr als 1000 der 6000 Teilnehmer der Springer-Blockade am 22. Oktober um »Gewalttäter« gehandelt hatte. 400 von ihnen hätten spontan gehandelt, während die restlichen schon mit der Absicht, Gewalt zu schüren, angereist seien. Fünf Protestierende mussten sich wegen schweren Landfriedensbruchs verantworten, der mit bis zu zehn Jahren Haft geahndet werden konnte. Das *Hamburger Abendblatt* schimpfte, diese Leute gingen keiner Arbeit nach, sondern lebten von staatlichen Zuwendungen. Da die GAL die Anmelderin der Demonstration war, nahm die Frage nach der Verantwortlichkeit nicht nur politische und moralische Dimensionen an, sondern enthielt auch eine handfeste juristische Komponente hinsichtlich der Schadenersatzhaftung. Der Geschäftsführer des geplünderten Möbelgeschäfts äußerte gegenüber dem *Hamburger Abendblatt*, sein Unternehmen überlege, wegen des Schadens eine Rechnung in Höhe von 15000 DM an die GAL zu schicken; für die Aufräumarbeiten müssten eigentlich weitere 8500 DM hinzukommen.[153] Eine politische Demonstration wurde somit zu einer Frage der Zerstörung von Konsumgegenständen und der dadurch entstandenen Kosten. Die Zeitung des Kommunistischen Bundes (KB), eine der wichtigsten K-Gruppen und Unterstützer der GAL, nannte die Partei ironisch »Dachorganisation für Hamburgs Plünderer.«[154]

Die zweite wichtige Auseinandersetzung – teilweise von der GAL als Gegenoffensive gegen die Vorwürfe geführt, vielleicht auch, um ihre Rolle bei der Demonstration zu legitimieren – drehte sich um die Polizeikräfte in Zivil. Es gab Beschwerden wegen der Brutalität dieser Beamten. Da sie verdeckt agiert hatten, war es sehr schwierig, sie zu identifizieren oder strafrechtlich zu verfolgen, falls sie ihre Befugnisse überschritten hatten. Der KB brachte vor, Polizeibeamte in Zivil seien beim Verprügeln von Demonstranten mit »terroristischen Methoden« vorgegangen. Die verdeckten Ermittler hatten Weisung, sich auf gewalttätige Demonstranten zu konzentrieren, und besaßen bei der Entscheidung, auf wen dieses Kriterium zutraf, einen breiten Ermessensspielraum. Diese Strategie setzte die Protestierenden und die Kritiker der Polizei zudem unter Druck, sich von gewaltsamen Mitteln zu distanzie-

153 »Die Grünen und die Gewalt in der Innenstadt. Die Polizei erhebt schwere Vorwürfe«, in: *Hamburger Abendblatt* (25. Oktober 1983), 3.

154 »Springer-Blockade. Ein Exempel«, in: *Arbeiterkampf* 239 (31. Oktober 1983), 14.

ren und das staatliche Gewaltmonopol anzuerkennen.[155] In der Hamburger Bürgerschaft behauptete die GAL, Beamte in Zivil hätten Steine geschmissen und sich als Agents Provocateurs betätigt, um dann unschuldige Demonstranten zusammenzuschlagen.[156] Das *Hamburger Abendblatt* berichtete hingegen stolz: »Alle diese Beamten sind in Jiu-Jitsu oder Karate ausgebildet. Viele haben den schwarzen Meistergurt.«[157]

*

Seinen Kritikern erschien Springer als ideologische Affirmation des Wohlstands und des sogenannten »Wirtschaftswunders«. Theoretische Analysen versuchten den Boulevardjournalismus und seine Kontrolle des Anzeigenmarktes als Hyperware zu demaskieren, die dem kapitalistischen System als notwendiges Schmiermittel diente. Die konkreten Proteste – insbesondere zu Ostern 1968 nach dem Mordversuch an Dutschke – beschuldigten Springer, zur Gewalt gegen die Studenten und ihre Anführer angestiftet zu haben, und konzentrierten sich dabei auf die Zeitungen als konkrete Waren; durch das Blockieren von Druckereien und Lieferfahrzeugen sollten die Vertriebsnetze lahmgelegt werden. Prominente Intellektuelle wie Heinrich Böll oder Günter Grass teilten die Kritik am Konsumjournalismus. Doch letztlich vermochte die Kampagne weder die Dominanz des Erzfeindes auf dem Zeitungsmarkt ernsthaft zu gefährden noch substantielle Änderungen in der Boulevardberichterstattung hervorzurufen.

Der Begriff der Manipulation war zentral für die Anti-Springer-Kampagne und ihre Kritik an der Konzentration im Pressesektor. In der jüngeren Forschung sind viele Autoren von simplen Modellen der Manipulation durch die Produkte der sogenannten Kulturindustrie abgerückt. Zahlreiche Wissenschaftler argumentieren, dass Konsumenten nicht auf die Rolle passiver Opfer der Manipulation reduziert werden können.

155 »Beispiel Hamburg. Zivilbanden bei der Springerblockade«, in: *Arbeiterkampf* 240 (28. November 1983), 17; »Polizei: Wie eine Klette«, in: *Der Spiegel* 51 (19. Dezember 1983), 36-38.

156 »Mahnwache: Mißhandlungen nach Springer-Blockade«, in: *taz* (2. November 1984), 4; »›GAL soll sich von Gewalt distanzieren‹«, in: *Hamburger Abendblatt* (24. November 1983), 7.

157 »Zwischen Frieden und Krawall«, in: *Hamburger Abendblatt* (24. Oktober 1983), 4.

Viele zeitgenössische Aktivisten haben sich die Ideen aus Walter Benjamins Aufsatz *Das Kunstwerk im Zeitalter seiner technischen Reproduzierbarkeit* und später der Arbeiten der Forscher um Stuart Hall am Birmingham Centre for Contemporary Cultural Studies zu eigen gemacht, um die Möglichkeit einer politisierten Subversion der Kulturindustrie zu begründen.[158] Diese intellektuellen Entwicklungen mögen den Einfluss manipulationistischer Positionen im größeren kulturpolitischen Diskurs der Linken verringert haben, die Relevanz einer Kritik an der Konzentration im Mediensektor und ihrer politischen Auswirkungen können sie jedoch kaum schmälern. Die Kritik an Springers Presse-Imperium war schließlich kein Einzelfall. Das Agieren von Pressebaronen wie Hugenberg, Murdoch oder Berlusconi stieß und stößt immer wieder auf heftige Kritik. Die Anti-Springer-Kampagne ging über krude Manipulationsthesen hinaus, indem sie ihre eigenen alternativen bzw. gegenkulturellen Formen der Medienmanipulation entwickelte. Medienmanipulation sollte vielmehr als kommunikative Technik der Bevorzugung von Partikularinteressen verstanden werden, die prinzipiell von allen politischen Richtungen benutzt werden kann. Ein solches Verständnis wird den Ursprüngen der Anti-Springer-Kampagne, etwa in Springers offenkundiger Machtpolitik im Mediensektor (z. B. im Fall *Blinkfüer*) oder in den zeitgenössischen rechtlichen Praktiken gegenüber Boykotten und Blockaden, eher gerecht.

Mehr als jede andere Thematik der Studentenbewegung nahmen die Anti-Springer-Blockaden Rechtswissenschaftler, Anwaltsvereinigungen und Gerichte in Beschlag. Diese mussten zu Fragen Position beziehen, die weitaus komplizierter und kontroverser waren, als sie in rückblickenden Darstellungen erscheinen, die die Proteste einfach als gewalttätig abtun. Vor den Studentenprotesten gab es fast keine rechtswissenschaftliche Literatur, die sich mit der Beziehung zwischen Demonstrationsdelikten und den Grundrechten auf Meinungs- und Redefreiheit auseinandersetzte. Nach und nach beeinflussten zeitgenössische rechtswissenschaftliche Beiträge, die das weit gefasste Gewaltkonzept des Laepple-Urteils kritisch sahen, die herrschende Rechtsauffassung, wie sie in Kommentaren, Lehrbüchern und Gerichtsurteilen zum Ausdruck kam.[159] Die Interpretation der relevanten Normen wie Auflauf (§ 116 StGB), Land-

158 Siehe Siegfried, *Time Is On My Side*, 17, 146-165, 662-665.
159 Dostal, *1968*, 148, 172.

friedensbruch (§ 125 StGB) oder Nötigung (§ 240 StGB) warf Fragen der Dogmatik auf und erforderte eine beträchtliche Reformulierung des rechtlichen Begriffs der Gewalt.[160] Der Konsumentenprotest war deshalb so zentral für die kontroversen Debatten darüber, wie neue Formen und Methoden des Protests unter dem bestehenden Strafrecht zu behandeln seien, weil er zwei potentiell miteinander konfligierende Säulen des Rechts betraf: den Schutz von Privateigentum und Gewerbe auf der einen Seite und die Gewährleistung ziviler und politischer Rechte auf der anderen. Fortschrittliche Juristen hielten den Wortlaut der Paragraphen zu den Straftatbeständen Auflauf und Landfriedensbruch im Kontext des Grundgesetzes – das Strafgesetzbuch geht auf das Jahr 1870/71 zurück – für nicht mehr zeitgemäß, da sie das Versammlungsrecht zu stark einschränkten. Während einige bloß den Ermessensspielraum der Richter ändern wollten, waren andere der Überzeugung, diese Normen liefen dem Grundgesetz prinzipiell zuwider. Etliche Juristen waren bereit, in den Protesten einen neuen Aspekt des politischen Lebens zu sehen. Sie strafrechtlich zu sanktionieren bedeutete ihrer Meinung nach, theoretisches Neuland zu betreten. Neue Protestformen wie Sit-ins oder Blockaden bedürften daher neuer rechtlicher Kategorien. Einige Juristen erachteten die Sitzblockade als Musterbeispiel des gewaltfreien Widerstands, der unter keinen Umständen als Landfriedensbruch gelten könne.[161]

Langfristig lösten diese abweichenden Meinungen eine Verschiebung der Rechtsauffassung aus, die dazu führte, dass dem Recht auf Versammlungsfreiheit gegenüber der Staatsgewalt eine höhere Priorität eingeräumt wurde, indem Menschenmengen und Versammlungen außerhalb angemeldeter Demonstrationen nicht mehr automatisch als strafbare Bedrohung des öffentlichen Lebens angesehen wurden.[162] Dennoch hielten die höheren Instanzen im Zeitraum von den späten sechziger Jahren bis Mitte der neunziger Jahre an einer restriktiven Interpretation

160 Siehe Andreas Roth, *Kollektive Gewalt und Strafrecht. Die Geschichte der Massedelikte in Deutschland* (Berlin: Erich Schmidt Verlag, 1989), 204 ff.; Heiko Drescher, *Genese und Hintergründe der Demonstrationsstrafrechtsreform von 1970 unter Berücksichtigung des geschichtlichen Wandels der Demonstrationsformen* (Dissertation, Heinrich-Heine-Universität Düsseldorf, 2005); online verfügbar unter: {https://docserv.uni-duesseldorf.de/servlets/DerivateServlet/Derivate-3175/1175.pdf} (Stand August 2017).

161 Dostal, *1968*, 190.

162 Ebd., 169 f.

fest und hoben zahlreiche Urteile unterer Instanzen auf.[163] Aus dieser Perspektive betrachtet, war das Laepple-Urteil des BGH ein Kompromiss, da es von der geistigen Gewalt der Nötigung ausging, die physische Gewalt des Landfriedensbruchs aber verneinte.

163 Ebd., 204.

# 6. STÄDTISCHER RAUM: DIE HAUSBESETZERBEWEGUNG

Jeder Mensch hat das Recht auf angemessenen Wohnraum.

*Verfassung des Landes Berlin*[1]

In der Schweiz begannen die Proteste von 1968 mit einem Konflikt um die Nutzung eines leerstehenden Gebäudes in Zürich. Junge Leute forderten die Einrichtung eines autonomen Jugendzentrums in dem Warenhaus-Provisorium, das die Firma Globus während der Bauarbeiten für ihren neuen Firmenhauptsitz errichtet hatte. Es handelte sich um teure Verkaufsflächen im Zentrum der Stadt, welche die Protestierenden nun für eine nichtkommerzielle Verwendung beanspruchten. Bei Straßenkämpfen, die auf eine Demonstration am 29. Juni folgten, wurden Steine von der Baustelle des ersten Schweizer Einkaufszentrums, des unterirdischen und direkt mit dem Zürcher Hauptbahnhof verbundenen Shopville, auf die Polizei geworfen, der wiederum im Anschluss vorgehalten wurde, unverhältnismäßige Gewalt gegen die Demonstranten eingesetzt zu haben. Mehrere Zwischenlösungen führten nicht zur Beilegung des Konflikts um den geforderten Freiraum für linke Jugendliche, die zum Teil wohnungslos waren. Im Februar 1971 war das mittlerweile eröffnete Shopville erneut Schauplatz von Protesten. Die Protestierenden veranstalteten tägliche Teach-ins in der Einkaufspassage, die sie demonstrativ anstelle des geforderten Jugendzentrums nutzten. Als die Stadtverwaltung Versammlungen im Einkaufszentrum untersagte, nahmen Polizisten in Kampfausrüstung sechzehn Jugendliche fest; erstmals wurde in der Schweiz Tränengas eingesetzt.[2] Wäh-

1 Die Verfassung des Landes Berlin ist online verfügbar unter: {http://www.berlin.de/rbmskzl/regierender-buergermeister/verfassung/artikel.41548.php} (Stand August 2017).

2 Regula Howald, *Die Angst der Mächtigen vor der Autonomie. Aufgezeigt am Beispiel Zürich* (Horgen: Gegenverlag, 1981), 22-34. Vgl. auch Katharina Bühler, *Aufruhr und Landfriedensbruch im schweizerischen Strafrecht. Eine Analyse der Literatur und Rechtsprechung zu den Massedelikten, unter besonderer Berücksichtigung der Urteile zum Zürcher »Globuskrawall«* (Zürich: Schulthess, 1976); Werner Lindner, *Jugendprotest seit den fünfziger Jahren. Dissens und kultureller Eigensinn* (Opladen: Westdeut-

rend es bei den Protesten von 1968 in der Bundesrepublik zu direkten Aktionen gegen Manifestationen der Konsumgesellschaft kam, zeigt der Schweizer Fall beispielhaft einen anderen Zusammenhang, in dem das Thema Konsum eine Rolle in Debatten über politische Gewalt spielte. Leerstehende Gebäude und städtische Räume wurden zu Konfliktfeldern, auf denen junge Protestierende und von Ordnungsbehörden unterstützte kommerzielle Interessen sich gegenseitig bekämpften.

In der Bundesrepublik griffen Studierende, Obdachlose und Gastarbeiter im Herbst 1970 zum Mittel der Hausbesetzung im Frankfurter Westend. In West-Berlin wurden die ersten besetzten Gebäude, das Georg-von-Rauch-Haus (Dezember 1971) und das Tommy-Weisbecker-Haus (März 1973), nach Wegbereitern bzw. Mitgliedern der Bewegung 2. Juni benannt, die von der Polizei beim Versuch der Festnahme erschossen worden waren. Eine vergleichende Analyse der Besetzerbewegungen in Frankfurt und West-Berlin zeigt, dass Besetzer sowohl alternative Konsumenten als auch radikale Aktivisten sein konnten und dass sie der Kriminalisierung durch die Behörden ausgesetzt waren, wobei einige Aktivisten zu einer militanten Strategie griffen, um ihr Anliegen voranzutreiben.

Im Sommer 1980 formulierten West-Berliner Besetzer eine ganze Reihe von Einwänden gegen die sie umgebenden Versorgungsregime:

> in betonzellen gedeihen keine kommunen, arbeitskollektive, kommunikation, und kein widerstand gegen den grenzenlosen konsum. konsum ist ersatz von zwischenmenschlichen beziehungen, wird von denen aufgebaut, die daran verdienen. konsum macht abhängig nach noch mehr konsum, schaft fronten zwischen besitzern und konsumenten. immer mehr wird produziert, kriege werden angezettelt, um neue märkte zu erobern.[3]

Der Begriff »Konsum« ist hier eindeutig negativ konnotiert und wird mit sozialen Barrieren, Gefängniszellen und sogar Krieg assoziiert. Die Konsumenten erscheinen hingegen als Opfer, die allerdings Widerstand leisten können. Da diese Aussage nur eine Nebenbemerkung in der internen Kommunikation der Besetzer zu den konkreten Aspekten ihres politischen Kampfes war, sagt sie nicht viel über die Ursprünge, Hinter-

scher Verlag, 1996), 326-330; Angelika Linke und Joachim Scharloth, *Der Zürcher Sommer 1968. Zwischen Krawall, Utopie und Bürgersinn* (Zürich: NZZ Libro, 2008).

3 *Besetzer-Rat Info* 2 (Juli 1980), Papiertiger: archiv und bibliothek der sozialen bewegungen, Ordner »Häuser 1978/Jan.-Aug. 1980«.

gründe und Implikationen dieser konsumkritischen Einstellungen aus. Drei Jahre nachdem diese Zeilen geschrieben wurden, waren die besetzten Häuser in West-Berlin entweder geräumt oder die Bewohner konnten legale Nutzungsverträge vorweisen. Die Bewegung kam zum Stillstand, ohne die Mechanismen des Wohnungsmarktes, geschweige denn der Konsumgesellschaft insgesamt, signifikant beeinflusst zu haben.

Zu Beginn des 21. Jahrhunderts wird die Zahl der *squatter*, also Menschen, die in Unterkünften wohnen, für die sie keine regulären Nutzungsrechte genießen, auf weltweit mehr als eine Milliarde geschätzt.[4] Können wir, abgesehen von der Frage der empirischen Genauigkeit dieser Angabe, annehmen, dass allen Menschen, die unter diesen Bedingungen leben, eine gewisse Unzufriedenheit mit den sie umgebenden Versorgungsregimen gemeinsam ist? Oder, neutraler formuliert, können sie als Indikator oder als Anzeichen für die Grenzen oder Defizite von Wohnungsmärkten dienen? Welchen Platz nimmt das Squatting in der historischen Perspektive ein? Es wäre falsch, das sozioökonomische Phänomen Hausbesetzung und den damit einhergehenden Widerstand gegen die Konsumgesellschaft als Fehlentwicklung oder als bloße Fußnote der deutschen Geschichte abzutun, als habe es sich um wenig mehr als eine politische Provokation gewalttätiger Revolutionäre gehandelt oder einfach um das Resultat der mangelnden Bereitschaft nonkonformistischer Jugendlicher, für ihre Konsumbedürfnisse zu arbeiten.

Sozialwissenschaftler haben unterschiedliche, einander eventuell ergänzende Deutungsansätze für das Auftreten und die Eskalation von Gewalt in Hausbesetzerkonflikten vorgelegt. Einige betonen die Generationserfahrung einer Jugend mit düsteren Zukunftsaussichten.[5] Andere hingegen konzentrieren sich auf das Vorgehen der Polizei und sehen Eskalationen als Resultat der Unnachgiebigkeit der Ordnungskräfte.[6] Eine dritte Deutung weist auf die zunehmend entpolitisierte Betrach-

4 Robert Neuwirth, *Shadow Cities. A Billion Squatters, a New Urban World* (New York: Routledge, 2004); Freia Anders und Alexander Sedlmaier, »Global Perspectives on Squatting«, in: dies. (Hg.), *Public Goods versus Economic Interests. Global Perspectives on the History of Squatting* (New York: Routledge, 2016), 1-26.

5 Karl-Werner Brandt, Detlef Büsser und Dieter Rucht, *Aufbruch in eine andere Gesellschaft. Neue soziale Bewegungen in der Bundesrepublik* (Frankfurt a. M./New York: Campus, 1983), 203.

6 Lindner, *Jugendprotest*, 336ff.; Roger Karapin, *Protest Politics in Germany. Movements on the Left and Right Since the 1960s* (University Park: Pennsylvania State University Press, 2007), 76, 93, 109.

tung des Konflikts hin, so dass das Problem vor allem als Angelegenheit der Polizei und nicht als politisches Phänomen aufgefasst wurde.[7] Dadurch entstanden »inversionäre Gewaltdiskurse« und eine militante Bewegung, die Autonomen.[8] In diesem Kapitel wird die historische Analyse von Gewalt- mit der von Konsumdiskursen im Kontext der Hausbesetzerbewegung kombiniert. Auf diese Weise lassen sich die Erklärungsansätze miteinander verknüpfen.

## HAUSBESETZUNGEN ALS SOZIOÖKONOMISCHES PHÄNOMEN

Konflikte über Fragen des Wohnraums spielten sich in den siebziger und achtziger Jahren in vielen europäischen Städten ab. Mit den sinkenden Wachstumsraten infolge der Rezession in den Jahren 1973/74 ging eine Intensivierung und Politisierung des sozialen Protests einher. Soziale Unruhen müssen also im Zusammenhang mit den Folgekosten der in den vorhergehenden Jahrzehnten massiv betriebenen und nun in die Krise geratenen auf Massenproduktion und Massenkonsum basierenden Wirtschaft gesehen werden. Die Umstrukturierungsmaßnahmen, die Politik und Unternehmen ergriffen, um den wirtschaftlichen Herausforderungen zu begegnen, verschärften die soziale Exklusion bestimmter Gruppen, die nur unter Schwierigkeiten am gesellschaftlichen Reichtum teilnehmen konnten. Soziale Bewegungen reagierten auf die Zerstörung von Umwelt, Städten und Lebensqualität.[9] Die Idee, die herrschende Wirtschaftsordnung verursache ökologische Katastrophen, wurde zu einem zentralen Bestandteil ideologischer Rechtfertigungen des Protests. Urbane Konflikte – in erster Linie ausgelöst durch akuten Wohnungsmangel – machten die Zerstörung von Wohnraum aus öko-

7 Matthias Manrique, *Marginalisierung und Militanz. Jugendliche Bewegungsmilieus im Aufruhr* (Frankfurt a. M./New York: Campus, 1992), 101.

8 Freia Anders, »Wohnraum, Freiraum, Widerstand. Die Formierung der Autonomen in den Konflikten um Hausbesetzungen Anfang der achtziger Jahre«, in: Sven Reichardt und Detlef Siegfried (Hg.), *Das Alternative Milieu. Antibürgerlicher Lebensstil und linke Politik in der Bundesrepublik Deutschland und Europa, 1968-1983* (Göttingen: Wallstein, 2010), 473-498.

9 Margit Mayer, »Städtische soziale Bewegungen«, in: Roland Roth und Dieter Rucht (Hg.), *Die sozialen Bewegungen in Deutschland seit 1945. Ein Handbuch* (Frankfurt a. M./New York: Campus, 2008), 299.

nomischen Motiven zur greifbaren und schließlich umkämpften Realität. Junge Menschen und Migranten griffen zum Mittel der Hausbesetzung, der unbefugten Aneignung von leerstehenden Gebäuden, als Selbsthilfeinitiative.[10]

Sozialwissenschaftler haben gezeigt, dass Städte wie Zürich und Frankfurt »fordistischen« Paradigmen der Stadtentwicklung unterlagen, also der planmäßigen Entmischung einzelner Zonen für Wohnen, Konsum, Industrie und Dienstleistungen.[11] Als Folge der Bildungsexpansion und des anhaltenden Wirtschaftswachstums zogen Studierende und Migrantenfamilien in großer Zahl in die Innenstädte, wo Wohnungen bezahlbar, wenngleich etwas heruntergekommen waren. Vielerorts stand der wachsende Bedarf an Wohnraum in scharfem Kontrast zu kalkuliertem Leerstand und Abriss, der Platz schaffen sollte für Einkaufszentren, Bürohochhäuser und Verkehrsknotenpunkte, während Politiker versuchten, den Wohnraum in neu gebaute Trabantenstädte an der Peripherie zu verlagern.

In mehrerlei Hinsichten erschienen Hausbesetzungen als provokative Alternative zur Konsumgesellschaft. Die Wohngemeinschaften der jungen Generation befanden sich in nichtrenovierten Altbauten, die häufig für den Abriss vorgesehen waren. Auf der Basis von Kurzzeit-

10 Die Forschungsliteratur zum Thema Hausbesetzung steckt in ihren Anfängen: siehe Armin Kuhn, *Vom Häuserkampf zur neoliberalen Stadt. Besetzungsbewegungen in Berlin und Barcelona* (Münster: Westfälisches Dampfboot, 2014); Ernst Stracke, *Stadtzerstörung und Stadtteilkampf. Innerstädtische Umstrukturierungsprozesse, Wohnungsnot, und soziale Bewegungen in Frankfurt am Main* (Köln: Pahl-Rugenstein, 1980); Bernd Laurisch, *Kein Abriß unter dieser Nummer. 2 Jahre Instandbesetzung in der Cuvrystrasse in Berlin-Kreuzberg* (Gießen: Anabas, 1981); Rainer Nitsche, *Häuserkämpfe. 1872/1920/1945/1982* (Berlin: Transit, 1982); Harald Bodenschatz, Volker Heise und Jochen Korfmacher, *Schluß mit der Zerstörung? Stadterneuerung und städtische Opposition in West-Berlin, Amsterdam und London* (Berlin: Anabas, 1983); Bernd Sonnewald und Jürgen Raabe-Zimmermann, *Die »Berliner Linie« und die Hausbesetzer-Szene* (Berlin: Berlin Verlag, 1983); Ruud Koopmans, *Democracy from Below. New Social Movements and the Political System in West Germany* (Boulder: Westview Press, 1995), 170-178; Karapin, *Protest Politics*, 61-116. Hausbesetzungen werden auch in einigen Studien zum Jugendprotest diskutiert; siehe Lindner, *Jugendprotest*, 260-274, 331-413; Manrique, *Marginalisierung und Militanz*, 72-77, 115-125. Vgl. auch Studien über die Autonomen Jan Schwarzmeier, *Die Autonomen zwischen Subkultur und sozialer Bewegung* (Göttingen: Books on Demand, 2001), 239-269; Anders, »Wohnraum«, 473-498.

11 Peter Birke, »Vom ›Fünffingerplan‹ bis zur ›Bambule‹. Stadtpolitik und Häuserkämpfe in bundesdeutschen Großstädten von 1968 bis heute« (unveröffentl. Manuskript, 2010), 5.

mietverträgen wurden die Räume mit Obstkisten und Matratzen auf den Fußböden ausgestattet; die multikulturelle Verpflegung stammte aus den von Immigrantenfamilien betriebenen Gemüsegeschäften in der Nachbarschaft. Diese provisorischen Behausungen wurden zum Symbol für jugendliche Autonomie, und die Hausbesetzerszene wollte diese Lebensform verteidigen. Zwar zitierten die Pioniere dieser »autonomen Lebensformen« nur selten Theoretiker wie Herbert Marcuse, aber sie begaben sich auf eine kollektive Suche nach sozialen Beziehungen, in deren Rahmen sich authentische Bedürfnisse artikulieren ließen. Die Betonschneisen, die sich in das Gefüge der alten Stadt fraßen, erschienen den Betroffenen als Angriffe auf die in den brüchigen Mauern ansässigen Jugendkulturen. Die Aktivisten boten einem fragwürdigen System die Stirn, in dem der Staat das Recht der Eigentümer protegierte, ihren Besitz gewinnbringend zu zerstören.[12] Antikapitalistische Stereotype lebten wieder auf, Immobilienspekulanten wurden zum Sinnbild rücksichtsloser Kapitalisten. Der Hausbesetzerbewegung wurde auch Antisemitismus vorgeworfen, denn zahlreiche umkämpfte Gebäude gehörten jüdischen Besitzern, etwa dem Frankfurter Immobilieninvestor Ignatz Bubis.[13] Eine Karikatur in einer von Göttinger Hausbesetzern veröffentlichten Broschüre versuchte die grundlegende Verbindung zwischen Konsum und Zerstörung greifbar zu machen: Sie zeigte einen korpulenten Spekulanten mit Melone, Fliege und einem Bündel Banknoten, der Altbauten ausquetscht und den Ertrag in seinen Mund tropfen lässt, während sein Enddarm Neubauten ausscheidet.[14]

Zum Gegenmodell Hausbesetzung gehörte auch die Werbung in eigener Sache, wodurch gewisse strukturelle Ähnlichkeiten mit dem kritisierten kommerziellen System deutlich wurden. In einem Text, der in dem West-Berliner Monatsblatt *Der lange Marsch* veröffentlicht wurde, hieß es: »[Die Besetzer] wandelten diese Häuser durch attraktive Instandsetzung und phantasievolle Aufschriften, Transparente in ständig präsente Reklameattraktionen um, für den ›Gedanken der Hausbesetzung‹ und der Selbsthilfe, für das bessere Leben in Wohngemeinschaf-

12 Laurisch, *Kein Abriß*, 113.

13 Gerd Koenen, *Das Rote Jahrzehnt. Unsere kleine deutsche Kulturrevolution, 1967-1977* (Köln: Kiepenheuer & Witsch, 2001), 341f. Vgl. auch Wanja Hargens, *Der Müll, die Stadt, und der Tod. Rainer Werner Fassbinder und ein Stück deutscher Zeitgeschichte* (Berlin: Metropol, 2010), 54-65.

14 *Wut im Bauch!*, 4, IISG Amsterdam, ID 653, Bro 689/4 FOL.

*Abb. 18*: Rund 5000 Demonstranten nehmen am »Spaziergang gegen Spekulanten« zum Villenviertel in Berlin-Wannsee teil, Juli 1981.

ten, für die Devise: *Wir nehmen uns was wir brauchen.*«[15] Die Aktivisten verspürten einen militanten Hass auf die als »inhuman« empfundenen Neubausiedlungen und deren Verfechter, der auch in dem weitverbreiteten Graffito »Schade, daß Beton nicht brennt!« zum Ausdruck kam. Diesem Slogan verdankt wiederum ein Dokumentarfilm über die West-Berliner Hausbesetzer zu Beginn der achtziger Jahre seinen Titel.[16]

Das Rechtssystem stand vor der Herausforderung, die ökonomischen, sozialen und kulturellen Interessen gewöhnlicher Konsumenten von Wohnraum und städtischen Infrastrukturen gegen die wirtschaftlichen Interessen der Immobilienunternehmen abzuwägen. Dabei handelte es sich um Abwägungen, die bis zu verfassungsrechtlichen Fragen reichten. Die Besetzer konnten ihre Position mit Verweis auf Artikel 14, Absatz 2 des Grundgesetzes legitimieren: »Eigentum verpflichtet. Sein Gebrauch soll zugleich dem Wohle der Allgemeinheit dienen.« Die

15 *Der lange Marsch* 4 (Mai 1973), 8.
16 Laurisch, *Kein Abriß*, 65; Novemberfilm Kollektiv, *Schade, dass Beton nicht brennt* (BRD, 1981).

West-Berliner Verfassung ging sogar noch weiter. Artikel 28 Absatz 1 besagt: »Jeder Mensch hat das Recht auf angemessenen Wohnraum.« Das Bundesland Berlin »fördert die Schaffung und Erhaltung von angemessenem Wohnraum, insbesondere für Menschen mit geringem Einkommen, sowie die Bildung von Wohnungseigentum.«[17]

Die Aneignung von vernachlässigtem und praktisch dem Allgemeinnutzen entzogenem Wohnraum erfolgte in einem Spannungsfeld zwischen Legitimität und Legalität, das Fragen der juristischen Auslegung aufwarf. Das bundesdeutsche Recht gestattete, im Gegensatz etwa zum damaligen britischen Recht, den Erwerb von Immobilienbesitz durch erfolgreiche und anhaltende Besetzung nicht.[18] Eine Minderheit unter den Strafrichtern und Anwälten näherte sich jedoch den Argumenten der Hausbesetzer an: Sie plädierte dafür, den Tatbestand der Hausbesetzung nicht zu bestrafen. Als Begründung beriefen sie sich kritisch auf einen »Wohnraumvernichtungsprozeß« und das »große Profitmachen«.[19] Die meisten Juristen hielten allerdings an einer konventionellen Auffassung von Eigentum fest. Die sozialistische Zeitung *links* zitierte einen Freiburger Amtsrichter, der die Räumung eines besetzten Hauses mit der Begründung autorisierte: »Das ökonomische Interesse der Haus- und Grundstücks GmbH ist höher zu bewerten als das Interesse der Bewohner.«[20] Zu Beginn der achtziger Jahre war die vorherrschende Meinung unter Juristen, Besetzungen seien als Hausfriedensbruch nach § 123 StGB zu bestrafen. Maßgebliche Kommentare gaben zu bedenken, man könne einer »verfehlten Wohnungsbaupolitik« nicht durch »Preisgabe der Rechts- und Eigentumsordnung« begegnen.[21] Aufgrund

17 Verfassung des Landes Berlin; vgl. auch Johann Wilhelm Gerlach, »Recht auf Wohnraum und Hausbesetzung«, in: *Der Spiegel* 19 (4. Mai 1981), 56f.

18 Hero Schall, »Hausbesetzungen im Lichte der Auslegung des § 123 StGB«, in: *Neue Zeitschrift für Strafrecht* 3 (1983), 241-247. Zur rechtlichen Situation in den Niederlanden, Großbritannien und der Schweiz siehe Erhard Blankenburg, »Thesen zur Hausbesetzerbewegung«, in: *Recht und Politik* 21 (1985/86), 38-43.

19 Erich Küchenhoff, »Zur Strafbarkeit von Hausbesetzungen«, in: *Demokratie und Recht* (1981), 300-307; Margarete Fabricius-Brand, »Instandbesetzung contra Stadtzerstörung und Wohnungsnot«, in: ebd., 287-293.

20 »Wohnungskampf und Repression«, in: *links. Sozialistische Zeitung* 79 (Juli/August 1976).

21 Eduard Dreher und Herbert Tröndle, *Strafgesetzbuch und Nebengesetze* (München: C.H. Beck, 1983, 41. Aufl.), Abschnitt 123 (5A); Karl Lackner, *Strafgesetzbuch* (München: C.H. Beck, 1983), Abschnitt 123 (3A). Für eine ausführlichere Auseinandersetzung siehe Martina Weber, *Hausbesetzung als strafbarer Hausfriedensbruch? Der Ein-*

der zentralen Topoi der juristischen Diskussionen über die Hausbesetzungen – die Gewährung eines »Hausfriedens auch an illegale Bewohner, seine Rückbindung an Prinzipien der Gemeinwohlverpflichtung von Wohnungseigentum und die Abwägung der Verhältnismäßigkeit von polizeilichen Zwangsräumungen«[22] – sahen sich die Rechtsinstanzen immer wieder dazu veranlasst, die Legitimität der von den Exekutivorganen eingesetzten Mittel zu überprüfen.[23]

In einer detaillierten Analyse aus dem Jahr 1971 behauptete der SPD-Politiker Hans-Jochen Vogel, der als Oberbürgermeister von München Gastgeber der Hauptversammlung des Deutschen Städtetages war, die Verteilung des städtischen Raums entspreche nicht hinreichend den Bedürfnissen der Bevölkerung. In seiner Rede wies der spätere Bundesminister für Raumordnung, Bauwesen und Städtebau auf den wirtschaftlichen Mechanismus hin, den er für die weitreichende Krise der Städte, für ein »Menschheitsproblem ersten Ranges«, verantwortlich machte. Den zeitgenössischen Kapitalismus beurteilte er erstaunlich kritisch:

> Die Krise ist die Krise des über seine Grenzen hinauswuchernden ökonomischen Systems […]. Am deutlichsten tritt dies Prinzip bei der Konkurrenz mehrerer Nutzungsarten um das gleiche Grundstück hervor. In aller Regel wird sich die Nutzung durchsetzen, die den höchsten Ertrag abwirft […]. Deshalb siegt im Konfliktfalle […] stets das Warenhaus über das Kulturzentrum, die Bank über das alteingeführte Café, das Bürogebäude über den Biergarten […]. Es ist nicht zu leugnen: Dieses System hat gewaltige Kräfte freigesetzt und dazu beigetragen, die Massen aus der materiellen Not herauszuführen. Jetzt aber kehrt es sich gegen die Menschen, wird zum Selbstzweck und vertreibt die Menschlichkeit aus unseren Städten.

Mit seiner Betonung der »Entpersönlichung der Städte« antizipierte Vogel eine Reihe von Ideen, die in den folgenden zehn Jahren zentral für die Hausbesetzerbewegung werden sollten:

*fluß der Einführung des Merkmals »befriedetes Besitztum« in § 123 StGB und seinen Vorläufern auf die Bestimmung des Rechtsguts des Hausfriedensbruchs* (Frankfurt a. M.: Peter Lang, 1991). Eine Argumentation zur Verschärfung der Bestrafung von Besetzungen findet sich bei Franz-Josef Rinsche, »Zur Strafwürdigkeit sogenannter Hausbesetzungen«, in: *Zeitschrift für Rechtspolitik* 17 (1984), 38 f.

22 Blankenburg, »Thesen zur Hausbesetzerbewegung«, 41.

23 Anders, »Wohnraum«, 478 f.

> Lebensstandard ist nicht gleich Lebensqualität. Ja, die Lebensqualität sinkt offenkundig bei steigendem Konsum. Unser System produziert an den wirklichen Bedürfnissen vorbei. Es lenkt unsere Kräfte auf die Gebiete, die Zuwachs und rasche Rendite versprechen, und entzieht sie den öffentlichen, vor allem den kommunalen Investitionen und Dienstleistungen, von denen die Qualität unseres Lebens in Wahrheit abhängt.[24]

Dieser Mechanismus ersticke die Innenstädte und gefährde das ökologische Gleichgewicht. Ohne Markt und Wettbewerb abschaffen zu wollen, plädierte er für ein Primat der Politik über die Wirtschaft. Letzterer wies er eine dienende Rolle zu. Um diese weitreichende Vision zu realisieren, schlug Vogel Steuererhöhungen, die Reduktion des Wachstums im Konsumsektor und größere Finanzmittel für die Kommunen vor, also die Bevorzugung öffentlichen Konsums gegenüber privatem Konsum. Eine Reform des Eigentumsrechts an städtischen Flächen sollte diese Politik unterstützen. Durch Einführung von zeitlich begrenzten Nutzungsrechten sollten Grund und Boden regelmäßig an die Kommunen zurückfallen.

## DAS TOMMY-WEISBECKER-HAUS

In den frühen siebziger Jahren gab es aber auch gänzlich andere Lösungsstrategien für verwandte Probleme. Im Mai 1973 sah die programmatisch benannte spontaneistische Zeitung *Wir wollen alles*[25] in einem

24 Hans-Jochen Vogel, *Die Amtskette. Meine zwölf Münchner Jahre* (München: Süddeutscher Verlag, 1972), zit. n. »›Das unterirdische Grollen ist schon zu hören‹. Münchens Oberbürgermeister Vogel über die Krise der Städte«, in: *Der Spiegel* 62 (19. Juni 1972), 62f. Vgl. auch Hans-Jochen Vogel, »Rettet unsere Städte jetzt!«, in: *Rettet unsere Städte jetzt! Vorträge, Aussprachen und Ergebnisse der 16. Hauptversammlung des Deutschen Städtetages vom 25. bis 27. Mai 1971 in München* (Stuttgart: Kohlhammer, 1971), 55-84; ders., *Städte im Wandel* (Stuttgart: Kohlhammer, 1971).

25 Der Titel ist von den italienischen Genossen von Lotta Continua und ihrem Slogan *vogliamo tutto* übernommen. Vgl. Lotta Continua, *Nehmen wir uns die Stadt! Klassenanalyse, Organisationspapier, Kampfprogramm. Beiträge der Lotta Continua zur Totalisierung der Kämpfe* (München: Trikont, 1972); Freia Anders und Alexander Sedlmaier, »›Squatting Means to Destroy the Capitalist Plan in the Urban Quarters.‹ Spontis, Autonomists and the Struggles Over Public Commodities (1970-1983)«, in: Martin Baumeister, Bruno Bonomo und Dieter Schott (Hg.), *Cities Contested. Urban Politics, Heritage, and Social Movements in Italy and West Germany in the 1970s* (Frankfurt a. M./New York: Campus, 2017), 277-300.

Bericht über eine »Klauaktion« der Bewohner des Tommy-Weisbecker-Hauses in Berlin-Kreuzberg den Konsumenten als unvermittelten revolutionären Akteur. Das Tommy-Weisbecker-Haus war ein kollektiv selbstverwaltetes Wohnprojekt für junge Obdachlose, das im März 1973 in einem zuvor leerstehenden Gebäude eingerichtet worden war. Benannt war es nach Thomas Weisbecker, dem von einem Polizisten beim Versuch der Verhaftung erschossenen Mitglied der Bewegung 2. Juni.[26] Das Projekt wurde durch eine Nutzungsvereinbarung mit dem West-Berliner Senat legalisiert, die den Bewohnern denselben rechtlichen Status zuwies wie den Bewohnern staatlicher Jugendheime, die Anspruch auf einen täglichen Verpflegungssatz hatten. In diesem Zusammenhang brach ein sehr konkreter Konflikt über Versorgungsregime aus, als vormals obdachlose junge Leute die Lebensmittelbeschaffung in die eigene Hand nahmen:

> Wenn sonst einer klaut, wird er sofort den Bullen übergeben, diesmal ging das nicht so. 15 Leute gingen in die Geschäfte, packten Konserven, Braten, Eingefrorenes, Schnaps und Schinken in ihre Säcke. [...] Der [...] Geschäftsleiter wollte seine leckeren Sachen nicht so ohne weiteres abrücken sehen: er stellte sich den rausrückenden Leuten ›tapfer‹ entgegen. Vielleicht überlegt er sichs im Krankenhaus anders. [...] Am 21.3.1973 hatten wir Verhandlungen mit einigen Leuten vom Senat, über den Satz, den wir pro Tag zum Essen bekommen sollten. Wir forderten 7,50 DM (andere Heime bekommen 9,– DM), der Senat dagegen wollte uns nur 5,– DM geben und keinen Pfennig mehr. [...] Am Nachmittag standen dann 200 Bullen vor der Tür. [...] Jeder ist sauer, wie sehr die Preise steigen, auch die Kassiererinnen in den Lebensmittelgeschäften, und immer mehr Leute machen dasselbe.[27]

Die sogenannte »Stagflation«, die unter anderem auf die Preispolitik großer Konzerne, aber auch auf die hohen Ausgaben der USA für den Krieg in Vietnam zurückging, hatte zu drastischen Preiserhöhungen geführt. Dieser Trend sollte sich infolge der Ölkrise fortsetzen.[28] Bewoh-

26 *Wir vom Tommy Weisbecker Haus*, IISG Amsterdam, ID-653, Bro 780/17 FOL. Siehe auch die Website des Wohnprojekts: {http://www.tommyhaus.org} (Stand August 2017). Zu dem ähnlichen Projekt Georg-von-Rauch-Haus vgl. Georg v. Rauch Haus *Kämpfen, Lernen, Leben* (Berlin: Jugendzentrum Kreuzberg, 1972).

27 Mit Säcken ins Warenhaus – »Die Lebensmittel rausgeholt«, in: *Wir wollen alles* 4 (Mai 1973), 12.

28 Vgl. Edgar Wolfrum, *Die geglückte Demokratie. Geschichte der Bundesrepublik Deutschland von ihren Anfängen bis zur Gegenwart* (Stuttgart: Klett-Cotta, 2006), 334.

ner des Tommy-Weisbecker-Hauses berichteten anfangs von großen Schwierigkeiten bei der Organisation des Kollektivs: Man bestahl sich gegenseitig, und manchmal verschwanden Einzelne mit Geld, das eigentlich für Gemeinschaftsprojekte vorgesehen war.[29]

Auf den ersten Blick erscheint die oben erwähnte Diebstahlstour als Manifestation eines kruden und naiven Politikverständnisses, das die Produktionssphäre ausblendet und sich in der Mentalität der Selbstjustiz kaum von gewöhnlicher Kriminalität unterscheidet. Doch das Beispiel des Tommy-Weisbecker-Hauses zeigt auch, wie die West-Berliner Besetzerbewegung zunächst aus Konflikten um Jugendzentren und Selbsthilfeinitiativen hervorging und, in einer weiter gefassten Perspektive betrachtet, dass hier letztlich Fragen der Nutzung und Verfügbarkeit städtischen Raums zur Diskussion standen. Das Bedürfnis nach selbstverwalteten Räumen ging mit der Suche nach neuen Lebens- und somit Konsumstilen einher.[30]

## FRANKFURT

In Frankfurt bargen die Probleme des Wohnungsmangels und der Wohnungspolitik größere Sprengkraft als die damit verknüpfte Frage der Fahrpreiserhöhungen. In der *Wir wollen alles*-Ausgabe von 1973, in der über das Tommy-Weisbecker-Haus berichtet wurde, war auch ein Flugblatt aus dem »Frankfurter Häuserkampf« abgedruckt, das unter anderem die Straßenbahnpreise thematisierte: »Sie [die Stadt] erhöht die Mieten für gemeinnützige Wohnungen bis zu 55% [...], verteuert die Straßenbahn – auf die Spekulanten und Fabrikanten nicht angewiesen sind – und erhöht die Preise für Strom und Wasser für Familien mehr als für Fabriken. Widerstand ist möglich.«[31] In den Jahren 1972/73 erhöhten mehrere Wohnungsbaugesellschaften, an denen die Stadt Frankfurt die Aktienmehrheit hielt, die Mieten für mehr als 12 000 Kleinwohnungen in Altbauten um 20 bis 60 Prozent. Mehr als 4000 Mieter leg-

29 *Wir vom Tommy Weisbecker Haus*, IISG, Bro 780/17 FOL: 9.

30 Siehe Laurisch, *Kein Abriß*, 32; Helmut Willems, *Jugendunruhen und Protestbewegungen. Eine Studie zur Dynamik innergesellschaftlicher Konflikte in vier europäischen Ländern* (Opladen: Leske + Budrich, 1997), 270.

31 Häuserrat, AStA, Lotta Continua, Revolutionärer Kampf et al., »Ein Gespenst geht um in Frankfurt. Wohnungskampf«, in: *Wir wollen alles* 4 (Mai 1973), 13.

ten Einspruch gegen die Mieterhöhung ein, und mehr als 1000 unternahmen rechtliche Schritte.[32]

*Der lange Marsch* berichtete über Besetzer in US-amerikanischen Slums, im Londoner Stadtteil Islington und der Via Tibaldi in Mailand.[33] Italien wurde zu einer wichtigen Inspirationsquelle. Die Hausbesetzungen und militanten Mietervereinigungen (Unione Inquilini) der italienischen Industriestädte zogen politische Touristen aus der Bundesrepublik an.[34] Die Spontis und die linksradikale italienische Organisation Lotta Continua[35] versuchten, die Erfahrungen der Italiener auf Frankfurt zu übertragen, »wo die größten Anstrengungen unternommen werden, die vorherrschende Handels-, Verwaltungs- und Bankenmetropole der BRD zu errichten [...], läuft die Miet- und Bodenspekulation heiß [...]: Wohnraum in relativ billigen Altbauwohnungen wird zerstört und durch moderne Bürohäuser ersetzt, der dem Bodenbesitzer ein Vielfaches an Ertrag abwirft. [...] Es werden neue Wohnstätten mit kleineren Räumen, niedrigen Decken, dünneren Wänden und viel höheren Mieten [...] erstellt.« Die besseren Sanitäreinrichtungen in den Neubauten wischten die Verfasser dieser Zeilen rasch beiseite, womit sie die Präferenzen der meisten Menschen in Wohnbelangen vermutlich falsch einschätzten. Stattdessen verwiesen sie auf »Vermieterterror« und »Konsum als Ersatzhilfe gegen die Isolationsnöte«.[36] Die Kritik an den modernen Hochhäusern ging von einem zukunftsweisenden Konzept der nachbarschaftlichen Integration von Arbeit, sozialen Einrichtungen, Konsum und Kultur aus:

> Zwar haben diese Wohnungen für die arbeitende Bevölkerung hypermoderne sanitäre Anlagen zur Verfügung. Nur ist diese noch nicht bereit, in Klos zu wohnen. Sie bevorzugt nach wie vor Wohnungen, in denen man sich treffen kann, ohne die Nachbarn zu stören, deren Miete Geld für das dazu not-

32 Zu Mietstreiks vgl. Häuserrat Frankfurt (Hg.), *Wohnungskampf in Frankfurt* (München: Trikont, 1974), 103-107.

33 *Der lange Marsch* 4 (Mai 1973), 7f.

34 Koenen, *Das Rote Jahrzehnt*, 344. Vgl. Anders/Sedlmaier, »›Squatting Means to Destroy the Capitalist Plan in the Urban Quarters‹«.

35 Serhat Karakayali, »*Lotta Continua* in Frankfurt, *Türken-Terror* in Köln. Migrantische Kämpfe in der Geschichte der Bundesrepublik«, in: *Grundrisse* 14 (2005); online verfügbar unter: {http://www.grundrisse.net/grundrisse14/14serhat_karakayali.htm} (Stand August 2017).

36 *Der lange Marsch* 4 (Mai 1973), 7f.

wendige Bier übrig läßt, die in Gegenden mit Kneipen, Kinos, Kindergärten, Schulen, Arbeitsplätzen liegen, in die man zu Fuß hingehen kann.[37]

Die Spontis hatten einen explizit antikapitalistischen Ansatz: »Häuser besetzen bedeutet, den kapitalistischen Plan in den Vierteln zu zerstören. Bedeutet keine Miete zu zahlen, bedeutet, die kapitalistische Schuhkartonstruktur aufzuheben. [...] Im Besetzen der Häuser und in Mietstreiks liegt der Angelpunkt für den Kampf gegen das Kapital außerhalb der Fabriken.«[38]

Frankfurt, einer der wichtigsten bundesdeutschen Wirtschaftsstandorte, wurde zum Zentrum der Konflikte rund um die Hausbesetzungen. Den Kommunalpolitikern in der aufstrebenden Finanzmetropole ging es in erster Linie um Wirtschaftswachstum und um die Maximierung der Gewerbesteuereinnahmen. Gemäß ihrem Ansatz, welcher der Trickle-down-Theorie in den Wirtschaftswissenschaften folgte, sollten die einfachen Menschen dann über öffentliche Ausgaben vom Wachstum profitieren. In einer Wahlbroschüre der SPD von 1968 hieß es: »In Frankfurt haben die arbeitenden Menschen den Nutzen vom Aufbau der Stadt. Die Frankfurter Sozialdemokraten geben das Geld dorthin, wo es am nötigsten ist.«[39] Doch die erhoffte Konvergenz von privatem und öffentlichem Konsum ergab sich nicht so reibungslos wie erhofft, und die Wohnungspolitik wurde zur Achillesferse der für den Stadtumbau Verantwortlichen.

Zu den ersten Besetzungen durch »Gastarbeiter« und Studierende im Frankfurter Westend kam es im Herbst 1970. Ein Jahr später gab der Stadtrat dem Druck der Immobilieneigentümer nach und beschloss, keine Neubesetzungen mehr zu dulden. Die Polizei begann mit Räumungen, es kam zu Straßenschlachten. Als offenkundig wurde, dass der Missbrauch von Wohneigentum zu einem Problem mit enormer Sprengkraft geworden war, verabschiedete die regierende SPD eine Verordnung, mit der die Zweckentfremdung von Wohnraum untersagt wurde. Sie richtete sich gegen große Immobilienfirmen, die leerstehende Ge-

37 Ebd., 11.

38 *Proletarische Front*, in: *Wir wollen alles* 4 (Mai 1973), zit. n. Geronimo, *Feuer und Flamme. Zur Geschichte und Gegenwart der Autonomen* (Amsterdam: ID Verlag, 1990), 39.

39 SPD-Unterbezirk Frankfurt, zit. n. Stracke, *Stadtzerstörung und Stadtteilkampf*, 131.

bäude verfallen ließen, um dann durch Modernisierung oder Abriss für lukrative Neubauten Kasse zu machen. Die Verordnung wurde jedoch gerichtlich für verfassungswidrig erklärt. Nun war wieder die SPD am Zug. Sie machte die Wohnungspolitik zum zentralen Thema ihres Kommunalwahlkampfs im Jahr 1972. Lange bevor die Situation eskalierte, ging es den Sozialdemokraten darum, Gewalt zu verhindern. In einer Wahlkampfwerbung hieß es: »Häuserbesetzungen sind keine harmlosen Go-Ins. Es ist Gewalt angewendet worden. Niemand kann wollen, daß Gewaltanwendung politischer Stil wird.« Auf der Suche nach einer mittleren Position wies der Text auch darauf hin, dass »[d]ie Rufer nach Recht und Ordnung und hartem Durchgreifen [...] immer nur die eine Seite, [...] die Gewalt der Besetzer [sehen]. Und übersehen die Macht und Gewalt der Besitzer.«[40] Doch auch die von der SPD geführte Regierung befand sich zumeist aufseiten letzterer.

Das Zusammenspiel unterschiedlicher Formen der Gewalt wurde innerhalb der Protestbewegung zu einem kontroversen und viel diskutierten Thema. Ein AStA-Sprecher betonte die taktische Dimension der Gewalt: »Wir wollen die vordergründige Gewalt auf unserer Seite ausschalten, um die Gewalt der anderen Seite bloßzustellen.« Ein anderer Studentenvertreter erklärte beipflichtend, die Gewalt des Häuserbesetzens sei »Widerstand gegen die Gewalt der Hausbesitzer«. Er ging davon aus, dass die meisten Unterstützer der Bewegung zuvor »gesellschaftliche Gewalt« als Mieter erfahren hätten.[41] Einige Vermieter wandten drastische Methoden an, um Mieter loszuwerden, so blieben in manchen Fällen notwendige Reparaturen aus. Waren die Mieter schließlich vertrieben, wurden die Wohnungen bevorzugt kurzfristig an »Gastarbeiter« vermietet.[42] Schlägertypen trieben die Mieten mit der Waffe

40 »Eigentum verpflichtet. Adel nicht mehr«, Wahlkampfwerbung der SPD, 6. Oktober 1972, zit. n. Wolfgang Kraushaar, »Die Frankfurter Sponti-Szene. Eine Subkultur als politische Versuchsanordnung«, in: *Archiv für Sozialgeschichte* 44 (2004), 111. Zur Militanz im Frankfurter Häuserkampf vgl. Geronimo, *Feuer und Flamme*, 39-46.

41 *Frankfurter Rundschau*, Zeitungsausschnitt vom 12. April 1973, in: *Häuserrats-Archiv*, Bd. 3, April 1973, IISG Amsterdam, ID 1989/380 FOL.

42 Bauaufsichtsbehörde, »Berichtszeitraum 1969-1972«, in: Frankfurt baut auf. Dokumentation zur Nachkriegszeit; online verfügbar unter: {http://archive-de-2012.com/de/a/2012-11-16_678482_5/Frankfurt-Dokumentation-zur-Nachkriegszeit/} (Stand August 2017).

im Anschlag ein.[43] Die Besetzer hingegen fürchteten, Gewalt würde die Bevölkerung davon abhalten, sie zu unterstützen: »[W]ir wollen nicht, daß durch die Polizeieinsätze verhindert wird, was verhindert werden soll: die breite Solidarisierung in der Öffentlichkeit.«[44] Langfristig behielten in der Frankfurter Besetzerbewegung diejenigen die Oberhand, die eine Eskalation der Gewalt als kontraproduktiv erachteten. Nach einer besonders heftigen »Schlacht« um das Haus Kettenhofweg 51 distanzierte sich die Aktionsgemeinschaft Westend von jeglicher Gewalt: »Steine sind keine Argumente: Gruppen, die den Kampf so führen [...], isolieren sich von der übrigen Bevölkerung.«[45] Ein Ortsverein der Arbeiterwohlfahrt nutzte die Gelegenheit, um »alle sichtbar gewordenen Ansätze von Gewaltanwendung als faschistisch und anarchistisch« zu denunzieren.[46] Die RAF geriet zunehmend in Misskredit, und viele Aktivisten distanzierten sich von Gewalt als Mittel der politischen Auseinandersetzung.

Im Mai 1976, zwei Wochen nach dem Tod von Ulrike Meinhof, hielt Joschka Fischer im Namen des Sponti-Kollektivs auf dem Römerberg in Frankfurt eine Rede, in der er versuchte, frühere Formen des Widerstands im Kontext der Alltagsroutine wiederzubeleben. Die Rede wird in der Regel als Appell für den Ausstieg aus dem Terrorismus gedeutet, aber sie greift auch auf die Dimension des Konsums zurück. Die Rebellen, auf die sich Fischer berief, waren nicht die klassischen Konsumenten von Brot und Fernsehgeräten, sondern sie suchten nach alternativen Lebensformen und waren bereit, diese mit militanten Mitteln zu verteidigen: »War es früher der Neid der Hungernden, den die Bourgeoisie unter ihrem reichlich gedeckten Tisch vermutete, so ist es heute der Wahnsinn gescheiterter Existenzen, die sich in Karriere und Konsumgesellschaft nicht zurechtfinden.« Die Frankfurter Spontis beriefen sich auf nichtmaterielle Werte und damit auf neue Motive für revolutionäres Handeln: »Uns treibt nicht mehr der Hunger nach Essen, uns treibt der Hunger nach Freiheit, Liebe, Zärtlichkeit, nach anderen Arbeits- und Verkehrsformen.« Der Aufruf, »Schluß zu machen mit diesem Todes-

43 »Harte Kritik Müllers an ›einem Herrn Schubart‹«, in: *Frankfurter Rundschau* (12. April 1973), in: *Häuserrats-Archiv*, Bd. 3, April 1973, IISG Amsterdam, ID 1989/380 FOL.

44 *Frankfurter Rundschau*, Zeitungsausschnitt vom 12. April 1973, in: ebd.

45 »Steine statt Argumente«, in: *Frankfurter Rundschau* (16. April 1973), in: ebd.

46 »Gewalt und Terror als faschistisch abgelehnt«, in: ebd.

tripp, [...] die Bomben wegzulegen und die Steine«, sollte zu einer neuen Agenda der radikalen Linken führen.[47] Fischers neuer Kurs umfasste zwei Elemente: Einerseits sollte die politische Auseinandersetzung weiter unerbittlich geführt werden, andererseits sollte aber die Suche nach neuen Lebensformen friedlich gestaltet werden, wodurch sie implizit kompatibel wurde mit den Distinktionsmechanismen der Konsumgesellschaft. Die Rede änderte jedoch nichts daran, dass die Konflikte um Wohnraum und Hausbesetzungen auch im folgenden Jahrzehnt intrinsisch mit den Debatten über Gewalt und Terrorismus verknüpft blieben.

## WEST-BERLIN

Im Mai 1977, auf dem Höhepunkt der Fahndung nach den Tätern des tödlichen Anschlags auf den Generalbundesanwalt Siegfried Buback, kam es in West-Berlin zu einem heftigen Wortwechsel zwischen einem christdemokratischen Baustadtrat und einem Sozialarbeiter, der einer Bürgerinitiative in Kreuzberg angehörte. Der Stadtrat war für den Abriss einer als Stadtteilzentrum genutzten ehemaligen Feuerwache verantwortlich. Obwohl der Sozialarbeiter persönlich ein gewalttätiges Vorgehen kategorisch ablehnte, hatte er Verständnis dafür, dass andere sich für ein solches Verhalten entschieden: »[D]ie Bombe, die hier Häuser zerstört, die hat eine Beziehung zu den Bomben, die auf Menschen geworfen werden.«[48] Die Staatsmacht sah in den besetzten Häusern eine Zufluchtsstätte für Terroristen und ihre Sympathisanten. Auf den Abriss der alten Feuerwache verwies auch eine Erklärung der inhaftierten Mitglieder der Bewegung 2. Juni anlässlich des Tunix-Kongresses im Januar 1978. Dieses große Treffen linksgerichteter Initiativen war ein Meilenstein nicht nur in der Entwicklung alternativer Projekte, sondern auch für die autonome Bewegung, die das Verschwinden militanter Ziele durch die zunehmende Diskreditierung des Linksradikalismus im Kontext des Deutschen Herbsts kritisierte. Die inhaftierten Genossen beriefen sich auf alte Modelle des »alltäglichen Widerstandsverhaltens«,

47 Frankfurter Spontis, »Uns treibt der Hunger nach Liebe, Zärtlichkeit und Freiheit ...«, in: *links* 79 (Juli-August 1976), 11. Vgl. auch Koenen, *Das Rote Jahrzehnt*, 331-335.
48 Zit. n. Laurisch, *Kein Abriß*, 66.

auch für den Kampf gegen Häuserräumungen. Sie empfahlen, »Springers Verkaufskästen und Lieferwagen anzuzünden« oder »Klau-Ins in Kaufhäusern« zu veranstalten.[49] Die Assoziation von Gewalt mit der Zerstörung städtischer Räume geschah auf vielen Ebenen. Einprägsame Bilder entstanden, als amerikanische Soldaten den Straßenkampf in für den Abriss vorgesehenen Gebäuden in Kreuzberg trainierten.[50]

Wie zuvor in Frankfurt erschien das Vorgehen von Wohnungsbaugesellschaften und Kommunalpolitikern auch in West-Berlin als Bedrohung für bestimmte Lebensformen und Wohnräume. Die Vorschläge eines CDU-Stadtrats für die Neugestaltung des öffentlichen Raums am Mariannenplatz und am Oranienplatz in Kreuzberg riefen massive Proteste hervor. Der Konflikt wurzelte im Wesentlichen in der Behinderung alltäglicher Aktivitäten. Holzzäune störten Eltern und Kinder sowie die 1.-Mai-Feierlichkeiten und wurden mehrfach niedergerissen oder angezündet. »Letztlich mußte das ganze Gelände – mit Scheinwerfern und Hunden – Tag und Nacht bewacht werden.«[51]

In West-Berlin begann der lang anhaltende Konflikt um Hausbesetzungen, Jugendkrawalle und Polizeigewalt im Jahr 1980 und wies viele Parallelen zu früheren Ereignissen in Zürich und Amsterdam auf. Doch West-Berlin war in mehreren Hinsichten einzigartig. Als Insel im Staatsgebiet der DDR litt die Stadt unter Wohnungsmangel. Sie war Migrationsziel nicht nur für »Gastarbeiter«, sondern auch für Aussteiger, junge Bundesbürger, die sich der Wehrpflicht entziehen wollten, Künstler und andere Angehörige des alternativen Milieus. Zudem wurde im Zuge des Kalten Kriegs in West-Berlin eine Politik der großzügigen Subventionen und Steuererleichterungen implementiert, so dass die Stadt einen ausgezeichneten Nährboden für verschiedene Formen der Immobilienspekulation abgab.[52] Vor allem aber waren in Berlin seit Ende des Ersten Weltkriegs Mietpreisbindungen in Kraft. Seit 1974 war West-

49 »Revolutionäre Guerilla-Opposition aus der Konkursmasse der Bewegung 2. Juni« (Januar 1978); online verfügbar unter: {http://bewegung.nostate.net/mate_tunix.html} (Stand August 2017).

50 Laurisch, *Kein Abriß*, 27; »Da packt dich irgendwann 'ne Wut«, in: *Der Spiegel* 52 (22. Dezember 1980), 29.

51 Laurisch, *Kein Abriß*, 29.

52 Vgl. Alexander Sedlmaier, »Berlin als doppeltes Schaufenster im Kalten Krieg«, in: Thomas Biskup und Marc Schalenberg (Hg.), *»Selling Berlin«. Imagebildung und Stadtmarketing von der preußischen Residenz zur Bundeshauptstadt* (Stuttgart: Franz Steiner Verlag, 2008), 227-244.

Berlin die einzige Stadt der Bundesrepublik, in der die Mieten für vor 1950 errichteten Wohnraum gesetzlich beschränkt waren. 1979 beschloss der Senat, die gesetzlichen Rahmenbedingungen an West-Deutschland anzugleichen und schrittweise den sogenannten Weißen Kreis[53] einzuführen, ein Versorgungsregime, das die Höhe der Mietpreise den Marktmechanismen überließ. Die vollständige Deregulierung war für das Jahr 1985 geplant. Prognosen sagten voraus, dass die Mieten bis zu diesem Zeitpunkt um bis zu 200 Prozent angestiegen sein würden.[54]

Die Hausbesetzerbewegung entstand als Kulmination unterschiedlicher Protestformen gegen die Wohnungspolitik – Petitionen, Informationsveranstaltungen und gerichtliche Klagen –, die von Mietervereinen und Bürgerinitiativen seit den frühen siebziger Jahren praktiziert wurden.[55] Zwischen 1980 und 1982 waren etwa 160 Mietshäuser in West-Berlin besetzt. Diese Häuser hatten insgesamt zwischen 4000 und 5000 Bewohner, die wiederum weit über 10 000 Menschen mobilisieren konnten, die bereit waren, für die Belange der Besetzer zu demonstrieren. Das letzte besetzte Haus West-Berlins wurde im November 1984 in eine legale Nutzung überführt; zu einer Wiederbelebung der Hausbesetzerbewegung kam es erst 1989/90.[56] Die Besetzer erhielten Unterstützung von zahlreichen Personen des öffentlichen Lebens – Gelehrte, Künstler, Journalisten, Geistliche und Politiker –, die für das so-

53 Das »Gesetz über den Abbau der Wohnungszwangswirtschaft und über ein soziales Miet- und Wohnrecht« von 1960, auch unter dem Namen »Lücke-Plan« nach dem Bundesminister für Wohnungsbau Paul Lücke (CDU) bekannt, schaffte die Mietpreisbindung ab. Der sich in diesem Kontext einbürgernde Begriff »Weißer Kreis« bezeichnete Städte, in denen die Aufhebung bereits vollzogen war. Der Gegenbegriff »Schwarzer Kreis« bezeichnete Städte, in denen die Mietpreisbindung bestehen blieb. Vgl. dazu Max Welch Guerra, »›Mietpreisbindung als Dauerrecht‹: Die Kampagne gegen den ›Weißen Kreis‹ prägte die Mieterproteste in der zweiten Hälfte der 1980er Jahre«, in: *MieterEcho* 384 (Oktober 2016); online verfügbar unter: {https://www.bmgev.de/mieterecho/archiv/2016/me-single/article/mietpreisbindung-als-dauerrecht.html} (Stand August 2017).

54 Zur besonderen Wohnungssituation in West-Berlin vgl. Gaby Morr und Bernd Seiffer, »Weisser Kreis Heisser Kreis«, in: *zitty* 13 (1980), 16-19; Horst Riese, »Wohnen in Berlin«, in: Ingrid Müller-Münch, Wolfgang Prosinger und Sabine Rosenbladt (Hg.), *Besetzung – weil das Wünschen nicht geholfen hat. Köln, Freiburg, Gorleben, Zürich, und Berlin* (Reinbek: Rowohlt, 1981), 94-107; Werner Oehlert und Reiner Wild, *Mietpreisbindung für Berlin. Argumente, Zahlen, Fakten* (Berlin: Berliner Mieterverein, 1985).

55 Siehe Anders, »Wohnraum«, 482.

56 Willems, *Jugendunruhen und Protestbewegungen*, 267.

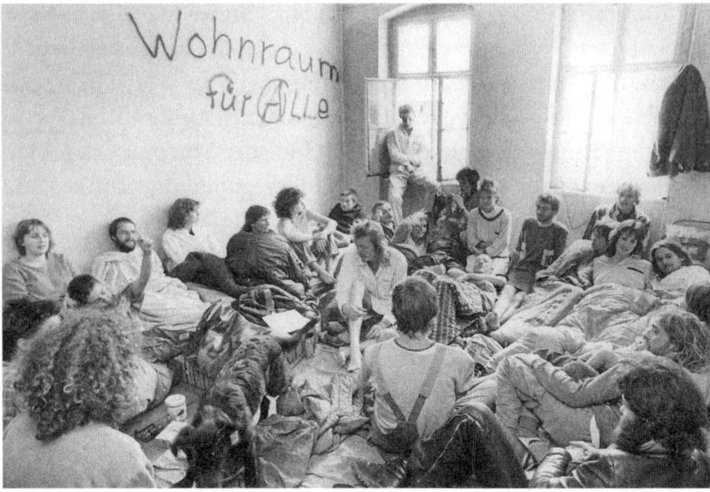


*Abb. 19*: Hausbesetzer in Berlin-Charlottenburg, 1983.

ziale Experiment eintraten. Andererseits waren die Besetzer immer wieder Thema einer eher ätzenden Berichterstattung in der Boulevardpresse. Konfrontationen mit der Polizei verliefen oft gewalttätig, insbesondere nach Räumungen. Kreuzberg wurde zum Zentrum der Bewegung. Der Bezirk war schon lange Auffangbecken für Menschen, die sich andernorts die Mieten nicht leisten konnten, vor allem Studenten und türkische Migranten, aber auch für diejenigen, die preiswerten Raum für Wohngemeinschaften oder alternative Initiativen bzw. Läden suchten.[57]

## BESETZER ALS ALTERNATIVE KONSUMENTEN

Für ihre Experimente mit neuen Lebensformen konnten sich die West-Berliner Besetzer auf die Erfahrungen ihrer Vorgänger in den siebziger Jahren stützen. Sie nannten sich selbst »Instandbesetzer« und sahen ihre Aktivitäten als Symbol des Widerstands gegen das bestehende System der Eigentumsordnung: »Wie das Wort Instandbesetzungen auch schon sagt, steckt hier die politische Linie drin, ganz konkret in Besitzverhältnisse einzugreifen. Auch wenn das nur ein kleiner Tritt gegen das

57 Ebd., 270.

Schienbein eines Kapitalisten oder Spekulanten ist, so ist doch der Versuch nicht unwesentlich.«[58] Obwohl die Protestierenden nicht mehr explizit darauf hofften, den Kapitalismus abzuschaffen, stand der Kampf gegen die Konsumgesellschaft, die als allgegenwärtige Form der Unterdrückung gedeutet wurde, weiterhin im Vordergrund ihrer Anstrengungen. Der Besetzerrat K 36 umriss sein Selbstverständnis im Juni 1980 wie folgt: »Wir besetzen nicht nur Häuser. Wir leben in Kommunen oder mehr zusammen als in üblichen Mietshäusern. Wir wollen den Zusammenhang des Lebens erleben und zwar hier und heute. Wir kämpfen gegen Abriß [...]. Wir wehren uns [...] gegen Konsumterror und jegliche Form der Unterdrückung.«[59]

Doch auch Kämpfer gegen »Konsumterror« hatten gewisse Grundbedürfnisse und benötigten Elektrizität, Wasser und Gas. Die ökonomische Dimension dieser Bedürfnisse wurde zum Zankapfel zwischen zunächst durchaus friedlichen Besetzern und den Behörden. Um Besetzungen zu verhindern, beauftragten die Wohnungsbaugesellschaften mit Besitz in den Sanierungsgebieten Bauarbeiter mit der Zerstörung der Infrastruktur – Stromzähler, Kachelöfen, Fenster – in ihren leerstehenden, aber auch in bereits besetzten Häusern.[60] Eine Gruppe Göttinger Besetzer beklagte, dass ein Hauseigentümer, der sein Haus unbewohnbar mache, indem er dessen Inneres systematisch zerstöre und es sogar mit einem Wildschutzmittel vergifte, nicht strafrechtlich belangt werde. Die Staatsmacht ziehe es stattdessen vor, Ermittlungen gegen Personen einzuleiten, die mit Graffiti auf der Außenwand des Gebäudes auf diese Zerstörung hinweisen wollten. In einem anderen Fall wollte eine Gruppe Frankfurter Unternehmen alte Mietshäuser durch Luxusapartments und Geschäftsräume ersetzen. Unter Polizeiaufsicht wurden die Häuser durch Kappen der Versorgungsstränge und das Herausbrechen von Wänden und Decken von innen zerstört.[61]

Die Zerstörung der Stromzähler war besonders problematisch für die

58 Jacqueline Klein und Sabine Porn, »Instandbesetzen«, in: Müller-Münch/Prosinger/Rosenbladt (Hg.), *Besetzung*, 112.

59 Besetzerrat K 36, *Wir sind dem Staat ein Dorn im Auge!* (Berlin, 1980), IISG Amsterdam, ID-Archiv, Bro 1991/13, 2. Der Name des Besetzerrats verweist auf die frühere Postleitzahl (SO 36) des Nordostteils des Bezirks Kreuzberg.

60 »Die Häuser gehören uns«, in: *taz* (2. Juli 1980), 9; »Seit zwei Wochen ohne Fenster: Mieter erstattete Anzeige«, in: *Der Tagesspiegel* (23. August 1980), Papiertiger, Ordner »Häuser 1978/Jan.-Aug. 1980«; Laurisch, *Kein Abriß*, 102, 172.

61 *Wut im Bauch!*, 4, 9, IISG Amsterdam, ID 653, Bro 689/4 FOL.

Besetzer, da kommunale Energieversorger es ablehnten, neue Zähler in besetzten Häusern zu installieren. Viele Besetzer sahen sich daher gezwungen, Stromkabel anzuzapfen. Das war ein Delikt, das die Polizei, gestützt auf Beschwerden des öffentlichen Stromversorgers, leicht dazu nutzen konnte, Hausdurchsuchungen, Festnahmen und Räumungen zu rechtfertigen. Ähnlich wie im Fall der Sitzblockaden waren der Hausbesetzung also juristisch die Bedingungen ihrer Kriminalisierung gewissermaßen inhärent, nämlich Hausfriedensbruch nach §§ 123/124 StGB oder Stromdiebstahl nach § 248c StGB. In einem Bericht des Berliner Innensenators aus dem Jahr 1983 hieß es, 4954 Hausbesetzer hätten insgesamt 9322 Straftaten begangen. Mit derartigen Statistiken ließen sich besetzte Häuser als Brutstätten der Kriminalität darstellen.[62] Schon bevor es zur gewalttätigen Eskalation des Konflikts in der Nacht des 12. Dezember 1980 kam, richtete die West-Berliner Polizei eine Sonderkommission zur Beobachtung von Hausbesetzern ein, die sie als ernsthafte Bedrohung der öffentlichen Sicherheit einstufte.[63] Der West-Berliner Polizeipräsident Klaus Hübner (SPD) unterschied drei Gruppen von Besetzern: »›Guten Willens, aber bißchen dämlich‹ seien die, die durch kalkulierte Rechtsverletzung auf die Wohnungsprobleme hinweisen wollten. ›Reisende in Sachen Krawall‹ seien viele Jugendliche, die größtenteils erst 79 oder 80 nach Berlin gekommen seien. Beseelt von der ›Sympathie zum puren Terrorismus‹ sei schließlich die dritte, gefährliche Gruppe, die die Instandbesetzungen lediglich für ihre Konfrontationsstrategien nutzen wollte.«[64]

Dass die Kritik der Besetzer einen sozial unverträglichen Prozess der Gentrifizierung betraf, der augenscheinlich von auf staatliche Subventionen gestützten Profitinteressen angetrieben wurde, ging in solchen Äußerungen verloren. Stadtsoziologen haben gezeigt, dass die sozia-

62 Willems, *Jugendunruhen und Protestbewegungen*, 269, 272, 278; »Langer Traum vom kurzen Sommer«, in: *taz* (9. Februar 1982).

63 »CDU fordert Sonderkommission des Staatsschutzes gegen Hausbesetzer«, in: *Der Tagesspiegel* (3. August 1980), Papiertiger, Ordner »Häuser 1978/Jan.-Aug. 1980«.

64 »Hauptsache Rechtsstaat. Polizeipräsident Hübner zu Instandbesetzungen«, in: *taz* (5. Dezember 1980, 17; »CDU: Besetzte Häuser wurden Keimzellen rechtsfreier Räume«, in: *Der Tagesspiegel* (6. September 1980). Vgl. auch Ortwin Kücholl, »Eindeutige Werbung für den Terror. Interview mit Polizeipräsident Hübner über Hintergründe der Hausbesetzungen«, in: *Berliner Morgenpost* (28. September 1980), in: Kuno Haberbusch (Hg.), *Berliner Linie gegen Instandbesetzer: Die »Vernunft« schlägt immer wieder zu!* (Berlin: Bloch, 1981, 2. Aufl.), 9.

len Umstrukturierungsprozesse, die aus zentral gelegenen einkommensschwachen Vierteln wohlhabende Wohngebiete machen, sich in »Invasionsphasen« vollziehen. Zunächst ziehen risikofreudige »Pioniere« in die Sanierungsgebiete, die zu diesem Zeitpunkt weiterhin einen hohen Anteil von Haushalten mit unterdurchschnittlichen Einkommen aufweisen. Durch die Zugezogenen steigt das Angebot an alternativen Dienstleistungen, kulturellen Ereignissen und Restaurants, eine »alternative Aufwertung«, die wiederum das Interesse finanziell bessergestellter Gruppen weckt. Diese »Gentrifizierer« verdrängen dann die alteingesessene und überwiegend einkommensschwache Bevölkerung, da nun Wohnungen modernisiert werden, was Mieten und Immobilienpreise in die Höhe treibt. Folglich zerstört der von Angehörigen des alternativen Milieus eingeleitete Prozess der Aufwertung häufig die lokalen Voraussetzungen für alternative Kulturangebote.[65] Die Besetzer blieben mit ihrer Kritik an der Gentrifizierung nicht allein. Auch Stadtsoziologen sollten die Folgen einer beschleunigten Bewohnerfluktuation negativ bewerten, da der individualisierte, konsumintensive Lebensstil der Gentrifizierer die »frühere Einheitlichkeit des Lebenszusammenhangs« zerstöre und die alteingesessenen Bewohner dazu zwinge, sich den neuen Bedingungen anzupassen.[66] Die Ergebnisse einer von Barbara Lang in Kreuzberg durchgeführten ethnographischen Studie legen jedoch nahe, dass die Wahrnehmung der Gentrifizierung vor allem auf einer symbolischen Dimension beruht. Langs Begriff der »symbolischen Gentrifizierung« unterstreicht den artifiziellen Charakter der Opposition zwischen Yuppies und Angehörigen des alternativen Milieus. Obgleich sie die Auswirkungen der Gentrifizierung auf heutige Berliner Szeneviertel nicht bestreitet, weist sie darauf hin, dass die tatsächlichen Folgen deutlich geringer waren als in bestimmten Bezirken anderer Städte, z. B. im Frankfurter Westend oder in der Innenstadt von Zürich.[67]

Der West-Berliner Senat gewährte großzügige Subventionen und Ab-

65 Friedrichs, *Stadtsoziologie*, 122-126; Klaus Ronneberger, »Die Stadt der ›Wohlanständigen‹ und die neuen ›gefährlichen Klassen‹. Der Umbau der Städte zu ›Konsumfestungen‹«, in: Wilfried Breyvogel (Hg.), *Stadt, Jugendkulturen und Kriminalität* (Bonn: Dietz, 1998), 16-36.

66 Ulfert Herlyn, *Leben in der Stadt* (Opladen: Westdeutscher Verlag, 1990), 153.

67 Barbara Lang, *Mythos Kreuzberg. Ethnographie eines Stadtteils, 1961-1995* (Frankfurt a. M./New York: Campus, 1998), 30. Vgl. auch Karapin, *Protest Politics*, 69.

schreibungsfreibeträge für die Modernisierung von Wohnraum, was in gewisser Weise darauf hinauslief, die Vertreibung von Mietern und den Abriss verfallener, aber billiger Mietshäuser aus der Zeit des Kaiserreichs zu belohnen.[68] Vonseiten der Hausbesetzer wurde die Entstehung von »Schickeria-Vierteln« scharf kritisiert: »Dabei werden die billigen Läden schrittweise vernichtet und es entsteht ein größerer Druck auf die billigeren Wohnungen, denn in einem so aufgepeppten Gebiet kann man sehr teure Wohnungen gut vermieten: Verdrängung der alten Bewohner und Luxusmodernisierung stehen an.«[69] Diese Kritik an der Gentrifizierung führte auch zu Spannungen innerhalb des alternativen Milieus. Schließlich stellte ja die Aneignung von heruntergekommenem Wohnraum und ganzer Viertel durch innovative junge Menschen und das daraus resultierende kulturelle Angebot die erste Stufe auf der Leiter der Aufwertung dar. Dies erkannte man auch in einer der Bastionen der Besetzerbewegung, im Kunst- und Kultur-Centrum Kreuzberg, kurz KuKuCK: »Konsum erobert sich ein neues Terrain, trennt Künstler vom Publikum und beläßt dieses im Verhältnis von sich fremden Individuen.«[70] Das Problem war nicht neu und hatte seine Wurzeln auch in der unterschiedlichen sozialen Herkunft der Angehörigen des alternativen Milieus. Schon im März 1969 wurde in der *Agit 883* zu einer Kampagne unter dem Slogan »Zerschlagt die linken Kneipen« aufgerufen: Eine Warnung »[a]n alle Krautsuppen- und Schmalzstullenideologen« forderte dazu auf, »die Nester des behaglichen linken Konsums von der Bildfläche verschwinden« zu lassen. »Ihr seid findigen Kleinkapitalisten auf den Leim gekrochen.«[71]

Dreizehn Jahre später verübte ein autonomes Kommando Klaus-Jürgen Rattay einen Anschlag auf eine West-Berliner Niederlassung der Deutschen Bank am Steglitzer Damm; der Sachschaden belief sich laut Bekennerschreiben in der *radikal* auf etwa 200000 DM. Die Aktion war nach einem Hausbesetzer benannt, der zum Märtyrer der Bewegung geworden war, als er bei einer Demonstration im September 1981 von einem Bus der Berliner Verkehrsbetriebe erfasst und tödlich verletzt wurde, nachdem die Polizei die Protestierenden auf eine viel befahrene Straße getrieben hatte. Das Bekennerschreiben zum Angriff auf die Fi-

68 Lindner, *Jugendprotest*, 331.
69 Laurisch, *Kein Abriß*, 95.
70 Cheronimo, »Eingemachtes«, in: *radikal* 103 (April 1982), 6.
71 »Aktion ›Zerschlagt die linken Kneipen‹«, in: *Agit 883* 6 (20. März 1969).

liale der Deutschen Bank betonte jedoch einen Konflikt innerhalb des alternativen Milieus: »Es geht nicht an, daß einst erkämpfte Häuser [...] zugunsten einer erweiterten Alternativ- und Konsumkultur ala 68 mißbraucht werden«, denn diese Kultur sei weit von »Systemveränderung und Befreiung« entfernt.[72] Ein ähnlicher Streit führte im Herbst 1982 zu einem Handgemenge bei der Eröffnungsfeier eines Geschäfts für hochwertige Lampen in Kreuzberg. Eine Gruppe angetrunkener Autonomer schloss sich ungeladen den Feiernden an, die sie mit den Worten »ham' die dicke Kohle« verspotteten. Die Ausrichter kämen, so glaubten die ungebetenen Gäste, aus Charlottenburg, um »den Kiez kaputt [zu] machen«. Der westliche Bezirk galt als Beispiel dafür, wie sich durch die »68er-Bewegung das Gesicht eines Stadtteils veränderte«. Das Lampengeschäft entpuppte sich jedoch als alteingesessenes Unternehmen, das von der gegenüberliegenden Straßenseite in größere Geschäftsräume umgezogen war. Rückblickend musste einer der Eindringlinge an den Geist des Faschismus denken: War eine derart unangenehme Begegnung nicht im Kern dasselbe wie das, was »die Schweine« denen antaten, die anders aussahen und anders lebten? Gewährten Konsumgewohnheiten tatsächlich Aufschluss über politische Einstellungen? Am Ende gelobte der Autor, für ein soziales Umfeld einzutreten, das tolerant genug sei, unterschiedlichen Kulturen und Konsumstilen ein Zuhause zu bieten, die wohlhabenderen Subkulturen eingeschlossen.[73] Dieser Riss ging nicht nur durch das alternative Milieu insgesamt, sondern auch durch die autonome Bewegung, deren radikale Mitglieder mitunter Einrichtungen der materiell integrierten Alternativkultur attackierten.

Militante Angriffe auf Manifestationen des Konsums der Wohlhabenden richteten sich auf zwei Ziele: die Geschäfte und Restaurants der »Freak-Aristokratie« sowie auf Einrichtungen der etablierten Konsumgesellschaft. Ostern 1983, auf dem Höhepunkt der Friedensbewegung, gab ein Festkomitee Rache für Christus der Tradition der Ostermärsche eine militante Wendung, indem es den Plan verkündete, »Chaos [...] in Kaufhäusern, Kaloriengemäuern und Spekulantenhochburgen« zu verursachen, so dass die Polizei eingreifen müsse und das Geschäft mit

72 Autonome Zelle, »Angriff. In Gedenken an?«, in: *radikal* 114 (März 1983), 3. Zu Rattay vgl. Anders, »Wohnraum«, 489 f.

73 Elbe III, »Die neuen Bunten«, in: *radikal* 110 (November 1982), 6 f.

den Touristen stören würde. Im Luxushotel Kempinski am Kurfürstendamm gingen Gardinen in Flammen auf.[74] Zu Silvester 1980 erhielt ein regelmäßig von Lokalpolitikern und Honoratioren besuchtes Lokal im Bezirk Schöneberg eine Bombendrohung. In einer später bei der *radikal* eingegangenen Erklärung hieß es, die Drohung habe sich gegen die »versammelte Freß- und Saufgemeinde« gerichtet. Die Verantwortlichen listeten einige Forderungen der Hausbesetzerbewegung auf, wie etwa »keine Luxusmodernisierung« und »Mietpreisbindung«. Das Schreiben schloss mit einem Zitat aus Georg Büchners Kampfschrift »Der Hessische Landbote«: »Friede den Hütten! Krieg den Palästen!«[75]

Bis Mitte 1983 waren 47 besetzte Häuser von der Polizei geräumt, 45 durch Unterzeichnung von Nutzungsverträgen legalisiert und 19 von den Besetzern freiwillig aufgegeben worden. Die Frage, wie militant die Bewegung sein sollte, trug nicht zu ihrer Geschlossenheit bei. Diejenigen, die ihre Wohnverhältnisse durch Nutzungsverträge legalisieren wollten[76] – die in der Regel von Politikern vermittelt wurden, die den Konflikt entschärfen wollten –, mögen Kritik an den bestehenden Versorgungsregimen und der ewigen Wachstumsobsession geübt haben, doch gleichzeitig waren sie bereit, ihre Lebensform in eine verbesserte oder alternative Version der Konsumgesellschaft einzugliedern. Im Gegensatz dazu machten radikalere Besetzer aus der sich formierenden autonomen Bewegung unmissverständlich klar, dass sie die bestehende Gesellschaft umstürzen wollten.[77]

## ESKALATION DER GEWALT

Ein entscheidendes Datum in der Eskalation des West-Berliner Hausbesetzerkonflikts war die Nacht vom 12. auf den 13. Dezember 1980. Als die Polizei die Besetzung eines Gebäudes am Fraenkelufer in Kreuzberg verhinderte, errichteten Demonstrierende, sehr zur Überraschung vieler Beobachter, Barrikaden und schlugen Schaufenster ein. Nach Angaben eines von mehreren Besetzerorganisationen eingesetzten Unter-

74 »Ostern 83. Tradition siegt?«, in: *radikal* 115-116 (April/Mai 1983), 5.
75 »Kommando Sprechstunde«, in: *radikal* 86 (Januar 1981), 13.
76 Willems, *Jugendunruhen und Protestbewegungen*, 269f.
77 Vgl. die Karikatur »Die Stärke der Bewegung liegt in ihrer Geschlossenheit« in Laurisch, *Kein Abriß*, 115.

suchungsausschusses wurden 270 Personen verletzt, 66 davon Polizisten, und 109 Demonstrierende festgenommen. Nach Schätzungen der Polizei betrug der Sachschaden mehr als 300000 DM. Am folgenden Tag protestierten zwischen 3000 und 4000 Personen am Kurfürstendamm. Wieder gab es zahlreiche Verletzte, Festnahmen und eingeworfene Schaufenster.[78] *Der Spiegel* berichtete: »Mit El-Fatah-Tüchern vermummte Straßenkämpfer schleudern mit Katapulten aus dunklen Fensterhöhlen Stahlkugeln auf plastikbewehrte Polizisten; [...] Plünderer raffen in geknackten Läden wahllos Brillengestelle, Gummistiefel und Schnittkäse zusammen.« Journalisten und Sozialwissenschaftler diagnostizierten die Entstehung einer neuen Militanz, und die Polizei vermerkte »eine neue Stufe der Gewaltbereitschaft«. Die alternative *tageszeitung* hingegen geißelte die »entfesselte Brutalität der Polizei«.[79]

Eine zehn Tage vor dem Gewaltausbruch in der *taz* abgedruckte Erklärung gewährt Einsicht in das Kalkül hinter den Angriffen auf Geschäfte: »Der Besuch der Kaufhäuser sei ein Mittel, Polizeikräfte zu binden und Öffentlichkeit herzustellen.«[80] Da die Besetzer nicht hoffen konnten, die Polizei in einer »offenen Schlacht« um ein einzelnes Haus zu besiegen, griffen sie auf eine stärker dezentrale Strategie zurück, indem sie das staatliche Gewaltmonopol an vielen Orten gleichzeitig herausforderten. Geschäfte und Straßenverkehr waren die naheliegenden Ziele für ein solches Unterfangen.[81]

Die Angriffe gegen den Einzelhandel waren keine rein spontane Reaktion auf den Polizeieinsatz am Fraenkelufer, der am 12. Dezember um etwa 17 Uhr begann. Am selben Tag ereigneten sich zwei offenkundig zuvor geplante Aktionen gegen Kaufhäuser. Die Diktion der RAF nachahmend, bekannten sich Mitglieder der Kreuzberger Mäuse Armee Frak-

78 Ermittlungsausschuß, »Dokumentation Dezember 1980 Berlin«; online verfügbar unter: {http://archiv.squat.net/berlin/12.12.80/inhalt.html} (Stand August 2017); KR Brandt (DirVB S III), »Zusammenfassender Erstbericht über gewalttätige Auseinandersetzungen zwischen ›Hausbesetzern‹ und der Polizei«, 18. Dezember 1980, Papiertiger, Ordner »Häuserkampf Jun.-Dez. 1980«; »›Innere Unruhen‹. Berliner Autonome schlagen zu«, in: *radikal* 85 (Dezember 1980), 1f.

79 »Da packt dich irgendwann 'ne Wut«, in: *Der Spiegel* 52 (22. Dezember 1980), 23.

80 »Zeitdokument«, in: *taz* (3. Dezember 1980); KR Brandt (DirVB S III), »Zusammenfassender Erstbericht über gewalttätige Auseinandersetzungen zwischen ›Hausbesetzern‹ und der Polizei«, 18. Dezember 1980, 2-3, Papiertiger, Ordner »Häuserkampf Jun.-Dez. 1980«.

81 »Berlins Leid mit den Lücken in der City. Demonstrationen mit Millionenschäden machen viele Geschäftsleute mutlos«, in: *Die Welt* (26. Oktober 1982), 18.

tion dazu, 600 weiße Mäuse im Karstadt-Kaufhaus am Hermannplatz freigelassen zu haben. Das Bekennerschreiben enthielt einen unmissverständlichen Hinweis auf die unlängst aufgelöste Bewegung 2. Juni und erklärte: »Uns Mäusen stinkt die Konsumscheiße schon lange [...]. Wir wollen kein Disneyland, Karstadt muss in Mäusehand.«[82] Ungefähr zeitgleich platzierten Unbekannte Brandsätze in Karstadt- und Hertie-Warenhäusern in Göttingen, wo es ebenfalls zu einer neuen Welle von Hausbesetzungen gekommen war. Sprinkleranlagen verhinderten größere Schäden, was auch die Publizität verringerte, aber einigen Kommentatoren fielen die Parallelen zu 1968 durchaus auf.[83] Auch die Tatsache, dass am 12. Dezember Verhandlungen zwischen Vertretern der Berliner Besetzer und der Kreuzberger SPD stattfanden, spricht gegen die Annahme, die gewalttätigen Demonstrationen seien eine spontane Reaktion auf den Polizeieinsatz am Fraenkelufer gewesen, eine Behauptung, die in Besetzerkreisen kolportiert wurde. Die Behörden wollten das Sozialpädagogische Institut der Arbeiterwohlfahrt als Vermittler einsetzen. Obwohl die Besetzer behaupteten, nur die Polizei könne daran interessiert sein, eine Verhandlungslösung zu untergraben, hatten die radikalen Teile der Bewegung durchaus ähnliche Interessen.[84]

Langfristig gesehen, sorgten eingeschlagene Schaufenster für mehr öffentliche Aufmerksamkeit als Einzelaktionen gegen Kaufhäuser. In der Nacht vom 12. auf den 13. Dezember 1980 wurden bei insgesamt 81 Geschäften und Banken Scheiben eingeschmissen, doch nur sieben Läden wurden geplündert. Zudem registrierte die Polizei zwei Fälle von Brandstiftung: Bei einer Daimler-Benz-Niederlassung und beim Verlagshaus des *Tagesspiegel* waren Molotowcocktails in zerborstene Fensterfronten geworfen worden. Öffentliches Eigentum wurde nur in vier Fällen beschädigt und war offensichtlich nicht Hauptziel des Protests. Der Polizeibericht zu den Ereignissen verzeichnet einen signifi-

82 AG Spass muss sein! (Hg.), *Spassguerilla* (Münster: Unrast Verlag, 2001, 4. Aufl. [Reprint]), 22; »Mäuse und Mollies im Kaufhaus«, in: *taz* (15. Dezember 1980), 5. Eine andere Quelle nennt die womöglich realistischere Zahl von 150 Mäusen. »Chronologie Häuserkampf Berlin 1979-1980«; online verfügbar unter: {http://autox.nadir.org/archiv/chrono/chro_haus_1.html} (Stand August 2017).

83 »Da packt dich irgendwann 'ne Wut«, in: *Der Spiegel* 52 (22. Dezember 1980), 24; AG Spass muss sein! (Hg.), *Spassguerilla*, 22; »Mäuse und Mollies im Kaufhaus«, in: *taz* (15. Dezember 1980), 5.

84 doku-gruppe vom mehringhof, *Dokumentation zu den Hausbesetzerprozessen* (Berlin: doku-gruppe vom mehringhof, [1981]), 5.

kanten zeitlichen Abstand zwischen der Zerstörung der Schaufensterscheiben und dem Beginn der Plünderungen: Um 19:07 Uhr zertrümmerten demnach 150 bis 200 »Störer« die Schaufenster des Kaiser's Kaffee-Supermarkts am Kottbusser Tor sowie anderer Geschäfte und Banken. Das Plündern des Supermarkts und eines Schuhgeschäfts begann jedoch erst um 21:26 Uhr, in einem benachbarten Aldi-Supermarkt erst um 22:18 Uhr.[85] Diejenigen, die die Scheiben eingeworfen hatten, waren also nicht zwangsläufig dieselben, die der Versuchung ungeschützter Waren in zerborstenen Schaufenstern nicht widerstehen konnten. Die Plünderer verhielten sich anscheinend nicht anders als andere Konsumenten: Manche betrieben mit ihrer Beute Tauschhandel, während andere mit leeren Händen zurückkehrten, weil sie nicht das Gesuchte gefunden hatten.[86] Andere wiederum debattierten, was man nehmen dürfe: Einfache Gebrauchsgüter und Lebensmittel schienen in Ordnung zu sein, aber bei der Aneignung von Luxusgütern wurde befürchtet, dies könne die Besetzerbewegung in Verruf bringen.[87]

In Bezug auf die Plünderung eines Aldi-Supermarkts am Kottbusser Tor nach einer Solidaritätsdemonstration für den Widerstand gegen das Regime in El Salvador fragte ein Aktivist im April 1982 in der *radikal*, warum statt des Discounters nicht ein Delikatessengeschäft angegriffen worden sei; außerdem rief er dazu auf, Läden zu attackieren, die Fernseher verkauften.[88] Das militante Blatt, das sich in dieser Ausgabe als »Zeitung der Plünderer & Chaoten in Westberlin« bezeichnete, empfahl Plünderung unverblümt als politische Strategie. Das Einschlagen von Schaufenstern »den Ku'damm rauf und runter«, und insbesondere beim Luxushotel Kempinski, war schon ein »altbewährte[s] Kon-

85 KR Brandt (DirVB S III), »Zusammenfassender Erstbericht«, 4-6, 8; »Im Schuhladen keine Schuhe mehr, beim Optiker keine Brille: Plünderer waren da«, in: *Berliner Morgenpost* (14. Dezember 1980); »Plünderungen: Werner Orlowsky, Betroffenenvertreter im Sanierungsgebiet«, in: *Extrablatt Berlin* 2 (1980), 2, Papiertiger, Ordner »Häuserkampf Jun.-Dez. 1980«.

86 »6 Strumpfhosen gegen 10 Smarties – ein Freudengeplünder«, in: *taz* (15. Dezember 1980), 5.

87 »Gespräch mit einem Streetfighter: ›Wo Aktion ist, muß ich hin!‹«, in: *taz* (19. Dezember 1980), 17.

88 Cheronimo, »Eingemachtes«, in: *radikal* 103 (April 1982), 6. Zur El-Salvador-Solidarität siehe Gert Eisenbürger, »Was wir uns alles vorstellen konnten: Die Solidaritätsbewegung mit El Salvador in der alten BRD«, in: *ila* 324 (April 2009); online verfügbar unter: {https://www.ila-web.de/ausgaben/324/was-wir-uns-alles-vorstellen-konnten} (Stand August 2017).

zept«.[89] Laut *radikal* war das Einschlagen der Schaufenster einer Bank oder das Plündern eines Supermarkts »praktische, radikale Kapitalismuskritik«.[90] Aus der Perspektive eines Obdachlosen konnte ein Möbelgeschäft als Bastion des Kapitalismus erscheinen und ein in das Schaufenster geschleuderter Pflasterstein als Akt des Widerstands.[91] Eine andere Stimme versuchte die eingeschlagenen Schaufenster mit Verweis auf die Wut der Besetzer zu erklären, die sie angesichts der Selbstgefälligkeit empfanden, mit der die Mehrheitsbevölkerung dem Wohnungsnotstand begegnete, und der Opfer, welche die Gewalt forderte, die von Abrissbirnen, mit Brettern vernagelten Fenstern und Polizeischlagstöcken ausging. Der Polizeibericht vom 12./13. Dezember liefert Informationen über die Verletzungen, die Polizisten während der Ausschreitungen erlitten. Drei der vermerkten 66 Verletzungen waren so schwerwiegend, dass die Beamten den Einsatz abbrechen mussten; ein Polizist wurde mit einem komplizierten Beinbruch ins Krankenhaus eingeliefert.[92] Die Besetzer berichteten von mehr als 200 Verletzten, darunter Demonstranten mit Schädelbruch, und mehr als 80 Festnahmen.

Es folgte eine hitzige öffentliche Debatte. Die Zahl der in den Konflikten der frühen achtziger Jahre zerstörten Schaufenster war weit größer als bei den Protestkampagnen Ende der sechziger, Anfang der siebziger Jahre. Mit Brettern vernagelte Schaufenster wurden auf dem Kurfürstendamm und andernorts zum omnipräsenten Symbol des Konflikts, was lautstarke Klagen über »Terror« und Forderungen nach Recht und Ordnung hervorrief.[93] Doch in deutlichem Gegensatz zu den Debatten der späten sechziger Jahre war die Assoziation von eingeschlagenen Schaufensterscheiben mit der Straßengewalt der Nazis selten. Einer der wenigen Kommentare, die diese Parallele zogen, stammt von einer

89 »Innere Unruhen«, in: *radikal* 85 Extrablatt (Dezember 1980), 2.

90 »Wer war das?«, in: ebd., 3.

91 »Frühlingserwachen«, in: *radikal* 90-91 (April 1981), 10.

92 KR Brandt (DirVB S III), »Zusammenfassender Erstbericht«, 5.

93 »Die lange Nacht der Plünderer«, in: *Berliner Zeitung* (13. Dezember 1980); »Wieder flogen Steine auf dem Kudamm«, in: *Berliner Zeitung* (16. Dezember 1980); »Gestern Nacht: Blutiger Höhepunkt in der City«, in: *Der Abend* (16. Dezember 1980); »Trotz ›Ruhepause‹. Radikale randalierten. Chaoten Weihnacht mit Brandsätzen«, in: *Der Abend* (27. Dezember 1980); »Scheiben zertrümmert, Molotow-Cocktails flogen«, in: *Berliner Morgenpost* (28. Dezember 1980); »Hinter vernagelten Fronten gehen die Geschäfte weiter«, in: *Berliner Morgenpost* (31. Dezember 1980), Papiertiger, Ordner »Häuserkampf Jun.-Dez. 1980.«

Kreuzberger Bürgerwehr: »Wir warnen die ›roten Nazis‹, Euch, die ihr wie SA-Horden Schaufenster zerschlagt und plündert [...]. Habt Ihr noch nicht gemerkt, daß Eure Art des Klassenkampfes so dumm ist, wie Hitlers Rassenkampf? [...] Wenn ihr nicht aufhört, Steuern der Allgemeinheit so unsinnig zu vergeuden und die für Berlin so wichtigen Touristen und Neubürger zu vergraulen, melden wir Euch demnächst reihenweise bei der Polizei.«[94] In der Boulevardpresse verzichtete man jedoch weitgehend auf die problematische Nazi-Analogie. Dennoch bemühten sich die Besetzer, der Berichterstattung in der Springer-Presse entgegenzutreten, da diese sie regelmäßig auf Randalierer, Plünderer und Terroristen reduzierte.[95] Als »Gegendarstellung« wurden 10 000 Exemplare einer Broschüre von 40 Seiten Umfang gedruckt.[96] Das Logo der *Bild*-Zeitung wurde parodiert, indem die Wörter »Blöd« oder »Blut« eingefügt wurden,[97] doch aus diesen Impulsen ergab sich keine größere Kampagne.

Auch in der Bewegung selbst hatten manche Beobachter zunehmend Schwierigkeiten, noch einen politischen Inhalt in den weitverbreiteten opportunistischen Plünderungen zu erkennen, die beinahe routinemäßig auf Demonstrationen oder Häuserräumungen folgten. Nicht nur konservative Beobachter, sondern auch Angehörige einer vorigen Revoluzzergeneration begegneten Demonstranten, die Hausbesetzungen und Plünderungen für antikapitalistische Aktionen hielten, oder Punks, die stolz darauf waren, »Bullenwannen anzugreifen«, mit kopfschüttelnder Missbilligung. Selbst als sich der Niedergang der West-Berliner Besetzerbewegung abzeichnete, blieben Plünderungen ein zentrales Thema. Einige Besetzer, die nicht mehr mit der ständigen Gefahr der Räumung durch die Polizei leben, aber auch keine Nutzungsverträge unterzeichnen wollten, provozierten ihre eigene Räumung in einem letzten verzweifelten Versuch, daraus politisches Kapital zu schlagen. Auch in die-

94 Flugblatt unterzeichnet »Selbstschutz Kreuzberg«, in: *Instand-Besetzer-Post* 7-8 (30. April 1981), 8, APO-Archiv, Ordner 1303.

95 »Mieterverein und AL treten für Instandbesetzer ein. Nächste Demonstration am Sonnabend«, in: *taz* (18. Dezember 1980).

96 Michael Siefert, Michael Rieger und Ulli Bartoszenska, *Dokumentation. Gegendarstellung zur Boulevard-Presse* (Berlin: System Druck, [1981]), IISG Amsterdam, Bro 1894/12; »Die Wahrheit über den Terror«, in: *Extrablatt Berlin*, 1980, Papiertiger, Ordner »Häuserkampf Jun.-Dez. 1980«.

97 »›Innere Unruhen‹«, in: *radikal* 85 (Dezember 1980), 4; *Instand-Besetzer-Post* 2 (17. März 1981), 1, APO-Archiv, Ordner 1303.

*Abb. 20*: Rudolf Hauck, SPD (rechts), Stellvertretender Vorsitzender der Enquetekommission »Jugendprotest im demokratischen Rechtsstaat« des Bundestages, im schwierigen Dialog mit der Jugend; aufgenommen in einem besetzten Haus in der Potsdamer Straße in Berlin-Schöneberg, Sommer 1981.

ser Situation der Schwäche, als die Schlacht um die Häuser schon verloren schien, verübten Aktivisten kleinere Brandanschläge und andere Aktionen gegen Banken und Supermärkte. Einmal machte sich eine Gruppe von 50 bis 60 Besetzern auf, um einen Supermarkt »zu enteignen«, und händigte die Beute an Passanten aus[98] – ähnlich wie bei der »Klauaktion« durch Bewohner des Tommy-Weisbecker-Hauses zehn Jahre zuvor, nur dass damals die Täter die Beute für sich selbst behalten wollten. Vermutlich kannten zumindest einige der Plünderer von 1983 Dario Fos Theaterstück *Bezahlt wird nicht!*.[99]

Eingeschlagene Schaufenster und Plünderungen gab es nicht nur in Kreuzberg. Auch im Zentrum West-Berlins und sogar in den Außenbezirken wurden Scheiben eingeschlagen, ebenso in Hamburg, Hannover, Freiburg und Göttingen, das zu einem weiteren Brennpunkt der Besetzerbewegung wurde. Hier fand 1979 das erste bundesweite Treffen der

98 »Entwo(e)hnung: Der Countdown läuft«, in: *radikal* 114 (März 1983), 2.
99 Dario Fo, *Bezahlt wird nicht! Eine Farce* (Berlin: Wagenbach, 1977).

Bewegung statt.[100] Die Göttinger Besetzer mussten mit der Bedrohung durch Einzelhandels- und Dienstleistungsprojekte leben; in der Friedrichstraße sollten mehrere Häuser einem Komplex mit Einkaufszentrum und Apartments der gehobenen Preisklasse weichen.[101] Die Konfrontation zwischen den einander entgegengesetzten Versorgungsregimen und Lebensformen beförderte ein Lagerdenken des »wir gegen die«. In einem Text der Göttinger Besetzer hieß es: »Na, wie haben wir denn zu leben? Kaufen, arbeiten, maulhalten, kaufen, arbeiten, maulhalten [...]. Viele merken, daß das Fernsehen dumm macht und betäubt, daß die Kaufhäuser und Banken die Tempel des Kapitals sind. [...] Und wer nichts kaufen will, muß sterben.« Die Gebäude auf einer Grundfläche von 3000 Quadratmetern, die schließlich abgerissen und in »Raum, mit dem Geschäft gemacht wird«, verwandelt wurden, hätten auch alternativ genutzt werden können für Spielgruppen, eine Selbsthilfeorganisation für Arbeiter, eine Tischlergruppe und eine Druckerei: »Filme hätten gezeigt werden können, die sonst nicht gezeigt werden, Musikgruppen auftreten, auch wenn sie keine Stars sind. Gemeinsam hätten wir eine Kneipe errichten können, wo keiner was dran verdient.«[102] An die Stelle dieser Vision trat ein politisches Fazit: »Wer den Wunsch nach Wohnen, Leben, Vielfalt nur durch Polizei, Diffamierungen, Abrißbagger und toten Beton für die Reichen beantwortet, hat seine moralische Legitimation verwirkt.«[103]

Im Göttinger Reitstallviertel waren die 1735 erbauten Pferdeställe der Universität 1968 trotz erheblicher Proteste von Bürgern und Studenten abgerissen worden, um Platz für ein neues Rathaus zu schaffen – das man dann schließlich an anderer Stelle baute. Das Grundstück wurde an den Warenhauskonzern Hertie verkauft, der in den Worten der Kritiker einen »Einkaufsklotz hinstellte«, was 1977 einen weiteren »Kahlschlag der Häuser« nach sich zog. Gegner behaupteten, mächtige Wirtschaftsinteressen hätten die Stadt unter Druck gesetzt, um den Kauf-

100 Vgl. Schwarzmeier, *Die Autonomen*, 39-69; »Hausbesetzertreffen«, in: *radikal* 75 (1980), 20.

101 *Wut im Bauch! Häuser- und Kulturkampf gegen Spekulation* (Göttingen: Selbstverlag, 1981), 1, IISG Amsterdam, ID 653, Bro 689/4 FOL. Vgl. auch Ermittlungsausschuß Göttingen, *Dokumentation. Ein halbes Jahr Abriß- und Polizeistadt Göttingen* (Göttingen, Selbstverlag [1981]), 9.

102 *Wut im Bauch!*, 20.

103 Ebd., 17.

hausbau durchzusetzen.[104] Am 12. Dezember 1980 wurden Brandanschläge auf Göttinger Filialen von Hertie und Karstadt verübt. In der Silvesternacht desselben Jahres kam es zu spektakulären Unruhen, als in der Innenstadt reihenweise Schaufenster eingeworfen und Auslagen geplündert wurden. Für einige Jahre wiederholten sich die Göttinger Silvesterunruhen.[105]

Anders als 1968 schienen gewalttätige Formen des Protests zu Beginn der achtziger Jahre konkrete politische Resultate einzubringen. Gewaltsamer Protest generierte öffentliche Aufmerksamkeit, während die Zerstörung von wertvollem Lebensraum und der friedliche Kampf der Besetzer gegen diese Entwicklung kaum auf öffentliches Interesse gestoßen waren.[106] Die Entbehrungen brutaler Straßenschlachten schienen endlich zum Ziel zu führen, denn das Anliegen stieß nun auf großes Medieninteresse und Regierungsvertreter boten Verhandlungen mit Besetzern an.[107] Einem romantisierten und nostalgischen Ideal authentischer Lebensformen in historisch gewachsenen Strukturen standen dystopische Visionen einer durchökonomisierten Gesellschaft gegenüber: »Jahrelang hat die Sanierungspolitik ganze Stadtteile in Betonwüsten verwandelt, maßloser Geldhunger setzte das Gittermuster an die Stelle verträumter mittelalterlicher Gassenstädte, Menschen wurden zu Produktions- und Konsummaschinen erniedrigt.«[108] Man hatte das deutliche Gefühl, dass sich Widerstand lohnt: »Wenn unsere Lebenszusammenhänge durch die Senatspolitik zerstört werden sollen, wenn Menschlichkeit durch Beton, Bullen und Computer erstickt wird, dann wehren wir uns. Wir wollen nicht zu programmierbaren Menschen gemacht werden, um als Fress-, Schlaf- und Arbeitsmaschinen dahinzuvegetieren.«[109]

104 Ebd., 10. Hertie wurde mehrfach Ziel von Gentrifizierungskritikern. Siehe Brigitte Abramowski et al., *Hertie-Center. Ottensen gehört nicht Büll und Liedtke* (Hamburg, 1990), IISG Amsterdam, ID 1342, Bro 670/21 fol.

105 »Erinnerungen an Silvester 1980 – Silvester-Krawalle«, in: *Göttinger Stadtinfo*; online verfügbar unter: {http://www.goest.de/silvester.htm#krawalle} (Stand August 2017); Schwarzmeier, *Die Autonomen*, 77.

106 »Einige Fragen an meine Mitbürger«, in: *radikal* 90-91 (April 1981), 28.

107 Yvonne, »… alle Gewalt geht vom Staate aus«, in: Aktionskomitee für Amnestie, *Sanierung, Wohnungsnot, Instandbesetzungen, Gewalt und Gegengewalt, kriminelle Vereinigungen und Amnestie* (Berlin: Aktionskomitee für Amnestie, [1981]), 10f., IISG Amsterdam, ID-6531 B, Bro 758/6 fol.

108 »Spielregeln«, in: *radikal* 75 (Dezember 1980), 3.

109 Flugblatt des Besetzerrats, »Ohne Bullen kein heißer Krawall«, in: *radikal* 75 (Dezember 1980), 2.

*Abb. 21*: Gewalt auf mehreren Ebenen; Cartoon aus dem Band *legal – illegal – scheißegal: der illustrierte Häuserkampf.*

Deutlich nüchterner brachte Werner Orlowsky, ein Drogeriebesitzer, der zu einem Sprecher der Kreuzberger Protestbewegung avancierte, die Überzeugung zum Ausdruck, Protest mit Mitteln der Gewalt habe letztendlich zu politischen Ergebnissen geführt: »Ein einziger Pflasterstein hat doch mehr gebracht als zwei Jahre Sanierungsbeirat!«[110] Im Juni 1981 nominierte die Alternative Liste, der Berliner Zweig der Grünen,

110 Orlowsky zit. n. Lindner, *Jugendprotest*, 332. Zu Gewalt als politischem Katalysator vgl. Ermittlungsausschuß Mehringhof, *Dokumentation*; Stefan Aust und Sabine Rosenbladt, *Die Hausbesetzer. Wofür sie kämpfen, wie sie leben, und wie sie leben wollen* (Hamburg: Hoffmann und Campe, 1981), 28. Zu Orlowsky siehe »Sanierung haut den gesündesten um«, in: *Der Spiegel* 26 (23. Juni 1980), 32; Klaus Pokatzky, »Alternativ und barock. Vom Drogisten zum Baustadtrat von Kreuzberg«, in: *Die Zeit* 50 (7. Dezember 1984).

den parteilosen Orlowsky für den Posten des Baustadtrats von Kreuzberg. Damit bekleidete zum ersten Mal ein Kandidat einer grünen Partei ein solches Amt in der Bundesrepublik. Der rhetorisch geschickte Geschäftsmann hatte den Protest der Besetzer couragiert unterstützt. Seine Drogerie befand sich in der Dresdener Straße, einer Wohnstraße mit kleinen Geschäften, die durch das Neue Kreuzberger Zentrum, einen 12-geschossigen Gebäuderiegel mit 367 Wohnungen, zwei mehrgeschossigen Parkhäusern und 15000 Quadratmetern Gewerbefläche, vom belebten Kottbusser Tor abgeschnitten wurde. Das Projekt war von Anfang an auf Widerstand gestoßen. Nach der Insolvenz der Geldgeber musste der Senat mit einer Bürgschaft über 65 Millionen DM einspringen.

Für West-Berliner Verhältnisse war das nicht einmal ein großer Skandal. Der Bauboom verwickelte Lokalpolitiker zunehmend in zweifelhafte Kreditgeschäfte, was im Januar 1981 zum Rücktritt des von Skandalen geplagten Regierenden Bürgermeisters Dietrich Stobbe (SPD) führte. Die regierende SPD/FDP-Koalition wurde noch kurze Zeit unter Hans-Jochen Vogel fortgesetzt, der von seiner Partei in dem verzweifelten Versuch in die Mauerstadt geschickt wurde, eine traditionelle Hochburg der SPD zu retten. Trotz seiner steilen Karriere in der SPD war Vogel nicht dazu gekommen, sich den Problemen zu widmen, für die er vor seiner kurzen Amtszeit als hoffnungsvoller Bundesminister für Raumordnung, Bauwesen und Städtebau theoretische Lösungen entworfen hatte. Ironischerweise stand er nun auf der anderen Seite des Konflikts. Obwohl er in den Auseinandersetzungen rund um die Hausbesetzungen eine gemäßigte Linie des Kompromisses verfolgte, musste er immer wieder polizeiliche Maßnahmen gegen junge Aktivisten autorisieren, deren Kritik an den Manifestationen des Kapitalismus von seiner eigenen kritischen Haltung, die er ein Jahrzehnt zuvor formuliert hatte, nicht so weit entfernt lag.[111]

Der Kompromiss, die sogenannte Berliner Linie, sollte den Konflikt von der strafrechtlichen auf die politische Ebene verlagern. Unter dem Druck der oppositionellen CDU und der Hausbesetzer gab der Vogel-Senat frühere Fehler in der Wohnungspolitik zu und machte somit auch Zugeständnisse gegenüber der von den Besetzern vorgetragenen Kritik.

111 Vgl. Anders, »Wohnraum«, 486ff.; Sonnewald/Raabe-Zimmermann, *»Berliner Linie«*, 59ff.

Das verlieh der Verteidigung der besetzten Häuser eine gewisse Legitimität, und selbst militante Mittel schienen ihre Wirkung nicht verfehlt zu haben, da der Senat ja eine Eskalation vermeiden wollte. Die Erfahrungen der Demonstranten mit brutalen Polizeieinsätzen ergänzten dieses Legitimationsmuster.[112] Die Berliner Linie wurde jedoch durch Polizei und Staatsanwaltschaft zunehmend ausgehöhlt. De facto wurde sie in großen Teilen aufgehoben, bestand aber zumindest auf dem Papier in einigen Nutzungsverträgen mit Besetzern fort, auch als Vogel die Abgeordnetenhauswahl im Mai 1981 gegen Richard von Weizsäcker (CDU) verlor, der im folgenden Monat das Amt des Regierenden Bürgermeisters übernahm. Die Staatsgewalt griff nun vermehrt zu Zwangsräumungen. Daraus ergab sich ein Teufelskreis: Straßenkämpfe, eingeschlagene Schaufenster und Plünderungen wurden zur ritualisierten Antwort auf Räumungen, was wiederum zur Legitimierung weiterer Räumungen herangezogen wurde.[113] Die Rechtfertigungen für die Eskalation waren mitunter recht einfach gestrickt. Die erste Ausgabe der wöchentlich erscheinenden *Instand-Besetzer-Post* berichtete: »unsere wut entlud sich gezielt gegen banken (die eigentlichen drahtzieher jeder politik) und gegen hertie, der auch nichts anderes tut, als uns ›kleinen‹ leuten das sauer verdiente geld aus der tasche zu ziehen.«[114] Die häufigen Demonstrationen auf dem Kurfürstendamm – 469 im Jahr 1982 – brachten regelmäßig Zerstörungen mit sich und den Verkehr zum Erliegen. Deswegen setzten sich Gewerbetreibende und ihre Lobby, die Industrie- und Handelskammer, beim Senat für eine Einschränkung der Versammlungsfreiheit ein. Wirtschaftssenator Elmar Pieroth (CDU) zeigte Verständnis: »Angriffe staatsfeindlicher Gruppen auf den Kurfürstendamm, den Lebensnerv einer freien Stadt, können wir nicht länger dulden.« Der Senat richtete einen sogenannten Billigkeitsfonds ein, der für einen Großteil der »Krawallschäden« aufkam, doch die Handelsverbände wiesen darauf hin, dass diese Summen nicht ausreichten, um eine Welle von Insolvenzen in der Innenstadt zu verhindern.[115]

Ähnliche Entwicklungen zeigten sich auch in anderen europäischen

112 Ebd.; Willems, *Jugendunruhen und Protestbewegungen*, 279 f.

113 Willems, *Jugendunruhen und Protestbewegungen*, 269.

114 »Von der Razzia zur Räumung?«, in: *Instand-Besetzer-Post* 1 (11. März 1981), 3, APO-Archiv, 1303.

115 »Berlins Leid mit den Lücken in der City. Demonstrationen mit Millionenschäden machen viele Geschäftsleute mutlos«, in: *Die Welt* (26. Oktober 1982), 18.

Städten. Die Ereignisse glichen sich mitunter auffallend. Deutlich wurde das z. B. in einem Bericht Pariser Besetzer in der *radikal* vom September 1981: Als eine Gruppe von etwa 50 Personen, Anhänger des Prinzips *gratuité totale*, den verrammelten Eingang eines für den Abriss vorgesehenen Gebäudes aufbrechen wollte, kam es zu einem größeren Konflikt mit der Polizei, der wiederum eingeschlagene Schaufenster und Plünderungen zur Folge hatte.[116] Ebenfalls im September 1981 luden West-Berliner Besetzer Gleichgesinnte aus anderen westeuropäischen Städten zum internationalen Tuwat-Kongress ein, auf dem jede Menge radikale Parolen gedroschen wurden. Auf einem Flugblatt der Gruppierung Autonome Republiken Neukölln/Kreuzberg hieß es: »Unsere Geiseln sind ihre Scheiben, ihre Wannen, ihr Vermögen. MACHT ES TEUER FÜR SIE!!! Die einzige Ebene, auf der die was kapieren können, ist Geld! Jeder Tag, den unsere Genossen sitzen, soll 1 Million Sachschaden kosten! Randale was das Zeug hält! Jedes geräumte Haus 1 Million extra! Jede Verurteilung 1 Million extra!«[117] »1 Million pro Räumung« avancierte zum Slogan.[118] Im Juli 1982 gab es als Reaktion auf die Räumung von zwei besetzten Häusern einen Angriff auf ein Wertheim-Warenhaus in Berlin-Steglitz: Steine flogen in die Schaufenster, gefolgt von Molotowcocktails, ein Kleiderständer fing Feuer. Die Sprinkleranlage verursachte einen Sachschaden in Millionenhöhe.[119]

Die Legitimität des militanten Kampfes als »Gegengewalt« wurde auf dem Tuwat-Kongress nicht prinzipiell infrage gestellt. Vielmehr wurde diskutiert, wo der Einsatz von Gewalt »richtig« und wo er »unnötig« sei. Das unterschied sich deutlich vom Tunix-Kongress im Jahr 1978, der das Ende der Spontibewegung markiert hatte, weil ein Konsens hinsichtlich des Einsatzes gewaltförmiger Protestmittel nicht mehr bestand. Anders als drei Jahre zuvor lehnte die Bewegung Gewalt nicht durchweg ab. Tuwat lässt sich als explizite Antwort auf Tunix deuten, wobei letzterer für den Rückzug in alternative Lebensstile verantwortlich gemacht wurde. Die Ablehnung der Gewalt im Jahr 1978 muss im Kon-

116 »Häuserkampf in Paris. ›Les deux Villins‹ berichten«, in: *radikal* 97 (September 1981), 31.

117 Zit. n. Sonnewald/Raabe-Zimmermann, *»Berliner Linie«*, 69.

118 »Berlin. Keine Atempause«, in: *taz-Journal* 3 (1981), 152; AG Grauwacke, *Autonome in Bewegung. Aus den ersten 23 Jahren* (Berlin: Assoziation A, 2003), 54.

119 »Reaktionen auf die Räumungen in Berlin«, in: *taz* (29. Juli 1982), 4; »Aktion. Wertheimer Swimmingpool«, in: *radikal* 108 (September 1982), 5.

text der RAF und des Deutschen Herbsts gesehen werden. In der Folge erreichten die Debatten über die RAF nicht mehr dieselbe Intensität, obwohl sie auch in den frühen achtziger Jahren geführt wurden. Einige Besetzer unterstützten weiterhin die antiimperialistischen Ziele der RAF, aber alle Besetzer liefen Gefahr, in der Wahrnehmung und der Ermittlungspraxis der Polizei mit den Terroristen in einen Topf geworfen zu werden.[120]

*

Politische Gewalt resultierte in den Hausbesetzerkonflikten in der Bundesrepublik der siebziger und achtziger Jahre aus einer streitbaren Suche nach alternativen Lebensformen und Entwürfen für ein besseres Leben. Eine vergleichende Perspektive auf die Besetzerbewegungen in Frankfurt und West-Berlin offenbart einige wichtige Unterschiede. Erstens nahmen die Reaktionen der Behörden und die daraus gezogenen politischen Konsequenzen unterschiedliche Verläufe. Den Frankfurter Besetzern stand eine kompromisslos harte Linie der Politik gegenüber. Die im Zerfall begriffene Bewegung wurde von überlegenen Polizeikräften bezwungen. Die SPD-Regierung unter Rudi Arndt leistete sich einige Fehltritte, und der überraschende Wahlsieg der CDU unter Walter Wallmann im Jahr 1977 mag auf die Hinterlassenschaften des Häuserkampfes zurückzuführen sein, doch während der Konflikt im Gange war, hielt die Regierung der Herausforderung ihrer Legitimität stand. Zwar wurden einige wichtige Korrekturen an den ursprünglichen Plänen für die Umstrukturierung der Finanzmetropole vorgenommen, aber im Großen und Ganzen fand die geplante Transformation von Frankfurt statt. Im Gegensatz dazu blieb Kreuzberg eine Hochburg des Protests und alternativer Lebensformen. Die West-Berliner Regierung war wesentlich kompromissbereiter. Die Wohnungspolitik wurde zu einer größeren Herausforderung für die Staatsmacht, und im Verlauf – bis zu einem gewissen Grad auch als Ergebnis – des Konflikts ereignete sich ein Regierungswechsel von historischer Bedeutung. Diese Machtverschiebung brachte zudem das parlamentarische Debüt einer grünen Partei, der Alternativen Liste, die offen die Belange der Besetzer unterstützte. Den Besetzern gelang es, sich erhebliche Sympathien in

120 AG Grauwacke, *Autonome in Bewegung*, 54-58; Anders, »Wohnraum«, 481.

Teilen der Bevölkerung zu bewahren und einige ihrer Ziele sowohl im Hinblick auf Nutzungsverträge als auch auf politische Mobilisierung zu realisieren.

Zweitens unterschieden sich die Einstellungen der Bewegungen zur Gewalt. Die Frankfurter Aktivisten nahmen das Ende ihres Häuserkampfs im Jahr 1974 als »militärische Niederlage« wahr, ein Standpunkt, der – eingebettet in einen umfassenden Prozess der Erosion und Spaltung – zur Diskreditierung der Militanz unter den Radikalen beitrug. In West-Berlin schien die Militanz hingegen zu funktionieren: Sie erbrachte greifbare politische Ergebnisse und überdauerte als Mobilisierungsfaktor das Ende der Besetzerbewegung im Jahr 1983.

Drittens gab es Unterschiede in der Kritik am Kapitalismus und an Versorgungsregimen, die die beiden Bewegungen hervorbrachten und verfolgten. Die Frankfurter Hausbesetzerbewegung spiegelte noch die drei klassischen Stufen der revolutionären Politik wider, die inhaltlich und zeitlich als klar voneinander abgegrenzt gedacht wurden: Kritik des Status quo – revolutionäre Aktion – neue Gesellschaft. Zumindest in ihrer Rhetorik sahen sich die Frankfurter Aktivisten, besonders die Spontis, noch im Dienst einer revolutionären Mission, die den Systemwechsel und die Überwindung des Kapitalismus zum Ziel hatte. Sie hofften, ihr Ziel zu erreichen, indem sie das revolutionäre Subjekt weg vom Industrieproletariat und hin zu den Marginalisierten der Wohlstandsgesellschaft verschoben. Die politische Aktivität blieb ein Mittel zur Erreichung größerer revolutionärer Ziele. Infolge ihrer Niederlagen gaben die Aktivisten wichtige Impulse für die Entstehung einer Politik der ersten Person, für den Fokus auf das Hier und Jetzt, der die Elemente der revolutionären Trias zusammenführte. In West-Berlin spielte die Revolution ein Jahrzehnt später nicht mehr eine so emphatische Rolle, obwohl die Bewegung sich auch dort auf die Herausforderungen von Kapitalismus und Konsumgesellschaft verlegte. Doch diese Anstrengungen richteten sich gezielt auf spezifische Aspekte und griffen auf kleinteilige und konkrete Modelle alternativen Lebens zurück. Der Glaube, das System überwinden, den Kapitalismus abschaffen zu können, hatte sich weitgehend verflüchtigt.

# 7. GLOBALE VERANTWORTUNG: AUF DER SUCHE NACH MORAL UND SOLIDARITÄT IM KONSUM

> Wie kann es sein, daß auf dieser Welt alle zwei Minuten ein Mensch den Hungertod erleidet, wo doch McDonalds jedes Jahr auf's neue 100 Millionen Hamburger austeilt?
>
> *Die 3 Tornados (1988)*[1]

In den siebziger Jahren erstarkte in der linken Politik das Thema Umwelt, das schließlich den Sozialismus – und damit die Verteilungsfrage – als Schlüsselkonzept des alternativen Milieus ablöste. Ein Element der Kontinuität lag in der Idee der Zerstörung, die beide Konzepte mit Fragen des Konsums verband. Über die Bedrohung von lokal begrenzten sozialen Zusammenhängen hinaus offenbarten Versorgungsregime durch die Gefährdung der Natur per se zunehmend ihre globale Dimension. Allenfalls auf recht abstrakter Ebene wurden ökologische Probleme mit Gewalt assoziiert. Ein mäßigender Einfluss ergab sich aus der Verschmelzung linker Ideen mit bürgerlicher Wachstumsskepsis, insbesondere seit den Computersimulationen des Club of Rome[2] und seit der Ölkrise.[3]

Diese Diskussion wurde durch ein Buch von Herbert Gruhl, Mitglied des Bundestags für die CDU und Mitbegründer des Bunds für Umwelt und Naturschutz Deutschland (BUND), popularisiert. In *Ein Planet wird geplündert* kam der konservative Politiker eher linken Positionen zu neokolonialen, aus wirtschaftlichen Motiven geführten Kriegen erstaunlich nahe. In der Schlusspassage des 1975 veröffentlichten Bandes vertritt er den Standpunkt, »daß Kriege umso schneller herannahen, je mehr Menschen immer mehr Güter von der gleichen Erde haben wollen. Insofern sind alle ›Wachstumsfanatiker‹ per definitionem ›Kriegstrei-

1 Büro für ungewöhnliche Maßnahmen und Bundeskonferenz entwicklungspolitischer Aktionsgruppen (Hg.), *Wut, Witz, Widerstand. Die IWF/Weltbank-Kampagne in Bild und Wort* (Berlin, 1989), 50.

2 Donella H. und Dennis L. Meadows (Hg.), *Die Grenzen des Wachstums. Bericht des Club of Rome zur Lage der Menschheit* (Stuttgart: Deutsche Verlags-Anstalt, 1972).

3 Siehe R. Árasch und C. Koch, *»Ölkrise« – Krise des Imperialismus* (Heidelberg: Verlag Jürgen Sendler, 1978).

ber‹.«[4] Vier Jahre später, als Gruhl die ökologische Partei Grüne Aktion Zukunft gegründet hatte, eine Vorläuferin der Grünen, war der Begriff der Zerstörung schon viel deutlicher auf die Natur fokussiert.[5] In einem Essay mit dem prägnanten Titel »Konsum ist auch Vernichtung« für einen Band über biologische Landwirtschaft erwähnt Gruhl nur noch Formen der Gewalt, die sich gegen die Natur richten.[6]

In den achtziger Jahren, insbesondere in der zweiten Hälfte des Jahrzehnts, erstarkten ökologische Ansätze zu ökonomischen Fragen. Grüne Unternehmer nahmen Ideen aus den siebziger Jahren auf und setzten sie in alternative Projekte und Unternehmen um, die Marktanteile gewannen. Eine umfassende Bibliographie zum Öko-Marketing von 1990 illustriert die zeitliche Entwicklung: Nur 7,8 Prozent der aufgelisteten Titel waren vor 1980 publiziert, 28,3 Prozent erschienen zwischen 1981 und 1985 und die restlichen 63,9 Prozent zwischen 1986 und 1990.[7] Eine Unmenge von Bürgerinitiativen verfolgte ökologische Anliegen vom Standpunkt der Konsumenten. Das Vierteljahresheft *Consum Critik* erschien zwischen 1983 und 1989 und legte sein Hauptaugenmerk auf schädliche Substanzen in Nahrungsmitteln und anderen Konsumgütern sowie auf die ökologischen Folgen der industriellen Landwirtschaft, wobei mitunter an die Solidarität mit der Dritten Welt appelliert wurde.[8] Fragen der Gewalt blieben aus diesem Diskurs, der sich auf die gesundheitlichen Belange deutscher Verbraucher konzentrierte, so gut wie vollständig ausgeblendet.

Obwohl sich die ökologische Wende insgesamt auf radikalere Formen des sozialrevolutionären Protests eher mäßigend auswirkte und deren Aufnahme in den Mainstream begünstigte, war das entstehende ökologische Bewusstsein auch Wegbereiter einer neuen Sensibilität für den zerstörerischen Einfluss bestimmter Konsumgüter und deren Verflechtung in komplexe Warenketten. Linke Intellektuelle, politische Aktivisten und kritische Konsumenten griffen antiimperialistische Argu-

4 Herbert Gruhl, *Ein Planet wird geplündert. Die Schreckensbilanz unserer Politik* (Frankfurt a.M.: Fischer, 1975), 343.

5 Siehe Silke Mende, *»Nicht rechts, nicht links, sondern vorn«. Eine Geschichte der Gründungsgrünen* (München: Oldenbourg, 2011).

6 Herbert Gruhl, »Konsum ist auch Vernichtung«, in: Michael Wortmann (Hg.), *Umwelt, Landbau, Ernährung* (Burg: Das Fenster, 1979), 9-23.

7 Ralf Antes und Petra Tiebler, *Bibliographie Öko-Marketing* (Oestrich-Winkel, 1990), 4-5, IISG, ID 314, BRO 708/16 FOL.

8 *Consum Critik* ging 1989 im *Verbraucher-Telegramm* auf.

mentationen auf und schufen ein politisches Bewusstsein für die globalen Dimensionen von Versorgungsregimen: Periphere Volkswirtschaften exportierten gewöhnlich billige Primärgüter (Kaffee, Tabak, Zucker oder Gummi) und importierten im Gegenzug Militärausrüstung und Luxusgüter für den Elitenkonsum. Die Massenkonsumgüter, die diese Eliten und die Bürger der hochindustrialisierten Länder verbrauchten, wurden überwiegend mit dem Kapital der letzteren produziert. Die Umweltprobleme der Industrienationen hatten ihr strukturelles Pendant in Armut, Hunger und ungleicher Verteilung in der Dritten Welt.[9]

Die in diesem Kapitel analysierten politischen Denker und Akteure warfen eine fundamentale Frage auf: Warum konnte nicht eine ausgewogenere Verteilung dieser Probleme an die Stelle der Notwendigkeit des Wirtschaftswachstums treten, indem das Hauptaugenmerk auf die Produktion von Gütern zur Erfüllung von Grundbedürfnissen auf der ganzen Welt gelegt und gleichzeitig die Umweltbelastung durch die Industrie verringert würde? Viele linke Intellektuelle und politische Aktivisten wandten sich von konventionellen Modernisierungstheorien ab und beantworteten diese Frage mit den strukturalistischen Methoden verschiedener Formen der Dependenztheorie. Dabei machten sie die Hierarchien des Weltwirtschaftssystems für die Bereicherung der Industrieländer auf Kosten einer fortgesetzten Verarmung der Entwicklungsländer verantwortlich.[10] Die Entwicklungsländer schienen in einer Struktur gefangen, die sie zwang, ihre natürlichen Ressourcen zu geringen Preisen zu exportieren und Konsumgüter zu importieren, die sich nur die lokalen Eliten leisten konnten. Gleichzeitig klammerten sich die meisten westlichen Regierungen an neoliberale Modernisierungskonzepte und warnten vor Veränderungen der Machtstrukturen, die zu einer Schwächung der ökonomischen Aktivität führen und Arbeitslosigkeit und Krisen verursachen würden.

Im Kontext solcher Debatten über Machtstrukturen und globale Versorgungsregime entstanden verschiedene Kampagnen gegen komplexe wirtschaftliche Strukturen, die sich gegen konkrete Dienstleistungs- und Einzelhandelseinrichtungen richteten, etwa Bankfilialen, Supermärkte,

9 Carolyn Merchant, *Radical Ecology: The Search for a Liveable World* (New York: Routledge, 2005, 2. Aufl.), 25.

10 Die Dependenztheorie wurde in Deutschland eingeführt von Dieter Senghaas (Hg.), *Peripherer Kapitalismus: Analysen über Abhängigkeit und Unterentwicklung* (Frankfurt a. M.: Suhrkamp, 1974).

Reisebüros, Tankstellen, McDonald's-Filialen oder Kaffeeröstereien. Seit den siebziger Jahren wurden z. B. im Nahen Osten Restaurants und Luxushotels vermehrt zum Ziel kollektiver urbaner Protestaktionen, weil sie »eine sichtbare und eklatante Überschreitung kulturell verankerter Vorstellungen von Gerechtigkeit« repräsentierten: Internationaler Konsumstil ging Hand in Hand mit Korruption und massiver Ineffizienz.[11] Dennoch sind Aktionen gegen Konsumeinrichtungen – und die ihnen zugrunde liegenden Zusammenhänge zwischen Protesten in der entwickelten Welt und in den Entwicklungsländern – immer noch eine weitgehend unerforschte Dimension politischer Gewalt. Nach Ansicht der Protestierenden waren europäische Konsumenten und Kunden solcher Einrichtungen an Zerstörung, Ausbeutung und Mord in der Dritten Welt beteiligt. Gewaltsame Konflikte und Gewaltdiskurse fanden als Folge eines komplexen Interaktionsprozesses auf verschiedenen Ebenen ihren Weg in den politischen Protest. Die kritischen Auseinandersetzungen und Proteste anlässlich der Tagung des Internationalen Währungsfonds und der Weltbank in West-Berlin im September 1988 erscheinen dabei als Kulmination von Konflikten über globale Versorgungsregime, die aus älteren Traditionen von Antiimperialismus, Boykott und fairem Handel hervorgingen. Sie sind somit ein faszinierender Vorläufer späterer Manifestationen der globalisierungskritischen Bewegung. Die antiimperialistische Kritik an Versorgungsregimen, die den Kontrast zwischen Konsumwohlstand in den Industrieländern und Hunger und Militarismus in den Entwicklungsländern aufzeigt, ist im linken politischen Denken tief verwurzelt.[12]

11 Edmund Burke, »Towards a History of Urban Collective Action in the Middle East: Continuities and Change, 1750-1980«, in: Kenneth Brown, Bernard Hourcade, Michèle Jolé, Claude Liauzu, Peter Slugett und Sami Zubaida (Hg.), *État, Ville, et Mouvements Socieaux au Maghreb et au Moyen-Orient* (Paris: L'Harmattan, 1989), 52.

12 Siehe Uta G. Poiger, »Imperialism and Consumption: Two Tropes in West German Radicalism«, in: Axel Schildt und Detlef Siegfried (Hg.), *Between Marx and Coca-Cola: Youth Cultures in Changing European Societies, 1960-1980* (Oxford: Berghahn Books, 2006), 161-172; Wolfgang Graf, »Vom Nein zum Ja: Von der Boykottbewegung zum Fairen Handel«, in: Christoph Haug, Rudi Meier und Berit Schröder (Hg.), *Kampf um Teilhabe: Akteure – Orte – Strategien* (Hamburg: VSA-Verlag, 2008), 153-164.

In ihrem Widerstand gegen neoliberale Denkansätze konzentrierten sich die Solidaritätskampagnen für die Befreiungskämpfe auf das elende Schicksal der Produzenten in der sogenannten Dritten Welt und auf das destruktive Potential des globalisierten Konsumkapitalismus. Die theoretische Kritik an globalen Versorgungsregimen und die Bekämpfung konkreter Ausprägungen globaler Warenketten waren wichtige Triebfedern der Politisierung des Konsums. Der Gedanke, dass der europäische Konsum importierter Waren Hand in Hand ging mit gewaltsamen Konflikten im Kontext imperialistischer Ausbeutung, bildete den Hintergrund für zahlreiche praktische Versuche, globale Warenketten zu delegitimieren und zu verändern. Ziel war es, die Solidarität zwischen Konsumenten und Produzenten zu stärken. Letztere erschienen in dieser Perspektive als Arbeiter, die die Rohstoffe und Produkte abbauten, ernteten oder herstellten, aber unter ethisch nicht vertretbaren Lebens- und Arbeitsbedingungen litten, die ihnen von multinationalen Konzernen aufgezwungen wurden, die als parasitäre Zwischenhändler agierten. Die Gewalt, die politische Aktivisten in derartigen Beziehungen diagnostizierten, war das Produkt komplexer Interaktionsmuster zwischen Produzenten und Konsumenten. Der Protest sollte die Zusammenhänge zwischen den räumlich weit entfernten und scheinbar separaten Kontexten dieser Interaktion sichtbar machen.

Der Forschungsstand zu sozialen Bewegungen, die sich gegen die sozialen Auswirkungen der Globalisierung richteten, konzentriert sich weitgehend auf den Zeitraum seit den neunziger Jahren und auf Kämpfe in den Entwicklungsländern, z. B. auf Proteste gegen verschiedene von der Weltbank unterstützte Staudamm-Projekte, Kämpfe gegen das Vorgehen von Holzfirmen in tropischen Regenwäldern, Bewegungen für Arbeitnehmerrechte und/oder Frauenrechte in Entwicklungsländern, Kampagnen gegen vom IWF verordnete Austeritätsprogramme oder Demonstrationen gegen die von multinationalen Konzernen vorangetriebene Globalisierung in Seattle (1999) und Genua (2001).[13] Wir wissen viel weniger über die achtziger Jahre, über die Auswirkungen der Kämpfe in der Dritten Welt auf die hochindustrialisierten Gesellschaften oder über das Verschmelzen neuer Protestformen mit älteren Tradi-

13 David Harvey, *The New Imperialism* (Oxford: Oxford University Press, 2003), 166f.

tionen, die auf den Antiimperialismus und die 68er-Bewegung zurückgingen.

Vor allem in der zweiten Hälfte der achtziger Jahre löste das Wissen vom zerstörerischen Potential des globalisierten Konsumkapitalismus eine Welle von Protestaktivitäten aus, die sich gegen multinationale Konzerne sowie die Institutionen der Global Governance richteten und das politische Bewusstsein für diese Zusammenhänge stärken sollten. Wenn Protestierende versuchten, alternative ökonomische Infrastrukturen bzw. konkrete Anschläge auf Einzelhandels- und Dienstleistungseinrichtungen zu legitimieren, lief das auf eine fundamentale Kampfansage gegen lokale und globale Versorgungsregime – und vor allem gegen deren Wechselwirkung – hinaus. Alternative Szenarien friedlicher Versorgungsregime wurden Bildern des gewalttätigen Konsums gegenübergestellt. Die Aufmerksamkeit wurde auf das Elend der schlecht bezahlten Arbeiter und auf den Stacheldraht gelenkt, der mit den Zollschranken der Freihandelszonen einherging. Derartige Argumentationen standen im Kontext einer internationalen Solidaritätsbewegung zur Unterstützung der antikolonialen Befreiungskämpfe.

Im Juli 1973 zeigte das Titelbild der »undogmatischen« Zeitung *Der lange Marsch* drei europäische Paare in Strandbekleidung, die sich unter einem tropischen Sonnenschirm einem opulenten Buffet hingaben. Als Kontrapunkte waren darunter nackte Kinder, die an Kwashiorkor litten, die Umsatzprognosen von drei bundesrepublikanischen Automobilkonzernen sowie schwerbewaffnete afrikanische Soldaten abgebildet.[14] Diese Collage sollte Zusammenhänge sichtbar machen, die von der kommerziellen Produktkommunikation systematisch verschleiert wurden. Eine bundesdeutsche Sektkellerei kündigte »wegen des zu riskant gewordenen Umfeldes« ihren Werbeauftrag bei einer Zeitung, weil diese eine Sektanzeige neben Fotos von hungernden afrikanischen Kindern platziert hatte.[15] Die Collage verdeutlicht die politische Vielseitigkeit einer polarisierenden und eher unscharfen Kritik an Versorgungsregimen. Sie diente einem idealistischen Brückenschlag zwischen weit auseinanderliegenden politischen Kontexten, so dass alltägliche Konsumhandlungen mit postkolonialen Kriegen in Zusammenhang gebracht werden

14 *Der lange Marsch: Zeitung für eine Neue Linke* 5 (Juli 1973), 1.

15 Ulrich Eicke, *Die Werbelawine: Angriff auf unser Bewußtsein* (München: Knesebeck & Schuler, 1991), 126; Eva Heller, *Wie Werbung wirkt: Theorien und Tatsachen* (Frankfurt a.M.: Fischer), 168.

konnten. Eine solche Kritik an Versorgungsregimen eignete sich zur alltäglichen und transnationalen Mobilisierung von Solidaritätsnetzwerken, z. B. in zahlreichen internationalen Boykottkampagnen, die versuchten, moralisch verwerfliche Versorgungsregime mit einer kritischen Gegenöffentlichkeit zu konfrontieren.[16] Der Humangeograph und Marx-Interpret David Harvey hat argumentiert, der Kapitalismus sei durch die permanente Überakkumulationskrise verstärkt auf einen Prozess angewiesen, den er als »Akkumulation durch Enteignung« bezeichnet, also die politische Praxis des Neoliberalismus, die zur Konzentration von Wohlstand und Macht in den Händen weniger und, insbesondere nach 1973, zur Unterdrückung alternativer Formen von Konsum und Produktion geführt hat. Dieser Gedanke verweist auf die Privatisierung und Kommodifizierung öffentlicher Güter, den Finanzsektor, der zur Zentrale einer Umverteilung von unten nach oben geworden ist, und die Institutionen der Global Governance, die auf die Öffnung von Märkten drängen. All dies wurde durch staatliche Macht gedeckt.[17]

Proteste gegen diese Prozesse erschöpften sich nicht in Boykotten oder Anschlägen, sondern nahmen mit der Errichtung alternativer Warenketten und wirtschaftlicher Infrastrukturen auch einen konstruktiveren Standpunkt ein. Solche Impulse beförderten die Fair-Trade-Bewegung, die nach dem Zweiten Weltkrieg aus religiösen und karitativen Wurzeln hervorging und in den achtziger Jahren verschiedene Solidaritätskampagnen für Produzenten von Tee, Kaffee und anderen Kolonialwaren in Ländern wie Indien, El Salvador und Nicaragua unternahm.[18]

16 Die historische Forschung zu Boykotten in den siebziger und achtziger Jahren steckt noch in den Anfängen. Für die USA (auch in historischer Perspektive) siehe Monroe Friedman, *Consumer Boycotts: Effecting Change through the Marketplace and the Media* (New York: Taylor & Francis, 1999). Zu Boykottkampagnen der jüngeren Vergangenheit: Michele Micheletti, *Political Virtue and Shopping: Individuals, Consumerism, and Collective Action* (New York: Palgrave Macmillan, 2003); ders., Andreas Føllesdal und Dietlind Stolle (Hg.), *Politics, Products, and Markets* (New Brunswick: Transaction Publishers, 2003); Flore Trautmann, »Pourquoi boycotter? Logique collective et expressions individuelles: analyse de systémes de représentations à partir du cas Danone«, in: *Le mouvement social* 207 (2004), 39-55; Richard A. Hawkins, »Boycotts, Buycotts, and Consumer Activism in a Global Context: An Overview«, in: *Management and Organizational History* 5 (2010), 123-143.

17 Harvey, *New Imperialism*, 137-182.

18 Siehe Alex Nicholls und Charlotte Opal, *Fair Trade. Market-Driven Ethical Consumption* (London: SAGE, 2005); Markus Raschke, *Fairer Handel. Engagement für eine gerechte Weltwirtschaft* (Ostfildern: Matthias-Grünewald-Verlag, 2009); Matthias Schmelzer, »Marketing Morals, Moralizing Markets. Assessing the Effective-

Politisch koordinierte Konsumentscheidungen sollten sowohl wirtschaftliche Auswirkungen haben als auch den kritischen Diskurs und die Bewegungsmobilisierung befördern, um für moralisch verwerflich gehaltene Versorgungsregime zu disziplinieren, zu delegitimieren und zu überwinden.

## ANTI-APARTHEID-KAMPAGNEN

Die bekannteste systematische Boykottkampagne entstand als Teil der internationalen Anti-Apartheid-Bewegung. Während sich diese in der Bundesrepublik erst recht spät formierte, kam es in Großbritannien bereits 1959/60 zu umfassenden Boykottaktionen, als eine Gruppe südafrikanischer Exilanten zum Boykott von Früchten, Zigaretten und anderen Gütern aufrief, dem sich schließlich die Labour-Partei, die Liberalen und die Kommunisten anschlossen. Der Labour-Vorsitzende Hugh Gaitskell forderte im Fernsehen die Zuschauer auf, vom Kauf südafrikanischer Produkte abzusehen. Viele Menschen und auch zahlreiche lokale Behörden folgten dieser von Solidaritätsdemonstrationen begleiteten moralischen Geste. Der African National Congress (ANC) ergriff die politische Waffe des wirtschaftlichen Boykotts, nachdem die südafrikanische Regierung mit drakonischen Maßnahmen fast alle herkömmlichen politischen Aktivitäten unter Strafe gestellt hatte. Aus einer Position der Schwäche heraus wurde der Boykott zum wichtigsten Druckmittel im Kampf um internationale Unterstützung. Im Dezember 1958 rief die All-African Peoples' Conference in Accra alle Länder dazu auf, ökonomische Sanktionen gegen Südafrika zu verhängen. Aus dieser Aktion erwuchs die internationale Anti-Apartheid-Bewegung, die von Kirchen, Gewerkschaften und anderen Organisationen gemeinsam mit den Vereinten Nationen und dem Commonwealth of Nations getragen wurde. Boykotte richteten sich gegen Sportveranstaltungen, das akademi-

ness of Fair Trade as a Form of Boycott«, in: *Management and Organizational History* 5 (2010), 221-250; Ruben Quaas, »Selling Coffee to Raise Awareness for Development Policy: The Emerging Fair Trade Market in Western Germany in the 1970s«, in: *Historical Social Research* 36/3 (2011), 164-181; ders., *Fair Trade. Eine global-lokale Geschichte am Beispiel des Kaffees* (Köln: Böhlau, 2015). Vgl. auch das Beispiel der Teekampagnengruppe der Indienhilfe e.V., *Teatime – für wen?* (Herrsching, [1986]), 3 f, IISG, ID 314, BRO 864/9 FOL.

sche Leben und den Handel und wurden vom Missbrauch der Staatsgewalt durch die südafrikanische Regierung befeuert, wobei Bilder aus Sharpeville und Soweto zu Ikonen wurden.[19] Ziel der Protestaktivitäten waren vornehmlich Banken, Waffenhändler und Fruchtexporteure, auf die sich das Apartheid-Regime wirtschaftlich stützte.

Obwohl es in der studentischen Politik bereits in den sechziger Jahren ein kritisches Bewusstsein für die Probleme Südafrikas gab,[20] formierte sich eine breitere Anti-Apartheid-Bewegung erst im folgenden Jahrzehnt und wurzelte vor allem im kirchlichen Milieu. Im Jahr 1978 – fünf Jahre nach einem verbreiteten Boykott südafrikanischer Orangen in den Niederlanden – griff die Evangelische Frauenarbeit in Deutschland, der Dachverband der Frauenorganisationen innerhalb der evangelischen Kirche in Deutschland, den Vorschlag südafrikanischer Frauengruppen auf und gab eine Broschüre heraus, die sich mit dem Aufruf »Kauft keine Früchte aus Südafrika!« an bundesrepublikanische Konsumenten wandte.[21] Aufhänger für die Broschüre war ein Zitat des südafrikanischen Ministerpräsidenten B. J. Vorster aus dem Jahr 1972: »Jeder Kauf eines südafrikanischen Produkts ist ein neuer Baustein für die Mauer unseres Fortbestehens.«[22] Obwohl die Leitung der evangelischen Kirche in Deutschland den Frauengruppen ihre volle Unterstützung versagte, wurden von dieser Schrift mehr als zehntausend Exemplare gedruckt, und die Kampagne stieß im liberalen Bürgertum auf erhebliche Resonanz. Für viele Frauen wurde die praktische Aktivität der Errichtung von Informationsständen vor Supermärkten, die Fragen des

19 Christabel Gurney, »When the Boycott Began to Bite«, in: *History Today* 49/6 (1999); online verfügbar unter: {https://www.historytoday.com/christabel-gurney/when-boycott-began-bite} (Stand August 2017).

20 Vgl. Quinn Slobodian, *Foreign Front: Third World Politics in Sixties West Germany* (Durham: Duke University Press, 2012), 21-25.

21 Evangelische Frauenarbeit, *Kauft keine Früchte aus Südafrika!*, IISG, ID 314, BRO 2160/5; Hildegard Zumach, »Frauen für Südafrika! Kauft keine Früchte aus Südafrika«, in: *Mitteilungen aus Ökumene und Auslandsarbeit* (2002); online verfügbar unter: {http://archive.fo/VmQbY} (Stand August 2017); Gottfried Wellmer, »Die Deutsche Anti-Apartheidbewegung«, in: *Friedensforum* 7 (2005); online verfügbar unter: {http://www.friedenskooperative.de/ff/ff05/7-71.htm} (Stand August 2017); Edda Stelck, *Politik mit dem Einkaufskorb: Die Boykott-Aktion der evangelischen Frauen gegen Apartheid* (Wuppertal: Hammer, 1980).

22 Evangelische Frauenarbeit, *Kauft keine Früchte aus Südafrika!*, 5. Zu dem Vorster-Zitat und dem Boykott in den Niederlanden 1973 vgl. Esau du Plessis, »Don't Squeeze a South African Dry«, in: *Africa Today* 21/2 (1974), 59-68.

*Abb. 22*: Plakat der Evangelischen Frauenarbeit in Deutschland e.V. aus den achtziger Jahren.

alltäglichen Einkaufs politisieren sollte, zur emanzipatorischen Erfahrung.[23]

Eine Boykottkampagne, die zumindest teilweise von Gewerkschaften und Parteien unterstützt wurde, formierte sich erst in der zweiten Hälfte der achtziger Jahre, als bundesdeutsche Unternehmen, vor allem

23 »Kauft keine Früchte aus Südafrika – Erfahrungen mit einer Boykott-Aktion (1981)«, in: Bundeskongreß entwicklungspolitischer Aktionsgruppen (Hg.), *Aktionshandbuch Dritte Welt* (Wuppertal, 1982, 6. Aufl.).

Banken, wegen des schrittweisen Rückzugs britischer und US-amerikanischer Investoren zunehmend zu wichtigen Geschäftspartnern für Südafrika wurden. Angesichts des Niedergangs marxistischer Militanz verhieß der Südafrika-Boykott ein konkretes Emanzipationsprojekt, das auf lokaler Ebene umgesetzt werden konnte. Der Verzicht auf südafrikanische Konsumgüter barg ein performatives Element, das den Menschen gestattete, ihr Engagement für ein politisch-moralisches Anliegen durch individuelle Konsumentscheidungen hervorzuheben. Der Obstboykott war schließlich so effektiv, dass südafrikanische Produzenten ein aufwändiges Verpackungssystem entwickelten, das die Herkunft ihrer Produkte systematisch verschleierte.[24] Nachdem der Weltkirchenrat Privatkunden dazu aufgerufen hatte, ihre Konten bei Banken zu kündigen, die Kredite an Südafrika vergaben, propagierte auch die bundesdeutsche Anti-Apartheid-Bewegung Aktionen im Finanzsektor. Auf Druck von Basisgruppen löste das Präsidium des Evangelischen Kirchentages im Jahr 1987 seine Konten bei der Deutschen Bank, der Dresdner Bank und der Commerzbank auf. Aktivisten erklärten den 27. Mai 1988 zum bundesweiten »Bankenaktionstag«. In einem Mobilisierungsaufruf hob die Zeitschrift *Consum Critik* hervor, die weiße Bevölkerung in Südafrika genieße einen der höchsten Lebensstandards der Welt.[25] Bereits ein Jahrzehnt zuvor hatte die südafrikanische Aktivistin Brigalia Bam in ihrem Vorwort zur ersten deutschen Obstboykott-Broschüre betont, dass weiße Südafrikaner »in Luxus baden«, während schwarze Kinder an Unterernährung starben und Unschuldige ins Gefängnis geworfen würden. Für sie war der ökonomische Boykott ein letzter Versuch, einen »schrecklichen Rassenkrieg« abzuwenden.[26]

Der Mainstream der bundesrepublikanischen Anti-Apartheid-Bewegung, der stark in kirchlichen Organisationen verwurzelt war, verfolgte eindeutig eine Strategie der Gewaltlosigkeit, die den moralischen Gegensatz zwischen friedlichen Boykotten und dem auf Gewalt gestützten südafrikanischen Regime akzentuierte. In der zweiten Hälfte der achtziger Jahre entstand jedoch ein militanter Zweig der Bewegung, zu dem vor allem die Revolutionären Zellen und die Autonomen gehörten. Im Herbst 1985 verübte eine Revolutionäre Zelle Sprengstoffattentate auf

24 »Verbraucher: Kap der guten Früchte«, in: *Der Spiegel* 49 (30. November 1987), 89-95.
25 »27. Mai 1988: Bankenaktionstag gegen Apartheid«, in: *Consum Critik* 6/2 (1988), 4.
26 Brigalia Bam, Vorwort zu Evangelische Frauenarbeit, *Kauft keine Früchte aus Südafrika!*, 3f.

die Zahnradfabrik Friedrichshafen – eine Firma, die Fallschirme und Teile für gepanzerte Fahrzeuge exportierte – und auf zwei Niederlassungen der Daimler-Benz AG, die der südafrikanischen Armee LKW und Geländefahrzeuge verkaufte. Ein Bekennerschreiben begann mit dem bekannten Schlachtruf »Burn, baby, burn!« und verwies auf jene, die von den südafrikanischen Sicherheitskräften verletzt, inhaftiert und exekutiert worden waren. Wenn bundesdeutsche Aktivisten militanten Angriffen auf von Weißen bewohnte Viertel in südafrikanischen Städten Beifall spendeten, hofften sie, die dortige Widerstandsbewegung der Jugendlichen möge sich nicht mit dem Kampf um die Brosamen bescheiden, die vom Tisch der weißen Herrscher fielen, sondern kriminelle Aneignung und militante Politik miteinander verknüpfen.[27] Da deutsche Unternehmen dem südafrikanischen Unterdrückungsapparat »über alles Geschwätz von Boykott, Sanktion usw. hinweg«[28] weiterhin wichtiges Material verkauften, wollten die RZ über bloße Solidaritätskampagnen und pseudoethische Kosmetik hinausgehen:

> Unser Thema sind [...] nicht Desinvestment, Mindestlöhne, ein antirassistischer Verhaltenskodex oder das Verstecken der Krüger-Rands in die hinteren Schubladen: wir wollen die fast 150 westdeutschen Multis, die den südafrikanischen Subkontinent an die Ausbeutungs- und Kapitalströme der Metropolen ankoppeln, nicht zu einer fairen Geschäftspolitik anhalten. Sie sind als Teil einer weltweiten imperialistischen Ausbeutungsstruktur hier wie dort anzugreifen. [...] Das [...] müssen Feuersbrünste in ihren Produktionshallen, unter ihrer Konsumscheiße werden.[29]

Zwei Jahre später verübten die RZ als Teil ihrer Kampagne gegen Rassismus und Sexismus einen Anschlag auf die Handelskette Rewe, bei dem im November 1987 17 LKW und Anhänger in der nordrhein-westfälischen Stadt Wesel zerstört wurden.[30] Ein Bekennerschreiben einer Revolutionären Zelle warf Rewe vor, von der Unterdrückung afrikani-

27 »Anschlag gegen Brüggemann & Brandt, Hagen und Mercedes Lueg, Bochum« (Dezember 1985), in: ID-Archiv im IISG Amsterdam (Hg.), *Früchte des Zorns: Texte und Materialien zur Geschichte der Revolutionären Zellen und der Roten Zora* (Amsterdam: ID Verlag, 1993, 2. Aufl.), Bd. 2, 532.

28 »Aktion gegen die Zahnradfabrik, Friedrichshafen, und gegen Daimler, Schwäbisch-Gmünd« (Oktober 1985), in: ebd., 530-532.

29 »Anschlag gegen Brüggemann & Brandt, Hagen, und Mercedes Lueg, Bochum«, in: ebd., 533.

30 »Verbraucher: Kap der guten Früchte«, in: *Der Spiegel* 49 (30. November 1987), 92.

scher Frauen zu profitieren, weil in den mehr als 7000 Filialen Früchte, Gemüse und Konserven »verschachert« würden. Das Schreiben verglich die Ausbeutung in den Fabriken und Plantagen multinationaler Konzerne mit den Bedingungen des Frühkapitalismus: Landarbeiterinnen müssten bis zu 60 oder 70 Stunden wöchentlich arbeiten, seien dabei oft gezwungen, ihre Kinder zur Arbeit mitzubringen, und erhielten zudem weniger Lohn als ihre männlichen Kollegen:

> Die Früchte, die in den Zeitungsannoncen der hiesigen Supermarktketten als Sonderangebot offeriert werden, sind das Produkt von Frauenarbeit, unter Bedingungen, die die gesamte Breite der kapitalistischen und sexistischen Unterdrückung darstellen: Durch die Technisierung der Anbaumethoden und den dadurch verringerten Arbeitskräftebedarf haben Arbeiterinnen meist nur noch den Status von Saisonarbeiterinnen oder Tagelöhnerinnen; gleichzeitig haben sie auch die gesundheitlichen Folgen der Kapitalisierung der Landwirtschaft – die durch Pestizid- und Kunstdüngereinsatz entstehenden Krankheiten – zu tragen.

Zudem unterlägen die Frauen der alltäglichen Gewalt ihrer weißen Aufseher: Nirgendwo auf der Welt geschähen laut RZ mehr Vergewaltigungen als in Südafrika. Bei dem Versuch, die sozialen und politischen Kämpfe Südafrikas zu imitieren und in die Bundesrepublik zu übertragen, lobten die RZ die Rolle der Frauen in diesen Auseinandersetzungen: bei Streiks in den südafrikanischen Fabriken von Daimler-Benz und bei der Organisation von Protesten gegen Mieterhöhungen, Boykotte oder Plünderungen von Großhandelsniederlassungen. Im Gegensatz zu früheren Statements der RZ würdigte der feministische Zweig explizit die kirchlichen Frauengruppen, die den Boykott schon jahrelang unterstützt hatten. Das Ziel des Angriffs auf Rewe war schlicht: »Wir wollen, daß die Waren aus den Regalen verschwinden.«[31]

Die Anti-Apartheid-Kampagne der RZ war vermutlich von den bekannteren Brandanschlägen der niederländischen Gruppe RaRa (Revolutionäre Antirassistische Aktion) inspiriert, die diese ab September 1985 auf die Supermarktkette Makro und auf mehrere Shell-Tankstellen verübte. Für RaRa stand die militante Opposition gegen die südafrikanische Apartheid eindeutig im Mittelpunkt der politischen Agenda.

31 »Aktion gegen Firma REWE« (November 1987), in: ID-Archiv im IISG (Hg.), *Früchte des Zorns*, Bd. 2, 536-537.

Durch die Anschläge der niederländischen Gruppe erreichte die militante Anti-Apartheid-Kampagne die bundesdeutsche Autonomen-Szene. Shell-Tankstellen, die es so gut wie überall gab, wurden zu einem relativ leichten Ziel. Es gibt aber kaum Belege dafür, dass sich die Autonomen an dem Obstboykott beteiligten. Ein seltenes Beispiel ist ein Poster aus West-Berlin mit einer Zeichnung, die eine Menschenmenge beim Zerstören von Waren im Supermarkt zeigt.[32] Weiter oben auf der Agenda der Autonomen waren die Geschäftsbeziehungen, die bundesdeutsche Unternehmen mit Südafrika im Bereich der Nuklear- und Militärtechnologie unterhielten.[33] Die Autonomen interpretierten die Apartheid als Krieg. Weitverbreitet waren Proteste gegen Banken.[34] Warenboykotte spielten bei solchen im Geiste der Solidarität mit den Befreiungskämpfen südafrikanischer Arbeiter ausgeführten direkten Aktionen gegen multinationale Konzerne nur eine untergeordnete Rolle.[35]

## ANTIZIONISTISCHE KAMPAGNEN

Nur eine Minderheit der deutschen Linksradikalen war bereit, Israel mit Südafrika auf eine Stufe zu stellen und zu Boykotten israelischer Produkte aufzurufen. Ein Vorläufer solcher Kampagnen ereignete sich, als die Revolutionären Zellen mit Boykottaufrufen und Brandanschlägen gegen eine filmische Darstellung ihrer kontroversesten Aktion vorgingen: der Entführung eines in Tel Aviv gestarteten Air-France-Flugzeugs auf den ugandischen Flughafen Entebbe, einer Aktion, die aus der Zusammenarbeit mit der Haddad-Gruppe der Volksfront zur Befreiung Palästinas (PFLP) hervorgegangen war. Den israelischen Sicherheitskräften gelang am 4. Juli 1976 eine spektakuläre Befreiungsaktion,

32 Plakat (West Berlin, 1986), online verfügbar unter: {http://plakat.nadir.org/plakat_ausgabe.php3?plakat=http://uke.nadir.org/nadir/plakat/cd/film211/211_10.jpg} (Stand August 2017).

33 Plakat »Atomgeschäft: Bundesrepublik – Südafrika«, online verfügbar unter: {http://plakat.nadir.org/plakat_ausgabe.php3?plakat=http://uke.nadir.org/nadir/plakat/cd/film236/236_17.jpg} (Stand August 2017).

34 Flyer, »Kein Geld für Südafrikas Rassenpolitik« (Mai 1987), {http://plakat.nadir.org/plakat_ausgabe.php3?plakat=http://uke.nadir.org/nadir/plakat/cd/film275/275_11.jpg} (Stand August 2017)

35 Arbeitskreis Internationale Solidarität, *Shell raus aus Südafrika: Materialien zur Anti-Shell Kampagne* (Amsterdam: ID Verlag, 1990).

bei der drei Geiseln, sämtliche Entführer, darunter zwei RZ-Mitglieder, der Kommandeur der israelischen Spezialeinheit und mindestens zwanzig ugandische Soldaten getötet, aber mehr als hundert Geiseln befreit wurden.[36] Noch vor Ende des Jahres kam der Hollywood-Film *Victory at Entebbe*, in der deutschen Fassung *Unternehmen Entebbe*, von Marvin J. Chomsky in die Kinos, in dem Elizabeth Taylor, Kirk Douglas, Anthony Hopkins und Burt Lancaster mitspielten. Eine zentrale Szene des Films zeigt einen Vorfall, der als »Selektion« bekannt geworden ist: Die Entführer zwingen ein jüdisches Ehepaar mit belgischen Pässen zu den zuvor von den restlichen Geiseln separierten Israelis in einen anderen Raum zu gehen. Der Mann wird dabei zu Boden gestoßen und aufgrund seines jüdisch klingenden Namens gedemütigt.

Im Januar 1977 bekannte sich eine Gruppe, die sich Revolutionäre Zellen/Kämpfer für ein freies Palästina nannte, zu zwei versuchten Brandanschlägen auf Kinos in Düsseldorf und Aachen, die den Film zeigten.[37] Ähnliche Anschläge hatten sich im vorangegangenen Monat in Rom ereignet.[38] Ein Flugblatt fragte: »Wer sind die Terroristen?« und rief dazu auf, Aufführungen des Films zu stören.[39] Vor Gericht argumentierten die wegen des Aachener Brandsatzes festgenommenen und später wegen Mitgliedschaft in den RZ verurteilten Gerhard Albartus und Enno Schwall, der Film legitimiere rassistische Unterdrückung und

36 Die einzige wissenschaftliche Monographie zur Flugzeugentführung von Entebbe, die allerdings ausschließlich auf englischsprachigen Quellen basiert, ist: Saul David, *Operation Thunderbolt: Flight 139 and the Raid on Entebbe Airport, the Most Audacious Hostage Rescue Mission in History* (London: Hodder & Stoughton, 2015). Ansonsten bieten zeitgenössische journalistische Darstellungen, die Transkriptionen von Augenzeugenberichten beinhalten, die umfassendste Darstellung: William Stevenson, *90 Minutes at Entebbe: The First Full Inside Story of Operation Thunderbolt, the Spectacular Israeli Strike against Terrorism* (New York: Bantam Books, 1976); Yeshayahu Ben-Porat, Eitan Haber und Zeev Schiff, *Entebbe Rescue* (New York: Delacorte Press, 1977).

37 Bundesamt für Verfassungsschutz, *Pressespiegel* 5 (10. Januar 1977), 3, BAK, BMJ, HG 4, B 141/62511, 4030 E-16/77, Bd. 1; Generalstaatsanwaltschaft Düsseldorf, Anklageschrift, Gerhard Albartus, 5 OJs 2/77 (28. Juli 1977), 163, AK, BMJ, HG 4, B 141/62511, 4030 E-16/77, Bd. 1.

38 »Firebombs Hit Movie Theaters Showing Film on Entebbe Rescue«, in: *Jewish Telegraphic Agency* (27. Dezember 1976), online verfügbar unter: {http://archive.jta.org/article/1976/12/27/2977164/firebombs-hit-movie-theaters-showing-film-on-entebbe-rescue} (Stand August 2017).

39 Sitting Bull, »Unternehmen-Entebbe: Wer sind die Terroristen?« (o.D.), Privatsammlung des Autors.

den Mord an Palästinensern und Afrikanern.[40] Das Bekennerschreiben der RZ betonte, die Brandsätze seien nicht in der Absicht, Personen zu verletzen, gelegt worden. Weiterhin wurde der Film mit nationalsozialistischer Propaganda verglichen. Die Absetzung des Films wurde gefordert und zu einem Boykott nicht nur dieses, sondern aller künftigen Filme zu den Ereignissen in Entebbe aufgerufen.[41]

Die meisten Darstellungen der Ereignisse in Entebbe betonen das antisemitische Vorgehen der deutschen Entführer, wobei dieser Aspekt, besonders in Deutschland, die Wahrnehmung und die Debatte dominiert. Die doppelte Staatsbürgerschaft zahlreicher Geiseln verkompliziert die Interpretation der Quellen. Aus diesen geht aber relativ eindeutig hervor, dass die »Selektion« von Entebbe nicht in der Weise stattgefunden hat, wie sie gewöhnlich dargestellt wird. Ilan Hartuv, pensionierter Beamter des israelischen Außenministeriums und eine der Geiseln von Entebbe, erklärte 2011 in einem Interview recht eindeutig: »Die Trennung wurde anhand von Pässen und Ausweisen vorgenommen. Es gab keine Selektion von Juden gegenüber Nicht-Juden.«[42] Für sich genommen sagen Hartuvs Worte nicht viel über das Vorhandensein oder den Mangel antisemitischer Motivationen bei den Mitgliedern der RZ und der PFLP aus, sie demonstrieren aber, dass die Frage, ob es sich um ein dezidiert antisemitisch motiviertes Vorgehen handelte, zumindest diskussionswürdig ist. Unzweifelhaft ist, dass israelische Staatsbürger in Entebbe festgehalten und mit dem Tod bedroht wurden, aber viele nicht-israelische Juden wurden freigelassen, ein Umstand, der in den gängigen

40 Oberlandesgericht Düsseldorf, Urteil Albartus/Schwall, IV 2/77, 5 OJs 2/77 (19. Januar 1979), 116, BAK, BMJ, HG 4, B 141/62511, 4030 E-16/77, Bd. 2.

41 »Brandanschlag gegen die Vorführung des Entebbe-Films« (Januar 1977), in: ID-Archiv (Hg.), *Früchte des Zorns*, Bd. 1, 129. Siehe auch »Entebbe-Film: Wahnsinnig durchgeknallt«, in: *Der Spiegel* 3 (10. Januar 1977), 62-63.

42 Yossi Melman, »Setting the Record Straight: Entebbe Was Not Auschwitz«, auf: *Haaretz.com* (8. Juli 2011); online verfügbar unter: {http://www.haaretz.com/weekend/week-s-end/setting-the-record-straight-entebbe-was-not-auschwitz-1.372131} (Stand August 2017). Die Geisel Moshe Peretz machte während der Ereignisse folgende Tagebuchaufzeichnung: »Die Terroristen trennen uns von den anderen: eine höchst dramatische Szene. Alle, die einen israelischen Pass besitzen, werden aufgerufen, die Haupthalle zu verlassen und sich in einen Nebenraum zu begeben. Die Frauen fangen an zu weinen. Es fühlt sich an wie eine Hinrichtung. […] Leute mit Doppelstaatsangehörigkeit werden auch in den Nebenraum befohlen« (abgedruckt in: Stevenson, *90 Minutes at Entebbe*, 27).

Darstellungen, welche die an Auschwitz erinnernde »Selektion« in den Mittelpunkt stellen, zumeist unter den Tisch fällt.[43]

Zwei Jahre nach den Ereignissen von Entebbe verübten die RZ einen Anschlag auf die Frankfurter Niederlassung der Firma Agrexco, die sich im Besitz des israelischen Staats befand und der größte Importeur von israelischem Obst in Europa war. Es entstand Sachschaden am Gebäude, Menschen wurden nicht verletzt. Ein Bekennerschreiben berief sich auf arabische Arbeiter, die angeblich Quecksilber in israelische Orangen gespritzt hatten. Orangen, in die Quecksilber injiziert wurde, waren in der Tat im Januar und Februar 1978 an verschiedenen Orten in Europa aufgetaucht, es ist aber zweifelhaft, dass palästinensische Organisationen tatsächlich an der Vergiftung von Zitrusfrüchten beteiligt waren. Vielmehr existieren Hinweise, dass radikale Palästinasolidaritätsgruppen in Europa – eventuell die RZ oder ähnliche Gruppen in den Niederlanden – diese Protestform erfunden haben. Briefe, in denen damit gedroht wurde, israelische Agrarprodukte im Namen einer sonst nicht bekannten Arabischen Revolutionären Armee zu vergiften, gingen in verschiedenen europäischen Hauptstädten ein und waren in Stuttgart aufgegeben worden. Die Palästinensische Befreiungsorganisation (PLO) und die PFLP hielten zunächst wenig von dieser neuen Form des Kampfes, weil sie Gefahr lief, die Täter zu diskreditieren. Sie griffen erst später und in sehr geringem Umfang auf die Methode zurück.[44]

Der Anschlag der RZ und die Erklärung vom Juni 1978 erscheinen somit als Versuch, die öffentliche Wahrnehmung zu korrigieren, die eine Welle von Nachahmungstätern durch die Vergiftung von Zitrusfrüchten in ganz Europa ausgelöst hatte, was auch nichtisraelisches Obst betraf. Die RZ wiesen darauf hin, dass es sich dabei um Sabotage und nicht um Vergiftung handelte, da die Aktionen zum Ziel hatten, die Orangen unbrauchbar zu machen, nicht aber Menschen zu töten, was sich

43 Eine detaillierte Analyse der umstrittenen Narrative zur Flugzeugentführung von Entebbe liefert: Alexander Sedlmaier und Freia Anders, »›Unternehmen Entebbe‹ 1976: Widerstreitende Perspektiven auf eine Flugzeugentführung«, in: *Jahrbuch für Antisemitismusforschung* 22 (2013), 267-289.

44 Meine Darstellung folgt der beeindruckend detailreichen Interpretation von Ehud Sprinzak und Ely Karmon, »Why So Little? The Palestinian Terrorist Organizations and Unconventional Terrorism« (17. Juni 2007); online verfügbar unter: {http://www.ict.org.il/Articles/tabid/66/Articlsid/246/currentpage/5/Default.aspx} (Stand August 2017).

auch in der Tatsache zeige, dass Warnungen ergangen waren, die allerdings ignoriert wurden. In der Tat wird mit der Nahrung aufgenommenes elementares Quecksilber vom menschlichen Körper kaum absorbiert, und Vergiftungserscheinungen bei Verschlucken sind sehr selten. Folglich stellten die etwa fünfzig mit Quecksilber verunreinigten Orangen, die in verschiedenen europäischen Städten aufgefunden wurden, keine Bedrohung für Menschenleben dar.[45] Allerdings sind die Einzelheiten der von Quecksilber ausgehenden Gesundheitsgefährdung kaum allgemein bekannt, und Quecksilber kann, besonders in seinen chemischen Verbindungen, eine hochgradig toxische Wirkung haben, etwa wenn Menschen über längere Zeit Quecksilberdämpfen ausgesetzt sind oder kontaminierten Fisch verzehren. Somit war die akute Gefahr, die von den vergifteten Zitrusfrüchten ausging, gering, aber die Vorfälle erzeugten ein Klima der Angst, was sich wiederum negativ auf die Verkaufszahlen des Obsts auswirkte – was der ursprünglichen Intention der Täter entsprach. Die RZ wiesen Antisemitismusvorwürfe zurück, deren Ursprung sie in einem Mangel an Solidarität innerhalb der Linken und einer Verleumdungskampagne in den Medien sahen, zumal niemand ernsthaft zu Schaden gekommen sei. Weiterhin behaupteten die RZ, der »imperialistische Staat« Israel finanziere einen nicht geringen Teil seiner Armee durch den Export von Zitrusfrüchten. Die RZ würden dem »Vernichtungskrieg gegen die Palästinenser« nicht länger »tatenlos zusehen«, der Anschlag sei lediglich als Vorspiel für weitere Maßnahmen im ökonomischen Bereich gedacht: »Boykottkampagnen gegen israelische Waren [...], Diskussionen mit Leuten beim Einkaufen bis hin zu Stinkbomben und Säureattentaten gegen israelische Produkte und [...] Vernichtung der überall in den Kaufhäusern ausgelegten israelischen Obstbestände.« Die RZ konnten es sich nicht verkneifen, das, was sie als »Vertreibung, Verfolgung und Ausrottung eines ganzen Volkes« wahrnahmen, mit der »Blut- und Boden-Politik der Nazis« zu vergleichen. Parallel dazu verkündeten sie explizit, ihr Kampf gegen den Zionismus sei auch ein resoluter Kampf gegen jegliche Form des Antisemitismus.[46] Die Debatte über Ähnlichkeiten und Unterschiede zwischen Israelkritik, Antizionismus und Antisemitismus oder über struk-

45 Ebd.

46 »Aktion gegen die Israelische Import-Gesellschaft Agrexco, Frankfurt« (Juni 1978), in: ID-Archiv im IISG (Hg.), *Früchte des Zorns*, Bd. 1, 131-132.

turelle Affinitäten zwischen Antiimperialismus und Antisemitismus befand sich in den siebziger Jahren allenfalls in den Anfängen.[47]

Die RZ setzten ihre »Kampagne zur Unterstützung des palästinensischen Befreiungskampfes« ein Jahr später mit einem ähnlichen Anschlag auf einen weiteren Obstimporteur, die Firma Hameico, fort. Das Bekennerschreiben verwies wieder auf einen »faschistischen Genozid am palästinensischen Volk« und lastete zionistischen Waffenexporten die Unterstützung »faschistischer Regimes« in Nicaragua, Südafrika und Argentinien an. Die Radikalen forderten erneut, dass Unternehmen israelische Produkte aus dem Angebot nehmen und dass »Antifaschisten« Buttersäure in »zionistisches Obst« injizieren sollten, um Boykotte zu provozieren.[48] Die RZ machten Israel schon früh zum Ziel ihrer militanten Boykottkampagnen. Die britische Palestine Solidarity Campaign nahm ihre Boycott Israeli Goods Campaign hingegen erst 1982 auf.[49]

## DAS WANDBILD IN DER HAFENSTRASSE

Die heikle Mischung von Kritik an der israelischen Außenpolitik, Antizionismus und Antisemitismus trat im Kontext der ersten Intifada Ende der achtziger Jahre erneut auf, als die sogenannten »Antiimps« – ein Zweig der autonomen Bewegung, der sich zur Loyalität mit den Zielen der RAF bekannte – Solidarität mit Palästina unter einem eher willkürlichen Antiimperialismus-Begriff subsumierten. Ähnlich wie die RZ unterhielten diese Gruppen Kontakte mit der PFLP, die erst spät auf den Boykott als Mittel zur Gewinnung von europäischer Unterstützung im Kampf gegen den israelischen Staat zurückgegriffen hatte.[50] Im Jahr

47 Siehe Gerhard Hanloser, »Bundesrepublikanischer Linksradikalismus und Israel: Antifaschismus und Revolutionismus als Tragödie und als Farce«, in: Moshe Zuckermann (Hg.), *Antisemitismus, Antizionismus, Israelkritik* (Göttingen: Wallstein, 2005), 194; Volker Weiß, »›Volksklassenkampf‹ – Die antizionistische Rezeption des Nahostkonflikts in der militanten Linken der BRD«, in: ebd., 231; Robert Holzer, »Neue Linke zwischen Antisemitismus, Antizionismus, und Kritik an Israel«, in: *Archiv für die Geschichte des Widerstandes und der Arbeit* 19 (2011), 267-334.

48 »Aktion gegen die Import-Firma Hameico Frankfurt« (Juni 1979), in: ID-Archiv im IISG (Hg.), *Früchte des Zorns*, Bd. 1, 133.

49 Ehud Rosen, *Mapping the Organizational Sources of the Global Delegitimization Campaign against Israel in the UK* (Jerusalem: Center for Public Affairs, 2011), 30.

50 Vgl. Wolfgang Graf, »Vom Nein zum Ja«, 155. Nach Graf begann der Israelboykott der radikalen Linken in den achtziger Jahren und erreichte als Reaktion auf das Mas-

1988 malten Hausbesetzer aus der Hamburger Hafenstraße, wo im Unterschied zu West-Berlin die ursprünglich 1981 besetzten Häuser nach wie vor ein Brennpunkt des politischen Konflikts waren, ein Wandgemälde an die Brandmauer eines Mietshauses, das von dem Aufruf »Boykottiert ›Israel‹! Waren, Kibbuzim + Strände« dominiert wurde.[51] Diese Worte waren auf dem Hintergrund einer gigantischen palästinensischen Flagge gemalt, und darüber befanden sich die Umrisse eines leichten Maschinengewehrs. Anscheinend um die angeblich illegitime Natur des zionistischen Staates zu unterstreichen, war das Wort »Israel« in Anführungszeichen gesetzt, ähnlich wie die Springer-Presse über die »DDR« berichtete.

Der unmittelbare Anlass für die großflächige Protestbotschaft waren anscheinend Fernsehbilder von israelischen Soldaten, die während der Intifada auf palästinensische Kinder einschlugen. Der Boykottaufruf war explizit dazu gedacht, Entfernung zu überbrücken. Einer der Beteiligten sagte rückblickend: »Wir wollten einen Bezug zu hier haben, was man hier tun kann.«[52] Neben der manichäischen Weltsicht, die sich in der pauschalen Verurteilung Israels zeigte, war besonders die Tatsache merkwürdig, dass sich der Aufruf gegen Kibbuzim, also gegen in sozialistischen und utopischen Idealen wurzelnde Kollektive, richtete. Im Frühjahr 1988 löste die problematische Botschaft heftige Kontroversen innerhalb und jenseits der radikalen Linken um die Frage aus, inwieweit es sich dabei um eine Manifestation von Antisemitismus handelte.[53] Auf einer Diskussionsveranstaltung in der Hafenstraße betonten Aktivisten, es müsse möglich sein, den Staat Israel zu kritisieren,

saker von Sabra und Schatila einen ersten Höhepunkt. Einen zweiten Peak datiert Graf auf die Unterstützung der ersten Intifada im Jahr 1987. Die Daten sind nicht unplausibel, aber Graf belegt sie nicht durch empirische Evidenz. Nach den für dieses Buch analysierten Quellen ergibt sich kein klarer Zusammenhang zwischen Boykotten und dem Massaker im libanesischen Bürgerkrieg. Vor 1987 blieben Boykottaufrufe marginal. Siehe das Plakat »Gegen Zionismus und Rassismus: Boykottiert Israel! Unterstützt die Intifada!« (1987); online verfügbar unter: {http://uke.nadir.org/nadir/plakat/cd/film230/230_10.jpg} (Stand August 2017).

51 Monika Sigmund und Marilyn Stroux, *Zu bunt: Wandbilder in der Hafenstraße* (Hamburg: St.-Pauli-Archiv, 1996); Werner Lehne, *Der Konflikt um die Hafenstraße: Kriminalitätsdiskurse im Kontext symbolischer Politik* (Pfaffenweiler: Centaurus, 1994).

52 Sigmund/Stroux, *Zu bunt*, 27.

53 Jan Philipp Reemtsma, »Die andere Wand – Über die Parole ›Boykottiert »Israel«!‹ an einem der Häuser der Hamburger ›Hafenstraße‹«, in: ders., *u. a. Falun: Reden & Aufsätze* (Berlin: Edition Tiamat, 1992), 147-153.

*Abb. 23*: Boykottaufruf an einem besetzten Haus in der Hamburger Hafenstraße, 1988.

ohne deshalb gleich des Antisemitismus bezichtigt zu werden. Ein Hauptredner war der israelische Menschrechtsaktivist Uri Davis, der Mitglied der Fatah war und ein Buch geschrieben hatte, in dem er argumentierte, Israels Politik gegenüber den Palästinensern sei vergleichbar mit der Apartheid in Südafrika. Davis war auch Mitglied der politischen Gruppierung Return, die ebenfalls Boykottaufrufe verbreitete.[54]

Trotz der unmittelbar einsetzenden Kritik traten Aktivisten in Hamburg und anderen Städten der Bundesrepublik eine ausgewachsene Kampagne gegen israelische Waren los. In Supermärkten wurden Orangenkisten umgestoßen; auf einem Wochenmarkt wurden Blut und rote Farbe über israelischen Produkten ausgegossen. Es ist nicht schwer nachzuvollziehen, dass diese Aktionen angesichts der antisemitischen Boy-

54 Sigmund/Stroux, *Zu bunt*, 28-29; Uri Davis, *Israel: An Apartheid State* (London: Zed Books, 1987).

kottaktionen der Nationalsozialisten weithin als geschmacklos empfunden wurden.[55] Die Hamburger Antiimps, die mit gemischten Gefühlen feststellen mussten, dass Beifall für ihre Aktionen von ganz rechts kam, legten ein im Grunde einfältiges historisches Verständnis des Nationalsozialismus an den Tag, und die zumindest ungeschickte Verwendung der Anführungszeichen in der Botschaft auf dem Wandgemälde in der Hafenstraße stellte in gewisser Weise in der Tat das Existenzrecht Israels infrage, womit man sich auf diskursives Terrain mit antisemitischen Konnotationen begeben hatte. Ähnlich verhielt es sich mit einem Bombenanschlag der RZ im April 1988 auf das Verwaltungszentrum des Hamburger Transport- und Obstimportunternehmens Olff & Sohn. Zehn Jahre nach dem Anschlag auf Agrexco kombinierten die RZ Boykottrhetorik gegen Südafrika und Israel; die Hamburger Obsthändler wurden als Komplizen dieser Regime gebrandmarkt.[56]

Der Hamburger Senat ließ das Wandgemälde schließlich überstreichen und drohte den Besetzern mit der Räumung, sollten sie Widerstand leisten. Die Aktivisten begnügten sich damit, Transparente an den Baugerüsten aufzuhängen, die eine weitere Legitimationsschiene zur Verteidigung der ursprünglichen Botschaft eröffneten. In großen auf weiße Laken gemalten Lettern prangten Zitate aus der Resolution 3379 der UN-Generalversammlung, die am 10. November 1975 von einer Mehrheit aus arabischen und Dritte-Welt-Ländern sowie Staaten des Ostblocks beschlossen worden war und besagte, dass »Zionismus eine Form von Rassismus und rassistischer Diskriminierung« sei, was Israel auf eine Stufe mit den Apartheid-Staaten Südafrika und Rhodesien stellte.[57] Das Wandbild aus der Hafenstraße erschien weiter auf antizionistischen Plakaten und Flugblättern. Im Göttinger Autonomen Zentrum Juzi wurde eine Kopie des Hamburger Bilds auf eine Wand gemalt. Klei-

55 Archiv für Soziale Bewegungen, Freiburg, *Materialien zur Kampagne boykottiert »Israel« – Waren, Kibbuzim, und Strände. Palästina – Das Volk wird sich befreien* (1988); »›Das Gut-Böse-Raster‹: Zur Auseinandersetzung um das Wandbild in der Hamburger Hafenstraße«, in: *calcül* 6 (1999); online verfügbar unter: {http://www.conne-island.de/nf/72/24.html#t01} (Stand August 2017).

56 »Aktion gegen die Transportfirma Olff & Sohn, Hamburg« (April 1988), in: ID-Archiv im IISG (Hg.), *Früchte des Zorns*, Bd. 2, 537-538.

57 Sigmund/Stroux, *Zu bunt*, 29-31; der englische Text der Resolution 3379 der UN-Generalversammlung ist online verfügbar unter: {https://documents-dds-ny.un.org/doc/RESOLUTION/GEN/NR0/000/92/IMG/NR000092.pdf?OpenElement} (Stand August 2017).

nere Wandbilder mit ähnlichen Botschaften wurden rasch überstrichen: Eines in der Paul-Roosen-Straße in St. Pauli zeigte einen geöffneten Mund, der gerade in eine Frucht mit dem Aufkleber »Jaffa« biss, in der sich ein Soldat mit einem Maschinengewehr widerspiegelte, der vor einem Türeingang stand, aus dem Blut floss.[58] Die durch das Wandbild in der Hafenstraße ausgelöste Boykottkampagne war zweifellos ein bedeutendes Element des politischen Repertoires der bundesdeutschen Autonomen, eine Durchsicht ihrer Zeitschriften und Plakate zeigt aber auch, dass konventionelle Proteste gegen die israelische Außenpolitik, etwa während des libanesischen Bürgerkriegs im Jahr 1982, wesentlich häufiger waren. Verglichen mit anderen Protestthemen spielte das Thema Israel für die Autonomen eine untergeordnete Rolle.

## BOYKOTTE GEGEN MULTINATIONALE KONZERNE

Trotz der Prominenz der Proteste gegen Südafrika und, in geringerem Umfang, Israel war der Fokus auf multinationale Konzerne für die Politisierung des Konsums langfristig bedeutsamer. Ein bahnbrechender Fall war der Kampf gegen die fragwürdige Vermarktung von Muttermilchpulver in Entwicklungsländern durch die Schweizer Firma Nestlé, einen der weltweit größten Nahrungsmittelkonzerne. Eine von der britischen Hilfsorganisation War on Want 1974 publizierte Broschüre mit dem Titel *The Baby Killer* und eine leicht abgewandelte deutsche Übersetzung eröffneten eine internationale Kampagne, die sich gegen die schädlichen Auswirkungen von Muttermilchersatzprodukten unter den Bedingungen der Armut wandte.[59] Das Problem solcher Ersatzprodukte bestand darin, dass ihre Anwendung die natürliche Produktion der

58 Sigmund/Stroux, *Zu bunt*, 31.

59 Mike Muller, *The Baby Killer: A War on Want Investigation into the Promotion and Sale of Powdered Baby Milks in the Third World* (London: War on Want, 1974); online verfügbar unter: {http://archive.babymilkaction.org/pdfs/babykiller.pdf} (Stand August 2017); Freimut Duve (Hg.), *Exportinteressen gegen Muttermilch: Der tödliche Fortschritt durch Babynahrung. Eine Dokumentation der Arbeitsgruppe Dritte Welt Bern* (Reinbek: Rowohlt, 1976). Siehe auch: S. Prakash Sethi, »Multinational Corporations and the Impact of Public Advocacy on Corporate Strategy: Nestle and the Infant Formula Controversy«, in: *Journal of International Business Studies* 25/3 (1994), 658-660; Monica Kalt, *Tiersmondismus in der Schweiz der 1960er und 70er Jahre. Von der Barmherzigkeit zur Solidarität* (Bern: Peter Lang, 2010), 400-489.

Muttermilch versiegen lässt und somit eine Abhängigkeit vom Milchpulver entsteht, das nur mit nicht überall vorhandenem, sauberem Wasser angerührt werden darf und bei unsicherer Marktlage nicht immer erhältlich oder erschwinglich ist. Die Protestkampagne richtete sich ursprünglich gegen mehrere Hersteller von Babynahrung, konzentrierte sich aber zunehmend auf Nestlé, da die Arbeitsgruppe Dritte Welt Bern, von der die deutsche Übersetzung stammte, den Titel »Nestlé tötet Babys« gewählt hatte, was die derart beschuldigte Firma dazu veranlasste, eine Verleumdungsklage anzustrengen. Der zweijährige Prozess, der international großes Presse-Interesse erfuhr, endete mit einem Urteil, das der Firma Nestlé formal Recht gab, da ihr keine strafrechtlich relevante Verantwortung für den Tod von Säuglingen nachgewiesen werden konnte. Dennoch wurde der Prozessausgang weithin als moralischer Sieg für die wegen Verleumdung Angeklagten gesehen, nicht nur wegen der sehr milden Geldstrafe, sondern weil es ihnen gelungen war, ihre moralischen und politischen Argumente so zu vermitteln, dass es in der Folge zu einer lang anhaltenden internationalen Boykottkampagne kam.

Diese Argumente stützten sich auf eine Kritik an Versorgungsregimen, der die Protestbewegungen seit den späten sechziger Jahren den Weg bereitet hatten. Unter der Überschrift »Opium für Babies« stellte die Zeitung des Offenbacher Sozialistischen Büros Zitate aus dem Prozessgeschehen zusammen: Der Vorsitzende von Nestlé, der seine Firma den »multinationalste[n] aller Multis« nannte, wurde mit einem Heroin-Dealer verglichen, der den ersten Schuss kostenlos hergab, weil er auf die postwendend einsetzende Abhängigkeit spekulierte. Nach Meinung der Basler *National-Zeitung* kam Nestlés Weigerung, jegliche Verantwortung für die Auswirkungen der Babyfläschchen zu übernehmen, dem Brandstifter gleich, der die Schuld auf die Streichhölzer schob.[60] Der Journalist und SPD-Politiker Freimut Duve betonte, es handele sich um eine neue Opfergruppe und einen »letzte[n] entscheidende[n] Schritt auf dem Weg zur Bewußtseinskolonisierung« durch die Werbung: »Hier will ein europäischer Exportgigant vermarkten, was sich bisher dem Markt verschlossen hat: die Schenkbeziehung zwischen Mutter und Baby.«[61]

60 »Opium für Babies«, in: *links* 81 (Oktober 1976).
61 Duve (Hg.), *Exportinteressen gegen Muttermilch*, 7.

Das Argument, die Vermarktung künstlicher Ersatzstoffe für natürliche Produkte in weniger entwickelten Ländern führe zu desaströsen Abhängigkeiten, spielte auch in der Frühphase des Protests gegen Gentechnik eine Rolle. Im November 1984 kam es zu einem Buttersäureanschlag auf das Büro zweier Architekten, die am Bau von Forschungslaboratorien für den Pharmaziekonzern Schering in Zusammenarbeit mit der Freien Universität Berlin beteiligt waren. Der Anschlag wurde mit dem Hinweis gerechtfertigt, steriler Weizen, der keine Samen hervorbringe, erleichtere die Monopolbildung auf dem Agrarmarkt und liefere die Konsumenten in der Dritten Welt der Willkür amerikanischer und europäischer Konzerne aus. In den Augen der Protestierenden war das eine bewusste Strategie, die Firmen in die Lage versetzte, »letztendlich über die Existenz oder das Verhungern ganzer Bevölkerungen entscheiden zu können«.[62]

Im Jahr 1981 riefen mehrere Gruppen, die sich für Solidarität mit El Salvador, Guatemala und Nicaragua einsetzten, zu einer bundesweiten Boykottkampagne gegen Kaffeeröstereien auf. Ein Flugblatt wies darauf hin, dass deutschen Konsumenten der Kaffeegenuss eine Selbstverständlichkeit sei, während diejenigen, die ihn anbauten, sich das Getränk nicht leisten konnten: »Jeder Versuch der Landbevölkerung, sich gegen soziale Ungerechtigkeit zur Wehr zu setzen, wird gewaltsam unterdrückt. […] Wir als die Verbraucher werden in dieses System einbezogen.«[63] Eine Gruppe Autonomer plünderte – oder »enteignete«, wie es die Aktivisten selbst formulierten – eine Göttinger Filiale der Firma Eduscho: »Dieser Kaffee ist auf dem Weg zurück nach El Salvador wo er den Eigentümern, den Arbeitern und Indios gestohlen wurde – für einen Hungerlohn von 20 DM/Monat, für den Preis der Armut, 50% Kindersterblichkeit und 60% Analphabetentum.« Ein Kommentar in der autonomen Zeitschrift *radikal* lobte die Aktion, weil sie den Befreiungskampf der salvadorianischen Guerilla mit dem Widerstand in der Bundesrepublik verbinde.[64] Boykotte multinationaler Konzerne waren eine attraktive Mobilisierungsressource, weil sie die Möglichkeit bo-

62 »Gentechnologie Buttersäureanschlag auf das Architektenbüro Kiemle & Keidt, das das neue Genforschungsinstitut von FU und Schering baut«, in: *Anagan* 5 (1985), 21.

63 Mittelamerika-Komitees in der BRD u. West Berlin, »Boykottiert die Kaffeekonzerne«; online verfügbar unter: {http://plakat.nadir.org/plakat_ausgabe.php3?plakat=http://uke.nadir.org/nadir/plakat/cd/film264/264_21.jpg} (Stand August 2017).

64 »Göttingen: Eduscho enteignet«, in: *radikal* 103 (April 1982), 27.

ten, scheinbar weit voneinander entfernte Konflikte in einen Zusammenhang zu bringen.

## FEMINISTISCHE SOLIDARITÄT

Die Rote Zora, ein Zweig der Revolutionären Zellen, der in den achtziger Jahren eine eigene Position entwickelte, betonte die feministische Dimension des Kampfes gegen Ausbeutung und Gewalt in der globalen Wirtschaft. In einem Interview für die feministische Zeitschrift *Emma* im Juni 1984 formulierte die Rote Zora ihre Kritik des Wechselspiels von Versorgungs- und Gewaltregimen:

> Wenn Frauenhändler unsere Schwestern aus der ›3. Welt‹ kaufen und an deutsche Biedermänner weiterverkaufen, dann ist das legal. Wenn Frauen für ein Existenzminimum eintönigste Arbeit machen müssen und dabei ihre Gesundheit ruinieren, dann ist das legal. Alles Gewaltverhältnisse, die wir nicht länger bereit sind zu ertragen und hinzunehmen, die nicht allein dadurch abzuschaffen sind, daß wir sie anprangern. [...] Deswegen sabotieren, boykottieren wir, fügen Schaden zu, rächen uns für erfahrene Gewalt und Erniedrigung, indem wir die Verantwortlichen angreifen.

Die militanten Frauen der Roten Zora, die »gegen die Ausbeutung der Frauen als Ware« kämpften, sagten über sich selbst, dass sie »in ekelhaften Supermärkten« einkaufen gingen und in »in häßlichen Häusern« wohnten, aber sie beschrieben auch ihre Lebensfreude: »[W]ir gehen gerne spazieren oder ins Kino, ins Theater, die Disco, wir feiern Feste, wir pflegen das Nichtstun.«[65]

Die Rote Zora legte ihr Hauptaugenmerk auf Arbeitskämpfe, das klassische Thema der »alten Linken«, und belebte damit radikale Traditionen auf globaler Ebene neu, als sie am 11. September 1986 einen Brandschlag auf die West-Berliner Filiale der Textilfirma Adler verübte, der in einem Arbeitskampf, der etwa 8000 km weiter östlich stattfand, einen Wendepunkt darstellte. Das Management des Adler-Subunternehmens Flair Fashion ging daraufhin auf einige Forderungen streikender Textilarbeiterinnen in einer Fabrik in einer südkoreanischen Frei-

65 »Interview mit der Roten Zora« (Juni 1984), in: ID-Archiv im IISG (Hg.), *Früchte des Zorns*, Bd. 2, 598-605.

handelszone ein. Zunächst war der Streik gewaltsam niedergeschlagen worden. Die Streikenden beklagten überlange Arbeitszeiten, niedrige Löhne, die Unterbindung freier Gewerkschaften und damit die Unmöglichkeit effektiver Protest- und Streikaktionen sowie sexuelle Belästigung. Der militante Versuch der Roten Zora, die Solidaritätskampagne für Niedriglohnarbeiterinnen in der Dritten Welt zu radikalisieren, stieß unmittelbar auf Kritik: Eine in West-Berlin ansässige koreanische Frauengruppe und die Menschenrechtsorganisation Terre des Femmes fürchteten die Konsequenzen des gewaltsamen Vorgehens.[66] Im Juni und August 1987 schlug die Rote Zora erneut zu: Brandsätze verwüsteten zehn Adler-Filialen in der ganzen Bundesrepublik. Das Bekennerschreiben verspottete Adlers Werbeslogan »Leben mit Qualität« – wessen Lebensqualität, so fragten die Aktivistinnen, sei denn gemeint? Dem lag eine zweigleisige Kritik zugrunde: »Der brüchig gewordene Klassenfrieden in den Metropolen wird aufrecht erhalten durch billige Konsumangebote auf Kosten der Menschen in den 3 Kontinenten. [...] Unsere Privilegien, wovon der Konsum eines ist, beruhen auf der Ausbeutung, Verwertung und Vernichtung der Menschen der 3 Kontinente. Der Konsum wird uns als Ersatz für ›Leben‹ untergeschoben.« Adlers Billigtextilien erschienen als Teil einer hinterlistigen Strategie, die selbst dem bundesdeutschen Sozialhilfeempfänger das Gefühl gab, sich bunte und modische Kleidung leisten zu können und damit einen Platz in der Konsumgesellschaft zu haben. In Wirklichkeit zerstörten diese Textilien jedoch die Eigenbedarfsökonomien in Ländern wie Südkorea, was junge Frauen vor die Wahl stellte zwischen Prostitution – die Rote Zora verwies auf die 40 000 in Südkorea stationierten US-amerikanischen Soldaten – und den Hungerlöhnen, die man in einer der Fabriken verdienen konnte, die für den Weltmarkt produzierten. Diese Anklage war

66 Angelika Hoor, »Die Dritte Welt kleidet uns ein«, in: Christa Becktepe und Traude Strütt-Bringmann (Hg.), *Der Stoff aus dem die Kleider sind* (Bonn: Verbraucherinitiative, 1990), 98-99; Ute Koczy, Christa Stolle und Jai Sin Pak, *Made in Korea. Adler-Textilarbeiterinnen wehren sich gegen deutsche Ausbeutung* (Kiel: Magazin Verlag, 1989). Allgemein zu Niedriglohnarbeiterinnen in Südkorea siehe Hagan Koo, »From Farm to Factory: Proletarianization in Korea«, in: *American Sociological Review* 55/5 (1990), 669-681; Kyung Ae Park, »Women and Development: The Case of South Korea«, in: *Comparative Politics* 25/2 (1993), 127-145; Seung-Kyung Kim, »›Big Companies Don't Hire Us, Married Women‹: Exploitation and Empowerment among Women Workers in South Korea«, in: *Feminist Studies* 22/3 (1996), 555-571.

*Abb. 24*: Protestplakat gegen Sextourismus und Frauenhandel, Frankfurt am Main.

in allgemeinere Betrachtungen zur Kommodifizierung sämtlicher Lebensbereiche durch den Kapitalismus eingebettet.[67]

Am Internationalen Frauentag 1983 verübte die Rote Zora Anschläge auf das Auto eines sogenannten Ehevermittlers und auf das philippinische Konsulat in Bonn, um Frauenhandel öffentlich sichtbar zu machen. Ein Schreiben führte den »Sexboom« auf die US-amerikanische Militärpräsenz in Südostasien zurück; Militärbasen zogen Sexarbeiterinnen an, deren Lebensgrundlage durch Krieg zerstört worden war. Auf

67 »Anschlag gegen Adler« (Juni 1987), in: ID-Archiv im IISG (Hg.), *Früchte des Zorns*, Bd. 2, 628-631.

dieser Situation basierte das globale Geschäft des Sextourismus und des Menschenhandels mit asiatischen Frauen. Doch die Wurzel des Problems lag letztlich in der vom Imperialismus verursachten Verarmung und Verschuldung. Die militanten bundesdeutschen Frauen erklärten ihre Solidarität mit der philippinischen radikalen Linken und warfen den Agromultis wie Del Monte und Dole vor, sich auf Vergewaltigung und Mord zu stützen, die von paramilitärischen Einheiten verübt wurden, die tropische Wälder abholzten und die Überlebenden dem Weltmarkt auslieferten. Die Rote Zora ging davon aus, dass mehr als 200 bundesrepublikanische Unternehmen am Geschäft des Menschenhandels teilhatten, indem asiatische Frauen wie Handelsware beworben und verkauft wurden. Hotels, Fluggesellschaften und Reisebüros profitierten von der ökonomischen Notsituation der Frauen. Die Rote Zora beschuldigte das Regime des philippinischen Diktators Marcos, »das Land dem internationalen Agrobusiness und anderen Großkonzernen« auszuliefern.[68] Ein ähnlicher Anschlag auf den Flughafen-Shuttlebus eines Frauenhändlers in Münster folgte im August 1983. Das Bekennerschreiben konzentrierte sich erneut auf die erniedrigende Kommodifizierung von Frauen, die innerhalb der Gewaltverhältnisse der bundesrepublikanischen Gesellschaft toleriert werde. Die Rote Zora führte an, das Unternehmen, dem der Anschlag gegolten hatte, halte »sogar Betten zum Ausprobieren« der Frauen bereit. Die radikalen Feministinnen misstrauten den Erklärungen der bundesdeutschen und philippinischen Behörden, denen zufolge Menschenhändler strafrechtlich verfolgt würden. Beide Regierungen würden zu den Grundursachen des Problems beitragen.[69]

## IWF UND WELTBANK

Der feministische Schwerpunkt war ein wichtiger Teil einer umfassenderen Kritik an der globalen Wirtschaftsordnung und an den Strukturen des globalen Markts, die spätestens Ende der achtziger Jahre zu einem von vielfältigen Protestakteuren geteilten Framing diverser glo-

68 »Aktionen gegen den Frauenhändler Kirschner, Köln und das Philippinische Konsulat, Bonn« (März 1983), in: ebd., 608-610.

69 »Aktion gegen den Frauenhändler Günter Menger, Münster« (August 1983), in: ebd., 610f.

baler Problemlagen verdichtet wurde. Sozialwissenschaftler haben diese Entwicklung als »Global Justice Movement« bezeichnet.[70] Proteste gegen Wirtschaftsgipfel waren maßgeblich für diesen Prozess. Die erste wichtige Gegenveranstaltung gab es in Bonn im Mai 1985. Rund 25 000 Demonstranten, unter ihnen Angehörige verschiedener autonomer Gruppierungen, forderten diejenigen heraus, die sie für »Hunger, Ausbeutung und Imperialismus« verantwortlich machten.[71]

Noch eindringlicher manifestierte sich die Entstehung eines auf die Weltwirtschaft gerichteten politischen Fokus beim Jahrestreffen von Weltbank und IWF in West-Berlin im September 1988. Kritiker dieser Institutionen – etwa 150 Gruppierungen aus dem gesamten linken Spektrum, unter ihnen Umweltschützer, Autonome und Dritte-Welt-Aktivisten – organisierten in West-Berlin und anderen bundesdeutschen Städten eine Fülle von Gegenveranstaltungen, die in einer Demonstration mit 80 000 Teilnehmern gipfelten. Während der Proteste kam es zu einer beträchtlichen Anzahl kleinerer Anschläge auf Geschäfte und Filialen multinationaler Unternehmen, unter anderem auf Adler-Vertriebsstellen, mit denen die Ausbeutung von Arbeiterinnen in Südkorea angeprangert werden sollte.[72] Es gab aber auch eine Demonstration gegen die Niedriglohnproduktion in Ostasien vor einer Adler-Verkaufsstelle in einer Einkaufspassage am Kurfürstendamm.[73] Die autonome Frauenbewegung griff Pornokinos und Reisebüros an, die Sextourismus vermittelten. Diese Protestformen werden in der ohnehin raren Literatur zu dieser bemerkenswerten Vorwegnahme späterer Protestmuster der globalisierungskritischen Bewegung allenfalls am Rande erwähnt.[74] In

70 Dieter Rucht, Simon Teune und Mundo Yang, »The Global Justice Movement in Germany«, in: Donatella della Porta (Hg.), *The Global Justice Movement: Cross-National and Transnational Perspectives* (Boulder: Paradigm, 2007), 161.

71 Protestmanifest (Mai 1985), zit. n. ebd. Siehe auch Miriam Holzapfel und Karin König, »Chronik der Globalisierungsproteste«, in: *Mittelweg* 36/6 (2001), 25.

72 »Diesen Kampf werden wir gewinnen. Koreanische Arbeiterinnen: erfolgreiche Kämpfe unter härtesten Bedingungen«, in: *Zahltag: Tägliche Massenzeitung gegen IWF und Weltbank* 2 (26. September 1988), 2, WZB-IWF. Hierbei handelt es sich um eine am Wissenschaftszentrum Berlin für Sozialforschung erstellte Quellensammlung zum West-Berliner Jahrestreffen von IWF und Weltbank. Besten Dank an Dieter Rucht, dass ich dieses Material benutzen durfte.

73 IWF/Weltbank-Kampagne, in: *Rundbrief* 4, IISG, ID, ZK 48937.

74 Siehe: Jürgen Gerhards, *Neue Konfliktlinien in der Mobilisierung öffentlicher Meinung: Eine Fallstudie* (Opladen: Westdeutscher Verlag, 1993); ders., »Die Mobilisierung gegen die IWF- und Weltbanktagung 1988 in Berlin: Gruppen, Veranstaltun-

den sich im Zuge der entstehenden Protestbewegung ergebenden Debatten herrschten Argumentationsstrategien vor, welche die Gewalt und die moralischen Verstöße der Gegenseite rhetorisch verstärkten und gleichzeitig den eigenen Einsatz von Gewalt rechtfertigten und neutralisierten. Diese Wechselbeziehung zwischen Aktivisten und Ordnungskräften, gekennzeichnet von Assoziationen und Vergleichen auf globaler Ebene, war mitverantwortlich für eskalierende Entwicklungen.

Die Schuldenkrise in der Dritten Welt, die sich in den siebziger Jahren anbahnte und 1982 ausbrach, eröffnete dem IWF und der Weltbank eine enorme Machtposition, die es diesen Institutionen erlaubte ihre Kredite und besonders die Rückzahlungsmodalitäten an umstrittene marktwirtschaftliche Auflagen zu knüpfen. Sogenannte Strukturanpassungskredite sollten den Entwicklungsländern helfen, die Kontrolle über ihren Staatshaushalt wiederzuerlangen, anstatt für Staatsausgaben einfach Zuflucht zur Notenpresse zu suchen. Die Weltbank erklärte optimistisch, diese Anpassungsprozesse würden binnen fünf Jahren bewältigt sein. Liberalisierte Preise sollten private Investitionen stimulieren, was wiederum Wachstum ankurbeln und somit die Armut bekämpfen würde.[75] Die Auflagen für diese kurzfristigen Anpassungsprozesse beinhalteten die Reduktion des Konsums, insbesondere des öffentlichen Konsums. Die vom IWF betriebene Abwertung betroffener Währungen führte zur »Dollarisierung« inländischer Preise, was wiederum abrupte Preissteigerungen bei Nahrungsmitteln, Gebrauchsgütern und Brennstoffen auslöste. Explizitere Rückzahlungsbedingungen begrenzten staatliche Subventionen für Grundnahrungsmittel und andere lebenswichtige Güter. Vor Ort jedoch führten diese Maßnahmen meis-

gen, Diskurse«, in: Roland Roth und Dieter Rucht (Hg.), *Neue soziale Bewegungen in der Bundesrepublik Deutschland* (Bonn: Bundeszentrale für politische Bildung, 1991, 2. Aufl.), 213-234; Jürgen Gerhards und Dieter Rucht, »Mesomobilization: Organizing and Framing in Two Protest Campaigns in West Germany«, in: *American Journal of Sociology* 98/3 (1992), 555-596. Ein Standardwerk zur Entwicklungspolitik behauptet fälschlich, dass Massendemonstrationen und gewaltsamer Protest gegen Gipfeltreffen und IWF/Weltbank-Tagungen erst in den späten neunziger Jahren entstanden. Vgl. Franz Nuscheler, *Lern- und Arbeitsbuch Entwicklungspolitik* (Bonn: Bundeszentrale für politische Bildung, 2004, 5. Aufl.), 51.

75 Siehe Sebastian Mallaby, *The World's Banker: A Story of Failed States, Financial Crises, and the Wealth and Poverty of Nations* (London: Macmillan, 2004), 45-46. Siehe auch Devesh Kapur, John P. Lewis und Richard Webb, *The World Bank: Its First Half Century*, Bd. 1 (Washington: Brookings Institution Press, 1997), 595-596.

tens zu Preissteigerungen im Gesundheitswesen, in der Bildung, im öffentlichen Verkehr und bei anderen öffentlichen Gütern. Für den Großteil der Bevölkerung wurde der Zugang zu diesen stark eingeschränkt. Gleichzeitig versäumte es der IWF, auf Steuererhöhungen für diejenigen Bevölkerungssegmente zu bestehen, die tatsächlich in der Lage waren, den Gürtel enger zu schnallen. Darüber hinaus begünstigte der IWF Exporte, weil die Konsumentennachfrage in den reichen Ländern höhere Einkünfte versprach. Dieser Ansatz drosselte aber die Nachfrage in den weniger entwickelten Ländern. Kleine Segmente der Gesellschaft bildeten Inseln des Konsums der Besserverdiener, während die Hauptlast der IWF-Maßnahmen von den Schwächeren, die am wenigsten für die Schuldenkrise verantwortlich waren, getragen wurde. Kriminalitätsraten stiegen, und es kam vermehrt zu Plünderungen von Supermärkten, was oft in sogenannten *austerity riots* oder »IWF-Unruhen« gipfelte. Zwischen 1976 und 1992 ereigneten sich Protestwellen in mindestens 39 der rund 80 Schuldnerstaaten.[76] John Walton und David Seddon betonen, dass akuter Hunger für diese Unruhen ein weniger wichtiger Ursachenfaktor war als das Bewusstsein um die internationalen Ursprünge der Austerität und die Empörung über die Eliminierung eines »paternalistischen Konsumentenschutzes«, den die vormals Begünstigten als ihr legitimes Recht betrachteten und verteidigten.[77]

Eine Reihe von Experten hat – damals und auch später – darauf hingewiesen, dass es im globalen Finanzsystem der siebziger und achtziger Jahre schwere strukturelle Probleme gab. Selbst Unicef, das Kinderhilfswerk der Vereinten Nationen, und die Welthandelsorganisation warfen dem IWF die massive Verletzung sozialer Menschenrechte vor.[78] Kritiker machten geltend, das Finanzsystem liefe auf einen umfassenden Transfer ökonomischer Ressourcen von den Schuldnerländern in

76 Manfred Gailus, »Contentious Food Politics: Sozialer Protest, Märkte, und Zivilgesellschaft« (Berlin: WZB, 2004), 53; online verfügbar unter: {https://www.econstor.eu/dspace/bitstream/10419/49761/1/483175005.pdf} (Stand August 2017).

77 John Walton und David Seddon, *Free Markets and Food Riots: The Politics of Global Adjustment* (Oxford: Blackwell, 1994), 50-52.

78 Siehe Peter Körner, Gero Maass, Thomas Siebold und Rainer Tetzlaff, *Im Teufelskreis der Verschuldung: Der Internationale Währungsfonds und die Dritte Welt* (Hamburg: Junius, 1984); Alexander Schubert, *Die internationale Verschuldung: Die Dritte Welt und das transnationale Bankensystem* (Frankfurt a. M.: Suhrkamp, 1985); Nuscheler, *Lern- und Arbeitsbuch Entwicklungspolitik*, 367-370; Joseph E. Stiglitz, *Die Schattenseiten der Globalisierung* (Berlin: Siedler, 2002).

die Gläubigerländer hinaus.[79] In den Augen ihrer Kritiker maßten sich IWF-Bürokraten die illegitime Festlegung von Nahrungsmittelpreisen, Busfahrkarten und Schulgebühren in fernen Ländern an. Die Konsequenzen der Rückzahlungsauflagen wurden zum Brennpunkt einer weitreichenden Kritik, die bemüht war, Menschenrechtsverletzungen aufzuzeigen und so die wohlwollenden Intentionen, zu denen sich die Staats- und Regierungschefs der reichsten Länder auf ihren Treffen feierlich bekannten, Lügen zu strafen.

Auf dem zweiten G7-Gipfel, der im Juni 1976 in Puerto Rico stattfand, erklärten die Machthaber der großen Industrienationen, sie seien um »anhaltende ökonomische Expansion und den daraus resultierenden Anstieg individuellen Wohlstands« mit dem »langfristigen Ziel einer maximalen Expansion des Handels« bemüht. Die Frage war nur, an wessen Wohlstand sie dabei dachten. Zumindest rhetorisch bezog sich die Freihandelsbotschaft auf alle Länder, schließlich ging man davon aus, dass ein Rückgang des Welthandels allen Staaten schade.[80] Diese Denkweise führte gemeinsam mit der relativen Stärke der Entwicklungsländer infolge der Ölkrise dazu, dass der IWF und die Weltbank während der siebziger Jahre großzügige Kredite an Staaten des Globalen Südens verteilten, was diese in einem noch nie dagewesenen Ausmaß in die globale Finanzökonomie einband.

Die Rede, die Bundeskanzler Helmut Kohl anlässlich des West-Berliner Treffens von IWF und Weltbank hielt, ging nur sehr indirekt auf Kritik und Protest ein. Der einzige Kritikpunkt, den er erwähnte, war die Zerstörung der Natur: »Es wäre allerdings ein Pyrrhussieg, wenn eine Wohlstandmehrung nur um den Preis einer Zerstörung der lebensnotwendigen *Umwelt* gewonnen würde.« Der Kanzler legte ein Lippenbekenntnis zu dem Ziel ab, das vermeintlich alle Delegierten einte: »überall in der Welt Lebensverhältnisse zu ermöglichen, die tatsächlich als menschenwürdig bezeichnet werden können«.[81] Zu den Lebensbedingungen während des Übergangsprozesses, der den Wohlstand für

79 Michel Chossudovsky, *The Globalisation of Poverty: Impacts of IMF and World Bank Reforms* (London: Zed Books, 1999), 78.

80 »Joint Declaration of the International Conference« (28. Juni 1976), San Juan, Puerto Rico, online verfügbar unter: {http://www.g8.utoronto.ca/summit/1976sanjuan/communique.html} (Stand August 2017).

81 Helmut Kohl, »Jahresversammlung des IWF und der Weltbank in Berlin, Eröffnungsrede« (27. September 1988), in: *Bulletin des Presse- und Informationsamts der Bundesregierung* 119 (29. September 1988), 1091-1092.

alle ermöglichen sollte, sagte er nichts. Mauricio Rosencof, ein Mitglied der uruguayischen Tupamaros, warf beispielsweise den westlichen Industrienationen vor, »aus Lateinamerika eine Bananen-, Kaffee- und Rinderfabrik« zu machen und dabei »mehr Menschen um[zubringen], als es die Pocken je geschafft haben«.[82] Kritik kam allerdings nicht nur von radikalen Kräften. Hans Matthöfer von der SPD, von 1978 bis 1982 Bundesfinanzminister, warnte: »Kapitalflucht, Korruption und importierter Luxuskonsum der Oberschichten bilden das Bermudadreieck, in dem jede noch so große Kapitalzufuhr nutzlos versickern würde.«[83]

## AUTONOME GEGEN GLOBAL GOVERNANCE

Bundesdeutsche Autonome setzten sich ab 1985 kritisch mit der Politik des IWF auseinander, als West-Berlin erstmals als möglicher Austragungsort für dessen Jahrestagung 1988 genannt wurde. Eine Broschüre mit dem Untertitel »Die Vernichtung hat Methode« lieferte eine Interpretation der Mechanismen hinter der Schuldenkrise: Rüstungsgeschäfte und der Import von Luxusgütern für die Reichen seien üblicherweise von den Sparauflagen des IWF ausgenommen. Nationale Eliten und die Aufrechterhaltung ihrer Macht genössen Priorität.[84] Die Verfasser hätten diesen Punkt noch zuspitzen können, denn einige Regime nutzten die IWF-Kredite, um Waffen zu kaufen, die sie dann gegen Protestierende und die Opposition einsetzten.[85] Am unteren Ende des sozialen Spektrums führten steigende Preise zu drastisch sinkenden Lebensstandards bis hin zu Hunger, der Ausbreitung von Krankheiten und hoher Kindersterblichkeit. Das verordnete Einfrieren der Löhne und die Abwertung der Währung sowie die Bevorzugung der Exportindustrien trugen weiter zur Vertiefung der sozialen Ungleichheit bei. Diese Maßnahmen stießen regelmäßig auf Widerstand und wurden, gestützt auf Po-

82 »Castro schickte Grußadresse«, in: *Volksblatt* (24. September 1988), 10.

83 Martina Ohm, »Mammutmesse der Finanzen: Zur Tagung des Internationalen Währungsfonds und der Weltbank in Berlin«, in: *Der Tagesspiegel* (4. September 1988), Sonntagsbeilage *Weltspiegel*, 1.

84 »IWF und Widerstand«, in: *Der Internationale Währungsfond oder Die Vernichtung hat Methode* (1985), 18-19, IISG, ID, Bro 603/11 fol.

85 »IWF und Weltbank Angeklagte vor dem Basso-Tribunal: Urteilsspruch als Aufforderung zum Neubeginn«, in: *Süddeutsche Zeitung* (30. September 1988), 14.

lizei und Militär, von autoritären einheimischen Eliten durchgefochten. Die Autoren zählten Länder auf, in denen es zu *IMF-riots* gekommen war: Peru, Ägypten (1977); Sudan, Liberia (1979); Bolivien, Türkei (1980); Marokko (1981); Ecuador, Sudan, Bolivien (1982); Argentinien, Brasilien, Ecuador (1983); Tunesien, Marokko, Brasilien, Dominikanische Republik, Jamaika, Peru (1984); Bolivien, Sudan, Dominikanische Republik, Ecuador (1985).[86] Ein detaillierter Bericht beschrieb die Ereignisse in Brasilien im Jahr 1983 und deutete die Plünderung von Hunderten von Supermärkten und die Errichtung von Barrikaden gegen die Polizei als Widerstand gegen den IWF und seine Handlanger in der brasilianischen Elite.[87] Die Analyse ist informativ und nüchtern, ohne dass der oder die Verfasser ihre politischen Ansichten verbergen. Die Opfer des IWF wurden mit einigen tausend beziffert. Das unterscheidet sich gravierend von der Schlussbemerkung im selben Heft: »Hungersnöte werden von Schreibtischtätern als Strategien nüchtern ausgeklügelt; an Konferenztischen wird zynisch mit Hunderttausenden von Toten kalkuliert.«[88]

Die diffuse Vorstellung, das globale Finanzsystem sei für schier unermessliches Leid verantwortlich, wurde in die konkrete Protestkampagne getragen. Ein breites Spektrum von Oppositionsgruppen einschließlich der Grünen unterzeichnete den Aufruf zu einem »Internationalen Gegenkongreß«. Darin wurde das Unheil der internationalen Schuldenkrise mit dem Leiden und dem Verlust an Menschenleben während des Zweiten Weltkriegs verglichen.[89] Diese Behauptung wurde aber nicht durch statistisches Material belegt.

Anderthalb Jahre bevor der Kongress stattfand, deutete ein Pamphlet einer autonomen Gruppe das Eindringen des Kapitalismus in präindustrielle Regionen als einen Prozess, der zu Zerstörung und Vernichtung führe, dessen Opfer mit denen des Nationalsozialismus vergleichbar seien: »Millionen werden […] in […] den Hungertod getrieben. Das

86 »IWF und Widerstand«, in: *Der Internationale Währungsfond oder Die Vernichtung hat Methode* (Berlin, 1985), 18-19, IISG, ID, Bro 603/11 fol; Ahlrich Meyer, »Massenarmut und Existenzrecht«, in: *Autonomie. Neue Folge* 14 (1985), 16f.

87 »Brasilien – Bambule gegen Hunger und Verschuldung«, in: *Der Internationale Währungsfond oder Die Vernichtung hat Methode* (1985), 22.

88 »Statt eines Fazits: Was es uns gebracht hat«, in: ebd., 39.

89 »Für die Überwindung der Schuldenkrise. Für eine gerechte Weltwirtschaftsordnung«, in: *Dritte Welt* 7 (1988), 45.

ist nichts anderes als Völkermord.«[90] Eine andere Broschüre der West-Berliner Autonomen argumentierte, das globale Kapital habe sich von den rechtlichen Beschränkungen des Nationalstaats gelöst. Die 15,5 Millionen Tonnen Soja, die Brasilien exportierte, könnten der Unterernährung in diesem Land ein Ende setzen, stattdessen würden sie in reichen Ländern zu Tierfutter verarbeitet. Gleichzeitig verglichen die Autonomen die von den USA dominierten Institutionen der Global Governance mit den nationalsozialistischen Plänen für eine »Neue Ordnung« Europas. Das Abkommen von Bretton Woods als Grundlage für IWF und Weltbank versuche, die NS-Vorhaben für ein Wirtschaftsimperium, das dem deutschen Volk durch die Vernichtung aller »unnützen Esser« ein »Maximum an Güterverbrauch« garantiere, noch zu überbieten. Kontinuitätslinien wurden durch den Bezug auf führende Unternehmerfiguren in der Bundesrepublik angedeutet, wie etwa Hermann Josef Abs oder Friedrich Flick, die sowohl im NS-Staat als auch beim west-deutschen Wiederaufbau Schlüsselrollen in der Wirtschaft eingenommen hatten, sowie auf US-amerikanische Konzerne wie IBM, ITT und General Motors, die zur technologischen Ausrüstung der deutschen Kriegsmaschine beigetragen hatten. Diese Vermischung von zutreffenden Beobachtungen, Halbwahrheiten und windigen Schlussfolgerungen brachte, gestützt auf Analogien zum Nationalsozialismus, das folgende Verdikt hervor:

> Der erzwungene Hunger und der weltweite Völkermord in den Hungerregionen, ist das beabsichtigte Ergebnis einer Ökonomie der Vernichtung! Wenn zu erwarten ist, dass sich die Not der Menschen in Rebellion zu entladen droht, dann werden Waffen, Polizeiausrüstungen und Spezialisten zur Aufstandsbekämpfung ins Land geschickt! Das ist noch eine Profitquelle für die Waffenproduzenten der USA in Kumpanei mit Israel und der BRD.[91]

90 Autonome Gruppen Westberlin, »Verhindern wir den Kongreß«, in: *Unzertrennlich* 4 (4. März 1987); online verfügbar unter: {http://autox.nadir.org/archiv/iwf/aufruf.html} (Stand August 2017). Vgl. auch Jan Schwarzmeier, *Die Autonomen* (Göttingen: Books on Demand, 2001), 134-142.

91 Autonome aus Rest-Berlin, *IWF und Weltbank – Was ist das?* (Februar 1988), 2 f, 8, IISG, ID, Bro 602/5 fol. Eine ähnliche, aber detaillierte Argumentation, die Kontinuitäten zwischen der »Neuen Ordnung« und Bretton Woods annimmt, findet sich bei Detlef Hartmann, »Völkermord gegen soziale Revolution: Das US-imperialistische System von Bretton Woods als Vollstrecker der nationalsozialistischen Neuen Ordnung«, in: *Autonomie* 14 (1985), 217-287; ders., »IWF – Eine Mordmaschine kann man nicht reformieren«, in: *Schwarzer Faden* 27 (Januar 1988), 26-31.

Vor diesem Hintergrund beschuldigten die Aktivisten den IWF und die Weltbank, systematisch die »Armut der Völker« in der Dritten Welt zu organisieren. Das Titelblatt einer Broschüre für die Protestkampagne zeigte eine geballte Faust, die eine Profitkurve abbricht.[92] Auf einem anderen Titelblatt verschlingen riesige Wasserfälle die Skyline von New York, samt Empire State Building und Chrysler Building. Nicht zu sehen ist das World Trade Center.[93] Die Dimension der Legitimation spielte eine wichtige Rolle für die Aktivisten, die Bankkunden als eine große Zielgruppe ihres Vorhabens identifizierten: »Banken sind auf das Vertrauen ihrer Kundschaft besonders angewiesen und betreiben aufwendige Legitimierungs- und Werbekampagnen. Auf dieser Ebene können wir sie herausfordern.« Vorbild war die Anti-Apartheid-Kampagne.[94] Obwohl die Zweckmäßigkeit bestimmter Protestformen, besonders der gewaltförmigen, zwischen autonomen Gruppen und gemäßigteren Teilen der Oppositionsbewegung umstritten war, gab es doch einen gewissen Konsens, der für umfängliche Kooperation bei der Planung der Protestaktivitäten sorgte, was allgemein auch als gemeinsame Front der Gegner von IWF und Weltbank wahrgenommen wurde.[95]

Die Proteste waren explizit darauf angelegt, dass sich eine »breite demokratische Öffentlichkeit« von IWF und Weltbank distanziere. Die grellen Kontraste zwischen den Versorgungsregimen waren fester Bestandteil der von den Protestierenden mobilisierten Bildsprache: »Unser Protest muß deutlich machen, welches materielle Elend sich hinter der Dürre von Bilanzen und Statistiken verbirgt: Karge Armut in der ›Dritten Welt‹, zunehmende Arbeitslosigkeit und neue Armut in den Industrieländern sind die Grundlage ihrer überladenen Tische auf den Galaessen.«[96] Ein Beispiel sollte die Folgen der Rückzahlungsbedingun-

92 IWF/Weltbank-Kampagne, *Rundbrief* 4, IISG, ID, ZK 48937.

93 IWF/Weltbank-Kampagne, *Rundbrief* 3, IISG, ID, ZK 48937.

94 AG Aktionswoche, »Diskussionsvorlage: Zur Begründung von Bankenaktionen« (2. Juni 1988), WZB-IWF.

95 Katsiaficas geht nur kurz auf die Anti-IWF-Kampagne im Jahr 1988 ein. Seiner Ansicht nach waren die Autonomen die wichtigste Kraft bei der Organisation der Proteste, was deren breitere Basis aber unterschätzt. Seine Quelle ist: »›Wir sind der Motor gewesen‹. Die Reorganisation der Autonomen im Protest gegen Weltbank und IWF«, in: *Der Spiegel* 40 (3. Oktober 1988), 132-133. Vgl. George Katsiaficas, *The Subversion of Politics: European Autonomous Social Movements and the Decolonization of Everyday Life* (Oakland: AK Press, 2006), 109.

96 IWF/Weltbank-Kampagne, *Rundbrief* 4, 16.

gen anhand einer Haushaltsstatistik greifbar machen: Ein durchschnittlicher Arbeiterhaushalt in Peru würde nunmehr nur noch 225 anstatt wie zuvor 448 Brötchen monatlich konsumieren und nur noch 4,1 kg Nudeln statt 6,8 kg – eine Verringerung um 690 Kilokalorien und 30 Gramm Protein pro Tag pro Person.[97] In der Auseinandersetzung mit den Ungleichgewichten der globalen Verteilung benutzte die Zeitung der Alternativen Liste – die grüne Partei war im Jahr 1981 erstmals ins Berliner Abgeordnetenhaus gewählt worden und hielt zum Zeitpunkt des IWF-Kongresses 1988 10,6 Prozent der Sitze – Bilder von Prostituierten, um auf asiatische Sexarbeiterinnen in den Straßen und Nachtclubs von West-Berlin aufmerksam zu machen: »Wer sind die Herren, die Ende September Bordelle und anderweitige Vergnügungsstätten füllen?« Einige von ihnen würden den »parasitären Eliten« der Schuldnerländer angehören, die vom IWF und von Krediten der Weltbank profitierten.[98] Die ökonomische Analyse wollte die Gewalt kenntlich machen, die dem Währungssystem innewohnt: »Als Hüterinnen des Weltwirtschaftssystems gegründet [...], bewiesen diese beiden mächtigsten Institutionen schon bald, daß Geld im Sinne des Kapitalprofits nicht nur Zuckerbrot, sondern auch todbringende Peitsche sein kann. Wobei sie die mörderische Wirkung ihrer Politik, die Armut und den Hunger, den Tod und die Umweltzerstörung, geschickt hinter dem Soll und Haben der Bilanzen organisieren und anonymisieren.«[99] In dieser Deutung waren die immensen Sicherheitsmaßnahmen während des IWF-Kongresses in West-Berlin Beleg für die Notwendigkeit, die Realitäten zu unterdrücken und den Eindruck allgemeinen Zuspruchs zu inszenieren.[100]

Die ökologische Dimension des Welthandels, vor allem die Zerstörung tropischer Regenwälder, spielte eine wichtige Rolle in der Kritik, die Politiker der Grünen und Vertreter anderer ökologischer Initiativen gegen den IWF und die bundesdeutschen Konsumenten vortrugen. Dass letztere nach Hamburgern, Rinderbrühe, Dosenfutter für Haustiere, Ananas, Kakao, Bananen, Gummi, Möbeln und Papier verlangten, trieb die Zerstörung dieses Ökosystems voran. Verantwortlich für den Raubbau machte man die Fast-Food-Ketten. Die Schuldenpolitik

97 »Schuldentilgung wird vom Tisch weggespart«, in: *Stachel. Zeitung der Alternativen Liste für Demokratie und Umweltschutz* 80 (Mai 1988), 6, WZB-IWF.

98 »Sie kommen!«, in: *Stachel* 82 (September 1988), 1, WZB-IWF.

99 Büro für ungewöhnliche Maßnahmen, *Wut, Witz, Widerstand*, 5.

100 IWF/Weltbank-Kampagne, *Rundbrief* 4, 16.

des IWF verschärfte die kommerzielle Zerstörung der Regenwälder, die von Regierungen des Globalen Südens durch Maßnahmen wie die Errichtung von Zufahrtsstraßen oder riesige Staudammprojekte betrieben wurde. In der Summe bedrohten diese Praktiken nicht nur die Biodiversität, sondern auch die Existenzgrundlage der Einwohner, die zunehmend ihrer traditionellen Einkommensquellen beraubt wurden, da lokale Ökonomien für die Generierung von Profiten, die in erster Linie an Unternehmen in hochindustrialisierten Ländern flossen, mehr und mehr von für den Export bestimmten »Cash Crops« abhingen.[101] Mit einer Portion Idealismus ließen sich die traditionellen Lebensformen der indigenen Bevölkerungen als überlegene Versorgungsregime auffassen, die, sofern sie nicht gestört wurden, eine nachhaltige Symbiose zwischen Menschen und Regenwald gestatteten. Die wirtschaftliche Entwicklung aber bevorzugte Großgrundbesitzer, Holzexporteure und Bergbaukonzerne, die den eingeborenen Völkern die Möglichkeit nahmen, weiterhin auf ihrem Land das anzubauen, was sie auch verbrauchten. Stattdessen mussten sie anpflanzen, was die Menschen in den Industrieländern konsumieren wollten. In den Jahren 1987 und 1988 kämpften die Völker der Penan und der Punan im malaysischen Bundesstaat Sarawak im Norden Borneos mit Sitzblockaden auf den Zufahrtsstraßen gegen die Holzindustrie. Greenpeace verbreitete ihre Appelle an die Konsumenten in den Industrieländern: »Kauft kein Tropenholz mehr aus unserem Wald und aus den Gebieten anderer Waldvölker.«[102] Die Protestierenden forderten Privatverbraucher auf, politischen Druck auf die Bundesregierung auszuüben, da diese die Schuldenpolitik von IWF und Weltbank unterstützte. Ferner sollten Konsumenten multinationale Unternehmen boykottieren, die an diesem Geschäft beteiligt waren, und auf Waren verzichten, die aus Produktionsketten hervorgingen, die auf der problematischen Landwirtschaft durch Rodung basierten.[103] Ökologen kritisierten an der alten sozialistischen Linken, sie hänge weiterhin lediglich der Idee einer historischen Arbeiterbewegung an, was einfacher sei, »als eigene Konsumgewohnheiten zu ändern«.[104]

101 Barbara Unmüßig, »Traurige Tropen«, in: *Stachlige Argumente* 51 (Juli 1988), 50-53.
102 Marianne Kröger, *Die grüne Hölle. Der Garten Eden der Erde* (Kiel: Magazin-Verlag, 1989), 38.
103 Unmüßig, »Traurige Tropen«, 50-53.
104 Roland Bunzenthal, »Nie schuldeten so viele so wenigen soviel«, in: *Frankfurter Rundschau* (26. September 1988), WZB-IWF.

Eine Woche vor der Eröffnung der West-Berliner Tagung unternahm die dritte Generation der RAF einen Anschlagsversuch auf den Staatssekretär im Bundesfinanzministerium Hans Tietmeyer, in dessen Aufgabenbereich die internationale Währungspolitik und die Organisation von Wirtschaftsgipfeln fiel. Die von den Tätern verwendete Maschinenpistole hatte sich offenbar verklemmt, das Auto des zukünftigen Bundesbankpräsidenten wurde nur von Schrotmunition getroffen.

Die RAF hatte den IWF und die Weltbank zum ersten Mal in ihrer langen Erklärung vom Januar 1976 im Stammheim-Prozess erwähnt. Lange vor dem Ausbruch der Schuldenkrise berief sich die erste Generation der RAF auf den »widerstand der staaten der dritten welt gegen ihre ausplünderung durch weltbankkredite«. Sie betrachtete die Institutionen der Global Governance als Werkzeuge eines von den USA beherrschten Weltwirtschaftssystems, dessen Diktat sich die Entwicklungsländer nicht entziehen konnten.[105] Eine Hungerstreikerklärung von RAF-Häftlingen aus dem Jahr 1984 beinhaltet eine recht kompakte Analyse der Schuldenkrise, in der argumentiert wird, dass die Gesellschaften der Entwicklungsländer »zwischen Kaserne, IWF und dem jetzt kulminierenden Einsatz der Hungerwaffe gegen Millionen von Menschen« organisiert würden, »damit sie [den] Weltherrschaftsplänen nicht gefährlich werden«.[106] Die französische revolutionäre Untergrundorganisation Action Directe (AD), die im Jahr 1985 ein Bündnis mit der RAF einging, verübte im Juni 1982 und erneut im April 1985 Anschläge auf die Europazentrale der Weltbank und auf IWF-Büros in Paris. Die AD war zudem für Bombenanschläge auf Unternehmen mit geschäftlichen Beziehungen zu Südafrika und auf das israelische Citrus Marketing Board verantwortlich.[107] Wie die RAF rangen auch ihre französischen Genossen um ein theoretisches Verständnis der Dimension

105 Andreas Baader, Gudrun Ensslin, Ulrike Meinhof und Jan-Carl Raspe, »Erklärung zur Sache. Überarbeitete Fassung« (13. Januar 1976), 156; online verfügbar unter: {www.socialhistoryportal.org/raf/5500} (Stand August 2017).

106 »Hungerstreikerklärung vom 4. Dezember 1984«, in: ID Verlag (Hg.), *Rote Armee Fraktion: Texte und Materialien zur Geschichte der RAF* (Berlin: ID Verlag, 1997), 326. Eine ähnliche Argumentation findet sich in: »Anschlag auf Gerold von Braunmühl: Erklärung vom 10. Oktober 1986«, in: ebd., 378.

107 Michael Y. Dartnell, *Ultra-Left Terrorism in France, 1979-1987* (London: Frank Cass, 1995), 80, 83, 117, 150, 153, 159.

des Konsums im zeitgenössischen Imperialismus. Sie gingen aus von einem

> System von Determinanten, das auf die technologische Macht und die Dekulturalisierung der Beherrschten mittels eines westernisierten Modells von Produktion und Konsum konzentriert ist. [...] Wenn die kulturellen Normen des Westens es geschafft haben, jeglichen Widerstand zu zerschlagen, wird die breite Masse darauf einschwenken und dabei ihr ganzes Leben dem Traum opfern: Die Bewohner lateinamerikanischer Barackenstädte besitzen oft einen Fernseher und einen Kleintransporter [...]; gleichzeitig sterben ihre Kinder an Hunger, und Jugendliche werden zu Prostituierten.[108]

Die RAF-Erklärung zum gescheiterten Anschlag auf Tietmeyer warf diesem vor, an »Völkermord und Massenelend in der 3. Welt« schuld zu sein. Als Mitorganisator von IWF-Tagungen und Wirtschaftsgipfeln wurde er für eine »imperialistische Politik der Vernichtung durch Hunger und Counterinsurgency« im Dienst von Profit und Macht verantwortlich gemacht. Diese Politik bedeute Tod und Elend für die Mehrheit der Menschen im Globalen Süden. Die Erklärung bot wenig Analyse und griff stattdessen auf erprobte Feindbilder zurück. In dem Versuch, die alte Kluft zwischen Metropole und Dritter Welt zu überbrücken, warf die RAF alles Mögliche in einen Topf, von der Wirtschaftskrise in Irland bis zum vermeintlichen Genozid in den Entwicklungsländern, wo die »Existenzgrundlage von Millionen Menschen« zerstört werde.[109] Letztlich war dies ein Versuch, Tietmeyer und den anderen Funktionären der Weltwirtschaftspolitik die Schuld an der Gesamtheit des wirtschaftlichen Elends der Welt zu geben. Die unmittelbar bevorstehende West-Berliner Tagung fand jedoch bemerkenswerterweise keine Erwähnung in der Erklärung.

108 Action Directe International, »Pour un projet communiste« (März 1982), zit. n. ebd., 107f.

109 »Anschlag auf Staatssekretär Hans Tietmeyer: Erklärung vom 20./21. September 1988«, in: ID Verlag (Hg.), *Rote Armee Fraktion*, 387f.

Ausführlicher als die RAF nahmen die Revolutionären Zellen den IWF und die Rolle der reichen Länder in der Weltwirtschaft ins Visier. Schon vor den militanten Angriffen auf Obstimporte aus Südafrika und Israel machten die RZ den IWF und die Weltbank als Hauptgegner aus: »Die Zentralisation der politischen und ökonomischen Macht spielt sich nicht im Rahmen eines Europarates oder eines europäischen Parlaments ab [...], sondern im Rahmen neuer transnationaler Souveränitäten [...] wie des internationalen Währungsfonds [...] und der trilateralen Kommission.«[110] Ähnlich wie die RAF identifizierten die Revolutionären Zellen »den Konsum«, also den westlichen Wohlstand, als etwas, das im revolutionären Kampf zu überwinden sei.[111] Und wie die RAF hatten auch die Revolutionären Zellen eine eigene, wenngleich weniger theorielastige Interpretation der Geschichte der bundesdeutschen Konsumgesellschaft. In den hohen Profitraten der Hochkonjunktur der goldenen fünfziger und sechziger Jahre sahen sie die Wurzel eines »gesellschaftliche[n] Konsens«, vor allem unter Facharbeitern und Angestellten. Die gegenwärtigen Konsumbedürfnisse der Mittelschichten hielten sie für übersättigt. Wichtiger für ihre Kritik waren die durch »staatlichen Konsum« beförderten Wirtschaftssektoren, also die Rüstungs- und die Bauindustrie.[112]

Seit ihrer Entstehung in den siebziger Jahren lenkten die RZ ihr Augenmerk auf die Wirtschaftskrise, um mit ihrer Hilfe eine revolutionäre Situation hervorzubringen. Ihre Analyse ergab, dass junge Menschen, Arbeiter, Angestellte, Frauen, Ausländer und die sprichwörtliche »Tante Emma« für die Machenschaften der Kapitalisten zur Kasse gebeten würden.[113] Die RZ sahen ihre Brandanschläge auf verschiedene Handelsorganisationen als »Versuch, diese Krise aufrecht zu erhalten, eine Alternative aufzubauen, die ökonomische Krise in eine politische zu verwandeln«.[114]

110 »Revolutionärer Zorn 4« (Januar 1978), in: ID-Archiv im IISG (Hg.), *Früchte des Zorns*, Bd. 1, 242.

111 »Anschlag auf die ITT-Tochter SEL, Düsseldorf« (Februar 1983), in: ebd., 377.

112 »Die Bewegung gegen die Startbahn West« (August 1983), in: ID-Archiv im IISG (Hg.), *Früchte des Zorns*, Bd. 2, 399.

113 »Aktionen gegen BDI, BDA, IHK, Ausländerpolizei« (Mai 1974), in: ID-Archiv im IISG (Hg.), *Früchte des Zorns*, Bd. 1, 177f.

114 »Revolutionärer Zorn« (1. Mai 1975), in: ebd., 95.

Dieser Ansatz mündete in eine Kritik an der von der RAF vertretenen Idee einer verbreiteten Verbürgerlichung der Massen. Die Argumentation der RZ im Dezember 1976 erinnert an die von Ulrike Meinhof: »[W]ie wenig bestochen die Massen hier sind«, zeige eine Welle militanter Aktionen in vielen verschiedenen Kontexten, unter anderem Hausbesetzungen und Proteste gegen Fahrpreiserhöhungen. Im Geist der Solidarität erkannten die RZ jedoch an, dass wichtige Impulse für diese Entwicklungen von der RAF gekommen seien.[115]

Im Januar 1978 diagnostizierte eine Revolutionäre Zelle eine Verschiebung in der Wirtschaftspolitik der Länder, die der Organisation für wirtschaftliche Zusammenarbeit und Entwicklung (OECD) angehörten: weg vom verbraucherorientierten Wachstum der Nachkriegszeit und hin zur Sicherung der Vorherrschaft der westlichen Industrienationen. Das gehe einher mit hoher Arbeitslosigkeit, sinkenden Reallöhnen und abnehmendem Lebensstandard: »Überproduktion und Unterkonsumtion treten gleichzeitig auf.«[116] In ihrer Rechtfertigung eines Bombenanschlags auf das amerikanische Offizierskasino der Rhein-Main Air Base, bei dem sieben Menschen verletzt worden waren, erklärten die RZ, die US-Regierung unter Präsident Jimmy Carter setze neue Waffen der ökonomischen Kriegsführung ein: den »Weltmarkt, dem sich keiner entziehen kann, die Kredite des Internationalen Währungsfonds, die keiner zurückzahlen kann. Auf diese Weise werden Abhängigkeiten geschaffen, die viel wirksamer und vernichtender sind, als militärische Unterwerfungen.«[117] Die weltweite Kapitalisierung der Landwirtschaft zerstöre die verbleibenden Flächen der Subsistenzwirtschaft und treibe das ländliche Proletariat in die Städte, so dass in der Dritten Welt 250 Millionen Menschen obdachlos würden. Gestützt auf eine kritische Studie zum IWF von der US-amerikanischen Ökonomin Cheryl Payer kamen die RZ zu dem Schluss, dass die Macht des IWF sogar die der Vereinigten Staaten übertreffe.[118]

Zu Beginn der achtziger Jahre sahen Mitglieder der RZ in IWF und internationalem Finanzwesen die eigentliche Supermacht. Zwar werde diese von den USA dominiert, aber auch der Einfluss von Frankreich

115 »Brief an alle Genossen aus der RAF« (Dezember 1976), in: ebd., 175.
116 »Revolutionärer Zorn Nr. 4« (Januar 1978), in: ebd., 226-228.
117 »Anschlag auf das US-Offizierscasino, Wiesbaden« (Juni 1978), in: ebd., 371f.
118 »Revolutionärer Zorn Nr. 4« (Januar 1978), in: ebd., 230-231. Vgl. Cheryl Payer, *The Debt Trap: The IMF and the Third World* (New York: Penguin, 1974).

und der Bundesrepublik Deutschland steige.[119] In letzter Konsequenz stellte dieses wirtschaftliche Analogon zur Nato nicht nur die nationalstaatlichen Parlamente in den Schatten und unter seine Kontrolle, sondern auch den Ostblock, was jede Möglichkeit einer kommunistischen Alternative aushebele, da nun »in den Direktorien der Deutschen Bank oder des IWF mit darüber entschieden wird, ob ein 5-Jahres-Plan erfüllbar ist oder nicht. Die Wirtschaftspolitik in den RGW-Staaten ist vom Mangelausgleich zwischen Plan- und Bedarfswirtschaft zur Konkurrenz um westliche Kredite verkommen.«[120] In den Entwicklungsländern seien einheimische Eliten in diesen globalen Komplott verwickelt. Ihren Klagen über den IWF müsse man kritisch begegnen, denn sie wollten sich »als Beteiligte und Nutznießer an der Ruinierung ihrer Völker aus der Schußlinie [...] bringen«.[121] Die RZ gaben der Internationalen Entwicklungsorganisation, einer Sonderabteilung der Weltbank für Kreditvergabe an die ärmsten Länder der Welt, die Schuld an der Hungerkatastrophe in Äthiopien im Jahr 1973, die etwa 100 000 Menschen das Leben gekostet hatte. Warum, so fragten sie, rufe die Nachricht, dass 450 Millionen Menschen ständig von Hunger bedroht seien, nicht im selben Maß Widerstand hervor wie der Vietnamkrieg? Die Antwort der RZ auf diese Frage verwies auf einen Traditionsverlust, der auch auf eine Tendenz der Geschichtsschreibung zurückzuführen sei, welche »die Studentenbewegung posthum zu einer kulturrevolutionären Bewegung macht und den Antiimperialismus zur Nebensache« erkläre. Lange bevor derartige Überlegungen zum festen Repertoire kritischer Konsumenten gehörten, stellten sich die RZ ein sprechendes Hemd vor, das demjenigen, der es trug, seine »Geschichte« erzählte, also die Bedingungen, unter denen es produziert wurde, die dem Verbraucher normalerweise verborgen blieben, etwa der geringe Lohn der koreanischen Näherin oder die Differenz zwischen dem Einzelhandelspreis in der Bundesrepublik und dem Preis, den multinationale Konzerne indischen Bauern für die Rohstoffe zahlten.[122]

119 »Revolutionärer Zorn Nr. 6« (Januar 1981), in: ID-Archiv im IISG (Hg.), *Früchte des Zorns*, Bd. 1, 293-298.

120 »Krieg – Krise – Friedensbewegung: In Gefahr und höchster Not bringt der Mittelweg den Tod« (Dezember 1983), in: ID-Archiv im IISG (Hg.), *Früchte des Zorns*, Bd. 2, 482. Die Abkürzung RGW steht für »Rat für gegenseitige Wirtschaftshilfe«, eine 1949 gegründete internationale Organisation sozialistischer Staaten.

121 Ebd., 476.

122 »Revolutionärer Zorn Nr. 6« (Januar 1981), in: ID-Archiv im IISG (Hg.), *Früchte*

Die RZ wollten die Bevölkerung in der Bundesrepublik, einschließlich der Linken, erreichen, die von den weltweit wirksamen imperialistischen Machtstrukturen und von der Ausbeutung der Entwicklungsländer profitierten. Mit einem seltenen Verweis auf Herbert Marcuse konstatierten sie: »Das Warenverhältnis hat die Verkehrsformen der bürgerlichen Gesellschaft, ihre Einrichtungen, ihre Technologien, ihre Moral derart durchtränkt, daß ein Kompromiß ausgeschlossen ist.«[123] Die Versuchungen von Konsum und Karriere ketteten die »Menschen an den globalen Schuldzusammenhang«, der auf »Vernichtungskriegen, Hungersnöten, unsäglicher Armut basiert«. Gleichzeitig verwarfen die RZ explizit das »vorweggenommene ›Reich der Freiheit‹«, das die Kämpfer der RAF herbeigesehnt hatten. Die RZ strebten vielmehr einen langen »Weg der Zersetzung, der Destruktion, des wirklichen Bruchs mit der Gesellschaft« an.[124] Im März 1984 griff eine Revolutionäre Zelle eine Einrichtung an, die ihr als bundesrepublikanisches Analogon zum IWF galt: die Deutsche Gesellschaft für wirtschaftliche Zusammenarbeit in Köln, eine bundeseigene Gesellschaft zur Finanzierung privatwirtschaftlicher Investitionen in Entwicklungsländern.[125]

Hermann Feiling, eines der wenigen Mitglieder der Revolutionären Zellen, die zu aktiven Zeiten gefasst und vor Gericht gestellt wurden, erklärte dort, die blutige Verfolgung der Opposition in Lateinamerika sei »Bedingung einer Wirtschaftspolitik, die für die Masse der Bevölkerung ökonomischer Völkermord heißt und den Konzernen die Türen öffnet. Diese Politik wird vom Weltwährungsfonds durchgesetzt, indem er Kredite an solche politischen Bedingungen bindet, die in Peru z. B. dazu führen, daß 109 von 1000 Kindern sterben, bevor sie gehen können«.[126] Diese Beobachtung hatte einen tragischen Subtext, denn Feiling selbst konnte nicht gehen, da er beide Beine und das Augenlicht verloren hatte, als er versehentlich einen Sprengsatz in seiner Wohnung

*des Zorns*, Bd. 1, 294-295. Eine aktuellere Version dieser Perspektive findet sich bei Wolfgang Korn, *Die Weltreise einer Fleeceweste. Eine kleine Geschichte über die große Globalisierung* (Berlin: Berlin Verlag, 2010).

123 »Revolutionärer Zorn Nr. 6« (Januar 1981), in: ID-Archiv im IISG (Hg.), *Früchte des Zorns*, Bd. 1, 268.

124 Ebd., 272-273.

125 »Anschlag gegen die Deutsche Gesellschaft für wirtschaftliche Zusammenarbeit, Köln« (März 1984), in: ebd., 325-326.

126 »Prozeßerklärung Hermann Feilings« (September 1980), in: ID-Archiv im IISG (Hg.), *Früchte des Zorns*, Bd. 2, 677-679.

gezündet hatte, den er während der Fußballweltmeisterschaft in Argentinien 1978 im argentinischen Konsulat in München zur Explosion hatte bringen wollen. Trotz seiner schweren Verletzungen unterzogen die Strafverfolgungsbehörden Feiling, der auf große Mengen Schmerzmittel angewiesen war und dem jeglicher Rechtsbeistand verweigert wurde, einer ganzen Reihe rechtlich fragwürdiger Verhöre, bei denen sie mehr als 1000 Aktenseiten an Material gewannen. Feilings Aussagen gaben der Staatsgewalt erstmals Einblick in die innere Struktur der Revolutionären Zellen und ermöglichten die Verurteilung von RZ-Mitgliedern, die wegen der Brandanschläge auf Vorführungen des Films über die Flugzeugentführung von Entebbe festgenommen worden waren. Dabei wurde erstmals der im August 1976 verabschiedete § 129a StGB (Bildung terroristischer Vereinigungen) tatsächlich angewandt. Diese Rechtskonstruktion erlaubte es der Staatsmacht, den Angeklagten andere Vergehen der RZ zur Last zu legen, die über die Brandanschläge auf die Kinos hinausgingen, ohne dabei eine persönliche Beteiligung nachweisen zu müssen.[127]

Mitglieder der RZ legten Wert darauf, dass ihr politischer Antiimperialismus gegen US-amerikanische Ziele nicht für kulturellen Antiamerikanismus gehalten wurde. Sie hätten gezielt das Offizierskasino und nicht gewöhnliche Soldaten oder Supermärkte angegriffen, und sie richteten ihre

> Aktionen gegen militärische Treibstoffdepots, nicht aber gegen Tankstellen in amerikanischen Wohngebieten. Schließlich haben wir nicht ohne Grund die Europa-Reise Reagans und den NATO-Gipfel zum Anlaß einer Serie von Aktionen genommen und nicht etwa ein Konzert von Sammy Davis jr. oder die Verlängerung der Laufzeit von »Dallas«. […] Es macht einen gewaltigen Unterschied, ob wir MacDonald [sic] als einen US-Ernährungskonzern begreifen, der Maßstäbe für die Organisation arbeitsintensiver Niedriglohnarbeit wie auch weltweites Agro-Business gesetzt hat oder aber als Ausdruck einer wie auch immer verstandenen »Yankee-Kultur«.

127 Vgl. »Isolationshaft und 129a«, ID 161 (22. Januar 1977), BAK, BMJ, HG 4, B 141/62511, 4030 E- 16/77, Bd. 1; Oberlandesgericht Düsseldorf, Urteil Albartus/Schwall, IV 2/77, 5 OJs 2/77 (19. Januar 1979), BAK, BMJ, HG 4, B 141/62511, 4030 E- 16/77, Bd. 2; »Voll unter Fittichen. Ein Mann ohne Beine und Augen als Angeklagter vor Gericht«, in: *Der Spiegel* 48 (24. November 1980), 136-137; *die legalisierung der rechtlosigkeit* (1977), Archiv für soziale Bewegungen, Freiburg, Bro 1701201.

Die RZ distanzierten sich von der »Verteufelung von Blue Jeans oder ›Negermusik‹«, um schon im Vorfeld Vorwürfe des Antiamerikanismus zu entkräften, die regelmäßig gegen Linke erhoben wurden.[128] Dennoch behaupteten die RZ im Jahr 1978, der »US-Imperialismus« bilde das Rückgrat der verheerenden Politik des IWF gegenüber den Entwicklungsländern, und betonten, Robert McNamara, der als US-Verteidigungsminister eine entscheidende Rolle bei der Eskalation des US-amerikanischen Engagements in Vietnam gespielt hatte, bevor er 1968 Präsident der Weltbank wurde, fungiere als »Garant für die Kontinuität einer Vernichtungsstrategie mit allen Mitteln«.[129] Diese revolutionäre Perspektive erkannte nicht an, dass McNamara die Ausrichtung der Weltbank auf das Ziel der Reduktion von Armut verschoben hatte.

McNamara war als Repräsentant der Weltbank schon viele Jahre zuvor ins Visier der Kritiker geraten. Im Juni 1970 kam es bei Protesten gegen seine Teilnahme an einer Entwicklungshilfe-Konferenz in Heidelberg und gegen die monumentale Talsperre von Cahora Bassa in der portugiesischen Kolonie Mosambik zu gewalttätigen Auseinandersetzungen zwischen Polizei und Demonstranten. 600 bis 2000 Protestierende standen 500 Polizisten in einer Straßenschlacht gegenüber, in der mit Tränengas, Wasserwerfern und Schlagstöcken gegen Farbbeutel, Holzlatten, Eisenstangen und Pflastersteine gekämpft wurde: 77 Polizeibeamte und 50 Demonstranten wurden verletzt. Im Anschluss brach in den Medien eine zweite Schlacht aus, in der beide Seiten auf das Vokabular von »Terror« und »Bürgerkrieg« zurückgriffen und sich gegenseitig für die Eskalation verantwortlich machten. Als Folge dieser gewalttätigen Demonstration erließ das baden-württembergische Innenministerium ein Verbot der Heidelberger Sektion des SDS, der die Auflösung der bundesweiten Organisation im März 1970 überdauert hatte. Eine Kontroverse entzündete sich an der Frage, ob die Tatsache, dass Mitglieder einer Organisation Straftaten begangen hatten, impliziere, dass somit auch das Anliegen der Organisation selbst illegal sei. In langwierigen Strafverfahren wurden fünf Demonstranten zu Freiheitsstrafen zwischen fünf und zwölf Monaten verurteilt.[130] In ihrem

128 »Beethoven gegen MacDonald« (April 1983), in: ID-Archiv im IISG (Hg.), *Früchte des Zorns*, Bd. 1, 364-367.

129 »Revolutionärer Zorn Nr. 4« (Januar 1978), in: ebd., 233.

130 »Studenten SDS-Verbot: Schlichter Schluß«, in: *Der Spiegel* 27 (29. Juni 1970), 73. Siehe auch Freia Anders, »Juristische ›Gegenöffentlichkeit‹ zwischen Standespolitik,

Text »Das Konzept Stadtguerilla« lobte die RAF ausdrücklich die antikoloniale Ausrichtung der Heidelberger Demonstration.[131]

## WEST-BERLIN, SEPTEMBER 1988

Der Anschlag der RAF auf Tietmeyer leitete eine weitere Stufe in der Mobilisierung der Sicherheitskräfte vor und während der West-Berliner IWF-Weltbank-Tagung im September 1988 ein. Ein Sprecher der West-Berliner Polizei sprach von der größten Polizeioperation seit dem Krieg; mehr als 10 000 Polizisten aus dem gesamten Bundesgebiet waren im Einsatz. Obwohl es zu zahlreichen Scharmützeln zwischen Polizei und Protestierenden kam, blieben die großen Unruhen und Bombenanschläge, die Presse und Sicherheitsbehörden prognostiziert hatten, aus. Viele Journalisten waren schnell bei der Hand, Protest in den Kontext von Terrorismus zu rücken. Der liberale *Tagesspiegel* berichtete im Mai 1988, dass Radikale Brand- und Bombenanschläge auf Hotels, öffentliche Gebäude und Banken planten.[132] Ein Sprecher des Bundeskriminalamts erklärte, »terroristische Kreise« hätten »ein starkes Interesse daran [...], auf die vermeintliche Ausbeutung der Dritten Welt durch die reichen Industriestaaten aufmerksam zu machen«.[133] Die Polizei durchsuchte mehrere Häuser auf der Grundlage von § 129a StGB, der es den Behörden gestattete, politische Aktivisten zu verfolgen, die eine terroristische Vereinigung unterstützten oder für diese warben, selbst wenn sie keine andere Straftat begangen hatten. Ein weiteres umstrittenes juristisches Konstrukt, § 111 der Strafprozessordnung (StPO), erlaubte es der Polizei, in der gesamten Bundesrepublik und West-Berlin sogenannte Kontrollpunkte zu errichten, an denen Passanten zur Durchsuchung

linksradikaler Bewegung, und Repression: Die Rote Robe (1970-1976)«, in: *sozial.geschichte* 8 (2012), 9-46, {https://duepublico.uni-duisburg-essen.de/servlets/DerivateServlet/Derivate-31185/03_Anders_Robe.pdf} (Stand August 2017); Jürgen Schröder, »Heidelberg: Materialien zur Studentenbewegung und Hochschulpolitik bis zum Verbot des SDS 1970«, (2004). {http://www.mao-projekt.de/BRD/BW/KAR/Heidelberg_Hochschulpolitik.shtml} (Stand August 2017).

131 »Das Konzept Stadtguerilla«, in: ID Verlag (Hg.), *Rote Armee Fraktion*, 41.

132 *Der Tagesspiegel* (3. Mai 1988), zit. n. »IWF-Nachlese: ›Der größte Polizeieinsatz der Berliner Nachkriegsgeschichte‹«, in: *Bürgerrechte & Polizei* 31/3 (1988), 86.

133 »Terror-Anschläge auf Berliner IWF-Treffen befürchtet«, in: *Handelsblatt* (2. Mai 1988), WZB-IWF.

*Abb. 25*: »Krawalle – Schläger – Schüsse«: Titelblatt des *Spiegel* vom 26. September 1988.

und Aufnahme der Personalien festgehalten werden konnten, wobei die so erlangten Daten gespeichert werden durften. Offiziell sollte mit dieser Maßnahme die Fahndung nach Mitgliedern der RAF verstärkt werden. Dieses Vorgehen war nur als Ausnahmeregelung gestattet und wurde vom 24. Mai bis zum 2. Oktober 1988 praktiziert, also bis kurz nach Beendigung der IWF-Weltbank-Tagung. § 111 StPO durfte überhaupt nur in Verbindung mit §§ 129a oder 89a StGB (Vorbereitung einer schweren staatsgefährdenden Gewalttat) angewandt werden, also nur im Fall ausgesprochen schwerer Straftaten.[134] Während der Protestak-

134 Lena Schraut, »IWF-Tagung: ›Die größte Datenaktion der Polizei‹«, in: *Cilip: Bürgerrechte & Polizei* 31/3 (1988), 99-104; »Die total kontrollierte Stadt. Berlins Schlupflöcher werden IWF-mäßig abgeschottet«, in: *taz* (22. September 1988), 8.

tionen gegen die Tagung von IWF und Weltbank nahm die Polizei 624 Personen fest, davon wurden 501 in Polizeigewahrsam genommen. Von den 123 Individuen, gegen die ein Ermittlungsverfahren eingeleitet wurde, erhielten nur sieben einen Haftbefehl.[135] Die hohe Anzahl der ursprünglichen Festnahmen ging sofort durch die Presse, so dass der Eindruck entstand, der Polizei seien viele Kriminelle ins Netz gegangen. Viel weniger Publizität erhielt das juristische Nachspiel. Wie sich herausstellte, hatte sich nur ein geringer Anteil der Festgenommenen etwas zuschulden kommen lassen, das ein Strafgericht für verfahrenswürdig hielt.

In der Perspektive der Protestierenden fand die wirkliche Gewalt anderswo statt. Aktivisten interpretierten Nahrungsmittelunruhen und Plünderungen in Entwicklungsländern als Beleg für den Widerstand gegen die Politik des IWF. In dem Versuch, einen »neuen Internationalismus« ins Leben zu rufen, sollten die Aktionen gegen den IWF, die in gewisser Hinsicht Nahrungsmittelunruhen und Plünderungen nachahmten, die alte Trennung zwischen revolutionären Kampagnen in der Metropole und in der Peripherie überwinden, umso mehr als der Kapitalismus solche Unterscheidungen zunehmend unterlief.[136] Die Autonomen betonten individuelle Befreiung, nicht abstrakte Prinzipien der internationalen Solidarität. Sie begriffen sich als »Teil des Ausbeutungsverhältnisses hier« und hatten den »Anspruch«, auch für ihre eigene »Befreiung« zu kämpfen.[137] Folglich versuchten die Aktivisten, ihren Protest gegen diesen abstrakten Nexus an greifbaren Objekten der alltäglichen Erfahrung festzumachen: »Das mörderische Weltwährungssystem (sprich Kapitalismus) äußert sich überall – also auch in ganz Berlin (West) ... und ... Berlin ist durchgehend geöffnet! Also genügend Raum und Zeit diese[s] System sichtbar, riechbar, verschließbar, verstopfbar zu machen. 4 Tage lang an allen Ecken und Enden Sand ins Getriebe des kapitalistischen Alltags!«[138] Eine autonome Gruppe verwarf bei der Planung von Protestaktivitäten den Slogan »Profit, Elend, Widerstand« als zu abstrakt und einigte sich schnell auf »Den Imperialismus im Alltag angreifen«. Diese Änderung erlaubte den Mitgliedern sich auf sechs etwas greifbarere Aktionspunkte festzulegen, von denen

135 »IWF-Nachlese«, in: *Cilip: Bürgerrechte, und Polizei* 31/3 (1988), 96.
136 »Berliner Überblick«, in: *Unzertrennlich* 6 (September-Oktober 1987), 16.
137 »Neuer/Alter Imperialismus«, in: ebd.
138 »Grobraster für die Aktionstage«, in: IWF/Weltbank-Kampagne, *Rundbrief* 4, 17.

vier eindeutig auf den Einzelhandel gerichtet waren. Der erste beschwor »kollektive Aneignung – ›nehmen wir uns, was uns sowieso gehört‹«. Zweitens ging es darum, den Betrieb »des Systems« zu stören. Die verbleibenden vier Punkte nannten konkrete Ziele des Protests: Siemens, Polizei und Asylbehörden, Warenhäuser und öffentlicher Nahverkehr.[139]

Der nächste Schritt in der autonomen Proteststrategie bestand darin, die Menschen mittels »antiimperialistischer Stadtrundfahrten« mit konkreten Adressen multinationaler Unternehmen bekannt zu machen. Diese vierstündigen Busfahrten richteten sich gegen »Schreibtischtäter« und klapperten eine Reihe von Firmenniederlassungen ab, darunter die von Siemens und AEG. Es wurde aber auch auf die weniger prominenten Produktionsstätten von Philip Morris und Jacobs Suchard hingewiesen und gefragt, wo der Tabak und der Kaffee herkämen. Die Polizei unterzog diese Touren regelmäßigen Sicherheitskontrollen und behauptete, es würden kriminelle Akte vorbereitet.[140]

Protestaktionen gegen Siemens stellten eine wichtige Brücke zur Anti-Atomkraft-Bewegung dar. Die Konsumperspektive spielte eine zentrale Rolle. Siemens erschien als Hersteller von Waren, »die uns nichts nützen und zudem unsere Lebensgrundlagen bedrohen«, gemeint waren Atom- und Militärtechnik, während die Informations- und Kommunikationstechnologien der Firma angeblich zu einer »weiteren Entfremdung unseres Lebens« führten. Die Anschuldigungen bezogen sich auf Exportgeschäfte und die Ausbeutung von Arbeitern in Entwicklungsländern. Verweise auf lateinamerikanische Diktaturen und Südafrika fügten die Dimension missbräuchlicher Staatsgewalt hinzu.[141] Eine autonome Anti-AKW-Gruppe lud den Begriff der Energie mit einem sehr breiten Bedeutungsspektrum auf, wie sich in einem Protestaufruf anlässlich der IWF-Tagung zeigt: »Energie, das ist […] unsere Lebenslust, unsere Verweigerung, unsere Widerstandskraft gegen eine Hochleistungsgesellschaft, die immer mehr Energie verschlingt, um ihren

139 IWF/Weltbank-Kampagne (Berlin), »Fazit der Diskussion um die Aktionstage« (Juli 1988), 5, IISG, ID 892, BRO 1307/10 fol (b).

140 IWF-Kampagne, »Antiimperialistische Stadtrundfahrt« (Juli 1988), IISG, ID 892, BRO 1307/10 fol (c). Ähnlich in Hamburg: Gruppe »Hamburger Antiimperialistische Stadtrundfahrt«, *Anti-Imperialistische Stadtrundfahrt. IWF in Hamburg* (Hamburg, 1988), ID 892, BRO 620/18 fol.

141 Siemenskoordination, »Was tun mit IWF?« (Juli 1988), IISG, ID 892, BRO 1307/10 fol (b).

*Abb. 26*: Der Berliner Protest sucht sich Vorbilder bei den »IWF-Aufständen« in São Paulo, September 1988.

Schrott wie Panzer, Mikrochips, Plastiktüten, gentechnisch gezüchtete Pflanzensorten, Turboкühe, Atomkraftwerke herzustellen.«[142]

Während der Protestwochen im September 1988 rückten Handel und Gewerbe wieder in den Brennpunkt. Demonstrationen und Happenings fanden in oder vor Supermärkten, Warenhäusern, Einkaufszentren, Bekleidungsgeschäften, Spielhallen, Pornokinos, Reisebüros, Banken, Versicherungsdependancen, Kaffeeröstereien, Schnellrestaurants und Tankstellen statt.[143] Im Luxushotel Intercontinental, in dem Konferenzdelegierte untergebracht waren, wurden, wohl als Vergeltung für die Festnahme einiger Demonstranten, Scheiben eingeschlagen.[144] Bankfilia-

142 »Keine Energie für den Kongreß«, in: *Interim* 16 (1988), zit. n. Geronimo, *Feuer und Flamme: Zur Geschichte und Gegenwart der Autonomen* (Amsterdam: ID Verlag, 1990), 187.

143 Büro für ungewöhnliche Maßnahmen, *Wut, Witz, Widerstand*, 17, 32, 36, 42; Bernd Maywald, »Auflistung der Veranstaltungshinweise der ›Tageszeitung‹ mit Bezug auf die Tagung von IWF und WB im September 1988 in Berlin«, WZB-IWF.

144 »Wessen Straße ist die Straße ...«, in: *Zahltag* 5 (29. September 1988), 1.

*Abb. 27*: Das scheinbar »brennende« KaDeWe während der Proteste gegen den IWF-Gipfel in Berlin im September 1988.

len und das Europa-Center wurden mit Stinkbomben angegriffen, teuer aussehende Autos demoliert oder angezündet.[145] In Einkaufsstraßen schützten Hundertschaften der Polizei in Kampfmontur die Schaufenster. Die Organisatoren von Demonstrationen beklagten, sie marschierten »auf ausgestorbenen Straßen, vorbei an verrammelten Läden«.[146]

Das KaDeWe verbarrikadierte wie viele andere Geschäfte seine Schaufenster mit Holzplatten; auf manchen war zu lesen: »Wir dekorieren um«. Ein Happening mit Schweineblut und falschen Dollarnoten vor dem KaDeWe sollte das Blut symbolisieren, das angeblich an den angebotenen Waren klebte. Angestellte des Warenhauses entschieden, wer eingelassen wurde, und verwehrten etwa hundert Personen den Zutritt, während das Ganze von der Polizei gefilmt wurde. Schließlich kesselten die Ordnungskräfte die Protestierenden ein und eskortierten sie unter Verwendung des Schlagstocks weg vom Warenhaus. In den folgenden Tagen machte ein Foto die Runde, das das scheinbar in Flammen stehende KaDeWe zeigte. In Wahrheit hatte der Fotograf von der gegenüberliegenden Straßenseite aus einen brennenden Abfallcontainer ab-

145 »2:0 – Ku'damm bleibt die richtige Adresse«, in: *Zahltag* 4 (28. September 1988), 2.
146 Büro für ungewöhnliche Maßnahmen, *Wut, Witz, Widerstand*, 32.

gelichtet, so dass der Eindruck eines von Flammen umschlungenen Kaufhauses entstand. Durch die Rauchwolken konnte man eine Reihe von Sicherheitskräften auf dem Dach des KaDeWe sehen.[147] Eine weitere provokative Fotografie zeigte einen Polizeibeamten in Kampfmontur unmittelbar vor dem Schaufenster eines Supermarkts, wo ein Aushang der Fleischabteilung ein Sonderangebot mit den Worten »frisch aus der Bullenkeule« bewarb.[148]

Bei einer Demonstration wurden die Fenster einer McDonald's-Filiale eingeschlagen. Eine beantragte Demonstration, mit der vor dem Schnellrestaurant gegen die Beteiligung des Unternehmens an der Zerstörung des Regenwalds protestiert werden sollte, war verboten worden, so dass nun ein »Kotz-In« inszeniert wurde.[149] Zwei Jahre zuvor hatte eine Londoner Gruppe eine kritische Broschüre verteilt, die schnell berühmt wurde und schließlich zu dem monumentalen, fast zehn Jahre andauernden »McLibel«-Prozess führte, in dem McDonald's die Autoren der Broschüre wegen Verleumdung (*libel*) anklagte, was für den Konzern aber zunehmend zu einem PR-Debakel wurde.[150] Die anarchistische Kabarett-Truppe Die 3 Tornados verwob sarkastisch verschiedene Ebenen des Konsums:

> Liebe Gläubiger! [...] Wie kann es sein, daß auf dieser Welt alle zwei Minuten ein Mensch den Hungertod erleidet, wo doch McDonalds jedes Jahr auf's neue 100 Millionen Hamburger austeilt? Wissen die Menschen nicht den Weg zur rettenden Filiale? [...] Erschüttert stehen wir vor den zerschossenen Leibern der Verirrten, die im Angesicht des Hungers zum Gewehr griffen, statt zum rettenden Pflug.[151]

Improvisationstheater vor Bankfilialen und Warenhäusern versuchte, alltägliche Einkäufe wie billige T-Shirts aus Südkorea mit den Bedingungen in den Entwicklungsländern in Verbindung zu setzen.[152] Leute, die den *Zahltag* verteilten, die tägliche Zeitung der Protestkampagne,

147 Ebd., 44-45; »Konsumrausch ausgesetzt«, in: *Zahltag* 5 (29. September 1988).
148 Büro für ungewöhnliche Maßnahmen, *Wut, Witz, Widerstand*, 119.
149 Ebd., 42.
150 Greenpeace (London), »What's Wrong with McDonald's?«; online verfügbar unter: {www.mcspotlight.org/case/pretrial/factsheet.html} (Stand August 2017). Siehe auch John Vidal, *McLibel: Burger Culture on Trial* (New York: The New Press, 1997).
151 Büro für ungewöhnliche Maßnahmen, *Wut, Witz, Widerstand*, 50.
152 »Money Makes the World Go Round«, in: *Zahltag* 5 (29. September 1988), 2.

wurden wegen folgender Zeilen festgenommen: »Wir wollen uns bei KaDeWe, Wertheim und Bilka […] treffen zwecks Kaufhausbegehung, um dort unsere Phantasie walten zu lassen. Z. B.: Waren aus Südafrika und Israel besprühen, Flugis verteilen, unsichtbares Theater spielen, Detektive ärgern, das Durcheinander nutzen, um uns die Taschen zu füllen, Kassen sabotieren und vieles mehr.«[153]

Eine Demonstration von 250 Lesben hinterließ bei mehreren Sexshops zerschlagene Fenster. Sexarbeit und -tourismus waren wichtige Themen der Kritik an Versorgungsregimen.[154] Ein Slogan verkündete: »Thailands Beitrag zum Weltmarkt: 1 000 000 Prostituierte.«[155] Eine sorgfältig recherchierte Broschüre recycelte Material aus den früheren Erklärungen der Roten Zora. Weltbank-Gelder wurden als notwendige Zutat eines umfassenden Systems sexueller Ausbeutung dargestellt; ausländische Investitionen würden in Hotels, Bars, Discos und Bordelle gepumpt. Die Autoren errechneten, dass von den 70 US-Dollar, die ein Tourist für eine Nacht mit einer Sexarbeiterin bezahlte, 59 Dollar in die Hände ausländischer Unternehmer und damit teilweise zurück in die reichen Länder flossen. Auch wurde darauf verwiesen, dass es in den frühen achtziger Jahren auf den Philippinen und in Thailand große Demonstrationen gegen Sextourismus gegeben hatte.[156]

Am 16. September 1988 fand eine Kundgebung zum Thema »Frauenarbeit und Kaufhaus« vor einer Hertie-Filiale im Arbeiterbezirk Neukölln statt. Eine halbe Stunde später traf sich die Menge vor einer McDonald's-Filiale, um gegen Niedriglohnarbeit zu protestieren. Auf Flugblättern wurde darauf hingewiesen, dass Verkäuferinnen im deutschen Einzelhandel unter denselben Rationalisierungsmaßnahmen litten, die in allen Bereichen der Wirtschaft von der globalen Finanzpo-

153 »Festnahmen von ›Zahltag‹ VerteilerInnen«, in: *Zahltag* 4 (28. September 1988), 1.

154 Büro für ungewöhnliche Maßnahmen, *Wut, Witz, Widerstand*, 36.

155 »Prostitution als Dienst am Volk: Hintergründe zu Sextourismus und Frauenhandel in Thailand«, in: *Zahltag* 2 (26. September 1988), 2. Siehe auch: Westberliner IWF/Weltbank Frauenplenum, *Ohne uns Frauen läuft nix. Ansätze zum Zusetzen, Durchsetzen, Umsetzen, Fortsetzen* (Berlin: Schwarze Risse, 1988); Frauen gegen Imperialismus und Patriarchat, *Sextourismus und Frauenhandel. Am Beispiel Thailand* (Münster: Frauen gegen Imperialismus und Patriarchat, 1988); Elvira Niesner, *Prostitution auf den Philippinen* (Berlin, 1988); Philippinen Koordination Frauengruppe (Hg.), *Frauenkampf auf den Philippinen. Interviews und Berichte* (Hamburg: Philippinen Koordination, 1989); Regula Renschler, *Ware Liebe: Sextourismus – Prostitution – Frauenhandel* (Wuppertal: Hammer, 1988).

156 Nora, Dora, Zora, et al., *Ansätze zum zusetzen*, IISG, BRO 531/16 fol.

*Abb. 28*: Protestplakat anlässlich des Kongresses von IWF und Weltbank in West-Berlin, September 1988.

litik angestoßen wurden, so dass »flexible« Beschäftigungsverhältnisse mit hohem Leistungsdruck und geringer sozialer Sicherheit entstanden. Die neu eingeführten Strichcode-Kassen dienten als greifbares Beispiel für technische Innovationen, die Arbeitsplätze gefährdeten und die Arbeit monotoner machten.[157] Die Revolutionären Zellen hatten diese Dimension bereits im Jahr 1985 in einem Bekennerschreiben zu nächtlichen Anschlägen auf die Büros von zwei Softwareunternehmen in Frankfurt und Dortmund hervorgehoben: »Im Maschinendialog ausgeheckte Pläne für die EDV-gestützte Umstrukturierung der Kaufhaus-Konzerne treten [...] deren Belegschaften, vor allem Frauen, in Form ungarantierter Arbeitsverhältnisse, perfektionierter Kontrolleinrichtungen und intensivierter Ausbeutung der Arbeitskraft gegenüber.«[158]

In West-Berlin kam es zu einer Reihe von Brandanschlägen. Eine autonome Gruppe deponierte einen Brandsatz in einem Bolle-Supermarkt in Zehlendorf, doch die Polizei konnte die Vorrichtung entschär-

157 »Unsere Arbeitsbedingungen werden immer mieser« (Flugblatt), »Kaufhaus« (Flugblatt), »Kampf dem Zwang zur Arbeit!« (Flugblatt) (September 1988), WZB-IWF.

158 »Angriff gegen Scientific Control Systems (SCS), Hamburg und den Mathematischen Programmier- und Beratungsdienst (MPB), Dortmund« (September 1985), in: ID-Archiv im IISG (Hg.), *Früchte des Zorns*, Bd. 1, 326-328.

fen. Das Bekennerschreiben erklärte, das Geschäft sei angegriffen worden, weil es sich in einem besonders wohlhabenden Bezirk befinde und Produkte aus Südafrika, Israel, Chile und El Salvador vertreibe.[159] Es gab auch Brandanschläge auf einen Rewe-Supermarkt im Süden der Stadt und auf eine Shell-Tankstelle.[160] Am 27. September löschte die Sprinkleranlage Feuer auf drei Etagen eines Karstadt-Warenhauses in Charlottenburg. Es handelte sich um kleine Brandsätze, die nur relativ geringen Schaden verursachten. Ein Bekennerschreiben einer »Autonomen Zelle, abt. verbraucherschutz« protestierte gegen »konsumterror« und die »verblödung der massen«; das Warenhaus erschien als »symbol dieser kaputten ⅔ gesellschaft«. Der Begriff »Zweidrittelgesellschaft« war aus Diskussionen über einen neuen Typ von Armut hervorgegangen: Der Anteil der ständig Arbeitslosen oder Unterbeschäftigten nahm zu, obwohl die Statistik eine Zunahme des Gesamtwohlstands verzeichnete. Infolgedessen hatten etwa zwei Drittel der Bevölkerung sichere Arbeitsplätze, während der Rest entweder nicht oder nur prekär beschäftigt war und mehr oder weniger vom ökonomischen Wachstum ausgeschlossen blieb. Das kurze Schreiben verwies auch auf die »permanente unterdrückung elementarer bedürfnisse«: Kassiererinnen müssten sich abschuften, und Detektive kassierten Prämien, wenn sie Leute erwischten, die sich bloß nahmen, was ihnen gerechterweise zustand. Eine sehr knappe Zeitungsmeldung über die Brandstiftung zitierte nur die antiimperialistische Ausrichtung des Bekennerschreibens, in dem es hieß, Karstadt sei »garant für dreckige importgeschäfte mit chile, südafrika, israel«; Waren aus diesen Ländern sollten boykottiert werden.[161]

Es ist bemerkenswert, wie wenig öffentliche Aufmerksamkeit Kaufhausbrandstiftungen im Jahr 1988 generierten, besonders im Vergleich zu 1968. Die Täter wählten vermutlich kleinere Brandsätze, um den Tatbestand der »menschengefährdenden Brandstiftung« zu umgehen,

159 »Bombe bei ›Bolle II‹: In Zehlendorfer Bolle Filiale wurde Profi-Brandsatz gefunden«, in: *taz* Berlin (23. September 1988), 17.

160 »Mit einem Brandsatz wurde die Einrichtung eines Rewe-Geschäfts in der Marienfelder Chaussee zerstört. Polizeibeamte mußten Masken tragen«, in: *Spandauer Volksblatt* (30. September 1988), WZB-IWF.

161 »IWF-Blues: Heidelberg/Berlin/Göttingen/Bamberg«, in: *taz* (28. September 1988), 5; »Stimmung wird immer gereizter«, in: *Volksblatt* (28. September 1988); *Frankfurter Allgemeine Zeitung*, Zeitungsausschnitt ohne Titel (28. September 1988), WZB-IWF. Das Bekennerschreiben ist abgedruckt in: *radikal* 135 (Oktober 1988), 24.

für den die Frankfurter Brandstifter 1968 verurteilt worden waren. Darüber hinaus scheint aber unter Journalisten und vielleicht sogar in den Strafverfolgungsbehörden eine stillschweigende Übereinkunft geherrscht zu haben, Brandstiftern keine öffentliche Plattform zur Mitteilung ihrer Ansichten zu gewähren, damit sie keine Nachahmungstäter inspirieren, Negativwerbung für die Gastgeberstadt der IWF-Tagung machen oder moderatere Formen des Protests diskreditieren konnten. Trotzdem gab es am Tag nach dem Brandanschlag auf Karstadt dreizehn Bombendrohungen auf Pornokinos und auf das Europa-Center, das geräumt und abgesperrt wurde. Ein anonymes Schreiben protestierte gegen Sexismus und die Ausbeutung von Frauen. Die Polizei ging gegen eine feministische Demonstration vor und verhaftete Dutzende Aktivistinnen, die über Nacht in Gewahrsam genommen wurden.[162]

Der inversionäre Charakter der Legitimierung von Feindbildern zeigt sich in einer Stellungnahme des Vereins Berliner Kaufleute und Industrieller: »[W]ir fragen uns [...], wer [sind] eigentlich die reisenden Krawallbrüder, deren Brutalität unglaublich ist, und die sich in nichts von Gewaltverbrechern unterscheiden, wer also diese Menschen finanziert? Bei genauem Hinsehen werden wir merken, daß auch sie von sozialen Segnungen unseres Staates, also von unseren Steuergeldern, leben.«[163] Ein wiederholt abgedrucktes Foto eines maskierten Autonomen, der einen mit Pflastersteinen gefüllten Einkaufswagen schiebt, zeigt eine weitreichende Inversion der Werte.[164] Während Protestierende den gereimten Slogan »IWF – Mördertreff!« skandierten, erwiderten die Kaufleute und Industriellen die Anschuldigung ihrer Herausforderer: Die jeweils andere Seite wurde als Bande bloßer Krimineller dargestellt, die aus unrechtmäßigen Kanälen Profit schöpften. Beide Seiten waren bestrebt, den Aktionen der jeweils anderen Seite den politischen Charakter und damit die Legitimität abzusprechen. Für manche autonome Aktivisten wurden Randale und Krawall zum Ritual, zum integralen Bestandteil einer identitätsstiftenden Lebensform, die sich durch das wie-

162 »Kewenig in Bombenstimmung: Vorletzter IWF-Aktionstag wieder mit Protestaktionen, Demonstrationen, Festnahmen, und Polizeikessel«, in: *taz* Berlin (29. September 1988), 17; Büro für ungewöhnliche Maßnahmen, *Wut, Witz, Widerstand*, 42.

163 »Stellungnahme des Vereins zur IWF-Tagung«, in: *Mitteilungen des Vereins Berliner Kaufleute und Industrieller* 152/38 (1988), zit. n. Gerhards, *Neue Konfliktlinien*, 147f.

164 Thomas Fruth, »Gegenaktivitäten«, in: *blätter des iz3w* 151 (1988), 31; siehe oben, S. 202.

derkehrende Einwerfen von Schaufenstern oder das Plündern von Supermärkten relativ leicht neu beleben ließ. Der kommunikative Nexus zwischen verschiedenen Ebenen von Gewalt rückte dabei, etwa bei den zahllosen 1.-Mai-Demonstrationen in West-Berlin, in den Hintergrund. Beobachtern fiel es zunehmend schwerer, in den Aktionen noch eine politische Botschaft zu erkennen. Oft schienen sie nicht mehr zu sein als ein Schwelgen in Gewalt.

Dennoch lieferte das internationale Ausmaß der Schuldenkrise zahllose regionale und nationale Beispiele, anhand deren eine kritische ökonomische und politische Analyse Verbindungen zwischen Gewaltregimen und Versorgungsregimen aufzeigen konnte. Wegen der großen Anzahl türkischer und kurdischer Migranten in der Bundesrepublik waren die Entwicklungen in der Türkei ein besonders interessanter Fall. Linke Kritiker warfen dem IWF vor, die bekannten Kürzungsauflagen für öffentliche Ausgaben hätten negative Auswirkungen auf das Sozial-, Gesundheits- und Bildungssystem. Gleichzeitig schien eine Erhöhung der Regierungsausgaben für Militär und Polizeikräfte im Interesse des IWF zu liegen, da interne Unruhen, besonders der bewaffnete Konflikt mit der kurdischen Arbeiterpartei PKK, der 1984 begonnen hatte, beigelegt werden sollten. Hinzu kam die Aufrüstung im strategisch bedeutsamen östlichsten Mitgliedsstaat der Nato. Kritiker verwiesen auf den krassen Gegensatz zwischen Reichtum beim Militär und maroder Infrastruktur: In zahlreichen Ortschaften gab es nur nachts oder nur einmal die Woche fließendes Wasser, und da es an ausgebildeten Ärzten und Krankenhäusern mangelte, stieg die Sterberate, sowohl die von Kindern als auch die der Gesamtbevölkerung. Bundesdeutsche Unternehmen wie Siemens, AEG, Mannesmann, Daimler-Benz, Hoechst und Bayer machten erhebliche Profite in der Türkei, wobei ihnen vorgeworfen wurde, für »Massenarmut, extreme Ausbeutung und Unterdrückung« verantwortlich zu sein.[165] Rückblickend lässt sich argumentieren, dass die Liberalisierung der türkischen Wirtschaft in den achtziger Jahren zu größerem Wirtschaftswachstum und zu größerer politischer Stabilität führte. Aber damals wurde Kritik laut, der Entwicklungsschub gehe Hand in Hand mit Gewalt. Eine etwas gröbere, allerdings sehr einprägsame Formulierung dieses Grundgedankens fand Ausdruck in einem weitver-

165 »Die Türkei – Ein faschistischer Staat im Sinne des IWF«, in: *Zahltag* 5 (29. September 1988), 3.

breiteten Schlachtruf der Protestbewegung: »Deutsche Waffen, deutsches Geld morden mit in aller Welt!«

Für die Geldsammlungen, die bundesdeutsche Linke unter der Parole »Waffen für El Salvador« durchführten, galt dieser Slogan offenbar nicht. Direkt neben dem oben zitierten Artikel im *Zahltag*, der wegen der Lage in der Türkei schwere Vorwürfe gegen deutsche Unternehmen erhob, wurde in einem Spendenaufruf berichtet, dass mehr als 4 Millionen DM zur Unterstützung der Nationalen Befreiungsfront Farabundo Martí gesammelt worden waren.[166] Sieben Jahre zuvor, im Februar 1981, hatte Klaus Viehmann, Mitglied der Bewegung 2. Juni, selbstbewusst erklärt, es mache einen Unterschied, ob man sich auf den Konsumenten oder auf globale Versorgungsregime bezog:

> einige leute [...] sperren sich sogar mit dem argument gegen geldsammlungen für waffen für die befreiungsbewegung in el salvador, daß mit diesem geld gewalt unterstützt würde und dies neue gewalt hervorrufen würde. da steckt ein gewisser zynismus drinn, denn jeder, der hier steuern zahlt, oder auch nur eine tasse kaffee trinkt – der ja aus el salvador importiert wird – unterstützt damit den krieg der junta gegen das el salvadorianische volk. es ist beklemmend, daß widerstand gegen gewalt gerade dann laut wird, wenn es darum geht ein volk zu bewaffnen gegen seine mörder und nicht schon dann, wenn diese mörder das unbewaffnete volk abschlachten.[167]

Der militante Protest gegen IWF und Weltbank wurde in den Entwicklungsländern durchaus zur Kenntnis genommen. Der *New Nigerian* schrieb etwas optimistisch: »Vielleicht wird das Gewissen der internationalen Banker besser auf die Bomben und Waffen der europäischen Linksradikalen reagieren als auf das Heulen der verarmten und sterbenden afrikanischen Kinder.« Der Artikel wies das weitverbreitete Argument, dem zufolge die Misswirtschaft in den Entwicklungsländern der Grund für die Schuldenkrise sei, zurück und betonte stattdessen »Dekaden des ökonomischen Parasitentums« vonseiten der Industrieländer.[168] Ein pakistanischer Beobachter hob hervor, das Schulden-

166 Freunde der alternativen Tageszeitung e.V., »Spendenaktion. Waffen für El Salvador«, in: *Zahltag* 5 (29. September 1988), 3.

167 Klaus Viehmann, »Prozesserklärung« (Februar 1981), in: *radikal* 98 (November 1981); online verfügbar unter: {http://autox.nadir.org/archiv/auto/81_radi_98f.html} (Stand August 2017).

168 Zeitungsausschnitt, *New Nigerian* 7005 (6. Oktober 1988), WZB-IWF.

management zwinge den von der Entwicklungshilfe abhängigen Gesellschaften fremde Versorgungsregime auf. Dazu gehörten »Auflagen, militärisches Material aus denselben Herkunftsländern zu importieren wie andere Güter und Waren [...], was falsche Lebensstandards und perverse Werte befördert«.[169] Die *International Herald Tribune* verwies auf den reziproken Effekt in den hochindustrialisierten Ländern. In dieser Interpretation von Ronald Reagans angebotsorientierter Wirtschaftspolitik machten die kontrollierten Schulden die reichen Staaten noch reicher.[170] Der *Herald* aus Harare in Simbabwe verband die beiden Kritiken in einem verstörenden Argument: »Es gibt ein sehr ernstes Problem in einer Weltwirtschaft, in der die Mehrheit der Weltbevölkerung Armut, Hunger und allgemeinem Mangel ausgesetzt ist, während die Minderheit auf so großen Bergen von Lebensmitteln und teuren Konsumgegenständen sitzt, dass sie nicht weiß, was sie damit anfangen soll.«[171] Dieses Unbehagen zeigte sich in Berlin, wenn Kritiker von üppigen und von zahlreichen Sicherheitskräften bewachten Banketten für IWF-Delegierte berichteten.[172]

Während und nach dem IWF-Kongress kam es zu Kontroversen über die Handhabe der Sicherheitsmaßnahmen. Viele kleinere Protestaktionen waren mit Bezug auf die Straßenverkehrsordnung verboten worden, und selbst liberale Kommentatoren warfen die Frage auf, ob West-Berlins Innensenator Wilhelm Kewenig (CDU) richtig handele, wenn er das Demonstrationsrecht dem Recht auf ungestörten Handel und Kommerz am Kurfürstendamm unterordne.[173] Finanzsenator Günter Rexrodt (FDP) rechnete vor, dass die 12 000 Besucher, die wegen des IWF-Kongresses nach Berlin gekommen waren, dort zwischen 40 und 50 Millionen DM ausgegeben hätten. Und Lokalpolitiker taten ihr Bestes, um mit dem Großereignis für West-Berlin als Wirtschaftsstand-

169 Bashir Ahmed, »Aid for Pakistan«, in: *Pakistan Times* (9. Oktober 1988), WZB-IWF.

170 »Bankers in Berlin«, in: *International Herald Tribune* (28. September 1988), WZB-IWF.

171 »West Berlin Cash Talks«, in: *Herald*, Harare (23. September 1988), WZB-IWF.

172 Vera Gaserow, »Wenn es Nacht wird und die Banker singen: Champagner, ›deutsch Snaps‹ und Gesang«, in: *taz* (29. September 1988); »Die heile Welt des IWF. Propaganda-Veranstaltung des Wirtschaftssenators zum Internationalen Währungsfonds in Luxushotel«, in: *taz* (11. Juni 1988).

173 »Behinderung und Gefährdung«, in: *Der Tagesspiegel* (29. September 1988), WZB-IWF.

ort zu werben.[174] Eine 1987 als Reaktion auf die Mai-Krawalle gegründete Sondereinheit der West-Berliner Polizei, die Einheit für besondere Lagen und einsatzbezogenes Training, erwarb sich einen Ruf für besonders brutales Vorgehen bei Demonstrationen. Zivilermittler dieser Einheit wurden in die autonome Szene eingeschleust. Wenn solche Zivilermittler aktiv in das »Kampfgeschehen« bei Demonstrationen eingriffen, dann operierten sie in einer rechtlichen Grauzone, da die Überwachung »extremistischer« Gruppen bis dato Vorrecht des Bundesamts für Verfassungsschutz war, das gesetzlich darauf verpflichtet war, sich auf die Beobachtung zu beschränken und keine physische Gewalt einzusetzen.[175] In mehreren Fällen wurden Journalisten von der Polizei malträtiert, was zu empörten Protesten von dpa, AP, Reuters und anderen Agenturen führte.[176] Eine Verfassungsbeschwerde führte dazu, dass das Bundesverfassungsgericht die Sonderkontrollpunkte, welche die Polizei während des IWF-Kongresses in der ganzen Bundesrepublik und in West-Berlin errichtet hatte, rückwirkend für unzulässig erklärte. Das Gericht entschied, die zugrunde liegende Interpretation der §§ 129a StGB und 111 StPO dehne den Geltungsbereich der Gesetze über Gebühr aus.[177]

Anti-Apartheid-Proteste in Einkaufsstraßen und Geschäften ebbten auch nach dem offiziellen Ende des Treffens von IWF und Weltbank nicht ab. Im Dezember 1988 ließen Protestierende Dutzende von Mäusen – manche mit der Aufschrift »R. S. A.« – in der Lebensmittelabteilung eines Karstadt-Warenhauses frei. Als gegen die Geschäftsführung eines Bolle-Supermarkts ermittelt wurde, weil Spargel aus Südafrika

174 Martina Ohm, »Mammutmesse der Finanzen«, in: *Der Tagesspiegel* (4. September 1988), Sonntagsbeilage *Weltspiegel*, 1; »Gäste ließen viel Geld in Berlin«, in: *Volksblatt* (1. Oktober 1988), WZB-IWF.

175 »IWF-Nachlese«, 88-91. Dieser Artikel spielt das Ausmaß der militanten Proteste während der IWF-Tagung herunter und behauptet, es habe nur ein paar eingeschlagene Scheiben und abgeknickte Autoantennen gegeben. Siehe auch »Polizei: Knochen in Gips«, in: *Der Spiegel* 42 (17. Oktober 1988), 42-44; Wolfgang Gast, »Skandaleinheit der Berliner Polizei spielt 007. Sondereinheit EbLT infiltrierte illegal autonome Szene«, in: *taz* (17. Oktober 1988), 1-2; Alternative Liste, *Freiheit im Würgegriff*, IISG, ID 892, BRO 1623/12.

176 »Farbe des Geldes: Das Spitzentreffen von Währungsfonds und Weltbank mißriet zum Polizeispektakel«, in: *Der Spiegel* 40 (3. Oktober 1988), 130-133.

177 Jürgen Gottschlich, »BGH rügt Rebmanns ›Ausnahmezustand‹«, in: *taz* (22. November 1988), 1-2.

als argentinischer Spargel etikettiert und beworben wurde, klirrten die Scheiben einer Filiale in Berlin-Tempelhof.[178]

Als diese Scharmützel stattfanden, entfaltete sich in Venezuela eines der eindrücklichsten Beispiele für die problematischen Konsequenzen der vom IWF auferlegten neoliberalen Reformen: der *Caracazo*, eine Welle von Protesten, Unruhen und Plünderungen, die im Februar 1989 in einem Massaker in der venezolanischen Hauptstadt kulminierte. Es gab bis zu 3000 Todesopfer, die meisten von ihnen waren von Sicherheitskräften getötet worden. In seinem populistischen Präsidentschaftswahlkampf hatte der Sozialdemokrat Carlos Andrés Pérez den IWF beschuldigt, »einen ökonomischen Totalitarismus« zu praktizieren, »der nicht mit Kugeln, sondern mit Hunger tötet«. Im Februar 1989 akzeptierte der siegreiche Pérez ein im Sinne des Washington Consensus konzipiertes IWF-Paket, das Venezuela einen Kredit in Höhe von 4,5 Milliarden US-Dollar gewährte. Teil der Vereinbarung waren Preissteigerungen für Benzin, was wiederum zu Preissteigerungen bei öffentlichen Verkehrsmitteln führte und letztlich massive Proteste nach sich zog.[179] Die Vorgänge in Venezuela und die Tatsache, dass Pérez auch weiterhin den IWF und die reichen Industrienationen für die gewaltsame Eskalation verantwortlich machte, wurden in der deutschen Presse wahrgenommen, aber es folgten keine weiteren Protestaktionen.[180]

*

Boykott- und Fair-Trade-Kampagnen dienten den Aktivisten als performativer Signifikant des eigenen moralisch-politischen Engagements. Besonders im Vergleich mit früheren antiimperialistischen Kampagnen, die noch stärker durch sozialistische oder kommunistische Ideale motiviert waren, spiegelten sie den zunehmenden Individualismus wider,

178 »Getarnter Spargel. Ermittlungsverfahren gegen Coop-Bolle wg. ›Spargeltarnaktion‹«, in: *taz* Berlin (4. November 1988), 15; »Protest tiefgekühlt. Bei Karstadt fand man tote Mäuse mit dem Aufdruck ›R. S. A.‹«, in: *taz* Berlin (12. Dezember 1988), 17.

179 Pérez zit. n. Chossudovsky, *Globalization of Poverty*, 36; »Alles ist möglich, alles ist nötig«, in: *Der Spiegel* 39 (26 September 1988), 29. Vgl. Margarita López Maya, »The Venezuelan Caracazo of 1989: Popular Protest and Institutional Weakness«, in: *Journal of Latin American Studies* 35/1 (2003), 117-137.

180 Siehe »Hunderte von Toten in Venezuela«, in: *taz* (2. März 1989); »Krankenhäuser melden 500 Tote bei den Unruhen in Venezuela«, in: *taz* (4. März 1989).

der mit dem zeitgenössischen Neoliberalismus einherging. Letztlich stellten fairer Handel und ethisches Marketing keine fundamentale Bedrohung für das kapitalistische System dar. Die Tatsache, dass Konsumenten bereit waren, mehr für Produkte zu bezahlen, die unter Bedingungen hergestellt und vertrieben wurden, die ihren moralischen Überzeugungen entsprachen, lieferte ein Geschäftsmodell, das zur Dynamik der kapitalistischen Diversifikation der Märkte beitrug.[181]

Gleichzeitig wollten militante Gruppen über die ethisch reflektierte Verbraucherpolitik hinausgehen, deren politischen Gehalt sie für begrenzt hielten. Das Legitimationsnarrativ der frühen Globalisierungskritiker zielte auf die Verantwortlichkeit der politischen und wirtschaftlichen Entscheidungsträger samt ihren Institutionen der Global Governance, deren niedere Beweggründe sie angeblich zu Ausbeutern und Mördern machten. Zuweilen operierten solche Argumente auf einem hohen Abstraktionsniveau. Dabei bot der Rekurs auf Interpretationseliten – kritische Wissenschaftler und Experten – die Möglichkeit, dem Frame der sozialen Bewegungen, die Versorgungsregime kritisierten, eine besondere Dimension der Legitimität zu verleihen. Das argumentative Potential solcher Vorläufer späterer Phänomene wie des Global Justice Movement und der Globalisierungskritik – der Begriff »Globalisierung« wurde 1988 nur sehr sporadisch gebraucht – wurde eingesetzt, um illegale Protestaktionen und symbolische Gewalt gegen reale oder vermeintliche, vor allem aber greifbare und fragwürdige Manifestationen globaler Versorgungsregime zu rationalisieren. Ideologische Rechtfertigungen von Steinwürfen auf Schaufenster oder Brandsätzen in Kaufhäusern hatten immer mit einer schwierigen Gratwanderung zwischen dem feindlichen Konsum und dem besseren Konsum der erstrebten Gesellschaftsordnung zu kämpfen. Der moralisch fragwürdige und in den Augen vieler Kritiker parasitäre Konsum des globalen kapitalistischen Systems sollte angegriffen und zugunsten der legitimen Konsuminteressen der Bevölkerungen in den Entwicklungsländern bzw. der Konsumenten alternativer, auf Fair-Trade-Praktiken und internationaler Solidarität beruhender Produkte überwunden werden. Dem internationalen Druck nach-

181 Siehe Nico Stehr, *Die Moralisierung der Märkte: Eine Gesellschaftstheorie* (Frankfurt a. M.: Suhrkamp, 2007). Stehrs Darstellung untersucht die Dimension der Gewalt bei der Moralisierung der Märkte nicht. Er führt diese in erster Linie auf gestiegene Einkommen und umfassenderes Wissen bzw. Informationen über die verfügbaren Waren zurück.

gebend, änderten sich die vom IWF auferlegten Rückzahlungsbedingungen in der Tat im Verlauf der neunziger Jahre, um die sozialen Interessen der Gesellschaften in den Empfängerländern stärker zu berücksichtigen.[182]

Die militanten Protestaktionen der Revolutionären Zellen spiegelten einen Paradigmenwechsel wider. Dieser führte weg vom klassischen, auf den Befreiungsbewegungen der Dritten Welt basierenden Antiimperialismus, hin zu globalen Perspektiven auf die Ungerechtigkeiten und sozialen Implikationen des ökonomischen Prozesses unter besonderer Berücksichtigung der Institutionen der Global Governance. Kampagnen gegen die industrialisierten Wirtschaften von Südafrika und Israel wurzelten in Solidaritätsnetzwerken zwischen bundesdeutschen Aktivisten und dem ANC bzw. der PFLP, wurden aber auch in den neu entstehenden Fokus auf IWF und Weltbank eingegliedert. Die Strategie militanter Boykottkampagnen stellte in der Folge des Public-Relations-Desasters der Flugzeugentführung von Entebbe eine Abwendung von größeren Terrorakten auf der internationalen Bühne dar. Fortan konzentrierten sich die RZ auf einen globalen Prozess der ökonomischen Umstrukturierung, der sich in der schleichenden finanziellen Erosion des Ostblocks, der forcierten Kapitalisierung der globalen Landwirtschaft und der weitgehenden Abkopplung des afrikanischen Kontinents von den Profiten des Welthandels manifestierte. In diesem Kontext wurden die Opfer von Apartheid und Rassismus, besonders Frauen, zu Subjekten des revolutionären Kampfs. Die Rote Zora, die sich auf die Arbeitsbedingungen von Frauen in der globalen Wirtschaft – von der Fabriknäherin bis zur Sexarbeiterin – konzentrierte, steuerte den wichtigen feministischen Schwerpunkt zur radikalen Mobilisierung des Unbehagens unter bundesrepublikanischen Konsumentinnen bei. Die RZ/Rote Zora versuchten, diese Konflikte der bundesrepublikanischen Bevölkerung nahezubringen, indem sie ihre Angriffe vermehrt gegen deutsche Institutionen richteten, um deren internationale Verstrickung und die Rolle des »Regierungskonsums« beispielsweise im Waffenhandel zu verdeutlichen. Die Vereinigten Staaten spielten in dieser kritischen Weltsicht eine wichtige Rolle, aber die RZ mieden bewusst jeglichen kulturellen Antiamerikanismus, der nicht fest in einer Kritik der globalen ökonomischen Strukturen verankert war.

182 Nuscheler, *Lern- und Arbeitsbuch Entwicklungspolitik*, 368-370.

Die israelische Wirtschaft blieb ein Angriffsziel der RZ, aber sie war eines unter vielen Zielen: Insgesamt waren weniger als fünf Prozent der militanten Anschläge der RZ gegen Israel gerichtet. Ferner gibt es wichtige Unterschiede zwischen den Versuchen der RZ oder der Hamburger autonomen Antizionisten, eine kommunikative Position der selbsternannten moralischen Überlegenheit einzunehmen, und dem Vorgehen der SA in deutschen Einkaufsstraßen der dreißiger Jahre; und diese gehen über den offensichtlichen Kontrast in der Dimension des Unrechts hinaus. Die linken Boykottaktivisten agierten, motiviert durch Ideale der internationalen Solidarität, aus einer relativ schwachen politischen Position heraus, und sie verübten symbolische Anschläge auf Waren israelischen Ursprungs, aber sie griffen weder jüdische Verkäufer physisch an noch stützten sie sich auf (halb-)staatliche und paramilitärische Gewalt. Trotz der Sympathien für palästinensische Organisationen, die sich im militärischen Kampf mit dem Staat Israel befanden, die gelegentlich auch zu handfesten Bündnissen führten, waren die Boykott- und Protestaktionen nicht Ausdruck einer umfassenden eliminatorischen Ideologie. Vielmehr waren sie gegen die militärische Politik der israelischen Regierung sowie große Handelsunternehmen mit engen Verbindungen zum israelischen Staat gerichtet, nicht aber gegen Individuen, geschweige denn nichtisraelische Juden. Die Zielvorstellung war die Inklusion des palästinensischen Volks in das internationale Staatensystem und entsprechende Versorgungsregime, nicht aber die Exklusion, das Hauptcharakteristikum des völkischen Versorgungsregimes der Nationalsozialisten.

Durch Anschläge auf Einzelhandels- und Dienstleistungseinrichtungen sollte ein moralischer Vergleich suggeriert werden zwischen der Gewalt gegen Sachen in einer reichen Industrienation und der Gewalt, die in Entwicklungsländern herrschte, wobei die Aktivisten davon ausgingen, dass beide durch dieselben ökonomischen Netzwerke miteinander verknüpft waren. Die Legitimationsstrategie bestand darin, den Anschlag auf den Supermarkt oder die Tankstelle verglichen mit den globalen Ungerechtigkeiten von Krieg und Genozid vernachlässigbar erscheinen zu lassen. Verweise auf Elend, Aufruhr und Nahrungsmittelunruhen in der Dritten Welt sollten die Gewalt gegen globale Konzerne entschuldigen und die Aufmerksamkeit auf das Vorgehen der Institutionen der Weltwirtschaft und der Global Governance richten. Dieser Ansatz rüttelte an einer engen Gewaltdefinition, die auf nationalen, staatlichen und kriminologischen Fundamenten basierte. Darüber hinaus markierte der militante Protest den Mangel eines effektiven Gewaltmonopols in weiten Teilen der Welt, besonders im Hinblick auf den globalen wirtschaftlichen Prozess. In gewisser Hinsicht rüttelte eine solche Argumentation auch an einer theoretischen Kritik der Gewalt, wie sie beispielsweise von Hannah Arendt in der Tradition von Thomas Hobbes vorgetragen wurde, die auf einer Staatstheorie beruhte, in der die effektive Durchsetzung der Regierungsgewalt, ein anhaltender Frieden und rechtliche Normen die Voraussetzung für die Verbannung der Gewalt aus dem politischen Raum waren.[183] Dies war aber in der Einflusssphäre einer räumlich ungebundenen globalen Ökonomie nicht mehr gegeben.

Zumeist war die Legitimation gewaltsamen Protests gegen einen globalen ökonomischen Nexus nicht als grundsätzliche Rechtfertigung von politischer Gewalt oder Terrorismus gedacht. Vielmehr handelte es sich um fragmentarische Legitimationen, die sich aus Verweisen auf die Gewalt der Gegenseite und aus Aufrufen an das schlechte Gewissen wohlhabender Konsumenten gewinnen ließen, die für die Mobilisierung der Bewegung und die Propagierung alternativer Versorgungsregime dienlich waren. Angriffe auf globale Versorgungsregime und deren moralische Defizite schoben der Gegenseite die Beweislast der Legitimation zu. Mit Boykottkampagnen wurde versucht, auf die Zerstörung und die Gewalt aufmerksam zu machen, die mit der Herstellung und Vermarktung von Konsumgütern in weit entfernten Ländern einhergingen. Gewalt gegen Sachen wurde zu einer militanten Variante dieser Art von Protest.

In einem anderen Protestzusammenhang, der trotz seiner vielen Verbindungen zum Protest gegen die globale Wirtschaftsordnung in diesem Kapitel nicht explizit diskutiert wurde, verlief die Entwicklung umgekehrt: Der Konsumentenboykott wurde erst als Reaktion auf die Gewalt aufgegriffen, die drohte den Protest unmöglich zu machen. Die ersten Anti-Atomkraft-Proteste kümmerten sich kaum um die Perspektive des Konsumenten, da es den Werbern und Lobbyisten der Energiewirtschaft in den Debatten der frühen siebziger Jahre gelungen war, die Kernenergie als Vorteil für die Konsumenten darzustellen. In der Folge der Ölkrise erlaubten Versorgungsengpässe und steigende Preise den

183 Vgl. Hannah Arendt, *Macht und Gewalt* (München: Piper, 1970).

Fürsprechen der Industrie, die Kernkraft als saubere und billige Alternative darzustellen, die ganz im Interesse der Konsumenten liege. Eine konkurrierende Konsumentenpolitik wurde erst unter dem Eindruck der massiven gewaltsamen Auseinandersetzungen entwickelt, die sich im November 1976 auf dem Bauplatz des Kernkraftwerks Brokdorf ereigneten. Die Idee, Stromanbieter zu boykottieren, wurde mit dem expliziten Ziel verfolgt, nach dem Scheitern der gewaltsamen Konfrontation Möglichkeiten zur Fortführung des gewaltlosen Protests zu finden. Es ging in erster Linie um öffentliche Sichtbarkeit und erst in zweiter Linie um das Ausüben ökonomischen Drucks. In manchen Hinsichten wies diese Strategie den Weg zu Praktiken, die mit der Liberalisierung des Energiemarkts alltäglich wurden: Konsumenten konnten sich einfach für Anbieter und Lieferpakete entscheiden, die nicht auf Nuklearstrom zurückgriffen. Bis dahin waren bundesdeutsche Konsumenten an den jeweiligen Stromanbieter ihrer Region gebunden, also an eines der acht oligopolistischen Konsortien der bundesdeutschen Energiebranche, die gestützt auf das Energiewirtschaftsgesetz von 1935 komfortable Marktbedingungen genossen. Die Zahlungsboykotte von Stromkunden verdeutlichen nicht nur die Schwierigkeiten, die dem Konsumentenprotest im Weg standen, sondern liefern auch einen interessanten Fall, in dem die Entwicklung einen anderen Verlauf als in den bisher untersuchten Kontexten nahm: Gewalt war hier nicht Produkt einer schrittweisen Radikalisierung des Protests; im Gegenteil, auf Boykotte wurde erst als Reaktion auf die Gewalt zurückgegriffen, die drohte den Protest unmöglich zu machen.

Obwohl radikale und militante Gruppen ihren Einfluss auf das Global Justice Movement schließlich weitgehend einbüßten, spielten sie bei den noch nie dagewesenen Mobilisierungen der achtziger Jahre eine entscheidende Rolle.[184] Der Diskurs zur globalen Verteilungsgerechtigkeit ging Hand in Hand mit der Entwicklung transnationaler Advocacy-Netzwerke und einem »postnationalen« Politikverständnis. Diesen Wahrnehmungsmustern hatte die radikale Linke seit den späten sechziger Jahren den Weg geebnet. Durch diese Ausbreitung in das weitere politische Spektrum wurden menschliche Katastrophen in den Entwick-

184 Rucht/Teune/Yang, »Global Justice Movement«, 162; Josef Hierlmeier, *Internationalismus. Eine Einführung in die Ideengeschichte des Internationalismus – von Vietnam bis Genua* (Stuttgart: Schmetterling Verlag, 2002), 112.

lungsländern sichtbarer und in ihren Auswirkungen auf die Innenpolitik der Industrieländer verstärkt. Im Kern dieser Entwicklung lag die Transmission politischen Bewusstseins von kritischen Intellektuellen über politische Aktivisten zu ethisch motivierten Konsumenten. Der Prozess stellte somit eine quantitative Ausbreitung der Kritik an Versorgungsregimen dar, der von einer qualitativen Verwässerung radikal alternativer Versorgungsregime begleitet wurde. Wie in den meisten anderen hochindustrialisierten Staaten nahm in der Bundesrepublik Deutschland der Anteil an Konsumenten, die sich schon einmal an einem Boykott beteiligt hatten oder bereit waren, es zu tun, von etwas weniger als einem Drittel der Bevölkerung im Jahr 1974 auf fast die Hälfte im Jahr 1990 zu.[185] Die Anti-Apartheid-, Anti-Nestlé und Anti-IWF-Kampagnen waren wichtige Schritte in dieser Popularisierung »moralischer Ökonomien« durch auf ethischen Kriterien beruhende Kaufentscheidungen, die den Weg für einen neuen Typ des Kapitalismus ebnete, in dem das Image der politisch und ökologisch verantwortlichen Produktion immer wichtiger wurde.[186]

185 Ronald Inglehart, *Modernization and Postmodernization: Cultural, Economic, and Political Change in Forty-Three Societies* (Princeton: Princeton University Press, 1997), 312f.

186 Siehe Rob Harrison, Terry Newholm und Deirdre Shaw (Hg,), *The Ethical Consumer* (London: SAGE, 2005); Ludger Heidbrink und Imke Schmidt, »Die neue Verantwortung der Konsumenten«, in: *Aus Parlament und Zeitgeschichte* 32/33 (2009), 27-32.

# SCHLUSS

Im Oktober 1990 veröffentlichten die Herausgeber der neu gegründeten Zeitschrift *Clash*, ein internationales Joint Venture autonomer Aktivisten aus sieben europäischen Ländern, einen Artikel über einen Vorgang, den sie als »Annektion der DDR« bezeichneten: »die ware obsiegte über eine eigenständige entwicklung durch die menschen in der ddr. [...] die WARE ist Gewalt! sie ist das kapitalistische mittel zur KOLONISIERUNG des bewußtseins, welches alle bisherigen gewaltsamen mittel des kapitalismus übertrifft.«[1] Die Sprache und der Inhalt dieser Analyse waren nicht neu, aber der Untergang des ost-deutschen Staats änderte einen wichtigen Parameter der in diesem Buch untersuchten Konsumdebatten: Ein greifbares, anderes Versorgungsregime war implodiert. Die DDR hatte der radikalen Linken während der vergangenen dreißig Jahre zwar kaum als Modell gedient, aber ihre Existenz hatte, trotz des zunehmenden Einflusses der westlichen Konsumkultur, die Möglichkeit einer anderen Organisation von Produktion und Konsum demonstriert. Die Vorstellung, dass der Kapitalismus des Westens sich ein »billiglohnland auf ›deutschem boden‹«[2] errichtete, suggerierte, dass künftig ein einziges, allumfassendes Versorgungsregime jegliche Alternativen eliminieren oder unterdrücken würde. Die große Küchendebatte schien zu ihrem Ende gekommen zu sein. Einen Grund für das Scheitern der DDR sahen die Autoren in den Unzulänglichkeiten der sozialistischen Praxis, durch die ein »politisches vakuum, in dem die ›sehnsucht‹ nach der ware gedeihen konnte«, entstanden sei.[3] Die kleinbürgerliche Planwirtschaft der DDR, gepaart mit politischer Repression, hatte schon seit langem die Gelegenheit einer authentischen und autonomen Artikulation der Bedürfnisse und politischen Positionen verspielt. Angesichts des bemitleidenswerten Zustands des sozialistischen Projekts fiel diese Aufgabe den Neuen Sozialen Bewegungen und ihrer radikalen Avantgarde zu, was für die Autoren die RAF und andere »Guerillas«, die revolutionäre Frauenbewegung, Haus-

1 »Alptraum Kapitalismus. Über die Annektion der DDR«, in: *Clash. Zeitung für/vom Widerstand in Europa* 1 (Oktober 1990), 50.

2 Ebd., 46.

3 Ebd., 50.

besetzer und andere gegen die Stadterneuerung gerichtete Bewegungen einschloss.

## SOZIALER WANDEL UND SOZIALE BEWEGUNGEN

Oskar Negt versuchte die sozialen Bewegungen der späten sechziger Jahre, an denen er selbst teilgenommen hatte, und ihre Herausforderung der bestehenden Versorgungsregime – darin Herbert Marcuse nicht unähnlich – mit der Formel »antikapitalistische Bedürfnisrevolte« zu fassen.[4] Eine solche Politik der Bedürfnisse beruht auf einem umfassenden Politikbegriff, der im Gegensatz zu einem engeren liberalen Politikverständnis die Bedürfnisse nicht in eine vorpolitische Privatsphäre relegiert. In der traditionellen Politik werden die menschlichen Bedürfnisse, die hinter politischen Forderungen stehen, auf einer sehr vermittelten und abstrakten Ebene abgehandelt. Auf dieser Ebene können zwar Forderungen nach niedrigeren Mieten oder höheren Sozialleistungen artikuliert werden. Die Einzelheiten und Implikationen dieser menschlichen Bedürfnisse und ihre psychologische Dimension – z. B. die Verzweiflung, die jemanden ergreift, der die Miete nicht bezahlen kann – bleiben jedoch dem politischen Prozess vorgelagert. In der klassischen politischen Willensbildung tauchen sie nur selten auf, und wenn sie es tun, dann spielen sie nur eine marginale oder illustrative Rolle.[5] Die sozialen Bewegungen versuchten, solche Bedürfnisse in das Politische einzubringen. Sie etablierten Methoden der politischen Kommunikation, welche die Erfahrungen der Konsumenten widerspiegelten und ihren sozialen und moralischen Belangen Gehör verschafften. Die in der Forschung verbreiteten Vorstellungen von *anti-consumerism* oder Konsumverweigerung greifen zu kurz: Die vorgebrachte Kritik an der Konsumgesellschaft oder an spezifischen Versorgungsregimen war, trotz gewisser rhetorischer Figuren, die das Gegenteil vermuten lassen, nicht fundamental gegen den Konsum eingestellt. Zumeist ging es nicht darum, *nicht* zu konsumieren, also radikal asketische Ideale zu verfolgen, sondern darum, *anders* zu konsumieren – den Konsum mit alternativen

4 Johannes Schütte, *Revolte und Verweigerung. Zur Politik und Sozialpsychologie der Spontibewegung* (Gießen: Focus, 1980), 40.

5 Ebd., 125.

sozialen und moralischen Werten zu versehen, so dass er weniger Zerstörung verursacht. Die beschleunigte Entwicklung der Wohlstandsgesellschaft schien hingegen das soziale Gefüge zu zerstören und die Dinge und Lebensformen ihrer Authentizität und Legitimität zu berauben. Für diejenigen, die dieses Phänomen wahrnahmen, wurde es zu einer maßgeblichen Quelle existentieller Desillusionierung und Ernüchterung, besonders gegenüber der konventionellen Politik.

Radikale Ausläufer der Neuen Sozialen Bewegungen betrieben vor dem Hintergrund der umfassenden Systemkonfrontation des Kalten Kriegs diverse Kämpfe um konkrete Versorgungsregime in der Bundesrepublik. Diese Kämpfe reichten von der alltäglichen Artikulation moralischer oder politischer Bedenken gegenüber scheinbar trivialen Angelegenheiten – etwa relativ geringfügigen Fahrpreiserhöhungen – bis zum militanten Widerstand gegen internationale oder globale Versorgungsregime. Politische Gewalt ergab sich sowohl aus Konflikten um öffentliche Güter wie Wohnraum, Nahverkehr oder Medien als auch aus dem politischen Metadiskurs, der dem Warenerwerb anhaftete. Zwar gelang es den Aktivisten nur selten, ihre utopischen Ziele zu realisieren, aber sie übten eine spürbare Wirkung auf die Art und Weise aus, wie sich kapitalistische Versorgungsregime ausrichteten und präsentierten, von neuen Strategien der Institutionen der Global Governance bis zu alternativen Zugängen zur Wohnungsbaupolitik.

Die Politisierung des Konsums (beispielsweise durch einen Boykott) ist eine kommunikative Technik der Bevorzugung bzw. Diskreditierung bestimmter Interessen und kann prinzipiell von Akteuren aller politischen Richtungen angewandt werden. Die Nachkriegszeit war von Politisierungsimpulsen *von oben* dominiert, die von den verschiedenen politischen und kommerziellen Institutionen in Machtzentren wie Washington, Moskau, Bonn und Berlin ausgingen, bevor sie nach unten zu den Erfahrungen und Einstellungen der Individuen durchsickerten, ohne sie deshalb zu determinieren. Das Projekt »Wirtschaftswunder«[6] versuchte, den Konsum nach innen zu entpolitisieren und sein politisches Potential vor den auswärts gerichteten Wettbewerb des Kalten Kriegs zu spannen. Politisch motivierte Boykottkampagnen wurden zu-

6 Siehe S. Jonathan Wiesen, »Miracles for Sale. Consumer Displays and Advertising in Postwar West Germany«, in: David Crew (Hg.), *Consuming Cold War Germany* (Oxford: Berg, 2004), 151-178.

erst von starken Akteuren (z. B. vom Staat oder großen Unternehmen, die potentiell von der Bevölkerungsmehrheit unterstützt wurden) inszeniert. Erst viel später griffen die Außerparlamentarische Opposition und die Neuen Sozialen Bewegungen die Methode auf, um kritische Minderheitsmeinungen zu artikulieren und zu mobilisieren: Springer nutzte den mit ökonomischem Druck flankierten Boykott gegen *Blinkfüer* und die DDR zuerst, lange bevor die Studenten den Boykott des Verlagshauses propagierten; Willy Brandt und der Deutsche Gewerkschaftsbund riefen zum Boykott der von der DDR betriebenen Berliner S-Bahn auf, bevor Studenten gegen Fahrpreiserhöhungen protestierten; und die von der CIA unterstützte Kampfgruppe gegen Unmenschlichkeit (KgU) verübte, lange bevor linke Protestierende zum Mittel der Brandstiftung griffen, mit Stinkbomben und Brandsätzen Anschläge auf Warenhäuser in der DDR.[7] Zu den Gründern der 1948 geschaffenen Kampfgruppe gegen Unmenschlichkeit zählte der CDU-Politiker Ernst Benda, der 1968 Bundesinnenminister und 1971 Präsident des Bundesverfassungsgerichts wurde. Die KgU unternahm Sabotageakte gegen das Versorgungssystem der DDR: Gefälschte Behördenanweisungen leiteten Nahrungsmittellieferungen fehl und verfügten Preisreduzierungen im Einzelhandel, es wurden aber auch Produkte und Nahrungsmittel zerstört, Bombenanschläge auf Strommasten wurden geplant, und Anschläge auf Straßen und Bahnstrecken kosteten Menschenleben.[8] Das Beispiel der KgU illustriert lebhaft, wie Urteile über die Legitimität von Boykotten, Militanz und Terror im Konsumsektor eng mit den politischen Positionen der Täter und Kommentatoren verbunden waren und sind.

Politisierungsimpulse von oben dauerten während des gesamten Kalten Kriegs an, sahen sich aber zunehmend der Konkurrenz durch Impulse *von unten* ausgesetzt, von den sozialen Bewegungen, die nach einem dritten Weg zwischen den Blöcken suchten und die etablierten Politisierungsmodi kritisierten. Die sozialen Bewegungen waren bestrebt, die moralischen und politischen Probleme des Konsums sowohl auf innenpolitischer als auch auf globaler Ebene sichtbar zu machen, was langfristige Auswirkungen auf die Mehrheitsgesellschaft und die staat-

7 Zu Brandanschlägen auf drei Warenhäuser während der Leipziger Herbstmesse 1951 siehe Enrico Heitzer, *»Affäre Walter«. Die vergessene Verhaftungswelle* (Berlin: Metropol Verlag, 2008), 191-193.

8 Ebd., 59, 107.

lichen Institutionen hatte. Insgesamt erscheint es nicht hilfreich, von der Existenz einer historischen Schwelle auszugehen, die eine frühere Periode, in der die Angelegenheiten des Konsums irgendwie weniger moralisch oder politisch aufgeladen gewesen seien, von einem späteren Zeitabschnitt des politisierten Konsums trennt. Was seit den späten sechziger Jahren neu war, ist die Pluralität konkurrierender moralischer Ökonomien von oben und von unten. Formen und Praktiken des Protests, die in den sechziger und frühen siebziger Jahren entwickelt worden waren, wurden in der Folge aufgenommen und an die veränderten Verhältnisse angepasst. Das führte zur Verbreitung lokalisierter Kampagnen, die in der Regel anonymer und weniger spektakulär, aber vielleicht erfolgreicher bei der Erzeugung öffentlicher Aufmerksamkeit waren. Eine solche angewandte Kritik der Versorgungsregime bedeutete weniger abstrakte Theorie, aber mehr direkte Aktion sowie eine Professionalisierung des Protests in den achtziger Jahren, wodurch kleinere, aber radikalere Gruppen entstanden. Die politische Kommunikation, die sich mit der moralischen Dimension globalisierter Wirtschaftsstrukturen befasste, trug zu einer neuen Verräumlichung der Politik bei, die sich in der zunehmend transnationalen Orientierung der Protestbewegungen manifestierte, was wiederum die intensivierte Vernetzung der globalen Wirtschaft widerspiegelte.

In diesem Kontext stellt sich die Frage, inwieweit die hier analysierten Ansätze spezifisch deutsche Reaktionen auf die Konsumgesellschaft waren. Da vergleichbare Untersuchungen für Frankreich, Italien, Großbritannien oder Dänemark noch nicht vorliegen, bietet das vorliegende Buch einen Ausgangspunkt für die zukünftige Erforschung der Frage, ob der Verlauf der Radikalisierung in der Bundesrepublik auf ausgeprägtere kritische Haltungen gegenüber dem Massenkonsum oder vielleicht auf schwächere friedliche Interessenvereinigungen der Konsumenten zurückzuführen sei. Das hier vorgestellte Material deutet jedoch nicht auf einen deutschen Sonderweg der Radikalisierung hin, sondern verweist auf recht ähnliche Entwicklungen andernorts, etwa bei den Hausbesetzern, den Autonomen oder den Globalisierungskritikern. Versucht man die Intensität der Konflikte in Deutschland zu erklären, stechen das potentiell explosive Erbe der NS-Vergangenheit und die Systemkonfrontation des Kalten Kriegs eher hervor als etwaige Besonderheiten unterentwickelter zivilgesellschaftlicher Institutionen oder angebliche Kontinuitäten eines antidemokratischen Extremismus.

Es gab starke Kontinuitätslinien, als sich 1988 bei gegen den IWF gerichteten Aktionen in Warenhäusern der Kreis schloss: Das Kaufhaus des Westens war noch immer ein mächtiges politisches Symbol, Brandsätze gingen in Verkaufsregalen los, und sogar die Agitation beim Personal der Warenhäuser ähnelte dem, was Rudi Dutschke und seine Genossen im August 1967 im KaDeWe versucht hatten. Entgegen der verbreiteten Vorstellung, die 68er-Bewegung sei rasch zerfallen und habe nur wenig Protestpotential hinterlassen, gab es eindeutige Kontinuitätslinien zu verschiedenen Protestbewegungen. Die Anzahl der »Protestereignisse« in der Bundesrepublik war in der Zeit nach 1968 größer als während der fünfziger und sechziger Jahre,[9] als Demonstrationen und kollektiver Protest eher mit staatlichen Aktivitäten im Kontext des Kalten Kriegs einhergingen. In vielen Hinsichten wurden ökonomische Aspekte wichtiger. Die Jugend wurde als soziokulturell determinierter Lebensabschnitt immer länger, was in Verbindung mit dem wirtschaftlichen Abschwung Anfang der siebziger Jahre eine »überflüssige« Jugend hervorbrachte, die nur schwer die Laufbahnen verfolgen konnte, die konventionelle Sozialmodelle für sie vorsahen. Im Vergleich mit den Erfahrungen der Boom-Jahre in den sechziger Jahren, als es zu einer massiven Ausweitung der Bildungschancen im Hochschulwesen kam, ließ die anschließende Dekade die wirtschaftliche Zukunft entschieden düsterer erscheinen. Gebildete junge Menschen, die gemeinsam mit sozial schwachen Bevölkerungsgruppen eine prekäre Existenz führten, wurden zu einem weitverbreiteten und greifbaren Phänomen. Protest war eine mögliche Quelle der Orientierung und Abhilfe.

Unabhängig vom moralischen und politischen Gehalt von Anschlägen auf Manifestationen der Konsumgesellschaft steht fest, dass sie insofern unwirksam blieben, als sie weder den kommerziellen Erfolg der angegriffenen Unternehmen nennenswert beeinträchtigten noch etwas am allgemeinen Modus des auf Konsumgütern beruhenden Wirtschafts-

9 Dieter Rucht und Roland Roth, »Soziale Bewegungen und Protest – eine theoretische und empirische Bilanz«, in: dies. (Hg.), *Die sozialen Bewegungen in Deutschland seit 1945. Ein Handbuch* (Frankfurt a. M./New York: Campus, 2008), 646. Eigenartigerweise gehen Rucht und Roth von einer »markanten Protestwelle« in den Jahren 1968/69 aus, obwohl ihre eigenen Daten eindeutige Peaks im Protestgeschehen der Jahre 1967, 1972 und 1983 zeigen. Die Zahlen für 1968/69 entsprechen in etwa denen für 1963/64 und 1977/78. Ihre Kategorisierung der Anliegen und Missstände, die zu Protestaktivitäten führten, beinhaltet weder die Dimension des Verbraucherprotests noch sonstige im Zusammenhang mit Konsum stehende Motivationen.

wachstums änderten. Die Anti-Springer-Kampagne vermochte weder, die Dominanz des Konzerns auf dem Zeitungsmarkt ernsthaft zu gefährden noch den Boulevardjournalismus substantiell zu verändern; und die wenigen greifbaren Erfolge der Proteste gegen Fahrpreiserhöhungen blieben nur bis zur unumgänglichen nächsten Preissteigerung erhalten. Ebenso wenig gelang es der Hausbesetzerbewegung, die Immobilienspekulation zu eliminieren oder das bestehende System des Wohneigentums zu ändern. Allerdings konnten die Haubesetzer der frühen achtziger Jahre zumindest eine Rolle in einem breiteren Prozess für sich beanspruchen, der Alternativen zu bestehenden Versorgungsregimen in der Wohnungspolitik und dem öffentlichen Umgang mit der Verteilung städtischen Raums herbeiführte. Darüber hinaus waren Hausbesetzungen der Etablierung informeller Infrastrukturen förderlich, die auch weiterhin Projekte der Selbsthilfe, des Protests und der Partizipation ermöglichten.

Zudem bildeten sich alternative Formen der Wirtschaft heraus. In den frühen achtziger Jahren war ein »Gegenmilieu« entstanden, indes auf eine Weise, die Dutschke oder Marcuse nicht vorausgesehen hatten. Das alternative Milieu war in einigen Städten zu einem wesentlichen Teilbereich der Wirtschaft geworden. Das galt in erster Linie für Dienstleistungen und Konsum, weniger für die Produktion. Eine Analyse eines alternativen Adressbuchs für West-Berlin aus dem Jahr 1982 (*Stattbuch 2*) ergab 1200 Projekte, von denen 71 Prozent im Dienstleistungssektor angesiedelt waren (Transport, Einzelhandel, Buchläden, Kneipen, Kino, Medien, Kinderbetreuung, Sozialarbeit, Kultur); der Rest umfasste politische Arbeit (23 Prozent) und Produktion (6 Prozent).[10]

Der Fokus auf den globalen Konsumnexus wirft neues Licht auf den zunehmenden Internationalismus der verschiedenen Segmente der radikalen Linken seit den siebziger Jahren. Die unter dem Etikett »transnationale Geschichte« betriebene Forschung hat die Arbeit von Nichtregierungsorganisationen und sozialen Bewegungen als entscheidenden Beitrag zur Entstehung einer globalen Zivilgesellschaft interpretiert, die das zwischenstaatliche Konfliktpotential reduziert habe.[11] Durch

10 Lothar Kolenberger und Hanns-Albrecht Schwarz, *Zum Problem einer »Zweiten Kultur« in West-Berlin. Abschlußbericht eines Projekts* (Berlin: Berlin-Forschung, 1982), 25.

11 Akira Iriye, »Transnational History«, in: *Contemporary European History* 13 (2004), 211-222. Siehe auch ders., *Global Community. The Role of International Organizations*

die Untersuchung bisher vernachlässigter Vorläufer des Global Justice Movement fügt das vorliegende Buch eine Erforschung von Transnationalisierungsagenten hinzu, die unterhalb der etablierten internationalen Regierungs- und Nichtregierungsorganisationen und oft in Opposition zu ihnen operierten, was die Dimension der Militanz angemessen berücksichtigt, die aufgrund der ersichtlichen Probleme und Defizite im Globalisierungsprozess während der Krisen der siebziger und achtziger Jahre entstand. Die theoretische Kritik und der politische Aktivismus der bundesrepublikanischen radikalen Linken markieren einen interessanten Kontrast und ein aufschlussreiches Gegenstück zu Darstellungen der hochgradig ambivalenten Globalisierung des Konsumkapitalismus, die den untersuchten Aktivisten als unangemessen positiv erschienen wären, etwa wenn Rosabeth M. Kanter, Professorin für Betriebswirtschaft an der Harvard Business School, die Globalisierung wie folgt definiert: »Die Welt wird zum globalen Einkaufszentrum, in dem Ideen und Produkte überall zur selben Zeit verfügbar sind.«[12]

## VERSORGUNGSREGIME IN DER INTELLEKTUELLEN REFLEXION

Ein Wirtschaftssystem, das im Anschluss an Auguste Comte und Adam Smith auf dem Vertrauen in das zivilisatorische Potential des wirtschaftlichen Fortschritts, also der Herausbildung von Konsumgesellschaften, basiert, wurde von Kritikern herausgefordert, die diese Verbindung pes-

*in the Making of the Contemporary World* (Berkeley: University of California Press, 2002); ders., »A Century of NGOs«, in: *Diplomatic History* 23/3 (1999), 421-435; ders., *Cultural Internationalism and World Order* (Baltimore: Johns Hopkins University Press, 1997). Eine fast ausschließlich positive Deutung der Transnationalisierung als Erbe von 1968 liefern Martin Klimke, *The Other Alliance. Student Protest in West Germany and the United States in the Global Sixties* (Princeton: Princeton University Press, 2009), sowie ders. und Joachim Scharloth (Hg.), *1968 in Europe. A History of Protest and Activism, 1956-1977* (New York: Berghahn, 2008). Für eine kritische Einordnung des *transnational turn* inklusive seiner normativen Implikationen siehe Anna von der Goltz und James Mark, »Encounters«, in: Robert Gildea, James Mark und Anette Warring (Hg.), *Europe's 1968. Voices and Networks of Revolt* (Oxford: Oxford University Press, 2013), 131-162.

12 Rosabeth M. Kanter, *World Class: Thriving Locally in the Global Economy* (New York, 1995), zit. n. Franz Nuscheler, *Lern- und Arbeitsbuch Entwicklungspolitik* (Bonn: Bundeszentrale für politische Bildung, 2004, 5. Aufl.), 53.

simistisch sahen und Gewalt und Zerstörung für Korrelate räumlich begrenzter Wohlstandsgesellschaften hielten. Die Individuen und ihre Bedürfnisse wurden als revolutionäre Subjekte oder zumindest als Kämpfer für beschränktere Formen der Befreiung imaginiert. Solche Utopien – oder Gegenkulturen – bargen im Kern Visionen alternativer Versorgungsregime. Hausbesetzer, die ihre Lebensmodelle durch politisch ausgehandelte Nutzungsverträge legalisieren wollten, gaben ihre Kritik an der bestehenden Form der Konsumgesellschaft deshalb nicht gleich auf, doch letzten Endes waren sie bereit, ihren Lebensstil in eine verbesserte oder alternative Version der Wohlstandsgesellschaft zu integrieren. In gewisser Hinsicht lässt sich der schleichende Verlust der Utopie – das allmähliche Akzeptieren von begrenzteren Gegenentwürfen, die dann in verbesserte Varianten der Wohlstandsgesellschaft integriert wurden – als Bestätigung von Marcuses dystopischer Vision einer eindimensionalen Gesellschaft deuten, in der Kritik und Utopieentwürfe dazu verurteilt waren, unter einer Welle der Kommodifizierung begraben zu werden. Einige der analysierten Radikalisierungsverläufe zeigen Versuche, die Kreisläufe des modernen Kapitalismus zu durchbrechen, der Kritik und Opposition absorbiert und dann als Konsumgüter auftischt.

Radikale Konsumkonzepte gingen aus sozialen Bewegungen hervor, die auf sozialen Wandel reagierten. Sie spiegelten somit den Wandel der Versorgungsregime wider. Der in diesem Buch verfolgte Ansatz verknüpft sozioökonomische Veränderungen mit politischen und intellektuellen Reaktionen auf die Entwicklung der modernen Gesellschaft. Intellektuelle Interpretationen verarbeiteten soziale Praktiken und politische Aktionen und brachten ihrerseits ebensolche hervor; sie waren also genauso Teil der Wirklichkeit wie wirtschaftliche oder institutionelle Bedingungen. Das vorliegende Buch zeigt, dass intellektuelle Konstrukte wie Manipulation oder Entpolitisierung sehr eng mit höchst realen sozioökonomischen Entwicklungen verzahnt waren, etwa mit der Konzentration im Medien- oder Einzelhandelssektor, mit Fahrpreiserhöhungen, Wohnungsnot oder der Schuldenkrise in der Dritten Welt. Radikale und sogar militante Ansätze hatten in ihrer Reaktion auf konkrete sozioökonomische Entwicklungen einen rationalen Kern und waren nicht so weit von dem entfernt, was Künstler, Intellektuelle, gemäßigte Zeitgenossen oder spätere Wissenschaftler über die Entwicklung und Widersprüche der Konsumgesellschaft gedacht und herausgefunden haben.

Die allmähliche Erosion der revolutionären Visionen und die schwindende theoretische Raffinesse lassen sich beispielsweise durch einen Vergleich von Jörg Huffschmids auf Habermas gestützter Analyse der Springer-Presse mit einem Pamphlet der Autonomen illustrieren, das alles Böse auf die Machenschaften von Banken und Kaufhäusern reduziert und ansonsten postmoderne Indifferenz an den Tag legt. Andererseits verweist etwa der Erfolg der Hausbesetzer bei der Herausforderung der Regierungspolitik und der Errichtung begrenzter Freiräume, die zumindest mittelfristig tragfähig waren, auf eine rationalere Analyse der Gesellschaft, die die großsprecherischen und unrealistischen revolutionären Phantasien früherer Generationen überwunden hatte. Sowohl die Aktivisten der sechziger als auch die der achtziger Jahre rangen mit dem Erbe von anderthalb Jahrhunderten linksrevolutionärer Traditionen, Ideen und Utopien.[13] In Ideologie und Praxis neigten sie dazu, das gute Leben, das traditionell eher als Ansporn in der Zukunft prangte, in ihre Gegenwart hineinzuziehen. In dieser Hinsicht standen sie am Ende eines hundertfünfzigjährigen politischen Lernprozesses. Diese Perspektive erlaubt es, gegenläufige Interpretationen – Verlust an utopischem Potential bzw. Zunahme an konkreten Erfolgen – in einem dialektischen Schritt zu integrieren: Die Akteure waren in einem politischen Raum angekommen, der weniger von utopischen Visionen aus anderen historischen Epochen zerklüftet war. Sie standen den Widersprüchen der ökonomischen Prozesse und den verschiedenen Ansätzen der politischen Ökonomie gegenüber, die versuchten, diesen Prozess zu erklären und zu beeinflussen. Sie verfügten über ein partielles Bewusstsein einer zwei Jahrhunderte alten intellektuellen Tradition, die bemüht war, wirtschaftliche Prozesse zu steuern und zu moralisieren. Ihre eigenen Projekte sahen sie als Fortführung oder als Alternative bestehender Interpretationsmuster; eine Perspektive, die in mancher Hinsicht in den achtziger Jahren an ihre Grenzen stieß. Es wurde deutlich, dass eine Geschichtsphilosophie oder Wirtschaftstheorie, die den ökonomischen Prozess vollständig erklären oder kontrollieren könnte, nicht existiert und dass jeder Vorstoß ins Revier der politischen Ökonomie – bzw. in die Kritik an Versorgungsregimen – voller Schwierigkeiten und Widersprüche steckte. In letzter Konsequenz waren die in diesem Buch behandelten Ideen

13 Geoff Eley, *Forging Democracy. The History of the Left in Europe, 1850-2000* (Oxford: Oxford University Press, 2002).

und Aktionen Versuche der politischen Orientierung in einem hochkomplexen Versorgungssystem. Sie zeugen von der Suche nach moralischer Integrität inmitten der unauflösbaren Widersprüche des ökonomischen Prozesses. Dabei mussten sie an ihre eigenen Grenzen stoßen, etwa wenn Mittel eingesetzt wurden, die sich wahrlich nicht dazu eigneten, das Dilemma zu lösen, das sie auf den Plan gerufen hatte. Ein gutes Beispiel für derart unauflösbare Widersprüche, die keinen leichten Ausweg erlauben, ist die Gentrifizierung. Sie führte dazu, dass die Bewegung mit sich selbst rang: Sie war zugleich Mitverursacherin und Kritikerin.

Letzten Endes sahen sich die Protestierenden demselben Dilemma ausgesetzt wie alle anderen wirtschaftlichen und politischen Akteure. Schließlich verfügt niemand über eine Universalformel, mit deren Hilfe sich Wohlstand für alle erzeugen lässt. Daher müssen alle die nutzbringenden bzw. destruktiven Potentiale der Versorgungsregime abwägen, an denen sie teilhaben, die sie unterstützen und die sie ablehnen. Das impliziert, dass alle historischen Akteure, ob sie es nun wollen oder nicht, in den Wettbewerb zwischen unterschiedlichen Versorgungsregimen – sowohl um die praktische Implementierung als auch um die politische Legitimität – involviert sind und sich somit zu der Gewalt positionieren müssen, die aus der Reibung zwischen konkurrierenden Regimen auf verschiedenen Ebenen entsteht.

## KONSUM UND GEWALT

In den Dekaden, die auf die von den SDS-Aktivisten Peter Neitzke und Christian Semler 1969 entwickelten Theorie der politischen Aktion in der Distributionssphäre folgten, verblieben die drei von ihnen ausgemachten Typen einschlägiger politischer Kampagnen (das Verbrennen von Waren, die Aneignung von Waren durch die Massen und das Einwerfen von Schaufenstern) im Aktionsrepertoire der militanteren Ableger der Neuen Sozialen Bewegungen. Systematische Angriffe auf Schaufenster in Einkaufsstraßen mit Pflastersteinen wurden zu einer fest etablierten Praxis. Trotz der Skepsis, die Neitzke und Semler gegenüber dieser Art des Protests an den Tag legten, wurde sie schließlich zur meistpraktizierten. Aus ihrer marxistischen Perspektive vermissten die beiden SDS-Aktivisten die ideologische Botschaft, die aus zerbrochenen Scheiben hervorgehen sollte und den Massen vermittelt werden könnte. Obwohl die militanten Hausbesetzer der frühen achtziger Jahre sich nicht so große theoretische Mühe gaben wie ihre marxistischen Vorfahren, erlebten sie das Zertrümmern von Scheiben im Zuge der Konfrontationen mit den Behörden als Verbindung existentialistischer Selbstbefreiung mit der Kritik konkreter Versorgungsregime, was in der Auseinandersetzung sogar noch zu einem politischen Druckmittel werden konnte.

Analog zu den Dilemmata und Vielfältigkeiten der Wohlstandsgesellschaft waren die in diesem Buch untersuchten historischen Akteure auch mit einer ganzen Bandbreite verschiedener Konzeptionen und Interpretationen von Gewalt und Gegengewalt konfrontiert. Einige Aktivisten entschieden sich bewusst für die Gewalt gegen Sachen, um ihre politischen Ideen und Lebensformen zu propagieren. Die versachlichte, entpersönlichte und latente Gewaltausübung der Mächtigen sollte aus der »Kulisse des Alltags« hervorgezogen werden, in der sie nach Norbert Elias im Prozess der Zivilisation verschwindet.[14] Die Idee der von der herrschenden Wirtschaftsordnung hervorgerufenen Zerstörung war zentral für ideologische Rechtfertigungen des Protests. Die Label »Gewalt« und »Zerstörung« waren essentiell für diesen Legitimationsmodus, mit dem bedrohliche Entwicklungen auf ganz verschiedenen Ebenen intellektuell zueinander in Bezug gesetzt werden konnten: die Zerstörung von Stadtvierteln und sozialen Milieus durch Bauspekulation und Gentrifizierung; die Zerstörung von Lebensgrundlagen durch die Abholzung tropischer Wälder und die Schuldenkrise; und die Zerstörung der Natur durch Umweltverschmutzung und Wachstumsideologie. All diese ineinander verschränkten Prozesse schienen auf westliche Konsumenten und die Gier der Reichen zurückzugehen. Auch hier gab es für die sozialen Bewegungen keinen Königsweg, der einen sicheren Ausweg aus dem Dilemma zwischen vollständiger Gewaltlosigkeit und politischer Militanz geboten hätte; ebenso wenig gab es verbindliche Antworten auf die Frage nach der Legitimität verschiedener Formen historischer Gewalt. Die in den vorangegangenen Kapiteln behandelten Formen der politischen Gewalt – von der Blockade der Straßenbahnschienen

14 Norbert Elias, *Über den Prozeß der Zivilisation*, Bd. 2: *Wandlungen der Gesellschaft. Entwurf zu einer Theorie der Zivilisation* (Frankfurt a. M.: Suhrkamp, 1976, 2. Aufl.), 325.

durch Kölner Studenten im Jahr 1966 bis zu den unbekannten Tätern, die im September 1988 Brandsätze in Berliner Warenhäusern deponierten – waren in der Regel von expliziten oder impliziten Skrupeln und Bedenken hinsichtlich des Einsatzes von Gewalt begleitet. Zumeist wurde bei der Planung und Rechtfertigung so etwas wie eine Obergrenze für die Art der eingesetzten Gewalt und der zugefügten Schäden mitgedacht. Man mag mit den Tätern hinsichtlich ihrer Einschätzung der Legitimität ihrer Akte nicht übereinstimmen, aber Gewalt wurde so gut wie nie um ihrer selbst willen, sondern recht bewusst als politisch kalkuliertes Kommunikationsmittel eingesetzt. Das trifft auch auf die Fälle zu, in denen linke Aktivisten sich in antizionistischen Kampagnen engagierten. Aus historischen Gründen war dies ein besonders schwieriges Feld der politischen Kommunikation, und das politische Kalkül der Beteiligten ging in der Regel nach hinten los, wie beispielsweise bei den propalästinensischen Boykottkampagnen in Verbindung mit dem Wandbild an einem besetzten Haus in der Hamburger Hafenstraße.

Eine zentrale Botschaft dieses Buches lautet, dass Gewalt aus einer komplexen Interaktion verschiedener Akteure (Protestierende, staatliche Behörden, Medien und Intellektuelle) resultierte. Die Proteste waren keineswegs von Anfang an gewalttätig. Gewaltförmige Konflikte und Gewaltdiskurse hielten auf vierfache Weise Einzug in die hier untersuchten Protestszenarien: (1) durch die verbale und symbolische Gewalt bzw. Militanz mit der auf faktische Gewalt (z. B. in der Dritten Welt) aufmerksam gemacht werden sollte; (2) durch die von Gewaltspezialisten (wie der RAF oder den RZ) ausgeübten gewaltförmigen Aktionen oder die Imagination von Gewaltakten in der Presse; (3) durch die oft kontroverse Handhabung des staatlichen Sicherheitsdispositivs im Umgang mit der Protestbewegung, wenn städtischer Kommerz und Einzelhandel von den Protestaktivitäten abgeschirmt werden sollten; und (4) im Zuge der durch die Proteste ausgelösten politischen und juristischen Kontroversen, in denen es um Gewaltdefinitionen und die Legitimierung bzw. Delegitimierung bestimmter Formen politischer Kommunikation ging. In all diesen Kontexten war Gewalt Interaktionsprodukt und Kommunikationsmittel. Beide Seiten operierten mit Strategien der rhetorischen Verstärkung gegnerischer Gewalt und moralischer Übergriffe bei gleichzeitiger Neutralisierung und Rechtfertigung der eigenen Gewaltanwendung.

Militanter Protest führte zu Anpassungen und Änderungen im theoretischen und praktischen Gewaltverständnis der staatlichen Behörden. Einige Protestaktivitäten lösten komplexe juristische Debatten aus, die bis hinauf zum Bundesgerichtshof und zum Bundesverfassungsgericht ausgefochten wurden und erhebliche Konsequenzen für die deutsche Rechtsgeschichte hatten. Der Gewaltdiskurs der sozialen Bewegungen regte einen inversen Gewaltdiskurs bei den Strafverfolgungsbehörden an. Ein zentraler Streitpunkt war die Frage, ob bestimmte Protestaktivitäten als gesetzwidrig oder gar als Straftaten anzusehen seien oder ob sie vielmehr als politische Artikulationen unter die verfassungsmäßig garantierten Grundrechte – besonders Meinungs- und Versammlungsfreiheit – fielen. Das betraf sowohl mündliche wie schriftliche Sprachakte (z. B. die Flugblätter der Kommune I) als auch performative oder physische Artikulationen (z. B. Blockaden), wobei viele Protestaktivitäten beide Aspekte miteinander verbanden (z. B. Boykottkampagnen). Mit dem Laepple-Urteil von 1969 im Kontext der Fahrpreisproteste und dem Urteil von 1972, das die zivilrechtlichen Schadenersatzansprüche gegenüber den »Rädelsführern« der Springer-Blockade bestätigte, etablierte der BGH einen rechtlichen Rahmen, der es mit einem um die psychische Zwangswirkung erweiterten Gewaltbegriff gestattete, die bloße Intention, einen Ablauf zu blockieren oder zu behindern, unabhängig von den tatsächlich eingesetzten Mitteln als gewaltsame Aktivität zu interpretieren. Dieser rechtliche Rahmen wurde effektiv erst 1995 vom Bundesverfassungsgericht zurückgenommen. Bezüglich der Haftung von »Rädelsführern« hatte der BGH seine Interpretation schon 1984 rückgängig gemacht, indem er entschied, dass nur aktiv an physischer Gewalt Beteiligte haftbar gemacht werden können. Auf der Ebene unterhalb der höchstrichterlichen Entscheidungen bewegten sich die Protestaktivitäten der Neuen Sozialen Bewegungen in einer rechtlichen Grauzone, was die Juristen dazu zwang, Herausforderungen in den Griff zu bekommen, die mehr oder weniger ohne Präzedenzfall waren. Das war der Fall für den Landfriedensbruch im Kontext der Demonstrationen der späten sechziger Jahre und für den Hausfriedensbruch, der während der Hausbesetzerbewegung der frühen achtziger Jahre kontrovers wurde. In beiden Fällen war die Rechtsauffassung zunächst alles andere als festgelegt. Einige Jahre vergingen, bevor eine erstaunliche Varianz in den Urteilen der unteren Gerichte einer vorherrschenden Meinung wich. In der Regel kam es bei juristischen Konflikten zu einer diskursiven Verschiebung hin zu Fragen von Recht und Ordnung und weg von den kontroversen Inhalten bezüglich der Versorgungsregime, die das Problem aufgeworfen hatten. Seit 1976 wurde diese Entwicklung durch die rechtliche Ausweitung der Zurechenbarkeit nach § 129a StGB (Bildung terroristischer Vereinigungen) beschleunigt.

Die Protestierenden hatten unterschiedliche Haltungen zu Recht und Gerichten. Ein Ausgangspunkt für die Hinwendung zum Protest war der verbreitete Eindruck, es sei unmöglich, die angestrebten Veränderungen unter Berufung auf die bestehende Rechtslage herbeizuführen. Unterschriftensammlungen und Gerichtsverfahren waren zumeist erfolglos geblieben. Die Berufung auf Menschenrechte oder auf ein naturrechtliches Widerstandsrecht beinhaltete den Anspruch, dass die inkriminierten Sprechakte oder performativen Akte von einem höheren Recht gedeckt seien, das oberhalb des durch die Gerichte der Bundesrepublik Deutschland verkörperten Rechts lag. Dieses Misstrauen wurde von einer marxistischen Kritik des bürgerlichen Rechtssystems, von Hinweisen auf die NS-Vergangenheit bundesdeutscher Richter und schließlich von der Einsicht genährt, dass sich die Kräfte des globalen Kapitalismus zunehmend von der Legalität des Nationalstaats abkoppelten. Mehr oder weniger begrenzte performative Regel- bzw. Gesetzesverstöße dienten als Mobilisierungsstrategie, die die Protestierenden rasch in langwierige Konflikte mit den Strafverfolgungsbehörden verstrickte. Wenn der illegale Akt zunächst als Mittel zur Sichtbarmachung anderer Formen der Gewalt gedacht war, konnte die Gegenstrategie der Behörden, nämlich das Hervorheben des kriminellen Charakters der umstrittenen Akte, den Tätern als groß angelegte Konspiration erscheinen, die konzipiert war, um Unrecht zu vertuschen, das nur durch illegale Akte ans Licht gebracht werden könne. Die Aktivisten – auch die radikalen und militanten – neigten dazu, die Gewalt der Protestierenden, die sie selbst als kommunikativ und begrenzt auffassten, in Relation zu anderen Formen der Gewalt zu bewerten, die sie als ubiquitär und uneingeschränkt wahrnahmen. Aus dieser Perspektive betrachtet, erscheint selbst die gewöhnlich mit den Mitteln der Terrorismusforschung behandelte Gewalteskalation nicht in erster Linie als Resultat von individuellen moralischen Mängeln, psychologischen Defiziten, Gewaltfetischismus oder Antisemitismus, sondern als militante Antwort auf große gesellschaftliche Umwälzungsprozesse, insbesondere das beispiellose Anwachsen und die Diversifikation des Konsumsektors bzw. deren Rückwirkungen auf das revolutionäre Projekt angesichts einer durch Integration in die Konsumgesellschaft befriedeten Arbeiterklasse – eine von der bisherigen Forschung vernachlässigte Dimension.

Auf einer abstrakteren Ebene zeigt die vorliegende Analyse, dass die diskursive Amalgamierung verschiedener Formen von Gewalt für die Legitimation bzw. Delegitimation politischer Gewalt auf beiden Seiten unentbehrlich war. Ein essentieller Aspekt der kommunikativen Strategie, die dominante Versorgungsregime mittels Boykotten oder anderer Formen der Mobilisierung herausforderte, war die Überbrückung von Entfernung, sowohl in räumlicher wie auch in historischer Hinsicht, um scheinbar weit auseinanderliegende politische Kämpfe miteinander in Verbindung zu bringen. Spezifische, für legitim erachtete Formen des Protests oder der Gewalt wurden unter Verweis auf andere Formen gegenwärtiger oder vergangener Gewalt gerechtfertigt, die für illegitim gehalten wurden. Herausfordernde Formen politischer Gewalt, die von sozialen Bewegungen ausgingen, und bewahrende Formen institutioneller Gewalt, die von den Strafverfolgungsbehörden ausgeführt wurden, waren über Diskurse miteinander verzahnt, in denen versucht wurde, die Legitimation der jeweils anderen Seite zu invertieren, wobei es aber auch zur gegenseitigen Verstärkung kam. Die Herausforderer warfen den die Staatsgewalt handhabenden Behörden eine Mitverantwortung an Menschenrechtsverletzungen, Krieg und Genozid im Kontext der Dekolonialisierung vor (z. B. im Fall der Apartheid in Südafrika), und sie unterstellten eine Kontinuitätslinie zum Nationalsozialismus. Im Gegenzug wurde die Anwendung des staatlichen Gewaltmonopols gerechtfertigt, indem die Herausforderer mit der Gewalt vergangener und gegenwärtiger Terroristen und illegitimer Revolutionäre oder mit der Staatsgewalt der DDR und der Sowjetunion assoziiert wurden. Auch hier wurden Analogien mit dem Nationalsozialismus aufgestellt; dabei wurde zumeist auf die sogenannte Kampfzeit der NSDAP bis zum »Judenboykott« im April 1933 verwiesen.

Die Grundsatzentscheidungen des Bundesverfassungsgerichts zu Boykotten liefern einen nützlichen analytischen Rahmen für die komparative Betrachtung historischer Boykottkampagnen. Diese waren nämlich so lange von der Meinungsfreiheit geschützt und damit legitimes Mittel der politischen Kommunikation, wie sie sich jeglicher Nötigung enthielten, die über den moralischen Appell hinausging. Man kann darüber streiten, ob der kommunikative Appell eines Boykotts dehnbar genug ist, um symbolische Gewalt gegen Sachen zu beinhalten, aber der entscheidende Punkt liegt darin, dass Boykottkampagnen ihren Grundrechtsschutz einbüßen, wenn sie durch wirtschaftlichen Druck oder sonstige Zwangsmittel, die über die Mobilisierung der Öffentlichkeit und die Summe individueller Kaufunterlassungsentscheidungen hinausgehen, den Wettbewerb der Meinungen eliminieren. Historisch waren erweiterte Boykottkampagnen in der Lage, auch andere Legitimationsressourcen zu mobilisieren, z.B. durch staatliche Wirtschaftssanktionen wie im Fall der Anti-Apartheid-Bewegung. Auf einer allgemeinen Ebene bedeutet das, dass legitime Boykottkampagnen versuchen, die Versorgungsregime, gegen die sie sich richten, mittels politischer Kommunikation im öffentlichen und kommerziellen Raum zu verändern, aber dabei nicht die Eliminierung der boykottierten Partei anstreben.

Das hilft bei der Auseinandersetzung mit der kontroversen Spannung, die sich aus den Ansprüchen moralischer Überlegenheit ergibt, die antizionistische, aber auch andere Boykottaktivisten an den Tag legten, und dem Vorwurf gegen sie, sie führten de facto eine antisemitische Tradition weiter. Viele Boykott- und Protestkampagnen und besonders die gegen Israel gerichteten wurden als unangemessen oder geschmacklos empfunden und riefen umgehend Vergleiche mit den Boykotten der Nationalsozialisten hervor. Immer wieder führte mangelndes politisches und moralisches Urteilsvermögen dazu, dass Aktivisten die Gefahren ignorierten, die sich aus der Verwendung politischer Symbole und Agitationsmittel ergaben, die nicht nur zu der Sache abträglichen Nazivergleichen einluden, sondern sich auch als anschlussfähig gegenüber antisemitischen Diskursen erweisen konnten.

Gab es also einen fundamentalen Unterschied zwischen antizionistischen bzw. antiisraelischen Protestaktionen und anderen Protestkampagnen? Haben die Aktivisten mit zweierlei Maß gemessen, wenn sie Israel angriffen und, wenn dies der Fall war, lag darin die Saat des Antisemitismus, aus der neue Gewalt gegen Juden gekeimt ist? Es mag sein, dass einige Aktivisten von einer Variante des sekundären Antisemitismus angeregt worden sind, dessen Motivation die Verdrängung des Schuldgefühls für den Holocaust ist. Bezüglich der radikalen Linken wird der sogenannte Schuldabwehr-Antisemitismus häufig unterstellt, aber kaum empirisch überzeugend belegt.[15] Die vergleichende Perspek-

15 Z.B. Wolfgang Kraushaar, »Antizionismus als Trojanisches Pferd. Zur antisemitischen Dimension in den Kooperationen von Tupamaros West-Berlin, RAF und

tive auf unterschiedliche Protest- und Boykottkampagnen ist nicht gerade dazu geeignet, solche Behauptungen zu unterstützen, da es schwerfallen dürfte zu argumentieren, radikale oder militante Protest- und Boykottkampagnen seien generell Auswuchs des sekundären Antisemitismus, denn die Aktivisten waren in mehrere miteinander verbundene Kampagnen involviert, die ganz ähnliche Agitationsmuster verfolgten. Israel war nur eines unter vielen Zielen. Alles in allem waren antiisraelische Aktionen im Protestspektrum der radikalen Linken weder wesentlich prominenter vertreten, noch unterschieden sie sich fundamental von den vielen anderen Protestkampagnen. Sie wurden allerdings intensiver wahrgenommen und entwickelten deshalb eine größere Eigendynamik. Aufgrund der einzigartigen Bedeutung des Holocaust, besonders in Deutschland, und der daraus resultierenden historischen Beziehung der Deutschen zum Nahostkonflikt gab es bei Boykotten oder Protesten gegen Israel auf beiden Seiten diskursiven Sprengstoff im Überfluss. Hin und wieder waren antisemitische Äußerungen – oder Antisemitismusvorwürfe – Ergebnis dieser Konstellation, aber bei der überwiegenden Mehrheit der radikalen linken Aktivisten in der alten Bundesrepublik war Antisemitismus keine Voraussetzung und erst recht keine Motivation der politischen Aktionen.

Restriktive Gewaltdefinitionen, die bestimmte Manifestationen der Gewalt ausklammern – etwa die Staatsgewalt –, verstellen den Blick auf Legitimationen politischer Gewalt, ein Thema, das auch in anderen historischen Kontexten stärker in den analytischen Blick rücken sollte. Das diskursive Amalgamieren verschiedener Formen politischer Gewalt war Teil breiter Legitimations- und Delegitimationsstrategien. Akzeptanz und Erfolg waren entscheidend für die Plausibilität und letztlich auch für die Kontinuität bzw. Erosion solcher Konstrukte. Die fortgesetzte Legitimität des bundesrepublikanischen Staatsapparats fußte auf dem fast mythischen Ruf des wirtschaftlichen Erfolgs, den die Bundesrepublik erworben hatte, sowie auf der Kriminalisierung der radikaleren Teile der Neuen Sozialen Bewegungen. Dieser Strategie schloss sich die ostentative Entpolitisierung von deren Agenda nahtlos an. Gleichzeitig gelang es den Behörden, ihren Einsatz von Gewalt legitim erscheinen zu

RZ mit den Palästinensern«, in: ders. (Hg.), *Die RAF und der linke Terrorismus* (Hamburg: Hamburger Edition), Bd. 1, 676-695; ders., *»Wann endlich beginnt bei Euch der Kampf gegen die heilige Kuh Israel?« – München 1970. Über die antisemitischen Wurzeln des deutschen Terrorismus* (Reinbek: Rowohlt, 2013).

lassen und den Eindruck zu unterstreichen, dieser sei den undemokratischen Regimen im Deutschland des 20. Jahrhunderts allemal vorzuziehen. Letztlich beruht die Legitimität der Bundesrepublik in dieser Frage auf den politischen Ansichten und Meinungen der breiten Mehrheit der Bevölkerung, welche die sozialistischen Ideale, die die Kritik der Herausforderer animierte, nicht teilte. Das bedeutete nicht, dass den Herausforderern Akzeptanz und Erfolg gänzlich vorenthalten blieben. Die Vielzahl der miteinander verbundenen Protestkampagnen konnten sie vielmehr nur deswegen über Dekaden aufrechterhalten, weil sie wiederholt wichtige Erfolge erzielten: beim politischen Agenda Setting und der Politisierung krisengeschüttelter Versorgungsregime; bei der Erregung öffentlicher Aufmerksamkeit für den missbräuchlichen oder problematischen Gebrauch der Staatsgewalt; sowie bei der Mobilisierung einer beträchtlichen Minderheit der Bevölkerung, die zumindest einige politische Ressourcen für die Propagierung alternativer *moral economies* aufwandte.

# AUSGEWÄHLTE QUELLEN UND LITERATUR

## QUELLEN

### ARCHIVE

APO-Archiv, FU Berlin
  1303 (Berlin Hausbesetzer 1981)
Archiv Grünes Gedächtnis, Heinrich Böll Stiftung, Berlin
Archiv soziale Bewegungen, Freiburg
  Broschürensammlung
Bundesarchiv, Koblenz (BAK)
  B 141 (Bundesministerium der Justiz, Hauptgebiet 4: Strafsachen)
    62511 (Mitgliedschaft in der terroristischen Vereinigung »Revolutionäre Zelle«)
    60286/60287 (Entführung eines Airbusses der Air-France nach Entebbe)
  B 362 (Generalbundesanwalt)
    Strafsache gegen Baader, Ensslin, Meinhof, Meins und Raspe
    3309 (Zellendurchsuchungen vom 7. und 8. Februar 1974)
    3367 (Zellendurchsuchung am 16. Juli 1973, Ensslin)
    3369/70 (Zellendurchsuchung am 16. Juli 1973, Meinhof)
    3371/72 (Zellendurchsuchung am 16. Juli 1973, Raspe)
Bundesbeauftragter für die Unterlagen des Staatssicherheitsdienstes, Berlin (BStU)
  MfS-HA XXII (Terrorabwehr)
Hamburger Institut für Sozialforschung (HIS)
  Rote Armee Fraktion (RAF 001)
    BKA-Materialsammlung
    KOK 02/010 (sog. »Widerspruchspapier« von Meinhof)
    KOK 03/002 (Zellenmaterial 1973-74)
    KOK 04/004 (Bericht vom 15.1.1976 von Alfred Klaus)
    KOK 07/002 (Zellendurchsuchungen im Juli 1973)
    KOK 07/006 (Zellenmaterial Meinhof betreffs Kritik an RAF-Schrift)
    Stammheim Nachlass
  Sozialistisches Anwaltskollektiv, Berlin (SAK)
    130, 01-04 (Korrespondenz der Kommune I)
    130, 06-14 (Akten der Kommune I, 1966-69)
    250, 01-05 (Kaufhausbrandstiftung)
    270, 05-09 (Kaufhausbrandstiftung)
    Flugblattsammlung

International Institute of Social History, Amsterdam (IISG)
ID-Archiv (ID)
Political Posters
Papiertiger: archiv und bibliothek der sozialen bewegungen, Berlin
»Häuser 1978/Jan-Aug 1980«
»Häuserkampf Jun.-Dez. 1980«
taz archiv, Berlin
Wissenschaftszentrum für Sozialforschung, Berlin (WZB)
IWF-Sammlung (Dieter Rucht)

## PERIODIKA

*Der Abend* (1980)
*Agit 883* (1969-72)
*Anagan* (1985)
*Arbeiterkampf, AK* (1979-90)
*Autonomie NF* (1980-85)
*Berliner Morgenpost* (1967-80)
*Besetzer-Rat Info* (1980)
*Bild* (1967-68)
*blätter des iz3w* (1988)
*B.Z.* (1967-68)
*Carlo Sponti* (1974)
*Charlie Kaputt* (1968)
*Cilip, Bürgerrechte & Polizei* (1981-88)
*Clash: Zeitung für/vom Widerstand in Europa* (1989-90)
*Consum Critik* (1988)
*Der Einzelhandel: Fachorgan des Landesverbands Einzelhandel des Landes Rheinland-Pfalz* (1967-69; 1981-83)
*Extrablatt Berlin* (1980)
*Ffh* [Forschungsstelle für den Handel] *Mitteilungen* (1967-69; 1981-83)
*Frankfurter Rundschau* (1988)
*Hamburger Abendblatt* (1967-83)
*ID-Nachrichtendienst* (1974-78)
*Info Hamburger undogmatischer Gruppen* (1975)
*Instand-Besetzer-Post* (1981)
*Interim* (1988)
*Juristenzeitung* (1968-69)
*konkret* (1967-69)
*Kritische Justiz* (1968-70)
*Kursbuch* (1968)
*Der lange Marsch – Zeitung für eine neue Linke* (1973)
*links: sozialistische Zeitung* (1976)
*Mitteilungen Verein Berliner Kaufleute und Industrieller* (1968-69; 1988)
*Neue Kritik* (1968)

*Oberbaumblatt* (1967)
*radikal* (1976-0)
*Rote Hilfe* (1971-73)
*Rote Presse: Korrespondenz der Studenten-, Schüler- und Arbeiterbewegung* (1969)
*Rote Robe* (1970-76)
*Rundbrief* (1988)
*Schwarzer Faden* (1988)
*Der Spiegel* (1957-88)
*Stachel: Zeitung der Alternativen Liste für Demokratie und Umweltschutz* (1988)
*Stachlige Argumente* (1988)
*Süddeutsche Zeitung* (1968-88)
*Der Tagesspiegel* (1967-80)
*die tageszeitung* [*taz*] (1978-90)
*taz-Journal* (1980)
*Telegraf* (1968)
*Unzertrennlich* (1987)
*Volksblatt* (1988)
*Die Welt* (1967-82)
*Wir wollen alles* (1973)
*Zahltag: Tägliche Massenzeitung gegen IWF und Weltbank* (1988)
*Die Zeit* (1967-90)
*zitty* (1980)

## VERÖFFENTLICHTE QUELLEN

Adorno, Theodor W., *Gesammelte Schriften*. Hg. v. Rolf Tiedemann. 20 Bde. Darmstadt: Wissenschaftliche Buchgesellschaft, 1998.

AG Grauwacke, *Autonome in Bewegung: Aus den ersten 23 Jahren*. Berlin: Assoziation A, 2003.

AG Spass muss sein! (Hg.), *Spassguerilla*. Reprint. 4. Aufl. Münster: Unrast Verlag, 2001.

Aktionskomitee für Amnestie (Hg.), *Sanierung, Wohnungsnot, Instandbesetzungen, Gewalt und Gegengewalt, kriminelle Vereinigungen und Amnestie*. Berlin: Aktionskomitee für Amnestie, [1981].

Alternative Liste, Bereich Demokratische Rechte (Hg.), *Die Freiheit im Würgegriff: Polizei in Berlin*. Berlin: Alternative Liste, 1989.

Arbeitskreis Internationale Solidarität, *Shell raus aus Südafrika: Materialien zur Anti-Shell Kampagne*. Amsterdam: ID Verlag, 1990.

Archiv soziale Bewegungen & Stadtarchiv Freiburg (Hg.), *gleich wird's grün: Freiburger Fahrpreiskämpfe 1968*. CD-ROM. Freiburg: Jos-Fritz-Verlag, 2003.

Aust, Stefan und Sabine Rosenbladt, *Die Hausbesetzer: Wofür sie kämpfen, wie sie leben, und wie sie leben wollen*. Hamburg: Hoffmann und Campe, 1981.

Axel Springer Verlag. *Medienarchiv68*. Online verfügbar unter: {http://www.medienarchiv68.de/} (Stand August 2017).

Baader, Andreas, Gudrun Ensslin, Thorwald Proll und Horst Söhnlein, *Vor einer solchen Justiz verteidigen wir uns nicht: Schlußwort im Kaufhausbrandprozeß*. Frankfurt: Edition Voltaire, 1968.

Bakker Schut, Pieter (Hg.), *das info: briefe von gefangenen aus der raf aus der diskussion 1973-77*. Hamburg: Neuer Malik Verlag, 1987.

Baumann, Jürgen, »Der Schutz des Gemeinschaftsfriedens«, in: *Zeitschrift für Rechtspolitik* 2 (1969), 85-90.

Baumann, Jürgen und Hans-Dieter Schwind (Hg.), *Ursachen, Prävention, und Kontrolle von Gewalt: Analysen und Vorschläge der unabhängigen Regierungskommission zur Verhinderung und Bekämpfung von Gewalt*. 4 Bde. Berlin: Duncker & Humblot, 1990.

Baumann, Michael, *Wie alles anfing*. Munich: Trikont, 1975.

Bednarik, Karl. *An der Konsumfront: Zwischenbilanz des modernen Lebens*. Stuttgart: Klipper, 1957.

Besetzerrat K 36, *Wir sind dem Staat ein Dorn im Auge!*. Berlin: Besetzerrat K 36, 1980.

*Bewaffneter Kampf – Texte der RAF: Auseinandersetzung und Kritik*. Utrecht: Rote Sonne, 1973.

Biesenbach, Klaus (Hg.), *Zur Vorstellung des Terrors: Die RAF-Ausstellung*. Göttingen: Steidel, 2005.

Blankenburg, Erhard, »Thesen zur Hausbesetzerbewegung«, in: *Recht und Politik* 21 (1985-86), 38-43.

Bloch, Ernst, Herbert Marcuse, Jürgen Habermas, Ernst Fischer, Arnold Künzli, Iring Fetscher, Mihailo Marković, Ljubomir Tadić und Erich Fromm, *Marx und die Revolution*. 2. Aufl. Frankfurt a. M.: Suhrkamp, 1972.

*Der Blues: Gesammelte Texte der Bewegung 2. Juni*. 2 Bde. Dortmund: Schwarzer Stern, 2001 [1982].

Böckelmann, Frank und Herbert Nagel (Hg.), *Subversive Aktion: Der Sinn der Organisation ist ihr Scheitern*. Frankfurt a. M.: Neue Kritik, 2002.

Bohrer, Karl Heinz, »Surrealismus und Terror oder die Aporien des Juste-milieu«, in: ders., *Die gefährdete Phantasie, oder Surrealismus und Terror*, München: Hanser, 1970, 32-61.

Böll, Heinrich, *Die verlorene Ehre der Katharina Blum oder: Wie Gewalt entstehen und wohin sie führen kann*. Köln: Kiepenheuer & Witsch, 1974.

Brokmeier, Peter (Hg.), *Kapitalismus und Pressefreiheit am Beispiel Springer*. Frankfurt a. M.: Europäische Verlagsanstalt, 1969.

Brückner, Peter, *Über die Gewalt: Sechs Aufsätze zur Rolle der Gewalt in der Entstehung und Zerstörung sozialer Systeme*. Berlin: Wagenbach, 1979.

Brückner, Peter, *Ulrike Marie Meinhof und die deutschen Verhältnisse*. Berlin: Wagenbach, 1976.

Bundesgerichtshof, »Entscheidung vom 30.11.1988 – StB 40/88 (Kontrollstelleneinrichtung: Rechtsschutzbedürfnis für Antrag auf gerichtliche Entscheidung)«, in: *Neue Juristische Wochenschrift* 42/18 (1989), 1170.

Bundesgerichtshof, »Entscheidung vom 24.1.1984 – VI ZR 37/82 (Teilnahme

an Tätlichkeiten bei einer Großdemonstration)«, in: *Neue Juristische Wochenschrift* 37/21 (1984), 1226-1236.
Bundesgerichtshof, »Entscheidung vom 30.5.1972 – VI ZR 139/70 (Haftung der Teilnehmer an einer gegen ein Presseunternehmen gerichteten Demonstration für entstandenen Sachschaden)«, BGHZ 59,30.
Bundesgerichtshof, »Entscheidung vom 8.8.1969 – 2 StR 171/69« (Laepple-Urteil), BGHSt 23,46.
Bundesministerium des Innern (Hg.), *Verfassungsschutz 1969/70*. Bonn: Bundesministerium des Innern, 1971.
Bundesverfassungsgericht, »Entscheidung vom 26.2.1969 – 1 BvR 619/63« (Blinkfüer-Urteil), BVerfGE 25, 256.
Bundesverfassungsgericht, »Entscheidung vom 4.4.1967 – 1 BvR 414/64« (Südkurier-Urteil), BVerfGE 21, 271.
Bundesverfassungsgericht, »Entscheidung vom 15.1.1958 – 1 BvR 400/51« (Lüth-Urteil), BVerfGE 7, 198.
Büro für ungewöhnliche Maßnahmen und Bundeskonferenz entwicklungspolitischer Aktionsgruppen (Hg.), *Wut, Witz, Widerstand: Die IWF/Weltbank-Kampagne in Bild und Wort*. Berlin: Bundeskonferenz entwicklungspolitischer Aktionsgruppen, 1989.

Cohn-Bendit, Daniel, *Der große Basar: Gespräche mit Michel Lévy, Jean-Marc Salmon, Maren Sell*. München: Trikont, 1975.

Davis, Uri, *Israel: An Apartheid State*. London: Zed Books, 1987.
Debord, Guy, »Le Déclin et la chute de l'économie spectaculaire-marchande«, in: *Internationale Situationniste* 10 (1966), 415-423.
Debord, Guy, *La Société du spectacle*. Paris: Buchet/Chastel, 1967.
Debray, Régis, *La critique des armes*. 2 Bde. Paris: Éditions du Seuil, 1974.
*Der Baader-Meinhof-Report: Dokumente – Analysen – Zusammenhänge*. Mainz: Hase & Koehler, 1972.
Dichter, Ernest, *The Strategy of Desire*. New Brunswick: Transaction, 2002 [1960].
doku-gruppe vom mehringhof, *Dokumentation zu den Hausbesetzerprozessen*. Berlin: doku-gruppe vom mehringhof, [1981].
Dreßen, Wolfgang, Dieter Kunzelmann und Eckhard Siepmann (Hg.), *Nilpferd des höllischen Urwalds, Spuren in eine unbekannte Stadt: Situationisten, Gruppe Spur, Kommune I*. Gießen: Werkbund-Archiv, 1991.
Dürschlag, Martin und Hartmut Sander (Hg.), *Oberbaum Linkeck: Almanach, 1965-1968*. Berlin: RKL Presse, 1968. Online verfügbar unter: {http://www.infopartisan.net/archive/1967/266718.html} (Stand August 2017).
Dutschke, Rudi, *Jeder hat sein Leben ganz zu leben: Die Tagebücher 1963-1979*. Hg. v. Gretchen Dutschke. Köln: Kiepenheuer & Witsch, 2003.
Dutschke, Rudi, *Aufrecht gehen: Eine fragmentarische Autobiographie*. Berlin: Büchergilde Gutenberg, 1981.
Dutschke, Rudi, »Die geschichtlichen Bedingungen für den internationalen Emanzipationskampf«, in: Wolfgang Dreßen, Sibylle Plogstedt und Ger-

hart Rott (Hg.), *Der Kampf des vietnamesischen Volkes und die Globalstrategie des Imperialismus*. Berlin: INFI, 1968, 107-124.
Dutschke, Rudi, T. Käsemann und R. Schöller (Hg.), *Der lange Marsch*. München: Trikont, 1968.
Duve, Freimut (Hg.), *Exportinteressen gegen Muttermilch: Der tödliche Fortschritt durch Babynahrung. Eine Dokumentation der Arbeitsgruppe Dritte Welt Bern*. Reinbek: Rowohlt, 1976.

Ensslin, Gudrun. Interview mit *Panorama* (4. November 1968). Online verfügbar unter: {http://daserste.ndr.de/panorama/media/ensslin101.html} (Stand August).
Enzensberger, Ulrich, *Die Jahre der Kommune I: Berlin 1967-1969*. Köln: Kiepenheuer & Witsch, 2006.
Ermittlungsausschuß Mehringhof (Hg.), *Dokumentation Dezember Berlin 1980*. Berlin: Oktoberdruck, 1981.
Evangelische Frauenarbeit in Deutschland (Hg.), *»Kauft keine Früchte aus Südafrika!« Baut nicht mit an der Mauer der Apartheid*. Frankfurt a. M.: EFD, 1978.

Fabricius-Brand, Margarete, »Instandbesetzung contra Stadtzerstörung und Wohnungsnot«, in: *Demokratie und Recht* 9 (1981), 287-293.
Farocki, Harun, *Ihre Zeitungen*; eine kurze Beschreibung des Films ist online verfügbar unter: {http://www.harunfarocki.de/de/filme/1960er/1968/ihre-zeitungen.html} (Stand August 2017).
Fassbinder, Rainer Werner, *Der Müll, die Stadt und der Tod*. Frankfurt a. M.: Verlag der Autoren, 1981.
Fo, Dario, *Bezahlt wird nicht! Eine Farce*. Berlin: Wagenbach, 1977.
Frauen gegen Imperialismus und Patriarchat, *Sextourismus und Frauenhandel: Am Beispiel Thailand*. Münster: Frauen gegen Imperialismus und Patriarchat, 1988.
Fromm, Erich, *To Have or to Be?*. New York: Harper & Row, 1976.

Galbraith, John Kenneth, *Gesellschaft im Überfluß*. München/Zürich: Droemer 1959 [1958].
Galtung, Johan, »Violence, Peace, and Peace Research«, in: *Journal of Peace Research* 60/3 (1969), 167-191.
*Georg v. Rauch Haus: Kämpfen, Lernen, Leben*. Berlin: Jugendzentrum Kreuzberg, 1972.
Geronimo, *Feuer und Flamme: Zur Geschichte und Gegenwart der Autonomen*. Amsterdam: ID Verlag, 1990.
Gilbert, David, *Consumption: Domestic Imperialism – A New Left Introduction to the Political Economy of American Capitalism*. Somerville: New England Free Press, [o. J.].
Goeschel, Albrecht (Hg.), *Anschläge und Richtlinien: Materialien zur Kritik der repressiven Gesellschaft*. München: Hanser, 1968.

Gorz, André, *Zur Strategie der Arbeiterbewegung im Neokapitalismus*. Frankfurt a. M.: Europäische Verlagsanstalt, 1968 [1964].

Greenpeace (London), *What's Wrong with McDonald's? Everything They Don't Want You to Know*. 1986. Online verfübar unter: {http://www.mcspotlight.org/case/factsheet.html} (Stand August 2017).

Grossmann, Heinz und Oskar Negt (Hg.), *Die Auferstehung der Gewalt: Springerblockade und politische Reaktion in der Bundesrepublik*. Frankfurt a. M.: Europäische Verlagsanstalt, 1968.

Gruhl, Herbert, »Konsum ist auch Vernichtung«, in: Michael Wortmann (Hg.), *Umwelt, Landbau, Ernährung*. Burg: Das Fenster, 1979, 9-23.

Gruhl, Herbert, *Ein Planet wird geplündert: Die Schreckensbilanz unserer Politik*. Frankfurt a. M.: Fischer, 1975.

Gruppe SPUR, *SPUR-Buch: die SPUR-Hefte 1-7 und die Manifeste*. München: Gruppe Spur, 1962.

Grützbach, Frank (Hg.), *Heinrich Böll: Freies Geleit für Ulrike Meinhof: Ein Artikel und seine Folgen*. Köln: Kiepenheuer & Witsch, 1972.

Haberbusch, Kuno (Hg.), *Berliner Linie gegen Instandbesetzer: Die »Vernunft« schlägt immer wieder zu!*. 2. Aufl. Berlin: Bloch, 1981.

Habermas, Jürgen, *Arbeit, Freizeit, Konsum: Frühe Aufsätze*. Gießen: Rotdruck, 1973.

Habermas, Jürgen, *Strukturwandel der Öffentlichkeit: Untersuchungen zu einer Kategorie der bürgerlichen Gesellschaft*. Neuwied: Luchterhand, 1962.

Habermas, Jürgen, »Konsumkritik – eigens zum Konsumieren«, in: *Frankfurter Hefte* 12 (1957), 641-645.

Hartmann, Detlef, »IWF – Eine Mordmaschine kann man nicht reformieren«, in: *Schwarzer Faden* 27 (Januar 1988), 26-31.

Hartmann, Detlef, »Vollstrecker der nationalsozialistischen Neuen Ordnung«, in: *Autonomie* 14 (1985), 217-287.

Häuserrat Frankfurt (Hg.), *Wohnungskampf in Frankfurt*. München: Trikont, 1974.

Hoffman, Abbie, *Steal This Book*. New York: Grove Press, 1971.

Hoor, Angelika, »Die Dritte Welt kleidet uns ein«, in: Christa Becktepe und Traude Strütt-Bringmann (Hg.), *Der Stoff aus dem die Kleider sind*. Bonn: Verbraucherinitiative, 1990.

Horkheimer, Max und Theodor W. Adorno, *Dialektik der Aufklärung: Philosophische Fragmente*, in: Theodor W. Adorno, *Gesammelte Schriften*. Bd. 3 (Frankfurt a. M.: Suhrkamp, 2003 [1944]).

Huffschmid, Jörg, *Die Politik des Kapitals: Konzentration und Wirtschaftspolitik in der Bundesrepublik*. Frankfurt a. M.: Suhrkamp, 1969.

Huxley, Aldous, *Brave New World Revisited*. 1958. Online verfügbar unter: {http://www.huxley.net/bnw-revisited/} (Stand August 2017).

ID Verlag (Hg.), *Rote Armee Fraktion: Texte und Materialien zur Geschichte der RAF*. Berlin: ID Verlag, 1997.

ID-Archiv im IISG Amsterdam (Hg.), *Früchte des Zorns: Texte und Materialien zur Geschichte der Revolutionären Zellen und der Roten Zora*. 2. Aufl. Amsterdam: ID Verlag, 1993.
in bewegung bleiben (Hg.), »Texte zur und von der Bewegung 2. Juni«. Online verfügbar unter: {http://bewegung.nostate.net/mate.html} (Stand August 2017).
Internationales Komitee zur Verteidigung politischer Gefangener in Westeuropa (Hg.), *letzte texte von Ulrike* [1976].

Janknecht, Hans, »Verfassungs- und strafrechtliche Fragen zu ›Sitzstreiks‹«, in: *Goltdammers Archiv für Strafrecht* 116 (1969), 33-40.
Jansen, Bernd und Arno Klönne (Hg.), *Imperium Springer: Macht und Manipulation*. Köln: Pahl-Rugenstein, 1968.

Kesten, Dietmar und Jürgen Schröder, »Proteste gegen Fahrpreiserhöhungen«, in: *Materialien zur Analyse von Opposition* (MAO). Online verfügbar unter: {http://www.mao-projekt.de/BRD/MIE/Fahrpreiserhoehungen.shtml} (Stand August 2017).
Klein, Hans-Joachim, *Rückkehr in die Menschlichkeit: Appell eines ausgestiegenen Terroristen*. Reinbek: Rowohlt, 1979.
Knipping, Franz, *Jeder vierte zahlt an Axel Cäsar – Das Abenteuer des Hauses Springer*. Ost-Berlin: Rütten & Loening, 1963.
Koczy, Ute, Christa Stolle und Jai Sin Pak, *Made in Korea: Adler-Textilarbeiterinnen wehren sich gegen deutsche Ausbeutung*. Kiel: Magazin Verlag, 1989.
Kohl, Helmut, »Jahresversammlung des IWF und der Weltbank in Berlin, Eröffnungsrede«, in: *Bulletin des Presse- und Informationsamts der Bundesregierung* 119 (29 September 1988), 1091-1092.
Kolenberger, Lothar und Hanns-Albrecht Schwarz, *Zum Problem einer »Zweiten Kultur« in West-Berlin: Abschlußbericht eines Projekts*. Berlin: Berlin-Forschung, 1982.
Kommune I, »Neue Demonstrationsformen in Brüssel erstmals erprobt«, in: *Sprache im technischen Zeitalter* 28 (1968), 318-319.
Kommune I, *Quellen zur Kommuneforschung*. Berlin: Kommune I, 1968.
Kommune I, *Gesammelte Werke gegen uns*. Berlin: Kommune I, 1967.
Kommune II, *Versuch der Revolutionierung des bürgerlichen Individuums: Kollektives Leben mit politischer Arbeit verbinden!*. Berlin: Oberbaumverlag, 1969.
Kommune II, »Gegen Kommune I«, in: *Sprache im technischen Zeitalter* 28 (1968), 316-317.
Körner, Peter, Gero Maass, Thomas Siebold und Rainer Tetzlaff, *Im Teufelskreis der Verschuldung: Der Internationale Währungsfonds und die Dritte Welt*. Hamburg: Junius, 1984.
Kraushaar, Wolfgang (Hg.), *Frankfurter Schule und Studentenbewegung: Von der Flaschenpost zum Molotowcocktail 1946-1995*. 3 Bde. Frankfurt a. M.: Rogner & Bernhard, 1998.
Kropotkin, Peter, *Gesetz und Autorität*. Wiesbaden: Nova-Press, 1969 [1886].

Küchenhoff, Erich, »Zur Strafbarkeit von Hausbesetzungen«, in: *Demokratie und Recht* 9 (1981), 300-307.

Kunzelmann, Dieter, *Leisten Sie keinen Widerstand! Bilder aus meinem Leben.* Berlin: Transit, 1998.

labourhistory.net – Labourhistory Resources. »Rote Armee Fraktion – Documents« [eine Sammlung von über 1200 Dokumenten von und über die RAF]. Online verfügbar unter: {http://www.socialhistoryportal.org/raf} (Stand August 2017).

Lackner, Karl, *Strafgesetzbuch.* 15. Aufl. München: C. H. Beck, 1983.

Lämmert, Eberhard, »Brandstiftung durch Flugblätter? Ein Gutachten«, in: *Sprache im technischen Zeitalter* 28 (1968), 321-329.

Langhans, Rainer und Fritz Teufel, *Klau mich: StPO der Kommune I.* Frankfurt a. M.: Edition Voltaire, 1968.

Laurisch, Bernd, *Kein Abriß unter dieser Nummer: 2 Jahre Instandbesetzung in der Cuvrystraße in Berlin-Kreuzberg.* Gießen: Anabas, 1981.

Lefebvre, Henri, *Das Alltagsleben in der modernen Welt.* Frankfurt a. M.: Suhrkamp 1972 [1968].

Linke Liste (Hg.), *Die Mythen knacken: Materialien wider ein Tabu.* Frankfurt a. M.: Linke Liste, 1987.

Lotta Continua, *Nehmen wir uns die Stadt: Klassenanalyse, Organisationspapier, Kampfprogramm.* München: Trikont, 1972.

Lukács, Georg, *Geschichte und Klassenbewußtsein: Studien über marxistische Dialektik*, in: ders., *Werke.* Bd. 2. Darmstadt: Luchterhand, 1968 [1923].

Mahler, Horst (Hg.), *um die reihen zu schliessen – organisiert die solidarische Kritik an der sektiererischen Linie der RAF.* Berlin: Rote Hilfe Landesvorstand, 1974.

Marcuse, Herbert, »On the New Left«, in: ders., *The Collected Papers of Herbert Marcuse.* Bd. 3: *The New Left and the 1960s.* Hg. v. Douglas Kellner. London: Routledge, 2005, 122-127.

Marcuse, Herbert, »Die Unterschiede zwischen alter und neuer Linke«, in: ders., *Nachgelassene Schriften.* Bd. 4: *Die Studentenbewegung und ihre Folgen.* Hg. v. Peter-Erwin Jansen. Springe: Zu Klampen, 2004, 103-111.

Marcuse, Herbert, *Eros and Civilization: A Philosophical Inquiry into Freud.* Abingdon: Routledge, 1998 [1955].

Marcuse, Herbert, *Der eindimensionale Mensch: Studien zur Ideologie der fortgeschrittenen Industriegesellschaft*, in: ders., *Schriften*, Bd. 7. Frankfurt a. M.: Suhrkamp, 1989 [1964].

Marcuse, Herbert, *Konterrevolution und Revolte*, in: ders., *Schriften*, Bd. 9. Frankfurt a. M.: Suhrkamp, 1987 [1972].

Marcuse, Herbert, *Versuch über die Befreiung*, in: ders., *Schriften*, Bd. 8. Frankfurt a. M.: Suhrkamp, 1984 [1969].

Marcuse, Herbert, *Triebstruktur und Gesellschaft: Ein philosophischer Beitrag zu Sigmund Freud.* Frankfurt a. M.: Suhrkamp, 1979 [1957].

Marcuse, Herbert, *Counterrevolution and Revolt.* Boston: Beacon Press, 1972.
Marcuse, Herbert, »Das dritte Gespräch«, in: Friedrich Hacker, *Aggression: Die Brutalisierung der modernen Welt.* Wien: Molden, 1971, 354-355.
Marcuse, Herbert, *An Essay on Liberation.* Boston: Beacon Press, 1969.
Marcuse, Herbert, *Zur Situation der Neuen Linken.* Frankfurt a.M.: Nova Press, 1969.
Marcuse, Herbert, »The Realm of Freedom and the Realm of Necessity: A Reconsideration«, in: *Praxis: A Philosophical Journal* 5/1 (1969), 20-25.
Marcuse, Herbert, »Liberation from the Affluent Society«, in: David Cooper (Hg.), *The Dialectics of Liberation.* Harmondsworth: Penguin 1968, 175-192.
Marcuse, Herbert, *Das Ende der Utopie: Herbert Marcuse diskutiert mit Studenten und Professoren Westberlins an der Freien Universität Berlin über die Möglichkeiten und Chancen einer politischen Opposition in den Metropolen in Zusammenhang mit den Befreiungsbewegungen in den Ländern der Dritten Welt.* Hg. v. Horst Kurnitzky und Hansmartin Kuhn. Berlin: Maikowski, 1967.
Marcuse, Herbert, »Ziele, Formen, und Aussichten der Studentenopposition«, in: *Das Argument* 45 (1967), 44-58.
Marcuse, Herbert, »Ist die Idee der Revolution eine Mystifikation?«, in: *Kursbuch* 9 (1967), 1-6.
Marcuse, Herbert, »The Problem of Violence and the Radical Opposition«. Übers. v. Jeremy Shapiro und Shierry M. Weber. Online verfügbar unter: {http://www.marxists.org/reference/archive/marcuse/works/1967/violence.htm}.
Marcuse, Herbert, »Repressive Toleranz«, in: Robert Paul Wolff, Barrington Moore und Herbert Marcuse, *Kritik der reinen Toleranz.* Frankfurt a.M.: Suhrkamp, 1966, 91-128.
Marcuse, Herbert, »Vietnam: Analyse eines Exempels«, in: *Neue Kritik* 7/36-37 (1966), 30-38.
Marcuse, Herbert, *One-Dimensional Man: Studies in the Ideology of Advanced Industrial Society.* London: Routledge & Kegan Paul, 1964.
Marcuse, Herbert, *Die Gesellschaftslehre des sowjetischen Marxismus.* Neuwied: Luchterhand, 1964 [1958].
Marcuse, Herbert, *Soviet Marxism: A Critical Analysis.* New York: Columbia University Press, 1958.
Marcuse, Herbert, »Die Idee des Fortschritts im Lichte der Psychoanalyse«, in: *Freud in der Gegenwart: Ein Vortragszyklus der Universitäten Frankfurt und Heidelberg zum hundertsten Geburtstag.* Frankfurt a.M.: Suhrkamp, 1957, 425-441.
Marcuse, Herbert, »Neue Quellen zur Grundlegung des Historischen Materialismus«, in: *Die Gesellschaft* 9/8 (1932), 136-174.
Martin, Bradley, *Blaue Wirklichkeit: Aufruf zur Demontage der Kaufhauskultur.* Frankfurt a.M.: Nova Press, 1969.
Marx, Karl, *Das Kapital: Kritik der politischen Ökonomie.* Bd. 3, in: Karl Marx und Friedrich Engels, *Gesamtausgabe* (MEGA). Hg. v.d. Internationalen Marx-Engels-Stiftung, Abteilung 2, Bd. 15. Berlin: Akademie Verlag, 2004 [1894].

Marx, Karl, »Kritik des Gothaer Programms« [1875], in: MEGA, Abteilung 1, Bd. 25, 3-25.

Marx, Karl, »Ökonomisch-philosophische Manuskripte (Erste Wiedergabe), Heft 1« [1844], in: MEGA, Abteilung 1, Bd. 2, 189-247.

Marx, Karl, »Zur Judenfrage« [1843-44], in: MEGA, Abteilung 1, Bd. 2, 141-169.

Marx, Karl und Friedrich Engels, *Manifest der kommunistischen Partei*, in: Karl Marx und Friedrich Engels, *Werke* (MEW). Hg. v. Institut für Marxismus-Leninismus beim Zentralkomitee der SED, Bd. 4. Berlin: Dietz, 1977 [1848], 459-493.

*Materialien zur Kampagne boykottiert »Israel« – Waren, Kibbuzim, und Strände. Palästina – Das Volk wird sich befreien.* 1988.

Meadows, Donella H. und Dennis L. Meadows (Hg.), *Die Grenzen des Wachstums. Bericht des Club of Rome zur Lage der Menschheit.* Suttgart: Deutsche Verlags-Anstalt, 1972.

Meinhof, Ulrike, *Dokumente einer Rebellion: 10 Jahre »konkret«-Kolumnen.* Hamburg: konkret, 1972.

Meinhof, Ulrike, *Bambule: Fürsorge – Sorge für wen?.* Berlin: Wagenbach, 1971.

Meinhof, Ulrike, »Falsches Bewußtsein«, in: Christa Rotzoll (Hg.), *Emanzipation und Ehe.* 2. Aufl. München: Goldmann, 1969, 33-50.

Meyer, Till, *Staatsfeind: Erinnerungen.* Hamburg: Hoffmann und Campe, 1996.

Mitscherlich, Alexander und Gert Kalow (Hg.), *Über Eigentum und Gewalt: Zwei Gespräche.* München: Pieper, 1972.

Müller, Hans Dieter, *Der Springer-Konzern: Eine kritische Studie.* München: Pieper, 1968.

Muller, Mike, *The Baby Killer: A War on Want Investigation into the Promotion and Sale of Powdered Baby Milks in the Third World.* London: War on Want, 1974. Online verfügbar unter: {http://archive.babymilkaction.org/pdfs/babykiller.pdf} (Stand August 2017).

Müller-Münch, Ingrid, Wolfgang Prosinger und Sabine Rosenbladt (Hg.), *Besetzung – weil das Wünschen nicht geholfen hat: Köln, Freiburg, Gorleben, Zürich und Berlin.* Reinbek: Rowohlt, 1981.

Münch, Ingo von (Hg.), *Aktuelle Dokumente: Die Baader-Meinhof-Gruppe.* Berlin: de Gruyter, 1973.

Neitzke, Peter und Christian Semler, »Warenhausaktionen«, in: *Rote Presse: Korrespondenz der Studenten-, Schüler- und Arbeiterbewegung* 2 (1. März 1969), 8-10.

Nipperdey, Hans Carl, »Boykott und freie Meinungsäußerung«, in: *Deutsches Verwaltungsblatt* 73 (1958), 445-452.

Nirumand, Bahman, *Persien: Modell eines Entwicklungslandes oder Die Diktatur der freien Welt.* Reinbek: Rowohlt, 1967.

Nora, Dora, Zora et al., *Ansätze zum zusetzen, durchsetzen, umsetzen, fortsetzen: ohne uns Frauen läuft nix….* Berlin: Schwarze Risse, 1988.

Novemberfilm Kollektiv, *Schade, dass Beton nicht brennt.* 1981.

Oehlert, Werner und Reiner Wild, *Mietpreisbindung für Berlin: Argumente, Zahlen, Fakten*. Berlin: Berliner Mieterverein, 1985.

Olenhusen, Götz von und Christa Gnirß, *Handbuch der Raubdrucke: Theorie und Klassenkampf*. Pullach: Verlag Dokumentation, 1973.

Oppenheimer, Martin und George Lakey, *A Manual for Direct Action: Strategy and Tactics for Civil Rights and All Other Non-Violent Protest Movements*. Chicago: Quadrangle Books, 1965.

Otto, Karl A. (Hg.), *APO: Außerparlamentarische Opposition in Quellen und Dokumenten, 1960-1970*. Köln: Pahl-Rugenstein, 1989.

Packard, Vance, *Die große Verschwendung*. Frankfurt a.M.: Fischer, 1964 [1960].

Packard, Vance, *Die geheimen Verführer: Der Griff nach dem Unbewußten in jedermann*. Düsseldorf: Econ-Verlag, 1958 [1957].

Pasolini, Pier Paolo, *Freibeuterschriften: Aufsätze und Polemiken über die Zerstörung des Einzelnen durch die Konsumgesellschaft*. Berlin: Wagenbach, 1978.

Payer, Cheryl, *The Debt Trap: The IMF and the Third World*. New York: Penguin, 1974.

Philippinen Koordination Frauengruppe (Hg.), *Frauenkampf auf den Philippinen: Interviews und Berichte*. Hamburg: Philippinen Koordination, 1989.

Proll, Thorwald, *Mein 68: Aufzeichnungen, Briefe, Interviews*. Hamburg: Verlag auf hoher See, [o. J.].

Proll, Thorwald und Daniel Dubbe, *Wir kamen vom anderen Stern: Über 1968, Andreas Baader, und ein Kaufhaus*. Hamburg: Edition Nautilus, 2003.

Reavis, Edward (Hg.), *Burn, Baby, Burn: Die schwarze Revolte*. Darmstadt: Melzer, 1968.

Rechtshilfe der Außerparlamentarischen Opposition (Hg.), *Dokumentation über die Demonstrationen in München, Ostern 1968*. München: Rechtshilfe der Außerparlamentarischen Opposition, 1968.

Reinders, Ralf und Ronald Fritzsch, *Die Bewegung 2. Juni: Gespräche über Haschrebellen, Lorenz-Entführung, Knast*. 3. Aufl. Berlin: ID Verlag, 1999.

Reinders, Ralf, Klaus Viehmann und Ronald Fritzsch, »Zu der angeblichen Auflösung der Bewegung 2. Juni«. Juni 1980. Online verfügbar unter: {http://bewegung.nostate.net/mate_nichtaufloesung.html} (Stand August 2017).

Renschler, Regula, *Ware Liebe: Sextourismus – Prostitution – Frauenhandel*. Wuppertal: Hammer, 1988.

Republikanischer Club (Hg.), *Springer enteignen? Materialien zur Diskussion*. Berlin: Republikanischer Club, 1967.

Riesman, David, Nathan Glazer und Reuel Denney, *Die einsame Masse: Eine Untersuchung der Wandlungen des amerikanischen Charakters*. Darmstadt: Luchterhand, 1956 [1950].

Rinsche, Franz-Josef, »Zur Strafwürdigkeit sogenannter Hausbesetzungen«, in: *Zeitschrift für Rechtspolitik* 17 (1984), 38-39.

Rollnik, Gabriele und Daniel Dubbe, *Keine Angst vor niemand: Über die Siebziger, die Bewegung 2. Juni und die RAF*. Hamburg: Edition Nautilus, 2004.

Roth, Karl-Heinz und Fritz Teufel, *Klaut sie! (Selbst-)kritische Beiträge zur Krise der Linken und der Guerilla*. Tübingen: iva-verlag bernd polke, 1979. Online verfügbar unter: {http://bewegung.nostate.net/mate_indianer.html} (Stand August 2017).

Sander, Hartmut und Ulrich Christians (Hg.), *Subkultur Berlin: Selbstdarstellung, Text-, Ton-, Bilddokumente, Esoterik der Kommunen, Rocker, subversiven Gruppen*. Berlin: März Verlag, 1969.

Schall, Hero, »Hausbesetzungen im Lichte der Auslegung des § 123 StGB«, in: *Neue Zeitschrift für Strafrecht* 3 (1983), 241-247.

Schily, Otto und Christian Ströbele, *Plädoyers einer politischen Verteidigung: Reden und Mitschriften aus dem Mahlerprozeß*. Berlin: Merve, 1973.

Schneider, Peter, *Rebellion und Wahn: mein '68. Eine autobiographische Erzählung*. Köln: Kiepenheuer & Witsch, 2008.

Schneider, Peter, »Die Phantasie im Spätkapitalismus und die Kulturrevolution«, in: *Kursbuch* 16 (1969), 1-37.

Schönke, Adolf und Horst Schröder, *Strafgesetzbuch*. 21. Aufl. München: C.H. Beck, 1982.

Schröder, Jürgen, »Heidelberg: Materialien zur Studentenbewegung und Hochschulpolitik bis zum Verbot des SDS 1970«, 2004; online verfügbar unter: {http://www.mao-projekt.de/BRD/BW/KAR/Heidelberg_Hochschulpolitik.shtml} (Stand August 2017).

Schubert, Alexander, *Die internationale Verschuldung: Die Dritte Welt und das transnationale Bankensystem*. Frankfurt a. M.: Suhrkamp, 1985.

Schulenburg, Lutz (Hg.), *Das Leben ändern, die Welt verändern! 1968, Dokumente und Berichte*. Hamburg: Edition Nautilus, 1968.

Senghaas, Dieter (Hg.), *Peripherer Kapitalismus: Analysen über Abhängigkeit und Unterentwicklung*. Frankfurt a. M.: Suhrkamp, 1974.

Siefert, Michael, Michael Rieger und Ulli Bartoszenska, *Dokumentation: Gegendarstellung zur Boulevard-Presse*. Berlin: System Druck, [1981].

Sigmund, Monika und Marily Stroux, *Zu bunt: Wandbilder in der Hafenstraße*. Hamburg: St.-Pauli-Archiv, 1996.

Sonnewald, Bernd und Jürgen Raabe-Zimmermann, *Die »Berliner Linie« und die Hausbesetzer-Szene*. Berlin: Berlin Verlag, 1983.

Sozialistisches Patientenkollektiv, *Aus der Krankheit eine Waffe machen: Eine Agitationsschrift des Sozialistischen Patientenkollektivs an der Universität Heidelberg. Mit einem Vorwort von Jean-Paul Sartre*. München: Trikont, 1972.

Spies, Miriam, *Acid, Mao, und I Ging: Erinnerungen eines Berliner Haschrebellen*. Mainz: Gonzo, 2008.

Springer, Axel, *Deutsche Presse zwischen Konzentration und Subvention*. Kiel: Institut für Weltwirtschaft, 1967.

Stelck, Edda, *Politik mit dem Einkaufskorb: Die Boykott-Aktion der evangelischen Frauen gegen Apartheid*. Wuppertal: Hammer, 1980.

Szondi, Peter, »Aufforderung zur Brandstiftung? Ein Gutachten im Prozeß Langhans/Teufel«, in: *Sprache im technischen Zeitalter* 28 (1968), 329-341.

Taubes, Jacob, »Surrealistische Provokation: Ein Gutachten zur Anklageschrift im Prozeß Langhans/Teufel über die Flugblätter der ›Kommune I‹«, in: *Merkur* 21/11 (1967), 1069-1079.
*texte: der RAF.* Malmö: Verlag Bo Cavefors, 1977.
Ton Steine Scherben, *Mensch Meier/Nulltarif.* 1971.

Verband der Deutschen Journalisten (Hg.), *Hetzer, Fälscher, Meinungsmacher: Axel Springer – Pressekonzern der Ultras.* Ost-Berlin: Verband der Deutschen Journalisten, 1963.
Verlagshaus Axel Springer, *Die These von der »Enteignung des Axel-Springer-Verlags«: Ihr Ursprung und ihre Verbreitung.* Berlin: Axel Springer, 1967.
Viett, Inge, *Nie war ich furchtloser.* Reinbek: Rowohlt, 1997.
Vogel, Hans-Jochen, *Städte im Wandel.* Stuttgart: Kohlhammer, 1971.

Wallraff, Günter, *Das BILD-Handbuch: Das Bild-Handbuch bis zum Bildausfall.* Hamburg: konkret, 1981.
Wallraff, Günter, *Zeugen der Anklage: Die BILD-beschreibung wird fortgesetzt.* Köln: Pahl-Rugenstein, 1979.
Wallraff, Günter, *Der Aufmacher: Der Mann, der bei »Bild« Hans Esser war.* Köln: Pahl-Rugenstein, 1977.
Wapnewski, Peter, »Brandstiftung durch Flugblätter? Ein Gutachten«, in: *Sprache im technischen Zeitalter* 28 (1968), 3383-42.
*Wir vom Tommy Weisbecker Haus: Kurzdokumentation.* Berlin: Tommy-Weisbecker-Haus, 1973.
Wolff, Robert Paul, Barrington Moore und Herbert Marcuse, *Kritik der reinen Toleranz.* Frankfurt a. M.: Suhrkamp, 1966 [1965].
*Wut im Bauch! Häuser- und Kulturkampf gegen Spekulation.* Göttingen, 1981.

Zeidler, Wolfgang, Detlef Merten und Hartmut Vogel, *Das Recht auf Demonstration: Analysen, Darstellungen, Meinungen.* Bonn: Bundeszentrale für politische Bildung, 1969.
Zimmer, Dieter E, »Eine Absage als vorläufige Schlußbemerkung«, in: *Sprache im technischen Zeitalter* 28 (1968), 342-345.
Zwerenz, Gerhard, *Die Erde ist unbewohnbar wie der Mond.* Frankfurt a. M.: Fischer, 1973.

## SEKUNDÄRLITERATUR

Albrecht, Clemens, Günter C. Behrmann und Michael Bock, *Die intellektuelle Gründung der Bundesrepublik: Eine Wirkungsgeschichte der Frankfurter Schule*. Frankfurt a. M./New York: Campus, 1999.

Anders, Freia, »Juristische ›Gegenöffentlichkeit‹ zwischen Standespolitik, linksradikaler Bewegung, und Repression: Die Rote Robe (1970-1976)«, in: *sozial.geschichte* 8 (2012), 9-46. Online verfügbar unter: {http://duepublico.uni-duisburg-essen.de/servlets/DocumentServlet?id=29053} (Stand August 2017).

Anders, Freia und Ingrid Gilcher-Holtey (Hg.), *Herausforderungen des staatlichen Gewaltmonopols: Recht und politisch motivierte Gewalt am Ende des 20. Jahrhunderts*. Frankfurt a. M./New York: Campus, 2006.

Anders, Freia und Alexander Sedlmaier (Hg.), *Public Goods versus Economic Interests: Global Perspectives on the History of Squatting*. New York: Routledge, 2017.

Anders, Freia und Alexander Sedlmaier, »›Squatting Means to Destroy the Capitalist Plan in the Urban Quarters.‹ Spontis, Autonomists and the Struggles over Public Commodities (1970-1983)«, in: Martin Baumeister, Bruno Bonomo und Dieter Schott (Hg.), *Cities Contested: Urban Politics, Heritage, and Social Movements in Italy and West Germany in the 1970s*. Frankfurt a. M./New York: Campus, 2017, 277-300.

Apter, David E. (Hg.), *The Legitimization of Violence*. New York: New York University Press, 1997.

Arendt, Hannah. *Macht und Gewalt*. München: Piper, 1970.

Aust, Stefan, *Der Baader-Meinhof-Komplex*. München: Hoffmann und Campe, 1998.

Auyero, Javier, *Routine Politics and Violence in Argentina: The Gray Zone of State Power*. Cambridge: Cambridge University Press, 2007.

Baeyer-Katte, Wanda von, Dieter Claessens und Hubert Feger, *Gruppenprozesse*. Opladen: Westdeutscher Verlag, 1982.

Banken, Ralf, »Die quantitative Entwicklung der bundesdeutschen Warenhäuser, 1948-2000: Daten«, in: *Cologne Economic History Paper* 2 (2010). Online verfügbar unter: {ftp://ftp.uni-koeln.de/institute/wigesch/RePEc/wso/wpaper/CEHP_02-2010_Banken_quantitativeEntwicklungWarenhaeuser.pdf} (Stand August 2017).

Baringhorst, Sigrid, Veronika Kneip, Annegret März und Johanna Niesyto (Hg.), *Politik mit dem Einkaufswagen: Unternehmen und Konsumenten als Bürger in der globalen Mediengesellschaft*. Bielefeld: transcript, 2007.

Bartz, Olaf, »Konservative Studenten und die Studentenbewegung: Die ›Kölner Studenten-Union‹ (KSU)«, in: *Westfälische Forschungen* 48 (1998), 241-255.

Bauß, Gerhard, *Die Studentenbewegung der sechziger Jahre in der Bundesrepublik und in Westberlin: Handbuch*. Köln: Pahl-Rugenstein, 1977.

Baynac, Jacques, *Mai retrouvé*. Paris: R. Laffont, 1978.
Ben-Porat, Yeshayahu, Eitan Haber und Zeev Schiff, *Entebbe Rescue*. New York: Delacorte Press, 1977.
Berghoff, Hartmut (Hg.), *Konsumpolitik: Die Regulierung des privaten Verbrauchs im 20. Jahrhundert*. Göttingen: Vandenhoeck & Ruprecht, 1999.
Bergstermann, Sabine, »Von ›Isolationsfolter‹ und ›Vernichtungshaft‹: Der Rekurs auf die NS-Diktatur als zentrales Element der Kommunikationsstrategie der ›ersten Generation‹ der RAF«, in: *Jahrbuch für Politik und Geschichte* 2 (2011), 109-124.
Berlit, Anna Christina, *Notstandskampagne und Rote-Punkt-Aktion: Die Studentenbewegung in Hannover 1967-1969*. Bielefeld: transcript, 2007.
Bevir, Mark und Frank Trentmann (Hg.), *Governance, Consumers, and Citizens: Agency and Resistance in Contemporary Politics*. Basingstoke: Palgrave, 2007.
Bevir, Mark und Frank Trentmann (Hg.), *Critiques of Capital in Modern Britain and America: Transatlantic Exchanges 1800 to the Present Day*. Basingstoke: Palgrave, 2002.
Biermann, Veronica, »›Metropolenguerilla‹ contra ›Schweinesystem‹ – ›Rechtsstaat‹ contra ›Baader-Meinhof-Bande‹«, in: Christoph Jahr, Uwe Mai und Kathrin Roller (Hg.), *Feindbilder in der deutschen Geschichte: Studien zur Vorurteilsgeschichte im 19. und 20. Jahrhundert*. Berlin: Metropol 1994, 225-250.
Birnie Danzker, Jo-Anne und Pia Dornacher (Hg.), *Gruppe SPUR*. Ostfildern: Hatje Cantz, 2006.
Blessing, Werner K., »Konsumentenprotest und Arbeitskampf: Vom Bierkrawall zum Bierboykott«, in: Klaus Tenfelde und Heinrich Volkmann (Hg.), *Streik: Zur Geschichte des Arbeitskampfes in Deutschland während der Industrialisierung*. München: C.H. Beck, 1980, 109-123.
Bloxham, Donald und Robert Gerwarth (Hg.), *Political Violence in Twentieth-Century Europe*. Cambridge: Cambridge University Press, 2011.
Bodenschatz, Harald, Volker Heise und Jochen Korfmacher, *Schluß mit der Zerstörung? Stadterneuerung und städtische Opposition in West-Berlin, Amsterdam, und London*. Berlin: anabas, 1983.
Boehm, Karoline, »Warenboykott! Vom Arbeitskampf zum Angriff auf das Image«, in: Klaus Schönberger und Ove Sutter (Hg.), *Kommt herunter, reiht euch ein …: Eine kleine Geschichte der Protestformen sozialer Bewegungen*. Berlin: Assoziation A, 2009, 102-107.
Boltanski, Luc und Ève Chiapello, *Der neue Geist des Kapitalismus*. Konstanz: UVK 2003 [1999].
Borscheid, Peter und Clemens Wischermann (Hg.), *Bilderwelt des Alltags: Werbung in der Konsumgesellschaft des 19. und 20. Jahrhunderts*. Stuttgart: Franz Steiner Verlag, 1995.
Bouton, Cynthia, *The Flour War: Gender, Class, and Community in Late Ancien Régime French Society*. University Park: Pennsylvania State University Press, 1993.

Brandt, Karl-Werner, Detlef Büsser und Dieter Rucht, *Aufbruch in eine andere Gesellschaft: Neue soziale Bewegungen in der Bundesrepublik.* Frankfurt a. M./New York: Campus, 1983.
Breyvogel, Wilfried (Hg.), *Stadt, Jugendkulturen und Kriminalität.* Bonn: Dietz, 1998.
Briesen, Detlef, *Warenhaus, Massenkonsum, und Sozialmoral: Zur Geschichte der Konsumkritik im 20. Jahrhundert.* Frankfurt a. M./New York: Campus, 2001.
Brückweh, Kerstin (Hg.), *The Voice of the Citizen Consumer: A History of Market Research, Consumer Movements, and the Political Public Sphere.* Oxford: Oxford University Press, 2011.
Bulst, Neithard, Ingrid Gilcher-Holtey und Heinz-Gerhard Haupt (Hg.), *Gewalt im politischen Raum: Fallanalysen vom Spätmittelalter bis ins 20. Jahrhundert.* Frankfurt a. M./New York: Campus, 2008.
Butler, Michael (Hg.), *The Narrative Fiction of Heinrich Böll: Social Conscience and Literary Achievement.* Cambridge: Cambridge University Press, 1994.

Carini, Marco, *Fritz Teufel: »Wenn's der Wahrheitsfindung dient«.* Hamburg: konkret, 2003.
Castillo, Greg, *Cold War on the Home Front: The Soft Power of Midcentury Design.* Minneapolis: University of Minnesota Press, 2010.
Chaussy, Ulrich, *Die drei Leben des Rudi Dutschke: Eine Biographie.* Berlin: Ch. Links Verlag, 1993.
Chossudovsky, Michel, *The Globalisation of Poverty: Impacts of IMF and World Bank Reforms.* London: Zed Books, 1999.
Cohen, Lizabeth, *A Consumers' Republic: The Politics of Mass Consumption in Postwar America.* New York: Alfred A. Knopf, 2004.
Colvin, Sarah, *Ulrike Meinhof and West German Terrorism: Language, Violence, and Identity.* Rochester: Camden House, 2009.
Confino, Alon und Rudy Koshar, »Régimes of Consumer Culture: New Narratives in Twentieth-Century German History«, in: *German History* 19/2 (2001), 135-161.
Conradt, Gerd (Hg.), *Starbuck: Holger Meins.* Berlin: Espresso, 2001.
Crew, David (Hg.), *Consuming Cold War Germany.* Oxford: Berg, 2004.

Dahms, Harry F. (Hg.), *No Social Science without Critical Theory.* Bingley: Emerald, 2008.
Dahrendorf, Ralf, »Die Politik der Frustration«, in: *Project Syndicate* (2005). Online verfügbar unter: {https://www.project-syndicate.org/commentary/the-politics-of-frustration?version=german&barrier=accessreg} (Stand August 2017).
Dahrendorf, Ralf, *Liberal und unabhängig: Gerd Bucerius und seine Zeit.* 2. Aufl. München: C. H. Beck, 2000.
Dartnell, Michael Y., *Ultra-Left Terrorism in France, 1979-1987.* London: Frank Cass, 1995.

Daum, Andreas W., Lloyd C. Gardner und Wilfried Mausbach (Hg.), *America, the Vietnam War, and the World: Comparative and International Perspectives.* New York: Cambridge University Press, 2003.

Daunton, Martin und Matthew Hilton (Hg.), *The Politics of Consumption: Material Culture and Citizenship in Europe and America.* Oxford: Berg, 2001.

Della Porta, Donatella, *Social Movements, Political Violence, and the State: A Comparative Analysis of Italy and Germany.* Cambridge: Cambridge University Press, 1995.

Ditfurth, Jutta, *Ulrike Meinhof: Die Biographie.* Berlin: Ullstein, 2007.

Dostal, Caroline, *1968 – Demonstranten vor Gericht: Ein Beitrag zur Justizgeschichte der Bundesrepublik.* Frankfurt a. M.: Peter Lang, 2006.

Drescher, Heiko, *Genese und Hintergründe der Demonstrationsstrafrechtsreform von 1970 unter Berücksichtigung des geschichtlichen Wandels der Demonstrationsformen.* Dissertation. Heinrich-Heine-Universität, Düsseldorf, 2005. Online verfügbar unter: {https://docserv.uni-duesseldorf.de/servlets/DocumentServlet?id=3175} (Stand August 2017).

Dussel, Konrad, *Deutsche Tagespresse im 19. und 20. Jahrhundert.* Münster: LIT Verlag, 2004.

Eicke, Ulrich, *Die Werbelawine: Angriff auf unser Bewußtsein.* München: Knesebeck und Schuler, 1991.

Eley, Geoff, *Forging Democracy: The History of the Left in Europe, 1850-2000.* Oxford: Oxford University Press, 2002.

Elias, Norbert, *Über den Prozeß der Zivilisation.* Bd. 2: *Wandlungen der Gesellschaft: Entwurf zu einer Theorie der Zivilisation.* 2. Aufl. Frankfurt a. M.: Suhrkamp, 1976.

Ellickson, Robert C., »Controlling Chronic Misconduct in City Spaces: Of Panhandlers, Skid Rows, and Public-Space Zoning«, in: *Yale Law Journal* 105 (1996), 1165-1248.

Elter, Andreas, *Propaganda der Tat: Die RAF und die Medien.* Frankfurt a. M.: Suhrkamp, 2008.

Fetscher, Iring und Günter Rohrmoser, *Ideologien und Strategien.* Opladen: Westdeutscher Verlag, 1981.

Fine, Ben, *The World of Consumption: The Material and Cultural Revisited.* 2. Aufl. London: Routledge, 2002.

Fisahn, Andreas, »Legitimation des Gewaltmonopols«, in: *Kritische Vierteljahresschrift für Gesetzgebung und Rechtsprechung* 94/1 (2011), 1-21.

Fourastié, Jean, *Les trentes glorieuses ou la révolution invisible de 1946 à 1975.* Paris: Fayard, 1979.

Friedman, Monroe, *Consumer Boycotts: Effecting Change through the Marketplace and the Media.* New York: Taylor & Francis, 1999.

Friedrichs, Jürgen, *Stadtsoziologie.* Opladen: Westdeutscher Verlag, 1995.

Fürmetz, Gerhard (Hg.), *»Schwabinger Krawalle«: Protest, Polizei und Öffentlichkeit zu Beginn der 60er Jahre.* Essen: Klartext, 2006.

Gailus, Manfred, »Contentious Food Politics: Sozialer Protest, Märkte, und Zivilgesellschaft«. Berlin: WZB, 2004. Online verfügbar unter: {https://www.econstor.eu/dspace/bitstream/10419/49761/1/483175005.pdf} (Stand August 2017).

Gailus, Manfred und Heinrich Volkmann (Hg.), *Der Kampf um das tägliche Brot: Nahrungsmangel, Versorgungspolitik und Protest 1770-1990*. Opladen: Westdeutscher Verlag, 1994.

Gasteiger, Nepomuk, *Der Konsument: Verbraucherbilder in Werbung, Konsumkritik, und Verbraucherschutz, 1945-1989*. Frankfurt a. M./New York: Campus, 2010.

Gerber, Jan, »›Schalom und Napalm‹: Die Stadtguerilla als Avantgarde des Antizionismus«, in: Joachim Bruhn (Hg.), *Rote-Armee-Fiktion*. Freiburg: ça ira Verlag, 2007, 39-84.

Gerhards, Jürgen, *Neue Konfliktlinien in der Mobilisierung öffentlicher Meinung: Eine Fallstudie*. Opladen: Westdeutscher Verlag, 1993.

Gerhards, Jürgen, »Die Mobilisierung gegen die IWF- und Weltbanktagung 1988 in Berlin: Gruppen, Veranstaltungen, Diskurse«, in: Roland Roth und Dieter Rucht (Hg.), *Neue soziale Bewegungen in der Bundesrepublik Deutschland*. 2. Aufl. Bonn: Bundeszentrale für politische Bildung, 1991, 213-234.

Gerhards, Jürgen und Dieter Rucht, »Mesomobilization: Organizing and Framing in Two Protest Campaigns in West Germany«, in: *American Journal of Sociology* 98/3 (1992), 555-596.

Geyer, Martin H, »Teuerungsprotest, Konsumentenpolitik, und soziale Gerechtigkeit während der Inflation, München, 1920-1923«, in: *Archiv für Sozialgeschichte* 30 (1990), 181-215.

Gilcher-Holtey, Ingrid, *1968: Eine Zeitreise*. Frankfurt a. M.: Suhrkamp, 2008.

Gilcher-Holtey, Ingrid, »Die APO und der Zerfall der Gruppe 47«, in: *Aus Politik und Zeitgeschichte* 25 (18. Juni 2007). Online verfügbar unter: {http://www.bpb.de/apuz/30417/die-apo-und-der-zerfall-der-gruppe-47?p=all} (Stand August 2017).

Glaeser, Bernhard, »Arbeit und Freiheit bei Herbert Marcuse«, in: *Zeitschrift für philosophische Forschung* 24/4 (1970), 589-596.

Goltz, Anna von der und James Mark, »Encounters«, in: Robert Gildea, James Mark und Anette Warring (Hg.), *Europe's 1968: Voices and Networks of Revolt*. Oxford: Oxford University Press, 2013, 131-162.

Görtemaker, Manfred, *Kleine Geschichte der Bundesrepublik Deutschland*. München: C. H. Beck, 2002.

Gotthardt, Tina, *Abkehr von der Wohlstandsgesellschaft: Gammler in den 60er Jahren der BRD*. Saarbrücken: VDM, 2007.

Graf, Wolfgang, »Vom Nein zum Ja: Von der Boykottbewegung zum Fairen Handel,«, in: Christoph Haug, Rudi Meier und Berit Schröder (Hg.), *Kampf um Teilhabe: Akteure – Orte – Strategien*. Hamburg: VSA-Verlag, 2008, 153-166.

Grazia, Victoria de, *Irresistible Empire: America's Advance through Twentieth-Century Europe*. Cambridge/MA: Belknap Press, 2005.

Grotum, Thomas, *Die Halbstarken: Zur Geschichte einer Jugendkultur der 50er Jahre.* Frankfurt a. M./New York: Campus, 1994.

Hakemi, Sara, *Anschlag und Spektakel: Flugblätter der Kommune I, Erklärungen von Ensslin/Baader und der frühen RAF.* Bochum: Posth Verlag, 2008.

Haller, Michael (Hg.), *Aussteigen oder Rebellieren: Jugendliche gegen Staat und Gesellschaft.* Reinbek: Rowohlt, 1981.

Hargens, Wanja, *Der Müll, die Stadt, und der Tod: Rainer Werner Fassbinder und ein Stück deutscher Zeitgeschichte.* Berlin: Metropol, 2010.

Harrison, Rob, Terry Newholm und Deirdre Shaw (Hg.), *The Ethical Consumer.* London: SAGE, 2005.

Harvey, David, *The New Imperialism.* Oxford: Oxford University Press, 2003.

Haunss, Sebastian, *Identität in Bewegung: Prozesse kollektiver Identität bei den Autonomen und in der Schwulenbewegung.* Wiesbaden: VS Verlag, 2004.

Haupt, Heinz-Gerhard, »Der Konsument«, in: Heinz-Gerhard Haupt und Ute Frevert (Hg.), *Der Mensch des 20. Jahrhunderts.* Frankfurt a. M./New York: Campus, 1999, 301-321.

Haupt, Heinz-Gerhard und Claudius Torp (Hg.), *Die Konsumgesellschaft in Deutschland, 1890-1990: Ein Handbuch.* Frankfurt a. M./New York: Campus, 2009.

Häußermann, Hartmut, Dieter Läpple und Walter Siebel, *Stadtpolitik.* Frankfurt a. M.: Suhrkamp, 2008.

Häußermann, Hartmut und Walter Siebel, *Neue Urbanität.* Frankfurt a. M.: Suhrkamp, 1987.

Hawkins, Richard A, »Boycotts, Buycotts, and Consumer Activism in a Global Context: An Overview«, in: *Management and Organizational History* 5 (2010), 1231-43.

Heath, Joseph und Andrew Potter, *The Rebel Sell: Why the Culture Can't Be Jammed.* Chichester: Capstone, 2005.

Hecken, Thomas, *Das Versagen der Intellektuellen: Eine Verteidigung des Konsums gegen seine deutschen Verächter.* Bielefeld: transcript, 2010.

Heidbrink, Ludger und Imke Schmidt, »Die neue Verantwortung der Konsumenten«, in: *Aus Parlament und Zeitgeschichte* 32-33 (2009), 27-32.

Heitmeyer, Wilhelm und John Hagan (Hg.), *Internationales Handbuch der Gewaltforschung.* Wiesbaden: VS Verlag, 2002.

Hemler, Stefan, »Von Kurt Faltlhauser zu Rolf Pohle: Die Entwicklung der studentischen Unruhe an der Ludwig-Maximilians-Universität München in der zweiten Hälfte der sechziger Jahre«, in: Hans-Günther Hockerts (Hg.), *1968: 30 Jahre danach.* St. Ottilien: EOS, 1999, 209-242.

Henne, Thomas und Arne Riedlinger (Hg.), *Das Lüth-Urteil aus (rechts-)historischer Sicht: Die Konflikte um Veit Harlan und die Grundrechtsjudikatur des Bundesverfassungsgerichts.* Berlin: Berliner Wissenschaftsverlag, 2005.

Henning, Markus und Rolf Raasch, *Neo-Anarchismus in Deutschland: Entstehung, Verlauf, Konfliktlinien.* Berlin: Oppo-Verlag, 2005.

Herlyn, Ulfert, *Leben in der Stadt.* Opladen: Westdeutscher Verlag, 1990.

Hess, Henner (Hg.), *Angriff auf das Herz des Staates: Soziale Entwicklung und Terrorismus.* Bd. 2. Frankfurt a. M.: Suhrkamp, 1988.

Hierlmeier, Josef, *Internationalismus: Eine Einführung in die Ideengeschichte des Internationalismus – von Vietnam bis Genua.* Stuttgart: Schmetterling Verlag, 2002.

Hilton, Matthew, *Prosperity for All: Consumer Activism in an Era of Globalization.* Ithaca: Cornell University Press, 2009.

Hilwig, Stuart J, »The Revolt against the Establishment: Students versus the Press in West Germany and Italy«, in: Carole Fink, Philipp Gassert und Detlef Junker (Hg.), *1968: The World Transformed.* Cambridge: Cambridge University Press, 1998, 321-349.

Hixson, Walter L., *Parting the Curtain: Propaganda, Culture, and the Cold War, 1945-1961.* New York: St. Martin's Press, 1997.

Hobsbawm, Eric, *Das Zeitalter der Extreme: Weltgeschichte des 20. Jahrhunderts.* München: dtv, 1998 [1994].

Hodenberg, Christina von, *Konsens und Krise: Eine Geschichte der westdeutschen Medienöffentlichkeit, 1945-1973.* Göttingen: Wallstein, 2006.

Hollstein, Walter, *Die Gegengesellschaft: Alternative Lebensformen.* 4. Aufl. Bonn: Verlag Neue Gesellschaft, 1981.

Holzapfel, Miriam und Karin König, »Chronik der Globalisierungsproteste«, in: *Mittelweg* 36/6 (2001), 24-34.

Holzer, Robert, »Neue Linke zwischen Antisemitismus, Antizionismus, und Kritik an Israel«, in: *Archiv für die Geschichte des Widerstandes und der Arbeit* 19 (2011), 267-334.

Horowitz, Daniel, *The Anxieties of Affluence: Critiques of American Consumer Culture, 1939-1979.* Amherst: University of Massachusetts Press, 2005.

Hürter, Johannes (Hg.), *Die bleiernen Jahre: Staat und Terrorismus in der Bundesrepublik Deutschland und Italien, 1969-1982.* München: Oldenbourg, 2010.

Inglehart, Ronald, *Modernization and Postmodernization: Cultural, Economic, and Political Change in Forty-Three Societies.* Princeton: Princeton University Press, 1997.

Inglehart, Ronald, *Culture Shift in Advanced Industrial Society.* Princeton: Princeton University Press, 1990.

Inglehart, Ronald, »Wertewandel in den westlichen Gesellschaften: Politische Konsequenzen von materialistischen und postmaterialistischen Prioritäten«, in: Helmut Klages und Peter Kmieciak (Hg.), *Wertewandel und gesellschaftlicher Wandel.* Frankfurt a. M./New York: Campus, 1979, 279-316.

Inglehart, Ronald, *The Silent Revolution: Changing Values and Political Styles among Western Publics.* Princeton: Princeton University Press, 1977.

Iriye, Akira, »Transnational History«, in: *Contemporary European History* 13 (2004), 211-222.

Iriye, Akira, *Global Community: The Role of International Organizations in the Making of the Contemporary World.* Berkeley: University of California Press, 2002.

Iriye, Akira, »A Century of NGOs«, in: *Diplomatic History* 23/3 (1999), 421-435.

Iriye, Akira, *Cultural Internationalism and World Order*. Baltimore: Johns Hopkins University Press, 1997.

Jacobs, Meg, *Pocketbook Politics: Economic Citizenship in Twentieth-Century America*. Princeton: Princeton University Press, 2005.

Jacobs, Meg, »›Democracy's Third Estate‹: New Deal Politics and the Construction of a ›Consuming Public‹«, in: *International Labour and Working-Class History* 55 (1999), 27-51.

Jung, Dae Sung, *Der Kampf gegen das Presse-Imperium. Die Anti-Springer-Kampagne der 68er-Bewegung*. Bielefeld: transcript, 2016.

Jürgs, Michael, *Der Verleger – Der Fall Axel Springer*. Tübingen: List, 2001.

Kailitz, Susanne, *Von den Worten zu den Waffen? Frankfurter Schule, Studentenbewegung, RAF, und die Gewaltfrage*. Wiesbaden: VS Verlag, 2007.

Kalt, Monica, *Tiersmondismus in der Schweiz der 1960er und 70er Jahre: Von der Barmherzigkeit zur Solidarität*. Bern: Peter Lang, 2010.

Kapur, Devesh, John P. Lewis und Richard Webb, *The World Bank: Its First Half Century*. Bd. 1. Washington: Brookings Institution Press, 1997.

Karakayali, Serhat, »*Lotta Continua* in Frankfurt, *Türken-Terror* in Köln, Migrantische Kämpfe in der Geschichte der Bundesrepublik«, in: *Grundrisse* 14 (2005). Online verfügbar unter: {http://www.grundrisse.net/grundrisse14/14serhat_karakayali.htm} (Stand August 2017).

Karapin, Roger, *Protest Politics in Germany: Movements on the Left and Right since the 1960s*. University Park: Pennsylvania State University Press, 2007.

Katsiaficas, Georgy, *The Subversion of Politics: European Autonomous Social Movements and the Decolonization of Everyday Life*. Oakland: AK Press, 2006.

Keck, Margaret E. und Kathryn Sikking, *Activists beyond Borders: Advocacy Networks in International Politics*. Ithaca: Cornell University Press, 1998.

Kellerhoff, Sven Felix, »1968 und die Medien«, in: Konrad-Adenauer-Stiftung (Hg.), *40 Jahre 1968: Alte und neue Mythen – eine Streitschrift*. Freiburg: Konrad Adenauer-Stiftung, 2008, 86-110.

Kellner, Douglas, »Radical Politics, Marcuse, and the New Left«, in: *Collected Papers of Herbert Marcuse*. Hg. v. Douglas Kellner. Bd. 3: *The New Left and the 1960s*. London: Routledge, 2005, 1-37.

Kellner, Douglas, *Herbert Marcuse and the Crisis of Marxism*. Berkeley: University of California Press, 1984.

Kellner, Douglas, »Critical Theory, Commodities, and the Consumer Society«, in: *Theory, Culture, and Society* 1/3 (1983), 66-83.

Kepplinger, Hans Mathias, Michael Hachenberg und Werner Frühauf, »Struktur und Funktion eines publizistischen Konflikts: Die Auseinandersetzung um Heinrich Bölls Artikel ›Will Ulrike Gnade oder freies Geleit?‹«, in: *Publizistik* 22 (1977), 14-34.

Kießling, Simon, *Postindustrielle Konsumgesellschaft und säkulare Religionsgeschichte der Moderne*. Köln: Böhlau, 2006.

Klagge, James C., »Marx's Realms of ›Freedom‹ and ›Necessity‹«, in: *Canadian Journal of Philosophy* 16/4 (1986), 769-778.
Klimke, Martin, *The Other Alliance: Student Protest in West Germany and the United States in the Global Sixties*. Princeton: Princeton University Press, 2009.
Klimke, Martin und Joachim Scharloth (Hg.), *1968 in Europe: A History of Protest and Activism, 1956-1977*. New York: Berghahn, 2008.
Klimke, Martin und Joachim Scharloth (Hg.), *1968: Handbuch zur Kultur- und Mediengeschichte der Studentenbewegung*. Stuttgart: Metzler, 2007.
Koenen, Gerd, *Vesper, Ensslin, Baader: Urszenen des deutschen Terrorismus*. Köln: Kiepenheuer & Witsch, 2003.
Koenen, Gerd, *Das rote Jahrzehnt: Unsere kleine deutsche Kulturrevolution, 1967-1977*. Köln: Kiepenheuer & Witsch, 2001.
Koopmans, Ruud, *Democracy from Below: New Social Movements and the Political System in West Germany*. Boulder: Westview Press, 1995.
Korn, Wolfgang, *Die Weltreise einer Fleeceweste: Eine kleine Geschichte über die große Globalisierung*. Berlin: Berlin Verlag, 2010.
Kraus-Burger, Sibylle, *Joschka Fischer: Der Marsch durch die Illusionen*. Stuttgart: DVA, 1999.
Kraushaar, Wolfgang, *Achtundsechzig: Eine Bilanz*. Berlin: Propyläen, 2008.
Kraushaar, Wolfgang, »Abspaltung und Potenzierung: Zum Verhältnis von Antizionismus und Antisemitismus in der militanten Linken in der Bundesrepublik«, in: Matthias Brosch et al. (Hg.), *Exklusive Solidarität: Linker Antisemitismus in Deutschland*. Berlin: Metropol, 2007, 325-346.
Kraushaar, Wolfgang (Hg.), *Die RAF und der linke Terrorismus*. 2 Bde. Hamburg: Hamburger Edition, 2006.
Kraushaar, Wolfgang, *Die Bombe im Jüdischen Gemeindehaus*. Hamburg: Hamburger Edition, 2005.
Kraushaar, Wolfgang, »Einleitung: ›Die Revolte der Lebenstriebe‹ – Marcuse als Mentor gegenkultureller Bewegungen«, in: Herbert Marcuse, *Nachgelassene Schriften*. Bd. 4, Lüneburg: Klampen, 2004, 15-25.
Kraushaar, Wolfgang, »Die Frankfurter Sponti-Szene: Eine Subkultur als politische Versuchsanordnung,«, in: *Archiv für Sozialgeschichte* 44 (2004), 105-121.
Kraushaar, Wolfgang, »1968 und Massenmedien«, in: *Archiv für Sozialgeschichte* 41 (2001), 317-347.
Kraushaar, Wolfgang, *1968 als Mythos, Chiffre und Zäsur*. Hamburg: Hamburger Edition, 2000.
Krebs, Mario, *Ulrike Meinhof: Ein Leben im Widerspruch*. Reinbek: Rowohlt, 1988.
Kritische Justiz (Hg.), *Streitbare Juristen: Eine andere Tradition*. Baden-Baden: Nomos, 1988.
Kruip, Gudrun, *Das »Welt«-»Bild« des Axel Springer Verlags: Journalismus zwischen westlichen Werten und deutschen Denktraditionen*. München: Oldenbourg, 1999.
Kudnani, Hans, *Utopia or Auschwitz: Germany's 1968 Generation and the Holocaust*. New York: Columbia University Press, 2009.

Landsman, Mark, *Dictatorship and Demand: The Politics of Consumerism in East Germany*. Cambridge/MA: Harvard University Press, 2005.

Lang, Barbara, *Mythos Kreuzberg: Ethnographie eines Stadtteils, 1961-1995*. Frankfurt a.M./New York: Campus, 1998.

Langer, Günter, »Der Berliner ›Blues‹: Tupamaros und umherschweifende Haschrebellen zwischen Wahnsinn und Verstand«, in: Eckhard Siepmann et al. (Hg.), *Che Schah Shit: Die Sechziger Jahre zwischen Cocktail und Molotow*. Reinbek: Rowohlt, 1988, 195-203.

Lehne, Werner, *Der Konflikt um die Hafenstraße: Kriminalitätsdiskurse im Kontext symbolischer Politik*. Pfaffenweiler: Centaurus, 1994.

Lindner, Werner, *Jugendprotest seit den fünfziger Jahren: Dissens und kultureller Eigensinn*. Opladen: Westdeutscher Verlag, 1996.

Lönnendonker, Siegward, Bernd Rabehl und Jochen Staadt (Hg.), *Die antiautoritäre Revolte: Der Sozialistische Deutsche Studentenbund nach der Trennung von der SPD*. Bd. 1: *1960-67*. Opladen: Westdeutscher Verlag, 2002.

Lönnendonker, Siegward, Tilman Fichter und Jochen Staadt (Hg.), *Hochschule im Umbruch: Dokumentation der FU Berlin*. Bd. 5: *1967-1969: Gewalt und Gegengewalt*. Berlin: FU Berlin, 1983.

Maase, Kaspar, *Grenzenloses Vergnügen: Der Aufstieg der Massenkultur, 1850-1970*. Frankfurt a.M.: Fischer, 1997.

Mallaby, Sebastian, *The World's Banker: A Story of Failed States, Financial Crises, and the Wealth and Poverty of Nations*. London: Macmillan, 2004.

Manrique, Matthias, *Marginalisierung und Militanz: Jugendliche Bewegungsmilieus im Aufruhr*. Frankfurt a.M./New York: Campus, 1992.

Mechler, Wolf-Dieter, »Hannover und die APO: Die Rote-Punkt-Aktion 1969«, in: Historisches Museum Hannover (Hg.), *Mit 17 ...: Jugendliche in Hannover von 1900 bis heute*. Hannover: Historisches Museum Hannover, 1997, 137-146.

Meiners, Antonia, *100 Jahre KaDeWe*. Berlin: Nicolaische Verlagsbuchhandlung, 2007.

Melchert, Florian, *Meinungsfreiheit in Gefahr? Die medienpolitische Debatte in der Bundesrepublik vom Fernsehstreit bis zur Anti-Springer-Kampagne, 1961-1969*. Dissertation. Universität Bochum, 2003.

Mende, Silke, *»Nicht rechts, nicht links, sondern vorn«: Eine Geschichte der Gründungsgrünen*. München: Oldenbourg, 2011.

Merchant, Carolyn, *Radical Ecology: The Search for a Liveable World*. 2. Aufl. New York: Routledge, 2005.

Michelers, Detlef, *Draufhauen, Draufhauen, Nachsetzen! Die Bremer Schülerbewegung, die Straßenbahndemonstrationen und ihre Folgen 1967/70*. Bremen: Edition Temmen, 2002.

Micheletti, Michele, *Political Virtue and Shopping: Individuals, Consumerism, and Collective Action*. New York: Palgrave Macmillan, 2003.

Micheletti, Michele, Andreas Føllesdal und Dietlind Stolle (Hg.), *Politics, Products, and Markets*. New Brunswick: Transaction Publishers, 2003.

Mohr, Markus und Klaus Viehmann (Hg.), *Spitzel: Eine kleine Sozialgeschichte.* Berlin: Assoziation A, 2004.

Müller, Tim B., *Krieger und Gelehrte: Herbert Marcuse und die Denksysteme im Kalten Krieg.* Hamburg: Hamburger Edition, 2010.

Nagel, Katja, *Die Provinz in Bewegung: Studentenunruhen in Heidelberg, 1967-1973.* Heidelberg: Verlag Regionalkultur, 2009.

Narr, Wolf-Dieter, »30 Jahre Deutscher Herbst: Eine Rezension«, in: *Bürgerrechte & Polizei/CILIP* 88/3 (2007), 63-70.

Neuwirth, Robert, *Shadow Cities: A Billion Squatters, a New Urban World.* New York: Routledge, 2004.

Nicholls, Alex und Charlotte Opal, *Fair Trade: Market-Driven Ethical Consumption.* London, SAGE, 2005.

Nitsche, Rainer (Hg.), *Häuserkämpfe: 1872/1920/1945/1982.* Berlin: Transit, 1982.

Nonn, Christoph, *Verbraucherprotest und Parteiensystem im wilhelminischen Deutschland.* Düsseldorf: Droste, 1996.

Nuscheler, Franz, *Lern- und Arbeitsbuch Entwicklungspolitik.* 5. Aufl. Bonn: Bundeszentrale für politische Bildung, 2004.

Offer, Avner, *The Challenge of Affluence: Self-Control and Well-Being in the United States and Britain since 1950.* Oxford: Oxford University Press, 2006.

Ohme-Reinicke, Annette, *Moderne Maschinenstürmer: Zum Technikverständnis sozialer Bewegungen seit 1968.* Frankfurt a. M./New York: Campus, 2000.

Oy, Gottfried, *Die Gemeinschaft der Lüge: Medien- und Öffentlichkeitskritik sozialer Bewegungen in der Bundesrepublik.* Münster: Westfälisches Dampfboot, 2001.

Pence, Katherine, »Shopping for an ›Economic Miracle‹: Gendered Politics of Consumer Citizenship in Divided Germany«, in: Alain Chatriot et al. (Hg.), *The Expert Consumer: Associations and Professionals in Consumer Society.* Aldershot: Ashgate, 2006, 105-120.

Poiger, Uta G., *Jazz, Rock, and Rebels: Cold War Politics and American Culture in a Divided Germany.* Berkeley: University of California Press, 2000.

Quaas, Ruben, »Selling Coffee to Raise Awareness for Development Policy: The Emerging Fair Trade Market in Western Germany in the 1970s«, in: *Historical Social Research* 36/3 (2011), 164-181.

Raschke, Markus, *Fairer Handel: Engagement für eine gerechte Weltwirtschaft.* Ostfildern: Matthias-Grünewald-Verlag, 2009.

Reemtsma, Jan Philipp, »Die andere Wand – Über die Parole ›Boykottiert ›Israel‹!‹ an einem der Häuser der Hamburger ›Hafenstraße‹«, in: ders., *u. a. Falun: Reden & Aufsätze.* Berlin: Edition Tiamat, 1992, 147-153.

Reichardt, Sven, *Authentizität und Gemeinschaft: Linksalternatives Leben in den siebziger und frühen achtziger Jahren.* Berlin: Suhrkamp, 2014.

Reichardt, Sven und Detlef Siegfried (Hg.), *Das alternative Milieu: Antibürgerlicher Lebensstil und linke Politik in der Bundesrepublik Deutschland und Europa, 1968-1983*. Göttingen: Wallstein, 2010.

Reimann, Aribert, *Dieter Kunzelmann: Avantgardist, Protestler, Radikaler*. Göttingen: Vandenhoeck & Ruprecht, 2009.

Rosen, Ehud, *Mapping the Organizational Sources of the Global Delegitimization Campaign against Israel in the UK*. Jerusalem: Center for Public Affairs, 2011.

rotaprint 25 (Hg.), *agit 883: Bewegung, Revolte, Underground in Westberlin, 1969-1972*. 2. Aufl. Berlin: Assoziation A, 2007.

Roth, Andreas, *Kollektive Gewalt und Strafrecht: Die Geschichte der Massedelikte in Deutschland*. Berlin: Erich Schmidt Verlag, 1989.

Roth, Roland, *Rebellische Subjektivität: Herbert Marcuse und die neuen Protestbewegungen*. Frankfurt a.M./New York: Campus, 1985.

Roth, Roland und Dieter Rucht (Hg.), *Die sozialen Bewegungen in Deutschland seit 1945: Ein Handbuch*. Frankfurt a.M./New York: Campus, 2008.

Rucht, Dieter, Simon Teune und Mundo Yang, »The Global Justice Movement in Germany«, in: Donatella della Porta (Hg.), *The Global Justice Movement: Cross-National and Transnational Perspectives*. Boulder: Paradigm, 2007, 157-183.

Ruppert, Wolfgang (Hg.), *Um 1968 – Die Repräsentation der Dinge*. Marburg: Jonas Verlag, 1998.

Schepers, Wolfgang (Hg.), *'68: Design und Alltagskultur zwischen Konsum und Konflikt*. Köln: DuMont, 1998.

Schildt, Axel, *Ankunft im Westen: Ein Essay zur Erfolgsgeschichte der Bundesrepublik*. Frankfurt a.M.: S. Fischer, 1999.

Schildt, Axel und Detlef Siegfried (Hg.), *Between Marx and Coca-Cola: Youth Cultures in Changing European Societies, 1960-1980*. Oxford: Berghahn Books, 2006.

Schildt, Axel, Detlef Siegfried und Karl Christian Lammers (Hg.), *Dynamische Zeiten: Die 60er Jahre in den beiden deutschen Gesellschaften*. Hamburg: Christians Verlag, 2000.

Schmelzer, Matthias, »Marketing Morals, Moralizing Markets: Assessing the Effectiveness of Fair Trade as a Form of Boycott«, in: *Management and Organizational History* 5 (2010), 221-250.

Schmidt, Christian, *»Wir sind die Wahnsinnigen …«: Joschka Fischer und seine Frankfurter Gang*. München: Econ, 1998.

Schmidt, Holger J., *Antizionismus, Israelkritik, und »Judenknax«: Antisemitismus in der deutschen Linken nach 1945*. Bonn: Bouvier, 2010.

Schmidtke, Michael A., »›1968‹ und die Massenmedien: Momente europäischer Öffentlichkeit«, in: Jörg Requate (Hg.), *Europäische Öffentlichkeit: Transnationale Kommunikation seit dem 18. Jahrhundert*. Frankfurt a.M./New York: Campus, 2002, 273-294.

Schönberger, Klaus (Hg.), *Vabanque: Bankraub, Theorie, Praxis, Geschichte*. Berlin: Libertäre Assoziation, 2000.

Schor, Juliet B., »In Defense of Consumer Critique: Revisiting the Consumption Debates of the Twentieth Century«, in: *Annals of the American Academy of Political and Social Science* 611/16 (2007), 16-30.
Schrage, Dominik, *Die Verfügbarkeit der Dinge: Eine historische Soziologie des Konsums*. Frankfurt a. M./New York: Campus, 2009.
Schultze, Thomas und Almut Gross, *Die Autonomen: Ursprünge, Entwicklung, und Profil der autonomen Bewegung*. Hamburg: konkret, 1997.
Schütte, Johannes, *Revolte und Verweigerung: Zur Politik und Sozialpsychologie der Spontibewegung*. Gießen: Focus, 1980.
Schwarz, Hans-Peter, *Axel Springer: Die Biographie*. 2. Aufl. Berlin: Propyläen, 2008.
Schwarzmeier, Jan, *Die Autonomen zwischen Subkultur und sozialer Bewegung*. Göttingen: Books on Demand, 2001.
Scribner, Charity, »Buildings on Fire: The Situationist International and the Red Army Faction«, in: *Grey Room* 26 (2007), 30-55.
Sedlmaier, Alexander, »Berlin als doppeltes Schaufenster im Kalten Krieg«, in: Thomas Biskup und Marc Schalenberg (Hg.), *»Selling Berlin«: Imagebildung und Stadtmarketing von der preußischen Residenz zur Bundeshauptstadt*. Stuttgart: Franz Steiner Verlag, 2008, 227-244.
Sedlmaier, Alexander, »Berlin's Europa-Center (1963-65): Americanization, Consumerism, and the Uses of the International Style«, in: *Bulletin of the German Historical Institute* 38, supp. 2 (2005), 87-99.
Sedlmaier, Alexander, »Consumerism – cui bono? Neuere Studien zu Theorie, Geschichte und Kultur des Konsums«, in: *Neue politische Literatur* 50/2 (2005), 249-273.
Sedlmaier, Alexander, »Youth and the Semi-Public Sphere of Large-Scale Retail«, in: Axel Schildt und Detlef Siegfried (Hg.), *European Cities, Youth, and the Public Sphere in the Twentieth Century*. Aldershot: Ashgate, 2005, 134-149.
Sedlmaier, Alexander und Freia Anders, »The Limits of the Legitimate: The Quarrel over ›Violence‹ between Autonomist Groups and the German Authorities«, in: Willibald Steinmetz, Ingrid Gilcher-Holtey und Heinz-Gerhard Haupt (Hg.), *Writing Political History Today*. Frankfurt a. M./New York: Campus, 2013, 291-316.
Sedlmaier, Alexander und Freia Anders, »›Unternehmen Entebbe‹ 1976: Widerstreitende Perspektiven auf eine Flugzeugentführung«, in: *Jahrbuch für Antisemitismusforschung* 22 (2013), 267-289.
Sedlmaier, Alexander und Stephan Malinowski, »›1968‹ as a Catalyst of Consumer Society«, in: *Cultural and Social History* 8/2 (2011), 255-274.
Seidman, Michael, *The Imaginary Revolution: Parisian Students and Workers in 1968*. New York: Berghahn, 2004.
Seitenbecher, Manuel, *Den deutschen »Cäsar« bezwingen: Die 1960er und die Kampagne gegen Springer*. Marburg: Tectum Verlag, 2008.
Sethi, S. Prakash, »Multinational Corporations and the Impact of Public Advocacy on Corporate Strategy: Nestle and the Infant Formula Controversy«, in: *Journal of International Business Studies* 25/3 (1994), 658-660.

Siegfried, Detlef, *Time Is on My Side: Konsum und Politik in der westdeutschen Jugendkultur der 60er Jahre*. Göttingen: Wallstein, 2006.
Siegfried, Detlef, »›Don't Trust Anyone Older Than 30?‹ Voices of Conflict and Consensus between Generations in 1960s West Germany«, in: *Journal of Contemporary History* 40/4 (2005), 727-747.
Siepmann, Eckhard, *Heiß und kalt: Die Jahre 1945-69*. Berlin: Elefanten Press, 1986.
Skinner, Quentin, *Visionen des Politischen*. Frankfurt a. M.: Suhrkamp, 2009 [2002].
Slobodian, Quinn, *Foreign Front: Third World Politics in Sixties West Germany*. Durham: Duke University Press, 2012.
Soper, Kate und Frank Trentmann (Hg.), *Citizenship and Consumption*. Basingstoke: Palgrave Macmillan, 2008.
Sprinzak, Ehud und Ely Karmon, »Why So Little? The Palestinian Terrorist Organizations and Unconventional Terrorism« (2007). Online verfügbar unter: {https://www.ict.org.il/Article.aspx?ID=978} (Stand August 2017).
Staadt, Jochen, Tobias Voigt und Stefan Wolle, *Feind-Bild Springer: Ein Verlag und seine Gegner*. Göttingen: Vandenhoeck & Ruprecht, 2009.
Stamm, Karl-Heinz, *Alternative Öffentlichkeit: Die Erfahrungsproduktion neuer sozialer Bewegungen*. Frankfurt a. M./New York: Campus, 1988.
Stehr, Nico, *Die Moralisierung der Märkte: Eine Gesellschaftstheorie*. Frankfurt a. M.: Suhrkamp, 2007.
Steinmetz, Willibald, Ingrid Gilcher-Holtey und Heinz-Gerhard Haupt (Hg.), *Writing Political History Today*. Frankfurt a. M./New York: Campus, 2012.
Stephens, Robert P., *Germans on Drugs: The Complications of Modernization in Hamburg*. Ann Arbor: University of Michigan Press, 2007.
Stevenson, William, *90 Minutes at Entebbe: The First Full Inside Story of Operation Thunderbolt, the Spectacular Israeli Strike against Terrorism*. New York: Bantam Books, 1976.
Stracke, Ernst, *Stadtzerstörung und Stadtteilkampf: Innerstädtische Umstrukturierungsprozesse, Wohnungsnot, und soziale Bewegungen in Frankfurt am Main*. Köln: Pahl-Rugenstein, 1980.
Strasser, Susan, Charles McGovern und Matthias Judt (Hg.), *Getting and Spending: European and American Consumer Societies in the Twentieth Century*. Cambridge: Cambridge University Press, 1998.
Suri, Jeremy, *Power and Protest: Global Revolution in the Age of Détente*. Cambridge/MA: Harvard University Press, 2003.

Thomas, Nick, *Protest Movements in 1960s West Germany: A Social History of Dissent and Democracy*. Oxford: Berghahn, 2003.
Thompson, Edward P., »The Moral Economy of the English Crowd in the Eighteenth Century«, in: *Past and Present* 50/1 (1971), 76-136.
Tilly, Charles, *The Politics of Collective Violence*. Cambridge: Cambridge University Press, 2003.

Torp, Claudius, *Wachstum, Sicherheit, Moral: Politische Legitimationen des Konsums im 20. Jahrhundert.* Göttingen: Wallstein, 2012.

Touraine, Alain, *Auf dem Weg zur postindustriellen Gesellschaft.* Frankfurt a. M.: Suhrkamp, 1972.

Trautmann, Flore, »Pourquoi boycotter? Logique collective et expressions individuelles: analyse de systémes de représentations à partir du cas Danone«, in: *Le mouvement social* 207 (2004), 39-55.

Trentmann, Frank (Hg.), *The Oxford Handbook of the History of Consumption.* Oxford: Oxford University Press, 2012.

Trentmann, Frank, »Before ›Fair Trade‹: Empire, Free Trade, and the Moral Economies of Food in the Modern World«, in: *Environment and Planning* 25/6 (2007), 1079-1102.

Trentmann, Frank und Fleming Just (Hg.), *Food and Conflict in Europe in the Age of the Two World Wars.* Basingstoke: Palgrave Macmillan, 2006.

Varon, Jeremy, *Bringing the War Home: The Weather Underground, the Red Army Faction, and Revolutionary Violence in the Sixties and Seventies.* Berkeley: University of California Press, 2004.

Voigts, Hanning, *Entkorkte Flaschenpost: Herbert Marcuse, Theodor W. Adorno, und der Streit um die Neue Linke.* Münster: LIT Verlag, 2010.

Walter-Busch, Emil, *Geschichte der Frankfurter Schule: Kritische Theorie und Politik.* Munich: Fink, 2010.

Walton, John und David Seddon, *Free Markets and Food Riots: The Politics of Global Adjustment.* Oxford: Blackwell, 1994.

Weber, Martina, *Hausbesetzung als strafbarer Hausfriedensbruch? Der Einfluß der Einführung des Merkmals »befriedetes Besitztum« in § 123 StGB und seinen Vorläufern auf die Bestimmung des Rechtsguts des Hausfriedensbruchs.* Frankfurt a. M.: Peter Lang, 1991.

Weinhauer, Klaus, Jörg Requate und Heinz-Gerhard Haupt (Hg.), *Terrorismus in der Bundesrepublik: Medien, Staat, und Subkulturen in den 1970er Jahren.* Frankfurt a. M./New York: Campus, 2006.

Wellmer, Gottfried, »Die Deutsche Anti-Apartheidbewegung«, in: *Friedensforum* 7 (2005). Online verfügbar unter: {http://www.friedenskooperative.de/ff/ff05/7-71.htm} (Stand August 2017).

Wettig, Gerhard, *Chruschtschows Berlin-Krise, 1958-1963: Drohpolitik und Mauerbau.* München: Oldenbourg, 2006.

Wheatland, Thomas, *The Frankfurt School in Exile.* Minneapolis: University of Minnesota Press, 2009.

Wildt, Michael, »Konsumbürger: Das Politische als Optionsfreiheit und Distinktion«, in: Manfred Hettling (Hg.), *Bürgertum nach 1945.* Hamburg: Hamburger Edition, 2005, 255-283.

Wilke, Jürgen (Hg.), *Mediengeschichte der Bundesrepublik Deutschland.* Bonn: Bundeszentrale für politische Bildung, 1999.

Willems, Helmut, *Jugendunruhen und Protestbewegungen: Eine Studie zur Dy-*

*namik innergesellschaftlicher Konflikte in vier europäischen Ländern*. Opladen: Leske + Budrich, 1997.

Wirsching, Andreas, »From Work to Consumption. Transatlantic Visions of Individuality in Modern Mass Society«, in: *Contemporary European History* 20/1 (2011), 1-26.

Wolfrum, Edgar, *Die geglückte Demokratie: Geschichte der Bundesrepublik Deutschland von ihren Anfängen bis zur Gegenwart*. Stuttgart: Klett-Cotta, 2006.

Zuckermann, Moshe (Hg.), *Antisemitismus, Antizionismus, Israelkritik*. Göttingen: Wallstein, 2005.

# BILDNACHWEISE

ullstein bild – JT Vintage / Glasshouse Images: Abb. 1
© Boeing: Abb. 2
ullstein bild – Lehnartz: Abb. 3
picture-alliance / United Archives: Abb. 4
ullstein bild – Jung: Abb. 5
Nova Press: Abb. 6
*Agit 883* (24. Dezember 1970): Abb. 7
Bundesarchiv: Abb. 8
Thomas Fruth, »Gegenaktivitäten«, in: *iz3w* 151 (1988), 31: Abb. 9
picture alliance / dpa: Abb. 10, 12, 14
picture alliance / AP Images: Abb. 11
picture alliance / Konrad Giehr: Abb. 15, 19
Axel Springer SE: Abb. 13, 16, 17
ullstein bild – Gauls: Abb. 18
Umbruch Bildarchiv: Abb. 20
VSA-Verlag / Illustrator: Harald Petri: Abb. 21
Mara Brede, »Apartheid tötet – boykottiert Südafrika«, in: *Zeithistorische Forschungen/Studies in Contemporary History* 13 (2016), 348-359; online verfügbar unter: {www.zeithistorische-forschungen.de/2-2016/id=5370} (Stand August 2017): Abb. 22
ullstein bild – AP: Abb. 23
HKS 13 (Berlin): Abb. 24, 26, 28
*Der Spiegel*: Abb. 25
Michael Kipp / Umbruch Bildarchiv: Abb. 27

# REGISTER